독사여론 讀史餘論

An Annotated Translation of "Tokushi Yoron":
an Edo Period Historical Analysis of Japan History

아라이 하쿠세키 新井白石 저

하기와라 유 萩原裕 교정 ▌박경희 역

독사여론 讀史餘論

1판 1쇄 인쇄   2015년 8월 20일
1판 1쇄 발행   2015년 9월 1일

저   자 | 아라이 하쿠세키
역   자 | 박경희
발행인 | 이방원
발행처 | 세창출판사
       신고번호 | 제300-1990-63호
       주소 | 서울 서대문구 경기대로 88 냉천빌딩 4층
       전화 | (02) 723-8660   팩스 | (02) 720-4579
       http://www.sechangpub.co.kr
       e-mail: sc1992@empal.com
ISBN   978-89-8411-561-3 93910

이 책은 한국연구재단의 지원으로 세창출판사가 출판, 유통합니다.

이 도서의 국립중앙도서관 출판시도서목록(CIP)은 e-CIP홈페이지(http://www.nl.go.kr/ecip)와 국가자료공동목록시스템(http://www.nl.go.kr/kolisnet)에서 이용하실 수 있습니다.
(CIP제어번호: CIP2015022226)

일러두기

❶ 번역의 저본으로는 국립중앙도서관 소장의 源君美 著·萩原裕 校正『讀史餘論』(甲府書肆, 1876)을 사용하였다.

❷ 지은이 아라이 하쿠세키新井白石에 대하여 저본에서는 표지에는 아라이 기미요시新井君美, 본문에는 미나모토노 기미요시源君美라고 썼다.

❸ 교정자 하기와라 유萩原裕가 원문 상단에 쓴 주는 각주에 '난외두주'로 번역하였다.

❹ 원본의 오류는 각주에서 지적하였다.

❺ 단락은 문맥에 따라 번역자가 임의로 나누었다.

❻ 이름만 나오는 인명에 대해서는 적절하게 성을 보충하여 이해를 도왔다.

❼ 일본어 발음의 한글 표기는 국립국어원의 한글맞춤법에 따른 외래어표기법에 따랐다.

❽ 고유명사의 한자 병기는 각 권을 단위로 하여 처음 나올 때만 적었다. 단, 지명 아와阿波, 아와安房의 경우는 한글 발음이 같으므로 전부 한자를 병기했으며, 각주는 본문과 같은 사항이라도 좌우 면에 처음 나올 때마다 적었다.

❾ 관직명, 서명, 건물명은 되도록 한글 발음으로 표기하는 것을 원칙으로 하였으나 뜻이 통하지 않는 경우에는 일본어 발음으로 표기하였다.

　예) 좌대신左大臣, 대납언大納言, 사마노스케左馬頭

❿ 연호는 한자를 병기하고 괄호 속에 서력을 적었다.

　예) 조겐貞元(976)

⓫ 시각을 나타내는 간지는 생략하고 1각刻의 중간 시각을 사용하였다.

　예) 亥時 → 오후 10시경

⓬ 도노殿는 거처와 연관 지어 존칭으로 쓰는 경우는 띄어 쓰고, 건물명은 붙여 썼다.

　예) 마쓰 도노松殿 후지와라노 모토후사藤原基房, 유바도노弓場殿

서 敍

천하는 생생하게 움직이니 그 변화가 어찌 끝이 있겠는가.

우虞·하夏·상商·주周의 순수 독실하며 충문忠文함이 변하여 칠웅七雄·진한秦漢의 권모와 사술詐術, 역쟁力爭이 되고, 동한東漢·오吳·촉蜀의 절개와 지조, 의열義烈이 변하여 위진 육조의 경망스러운 말과 거짓으로 변하였다.

일치一治 일란一亂, 시기에 따른 변화가 순환한다.

조趙 씨의 송과 주朱 씨의 명이 결국 호胡·원元·달韃·청淸에게 병탐되었다. 관대冠帶와 읍양揖讓의 나라가 변하여 이민족과 변발의 영역으로 변하였으니 그 변화 역시 몇 번이고 다한다.

삼가 생각하건대, 황조皇朝 우리나라는 아주 먼 옛날부터 같은 성의 여러 왕이 통일하여서 저 군웅과 도적들이 분열과 약탈하는 것과 같지는 않다. 또 종종 약탈을 일삼는 이민족과 동방의 악한 자를 다스린 적이 있지만 우리의 지난 옛날에는 예악과 정벌이 천자에게서 나왔다. 중엽 이후에는 변하여 패부霸府[1]에서 나왔다. 가미守·스케介·조掾·사칸目[2]이 변하여 슈고守護·지토地頭가 되고, 슈고·지토가 변하여 봉건의 폐단이 되어 마침내 열국列國이 웅거하며 대치[3]하였다. 그러므로 우리나라 고금 천하의 움직임은 역시 소소하다.

미나모토노 기미요시源君美는 일찍이 독사여론讀史餘論을 저술하여

---

1 패자霸者가 정치하는 곳. 막부.
2 고대부터 중세의 일본에서 지방행정단위인 구니國의 행정관으로서 중앙에서 파견된 관리를 고쿠시國司라 하는데, 가미·스케·조·사칸은 4등관에 해당한다.
3 센코쿠戰國 시대.

고금 천하의 대세를 나누어 왕실이 아홉 번 변하고 무가 정권이 다섯 번 변하는 것으로 보았다. 무릇 분개하는 충심에 견딜 수 없다. 우리 신군神君[4]에 이르러 왕실을 받들고 모든 것을 반석 위에 두고 인민을 윤택하게 하여 이백 년 동안 문명의 변화를 번성하게 하였다. 오늘날에 이르러 전쟁터의 북소리가 들리지 않고 때에 따른 천하의 변화 또한 아름다운 듯하다. 이를 저 관대와 읍양이 변하여 이민족과 변발이 된 것과 비교하건대 행불행의 차이가 이 또한 심하지 않은가. 아, 천하가 생생하게 움직이니 그 변화가 어찌 끝이 있겠는가. 그러나 이민족과 변발로 변화가 거듭되던 옛날에 살게 하지 않고 황조화皇朝化된 인민으로 문명이 융성한 오늘날에 살게 하니 어찌 행복하지 않겠는가.

최근 선생의 먼 후손이 기술하고 재군齋君의 책상 속에 비장하던 이 책을 꺼내어 유裕에게 주어서 이를 교정하여 찍었다. 이 글로써 독사여론의 서敍로 한다.

안세이安政 무오년[5] 정월

세이추西疇[6] 하기와라 유萩原裕 고칸호公寬甫[7] 씀

---

4 도쿠가와 이에야스德川家康.

5 안세이安政 5년, 즉 1858년.

6 하기와라 유萩原裕의 호.

7 고칸公寬은 하기와라 유의 자. 호甫는 남자의 미칭美稱으로 관례를 올린 남자의 자에 붙이는 말.

예언 4칙例言四則

❶ 원본은 외손 후지와라노 기요미쓰藤原淸盈가 등사한 것으로 먼 후손이 기술하고 재군齋君의 책상 속에 비장하던 책이며, 선생의 원서는 아니다. 선생의 원서는 건상본巾箱本[1]이다. 발문跋文에 이르기를, "원서는 글씨가 작고 분명하지 않다. 망식亡息 요시노리宜卿가 다이라노 모토나리平元成본을 옮겨 베껴 쓴 것이다"라고 하였다. 즉 선생의 생전에 이미 두 가지 본이 있었다. 기요미쓰본은 요시노리본을 등사한 것인가. 베껴 쓴 것을 다시 열람하면 탈자와 오자가 나온다. 그러므로 기요미쓰본에 의거했다 하더라도 이와 함께 선본善本을 찾아내어 일일이 바로잡았다. 그렇지만 함부로 개찬하지 않았다. 서로 같지 않은 것 혹은 탈자와 오자는 조목에 따라 이를 난외에 표시했다. 그 이전의 것을 잃을까 염려해서이다.

❷ 구본舊本 난외에 평評 혹은 주註가 있다. 혹은 여러 쪽에 거듭 나오고 혹은 수십 쪽 사이에 거의 없다. 선생이 붙인 것인지 다른 사람이 더한 것인지 확실하지 않다. 우선은 이를 알고서 식자를 기다린다.

❸ 발문에 이르기를, "누적된 날이 오래되어 결국 소책 셋으로 만들었다"고 하였다. 즉, 하나는 총론에서부터 남북 분립까지, 하나는 "상고의 정벌은 천자에서부터 나온다"에서부터 고다이고後醍醐 천황의 중흥까지, 하나는 "다카우지尊氏, 북조를 받들다"부터 히데요시秀吉까지이다. 세 책으로 이루어진 것은 그 정본이다. 지금 이를 다음과 같이 나눈다. 감히 이것을

---

1 중국에서 전래된 작은 글씨로 쓴 소형 책. 중국 남제南齊의 형양왕衡陽王이 잔글씨로 베낀 오경五經을 작은 두건頭巾 상자에 넣어 두었다는 데서 유래한다.

어지럽히는 것이 아니라 권책卷冊이 중대하기 때문이다. 물론 이전 것을 고치는 죄는 피할 수 없는 바이다.

❹ 국음國音은 내가 잘 알지 못하는 바이지만 이 각본刻本에는 아이들을 위해 붙여 둔다. 아이들을 위해 붙이지 않으면 안 되는 것이다. 이 때문에 인명, 지리, 직관職官, 기장器章의 음독이 약간 기이하고 난삽한 것은 일단은 내가 아는 것으로 글자 옆에 적었다. 독자는 다행히 이를 양해하기 바란다.

차 례

해 제

아라이 하쿠세키와『독사여론』

아라이 하쿠세키(新井白石, 1657~1725)는 에도 시대 막번幕藩체제 확립기의 대표적 관학자이며, 나중에 '쇼토쿠正德의 치治'라고 부르는 정치개혁을 주도한 뛰어난 정치가로 알려져 있다. 그의 학문은 다방면에 걸쳐 있어 매우 폭이 넓으며 주자학에 입각하면서도 실증적인 학풍을 전개하여 에도 시대의 학문 형성에 크게 기여하였다. 그가 저술한『독사여론讀史餘論』은 일본정치사 · 사론史論으로서 그의 역사서 중에서도 가장 독자적인 견해가 많이 담긴 걸작이며, 근세 봉건사학의 대표적 고전이라 할 수 있다. 또한『독사여론』은 하쿠세키가 시행한 정책들이 어떤 사상을 바탕으로 했는지, 또 그 사상의 근간을 이루는 그의 역사관은 어떤 것인지를 알 수 있는 자료이다.

1. 아라이 하쿠세키의 생애와『독사여론』의 성립

아라이 하쿠세키는 이름은 기미요시君美이며 하쿠세키는 호이다. 1657년 2월 11일에 에도江戸 간다神田 야나기하라柳原에 있던 나이토內藤 우콘다이부右近大夫 저택 내의 임시 가옥에서 태어났다. 이해 정월에 에도에 큰 화재가 발생하여 주군가 쓰치야土屋 민부소보民部少輔의 저택이 불탔기 때문에 그 외손인 나이토 집에 잠시 기거하고 있을 때였다. 아라이新井 집안은 닛타新田 씨 일족으로 조상이 고즈케上野 아라이荒居에 있었기 때문에 아라이新井 씨라고 칭하였다.

젊었을 때 하쿠세키는 두 차례 떠돌이 무사 생활을 하기도 하였는데, 주자학자 기노시타 준안木下順庵에게 입문하였다가 1693년에 준안의 추천으로 고후 한슈甲府藩主 도쿠가와 쓰나토요德川綱豊의 시강侍講으로서 출사하게 되었다. 쓰나토요는 도쿠가와 막부 5대 장군將軍 도쿠가와 쓰나요시德川綱吉의 형의 아들로, 쓰나요시에게 대를 이을 아들이 없었기 때문에 그 후사가 되어 이름을 이에노부家宣라 고치고 1709년에 6대 장군직을 계승하였다. 이에노부는 장군에 취임하자 소바요닌側用人 마쓰다이라 데루사다松平輝貞 · 마쓰다이라 다다노리松平忠周를 해임하고 다이가쿠노카미大學頭 하야시 노부아쓰林信篤를 억누르고 하쿠세키에게 그 직책의 대부분을 대행시켰다. 이를 계기로 하쿠세키는 정치개혁을 주도하였다.

하쿠세키가 정치의 중심이 된 시기는 막번체제가 일단 확립된 간에이寬永 · 쇼토쿠正德기였으므로 그는 막부 정치의 기초 확립에 중점을 두어 제도적 정비와 재정의 안정을 지향하였다. 그의 업적으로는 정치면에서는 무가법武家法 개정, 외교정책상 장군의 호칭 변경, 막부의 의례 개정 등이 있고, 경제면에서는 외국무역의 통제, 금은화의 개량, 국산 개발 등을 들 수 있다. 이러한 정치적 획책에는 문치주의의 정치를 추진하려는 하쿠세키 독자의 이상과 학식이 있었고, 주군 이에노부에 대한 진강進講을 통해 이상을 실현하려는 것이었다.

도쿠가와 이에노부에의 진강은 고후甲府 쓰나토요 시대부터 시작한 이래 1709년에 장군직을 계승한 뒤에도 계속하여 19년 동안 계속되었다. 사서오경 외에 『통감강목通鑑綱目』을 진강하였는데, 이에노부도 역사에 대해 관심이 많아서 『통감강목』 강의 횟수가 많았다. 또 이에노부는 중국사뿐 아니라 일본 고래의 치란흥망의 연혁, 특히 도쿠가와가의 유래, 종조宗祖 이에야스家康의 패업에 대해 깊은 관심을 보여 항상 정식 시강이 끝날 때마다 갖가지 문제에 대해 하쿠세키에게 물었다고 한다.

이는 하쿠세키 자필의『독사여론』발문에, "이 세 책은 쇼토쿠正德 2년(1712) 봄, 여름 동안에 자리를 해 주서서 고금을 논해 말씀드릴 때의 강장講章의 초본이다"라고 쓴 것을 통해 알 수 있다. 즉『독사여론』은 이에노부의 질문에 대해 총괄적으로 개진한 것이다. 그렇지만 오늘날의『독사여론』이 과연 1712년에 전부 완성되었는지는 분명하지 않다. 왜냐하면 이 책의 총론과, 권말의 '노부나가 치세' '히데요시 천하'의 3절로 이루어진『본조고금연혁여론本朝古今沿革餘論』이라는 다른 책이 있고, 그 발문에 의해 1712년에 이에노부에게 진헌한 것은 이 책이며,『독사여론』은 그 강의안으로서 따로 작은 글씨로 적어 소지하고 있던 것임을 알 수 있기 때문이다.

하쿠세키가 작은 글씨로 쓴 자필본이 완성에 이르기까지의 경과는 그가 발문에 쓴 바와 같이 그 후 제자 도이 모토나리土肥元成가 글자를 약간 크게 고쳐 베끼고, 또 그것을 그의 아들 요시노리宜卿가 베꼈는데 도중에 요시노리가 병사하였으므로 문하생이 이를 계속해서 일을 끝냈다는 것이다. 즉 이 책의 성립은 이에노부에의 진강과 밀접한 관련이 있고 그 요구에 부응한 것이다.

하쿠세키는 이에노부가 죽자 다음 대 장군 도쿠가와 이에쓰구德川家繼에게 출사하여 계속해서 정권을 담당했으나 어린 주군을 도와 제구실을 하게 하려는 정국 운영은 몹시 곤란했다. 막각幕閣이나 부다이 다이묘譜代大名의 저항도 서서히 격해져서 이에쓰구가 죽고 8대 장군 도쿠가와 요시무네德川吉宗가 취임하자 1716년에 사직하고 공적인 정치활동에서 물러나 1725년 사망할 때까지 저술 활동에 전념하였다. 하쿠세키의 저작 중에 역사에 관한 것이 두드러진다.『독사여론』을 비롯하여 다이묘의 가계도를 정리한 『번한보藩翰譜』, 고대사에 대해 쓴 『고사통古史通』, 『고사통·혹문古史通或問』 외에 『사론史論』, 『사의史疑』, 『오사략五事略』, 그리고 서양사정을 쓴 『서양기문西洋紀聞』, 『채람이언采覽異言』, 류큐 사절들과의 회담에서 얻은 정보 등을 정리한 『남도지南島志』, 고증물로서 『본조군기고本朝軍器考』, 언어학 관계의 『동아東雅』, 『동문통고同文通考』 등이 있다.

2. 『독사여론』의 간본과 저본

『독사여론』은 간행되지 않고 초본草本으로서 전해지고 있었다. 아라이 하쿠세키가 관직에서 물러나고 그로부터 6년이 지난 1722년 어느 날, 그가 문하생 도이 모토나리와 지나간 선대의 일을 회고할 때까지 『독사여론』은 회중용懷中用 강장講章인 채로 전해지고 있었던 것이다. 이후 모토나리가 하쿠세키 자필 초본을 필사하고, 이 사본에 하쿠세키는 다음과 같은 후기를 붙였다.

"이 세 책은 쇼토쿠 2년(1712) 봄, 여름 동안에 자리를 해 주셔서 고금을 논해 말씀드릴 때의 강장의 초본이다."

하쿠세키의 차남 요시노리도 도이 모토나리의 사본을 바탕으로 부본을 만들려고 하였는데, 중도에 1723년 5월에 타계하였다. 하쿠세키가 제자에게 명하여 그 업을 계속하게 하여 그해 11월에 완성하였다. 이때는 뭔가의 사정으로 상권을 2책, 중권을 1책, 하권을 2책, 총 5책으로 나눈 듯하다. 하쿠세키는 다음과 같은 후기를 붙였다.

"이 책은 품에 지닌 것이었으므로 글씨가 작아서 분간하기 힘든 것을 신가와新川 다이라노 모토나리平元成가 약간 글씨를 크게 하여 보기에 편하도록 베낀 것을 죽은 아들 요시노리가 그것으로 베꼈는데 일을 마치지 못하고 타계하였다. 따라서 가동家僮에게 보충하여 베껴 쓰게 하여 그해 교호享保 8년(1723) 11월 11일 베껴 쓰기를 마쳤다."

그런데 그로부터 3개월 정도 지나서 하쿠세키는 제3책 끝에 다음과 같은 발문을 붙였다.

"문묘文廟는 인정 많고 공손하며 어질고 후덕하여 평소 유학을 숭상하였다. 주군[1]께서는 잠저에 계실 때부터 문사文士에게 명하여 경사經史를 나누어 강의하게 하셨다. 몹시 심한 추위와 더위에도 강의를 폐하지 않았고 이십여 년 동안 일이 하루에서 나오는 듯하였다.

장군 자리를 계승할 때에 이미 나이가 들어서 시정의 득실과 민심의 향배를 탐지하셨다. 신臣 기미요시는 유명무실하여 황공하옵게도 연대延對를 욕되게 하였다. 치란治亂 안위安危의 요체에 이르러서는 두루 토론을 다하고 초를 이어붙이며 밑동을 보았으나 말이 아직 미진하였다. 신이 용천庸淺 과문하여 아직 국체國體를 다 익히지 못하여 진강하는 동안에 말이 전적典籍과 어긋나고 조리를 잃어서 묻기를 좋아하시는 고마운 뜻에 부응하지 못하고 풍화風化 만일에 도움이 되지 못하였다. 한가한 날에는 그때마다 계사繼史를 두루 열람하고 고의古義를 죽 나열하고 이에 시사時事 및 근래 우리나라의 전고典故가 논사論思를 도울 수 있는 것을 섞어서 비록 비관秘官의 소사小史이지만 소략한 기록이 누적되고 날이 오래되어 마침내 소책小冊 셋을 만들었다.

임인년(1722) 봄에 전대의 시강이었던 신가와 다이라노 모토나리

---

1 마쓰다이라 쓰나토요松平綱豊.

와 한때의 성사盛事를 서로 이야기하다가 우연히 이 책에 미쳤다. 이 책은 원래 일본어로 쓰였고 글자가 매우 작아서 읽기 어려운 것 같았다. 이에 모토나리가 청하여 글자를 약간 크게 고쳐 베껴서 읽기에 편하게 하였다. 막내아들 요시노리도 한 본을 베껴서 이것으로써 부본으로 하고자 하였다. 그런데 도중에 갑자기 감기에 걸려서 계속 위독하다가 계묘년(1723) 여름 5월에 일어나지 못하고 죽었다. 요시노리의 외숙 아사쿠라 가게히라朝倉景衡 씨가 뜻을 다 이루지 못한 것을 가엾게 여겨서 문하생에게 이를 계속하게 하여 전 책을 완성하였다.

아, 올해 내 나이 일흔에 가까워 이미 늙었다. 어찌 선대 주군과의 기이한 만남을 헛되이 느끼고 또 아들의 요절을 슬퍼할 생각이나 하겠는가. 여러 가지 근심을 모은바 이 책이 되었다. 사람이 세상을 살고 여기에 이르렀으니 또한 어찌 말을 참으랴."

이로써 보면, 하쿠세키 생전에 이미 초본과는 별도로 모토나리본元成本과 요시노리본宜卿本의 2종이 있었음을 알 수 있다. 이후 유포되는 여러 본은 이를 바탕으로 하여 베껴 쓴 것이다.

이 책이 간행된 것은 그로부터 110년 이상 지나서였다. 1840년에에도 이리타니入谷의 나카타 아키타다仲田顯忠가 이를 목활자로 짜서 6책본으로 출판한 것이다. 이때 저본의 중권 끝에 있던 한문체의 하쿠세키의 발문을 하권 권말로 옮겼다.

그 후 18년 지난 1858년에는 하기와라 유萩原裕가 하쿠세키의 외손 후지와라 기요미쓰藤原清盈가 필사해둔 5책본의 사본을 저본으로 하여 12책본을 간행했다. 기요미쓰의 사본에 따르면,

"이 독사여론 세 책은 우리 조부 하쿠세키 선생이 편집하여 그 집안의 장본藏本이다. 다행히 빌려서 삼가 베꼈을 따름이다"

라고 하였다. 그 밖에 1906년에 기요미쓰의 사본을 저본으로 간행한
『아라이 하쿠세키 전집新井白石全集』 제3에 수록된 본本, 1927년 간행
한 『일본고전전집日本古典全集』에 수록된 본, 요시노리본을 저본으로
한 『참고독사여론參考讀史余論 』 등이 있다.

이 책을 번역하는 데에 사용한 저본은 나이토 덴에몽內藤傳右衛門
간행본이다. 이 책은 1858년에 하기와라 유가 간행한 12책본을 저본
으로 해서 1876년에 간행한 것이다. 표지에는 "甲府書肆 溫故堂內藤
藏"이라 되어 있고, 간기에는 "萬延庚申仲冬刻成　明治九年四月一日
板權免許"라고 되어 있다. 즉 고후甲府의 서점 온고당 서적상 나이토
덴에몽이 소장하던 책을 1860년에 활자를 짜고 1876년 출판권의 면
허를 얻어서 간행한 것임을 알 수 있다.

3.『독사여론』의 구성과 내용

독사여론은 크게 두 부분으로 이루어져 있다. 권1에서부터 권4까
지는 공가公家가 점차 쇠퇴하는 과정을 중심으로 서술하고, 권5부터
는 상고로 거슬러 올라가 무가武家의 성립과 발흥의 대세를 서술하였
다. 맨 앞의 총론에서는 '우리나라 천하의 대세가 아홉 번 변하여 무
가 시대가 되고 다시 그것이 다섯 번 변하여 당대, 즉 도쿠가와德川
시대가 되었다'는 전체의 전망을 기술하였다. 여기서 주목되는 것은
역사의 발전을 대세大勢로 생각하고 그 대세의 전환을 변화로 보았으
며, 이 변화에 의해 시대를 구획하여 역사를 서술하는 방법을 취했다
는 점이다. 우선 섭관攝關 정치의 개시, 후지와라藤原 정권의 성립을
기점으로 하여 상고上古와 그 이후의 두 시대로 크게 구분하고, 무가
발흥기가 상고 이후의 일본 역사상 어떠한 위치이며 의미를 가지는
지를 규정하였다. 섭관 정치의 개시를 경계선으로 하여 상고와 그

이후의 시대로 구분하는 방법은『신황정통기神皇正統記』를 원용한 것이지만, 단순히『신황정통기』를 추종하는 것이 아니라 이 책이 지향하는 무가 시대의 성립을 해명하기 위해서 세운 독창적인 방법이다.

이 시기 구분으로 서술의 상한을 정하고 그 위에 섭관 정치 개시 이후를 자세히 구분하였는데, 여기에서 몬토쿠文德 천황 대부터 겐무建武 중흥까지의 공가정치에 아홉 번의 변화를, 미나모토노 요리토모源賴朝 이후 도쿠가와 이에야스德川家康까지의 무가정치에 다섯 번의 변화를 인식하고 '천하구변오변설天下九變五變說'을 세웠다.

그리고 그 변화를 움직이는 원동력으로서 현실적인 정치적 실권의 추이 흥망이 잘 파악되어 있다. 이러한 점에서 이 사론은 정치사의 체제를 가진 것이라 말할 수 있다. 그러나 그 정치사적이란, 오늘날 우리가 쓰는 개념과 같은 것이 아니라, 오로지 상층 지배층의 개인적 동향에 한정되며, 거기에만 역사의 시점을 집중하고 있다. 따라서 이 책에서의 대세 추이도 정치의 실권이 천황에서 섭관가로, 다시 상황上皇, 미나모토源 씨, 호조北條 씨로 이행해 간 것을 설명하고 그것으로써 천하의 대세를 논하였다. 실은 천하의 대세 그것이 아니라, 이것을 좌우한 주권자 교대의 역사에 지나지 않는 것이다. 그러나 이는 이 책을 진강한 목적이 오로지 장군 이에노부를 상대로 당대 도쿠가와 씨의 정권 장악의 유래를 설명하기 위한 것이며, 또 당시 역사관 일반이 주권자 중심이었기 때문이다.

또 하쿠세키는 중세 일본의 정치사를 공가 세력과 무가 세력의 대립으로 파악하고, 그 위에 의례적 존재로서 천황이 있는 것으로 보았다. 권3과 권4에서의 여섯 번째 변화부터 아홉 번째 변화는 권5 이후의 첫 번째 변화부터 두 번째 변화와 시대적으로 중복된다. 이는 일본의 천황·공가·무가의 삼중三重 정치체제에서 유래하는 성쇠盛衰 교체를 서술하기 위해서 하쿠세키가 짜낸 방법이다. 이러한 삼중의 복잡한 정치구조를 파악하는 데에는 중국풍의 기전체 혹은 편년체 형식이 적합하지 않음은『대일본사』나『본조통감本朝通鑑』이 여실히 이를 보여 준다. 그래서 하쿠세키는 공가와 무가를 대립자로서 취급하고 양 세력의 상관관계, 성쇠 교체의 과정을 이원적, 입체적으로 서술하려고 했다. 권1에서부터 권4에서는 공가가 점차 후퇴하는 과정을 중심으로 서술하고, 권5 이후는 상고로 소급하여 무관武官의 기원부터 쓰기 시작하여 문무관직의 세습화, 헤이안平安 후기의 지방 소란을 계기로 무가가 발흥하는 대세를 논하고, 공가 세력과 대립하면서 가마쿠라 막부로부터 호조 씨로 천하의 실권이 미묘하게 옮겨가는 과정을 서술하였으며, 고다이고後醍醐 천황의 중흥정치의 실패부터 아시카가足利 정권의 성립으로의 대세의 추이를 논하여 무가정치 출현의 필연성과 도쿠가와 정권의 정당성을 논증한 것이다. 이는 중국사의 형식에 의한 것보다 훨씬 자연스러운 파악 방식이라 할 수 있다.

　서술방식을 보면, 본문 여러 군데에 "생각해 보건대"라고 하여 중요 사건이나 인물에 대해 비판을 가하였다. 이는 중국사에 보이는 논찬論贊에 해당하는 것으로, 하쿠세키가 유교적 역사관을 계승하는 증거가 된다. 하쿠세키는 열일곱 살 때 나카에 도주中江藤樹의『옹문답翁問答』을 읽고 처음으로 성현의 길을 알고 이후 이 길에 뜻을 두었다고 한다. 스물아홉 살 때 기노시타 준안을 스승으로 둔 이래 하쿠세키도 주자학을 받들어 역사에서는 주자의『통감강목』을 존중하였으며, 이것이 하쿠세키 역사관의 기조를 이루었다. 따라서 역사의 종국 목적은 감계鑑戒이며 이 감계의 척도는 유교적 윤리였다. 이 책의 논찬도 덕德 혹은 명교名教, 명분 등의 유교윤리를 비판의 척도로 삼은 것이다. 그리고 하쿠세키가 사실事實을 중시하여 실實에 의거하여 사事를 적는다고 하는 실증적 학풍을 취한 것도 감계의 전제로서의 그것이었다. 본문을 검토하면, 그 내용이 주권자의 사적事績을 적고 일일이 의거 사료를 들고 자기의 생각을 가하여 서술해 나가고 있는 것이다. 이 책은 장군 이에노부의 시정施政에의 참고로서 제공하여 정치적인 감계로 삼으려는 것이기 때문이다. 이 점 또한 이 책의 특징이라 할 수 있다.

이 번역에는 아래의 책을 참고하였다.

與謝野寬・正宗敦夫・與謝野晶子 編纂・校訂,『日本古典全集 參考讀史餘論』(東京: 日本古典全集刊行會), 1927.

大日本思想全集刊行會,『大日本思想全集 第六卷 新井白石集 室鳩巢集』(東京: 先進社), 1932.

今泉定介 編輯・校訂,『新井白石全集 第三』(東京: 吉川半七), 1964.

新井白石 著・村岡典嗣 校訂,『讀史余論』(東京: 岩波書店), 1974.

益田宗 校注, 讀史余論,『日本思想大系35 新井白石』(東京: 岩波書店), 1975.

新井白石 著・桑原武夫 責任編輯,『日本の名著15 新井白石』(東京: 中央公論社), 1983.

독사여론

讀史餘論

우리나라 천하의 대세가 아홉 번 변하여 무가 시대가 되고, 무가 시대는 또 다섯 번 변하여 당대에 이른 총론

『신황정통기神皇正統記』[1]에는 "고코光孝 천황 이전은 상고上古에 속한다. 그러므로 만사 선례를 고찰할 때에도 닌나仁和[2] 연간 이후를 문제로 삼는다"고 쓰여 있다.

56대 세이와淸和 천황은 나이가 어려서 외조부인 후지와라노 요시후사藤原良房[3]가 섭정攝政[4]이 되었다. 외척이 권력을 독점한 것이 여기에서 시작되었다[제1 변화].

---

1 남북조南北朝 시대에 기타바타케 지카후사北畠親房가 쓴 역사서. 전 6권. 1339년 성립. 신화神話 시대부터 고무라카미後村上 천황에 이르는 천황의 사적과 역사의 추이를 서술하였다. 신화 시대 이래 천황의 황위 계승이 정리正理에 따라 이어져 왔음을 주장하며 남조 정통성을 강조하였다.

2 고코光孝 천황 · 우다宇多 천황 대의 연호. 885~889.

3 804~872. 헤이안平安 시대 전기의 공경公卿. 후지와라노 후유쓰구藤原冬嗣의 2남. 몬토쿠文德 천황 사후 요시후사는 자기 딸이 낳은 아홉 살의 고레히토惟仁 친왕을 세이와淸和 천황으로 즉위시키고 외척으로서 정치의 실권을 잡았다. 866년에 일어난 오텐몬應天門의 정변에서는 천황이 신뢰하고 있던 도모노 요시오伴善男를 실각시키고, 사건에 연좌된 도모伴 씨, 기紀 씨와 같은 고래의 명문 세력을 궁중에서 몰아내어 후지와라 씨 전성의 기초를 쌓았다.

4 천황을 대신하여 정치를 집행하는 관직. 천황이 어리거나 여제女帝인 경우 원래 황족 중에서 임명되었는데, 요시후사는 황족 이외 사람으로서 최초로 임명되었다.

후지와라노 모토쓰네藤原基經[5]는 외삼촌인 관계로 57대 요제이陽成 천황을 폐하고 고코 천황을 세웠으므로 천하의 권력이 후지와라 씨에게 돌아갔다. 그 후 관백關白[6]을 두거나 혹은 두지 않는 시대도 있었으나 후지와라 씨의 권력이 날로 성대해졌다[제2 변화].

63대 레이제이冷泉 천황 이후 엔유圓融, 가잔花山, 이치조一條, 산조三條, 고이치조後一條, 고스자쿠後朱雀, 고레이제이後冷泉 천황에 이르는 8대 103년 동안은 외척이 권력을 잡았다[제3 변화].

71대 고산조後三條, 72대 시라카와白河 두 천황의 시대는 정치가 천자에게서 나왔다[제4 변화].

73대 호리카와堀河 천황 이후 도바鳥羽, 스토쿠崇德[시라카와 상황上皇의 원정院政 6년, 도바 상황의 원정 13년], 고노에近衛[도바 상황의 원정 14년], 고시라카와後白河, 니조二條, 로쿠조六條, 다카쿠라高倉, 안토쿠安德 천황에 이르는[고시라카와 상황의 원정 30여 년] 9대 97년 동안은 정치가 상황에게서 나왔다[제5 변화].

이어서 82대 고토바後鳥羽 천황부터 쓰치미카도土御門, 준토쿠順德 천황에 이르는 3대 38년 동안은 가마쿠라鎌倉 막부가 천하의 병마권을 분장하였다[제6 변화].

86대 고호리카와後堀河 천황 이하 시조四條, 고사가後嵯峨, 고후카쿠사後深草, 가메야마龜山, 고우다後宇多, 후시미伏見, 고후시미後伏見,[7] 고니

---

5 836~891. 헤이안平安 시대의 공경. 섭정이었던 숙부 후지와라노 요시후사藤原良房의 양자가 되어 요시후사의 사후 세이와淸和·요제이陽成·고코光孝·우다宇多 천황의 4대에 걸쳐 조정의 실권을 장악하였다. 요제이 천황을 폐하고 고코 천황을 세웠고, 우다 천황 때 아형阿衡사건을 일으켜 그의 권세를 세상에 알렸다.
6 천황을 보좌하는 관직. 헤이안 시대 중기 이후 천황이 어렸을 때는 섭정, 어른이 되고 나서는 관백이 임명되었다. 메이지 유신明治維新에 이르기까지 거의 설치되었다.
7 원문에는 '後伏見'이 빠져 있다.

조後二條, 하나조노花園, 고다이고後醍醐, 고곤光嚴에 이르는 12대 약 112년 동안은 호조北條 씨가 배신陪臣[8]의 몸으로서 국명國命을 잡았다[제7 변화].

96대 고다이고 천황이 다시 즉위하여 천하의 권력이 조정에 돌아 갔지만 그것도 겨우 3년간으로 끝났다[제8 변화].

그 후 천황이 몽진[9]하고 아시카가 다카우지足利尊氏[10]가 고묘光明 천 황을 세워 공주共主[11]가 되고서부터 천하는 오랫동안 무가武家의 시대 가 되었다[제9 변화].

무가는 미나모토노 요리토모源賴朝[12]가 막부를 설치한 이후 부자 3 대 동안 천하의 병마권을 잡았다. 이것이 약 33년간이다[제1 변화].

조큐承久의 난[13] 후에 호조 요시토키北條義時[14]가 천하의 권력을 잡 았는데, 그 후 7대 약 112년을 거쳐 호조 다카토키北條高時[15] 대에 이 르러 멸망하였다[제2 변화. 이 동안 섭관가攝關家 출신 장군이 2대, 또 친왕親王 출 신 장군이 4대 있었다].

고다이고 천황의 겐무建武중흥 후 아시카가 다카우지가 이에 배반 하여 천황은 몽진하고 다카우지는 고묘 천황을 북조北朝의 주군으로 삼고 스스로 막부를 열었다. 그 자손은 12대 약 238년 동안 이어졌

---

8 신하의 가신. 제후의 신하가 천자에 대하여 자기를 일컫던 말.
9 나라에 갑자기 사변이 발생하여 천자가 난을 피해 다른 곳으로 옮겨가는 것.
10 1305~1358. 가마쿠라鎌倉 시대 후기부터 남북조 시대의 무장. 무로마치室 町 막부의 초대 정이대장군征夷大將軍, 재직 1338~1358.
11 신하가 합의하여 추대한 주군. 특히 천하통일을 위해 신하가 추대한 천황.
12 1147~1199. 가마쿠라 막부의 초대 정이대장군.
13 가마쿠라 시대 죠큐承久 3년(1221) 고토바後鳥羽 상황이 막부 토벌의 군사 를 일으켰다가 실패한 병란.
14 1163~1224. 헤이안 시대 말기부터 가마쿠라 시대 초기의 무장. 가마쿠라 막부의 제2대 집권執權. 재직 1205~1224.
15 1304~1333. 가마쿠라 막부 제14대 집권. 재직 1316~1326.

다[제3 변화. 이 동안에 남북조의 전쟁이 54년 동안 계속되었고 또 오닌應仁의 난[16] 이후 107년간은 천하가 크게 어지러웠다. 실로 77년간은 무위武威가 있는 것처럼 보였지만 동국 지방은 전부 가마쿠라에 속하였다].

무로마치室町 막부 말기에 이르러 오다織田 집안이 발흥하여 장군을 폐하고 천황을 끼고 천하에 호령을 내리려고 도모했으나 그 일을 완성하지 못하고[약 10년간] 가신인 아케치 미쓰히데明智光秀에게 시해되었다. 이 책략을 배운 도요토미 히데요시豊臣秀吉가 스스로 관백이 되고 약 15년간 천하의 권력을 휘둘렀다[제4 변화].

그 후 마침내 당대[17]가 된 것이다[제5 변화].

삼가 생각하건대, 가마쿠라 도노鎌倉殿 미나모토노 요리토모가 천하의 권력을 분장한 것은, 다이라노 기요모리平清盛가 무공武功에 의해 몸을 일으켰으나 결국 외조부로서 권세를 남용했기 때문이며 기요모리가 그렇게 한 것도 위로는 상황의 정치가 혼란하고 아래로는 후지와라 씨가 여러 대에 걸쳐 권력을 휘두르는 것을 모방했기 때문이다. 그래서 황실이 쇠퇴하기 시작한 것은 몬토쿠文德 천황이 어린 아들을 후사로 삼았기 때문[18]이라 생각한다. 그리고 다카우지가 천하의 권력을 제멋대로 한 것도 고다이고 천황의 중흥 정치가 바르지 않아서 천하의 무사가 무가 시대를 그리워한 데에 원인이 있었다. 때문에 다카우지 이후는 황실은 실권 없는 지위에 있을 뿐이며 천하는 완전히 무가 시대가 된 것이다.

---

16 무로마치室町 시대 오닌應仁 원년(1467)에 발생하여 11년 동안 계속된 내란.
17 도쿠가와德川 시대.
18 일곱 살 된 제1 황자 고레타카惟高 친왕이 있었는데도 생후 9개월 된 제4 황자를 황태자로 정한 것.

우리나라의 어린 군주 및 섭관 정치
부록 후지와라 씨, 가학家學을 세움[제1 변화]

몬토쿠 천황은 닌묘仁明 천황의 태자이다. 어머니는 좌대신左大臣 후지와라노 후유쓰구藤原冬嗣[19]의 딸[후유쓰구는 후지와라노 가마타리藤原鎌足[20]의 5대손이다]이며 고조노기사키五條后라고 부른다. 가쇼嘉祥 3년 (850) 3월에 닌묘 천황이 붕어하고 4월에 몬토쿠 천황이 즉위하였다. 그 5일 후에 세이와 천황이 태어났다. 어머니는 우대신右大臣 후지와라노 요시후사의 딸인 소메도노노기사키染殿后이다[요시후사는 후유쓰구의 2남으로, 몬토쿠 천황의 장인이다].

원래 몬토쿠 천황에게는 아들이 셋 있었다. 장남 고레타카惟高[몬토쿠 천황이 즉위 때 일곱 살이다], 차남 고레에다惟條는 둘 다 기노 나토라紀名虎의 딸이 낳았으며, 3남은 고레히코惟彦라 하며 시게노노 사다누시滋野貞主의 딸이 낳았다. 그런데 몬토쿠 천황은 제4 황자인 고레히토惟仁[21]를 황태자로 삼았다. 고레히토는 몬토쿠 천황 즉위년 11월에 탄생하여 겨우 생후 9개월도 되지 않았기 때문에[이러한 예는 전대미문이다] 천황은 대납언大納言 미나모토노 마코토源信를 황태자부皇太子傅[22]로 삼았다[미나모토노 마코토는 천황의 숙부이다].

『강담江談』[23]에는, "천황은 고레타카에게 양위할 뜻이 있었지만 요

---

19 775~826. 헤이안平安 시대의 공경公卿, 가인歌人.

20 614~669. 아스카飛鳥 시대의 정치가로 후지와라 씨의 시조. 645년에 시작된 정치개혁인 다이카 개신大化改新 이후에 나카노오에노中大兄 황자(후에 덴치天智 천황)의 심복으로서 활약하여 후지와라 씨 번영의 기초를 쌓았다.

21 난외 두주 어떤 간본刊本에는 '惟仁(고레히토)' 아래에 '清和天皇の御事(세이와 천황의 일)'의 7자가 분주分註되어 있다.

22 황태자를 교육, 보좌하는 직책.

23 11세기 초에 성립된 설화집 『강담초江談抄』. 한시문, 공사公事, 음악 등 다

시후사를 꺼려 이루지 못하였다. 혹은 신에게 기도하고 또 비법을 닦았는데 신제이眞濟[24]는 고레타카를 위해 기도하고 신가眞雅[25]는 고레히토를 위해 기도하였다"라고 적었다.

이것과 같은 기사가 『국사國史』에도 보이는 점에서 생각하건대, 미나모토노 마코토가 간언하여[26] 중지되었다고 말할 수 있을 것이다. 사이코齊衡 3년(856) 11월에 "천황이 새로 전殿을 짓고 정원에서 친히 하늘에 제사지냈다"는 기록이 있다. 이는 『강담』에 이른바 "신에게 기도하였다"는 것을 말하는 듯하다.

덴안天安 원년(857) 2월에 우대신右大臣 후지와라노 요시후사는 태정대신太政大臣이 되고[오토모大友 황자, 다케치高市 황자, 오시카쓰押勝, 도쿄道鏡 이후 최초의 사례] 대검帶劍을 허락받았다.[27] 이는 아마 마코토의 간언을 받아들이고 요시후사의 마음을 위로하는 것이었을까.

그 11월에 고보弘法[28]에게 대승정大僧正을 내렸다. 이는 제자 신제

방면에 걸친 설화의 기록이다. 그 중 조의공사朝儀公事에 관한 고사나 시문에 얽힌 일화가 태반을 차지하며 귀족사회의 세태를 전하는 설화도 많이 포함되어 있다.

24 800~860. 헤이안平安 시대 전기 진언종眞言宗 승려. 진언종 개조 구카이空海의 10대 제자 중 한 사람으로 진언종 최초로 승관 최고위인 승정僧正에 임명되었다. 시문에 뛰어나서 구카이의 시문을 모은 『성령집性靈集』을 편집하였다.

25 801~879. 헤이안 시대 전기 진언종 승려. 구카이의 10대 제자 중 한 사람. 세이와淸和 천황 탄생 이래 호지승護持僧으로서 천황과 천황의 외조부 후지와라노 요시후사藤原良房로부터 두터운 신임을 얻었다.

26 몬토쿠文德 천황은 고레타카를 태자로 책립하는 것을 조건으로 고레히토에게 양위하려고 하였으나, 미나모토노 마코토가 고레타카 신변에 위기가 미칠 것이라 간언하였다.

27 궁정의 출입에 검을 차는 것이 허락된 것.

28 774~835. 헤이안 시대 초기의 승려 구카이空海의 시호. 구카이는 일본 천태종의 개조 사이초最澄와 함께 나라奈良 불교가 헤이안 불교로 전환해가는 흐름의 벽두에 위치하며, 중국에서 진언밀교를 가지고 와서 진언종의 개조가 되었다.

이의 청을 받아들인 것이다. 생각하건대, 신제이가 고레타카를 위해 기도했기 때문인 듯하다. 같은 해 12월에 고레타카는 관례를 올리고 4품[29]을 받았다.

이듬해 덴안 2년(858) 8월에 천황이 서른두 살로 붕어하였다[이 때 고레타카는 열세 살이었다]. 고레히토 태자는 아홉 살로 황위를 이었고 외조부 요시후사가 섭정이 되었다[실록을 살펴보건대, 천황이 창졸간에 병이 나서 언어가 불통하였다고 적혀 있다. 또 요시후사가 섭정이 되어야만 할 취지의 천황의 유언도 보이지 않는다].

중국의 섭정 예로서 요堯 시대의 순舜, 은殷 시대의 이윤伊尹과 보형保衡, 주周 시대의 주공 단周公旦, 한漢 시대의 곽광霍光이 있고, 우리나라의 예로서는 오진應神 천황 대의 진구神功 황후, 스이코推古 천황의 우마야도廐戶 황자, 사이메이齊明 천황 때의 나카노오에中大兄 황자, 겐메이元明 천황 때의 황녀 기요타루히메노 미코토淨足姬尊[즉 겐쇼元正 천황] 등이 있다.

조간貞觀 6년(864) 정월에 천황이 관례를 올렸기 때문에 요시후사는 정치를 되돌려주고[섭정 5년] 시라카와白河에 은거하였다.

조간 13년(871) 2월에 천황이 시신덴紫宸殿에서 정무를 보고, 4월에는 요시후사에게 식록食祿을 더하고 수신병장隨身兵仗[30]을 내려주고 준삼후准三后[31]로 삼았다[이것이 준삼후의 효시이다].

조간 14년(872) 9월에 요시후사가 예순아홉 살로 훙서薨逝하였다. 천황은 정1위를 내리고 미노코美濃公에 봉하고 시호를 주진코忠仁公라

---

29 품위品位는 친왕에게 주어지는 위계로, 1품부터 4품까지 있다.
30 천황의 허가에 의해 귀족의 외출 시에 근위부近衛府의 관리가 호위하기 위해 수종하는 것.
31 황후, 황태후, 태황태후를 삼후라고 하며, 이에 준하는 지위에 있는 자를 가리킨다.

하였다[요시후사의 사직 후 약 13년 동안은 섭정이 존재하지 않았다]. 그 후 미나모토노 도오루源融, 후지와라노 모토쓰네가 집정이 되었다.

처음에 간인閑院 좌대신 후지와라노 후유쓰구는 후지와라 일가가 쇠퇴한 것을 탄식하며 자손과 친족의 학문을 권유하기 위해 간가쿠인勸學院을 세웠다[당시 대학은 동서 2곳에 있었고 스가와라菅原, 오에大江 두 집안이 장악하고 있었다. 간가쿠인은 그 남쪽에 있었기 때문에 남조南曹라고 불렀다]. 후지와라 씨의 장자는 이를 도맡아 다스리고 고후쿠지興福寺 및 우지야시로氏社[32]의 일도 맡았다. 요시후사 이후 이것은 자손 대대로 전해져 담당하였다.

『서궁기西宮記[33]』에는, "쇼가쿠인奬學院은 간교元慶 5년(881) 중납언中納言 아리와라노 유키히라在原行平 경이 간가쿠인의 예를 간절히 바라서 건립한 것이다"라고 하였다.

『고시다이江次第[34]』에는 "오와應和 2년(962) 윤12월 왕경王卿 대납언 미나모토노 다카아키라源高明 이하가 쇼가쿠인 학생을 간가쿠인의 예에 준하도록 청하였다"라고 쓰여 있다.

『슈가이拾芥[35]』에는 "준나인淳和院[36]은 준나淳和 상황의 별궁으로 지금의 서원西院이다. 혹은 말하기를 다치바나橘 태후[37]의 궁이라고 한다"라고 하였다.

---

32 씨족신을 제사 지내는 신사. 여기서는 가스가春日 신사.

33 헤이안平安 시대에 좌대신左大臣 미나모토노 다카아키라源高明가 찬술한 유식고실서有識故實書.

34 『고케시다이江家次第』라고도 한다. 헤이안 시대 후기 오에노 마사후사大江匡房가 저술한 유식고실서.

35 『슈가이쇼拾芥抄』. 무로마치 시대의 유식有識 중심의 유서類書로 일종의 백과사전.

36 쇼가쿠인奬學院에 비길 만한 왕가의 학문소. 대대로 미노모토源 씨의 우지초자氏長子가 양원兩院의 벳토別當를 맡았다. 이후 고가 가久我家에서부터 아시카가 가足利家, 도쿠가와 가德川家가 맡았다.

37 사가嵯峨 천황의 황후 다치바나노 가치코橘嘉智子.

『고시다이』에는 "갓칸인學館院[38]은 다치바나노 모로에橘諸兄 공이 우대신에게 이를 건의하였다"라고 하였다.

후지와라노 요시후사가 미나모토노 마코토를 구한 것은 『신황정통기』에 맡긴다[『신황정통기』에는 다음과 같이 적었다. "대납언 도모노 요시오伴善男는 천황의 총애를 받아 대신에 임명되고자 바라는 뜻이 있었지만 삼공三公[39]에 결원이 없었다. 요시오는 좌대신 마코토를 실각시키고 결원이 생기면 그 자리를 도모하려고 생각하고 오텐몬應天門을 불태우고 좌대신이 세상을 어지럽히러 기도하였다고 말하였다. 세이와 천황이 놀라서 우대신 후지와라노 요시미藤原良相에게 분부하셔서 이미 죽일 작정이었다. 요시후사가 이 일을 듣고 에보시烏帽子에 노시直衣[40]를 입은 채 대낮에 말을 타고 달려가 달랬다. 그 후 요시오의 음모가 드러나 유형에 처해졌다"[41]].

관백 및 폐립의 시작[제2 변화]

조간 18년(876)에 세이와 천황[26세]은 황위를 황태자[요제이 천황]에게 물려주고 외삼촌인 우대신 후지와라노 모토쓰네를 섭정으로 삼

---

38 847년 사가 천황의 태황태후 다치바나노 가치코와 우대신右大臣 다치바나노 우지키미橘氏公에 의해 창건된 다치바나 씨의 학문소. 원래 재정기반이 약한데다가 다치바나 씨가 몰락하자 쇠퇴하였다.

39 태정대신太政大臣, 좌대신, 우대신.

40 에보시烏帽子는 귀족이 평상시에 쓰던 건이며 노시直衣는 귀족의 평상복. 즉 귀족의 약식 복장이다.

41 헤이안 시대 전기에 일어난 정치사건으로 오텐몬應天門의 정변이라고 한다. 866년에 오텐몬에 화재가 발생하자 대납언大納言 도모노 요시오伴善男는 좌대신 미나모토노 마코토源信에게 방화 혐의를 두었다. 태정대신 후지와라노 요시후사藤原良房의 변호로 사건은 일단락되었는데, 반 년 뒤 진범이 요시오 부자로 판명되어 유배형에 처해졌다. 이렇게 해서 고래의 명문 도모伴 씨는 몰락했고, 요시후사는 세이와淸和 천황의 섭정이 되어 정치 기반을 굳혔다. 후지와라 씨에 의한 타씨 배척사건의 하나라고 한다.

았다[요제이 천황의 어머니는 후지와라노 나가라藤原長良의 딸로, 니조노기사키二條后라고 불렸다].

상황上皇은 간교元慶 3년(879)에 삭발하고 출가하였다. 간교 4년(880)에는 단바 국丹波國 미즈오 산水尾山으로 옮겼는데 같은 해 12월에 붕어하였다[31세]. 일설에는 이 해 11월 8일에 모토쓰네를 관백에 임명하였다고 한다[『공경보임公卿補任』에는 "섭정 기간은 4년이다"라고 되어 있다].

간교 8년(884) 2월 4일에 모토쓰네는 요제이 천황을 폐하였다[17세]. 이 때 미나모토노 도오루가 이의를 제기하자, 후지와라노 모로쿠즈藤原諸葛가 검을 쥐며 "누가 태정대신의 말씀을 어기는가"라고 말했으므로 일이 정해졌다고 한다.

『고사담古事談』[42]에는 다음과 같이 적었다.

"이 일을 평정評定할 때 좌대신 도오루는 황위를 바라는 뜻이 있어서 '황친을 구한다면 도오루도 찾아 뵙겠다'라고 표시하였는데, 모토쓰네는 '천황의 혈통이라 하더라도 이미 성을 하사받았다. 신하로서 봉공한 사람이 즉위한 예는 아직 없지 않은가'라고 말하니 도오루는 말이 없었다. 이렇게 해서 모토쓰네는 여러 황자의 상을 보고 고코천황[43]을 세운 것이다[천황은 닌묘 천황의 제3 황자이다]. 이때에 1품品 식부경式部卿 친왕은 쉰다섯 살이었다."

또 『고사담』에 따르면, "모토쓰네가 친왕들의 처소에 돌아다니며

---

42 나라奈良 시대부터 헤이안平安 시대 중기까지의 신불神佛이나 궁정, 민간의 설화 460여 편을 모은 설화집. 가마쿠라鎌倉 시대 초기에 미나모토노 아키카네源顯兼가 편찬했다고 한다.

43 830~887. 제58대 천황. 재위 884~887. 닌묘仁明 천황의 제3 황자. 요제이陽成 천황이 후지와라노 모토쓰네藤原基經에 의해 폐위된 뒤 쉰다섯 살의 고령으로 즉위하였다. 재임 중은 모토쓰네를 사실상의 관백으로 하여 정무를 위임하였다.

사태를 보니 다른 친왕들은 허둥대며 혹은 장속裝束하거나 혹은 둥근 방석 꺼내며 분주하였는데 고마쓰小松 천황[44]의 처소에 갔더니 떨어진 발 속에 가장자리가 찢어진 다다미에 앉아 계시며 상투를 두 갈래로 하시고 경거망동하는 기색이 없었으므로 '이 친왕이야말로 황위에 오르셔야 한다' 하여 가마를 보냈다"라고 하였다.

『삼대실록三代實錄』[45]에는, "가쇼嘉祥 2년(849)에 발해의 대사 왕문구王文矩가 천황이 여러 친왕 가운데 계시는 것을 멀리서 보고 옆에 있는 사람에게 '저 공자는 더없이 귀한 상이다. 반드시 천위天位에 오를 것이다'라고 말하였다"라는 기사가 있다.

또 『고사담』에는, "천황이 영지에 있을 때 마을 사람들의 물건을 많이 빌려서 쓰셨는데 즉위 후 입궐하여 재촉하니 오사메도노納殿[46]의 물건으로써 돌려주셨다"라고 되어 있다.

『신황정통기』에는, "황위를 계승한 처음에 섭정을 고쳐 관백으로 하였다. 이는 우리나라 관백의 시초이다"라고 되어 있다[이 관백이라는 말은 전한前漢 선제宣帝의 조서에 '만기지정, 유관백어광萬機之政, 猶關白語光'이라는 데에서 유래한다].

생각하건대, 2월 23일에 즉위한 천황은 5월 9일에 이르러 박사들에게 칙령을 내려 "태정대신의 직권이 무엇인가. 그리고 그것은 중국의 어느 관직에 상당하는가"를 조사시켰다[미나모토노 도오루가 천황의 명령을 받들고 문장박사文章博士 스가와라노 미치자네菅原道眞, 요시부치노 나가사다善淵永貞, 오쿠라노 요시유키大藏善行 등에게 의논하게 한 것이다]. 6월 5일에 "웅주웅

---

44 고코光孝 천황의 별칭. 천황의 거처 고마쓰도노小松殿와 연관지어 부르는 호칭.

45 후지와라노 도키히라藤原時平, 스가와라노 미치자네菅原道眞 등이 편찬한 역사서. 육국사六國史의 하나. 세이와淸和·요제이陽成·고코光孝 천황의 3대 858년부터 887년까지 30년간을 취급했다.

46 천황가의 금은, 의복, 세간 등 각종 물품을 넣어두는 곳.

하^{應奏應下}[47]의 일은 반드시 먼저 여쭈어라. 짐이 장차 하는 대로 맡겨 둘 것이다"라는 조서를 내렸다.

폐립_{廢立}에 대해서는 46대 고켄_{孝謙} 상황[48]이 아와지_{淡路} 천황을 폐하고 다시 즉위한 예가 있는데, 그 후에는 이번이 최초가 된다. 또 관백에 대해서는 천황도 어쩔 수 없으셨을 것이다. 처음에 여러 박사에게 논의시켰을 때 "태정대신에게 관할 업무가 있지 않다"라고 답한 것은 모토쓰네의 권한을 억누르려는 것이었는지.

또 생각하건대, 당대의 노신_{老臣}은 모두 관백 혹은 내람_{內覽}[49]의 신하와 같은 것이었는지. 미심쩍은 생각이 든다.

우다 · 다이고 · 무라카미 천황 3대, 섭관을 둠
부록 스가와라 승상

고고 천황이 재위 3년에 붕어하자[58세] 제3 황자 우다_{宇多} 천황이 즉위하였다[어머니는 간무_{桓武} 천황의 황자 나카노_{仲野} 친왕의 딸 한시_{班子} 여왕이라고 한다]. 닌나 3년(887) 8월 26일에 고고 천황이 위독한 상태에 빠졌을 때 후지와라노 모토쓰네가 권하여 황태자로 삼았다[21세].

우다 천황은 황위를 계승한 처음에 11월 21일에 조서를 내려 "대소 정무는 모두 태정대신에게 관백하게 하라"라고 하였다. 그런데

---

47 천황의 결재나 천황의 자문.

48 제46대 천황. 재위 749~758. 아버지는 쇼무_{聖武} 천황, 어머니는 후지와라씨 출신으로 황후가 된 고묘_{光明} 황후. 준닌_{淳仁} 천황을 거쳐 제48대 쇼토쿠_{稱德} 천황으로 재즉위하였다. 재위 764~770.

49 천황에게 올리는 문서를 섭정, 관백, 또는 센지_{宣旨}를 받은 자가 먼저 보고 처리하는 것, 또는 그 영외관_{令外官}의 직무.

모토쓰네는 26일에 상표上表하여 그것을 사양하였으므로 윤 11월에 다시 "사직社稷의 신하는 짐의 신하가 아니다. 모름지기 아형阿衡[50]의 임무로써 경의 임무로 삼으라"라는 조서를 내리고, 닌나 4년(888) 2월 22일에는 천황 명령을 내려 그를 준삼후로 하고, 주진코 후지와라노 요시후사와 같이 연관연작年官年爵[51]을 내렸다.

다시 5월 5일이 되자 모토쓰네는 상표하여, "아형의 임무와 관백과는 어떤 관계가 있는지 저는 알지 못합니다. 엎드려 들건대, 좌대신이나 명경박사明經博士 등이 영令을 감안하여 아뢰기를 아형의 임무란 일정한 직권을 가지는 것은 아니라고 하니 어떠합니까"라고 말씀 올리자 천황은, "그것은 사다이벤左大辨[52] 다치바나노 히로미橘廣相[53]가 멋대로 말한 것임에 틀림없다. 조서를 지어 말하기를 '아형의 임무를 경의 임무로 삼아야 할 것이다'라고 하였다. 그런데 여전히 의심을 품고 일을 포기하여 국가의 업무가 막히고 지체되었다. 명경박사 등이 '아형은 은殷 삼공三公의 관명입니다. 삼공은 앉아서 도를 논하고 전직典職하는 바 없습니다'라고 답한 것은 뭔가 깊은 의미가 있

---

50 중국 은殷 시대 재상의 호칭.
51 연관年官은 일본 고대·중세 전기에 황족 및 귀족이 보유하던 관직추천권을 가리키는 용어로, 태상천황을 비롯하여 황족, 공경에 대해 매년 일정한 관직을 급여하고 급여 받은 자가 임관 희망자를 모집하여 임료任料를 납부하게 하는 대신에 희망자에게 관직을 주는 제도. 연작年爵은 치천治天의 군君 및 삼궁三宮, 태황태후, 황태후, 황후가 보유하는 서위권敍位權을 가리키는 용어로, 매년 치천 내지 삼궁에게 1인분의 서작권敍爵權을 부여하고 치천 및 삼궁은 서작 희망자에게서 서료敍料를 납부하게 했다.
52 벤칸辨官은 조정의 최고기관 태정관太政官인 사다이벤左大辨, 우다이벤右大辨, 사추벤左中辨, 우추벤右中辨, 사쇼벤左少辨, 우쇼벤右少辨의 총칭.
53 난외 두주 십훈초十訓抄에는 "후지와라노 스케요藤原佐世가 고하였으므로 모토쓰네가 마굿간의 말을 풀어놓았다. 다치바나노 히로미橘廣相가 죄를 받아서 화가 되었다. 이 일 때문에 중납언中納言으로 추증追贈되었다. 관공菅公이 이때 제유諸儒와 논의하여 그를 구제한 적이 있었다. 후에 히로미가 꿈에 나타나 금홀金笏 셋을 주었다"라고 하였다.

는 듯하다. 어쨌든 짐은 정무의 만사를 그대에게 의뢰하려고 생각하므로 히로미가 지은 바는 짐의 의사를 어긴 것이다. 향후 일체의 일을 맡아 보좌하여 행하고 백관을 총괄하며 웅주웅하의 일은 반드시 아뢰어라. 짐이 장차 하는 대로 맡겨 둘 것이다"라고 말하였다.[54]

간뵤寬平 원년(889) 11월에 이르러 후지와라노 모토쓰네에게 요요腰輿[55]를 타고 궁중에 출입하는 것[56]을 허락하였고 미나모토노 도오루에게는 다고시手輿[57] 타는 것을 허락하였다.

---

54 이를 아형阿衡 사건, 아형의 분의紛議라고 한다. 887년 후지와라노 모토쓰네藤原基經의 추천에 의해 황태자가 된 우다宇多 천황은 즉위 때 모토쓰네를 관백에 임명하는 조칙을 내렸다. 모토쓰네는 선례에 따라 일단 사퇴하였다. 천황은 사다이벤左大辨 다치바나노 히로미橘廣相에게 명하여 두 번째 조칙을 내렸다. 그 조칙에 "모름지기 아형의 임무로써 경의 임무로 삼으라"라는 구절이 있었다. 아형은 중국 은대의 현신 이윤伊尹이 임명되었던 관직으로 이 고사를 다치바나노 히로미가 인용한 것이다. 이것을 문장박사 후지와라노 스케요藤原佐世가 "아형은 위位가 높지만 직장職掌은 없다"라고 모토쓰네에게 고함으로써 문제가 되었다. 노한 모토쓰네는 일체의 정무를 내팽개쳐 버렸고 이 때문에 국정이 정체되는 사태에 빠졌다. 또 모토쓰네는 마구간의 말을 전부 시중에 풀어놓아 분노를 드러내었다고 한다. 심통한 천황은 모토쓰네에게 정중하게 양해를 구했지만 고집을 풀지 않았다. 이듬해 888년 천황은 좌대신左大臣 미나모토노 도오루源融에게 명하여 박사들에게 아형에게 직장이 없는지를 연구시켰다. 모토쓰네의 위력을 두려워한 박사들의 견해는 스케요와 같았다. 히로미는 이에 반박하였다. 천황은 앞의 조칙을 취소하고 히로미를 파면하였다. 모토쓰네는 집요하게 여전히 히로미를 멀리 유배할 것을 요구하였다. 히로미에게 죄가 없음을 아는 천황은 곤란했는데, 사누키노카미讚岐守 스가와라노 미치자네菅原道眞가 이 이상은 후지와라 씨를 위해서가 아니라는 뜻의 글을 모토쓰네에게 보내어 모토쓰네가 분노를 푸는 것으로서 겨우 사건이 수습되었다. 이 사건으로 후지와라 씨의 권력이 강대함을 세상에 알리고 천황이 사실상 괴뢰였음을 증명하였다.

55 앞뒤 두 명이 허리 부근까지 들어 올려 이동하는 당시의 탈것.

56 황거 내에는 걸어 다니는 것이 통례인데, 탈것으로 이동하는 것을 허락한 것.

57 주 55의 요요腰輿와 같음.

간보 3년(891) 정월에 모토쓰네가 훙서하였으므로[56세] 정1위를 내리고 에치젠코越前公에 봉하고 시호를 쇼센코昭宣公라 하였다[『공경보임』에 따르면, 모토쓰네는 간교 4년(880)부터 간보 2년(890)까지 11년간 관백의 직에 있었다].

우다 천황은 재위 10년 만인 간보 9년(897) 7월 3일에 황위를 다이고醍醐 천황에게 물려주고[이때 다이고 천황은 열세 살이었으며 어머니는 중납언 후지와라노 다카후지藤原高藤의 딸이다] 상황이라 칭하였다. 상황은 후지와라노 도키히라藤原時平[27세]와 스가와라노 미치자네[54세]에게 명하여서 이 두 사람이 서로 나란히 정치를 행하였다[스가와라 미치자네는 대납언 대장大將이다].

쇼타이昌泰 원년(898) 2월에 도키히라는 좌대신 좌대장, 미치자네는 우대신 우대장[58]이 되었다. 도키히라의 좌대장, 미치자네의 우대장은 종전대로이고 이때에는 각각 좌우 대신에 임명된 것이다. 미치자네는 사직하려고 하였으나 허락되지 않았다.

그 후 엔기延喜 원년(901) 정월 25일에 미치자네를 좌천하고 미나모토노 히카루源光를 우대신으로 삼았다.

엔기 3년(903) 2월 25일에 미치자네가 훙서하였다.

엔기 4년(904)에 야스아키라保明 친왕을 세워 태자로 삼았다[2세]. 어머니는 도키히라의 여동생[온시穩子라고 한다]이다.

엔기 9년(909) 4월에 도키히라가 훙서하였으므로[39세] 정1위 태정대신을 내렸다.

엔기 13년(913) 3월에 히카루가 훙서하였다[69세].

---

58 좌대장左大將, 우대장右大將은 좌근위대장左近衛大將, 우근위대장右近衛大將을 줄여서 부른 호칭. 근위대장近衛大將은 일본 율령제의 관직의 하나로서 좌우에 1명씩 두어 좌우 근위부近衛府를 다스렸다. 상설 무관의 최고위이기도 하다. 종3위에 상당하지만 실제는 위계 이상의 중직으로 여겼고 대신大臣이나 대납언大納言이 겸임하는 것이 일반적이었다.

엔기 14년(914) 7월에 후지와라노 다다히라藤原忠平가 우대신이 되었다.

이어서 엔초延長 원년(923) 3월에 태자가 훙서하자 시호를 분겐文彦이라 하였다.

엔초 2년(924)에 다다히라가 좌대신이 되고, 천황의 외삼촌 후지와라노 사다카타藤原定方가 우대신이 되었다.

엔초 8년(930) 9월 23일에 이르러 천황이 위독하게 되자 유타아키라寬明 친왕에게 황위를 넘기고[스자쿠朱雀 천황] 29일에 붕어하였다[46세]. 다이고 천황은 33년간에 걸쳐 재위하였는데, 그 동안 섭정, 관백은 두지 않았다.

스자쿠 천황은 다이고 천황의 제11 황자이다[다이고 천황에게는 스무 명의 황자가 있었는데, 그 가운데 태자 가쓰아키라克明는 요절하였고, 2남 야스아키라도 마찬가지로 요절하였다. 11남 스자쿠 천황, 14남 무라카미村上 천황 등은 후지와라노 모토쓰네의 딸이 낳았다].

『오카가미大鏡』[59] 스자쿠 천황 조에, "이 천황이 태어나서는 덧문도 열지 않고 밤낮으로 불을 켜고 휘장 내에서 세 살까지 계시게 하였다. 기타노北野[60]를 두려워하여 이렇게 한 것이다. 이 천황이 태어나지 않으셨다면 후지와라 씨가 이렇게나 번영하지 않았을 것이다. 적절한 때에 태어나셨다"라고 하였다.

이 천황은 세 살 때 태자로 책립되고[엔초延長 10년(932)] 여덟 살 때 황위를 계승하였는데, 다다히라가 섭정하였다.

조헤이承平 5년(935) 6월에 남해의 적賊이 봉기하였다[후지와라노 스미토모藤原純友]. 덴교天慶 2년(939) 11월, 다이라노 마사카도平將門가 모반하였다.

---

59 헤이안平安 시대 후기에 성립한 기전체 역사소설. 작자는 불명.
60 기타노 덴만 궁北野天滿宮의 제신祭神 스가와라노 미치자네菅原道眞.

덴교 3년(940) 2월에 마사카도가 복주伏誅하였다.

덴교 4년(941) 6월에 남해의 적을 평정하였다. 이 해 11월에 다다히라가 정치를 되돌려 관백이 되었다.

덴교 9년(946) 천황이 황태자 나리아키라成明[61]에게 양위하고 스자쿠인朱雀院[62]으로 옮겼다[24세]. 재위 16년[무라카미 천황의 덴랴쿠天曆 6년 (952)] 8월에 붕어하였다[30세].

『호겐모노가타리保元物語』에는, "스자쿠는 모후의 권유로 양위하였으나 나중에 후회하여 재즉위의 일을 여러 신에게 빌고 이세신궁伊勢神宮에도 공경 칙사를 보냈다"라고 쓰여 있다.

무라카미 천황은 다이고 천황의 제14 황자이며, 덴교 9년(946) 4월 28일에 즉위하였다[21세].

덴랴쿠天曆 원년(947) 4월에는 후지와라노 사네요리藤原實賴가 좌대신 좌대장, 후지와라노 모로스케藤原師輔가 우대신 우대장, 그 아버지 다다히라가 관백 태정대신이 되어 부자 셋이 삼공의 지위를 차지하였다.

덴랴쿠 3년(949) 정월에는 다다히라가 관직에서 물러나고, 사네요리와 모로스케가 정무를 보았다. 8월에 다다히라가 훙서하였다[70세]. 천황은 그에게 정1위를 내리고 시나노코信濃公에 봉하고 시호를 데이신코貞信公라 하였다[다다히라는 11년간 섭정에, 9년간 관백 직에 있었다]. 그 후 19년 동안에는 섭정, 관백을 두지 않았다.

61　난외 두주　'成明(나카아키라)' 아래에 '村上天皇の御事(무라카미 천황의 일)' 7자가 분주分註되어 있다.

62　헤이안 시대에 천황이 양위 후의 주거로 사용한 별궁으로 스자쿠오지朱雀大路의 서쪽에 위치하였다. 헤이안 시대 초기 사가嵯峨 천황이 스자쿠인을 건립하고, 우다宇多 천황이 정비하여 양위 후 거주했다. 후에 스자쿠朱雀 천황이 수리하여 마찬가지로 양위 후 거주하였다. 950년에 화재로 불탄 것을 무라카미村上 천황이 재흥하였으나 엔유圓融 천황 이후에는 사용되지 않아 점차 황폐해졌다.

삼가 살피건대, 어째서 스자쿠 천황대 초에 동남 지역이 어지러웠는가 하면, 다이고 천황의 정치가 쇠퇴한데다가 외척이 권력을 휘둘렀기 때문이 아닌가 생각한다. 또 스자쿠 천황에게는 아들이 없어서 동복아우를 태자로 삼았는데, 양위가 빨랐던 것은 재난이 많았기 때문이었을 것이다.

『오카가미』 우다 천황 조에, "이 천황이 보통 사람이었을 동안은 분명치 않아서 확실히 알 수 없다[63]"라고 하였고, 같은 책 다이고 천황조에, "간뵤 9년(897) 7월 3일에 즉위하셨다. 이때 열세 살이었다. 그날 바로 침소에서 갑자기 관冠을 쓰고 나오셨다. 사람들이 자기 스스로 입었다고 이야기하는 것이 사실이었을까"라고 쓰여 있다.

『야마토모노가타리大和物語』에는, "우다 천황은 양위 후에 다치바나노 요시토시橘良利 한 명을 수행원으로 삼아 어딘가로 도망쳐서 종적을 감추었다"라고 쓰여 있다[생각하건대, 상황은 예순다섯 살에 붕어하였으므로 양위하는 날 서른한 살이었다].

스가와라노 미치자네[64]는 고레요시是善의 아들이다[일설에 천자의 아들이라고 하는데, 만약 그렇다면 닌묘[65] 천황의 아들일지도 모른다. 닌묘 천황의 휘諱는 미치야스道康이며 공의 휘가 미치자네이기 때문이다]. 유가儒家 출신이어서 우다 천황에게 신임을 받아 자주 등용되었고 대납언 우대장까지 올

---

63 우다宇多 천황은 열여덟 살 때 미나모토源 성을 하사받아 신하가 되었다가 스물한 살 때 다시 황족으로 돌아왔다. 그동안의 일이 분명하지 않다는 의미이다.

64 845~903. 헤이안 시대의 귀족, 정치가, 학자. 우다·다이고醍醐 천황에게 중용되어 문장박사 등을 역임하고 우대신右大臣에 이르렀다. 901년 후지와라노 도키히라藤原時平의 참소를 받아 다자이곤노소치大宰權帥로서 좌천되어 현지에서 사망했다. 미치자네 사후에 발생한 천재지변이 그의 원령이 한 소행이라고 여긴 조정에서는 그의 명예를 회복시키고 정1위 태정대신太政大臣을 추증하였다.

65 난외 두주 아마도 닌묘仁明는 몬토쿠文德의 오류일 것이다.

랐다[공은 극력으로 간하고 직언하는 일이 많았다. 또 관상쟁이가 관상을 본 일이 있었다].

『속고사담續古事談』에는 다음과 같이 적었다.

"간뵤 때 스가와라 공이 간언하는 것이 중국의 간관諫官과 다름없었다. 언젠가 살생을 금하였는데, 그 다음해에 천황이 친히 매 사냥을 하는 것을 보고 '올해는 새와 짐승들에게 무슨 잘못이 있어 갑자기 사냥을 하십니까'라고 하니 사냥을 그만두셨다. 모든 일에 이 같은 기량을 보였으므로 겨우 9년 동안에 사누키노카미讚岐守에서 우대신, 내람에까지 이르렀다."

일설에 이르기를, "우다 천황이 은밀히 스가와라 공을 불러 양위의 일을 의논하셨는데 공이 간하여 그만두셨다. 그 후 다시 이 일을 의논하시니 이번에는 '서둘러 그 일을 하셔야 할 것입니다. 시일을 끌면 다른 방해도 있을 것입니다'라고 하였다. 이 때문에 다이고 천황 즉위 날 '스가와라 공은 금상천황의 충신이다'라고 우다 상황께서 말씀하셨다"라고 하였다[이 일은 미심쩍다].

『신황정통기』에는 다음과 같이 적었다.

"정사년丁巳年 다이고 천황 즉위, 무오년 개원, 도키히라와 미치자네 두 사람이 상황의 명령을 받아 보좌하였다. 나중에 좌우 대신에 임명되어 함께 만기를 내람하였다. 우상右相은 나이도 많고 학문도 현명하여 천하의 인망을 받았다. 좌상은 대대로 가계를 이어온 인물이니 버리기 어려웠다. 어느 때에 천황이 상황의 거처 스자쿠인에 행차하였더니 '이제 우상에게 정무를 맡겨야 할 것이다'라고 말씀하셔서 분부하였더니 우상이 굳게 피하여서 그만두었다. 이 일이 세상에 누설되자 좌상이 노여움을 품고 갖은 참소를 하였고 결국에는 이렇게 기울게 되었으니 딱하다. 상공相公 미요시 기요쓰라三善清行 아손朝臣이 이 일의 조짐이 아직 드러나기 전에 재난을 피해야 한다고 말했지만 무시해서 이 일이 생긴 것이다."

『기타노엔기北野緣起』에는 다음과 같이 적었다.

"그 무렵 천황이 가까이에서 부리고 있던 사람들에게 미나모토노 히카루 경卿, 후지와라노 사다쿠니藤原定國 경, 스가네 아손菅根朝臣이 천황의 명령이라 속이고 음양박사들에게 갖가지 희귀한 보물을 주어 신들을 제사지내고 황성皇城의 팔방에 주술의 잡보雜寶를 묻었다."

일설에 따르면, 다이고 천황의 동생 이즈키요齊世 친왕[66]이 공의 사위였으므로 이 사람을 세우려 하였다고 참소하였다고 한다.

엔기 원년(901) 신유辛酉 정월 초하루에 일식이 있었다. 같은 달 25일에는 스가와라노 미치자네가 좌천되었다. 그믐날 밤에 상황이 천황에게 간하려고 갔지만 궁문에 들어가지 못하였다가 [후지와라노 스가네藤原菅根의 소행이라고 한다] 2월 초하루에 헛되이 환궁하셨다. 이 날 미치자네는 도성을 떠났고, 이즈키요 친왕은 출가하였다. 이 해 12월에 상황이 오무로御室[67]를 조성하였다. 혹자는 말하기를 상황이 교토와 사이에 틈이 생겼으므로 나라비가오카雙岡[68]에 쌓았다고 한다.[69]

엔기 3년(903) 2월 25일에 미치자네 공이 훙서하였다[59세]. 엔기 9년(909)에 도키히라가 훙서하였다. 엔기 10년(910)에 가뭄이 들었다.

66 886~927. 우다宇多 천황의 제3황자이며, 다이고醍醐 천황의 이복동생. 스가와라노 미치자네의 사위.
67 우다 상황이 지은 닌나지仁和寺 내의 주거. 또는 닌나지의 별칭.
68 교토 시京都市 우쿄 구右京區, 닌나지의 남쪽.
69 901년 스가와라노 미치자네菅原道眞는 우다 천황의 아들로 자신의 사위인 이즈키요齊世 친왕을 즉위시키려 한다는 좌대신左大臣 후지와라노 도키히라藤原時平의 참언에 의해 다자이곤노소치大宰權帥로 좌천되고 그의 자식들은 유배당하였다. 이를 쇼타이昌泰의 정변이라 한다. 이 사건의 배경에는 권력을 둘러싼 다이고 천황과 우다 상황의 권력 다툼이 있다. 우다 상황은 양위 후에도 미치자네의 후원으로 후지와라 씨의 영향력을 빼앗으려 하고, 부친인 우다 상황의 영향력을 배제하고 싶은 다이고 천황은 도키히라와 결탁하여 미치자네를 축출함으로써 우다 상황과를 쫓아낸 것이다.

엔기 13년(913)에 우대신 히카루가 홍서하였다. 엔기 14년(914) 정월에 수도에 화재가 났다. 6월에는 홍수가 났다. 엔기 16년(916) 3월에 큰 비바람이 불었다. 엔기 17년(917)에는 큰 가뭄이 들었다. 엔기 22년(922)에 가뭄이 들었다.

엔초 원년(923)에 분겐 태자[70]가 홍서하였으므로 미치자네 공의 관위를 회복하였다. 엔초 7년(929)에 홍수가 났다. 엔초 8년(930) 6월 26일에 궁중의 세이료덴淸凉殿에 벼락이 쳐서 대납언 후지와라노 기요쓰라藤原淸貫, 우추벤右中辨 다이라노 마레요平希世 등 많은 사람이 벼락 맞아 죽었다. 천황은 소네이덴常寧殿으로 옮기고 승려 손이尊意를 불러 천황의 신변 안정을 위해 기도하게 하였다. 9월 29일에 천황이 붕어하였다.

스자쿠 천황 덴교 4년(941) 8월에 승려 도켄道賢이 스가와라 공을 긴부센지金峰山寺에서 보았다[도겐은 니치조日藏라고 이름을 고쳤다. 이것은 『도켄쇼닌 메이토키道賢上人冥途記』에 나온다].

덴교 5년(942) 7월에 니시노쿄西京 시치조보몬七條坊門의 아야코文子라는 여자 아이에게 미치자네 공이 칭탁하여 우콘노바바右近馬場[71]에 머물렀다[이는 『기타노엔기』에 보인다. 무라카미 천황 덴랴쿠 원년(947) 6월에 기타노 텐만 궁北野天滿宮으로 옮겼다고 한다].

무라카미 천황의 덴랴쿠 9년(955) 3월 12일에 오미近江 히라샤比良社의 네기禰宜[72] 신주神主 요시타네良種의 일곱 살 된 아들 다로마로太郎丸에게 미치자네가 칭탁하여 "내가 가는 곳에는 소나무를 나게 할

---

70 903~923. 다이고 천황의 황자. 외조부 후지와라노 모토쓰네藤原基經의 후원으로 두살 때 동궁에 책립되어 후지와라 섭관가에게는 장래에 큰 꿈을 이루어 줄 존재였다. 스물한 살 때 타계하자 스가와라노 미치자네의 원령의 앙화를 입은 것이라는 소문이 났다.

71 기타노 텐만 궁北野天滿宮의 남쪽.

72 신사神社에서 봉사하는 신직神職.

것이다"라고 하였다. 요시타네가 우콘노바바에 가서 아사히지朝日寺의 주지승에게 상의하였더니 하룻밤에 소나무 수천 그루가 나서 갑자기 숲을 이루었다[이것은『덴만텐진 신탁선기天滿天神神託宣記』및『기타노엔기』등에 보인다].

『류큐키琉球記』에는 다음과 같이 적었다.

"봉왕封王 제10대 상원왕尚元王[73] 때에 구메무라古米村의 하야시시 다이후林氏太夫라는 자가 항상 '어디든 매화만 있다면 나인 줄 알고 마음을 다해 다른 데에 옮기지 말지어다'라고 노래를 읊으며 신에게 제사지냈다. 후에 입당선入唐船의 상사上使가 되었다. 장주漳州 매화해 梅花海에서 배가 뒤집혀서 배에 있던 사공들이 모두 익사했는데 하야시시 혼자만 매화 가지를 쥐고 살아나 다른 배로 옮겨 타서 돌아왔고 결국 덴만 궁天滿宮을 세웠다"

[세상을 떠난 스승 보쿠 교세이木恭靖[74]가 이르기를, "스가와라 공은 외척의 권한을 억제하려는 뜻이 있었으므로 후지와라 씨 자제들이 이를 참언한 것이다"라고 하였다].

레이제이 천황 이후 8대[75] 동안 섭관가가 권력을 휘두름
부록 천자 원호院號 개시[제3 변화]

레이제이 천황은 무라카미 천황의 제2 황자이다. 어머니는 중궁 안시安子이며 우대신 후지와라노 모로스케의 딸이다. 덴랴쿠 4년 (950) 5월에 태어났고, 7월에 태자로 책립되었다[중간에 1개월]. 생각해

---

73 1528~1572. 류큐琉球의 국왕. 재위 1556~1572.
74 에도江戶 시대 전기의 유학자 기노시타 준안木下順庵. 교세이恭靖는 시호.
75 레이제이冷泉, 엔유圓融, 가잔花山, 이치조一條, 산조三條, 고이치조後一條, 고스자쿠後朱雀, 고레이제이後冷泉 천황의 8대.

보건대, 무라카미 천황에게는 아들이 아홉 명 있었다. 장남은 히로히라廣平 친왕[후지와라노 모토카타藤原元方의 딸 소생], 레이제이 천황, 엔유 천황[둘 다 후지와라 씨 소생], 7남 도모히라具平 친왕[요아키라代明 친왕의 딸 소생], 4남 다메히라爲平 친왕은 미나모토노 다카아키라의 사위였으므로 책립되지 못하였다고 한다.

무라카미 천황이 재위한 지 오래되어 고호康保 원년(964) 4월에 중궁 안시가 붕어하자, 그의 여동생 도시쿄子를 맞아들여 총애하였다. 이 사람은 천황의 형 시게아키라重明 친왕의 처였는데, 중궁을 뵈러 왔을 때 천황이 몰래 정을 통하였다. 지금은 시게아키라 친왕도 훙서하고 중궁도 붕어하였으므로 맞아들였다. 이때부터 조정의 정치가 쇠퇴하였다[이때 39세]. 고호 4년(967) 5월에 무라카미 천황이 붕어하였다[42세]. 재위 21년.

이렇게 해서 레이제이 천황이 교카샤凝華舍에서 황위를 계승하였다[18세]. 어머니의 사촌인 좌대신 후지와라노 사네요리가 관백이 되었다.

『고사담』에 따르면, "시신덴紫宸殿에서 즉위하였다[10월]. 다이고쿠덴大極殿에서 이 일을 거행하면 필시 보기 흉한 일이 생길지도 모른다.[76] 오노노미야 도노小野宮殿 사네요리의 고명함은 이 일이다"라고 하였다.

『강담』, 『속고사담』 등에 따르면, "천황이 신검神劍을 뽑고 신새神璽[77]를 여는 일이 있었다"라고 하였으며, 『오카가미』에는, "이 천황

---

76 천황의 즉위의식은 통상 정전인 다이고쿠덴大極殿에서 백관을 모아 거행해야 하는데, 정신병 증세가 있던 천황은 황태자 시절부터 여러 가지 기이한 행동을 하여 문제가 되었다. 천황의 병을 염려한 사네요리는 뜻하지 않은 일이 생길 것에 대비하여 시신덴紫宸殿에서 거행하게 했다. 이 일은 사네요리의 공적이라고 칭찬받았다.

77 천황의 상징인 삼종三種의 신기神器 중 구사나기노 쓰루기草薙의 劍와 야사

에게 후지와라노 모토카타의 원령이 씌어서 보기 흉한 일이 있었다[78]"라고 쓰여 있다.

생각해 보건대, 무라카미 천황의 장자 히로히라 친왕은 모토카타의 딸이 낳았다. 그를 제쳐두고 레이제이 천황으로 황위를 잇게 했기 때문인가.

『강담』에는 다음과 같이 적었다.

"덴교의 정토사征討使[79]는 조정의 논의가 모토카타를 대장군으로 삼고자 하였다. 모토카타가 이를 듣고 말하기를 '대장군이 되는 이상에는 무슨 일이든 국가가 들어줄 것이다. 만약 대장군에 임명된다면 반드시 데이신코의 자식[80] 한 명을 청하여 부장군으로 삼을 것이다' 라고 하였다. 이로 인해 이 논의가 멈췄다."

이 일[81]로써 보건대 모토카타는 강직한 기운이 있는 사람이다.

안나安和 2년(969) 3월에 사마노스케左馬助 미나모토노 미쓰나카源滿仲와 무사시노스케武藏介 후지와라노 요시토키藤原善時가 중무소보中務少輔 미나모토노 시게노부源繁延가 모반하였다고 고하였다. 이는 좌대

카니노 마가타마八尺瓊勾.

78 후지와라노 모토카타藤原元方(888~953)는 헤이안平安 시대 중기의 공경, 학자. 딸이 무라카미 천황의 후궁이 되어 제1 황자 히로히라廣平 친왕을 낳자 중용되어 대납언大納言으로 승진했다. 그러나 같은 해에 후지와라노 모로스케藤原師輔의 딸인 중궁도 제2 황자 노리히라憲平 친왕(나중의 레이제이冷泉 천황)을 낳고 곧 동궁에 책립되었으므로 히로히라 친왕의 장래가 막혀 버렸다. 이에 모토카타는 크게 실망한 나머지 병이 났고 3년 후 타계했다. 후대에 모토카타가 원령이 되어 외척의 지위를 굳힌 모로스케나 레이제이 천황, 그 자손에까지 앙화를 끼쳤다는 소문이 났다. 특히 레이제이 천황의 정신병은 그 때문이라고 하였다.

79 다이라노 마사카도平將門를 추토하는 정동대장군征東大將軍.

80 후지와라노 다다히라藤原忠平의 자식 사네요리實賴, 모로스케師輔, 모로타다師尹.

81 후지와라노 모토카타가 모로스케 등의 일족에게 품었던 대항심을 엿볼 수 있는 일화이다.

신 미나모토노 다카아키라[다이고 천황의 제16 황자, 니시노미야西宮라 불렸다]가 모의하여 천황을 폐하고 그의 사위 다메히라[선대 천황이 사랑한 아들]를 즉위시키려 하였다는 것이다. 태정대신 후지와라노 사네요리, 우대신 후지와라노 모로타다藤原師尹가 아뢰어서, 다카아키라를 다자이노곤노소치大宰權帥로 삼고 삭발시켜서 내보냈다. 시게노부와 승려 렌모蓮茂 등을 붙잡아서 엄중히 따져 물었더니, 후지와라노 지하루藤原千晴[히데사토秀鄕의 아들]도 한패라는 것이어서 이를 붙잡아서 모두 유배형에 처하고, 다카아키라의 집을 불태웠다[혹은 미쓰나카가 참소하였다고 한다].[82]

이해 8월에 레이제이 천황은 황위를 동생에게 물려주었다[재위 3년. 이후 42년 지나 이치조 천황의 간코寬弘 8년(1011) 10월에 붕어. 62세]. 이후에는 천황은 모두 원호院號를 쓰고 시호는 없다.[83]

『신황정통기』에는 다음과 같이 적었다.

"이 천황부터 천황 호칭을 쓰지 않았고, 또 우다 천황 이후 시호를 올리지 않았다. 천황의 유언이 있어서 기일忌日과 묘를 두지 않는 것은 군부君父의 현명한 방도이지만, 존호를 그만두는 것은 신하의 도리가 아니다. 진무神武 천황 이래의 호칭도 전부 후세에 정한 것이다. 지토持統・겐묘元明 천황 이후 양위 혹은 출가한 천황도 시호를 바치고 천황이라 불렀다. 중고中古[84]시대 선현先賢의 도리이지만 납득할

---

82 969년에 일어난 후지와라 씨에 의한 다른 씨족 배척사건으로 안나安和의 정변이라 한다. 우대신右大臣 후지와라노 모로타다藤原師尹 등이 미나모토노 미쓰나카源滿仲의 밀고를 이용하여 좌대신左大臣 미나모토노 다카아키라源高明 등에게 황태자 폐립의 음모가 있다 하여 추방하고 후지와라 정권 확립을 도모했다.

83 세간에서는 무라카미村上까지는 시호로 무라카미 천황이라 불렸지만, 레이제이冷泉 이후에는 양위 후의 거처와 관련지어 인院이라고 부르고 천황 칭호를 쓰지 않았다.

84 상고上古와 근고近古 사이의 시대로 헤이안 시대에 해당한다.

수 없다."

엔유 천황은 레이제이 천황의 동복아우이다. 안나安和 2년(969) 9월에 즉위하였다[10세]. 『오카가미』에 따르면, "이 천황이 동궁에 책립된 사정은 자못 듣기가 거북하고 장중한 일이기도 하다. 이는 모든 사람이 아는 일이지만 사정이 길어서 그만두겠다"라고 하였다.

생각해 보건대, 『오카가미』에서 말하는 바는, 다메히라를 세우지 않고 엔유를 태제太弟[85]로 삼고 또 미나모토노 다카아키라를 유배 보낸 일 등을 가리키는 것이다. 처음에 무라카미 천황이 장자 히로히라를 버리고 갑자기 레이제이가 태어나자 생후 3개월도 되지 않은 아이를 태자로 삼은 것은 무엇보다 잘못이라 할 것이다. 또한 레이제이에게 정신병이 있는 것을 그대로 태자로 삼아 황위를 전한 것도 잘못이다. 다음으로 무라카미 천황이 붕어한 뒤 후지와라노 사네요리, 다메히라를 버리고 엔유를 태제로 한 것은 다메히라도 천황의 동복아우이지만 미나모토노 다카아키라의 딸이 그의 비妃이므로 다메히라가 만약 황위를 이으면 다카아키라 때문에 후지와라 씨의 권세를 빼앗길 것이라고 생각했기 때문이다. 다카아키라가 결국 처벌받은 것도 세상 사람들이 사네요리의 이 일을 논의하는 자가 많아서 저절로 의구심이 들었기 때문일 것이다. 그렇다면 이 일은 무라카미 천황이 처음에 잘못하였고, 사네요리가 그 잘못을 거듭한 것이다.

사네요리가 섭정이 되고, 수신병장, 우차牛車, 내람의 센지宣旨가 있었다[이때 70세].

덴로쿠天祿 원년(970) 5월에 사네요리가 훙서하였다[71세]. 정1위를 내리고 오와리코尾張公에 봉했으며 시호를 세이신코淸愼公라고 하였다[관백, 섭정 각각 2년씩]. 천황의 외삼촌 우대신 후지와라노 고레타다藤

---

85 원문의 '太子'는 '太弟'의 오류. 노리히라憲平, 레이제이 천황, 다메히라爲平, 모리히라守平, 엔유圓融 천황은 동복형제로, 엔유 천황은 레이제이 천황의 아우이다.

原伊尹가 섭정하였다.

덴로쿠 3년(972) 4月에 다카아키라가 유배지에서부터 귀경하였다. 11월에 태정대신 고레타다가 훙서하였다[49세]. 정1위를 추증하고 미카와코三河公에 봉했으며 시호를 겐토쿠코謙德公라고 하였다[섭정 3년]. 고레타다의 동생 후지와라노 가네미치藤原兼通가 내대신內大臣에 임명되고[원래는 중납언] 관백이 되었다[덴엔天延 3년(975) 2월, 태정대신].

조겐貞元 원년(976) 5月에 황거가 불탔다. 6월부터 7월에 이르기까지 지진이 있었다. 천황과 황후는 가네미치의 호리카와堀川 저택에 있었다[황후는 가네미치의 딸].

조겐 2년(977)에 가네미치가 아뢰어 좌대신 미나모토노 가네아키라源兼明[다카아키라의 형]로서 친왕을 삼고 중무경中務卿에 임명하였다. 겉으로는 존중하면서 좌대신의 지위를 빼앗은 것이다. 10월에 가네미치가 병으로 관백을 종제 후지와라노 요리타다藤原賴忠에게 물려주고[사네요리의 아들], 상주하여 "나의 아우 가네이에兼家의 딸이 레이제이 상황의 총애를 받아 아들[산조 천황]을 낳았으므로 천황을 복위하려는 뜻이 있다"고 하여 가네이에[대납언 대장]를 치부경治部卿으로 떨어뜨리려고 하였다. 다시 청하여 유배나 사형에 처하려고 했으나 천황이 허락하지 않았다[이는 형 가네미치가 참의參議였을 때 동생 가네이에는 중납언에 임명되었고, 가네미치가 중납언이었을 때 가네이에는 대납언이었던 것을 분하게 여겨 요리타다와 서로 모의하여 가네이에를 해치려고 한 것이다]. 11월에 가네미치가 훙서하였다[51세[86]]. 도오토미코遠江公에 봉하고 시호를 주기코忠義公라 하였다.

덴겐天元 원년(978) 8月에 가네이에의 딸 센시詮子를 우메쓰보梅壺에 들였다. 이전에는 가네미치의 딸이 중궁이었으므로 다른 집안의 딸

---

86 원문의 '九十一歲'는 '五十一歲'의 오류.

이 입궐하는 것을 허용하지 않았으나 작년에 가네미치가 사거하였기 때문이다. 얼마 안 있어 센시가 이치조 천황을 낳았다.

덴겐 4년(981) 7월에 천황이 중병에 걸렸다. 히에이 산比叡山의 지케이慈惠에게 회복을 비는 기도를 시키기 위해 조서를 내려 렌샤輦車를 타고 궁문 내에 들어오는 것을 허용하고 대승정으로 삼았다[교키行基 이후 200여 년 만이다]. 10월에 천황이 새 황거로 옮겼다.

덴겐 5년(982) 11월 17일에 황거에 화재가 나서 호리카와인堀河院[87]으로 옮겼다.

에이간永觀 원년(983) 2월에 게비이시檢非違使에게 명하여 기나이畿內에서 함부로 무기를 휴대한 자를 체포하게 하였다.

에이간 2년(984)에 천황이 황위를 태자 모로사다師貞[가잔 천황, 엔유 천황의 조카]에게 물려주었다[이때 엔유 천황은 26세. 재위 15년].

가잔 천황은 레이제이 천황의 제1 황자이다. 어머니는 가이시懷子이며, 섭정 후지와라노 고레타다의 딸이다. 엔유 천황이 황위를 물려받는 날에 두 살로 태자에 책립되었다. 에이간 2년(982) 8월에 즉위하였다[17세. 생각해 보건대, 이치조 천황은 이때 6세]. 후지와라노 요리타다가 관백이 되었다[이때 레이제이, 엔유 형제 모두 상황으로 계셨다].

간나寬和 원년(985)에 고키덴弘徽殿의 뇨고女御가 졸卒하였다[후지와라노 다메미쓰藤原爲光의 딸]. 천황은 즉위 후 관백 요리타다의 딸, 다메히라 친왕의 딸, 대납언 후지와라노 아사미쓰藤原朝光의 딸, 세 사람을 뇨고로 삼았다. 또 대납언 다메미쓰의 딸 고시恒子를 고키덴에 들여서 몹시 총애하였는데 졸하니 몹시 가슴 아파하며 슬퍼하였다.

간나 2년(986) 6월 22일에 조간덴貞觀殿의 북문으로 나가서 가잔지花山寺에 들어가 삭발하고 출가하였다[19세]. 재위 2년[간코寬弘 5년

---

87 후지와라노 가네미치藤原兼通의 저택. 중궁의 실가實家.

(1008) 2월 8일에 붕어하였다[41세].

『신황정통기』에 따르면, "아와타粟田의 관백[후지와라노 미치카네藤原道 兼이다. 가네이에의 2남]이 구로도노벤藏人辨이었을 무렵 부추겼다"라고 한다.

『고사담』에는 다음과 같이 적었다.

"고키덴 뇨고가 흥서했을 때 천황이 비탄해하자 마치지리 도노町 尻殿[즉 아와타의 관백]가 세상무상의 법문을 적어 보여주며 출가를 권유하고 함께 출가할 것이라고 하였다. 천황이 대궐을 나가실 때 뇨고의 데구루마手車를 가지고 가려고 되돌아 들어가려고 하였더니 미치카네가 '보검과 신새는 이미 동궁[이치조 천황]에게 건넸습니다. 지금은 할 수 없습니다'라고 말하였다. 삭발할 때에 미치카네는 '대신 가네이에에게 출가 전의 모습을 다시 한 번 보여주고 돌아오겠다'라고 하고 도망쳐 행방을 감추었으므로 천황은 '나를 속였구나'라고 하며 눈물을 흘리며 슬피 울었다."

또 『고사담』에는, "가잔 천황이 출가할 때 천황이 행방불명되는 소동이 있었다. 오뉴도 도노大入道殿 가네이에가 말하기를 '수상한 일이 아니다. 잘 찾으라'라고 하여 시끄럽게 하지 않았다"라고 하였다.

생각해 보건대, 미치카네의 여동생 한 명은 레이제이 천황의 뇨고[88]로, 가잔 천황의 동생 산조 천황의 어머니이다. 다른 한 명[89]은 엔유 천황의 황후로 이치조 천황의 어머니이다. 그렇다면 가잔 천황이 출가하면 자기 여동생이 낳은 황자가

---

88 후지와라노 조시藤原超子. 954~982. 섭정·관백·태정대신太政大臣 후지와라노 가네이에藤原兼家의 장녀. 제63대 레이제이冷泉 천황의 뇨고女御, 제67대 산조三條 천황의 생모. 동복형제로는 미치타카道隆, 미치카네道兼, 미치나가道長, 센시詮子가 있다.

89 후지와라노 센시藤原詮子. 후지와라노 가네이에의 차녀로 제64대 엔유圓融 천황의 뇨고, 제66대 이치조一條 천황의 생모.

책립될 것이며 그러면 천황의 외삼촌이 될 것이다.

『고사담』에 이르기를, "아와타 도노 미치카네는 5개월 내에 5위의 쇼벤小辨에서 정3위 중납언에 이를 것이라고 생각했을 것이다"라고 하였다.

『강담』에는 다음과 같이 적었다. "'후지와라노 고레시게藤原惟成 벤辨[고레시게도 나중에 천황과 함께 출가하였다]이 임의로 서위敍位를 행하였다[惟成辨任意行敍位事]' 아래에 '이 천황이 즉위하는 날 다이고쿠덴의 고좌高座 위에서 우마노나이시馬內侍⁹⁰를 범하는 동안 고레시게가 옥패玉佩와 관의 방울소리에 놀라서 서위 모우시 부미申文를 가지고 왔다. 천황이 직접 이것을 되돌리는 사이에 임의로 서위하였다."

또 말하기를, "천황이 궁녀 및 하녀 등의 하카마袴를 금하였다"라고 하였다.

이치조 천황 조토쿠長德 2년(996) 정월에 가잔 법황이 다카쓰카사鷹司[고토쿠코恒德公 후지와라노 다메미쓰藤原爲光]의 딸 시노키미四君[고키덴 뇨고의 여동생]에게 갔다가 돌아오는 것을 나카노칸파쿠中關白 후지와라노 미치타카藤原道隆의 아들 고레치카伊周가 동생 중납언 다카이에隆家와 도모하여 법황에게 화살을 쏘아 겨드랑이에 맞혔다. 이는 고레치카가 시노키미의 언니 산노키미三君와 정을 통하였는데 법황이 그녀와 정을 통한다고 의심하여서였다. 법황이 부끄럽게 여겨 말하지 않았지만 일이 드러나서 고레치카는 쓰쿠시筑紫에 유배되었다. 이러한 일로써 보면 천황이 부덕함을 알 수 있다.

이치조 천황은 엔유 천황의 장자이다. 어머니는 우메쓰보梅壺의 뇨고, 즉 후지와라노 가네이에의 딸이다. 가잔 천황이 즉위하는 날 동궁으로 책립되었다[5세]. 가잔 천황이 황위를 내어 놓은 날 가네이에가 재빨리 입궐하여 동궁을 황위에 오르게 하고[7세] 스스로 섭정이 되었다[이때에 후지와라노 요리타다는 관백을 사퇴한 것 같다. 관백 10년이다]. 이때 레이제이를 태상황太上皇이라 하고, 엔유, 가잔을 법황法皇이라 하였다[세 상황이 있었다].

---

90 노래를 잘 하며 화려한 남성 관계가 있던 여관女官.

에이엔永延 2년(988) 8월에 가네이에의 니조 교고쿠二條京極 저택이 완성되었다. 미나모토노 라이코源賴光가 말 30필을 바쳤다.

에이소永祚 원년(989) 6월에 전 관백 후지와라노 요리타다가 홍서하였다[66세]. 스루가코駿河公에 봉하고 시호를 렌기코廉義公라 하였다.

쇼랴쿠正曆 원년(990) 정월에 천황이 관례를 올렸다[11세]. 5월에 가네이에가 병으로 출가하여 호를 도산조노 오뉴도東三條大入道라 하였으며, 섭정을 적자 미치타카에게 물려주었다. 가네이에를 준삼후로 하였다[섭정이 출가한 최초의 예]. 7월 2일에 홍서하였다[62세]. 병 중에 출가하였으므로 시호가 없다. 저택을 그대로 사찰로 만들고 호코인法興院이라 불렀다[섭관가가 원호를 쓴 최초의 예. 가네이에 섭정 6년].

생각해 보건대, 레이제이 천황 이후 천황을 원호로 불렀다. 그런데 가네이에가 홍서하여 원호를 칭하였으므로 더없이 참람하다고 할 것이다.[91]

10월, 우메쓰보의 황태후가 비구니가 되어 호를 도산조노인東三條院이라 하였다[황후 원호의 시초].

쇼랴쿠 5년(994)에 미나모토노 미쓰마사源滿政, 다이라노 고레토키平惟時, 미나모토노 요리치카源賴親, 미나모토노 요리노부源賴信 등에게 명하여 떼도둑을 나누어 잡게 하였다.

『고사담』에는 다음과 같이 적었다.

"요리노부는 마치지리 도노町尻殿 후지와라노 미치카네의 가신이다. 항상 주군을 위해 나카노칸파쿠 후지와라노 미치타카를 죽이려 하였다. 미나모토노 요리미쓰源賴光가 이를 말리며, '첫째, 죽일

---

91 레이제이冷泉 천황 이후는 레이제이인冷泉院, 엔유인圓融院이라고 주거하는 원호院號로 불렀다. 이를 모방하여 신하인 섭관가가 원호를 쓰는 것은 참람하다는 뜻.

수 있을지 확실하지 않으며, 둘째, 죽일 수 있다 하더라도 너의 주
군이 관백이 되는 것이 확실하지 않고, 셋째, 관백이 된다 하더라도
일이 드러나면 너의 주군께 출사할 수 있을지 확실하지 않다'라 말
하였다."

조토쿠長德 원년(995) 3월에 후지와라노 미치타카가 병으로 출가하
고 주청하여 그의 아들 고레치카를 임시 관백으로 삼았는데 그러는
사이에 훙서하였다[41세]. 4월에 우대신 미치카네가 관백이 되었는데
5월 8일에 훙서하였다. 11일에 미치카네의 동생 좌대장 후지와라노
미치나가藤原道長를 관백으로 삼았다. 이는 뇨인女院[92]의 뜻이었다고
한다.

『오카가미』에 따르면, "미치카네는 가잔 천황을 속여서 퇴위시킨
공이 있는데 아버지가 자기에게 관백을 물려주지 않은 것을 원망하
여 상중에 슬퍼하는 모습이 없었다"라고 하였다.

『신황정통기』에 이르기를, "미치타카가 병이 들어서 그의 아들
내대신 고레치카를 얼마동안 대신해서 내람하게 하였다. 상속하
여 관백으로 해야겠다고 생각하였는데 미치타카가 죽었다. 결국
동생 우대신 미치카네가 되었으나 7일 만에 죽으니 덧없다"라고
하였다.

또 이르기를, "미치나가가 대납언이지만 내람의 센지를 받고 우대
신까지 이르렀으나 엔기延喜, 덴랴쿠天曆의 예전[93]을 생각하여 관백을
그만두었다."

[『신황정통기』에 따르면, "미치나가는 이치조 천황 때에 관백이 아니다"라고 하였

---

92 태황태후, 황태후, 황후, 뇨고女御, 내친왕內親王 등으로 원호院號를 받은 사
  람. 여기서는 후지와라노 미치나가藤原道長의 동복 누나 도산조인東三條院
  센시詮子를 가리킨다.
93 엔기延喜, 덴랴쿠天曆는 다이고醍醐 천황, 무라카미村上 천황 대의 연호. 이
  천황 대에는 섭정·관백을 두지 않았다.

고, 『쇼쿠요쓰기續世繼』[94] 등에는 "관백이다"라고 되어 있다]. 7월에 미치나가가 우대신이 되었다[이로써 미치나가가 조정의 정치를 제멋대로 하였다].

조토쿠 2년(996) 정월에 후지와라노 고레치카가 유배되었다. 고레치카는 미치타카의 아들로 적통이었지만 미치나가가 추월한 것을 원망하였고, 또 가잔 법황에게 화살을 쏜 죄로 인해 미치나가가 누나인 뇨인에게 말하여 이렇게 된 것이다.

조토쿠 3년(997)에 고레치카가 돌아왔다. 이는 고레치카의 여동생인 황후 데이시定子[95]가 황자를 낳았기 때문이다[장자 아쓰야스敦康 친왕을 낳았다]. 8월에 미나모토노 미쓰나카가 졸하였다[81세].

조호長保 원년(999)에 미치나가의 딸 쇼시彰子[96]가 입궐하였다. 후지쓰보노 뇨고藤壺女御라고 한다. 그 후 중궁 데이시가 붕어하여 쇼시가 중궁이 되었다[이를 쇼토몬인上東門院이라 부른다].

간코寬弘 5년(1008)에 고레치카를 준대신准大臣으로 하고 봉호封戶를 하사하였다. 이를 의동삼사儀同三司[97]라고 한다.

간코 8년(1011) 6월 13일에 천황이 병이 나서 황위를 동궁 오키사다居貞 친왕에게 물려주고[산조 천황], 22일에 붕어하였다[32세]. 재위 25년.

『속고사담』에 따르면, "천황이 추운 겨울밤에 옷을 벗은 이유를 쇼토몬인上東門院이 물었다"라고 쓰여 있다.

---

94 『이마카가미今鏡』의 통칭. 헤이안平安 시대 말기의 역사이야기. 10권. 작자 미상. 1170년 혹은 그 이후에 성립되었다. 『오카가미大鏡』의 뒤를 이어 1025년부터 1170년까지의 역사를 기전체로 썼다. 『오카가미』, 『미즈카가미水鏡』, 『마스카가미增鏡』와 함께 네 개의 역사 이야기를 가리키는 시카가미四鏡의 하나. 고카가미小鏡, 쇼쿠요쓰기라고도 한다.

95 후지와라노 데이시藤原定子. 977~1001. 제66대 이치조一條 천황의 황후.

96 후지와라노 쇼시藤原彰子. 988~1074. 제66대 이치조 천황의 황후. 제68대 고이치조後一條 천황, 재69대 고스자쿠後朱雀 천황의 생모.

97 의례의 격식이 삼사三司, 즉 태정대신太政大臣, 좌대신左大臣, 우대신右大臣과 같다는 뜻. 준대신准大臣의 이칭.

『고사담』에는 다음과 같이 적었다.

"미나모토노 구니모리源國盛가 에치젠노카미越前守에 임명되었을
때 후지와라노 다메토키藤原爲時가 뇨보女房를 통해 상주上奏하였다.
그 글에 이르기를, '고학하는 추운 겨울밤, 피눈물이 소매를 적시네.
지모쿠除目[98]의 봄날 아침, 푸른 하늘이 눈에 어리네'라고 하였다. 천
황이 이를 보시고 먹지도 않고 누워서 우셨다. 미치나가가 이를 듣
고 곧 구니모리를 불러서 사표를 올리게 하고 다메토키를 에치젠노
카미에 임명하였다. 구니모리의 집안에서는 슬피 울었고 이때부터
구니모리는 우울해졌다. 가을이 되어 하리마노카미播磨守에 임명되
었지만 결국 졸하였다."

『신황정통기』에, "이 천황 대에는 그러한 간다치메上達部[99], 제도諸
道의 집안, 현교顯敎와 밀교密敎의 승려까지도 뛰어난 사람이 많았다.
그래서 천황도 '내가 사람을 얻은 것은 엔기, 덴랴쿠[100]보다 낫다'라
고 자찬하였다"라고 하였다.

하야시 라잔林羅山[101]의 설에 따르면, "가네아키라兼明 친왕의 아들
미나모토노 고레타카源伊陟가 『토구부莵裘賦』를 바쳤다. 서문에 이르

---

98 헤이안平安 시대에 대신 이외의 모든 벼슬을 임명하는 의식.

99 섭정, 관백, 태정대신太政大臣, 좌대신左大臣, 우대신右大臣, 대납언大納言,
중납언中納言, 참의參議 및 3위 이상인 사람의 총칭. 참의는 4위이지만 이에
준하였다.

100 앞의 주 93 참조.

101 1583~1657. 에도江戶 시대 전기의 주자학파 유학자. 막부 유관儒官 린케林
家의 조상. 교토 상공인의 집안에서 태어났으나 겐닌지建仁寺에 들어가 불
교·유학을 배우고 주자학 연구에 뜻을 두어 22세 때 주자학자 후지와라
세이카藤原惺窩의 문인이 되었다. 세이카의 추천으로 장군 도쿠가와 이에야
스德川家康에게 출사하였고 이후 이에쓰나家綱까지 4대 장군의 스승이 되어
외교문서나 여러 가지 규칙의 초안을 작성하며 막부 정치의 정비에 힘썼
다. 하야시 라잔은 주자학의 입장을 명확히 하기 위해 양명학과의 구별이
나 불교 배척에 주력했으며, 주자학 사상으로 막번幕藩의 신분 질서를 정당
화하고 신유일치론神儒一致論을 주장했다.

기를, '군주가 어두우면 신하가 아첨하니 호소할 데가 없다'라 하였고, 부賦에 이르기를, '부상扶桑에 어찌 그림자 없으랴. 뜬구름이 덮어서 금세 어둡다. 군생하는 난이 어찌 향기롭지 않으랴. 가을바람이 불어서 못쓰게 한다'라고 하였다. 천황이 직접 이것을 써서 상자에 넣어 보관하였다. 천황이 붕어한 후 미치나가가 이것을 보고 찢어 버렸다"라고 하였다.

『고사담』에는 다음과 같이 적었다.

"『제범帝範』[102] 거참편去讒篇에, '군생하는 난이 무성하려 하여도 가을바람이 이를 피지 못하게 해 버리고, 왕자王者가 현명하려 하여도 참언하는 사람이 이를 덮어 버린다'라고 한 것을 미치나가가 '나의 일을 생각하시고 쓰신 것이다'라고 하며 찢었다."[고레타카伊陟가 이 부賦를 바친 것을 『고사담』에는 무라카미 천황 때라고 되어 있다].

산조 천황[103]은 레이제이 천황의 제2 황자이다. 어머니는 후지와라노 가네이에의 딸이다. 이치조 천황이 즉위하는 날에 동궁에 책립되었다[11세]. 간코寬弘 8년(1011) 6월에 황위를 물려받았다[36세]. 후지와라노 미치나가가 집정하였다. 천황은 눈이 아파서 양위하였다. 재위 5년[41세]. 간닌寬仁 원년(1017) 5월에 붕어하였다. 마흔두 살.

『고사담』에 따르면, "미치나가가 청하는 일이 있었으나 천황이 들어주지 않아서 미치나가는 퇴출하였다. 아쓰노리敦儀 친왕[104]을 시켜 불러오게 했는데 친왕이 선 채로 천황이 부른다는 뜻을 전하였다. 미치나가

---

102 당 태종이 편찬하여 태자에게 준 책. 4권 12편. 제왕의 규범이 되는 사항을 기술하였다.

103 976~1017. 제67대 천황. 재위 1011~1016. 25년 간의 동궁시대를 거쳐 1011년에 즉위. 이때는 후지와라노 미치나가藤原道長의 전성기로, 외손인 아쓰히라敦成 친왕(나중에 이치조一條 천황)의 즉위를 바라던 미치나가로부터 천황의 눈병을 이유로 재삼 양위를 압박받았다. 결국 제1 황자 아쓰아키라敦明 친왕의 태자 책립을 조건으로 양위했다.

104 산조三條 천황의 제2 황자.

가 돌아와 아뢰기를 '이러한 미숙한 친왕이 마루에 서서 집병執柄인 사람을 부르게 하십니까'라고 하였다. 쓰네토經任[105] 경의 설에 이르기를, '돌아오지 않고 친왕을 욕하며 바로 나갔다'"라고 하였다.

고이치조 천황은 이치조 천황의 제2 황자이다. 어머니는 후지와라노 미치나가의 딸이다. 산조 천황이 즉위하는 날 동궁이 되었다 [4세].

『오카가미』[106] [107]에 따르면, "이치조 천황이 고민하실 때 '당연히 순서대로 제1 황자를 동궁으로 삼아야 하겠지만 후견할 만한 사람이 없으니 생각하지 않았다. 그래서 이 황자를 세운 것이다'라고 말하였다"라고 하였다[제1 황자는 아쓰야스敦康로, 후지와라노 미치타카의 딸 데이시 황후 소생이다. 데이시는 고레치카의 여동생이다].

조와長和 5년(1016) 정월에 황위를 물려받았다[9세]. 외조부 후지와라노 미치나가가 섭정하였다. 이 날 산조 천황의 장자 아쓰아키라敦明 친왕을 동궁으로 세웠다[이 천황이 동궁이었을 때 동궁부東宮傅 대납언 후지와라노 미치쓰나藤原道綱가 사금을 품에 지녔다는 이야기가 『속고사담』에 보인다].

간닌寬仁 원년(1017) 3월에 미치나가가 섭정을 적자 후지와라노 요리미치藤原賴通에게 물려주었다[26세. 『공경보임』에는, "미치나가 내람 21년", 『신황정통기』에는, "산조 천황 때 관백, 고이치조 천황 대 초에 섭정"이라 되어 있다]. 이해 5월에 산조 상황이 붕어하였다. 8월에 동궁 아쓰아키라 친왕이 동궁에서 물러났으므로 천황의 동생 아쓰나가敦良 친왕을 동궁으로 삼았다[천황의 동복아우이다]. 아쓰아키라를 고이치조인小一條院이라 한다. 이후 레이제이 천황 계통은 끊어졌다.[108]

---

105 **난외 두주** '任'은 '信'의 오류가 아닌가 생각한다.
106 **난외 두주** '大'를 '水'로 고쳤다.
107 원문의 '水鏡'은 '大鏡'의 오류.

산조 천황에게 아들이 여덟 명 있었지만 아쓰나가를 세웠다.

『오카가미』에 따르면, "아와타 도노粟田殿[109]가 가잔 천황을 속여서 퇴위시키고, 사에몬노카미左衛門督는 고이치조 천황을 속여서 물러나게 하였다. 천황과 동궁 근처에 가까이해서는 안 되는 일족이라는 것이 생기지 않았는가"라고 하였다.

생각해 보건대, 사에몬노카미라는 것은 아와타노 도노 후지와라노 미치카네의 2남 가네타카兼隆이다. 이 가네타카의 장녀가 아쓰아키라 친왕의 동생 아쓰히라敦平 친왕의 처이다. 이런 까닭에 아쓰아키라를 속여서 물러나게 했는가[하야시 라잔은 후지와라노 미치나가 부자의 계략인가 라고 하였다]. 또 생각해 보기를, 미치나가가 산조 천황의 아들을 세우지 않은 것은 그 천황이 재위 때부터 군신 간에 틈이 있었기 때문일 것이다.

간닌 2년(1018) 정월에 천황이 관례를 올렸다[11세]. 3월에 미치나가의 딸을 들여서 뇨고로 삼았다[천황의 이모].

간닌 3년(1019) 3월에 미치나가가 출가하였다[54세]. 뉴도 도노入道殿라고 한다. 12월에 후지와라노 요리미치가 섭정을 그만두고 관백이 되었다.

간닌 4년(1020)에 미치나가가 호조지法成寺를 건립했다[이 때문에 미도 도노御堂殿라고 한다].

108

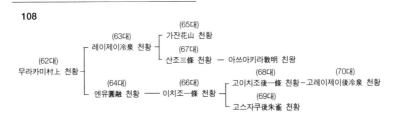

109 후지와라노 미치카네藤原道兼.

만주萬壽 원년(1024) 3월에 수도에 강도가 많이 출몰했다.

만주 4년(1027)에 후지와라노 미치나가가 훙서하였다[62세]. 천황 3대[110] 동안에 권력을 휘두르기 30여 년, 이치조, 산조, 고이치조 천황 및 동궁이 모두 그의 사위이다.

조겐長元 원년(1028) 6월에 가즈사노스케上總介 다이라노 다다쓰네平忠常가 모반하였다. 조겐 4년(1031) 4월에 가이노카미甲斐守 미나모토노 요리노부源賴信가 이를 평정하였다. 조겐 9년(1036) 4월에 천황이 붕어하였다[29세].

고스자쿠 천황은 이치조 천황의 제3 황자로, 고이치조 천황의 동복아우이다. 아홉 살 때 동궁에 책립되고, 스물여덟 살 때 황위를 물려받았다. 외삼촌 후지와라노 요리미치가 관백이 되었다.

조랴쿠長曆 3년(1039) 3월에 산문파山門派 승려들이 요리미치에게 글을 바쳐서 "묘손明尊[작년 겨울 좌주座主]은 지쇼智証의 유파이다. 그런데 지카쿠慈覺파가 아니면 좌주에 임명할 수 없다"라고 하였다. 요리미치가 허락하지 않자 산문파 승려들이 분노하여 요리미치 집의 문기둥을 베어 버렸다. 다이라노 나오카타平直方로 하여금 이를 방어하게 하였으나 사상자가 많이 나왔다.

조큐長久 원년(1040) 9월에 신경神鏡이 불타고, 천황이 재위 9년 만에 붕어하였다[37세]. 『신황정통기』에, "천황이 현명하였지만 섭정, 관백이 권력을 휘둘렀기 때문에 정치적 업적을 듣지 못하였다. 원통한 일이다"라고 쓰여 있다.

고레이제이 천황은 고스자쿠 천황의 제1 황자이며, 어머니는 후지와라노 미치나가의 넷째 딸이다. 열세 살에 동궁에 책립되었고, 스물한 살인 간토쿠寬德 2년(1045) 정월에 황위를 물려받았다. 외삼촌

---

110 산조三條, 고이치조後一條, 고스자쿠後朱雀 천황의 3대.

요리미치가 관백이 되었다.

에이쇼永承 6년(1051)에 아베노 요리토키安倍賴時가 모반하였다.[111] 미나모토노 요리요시源賴義를 무쓰노카미陸奧守 겸 진수부장군鎭守將軍으로 삼아 이를 토벌하게 하였다[대략 12년간]. 천황이 재위 23년에 붕어하였다[44세].

후지와라노 요시후사 섭정 5년[세이와 천황 조간 원년(859)부터 5년(863)까지]

중간에 13년 동안 섭정 없음[조간 5년(863)부터 18년(876)까지]

후지와라노 모토쓰네 섭정 4년[요제이 천황 간교 원년(877)부터 4년(880)까지]

　관백 11년[간교 4년(880)부터 고코, 우다 천황을 거쳐 간표 2년(890)까지]

중간에 40년 동안 섭정, 관백 없음[우다 천황 간표 3년(891)부터 다이고 천황 대 섭정, 관백 없음]

후지와라노 다다히라 섭정 11년[스자쿠 천황 쇼헤이承平 원년(931)부터 덴교 4년(942)까지]

　관백 9년[덴교 4년(942)부터 무라카미 천황 덴랴쿠 3년(949)까지]

중간에 19년 동안 섭정, 관백 없음[덴랴쿠 3년(949) 후부터 두지 않았음]

오노노미야 후지와라노 사네요리 관백 2년[레이제이 천황 고호 4년(967)부터 안나 원년(968)까지]

　섭정 2년[엔유 천황 즉위부터 덴로쿠 원년(970)까지]

---

111 1051년부터 1062년까지 무쓰陸奧에서 일어난 반란으로 전구년前九年의 난이라고 한다. 동북 지방의 호족 아베安倍 씨는 할아버지 때부터 3대에 걸쳐 무쓰를 지배하고 있었는데, 아베노 요리토키安倍賴時 때 이웃 군을 공략하고 난을 일으켰으므로 조정은 미나모토노 요리요시源賴義, 요리이에賴家 부자를 파견하여 토벌하게 하였다. 요리토키는 한때 귀순하였다가 1056년 다시 난을 일으켰다. 그가 죽은 뒤 아들 사다토貞任, 무네토宗任 형제가 완강하게 저항해서 난이 장기화되었다. 요리요시는 데와의 호족 기요하라淸原 씨의 도움을 받아 1062년에 겨우 진압에 성공하였다. 이후 미나모토源 씨의 세력이 동북 지방에까지 미치게 되었다.

이치조一條 후지와라노 고레마사 섭정 3년[덴로쿠 원년(970)부터 3년(972) 까지]

호리카와堀河 후지와라노 가네미치 관백 6년[덴로쿠 3년(972)부터 조겐 2 년(977)까지]

산조三條 후지와라노 요리타다 관백 10년[덴겐 원년(978)부터 가잔 천황 간 나 2년(986)까지]

도산조 오뉴도 후지와라노 가네이에 섭정 6년[이치조 천황 즉위부터 쇼라 쿠 원년(990)까지]

나카칸파쿠 후지와라노 미치타카 섭정 3년[쇼랴쿠 원년(990)부터 3년(992)까지] 관백 3년[쇼랴쿠 4년(993)부터 조토쿠 원년(995)까지]

마치지리町尻 아와타 후지와라노 미치카네 관백 2개월[이치조 천황 조토 쿠 원년(995) 4월부터 5월까지]. 혹은 7일이라고 함.

오무로御堂 뉴도入道 후지와라노 미치나가 내람 21년[조토쿠 2년(996)부 터 산조 천황 조와 5년(1016)까지].

우지宇治 후지와라노 요리미치 섭정 4년[고이치조 천황 간닌 원년(1017)부 터 4년(1020)까지]

관백 49년[간닌 원년(1017)부터 고스자쿠 천황을 거쳐 고레이제이 천황 지랴쿠 4년 (1067)까지][112]

대략 12대 149년 동안 섭정 또는 관백의 지위를 차지했으며, 후지와라노 사

---

[112] 후지와라藤原 섭관가攝關家의 계보

후유쓰구冬嗣 – 요시후사良房 – 모토쓰네基經 – 다다히라忠平 ┬ 사네요리實賴 – 요리타다賴忠
                                                   └ 모로스케師輔 ┬ 고레타다伊尹
                                                              ├ 가네미치兼通
                                                              └ 가네이에兼家 ┬ 미치타카道隆
                                                                          ├ 미치카네道兼
                                                                          └ 미치나가道長

네요리 이후부터라도 9대 109년이 된다.

생각해 보건대, 레이제이 천황은 광증狂症이 있어서 양위하였다. 이 때문에 동복아우 엔유 천황이 황위를 계승하였다. 그 후 레이제이와 엔유의 아들이 번갈아 황위를 이었으며, 고이치조 천황 이후는 엔유의 황통만이 황위를 이어받았고 레이제이 천황의 자손은 끊어졌다.

또 생각해 보건대, 오노노미야 도노 사네요리의 자손이 끊어진 것은 후지와라노 다다부미藤原忠文의 원귀冤鬼[113] 때문이라고 전해지지만, 무라카미 천황의 명령을 속여서 다메히라를 버리고 엔유로써 레이제이의 동궁으로 삼고 니시노미야 도노西宮殿 미나모토노 다카아키라를 무고하여 유배형에 처하고 무고한 사람을 많이 처벌하였으며 또 레이제이 천황을 물러나게 하고 엔유를 세운 일 등을 보면 간사한 사람이기 때문이라고 말해야 할 것이다. 가네미치의 후사가 없는 것도, 전 주쇼오中書王 미나모토노 가네아키라의 권한을 빼앗고 또 동생 가네이에를 무고하여 레이제이와 엔유 형제 사이를 나쁘게 하고 산조를 위험하게 한 일 등으로 보면 이 또한 간사한 사람이기 때문이라 할 수 있다. 후지와라노 미치타카의 자손이 미미한 것도 그의 아들 고레치카, 다카이에隆家의 불충죄에 의한 것이다. 마치지리 도노 후지와라노 미치카네가 자손이 없는 것도, 가잔 천황을 속여서 퇴위시키고 그 공을 바꾸어 아버지 오뉴도 도노에게 원망을 사고, 장례에 자못 슬퍼하는 기색이 없는 일 등 불효 불충한 사람이었기 때문이다. 하늘의 응보는 틀리지 않는다고 해야 할 것이다.

---

113 후지와라노 사네요리藤原實賴의 반대로 다이라노 마사카도平將門 추토의 상을 받지 못한 후지와라노 다다부미藤原忠文가 사네요리를 원망하며 죽은 뒤 원귀가 되어 그 자손이 앙화를 입었다는 것.

고산조 천황, 섭관가의 권력을 억제함[제4 변화]

고산조 천황[114]은 고스자쿠 천황의 제2 황자이다. 어머니는 요메이몬인陽明門院으로 산조 천황의 황녀이다.

『쇼쿠요쓰기』에는 다음과 같이 적었다.

"고스자쿠 천황 간토쿠寬德 2년(1045) 정월 16일에 황위를 고레이제이 천황에게 물려주었을 때[병으로 인해] 대납언 후지와라노 요시노부藤原能信[관백 요리미치의 동생이다]가 '제2 황자 다카히토尊仁를 승려로 만들 것입니까'라고 말하자 천황이 '이 다음 동궁이 될 것이다'라고 말씀하셨다. '그러시면 빨리 결정하셔야 합니다'라고 말하였더니 천황이 '동궁의 결정은 서두르지 말라고 관백 요리미치가 말하였으니 곧 소식이 있을 것이다'라고 말씀하셨다. 요시노부가 '그러시면 오늘 중에 분부하시는 것이 좋겠습니다'라고 말하였으므로 곧 결정하였다."

『고사담』에 따르면, "천황이 새 천황[고레이제이] 및 새 동궁[고산조 천황]의 일을 우지 도노[후지와라노 요리미치]에게 분부해 두었는데, 동궁의 일을 말하였을 때 대답을 하지 않고 받아들이는 기색이 없었다[고레이제이 천황에게는 아들은 없고 사이인齋院[115]으로 다카코尊子 내친왕이 한 명 있었다]"

---

114 1034~1073. 제71대 천황. 재위 1068~1073. 고산조後三條 천황은 즉위 당시 이미 장년이고 섭관가攝關家를 외척으로 두지 않았기 때문에 섭관가를 중심으로 하는 정치에 불만을 가진 중류 귀족층의 지지를 받으며 정치를 혁신하고자 노력하였다. 1069년 장원정리령을 공포하여 1045년 이후 새롭게 설치된 장원을 정지하고 그 이전에 설치된 장원도 공무를 방해하거나 소유를 증명하는 문서가 확실하지 않은 것은 정지하였다. 또 장원정리령의 실시 기관으로 기록장원권계소記錄莊園券契所를 설치해서 장원 영주에게 장원의 소유를 증명하는 문서를 제출하게 하여 심사하고 기준에 맞지 않는 장원을 정지하였다. 천황은 섭관가에도 예외를 두지 않고 엄격히 조사하도록 명령했으므로 외척의 지위를 잃은 섭관가는 상당한 영향을 받았다.

115 헤이안平安 시대에 교토京都의 가모賀茂신사에 봉사하던 미혼의 내친왕內

라고 하였다.

생각해 보건대, 이때 천황은 열두 살에 동궁에 책립되고, 요시노부를 동궁대부東宮大夫로 삼았다. 같은 달 18일에 고스자쿠 천황이 붕어하였지만 동궁이 이미 정해졌으므로 동요가 없었다. 생각하건대, 천황이 동궁에 있던 25년 동안은 조용히 학문을 익혔다. 오에노 마사후사大江匡房가 사범師範이었다[퇴거한 것을 불러 들였다].

『속고사담』에 따르면, "고산조 천황은 어느 정도의 학생인가 하고 물었더니 마사후사가 미리 생각했던 것처럼 '오에노 스케쿠니大江佐國 정도이다'라고 말한 것을 후지와라노 나가카타藤原長方 경이 듣고 울었다"라고 한다.

『신황정통기』에는 다음과 같이 적었다.

"천황은 태자 때부터 요리미치 3대가 집정으로 50여 년간 권력을 휘두른 것을 나쁘게 생각한다고 알려져서 사이가 나빠졌고 동궁에서 제외되는 위험성을 생각할 정도의 일이 있었다. 즉위하는 날[이때 천황 35세] 요리미치는 관백을 사임하고 우지에 퇴거하였다. 그의 동생 후지와라노 노리미치藤原敎通[니조二條]가 관백이 되었지만 특별한 위세와 권력은 없었다. 천황이 시가詩歌를 지은 것도 많이 전해지고 있다. 고레이제이 천황 말기에 세상이 어지러워져서 민간에 근심이 있었는데, 천황이 4월에 즉위하여 가을이 끝나지도 않아 세상을 바로잡았다. 처음으로 기록소記錄所[116]를 두어 각국의 쇠퇴함을 수습하였다. 다이고, 무라카미 천황 이래 참으로 현명한 일이다. 이때부터 섭정, 관백의 권한이 억제되고 군주가 직접 정치를 하는 것으로 돌아갔다."

『고사담』에는, "다이조에大嘗會 때의 면류관은 오진應神 천황의 것

親王 또는 여왕. 천황 즉위 후 길흉을 점쳐서 선택되었다.
116 장원 관계 문서를 조사하여 소송을 재단하는 관청.

이다. 고산조 천황은 경사스럽게 머리에 쓰신 것을 자찬하셨다"라고
하였다.

『속고사담』에는 다음과 같이 적었다.

"동궁의 호신용 칼 쓰보키리노켄壺切りの劍[117]은 쇼센코 후지와라노
모토쓰네의 것으로, 다이고 천황이 황태자였을 때 바친 것이다. 이
로부터 대대로 동궁에게 전해진다. 이 천황 때 고레이제이 천황으로
부터 건네받지 못하였으므로 고레이제이 천황 붕어 후에 찾기 시작
하였다. 후지와라노 노리미치가 관백이었을 때 헌상하며, '태자가 되
어 20여 년간 없는 채 지내왔으니 지금은 두지 않아도 괜찮을 듯합
니다'라고 아뢰었더니 '천황의 상징인 신새와 보검은 참으로 중요하
지만, 20여 년이 지났으니 무엇이 상관있겠는가'라고 하며 곁에 두었
다. 그 후 얼마 되지 않아 니조二條 황거의 화재로 불타서 칼만 남았
는데 손잡이와 칼집을 만들어 바쳤다."

또 『고사담』에 말하기를, "호리카와堀河 우후右府[후지와라노 요리미치
의 동생 요리무네賴宗이다]가 참의 때 전前 사이인齋院[118]을 감금하여 집에
두었다. 고레이제이 천황이 우지 도노를 꺼려서 묻지 않았던 것을
천황은 동궁에 계시면서 몹시 분노하여 '아, 나 혼자만의 여동생도
아닌 것을'이라고 말씀하셨다. 즉위 후 몰아내어[관직을 해임하지 않은
채] 고산조 천황 재세 중에는 불러들이지 않았는데, 시라카와 천황 때
불러들여서 대납언이 되었다"라고 하였다.

또 『고사담』에 말하기를, "고레이제이 천황 말기에 지나치게 사치
하여 신분이 낮은 관리의 수레까지도 금은 외장품을 사용하였다. 이

---

117 황태자에게 전해지는 칼. 태자로 책립될 때 천황으로부터 받는 것이어서
    대대로 황위계승자의 표시로서 전승되었다.
118 고스자쿠後朱雀 천황의 황녀 겐시娟子 내친왕內親王, 고산조 천황의 누이동
    생.

천황대의 하치만 신궁八幡神宮 첫 행차에 봉연鳳輦을 정지하고 구경거리인 수레의 바깥 쇠장식을 없애게 하였다. 안쪽의 쇠장식은 보이지 않으므로 없애지 않았으므로 지금 사용한다. 가모 신사賀茂神社 행찻날에 외장품을 한 수레는 한 대도 없었다"라고 하였다.

또 말하기를, "이 천황은 개를 싫어하셔서서 '황거의 여윈 개를 내버려라'라고 구로도藏人에게 명령하였더니 개를 싫어하신다고 여겨서 도성에서부터 시작하여 제국에서 죽였다. 이 말을 듣고 놀라시므로 다시 죽이지 않았다"라고 하였다.

『속고사담』에는 다음과 같이 적었다.

"천황이 동궁이었을 때 천하의 정사를 잘 들으시고 즉위 후에 여러 가지 선정을 베풀었다. 그중에서 제국의 중임重任을 오랫동안 정지하셨는데, 고후쿠지興福寺의 난엔도南圓堂를 지을 때 관백 노리미치가 여러 차례 중임을 아뢰자 천황이 노하여 '섭정이 두려운 것은 천황의 외조부여서였다. 나는 아무렇지 않게 생각한다'라고 하며 콧수염을 으쓱 치키고 분부하였다. 이에 노리미치가 자리에서 일어나 나가려고 하니 '후지와라 씨 일족은 모두 이 자리에서 나가라. 가스가 다이묘진春日大明神[119]의 위세는 오늘 다 없어졌다'라고 큰 소리로 말하니 후지와라 씨 공경이 한 사람도 남김없이 다 나갔다. 천황이 이를 듣고 관백 및 후지와라 공경들을 다시 불러들여 난엔도 성공成功[120]을 허용하였다."

『고사담』에는, "우지 도노 후지와라노 요리미치가 뵤도인平等院을

---

119 가스가 다이샤春日大社의 제신祭神. 섭정·관백·우지초자氏長者로서 더없는 영화를 누린 후지와라씨 북가北家는 가스가 다이묘진의 위덕에 의한 것이라 하여 가스가샤春日社의 제사에 힘썼다.

120 중임, 성공은 매관賣官으로, 조정의 의식이나 조영공사 비용을 헌상하고 희망하는 관직에 나가는 것을 성공, 임기 만료 후에도 재임을 희망하는 것을 중임이라고 한다.

세우자 그 주변이 대부분 사령寺領으로 들어갔다. 천황은 '어찌 방자하게 굴게 내버려 두겠는가. 검사하겠다'라고 하여 관리를 내보냈다. 요리미치가 이를 듣고서 뵤도인 문 앞에 금색 막을 치고 여러 가지 준비를 하여 관리를 기다렸다. 관리가 두려워하여 가지 않고 그만두었다"라고 하였다.

『속고사담』, 『쇼쿠요쓰기』에는 다음과 같이 적었다.

"천황이 친필을 태신궁太神宮에 바치려고 하였는데 오에노 마사후사가 어전에 있어서 읽어주었다. 그 글에 '내가 즉위 후에 이치에 맞지 않는 일을 하지 않았다'라고 쓰여 있었다. 마사후사가 '이 말은 어떤 것인가 합니다'라고 아뢰니 몹시 화를 내며 '어째서 그렇게 말하는가'라고 물었다. '후지와라노 사네마사藤原實政[121]를 히타치노스케常陸介 후지와라노 다카카타藤原隆方[122]를 뛰어넘어 승진시킨 것은 어찌된 일입니까' 하고 물으니 천황은 그 사실을 가까스로 떠올린 듯 화난 기색을 풀고 다 읽지 않은 채 내전으로 들어가셨다. 이 일은 천황이 동궁이었을 때 가스가 신사春日神社의 사절로 동궁학사 사네마사가 내려갔는데 다카카타는 벤辨으로 내려갔다. 이즈미 국和泉國 기즈木津에서 사네마사가 맨 먼저 준비하여 건너가려고 하는 배를 방해하며 '믿을 수 없는 행복을 기다리는 자가 무엇을 서두르는가'라고 하였다[사네마사는 동궁학사이며 노인이었다]. 사네마사가 울면서 이 일을 호소하니 편치 않게 생각하셨다"[『고사담』에 따르면, "사네마사가 학사學士에서부터 가이노고쿠시甲斐國司가 되어 부임할 때 동궁이 전별하며 '설령 임지의 사람들에게 추앙받더라도 나와 함께 놀던 날들을 잊지 말라'라고 하였다. 천황은 '잊지 않으려면 같은 하늘의 달을 보라. 아주 멀리 구름 위에서 해후할 때까지' 라는 시를 지었다. 사네마사는 시라카와 천황 조랴쿠承曆 4년(1080)에 참의 사다이벤 종3위에 서임되고,

---

121 고산조後三条 천황이 동궁이었을 때부터 시독侍讀이었다.
122 시라카와白河 천황의 근신이었던 후지와라노 다메후사藤原爲房의 아버지.

오토쿠應德 2년(1085)에 전 참의 3위로 다자이노다이니大宰大貳가 되었다. 호리카와 천황 간지寬治 2년(1088)에 하지만 궁八幡宮의 탄원으로 이즈 국伊豆國에 유배되었다가 7년(1093)에 일흔다섯 살로 훙서하였다. 그 후 천황이 즉위한 다음에 사네마사가 사추벤左中辨을 바란다고 아뢰었더니[문장박사文章博士 겸 하리마노카미播磨守가] '조금도 도리에 맞지 않은 일을 해서는 안 되는데 어찌 그런 일을 아뢰는가. 쇼사추벤正左中辨으로 시작하는 것은 있을 수 없다'라고 말하였다[『직원초職原抄』에 따르면, "명가名家, 후다이譜代가 이에 임명되는 것은 대부분 먼저 5위의 구로도에 보임되고 나서 벤에 임명된다. 구로도가 이에 오르는 것은 매우 청찬淸撰이다. 근위중소장近衛中少將 중에서 재명才名이 있는 사람이 벤칸辨官에 전임되고 혹은 이를 겸하며, 또 모범이 된다. 또 주쇼벤中少辨 중에서 권관權官 한 사람이 반드시 이를 겸하며 따라서 이를 칠변七辨이라고 한다]. 중납언 후지와라노스케나카藤原資仲는 당시 구로도노도藏人頭였는데 거듭 사네마사가 말한 적이 있다. '기즈 나루의 일에 대해 날마다 생각하고 있습니다'라고 아뢰니 천황이 심사숙고하는 모습으로 '이 일의 이유는 아마테라스오미카미天照大神께 청하여 아뢴다'라고 하며 사추벤에 임명하였다. 다음날 아침의 배선陪膳은 다카카타의 차례였는데 그를 향해 "빼앗은 것은 먹지 않을 것이다"라고 말씀하시고 안에서 식사를 하셨다. 다카카타는 결국 벤을 사임하고 칩거하였다.

우지 대납언 미나모토노 다카쿠니源隆國는 선대 천황이 총애하던 신하로, 동궁에게는 무례한 적도 있었다. 고산조 천황 즉위 후 그의 자식들에게 일이 잇달아서 죄과罪科가 있을 것이라 짐작하고 장남 권중납언權中納言 다카토시隆俊가 전상殿上에서 사후伺候하는 모습을 세이료덴淸凉殿의 작은 창으로 엿보았더니 위용이나 용모, 정사政事가 당시 비할 데가 없었다. 만약 그가 없다면 조정을 위해 좋지 않을 것이라 생각하였다. 또 차남 재상 중장中將 다카쓰나隆綱를 보건대, 사이구료齋宮寮에서 고발한 '여우를 사살한 죄'가 있는지 없는지를 논의하는 진노사다메陣の定[123]에서 수대납언帥大納言 쓰네노부經信가 말하기를 '흰 용이 물고기로 변해 헤엄치다가 요시요予旦라는 어부의 망에 걸렸다[124]'라고만 말하였다. 또 어떤 사람은 '쏘았다 하더라도 그 여우가 바로 죽은 것을 보지 않았다면 허물이 무겁지 않다'라고 말하였다. 그날의 사다메부미定文[125]는 다카쓰나가 붓을 들어 '화살이 꿰뚫었다는 말이 있지만 여우는 아직 제가 살던 굴 쪽으로 머리를 돌리지 않았다'라고 적은 것을 보시고 '다카쓰나가 재상 중장인 것을 신분에 맞지 않는다고 생각한 것은 중대한 잘못이다. 아마테라스오미카미天照大神, 쇼하치만 궁正八幡宮이 어떻게 생각하시겠는가'라고 말씀하시고 근시近侍를 허락하였다. 그렇다면 하고 3남인 4위 소장少將 도시아키俊明를 벌주려고 생각하였다. 그때 갑자기 황거가 불타버려서 천황이 요요를 타고 나가려 하였는데 잡인이 남쪽 정원에 들어왔으므로 요요에 앉지 못하였다. 도시아키가 조금 늦게 와서 그 모습을 보고 직접 활을 들고 뛰어다니며 잡인을 물리치니 편안히 앉으셨다. 천황이, '오늘 도시아키의 덕분에 수치를 면하였다. 이는 아직 운이 다하지 않았기 때문이다'라고 말씀하셨다. 세 사람 모두 근신近臣으로 비할 데가 없었던 것이다."

『쇼쿠요쓰기』에는 다음과 같이 적었다.

"이때 천황이 남전南殿에서 나오셨는데 아무도 오지 않았다. 면식이 없는 자가 재빨리 달려가 신경神鏡[126]을 꺼내고 우콘노진右近陣[127]

---

123 헤이안平安 시대 조정의 평의 제도로, 대신大臣 이하의 공경이 진노자陣座에 앉아 정무에 관한 토의를 하던 것. 의제는 신사神事, 즉위, 개원 등 조정 의례 관계부터 관리의 임면, 서위, 민정, 사법, 입법, 대외 문제 등 국정 전반에 걸쳤다. 출석자가 의견을 말하고 천황, 섭정, 관백이 재가하였다.

124 신분이 고귀한 자가 천한 자에 의해 재난을 당하는 것.

125 결정한 사항을 적은 문서.

126 천황의 상징인 삼종三種의 신기神器 중 하나.

127 시신덴紫宸殿 앞 정원의 서쪽에 위치한 문. 겟카몬月華門.

에서 가마를 찾아내어 계단에 바싹 붙여 올라타게 하니, '너는 누구
인가'라고 하시므로 '사쇼벤左少辨 마사이에正家입니다'라고 대답하였
다. '벤칸辨官이라면 가까이 오라'라고 하셨다. 마사이에와 마사후사
匡房는 한 쌍의 박사인데 마사후사는 아침저녁으로 뵈러오고 마사이
에는 본적이 없으므로 관위를 붙여 칭하게 하였더니 때마다 자못 재
치 있는 마음의 준비를 하였다."

다이코쿠덴은 전대에 불타서 10년이 지났는데 즉위 후 만들기 시
작하여 엔큐延久 3년(1071) 8월에 낙성하였다. 엔큐 4년 12월 천황이
양위하였다[재위 4년]. 시라카와 천황의 엔큐 5년(1073) 5월에 붕어하
였다[41세].

『고사담』에, "이때 요리미치는 출가하여 우지에 있었다. 천황이
붕어하였다는 소식을 듣고 식사를 멈추고 탄식하며 '말대末代의 현명
한 군주이다. 우리나라가 불운하여 빨리 붕어하셨다'라고 말하였
다.[128] 어떤 사람이 꿈에 외국이 손상된 것을 고치려고 이 나라를 떠
나신 것을 보았다"라고 하였다.

시라카와 천황이 황위를 계승하여 친정親政한 것은 아래에 상세하
니 여기에 적지 않는다.

---

128 난외 두주 천황이 강명剛明한 재주를 가졌지만 덴치天智 천황에게는 미치
지 못한다.

상황의 정무[제5 변화] 상

시라카와白河 천황은 고산조後三條 천황의 제1 황자이다. 어머니는 중납언中納言 후지와라노 긴나리藤原公成의 딸이며, 대납언大納言 후지와라노 요시노부藤原能信가 양녀로 삼아 고산조 천황이 동궁이었을 때 미야슨도코로御息所[1]로 보냈다. 시라카와 천황은 열일곱 살에 동궁에 책립되고, 스무 살에 황위를 물려받아 스물한 살부터 직접 정무를 보았다. 관백關白은 후지와라노 노리미치藤原敎通이다.

조호承保 원년(1074) 2월에 전 관백 후지와라노 요리미치藤原賴通[2]가 훙서薨逝하였다[83세]. 조호 2년(1075) 9월에 관백 노리미치가 훙서하니[80세] 10월에 좌대신左大臣 후지와라노 모로자네藤原師實를 관백으로 삼았다.

---

1 헤이안平安 시대에 뇨고女御, 고이更衣, 기타 천황 침소에서 시중하던 궁녀의 경칭.

2 992~1074. 헤이안 시대 중기의 공경公卿. 태정대신太政大臣 후지와라노 미치나가藤原道長의 장남. 아버지로부터 고이치조後一條 천황의 섭정을 물려받았고, 미치나가 사후 조정의 제일인자로서 고스자쿠後朱雀・레이제이後冷泉 천황의 치세에 걸쳐 50년간 관백을 맡아 미치나가와 함께 후지와라藤原 씨 전성시대를 구축했다. 그러나 천황의 황후였던 딸이 아들을 낳지 못하고, 다이라노 다다쓰네平忠常의 난, 전구년의 난 등의 전란이 이어져서 정치적 기반이 흔들리는 사태가 계속되었다. 게다가 만년에는 요리미치와 소원한 고산조後三條 천황이 즉위하여 섭관가攝關家는 쇠퇴의 길을 걷게 되고, 마침내 원정院政과 무사가 대두하는 시대로 옮겨가게 된다.

『쇼쿠요쓰기續世繼』에는 다음과 같이 적었다.

"이 천황은 관리 임명을 쉽게 하지 못하였다. 수리대부修理大夫 로 쿠조 아키스에六條顯季[3]는 천황의 총애를 받았지만 재상이 되지 못하였다. 천황의 기색을 살펴보니 '그것도 시문을 잘 짓고 난 다음의 일이다'라고 하였다[『신황정통기神皇正統記』에 따르면, 아키스에는 유모의 남편이다]."

또 "중납언 아키스에는 밤의 관백이라고 일컬어졌지만 태정관太政官이 되려고 생각하였더니 '시를 짓지 않으면 어떻게 할 수가 없다. 사운四韻의 시를 짓는 자만이 태정관이 될 수 있다'라고 분부하시므로 놀라서 좋아하였다."[『고사담古事談』에는, 태정대신太政大臣 후지와라노 고레미치藤原伊通가 니조인二條院에 불려갔는데 초지草紙에 "시를 짓지 않는 사람이 경상卿相에 이른 것은 미나모토노 아키마사源顯雅에서 시작되고, 소식消息을 쓰지 않는 사람이 경상에 이른 것은 후지와라노 도시타다藤原俊忠에서 시작되었다"라고 적었다. 생각해보건대, 이 두 사람의 일은 호리카와堀河 천황 때의 일이라고 쓰여 있다].

『고사담』에 따르면, "천황이 '나는 문왕文王이다. 반드시 높은 학식을 갖춘 큰 인재로서 문왕이라고 말하지 않는다. 내가 오에노 마사후사大江匡房를 칭찬하는 것은 문도文道를 존중하는 것이 아닌가. 문도를 존중하면 곧 문왕이다'라고 말하였다"라고 하였다.

이때에 인재가 많이 나왔다. 우타歌에는 후지와라노 미치토시藤原通俊 · 후지와라노 아키스에藤原顯季 · 미나모토노 도시요리源俊賴, 시詩에는 후지와라노 사네마사藤原實政 · 후지와라노 아쓰미쓰藤原敦光, 시가詩歌에는 오에노 마사후사, 시가관현詩歌管弦에는 미나모토노 쓰네

---

3 1055~1123. 헤이안 시대 후기의 귀족, 가인歌人. 어머니가 시라카와白河 천황의 유모였으므로 유모의 아들로서 천황을 가까이에서 모시고 총애를 받아 절대적인 부와 권세를 누렸다. 천황에게 참의參議 임관을 희망한다고 전하였지만 천황은 한시를 짓지 못한다는 이유로 분부를 내리지 않았다.

노부源經信 등이 있다. 『후습유後拾遺』와 『금엽집金葉集』도 이때 편찬되었고, 『속본조수구續本朝秀句』도 편찬되었다.

『쇼쿠요쓰기』에 따르면, "활쏘기도 뛰어나셨는데 연못의 새를 쏘면 고산조 상황께서 꾸중하셨다"

또 "이 천황이 성품이 굳센 것도 온순한 것도 고산조 천황을 닮았다"라고 하였다.

이리하여 재위 14년에 호리카와에게 양위하고 인院에서 정무를 보셨다[서른네 살에 황위를 물려주고 정무를 본 지 56년 만인 일흔일곱 살 때 붕어崩御하였다].

『호겐모노가타리保元物語』에 따르면, "시라카와 천황이 다시 즉위할 마음이 있었으므로 출가는 하였지만 법명을 붙이지 않았다. 덴무天武 천황의 예를 생각했는지 복위의 뜻이 깊었다. 그것이 이루어져서 인에서 정무를 보는 것은 모두 도리에 어긋나고 왕자王者의 법도와도 다르다"라고 하였다.

『신황정통기』에는 다음과 같이 적었다.

"고켄孝謙 천황이 퇴위 후 폐제廢帝[4]는 황위에 앉아 있었을 뿐이었다고 보이지만 확실하지 않다. 사가嵯峨, 세이와淸和, 우다宇多 천황도 그저 물려주고 물러났다. 엔유圓融 천황 때는 점차 다스리는 일도 있어서 인의 어전에서 섭정 후지와라노 가네이에藤原兼家가 받들어 미나모토노 도키나카源時仲를 참의參議에 임관한 것을 오노미야 사네스케小野宮實資 대신大臣이 비난하였다. 그렇다면 상황이 계셔도 주상이 어릴 때는 오로지 섭정, 관백이 정무를 보는 것이다. 고산조 천황이 황위를 계승할 때 후지와라노 요리미치는 즉시 관백을 그만두고 우지宇治에서 칩거하며 동생 노리미치敎通를 관백으로 삼았지만 그 권

---

4 준닌淳仁 천황.

한은 없었다. 하물며 이 시대에는 인에서 정무를 들었으니 섭정, 관백은 그저 직직職으로 갖춰져 있을 뿐이었다. 하지만 이때부터 천황 중심의 옛 모습이 일변한 것인지."

『호겐모노가타리』에 따르면, "섭정, 관백이 정무를 보았으나 센지宣旨[5]나 관부官符[6]로써 천황의 일이 시행되었다. 그러나 이때부터 인센院宣이나 원청院廳 명령 문서를 중시함으로서 재위在位의 천황은 그저 자리를 차지하고 있을 따름이었으니 말세가 되는 모습일 것이다. 또 세이난城南 도바鳥羽에 별궁을 짓고 토목공사를 크게 일으켰다. 예전에는 퇴위한 천황은 스자쿠인朱雀院에 계셨다. 이를 고인後院이라고도 하고 레이젠인冷然院이라고도 한다. 이 천황은 도처에 머물러 있었는데 시라카와 천황 이후에는 도바도노鳥羽殿를 거처로 정했다. 인의 예도 이로부터 시작되었다"라고 하였다.

『쇼쿠요쓰기』에 따르면, "고니조 도노後二條殿[후지와라노 모로미치藤原師通]가 '황위에서 내려온 상황의 저택 문에 우차牛車가 줄지어 서는 일이 있다'라고 말하였다. 그가 죽은 뒤에는 조금도 원정院政에 반대하는 사람이 없었다"라고 하였다.

『신황정통기』에는 다음과 같이 적었다.

"이 천황은 시라카와白河에 홋쇼지法勝寺를 세우고 9층탑 등 예전의 원찰 규모를 훨씬 넘었다[에이호永保 3년1083]. 이후 대대로 원찰을 지어 조사造寺가 몹시 성하다는 비난이 있었다. 이 때문에 제국諸國에 중임重任과 같은 것이 많아져서 수령受領의 공과功課도 바르지 않았고 봉호封戶와 장원이 많이 기진되어 제국의 비용이 되었다"라고 하였다[『쇼쿠요쓰기』를 생각해 보건대, 고산조 천황은 오단수법五增修法[7]도 '국가가 쇠약해지지 않

5 천황의 명령을 전하는 문서.
6 태정관太政官이 관할 하의 여러 관청에 명령을 내리는 공문서.
7 국가나 조정에 대사가 있을 때 동, 서, 남, 북, 중앙의 5단에 오대명왕을 모

젰는가'라고 분부하였고 엔슈지圓宗寺도 거창하게 짓지 않았다].

홋쇼지를 세운 해(1083) 2월에 닌나지仁和寺 오무로御室[8] 쇼신性信을 2품에 서위하였다. 황자가 승려가 되어 서위받은 것이 이로부터 시작되었다[쇼신은 원래는 모로아키라師明라고 한다. 산조三條 천황의 제4 황자로, 오오무로大御室라고 하는 것은 이 사람이다].

생각해 보건대, 천황에게는 아들이 여덟 명이 있었는데 여섯 명이 승려가 되었다. 그중에 제3 황자 가쿠교覺行 법친왕法親王이라고 하는 것은 법친왕[9]의 시초이다.

『쇼쿠요쓰기』에 따르면, "고니조後二條 천황의 대신 후지와라노 모로미치가 출가 후의 예가 없음을 말하였더니 '내친왕內親王이라는 것도 있으니 법친왕도 없겠는가'라고 하여 법친왕으로 하였다"라고 하였다.

또 금니일체경金泥一切經을 사경했다. 이 일의 시초이다. 그리고 살생을 금하고, 사냥도구 등을 가진 자도 처벌했다. 궁중의 요리도 육재일六齋日[10]이나 다름없었다.

『고사담』에는 다음과 같이 적었다.

"대부大夫 가토 나리이에加藤成家가 엄격한 규제에도 불구하고 매 사냥을 한다는 말을 듣고 게비이시檢非違使에게 명하여 불러들였더니 즉시 상경하여 직접 문 앞에 매를 앉히고 하인 두 명도 마찬가지로 앉혔다. '금제禁制를 내린 것이 이미 몇 년이 지났는데 어찌 여전히 매 사냥을 하는가. 이는 조정의 적이 아닌가'라고 하였다. 나리이에

시고 제사지내는 밀교密敎의 수법修法.

8 앞의 권1 주 68 참조.

9 친왕 센게宣下를 받고 뒤에 출가한 친왕을 뉴도入道 친왕이라 하고, 출가 후 친왕 센게를 받은 경우를 법친왕이라 한다.

10 한 달 중 깨끗이 재계하는 6일. 재가에서는 이날 여덟 가지 계행戒行, 즉 팔재계八齋戒를 지킨다.

가 아뢰기를 '지금 집에도 매가 한두 마리 있습니다. 저는 형부경刑部 卿 다이라노 다다모리平忠盛 님의 대대로 내려오는 가신입니다. 온나 고쇼女御所¹¹의 식사에 매일 신선한 새를 바치는데 신선한 새 요리가 빠지면 중벌을 받습니다. 겐지源氏나 헤이시平氏의 관습으로 중벌이 란 목이 날아가는 것입니다. 사냥에서 잡는 날도 있고 잡지 못하는 날도 있어서 필시 목이 날아갈 것입니다. 이처럼 목숨이 아깝기 때 문입니다'라고 말하니 '저런 바보 같은 자를 추방하라'라고 명하였 다."

호리카와 천황은 시라카와 천황의 제2 황자이다[첫째 아쓰부미敦文는 일찍 죽었는데, 이는 미이데라三井寺의 라이고賴豪와 관련된 일¹²이다]. 어머니는 우 대신右大臣 미나모토노 아키후사源顯房의 딸로, 관백 후지와라노 모로 자네의 양녀로 받아들여졌다. 여덟 살 때 황위를 물려받았다[같은 날 먼저 태자로 책립되었다. 오토쿠應德 3년(1086) 11월이다]. 모로자네가 섭정하였 는데 간지寬治 4년(1090)에 관백이 되었다. 가호嘉保 원년(1094)에 그의 아들 모로미치가 관백이 되었다[고니조 도노後二條殿라고 한다]. 재위 21년. 스물아홉 살 때인 가쇼嘉承¹³ 2년(1107) 7월에 붕어하였다.

『속고사담續古事談』에 따르면 다음과 같다.

"호리카와 천황은 말대末代의 현왕賢王이다. 천하의 잡무에 특히 마

---

11 기온노뇨고祇園女御. 시라카와白河 법황이 만년에 총애한 비妃.

12 1002~1084. 헤이안平安 시대 중기의 천태종 승려. 미이데라三井寺, 즉 온조 지園城寺의 신요心譽에게 사사했다. 수법修法의 효험이 알려져서 1074년 시 라카와白河 천황이 황자 탄생을 기도하게 하여 아쓰부미敦文 황자가 태어났 다. 라이고는 천황에게 온조지의 계단원戒壇院의 설립을 청하였지만 천황 은 엔랴쿠지延曆寺와의 관계를 꺼려 칙허하지 않았다. 라이고는 원한을 품 은 채 단식하고 죽었는데 사후 원령이 되어 큰 쥐로 변하여 엔랴쿠지의 경 전을 물어뜯었고 아쓰부미 친왕은 겨우 네 살 때 라이고의 앙화를 입어 죽 었다고 한다.

13 원문의 '嘉應二年'는 '嘉承二年'의 오류.

음을 기울여서 직사관職事官이 상신하는 문서를 숙직하며 자세히 보고 친히 곳곳에 종이를 끼워 넣어 '이 일은 조사해야 한다' '이 일은 다시 물어야 한다'라고 써서 다음날 직사관에게 주었다. 좀처럼 대충 들으시는 일조차 없고 거듭 보아서 그렇게까지 분부하지 않은 일이 없었다. 모든 사람은 공무에 근무하는 정도를 마음속으로 보시고 정하셨다. 몸이 아파서 오니야라이追儺[14]에 나가기 어렵다고 말한 공경公卿이 정초 3일간의 고초하이小朝拜[15]에 온 것을 모두 내쫓으며 '지난 밤까지 병이 있던 자가 어찌 하룻밤에 나을 수 있는가. 이는 속인 것이다'라고 말씀하셨다. 시라카와 상황이 들으시고 '듣지 않은 것으로 하겠다'라고 말씀하셨다. 너무 지나친 일이라 생각하신 것이다."

또 "어느 때의 소요逍遙에 서序를 쓸 사람이 없었다. 다이가쿠료大學寮 구로도藏人[16] 구니스케國資는 재주 없는 자라 하여 사람들이 5위를 허락하지 않았는데, 구로도가 때로 이것을 썼다. 그 날 천황이 사람들에게 렌쿠連句를 짓게 하고 구니스케에게 '말구末句를 지으라' 분부하였더니 '오늘은 저의 흉일凶日이어서 거리낌이 있습니다'라고 말했다. 전상殿上의 달력을 가져오게 해서 보았더니 사일巳日이었다. '사일巳日이 흉일인 날은 지금까지 없었다. 어찌 군주를 속이는가. 렌쿠를 읊지 못하는 정도의 자가 어찌 박사가 되겠는가'라고 말씀하셨다."

---

14 설달 그믐날 밤에 행하는 조정의 연중행사의 하나. 귀신으로 분장한 도네리舎人를 전상인殿上人들이 복숭아나무로 만든 지팡이와 활, 갈대로 만든 화살로 쫓아내었다. 중국의 풍습이 몬무文武 천황 때 일본에 전해졌다고 한다.

15 설날의 공식 조배朝拜 의식 후에 관백 이하, 6위 이상인 자가 세이료덴清涼殿의 동쪽 정원에 늘어서서 천황을 배하하는 의식.

16 난외 두주 직사보임職事補任을 살펴보건대, 가케유勘解由 차관은 다이라노 도키노리平時範인가. 간지寛治 4년 6월 5일 보임되고 에이토쿠永德 2년 7월 9일에 이나바노카미因幡守에 임명되었다.

옛날에도 재주 없는 박사는 있었다[생각해 보건대, 경상卿相이 시를 짓지 않는 시작, 소식消息을 쓰지 않는 시작도 이 천황 시대 사람들이다. 또 재주 없는 박사가 있었다. 우리나라의 문운文運이 이때부터 쇠퇴하였다].

또 말하기를, "어떤 사람이 홍귤나무를 바친 것을 정원에 심고 아끼셨는데 구로도가 다키구치瀧口에 모여서 나무가 말라죽지 않도록 집을 지어 덮었다. 보몬坊門 사다이벤左大辨 후지와라노 다메타카藤原爲隆가 이것을 보고 '저것은 어찌 된 일인가. 저런 일이 있을 수가 있는가'라고 하며 미구라御倉의 고도네리小舍人를 불러 여지없이 부수게 하였다. 얼마 후 나무가 말라버렸다. 아무 말도 하지 못하였다."

[다메타카가 시라카와 상황에게 상주할 때 제목이 겹쳐서 번거롭게 생각하셨는데 상신문서가 있는 한 다 아뢸 것이라 생각하고 모르는 체하며 아뢰었다. 모우시부미申文가 5, 6통이 되어 상황이 일어서자 모르는 체하며 '이세신궁 제주祭主 오나카토미大中臣가 삼가 천재天裁를 청합니다'라고 읽으니 '태신궁의 호소인가'라고 하며 다시 않으시니 그것을 남김 없이 아뢰었다].

천황은 와카和歌를 몹시 애호하였다. 세상에 알려진 사람으로 미나모토노 도시요리, 후지와라노 모토토시藤原基俊, 스오노 나이시周防內侍, 이세노다이후伊勢大輔 등이 있다. '호리카와 백수堀河百首', '호리카와 엔쇼아와세堀河院艷書合' 등을 개최한 것은 이때의 일이다. 천황은 피리를 불고 에이쿄쿠郢曲도 잘 지었다[덴가쿠田樂가 흥행한 것은 이때의 일이다].

생각해 보건대, 이때에 이르러 한시문漢詩文이 쇠퇴하였다. 오에노 마사후사가 중납언이 되어 다자이노소치大宰帥에 임명된 것도 이때인데, 이는 시라카와 법황의 뜻이었을 것이다[후삼년後三年의 난,[17] 미나모토노 요시치카源義親의 일[18]이 있었다].

---

17 1083년부터 1087년에 기요하라노 이에히라淸原家衡가 동북지방에서 일으킨 반란.

도바鳥羽 천황은 호리카와 천황의 제1 황자이다. 어머니는 대납언 간인閑院 후지와라노 사네스에藤原實季의 딸이다.

『속고사담』에 따르면, "호리카와 천황에게 좀처럼 황자가 생기지 않으니 시라카와 상황이 탄식하였다. 도바 천황의 모후가 입궐하였고, 회임한 후 그녀의 어머니 보몬노아마坊門尼가 가모 신사賀茂神社에 칩거하며 아들을 빌었을 때 꿈에 묘진明神이 옷소매에 계시면서 말씀하시기를 '아들을 낳을 것이다. 감겨 있는 그 물건을 잡아라'라고 하는 것을 보고 놀라서 꿈에서 깨어나 감겨 있는 것을 살펴보니 만들어진 용이었다. 그것을 잡아서 전달하여 도바인鳥羽院에게 바쳤다. 그 옷을 신체神體로 하여 그 아마가 시조보몬四條坊門의 별궁을 만들었다. 또 한 여인이 와서 시녀에게 아뢰기를 '잉태하신 것은 황자이니 경사스럽습니다. 오른쪽 엉덩이에 반점이 있을 것입니다'라고 하였다. 사네스에가 나가서 만나려고 하였는데 그녀는 사라졌다. 낳았더니 정말로 오른쪽 엉덩이에 반점이 있었다"라고 하였다.

도바 천황은 태어난 지 8개월 만에 태자로 책립되었고, 다섯 살에 즉위하였다. 우대신 후지와라노 다다자네藤原忠實가 섭정하였다. 열한 살에 관례를 올렸다[에이큐永久 원년(1113) 정월]. 다다자네가 관백이 되었다.

호안保安 2년(1121) 2월에 다다자네가 관백을 사임하고[44세], 3월에 후지와라노 다다미치藤原忠通가 관백이 되었다[25세. 후케 도노富家殿라고 한다]. 재위 16년에 양위하였다[21세. 정사政事는 시라카와 상황에게서 나왔고, 시라카와 상황이 붕어한 후에는 이 천황이 상황으로서 24년간 정무를 보았으며 쉰네 살에 붕어하였다]. 시라카와를 혼인本院이라 하고 도바를 신인新院이라

---

18 쓰시마노카미對馬守로서 규슈九州에 부임한 미나모토노 요시치카源義親가 규슈를 횡행하며 약탈하고 공물을 횡령하였으므로 다이라노 마사모리平正盛가 평정한 일.

불렀다. 시라카와 하나노엔白河花宴¹⁹[호안 3년(1122) 윤2월], 도바 이소노 온가鳥羽五十御賀²⁰[닌표仁平 2년(1152) 3월 7일] 등도 이때의 일이다.

『신황정통기』에 따르면, "이 천황 때에 장속裝束은 풀을 먹여 접은 금을 세우고 에보시烏帽子도 빳빳하게 풀을 먹였다. 하나조노花園 좌대신 미나모토노 아리히토源有仁와 상의해서 정했다"라고 하였다.

『쇼쿠요쓰기』 하나조노 대신花園大臣 미나모토노 아리히토[고산조²¹ 천황의 제3 황자 스케히토輔仁 친왕의 아들. 미나모토源 성을 하사받았다. 시라카와 천황의 양자가 되었다] 전에 따르면, "이 대장大將²²은 특별히 의복제도를 좋아하여 호袍²³의 길이 등을 자세히 조사하는 등 그 방면에 뛰어났다. 예전에는 누바카마奴袴가 길어서 속을 밟고 에보시에 빳빳하게 풀을 먹이는 일이 없었다. 이 무렵부터 사비에보시, 기라메키에보시²⁴ 등 때때로 바뀌었다. 시라카와 상황은 장속을 입히러 온 사람이 상황의 장속을 호화롭게 치장해 드리면 나무랐다. 도바 천황은 대신에게 세세하게 분부하여 가타아테肩當, 고시아테腰當, 에보시토도메, 간토도메²⁵를 하지 않은 사람이 없었다. 관冠과 에보시 끝부분이 구름을 찌를 만큼 높아서 그렇게 하지 않으면 흘러내렸을 것이다. 에몬衣紋의 조시키雜色²⁶가 구로도가 된 것도 이 집안사람이다"

---

19 홋쇼지法勝寺에서 벚꽃을 감상하며 와카和歌를 짓는 모임.

20 도바도노鳥羽殿에서 벚꽃을 감상하며 와카를 짓는 모임.

21 원문의 '白河'는 '後三條'의 오류.

22 미나모토노 아리히토源有仁는 우근대장右近大將을 겸하고 있었다.

23 헤이안 시대에 조정에서 공사를 볼 때 관복 겉에 입었던 조복朝服. 위계에 따라 복색이 다르다.

24 사비에보시는 풀을 세게 먹여서 접는 금을 많이 만든 에보시, 기라메키에보시는 칠을 발라 잘 반짝이도록 한 에보시.

25 고시아테는 모습을 잘 보이기 위해 옷의 어깨나 허리께 뒷면에 붙인 천, 간토도메는 에보시나 관冠이 흘러내리지 않도록 뒷부분에서 끼우는 침.

26 인院 또는 구로도도코로蔵人所, 그 밖의 무가武家에서 잡무를 맡아보던 하급 관리.

라고 하였다[인院에서 정사를 듣는 것은 시대를 따라 아래에 적는다].

『신황정통기』에 따르면, "도바 천황의 시대에는 여러 국의 무사가 겐지와 헤이시 집안에 속하는 것을 금한다는 금령이 때때로 내려졌다. 겐지와 헤이시는 오랫동안 무武로써 공가의 가신으로서 출사하고 있었는데 일이 있을 때는 센지를 받아 여러 국의 병사를 불러들여서 병력을 갖추었다. 그런데 근래 갑자기 사적으로 가신이 되는 패거리들이 많아졌으므로 이 금령이 내려진 것이다. 그 결과 지금까지 난세의 근원이 되었으니 말할 가치가 없는 일이 되었다"라고 하였다.

또 시라카와 천황, 도바 천황 때부터 정도政道의 옛 모습이 점차 쇠퇴하였다[자세하게는 무가武家에 쓸 것이다].

스토쿠崇德 천황은 도바 천황의 제1 황자이다. 어머니는 다이켄몬인待賢門院이다[대납언 후지와라노 긴자네藤原公實의 딸을 시라카와 상황이 양녀로 삼아 입궐시켰다]. 호안 4년(1123) 정월에 황위를 물려받았다[5세]. 관백 후지와라노 다다미치가 섭정하였다. 이때 증조부 시라카와 상황을 혼인이라 하고, 도바 상황을 신인이라 하였다.

다이지大治 3년(1128)에 다이켄몬인의 발원으로 엔쇼지圓勝寺를 세웠다.

다이지 4년(1129) 7월에 시라카와 법황이 붕어하였다[77세]. 그 후 도바 상황이 정무를 보았다[27세]. 시라카와가 살아계셨을 때는 도바 천황은 다이켄몬인을 총애하여 자녀를 많이 낳았다[아들 5명, 딸 1명]. 시라카와 붕어 후에는 도바가 거리낌 없이 전 관백 후지와라노 다다자네의 딸을 입궁시켜서 가야인高陽院이라 하고[자식은 없다], 또 참의 후지와라노 나가자네藤原長實의 딸을 불러들여서 뇨고女御27로 삼았

---

27 헤이안平安 시대, 중궁中宮에 버금가는 천황의 후궁.

다. 비후쿠몬인美福門院이라 한다. 일시에 뇨인女院이 세 명 있었는데 그중에서도 도바는 비후쿠몬인을 오로지 총애하고 정무를 게을리하였다.

덴쇼天承 원년(1131) 12월에 전 관백 다다자네가 도바 상황을 알현하였다. 이는 시라카와 상황과 사이가 벌어져서 퇴거한 지 12년 만에 처음으로 출사한 것이다. 이미 사직하였지만 이후 정무를 맡았다. 적자嫡子인 관백 다다미치와 불화하고 둘째 아들 요리나가賴長를 몹시 총애하였다[이때 요리나가 12세. 이는 호겐保元의 난의 원인이 된다].

조쇼長承 원년(1132) 정월에 다다자네에게 내람內覽의 센지가 내려졌다. 도바 상황이 도쿠초주인得長壽院을 만들고 산주산겐도三十三間堂를 세웠다.[28] 다이라노 다다모리가 봉행하여 다지마 국但馬國를 받고 승전昇殿[29]을 허락받았다[이 사람은 시라카와 천황 때도 총애받는 신하였다].

조쇼 5년(1136) 5월에 고노에近衛가 태어났다[비후쿠몬인이 낳았다]. 금상 천황 스토쿠의 양자가 되어, 8월에 태자로 책립되고[그사이 겨우 2개월인가. 이는 호겐의 난의 원인이 된다], 6년(1137) 2월에 다다자네에게 데구루마輦車를 허용하고, 6월에 준삼후로서 수신병장隨身兵仗을 하사하였다. 10월에 출가했다[62세].

에이지永治 원년(1141), 도바 상황이 머리를 깎고 출가하였다[39세].

『쇼쿠요쓰기』에는 다음과 같이 적었다.

"나이 마흔을 채우지 못하였으나 삼가야 할 나이여서 수년래의 호위병 등도 그만두어 수행하지 않게 했지만 호소곤인寶莊嚴院을 지어서 공양할 때에는 수신병장을 되돌려 하사받아 오래간만에 훌륭한

---

28 다이라노 다다모리平忠盛가 도바 상황에게 도쿠초주인得長壽院을 지어 바치고 산주산겐도三十三間堂를 세웠는데, 이는 시라카와白河 천황 때의 총신이었던 다다모리가 도바 상황 때 세력을 뻗치는 큰 요인이 되었다.

29 헤이안 시대 이후 5위 이상인 자 및 구로도蔵人가 문벌이나 공적에 의해 궁중의 세이료덴淸涼殿 덴조노마殿上의 間에 올라가는 것이 허락되는 것.

태상천황太上天皇 모습을 갖추었다. 이어서 하치만 신궁八幡神宮, 가모 신사賀茂神社 등에 행행하고, 3월 10일에 도바도노에서 머리를 깎았다. 50일 불사를 하고, 대로에 돌아다니는 개나 땔감을 싣고 가는 우차의 소까지 먹이를 주었으며, 불당 연못의 물고기나 정원의 참새나 까마귀 등에게도 먹이를 주었다. 또 이 산 저 산 사원의 승려들에게 유아미湯浴[30]를 하여 공덕과 보시가 훌륭하였다. 그러한 공덕은 평상시에도 늘 하는 일이었고, 사람들이 바치는 물건은 대부분 승려의 보시가 되었다. 도바도노의 어소에는 이루 말로 다 할 수 없는 능금綾錦, 당릉唐綾, 당견唐絹, 갖가지 보물이 둘 곳이 없을 정도로 가득 차 있었는데, 이것들을 보시하였으니 내세의 공덕은 어느 정도일까. 이에 비해 시라카와 법황은 계시는 곳을 눈부시게 쓸고 닦아 문안드리러 온 사람을 인견하고 간야가미紙屋紙[31]에 쓰는 문서는 매일 쓸 것만을 궤에 넣어 두고 그 밖의 물건은 주변에 보이는 것이 없었다. 더구나 바느질하지 않은 물건들은 어전에 꺼내는 일이 없었고 정리 처분을 하게 하였다. 오로지 한 곳에 계시면서 측근의 상하를 곁에 두고 부렸다.”

그해(1145) 12월 7일에 스토쿠 천황이 양위하였다[23세].

『쇼쿠요쓰기』에 따르면, “스토쿠 천황은 친정을 하려는 의지는 있었지만 세상일을 마음대로 내버려 두어 도바 상황의 생각대로 치세하니 간단한 일도 이루지 못하고 동궁[고노에 천황]에게 양위하였다. 그날 오전 8시경부터 공경들이 모여들고, 천황이 도바 상황에게 여러 번 사자를 보내고 구로도藏人 중무소보中務少輔 미나모토노 모로요시源師能가 번갈아 오갔으며 또 6위 구로도가 문서를 바치니 저녁 무렵에 공경들이 신새神璽와 보검寶劍 등을 동궁 어소에 넘겨주었다[이

---

30 입욕 설치를 제공하는 공덕.
31 헤이안平安 시대, 관립 제지가공소에서 만든 질 좋은 종이.

천황이 나중에 사누키讚岐로 건너가서 붕어한 것은 아래에 보인다"라고 하였다.

『호겐모노가타리保元物語』에 따르면, "선제先帝가 특별한 명도 없었는데 떠밀려서 물러났으니 딱하다"라고 하였다.

『고사담』에는 다음과 같이 적었다.

"다이켄몬인은 시라카와 법황의 양녀로서 입궐하였는데, 그간에 법황이 밀통하였다. 사람들이 모두 이 일을 알아서 스토쿠 천황은 시라카와 법황의 친자라고 운운하였다. 도바 천황도 그 사정을 알고 '숙부자叔父子[32]'라고 불렀다. 이로 인해 불화하였지만 그 이상 악화되는 일은 하지 않았다. 도바 천황은 최후에도 후지와라노 고레카타藤原惟方[이때 데이이노스케廷尉佑]를 불러들여서 '너 뿐이라 생각하고 말하는 것이다. 눈을 감은 후 유언의 뜻이라 하여 두루 알리고 스토쿠를 들이지 말라'라고 말씀하셨다."

고노에 천황은 도바 천황의 제8 황자이다. 세 살에 즉위하였다. 관백 후지와라노 다다미치가 섭정하였다. 이때 도바 상황을 이치노인一院이라 하고 스토쿠 상황을 신인이라 하였다.

덴요天養 2년(1145) 8월에 다이켄몬인이 붕어하였다.

규안久安 6년(1150) 정월에 관례를 올렸다[12세]. 이달 좌대신 후지와라노 요리나가[33]의 딸이 입궐하였다[실은 다이토쿠지德大寺 중납언 후지와

---

32 도바鳥羽 천황에게 시라카와白河 천황은 조부이며, 자기 아들이라 생각하던 스토쿠崇德가 시라카와의 아들이라면 아들이 아니라 숙부에 해당한다.

(72대)　　　　(73대)　　　　(74대)
시라카와白河 천황－호리카와堀河 천황－도바鳥羽 천황
　　　　　　　　　　　　　　　　　　　(75대)
　　　　　　　　　　　　　　||――――― 스토쿠崇德 천황
　　　　　　　　　　다이켄몬인待賢門院

33 1120~1156. 헤이안 시대 말기의 공경公卿. 후지와라노 다다자네藤原忠實의 차남, 다다미치忠通의 동생. 형인 관백 다다미치와 대립하고 아버지 다다자네의 후원에 의해 후지와라 씨 우지초자氏長者, 내람內覽으로서 옛 의식의 부흥과 기강 숙정에 힘썼는데 나중에 도바鳥羽 법황의 신뢰를 잃고 실각했다. 정적인 비후쿠몬인美福門院과 다다미치, 신제이信西에게 몰렸고 호겐保

라노 긴요시藤原公能의 딸이다. 황후라고 불렀다]. 6월에 섭정 다다미치의 딸이
입궐하였다[중궁]. 천황이 중궁에게는 친밀하게, 황후에게는 소원하
게 대하니 다다미치와 요리나가 형제 사이가 더욱더 불화하였다.[34]
9월에 다다미치가 우지초자氏長者가 되고, 12월에 관백이 되었다.

닌뵤仁平 원년(1151) 정월에 요리나가에게 수신병장, 우지초자, 내
람의 센지가 내려졌다. 이는 아버지 후지와라노 다다자네가 말하여
행해진 것이다[섭정, 관백이 아니면서 우지초자 및 내람의 센지가 내려진 것은 이
것이 처음이다].

규주久壽 2년(1155) 7월 23일에 천황이 붕어하였다[17세]. 재위 14
년.

고시라카와後白河 천황은 도바 천황의 제4 황자이다.[35] 스토쿠 천
황의 동복아우이다. 스물아홉 살에 즉위하였다. 후지와라노 다다미
치가 관백이었다.

『고사담』에 따르면, "'하치조인八條院[고노에 천황의 동복여동생, 쇼시暲子
내친왕]을 여제女帝로 앉힐 것이다', 또 '고시라카와의 황자 니조인二條
院을 황위에 오르게 할 것이다'는 소문이 있었는데, 홋쇼지 도노法性寺

元의 난에서 패하여 죽었다.

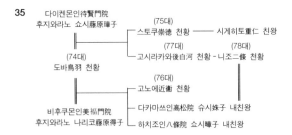

殿[후지와라노 다다미치]가 '중궁이 낳은 황자를 제쳐두고 어찌 다른 논의가 있을 수 있겠는가'라고 하여 황위를 물려받았다"라고 하였다.

『호겐모노가타리』에는 다음과 같이 적었다.

"이때에 신인 스토쿠 상황이 '내가 복위할 것은 아니지만, 이번에는 반드시 시게히토重仁[36]가 잇게 할 것이다'라고 기다리게 하였다. 천하의 사람들도 모두 그렇게 알고 있었는데 의외로 비후쿠몬인의 조처로 제쳐두었던 고시라카와인後白河院을 황위에 오르게 하니 모두 의외로 생각하였다. 이 제4 황자도 신인과 같은 어머니에게서 나왔고 비후쿠몬인에게는 모두 의붓자식이지만 시게히토가 황위를 잇는 것을 시기하고 고시라카와를 대우하여 법황에게도 은밀히 말씀드린 것이다. 그 까닭은 고노에가 일찍 죽은 것은 신인이 저주하였기 때문이라 생각한 것이다. 이로 인해 신인의 원망이 더욱 더한 것도 당연하다."

이때 제4 황자 마사히토雅仁를 세우고 그의 아들 모리히토守仁[니조二條 천황]를 동궁으로 삼고, 쇼시暲子 내친왕을 동궁의 양모養母로서 하치조인八條院이라 존호하였고[황후가 아닌 원호院號의 시작]. 쇼시의 동복 여동생 다카마쓰인高松院을 동궁의 미야슨도코로御休所로 정하였다[이 사람은 동궁의 이모].

『호겐모노가타리』에는 다음과 같이 적었다.

"고시라카와 천황 즉위 후 후지와라노 다다미치가 '세상이 정상으로 돌아가려면 관백의 사표를 받든가, 또는 내람, 우지초자, 관백으로 하든가, 어느 쪽이든 천황의 재량이다'라고 자주 말하였다[생각해 보건대, 후지와라노 요리나가는 내람을 그만두었고 우지초자는 그대로였다]. 그러므로 요리나가는 신인 스토쿠 상황의 제1 황자 시게히토 친왕으로서

---

36 스토쿠 천황의 아들 시게히토 친왕.

황위에 잇게 하려고 생각하여 늘 신인에게 가서 숙직하였다. 호겐 원년(1156) 7월 2일 상황이 붕어한 뒤 어느 날 신인이 '예전의 일로써 지금을 생각하건대, 덴치天智 천황은 조메이舒明 천황의 태자로, 고토쿠孝德 천황의 자식이 많았지만 황위에 올랐다. 닌묘仁明 천황은 사가 천황의 제2 황자였지만 준나淳和 천황의 자식을 제쳐두고 황위를 물려받았다. 가잔花山 천황은 이치조一條 천황에 앞섰고, 산조 천황은 고스자쿠後朱雀 천황에게 권했다. 나는 선제先帝의 태자로 태어나 송구스럽게도 황위에 올랐다. 상황의 존호尊號에 오른 이상, 시게히토가 즉위해야 할 것이다'라고 하였다. 그런데 문무 모두 뛰어나다고는 생각되지 않는 제4 황자에게 초월당하여 부자가 함께 근심에 잠겼다. 도바鳥羽께서 말씀하시기를 '힘없이 2년을 넘겼는데 지금은 내가 천하를 빼앗는 데에 무엇을 꺼릴 것인가'라고 분부하니 요리나가가 '그렇습니다'라고 하며 권하였다. 고시라카와도 이를 듣고 군사를 불러들였다. 미나모토노 요시토모源義朝, 요시야스義康 등의 겐지源氏 등이 부름에 응하였다. 도바도 혼란이 있을 것이라 생각하여 비후쿠몬인에게 유계遺誡를 남겨 황거에 불러들일 무사의 이름을 적어 두었다. 시게히토 친왕은 고故 형부경 다이라노 다다모리가 양육한 군주로, 다이라노 기요모리平清盛[37]는 그 유모의 아들이어서 유계에 빠진 것을 비후쿠몬인의 계략[38]으로 '고인故院의 유계에 있는 대로 와야 한다'라고 분부하였으므로 기요모리도 자제를 데리고 왔다."

　신인 스토쿠 상황이 도바의 다나카덴田中殿에서부터 시라카와白河의 전前 사이인齋院 어소에 행행하였는데, 미나모토노 요시토모의 아버지 다메요시爲義와 그의 아들 사에몬노조左衛門尉 요리카타賴賢, 가몬노스케掃部助 요리나카賴仲, 가모노 로쿠로 다메무네賀茂六郎爲宗, 시

　37　난외 두주 기요모리清盛는 그때 아키노카미安藝守.
　38　난외 두주 이는 신제이信西가 비밀 모의를 바친 것이다.

치로 다메나리七郎爲成, 진제이 하치로 다메토모鎭西八郎爲朝, 구로 다
메나카九郎爲仲 등 여섯 명을 데리고 왔다. 기요모리의 숙부 우마스케
右馬助 다이라노 다다마사平忠政 부자도 왔다. 후지와라노 요리나가도
우지에서 시라카와덴白河殿에 왔다. 대략 군사 1천여 기騎였다. 이에
앞서 황거에는 관백 후지와라노 다다미치가 입궐하여 요리나가를
유배형에 처할 것을 아뢰었다. 이는 모반이 발각되었기 때문이다.
달려온 군사가 1천 700여 기였다. 신인은 사이인 어소에서 북측 전
각으로 옮겼다. 군사에 관한 평의를 할 때 다메토모가 황거를 태워
야 한다고 아뢰었지만 요리나가가 듣지 않았다.

　천황은 다카마쓰도노高松殿의 부지가 좁다고 하여 갑자기 도산조
덴東三條殿으로 천행遷幸하고, 그 후 요시토모를 불러서 군사에 관한
평의를 하였다. 요시토모가 아뢰기를, "기요모리 등을 머물게 하여
대궐을 지키고 직접 군사를 이끌고 야습해야 할 것입니다"라고 말하
였다[이는 남도南都39의 승병 1천여 명이 내일 아침에 신인에게 올 것이라고 들었기
때문이다]. 소납언少納言 뉴도入道 신제이信西가 아뢰기를40, "신이 문사
文事에 대해서 아직 어두운데 하물며 무사武事이겠습니까. 오로지 요
시토모의 재량에 맡기는 것이 좋을 것입니다. '앞서면 남을 제압하고
뒤처지면 남에게 제압당한다'라고 하니 오늘밤 토벌하기 위해 떠나
는 것이 마땅합니다. 기요모리를 대궐 호위에 머물러두는 것은 마땅
하지 않습니다.41 무사가 모두 나가야 할 것입니다. 속히 흉도를 토
벌하여 천황의 분노를 가라앉히면, 먼저 평소 말하던 바의 승전昇殿42
에 대해 의심해서는 안 됩니다"라고 하였다. 요시토모가 말하기를,

---

39 나라奈良.
40 [난외 두주] 신제이信西의 의논은 요리나가賴長와 크게 다르다.
41 [난외 두주] 신제이가 기요모리의 지위를 위해서.
42 앞의 주 29 참조.

"전쟁터에 임하여 어찌 여생을 생각하겠습니까. 이제 승전하여 죽은 후의 추억으로 삼을 것입니다"라고 하며 무리하게 계단을 오르는 것을 신제이가, "이 어찌 된 일인가"라고 하며 제지하니 천황이 몹시 재미있어 하였다.

시라카와덴에서는 무샤도코로武者所의 지카히사親久로 하여금 황거의 상황을 보고 오도록 하였는데 적이 온다고 아뢰니 다메토모가 자기의 계책을 행하지 않은 것을 분하게 여겼으므로 구로도로 삼으려고 했으나 더욱 노하여 배명 의식을 하지 않았다. 11일 오전 4시경 전투가 시작되었고 새벽녘에 다메토모가 방화할 것을 아뢰었다. 신제이가 받아들여 허락하였고 마침내 방화하였다. 오전 8시에 신인과 요리나가가 달아났다. 요리나가는 기타시라카와北白河에서 날아온 화살에 맞았다. 신인이 다메요시를 데리고 뇨이 산如意山에 들어가 무사들을 흩어지게 했다. 다메요시와 다다마사는 미이데라三井寺 쪽으로 가고, 신인은 지소쿠인知足院 옆 승방에 들어가 머리를 깎고 출가했다. 후지와라노 다다자네는 신인이 패전했다는 소식을 듣고 다리를 파괴하고[우지] 남도南都로 도망쳤다. 요리나가도 남도로 가서 혀를 깨물고 죽었다. 신인은 그 후 오무로御室에 들어갔지만 신병을 구속당했다.[43]

11일 밤이 되어 후지와라노 다다미치 관백이 원래대로 우지초자가 되었다. 오전 0시경에 권상勸賞이 있었다. 아키노카미安藝守 다이라노 기요모리는 하리마노카미播磨守, 시모쓰케노카미下野守 미나모토노 요시토모는 사마노곤노카미左馬權頭. 요시토모가, "전에 사마노스케左馬助였는데 지금 곤노카미權頭인 것은 면목이 서지 않는다"라

---

43 스토쿠崇德 상황은 닌나지仁和寺의 주지이며 상황의 동복아우인 가쿠쇼覺性를 의지하여 닌나지에 들어가 주선을 의뢰했지만 가쿠쇼는 이를 거절했다.

고 말하므로 가미頭로 삼았다. 시게히토 친왕은 출가하였다. 기요모리에게 명하여 다메요시를 수색하게 했다. 다메요시는 동국東國으로 갔지만 갑자기 병이 나서 부자가 서로 헤어지고 혼자 요시토모에게 왔다. 다이라노 다다마사도 기요모리 쪽에 왔는데 아뢰어서 부자 다섯 명을 주살했다[이날 무렵 숙부와 조카 사이가 좋지 않아서 다메요시를 주살하려고 꾀했다고 한다]. '다메요시도 주살해야 한다'는 천황명령을 요시토모가 재차 호소하니, "기요모리가 이미 숙부를 베었다. 조카는 아들과 같다고 할 수 있으니 어찌 아버지와 다르겠는가"라고 분노하였으므로 가마타 지로 마사키요鎌田次郎政淸로 하여금 베게 했다. 요시토모의 동생 아홉 명을 모두 베어 죽였다. 다메요시 한 사람만이 도망쳤다. 오미 국近江國 와다和田에 숨어 있던 것을 9월 2일에 생포하였다[목욕탕에 있었다]. 처분 시기가 지나갔고 또 예전에 용사였으므로 유배형에 처했다. 지소쿠인 뉴도 상국相國 후지와라노 다다자네도 요리나가와 뜻을 같이 하였다 하여 유배형 명령이 내려졌는데 다다미치가 간청하여 그 일은 없는 일이 되고 부자가 처음으로 화목하였다[8월, 요리나가의 세 아들이 모두 유배되었다. 다메나가爲長는 이즈모 국出雲國, 모로나가師長는 도사 국土佐國, 노리나가敎長는 히타치 국常陸國].

　23일에 상황이 사누키 국讚岐國에 유배되었다[8년 뒤인 조칸長寬 2년 (1164) 8월 6일에 붕어하였다. 46세]. 이날 기요모리와 요시토모가 서로 싸웠는데, 백기와 적기를 꽂고[44] 수도 안을 왕래했다. 칙사가 양쪽을 방문하였으나 흔적도 없다고 아뢰었다.[45]

44　겐지源氏는 백기, 헤이시平氏는 적기.

45　1156년 천황가, 섭관가攝關家 내부의 권력 항쟁이 발단이 되어 교토에서 일어난 내란. 1155년 고노에近衛 천황이 사망하자 도바鳥羽 법황과 스토쿠 상황 사이에 황위를 둘러싸고 대립했다. 섭관가 내부에서도 전 관백 후지와라노 다다자네藤原忠實가 총애하는 차남 요리나가賴長와 장남 다다미치忠通가 섭정·관백직을 둘러싸고 불화가 생겼다. 마침내 요리나가가 스토쿠 상

『호겐모노가타리』에 따르면, "이번 전투는 모두 전대미문이다. 주상 고시라카와 천황과 스토쿠 상황은 형제이다. 관백 후지와라노 다다미치와 좌대신 요리나가도 형제이며, 무사의 대장 미나모토노 다메요시와 요시토모는 부자이다. 이 병란의 원인도 고인故院[도바 천황]이 황후[비후쿠몬인]의 권유로 고시라카와가 도리에 맞지 않게 황위를 물려받았기 때문이다"라고 하였다.

7월 19일에 겐지, 헤이시 70여 명이 주살되었다. 나카노인中院 좌대신 미나모토노 마사사다源雅定, 오미야大宮 대납언 후지와라노 고레미치藤原伊通 등이 의논하여 아뢰기를, "사가 천황 때 사효에노카미左兵衛督 후지와라노 나카나리藤原仲成가 주살된[46] 이래 사죄死罪를 그만두었으므로 이치조 천황 때 내대신內大臣 후지와라노 고레치카藤原伊周, 중납언 다카이에隆家가 가산인花山院을 쏜 죄[47]가 참형에 해당한다고 법가法家 무리들이 아뢰었지만 멀리 유배 보내는 것으로 완화하였습니다. 지금 다시 사형을 행해서는 안 됩니다. 특히 도바鳥羽의 중음中陰[48]이니 힘껏 달래야 합니다"라고 말했다. 신제이가 은밀히 아뢰

황과 연합하여 정계는 둘로 나뉘게 되었다. 1156년 도바 법황의 사망을 계기로 고시라카와後白河 천황측은 다이라노 기요모리平淸盛, 미나모토노 요시토모源義朝 등을 소집하고, 스토쿠 상황측도 미나모토노 다메요시源爲義, 다이라노 다다마사平忠正 등을 동원하여 결국 무력 충돌에 이르렀다. 전투는 요시토모, 기요모리 등이 야습을 감행하여 몇 시간 만에 고시라카와 천황측이 승리했다. 스토쿠 상황은 사누키에 유배, 요리나가는 전사, 다다마사, 다메요시 등은 사형에 처해졌다. 형제 부자가 둘로 나뉘어 싸운 난으로, 난 후의 처분은 미나모토 씨에게 가혹했고 섭정·관백을 배출하는 섭관가도 약체화됐다. 반면에 다이라平 씨는 세력을 확대하여 중앙 정계를 장악하는 실마리가 되었다.

46 810년 후지와라노 나카나리藤原仲成가 여동생 구스코藥子와 공모하여 헤이제이平城 천황의 재즉위를 계획하여 거병하였다가 주살되었다.

47 후지와라노 다메미쓰藤原爲光의 딸을 둘러싼 다툼으로, 출가한 가잔인花山院에게 활을 쏘아 화살이 소매를 꿰뚫은 사건이다. 고레치카는 다자이부大宰府에 유배되었다가 나중에 복귀했다.

기를[49], "이 의논은 마땅하지 않습니다. 많은 흉도들을 제국에 나누어 보내면 필시 병란의 원인이 될 것입니다. 비상시 결단은 오로지 군주가 하라는 말이 있습니다. 거듭 이치에 맞지 않는 일이 생기면 후회가 더욱 더할 것입니다"라고 하며 모두 베었다. 고닌弘仁에 나카나리를 주살한 이래 제왕 26대,[50] 연수로 347년, 끊어졌던 사형을 진언한 것이야말로 도저히 익숙해지지 않는 싫은 일이다. 특히 요시토모에게 아버지를 베게 한 것은 전대미문의 일이다. 첫째 황실의 잘못이며 또 하나는 그 자신이 사려분별을 하지 못한 것이다. 『맹자』에 "순舜은 천자였다. 아버지 고수瞽瞍가 살인한 것을 고도皐陶[51]가 잡았다면 순은 어떻게 할 것인가 물으니 제위를 버리고 아버지를 업고 달아날 것"이라고 하였다. 요시토모가 참으로 살리려고 생각하였다면 뭔가 방도가 없었겠는가. 은상을 받는 것을 대신해서라도, 가령 자기 몸을 버려서라도 어찌 이를 구하지 않았는가. 참으로 의義를 거스른 때문이 아닌가. 더없이 충성을 쌓았지만 특별한 은상도 없고 결국 얼마 지나지 않아서 살해당하였으니 비참하도다. 『신황정통기』의 평가도 이와 같다.

또 말하기를, "호겐保元, 헤이지平治부터 그 이래 천하가 어지러워져서 무용武用이 성하고 왕위王威가 경시되었다. 아직 태평시대로 돌아가지 못하는 것은 명행名行이 무너졌기 때문이다"라고 하였다.

---

48 불교 용어로, 사유四有의 하나. 사람이 죽는 사유死有부터 다음 생生을 받는 생유生有까지의 동안. 곧, 죽어서 49일 동안.

49 난외 두주 신제이信西가 바르게 생애를 마칠 수 없었던 요인이 여기에 있다.

50 난외 두주 진정한 왕정이다. 삼대 후는 아직 듣지 못했다.

51 중국 고대의 전설상의 인물. 순舜 임금의 신하로, 법리法理에 통달하여 법을 세우고 형벌을 제정하였으며, 옥獄을 만들었다고 한다.

생각해 보건대, 시라카와 천황이 양녀 다이켄몬인과 멋대로 밀통하고 임신한 것을 손부孫婦로 맞아 분만하기를 기다려 마침내 황위를 잇게 했다. 도바 천황 또한 엽색하여 많은 아들딸을 낳았다. 그의 아들 스토쿠가 무슨 죄가 있겠는가. 아들의 어머니 다이켄몬인을 사랑하고 아들 스토쿠를 미워하였고, 또 아름다운 아내 비후쿠몬인에게 혹하여 어린 아들 고노에를 세웠다. 스토쿠 천황 또한 양부를 원망하고[52] 동복아우 고시라카와를 괴롭혔다. 후지와라노 다다자네는 대신으로서 까닭 없이 어린 아들 요리나가를 사랑하여 요리나가가 손윗사람을 업신여겼으며, 다다미치는 또 그의 동생 요리나가와 우지초자를 다투었다. 다이라노 기요모리는 숙부와 종형제를 베었고, 미나모토노 요시토모는 아버지와 동생을 벨 것을 꾀하였고 또 조정의 명령을 거절하기 어려워 아버지와 동생을 베었다. 고시라카와 천황은 형과 다투어 이를 유배 보내고 공신들로 하여금 부자 형제를 베게 했다. 아버지가 아버지답지 못하니 아들이 아들답지 못하고, 형이 형답지 못하니 아우가 아우답지 못하며, 남편이 남편답지 못하니 아내가 아내답지 못하고, 임금이 임금답지 못하니 신하가 신하답지 못하다고 할 것이다. 기타바타케北畠 준후准后[53]의 이른바 명교名敎를 어기고 한마디로 덮으려고 했다고 말할 수 있을 것이다.

후지와라노 요리나가는 다다자네가 총애하는 아들로, 신제이에게 배웠다. 그의 형 다다미치가 시가詩歌와 서書를 잘 하였는데, 그는 이러한 것은 황실에 필요한 일이 아니라고 생각했다. 오상五常[54]을 바르게 하고 상벌을 구분하며 정무를 바로잡고 선악을 밝히니 그 시대 사람들이 무서운 좌대신이라고 하며 두려워했다. 그러나 사실은 마음이 곱고 도네리舍人, 우시카이牛飼 등의 도리를 세워 변명을 이해하

---

52 스토쿠崇德 천황은 도바鳥羽 천황의 아들이지만, 실제로는 증조부 시라카와白河 천황의 아들이기 때문.

53 기타바타케 지카후사北畠親房. 『신황정통기神皇正統記』의 저자.

54 유교에서 말하는 사람이 지켜야 하는 다섯 가지 덕목. 인仁, 의義, 예禮, 지智, 신信을 말한다.

였고 진陣에서 공사公事 때 게키外記[55] 관리를 간하여도 태정관이 자신이 지나치지 않았음을 피로하면 사죄 문서를 썼다. 이를 거절하면 "좌대신의 사죄 문서를 관위가 낮은 신하에게 전하는 것은 일가의 명예가 아니다"라고 말하였다.

저 신제이라는 자는 좌대신 후지와라노 무치마로藤原武智麻呂의 먼 자손으로, 고시라카와 상황의 유모 기이노니이紀伊二位의 남편이다. 이 사람은 남가南家[56]의 유교 계통이지만 유학자의 업을 잇지 않고 젊어서부터 제도諸道를 겸하여 배워 구류백가九流百家[57]에 이르기까지 당대에 더없이 뛰어난 재주와 박식함을 갖춘 인물이었다. 휴가노카미日向守 후지와라노 미치노리藤原通憲가 어전에서 무심히 모시고 있었는데 어느 날 스스로 관상을 보니 자신에게 참수되는 관상이 있음을 알고 출가하려고 사임할 때, "휴가노 뉴도日向入道라고 불리는 것은 무언지 미흡합니다. 소납언의 칙허를 받고 싶습니다"라고 말하였다. 처음에는 허락을 받지 못하다가 여러 가지로 아뢰어 출가하였고 소납언 뉴도 신제이라고 하였다[이는 도바 천황 때의 일인가]. 그가 출가할 마음을 먹었을 때 후지와라노 요리나가는 아직 젊었는데[20세 때] 인에서 만나, "나는 사임하고 출가하여 법사法師가 될 것입니다. 그런데 유감스럽게 생각되는 바가 하나 있습니다. 사람들이 재주와 슬기가 넘치는 사람은 불운하다고 말하여 학문을 게을리하였는데, 그것이 슬픕니다. 그대는 섭관가에서 태어나 기댈 데가 있으니 반드시 학문과 지혜를 닦고 신하로서의 더없이 높은 지위에 올라가서 내가 실현하지 못한 어설픈 생각을 기억해 주십시오"라고 말하였으므로 그의

---

55 조서의 검토, 주문奏文 작성, 공사公事·의식儀式에의 봉사 등을 담당하는 태정관太政官.
56 후지와라노 무치마로藤原武智麻呂를 조상으로 하는 가계.
57 중국 제자백가의 아홉 학파. 유가, 도가, 음양가, 법가, 묵가, 종횡가, 잡가, 농가, 명가의 총칭.

얼굴을 찬찬히 지켜보며 눈물을 머금고 말없이 고개를 끄덕였다. 그 후 4년이 지나 요리나가[24세 때]가 병이 나서 병석에 누워 귀복龜卜과 시서蓍筮[58]를 논한 적이 있었다. 요리나가는 귀복에 관심이 깊어 의외로 논의가 고조되었는데 결국 뉴도가 졌다. 뉴도는 "재주와 지혜가 이미 일본국 중에서도 발군입니다. 학문을 숙달해야 합니다. 만약 하지 않는다면 반드시 자신에게 뒤탈이 생길 것입니다"라고 말하고 물러나 갔다. 이 일은 자찬하여 일기에도 적었다.

『호겐모노가타리』에 따르면, "스승은 제자에 대해서 속속들이 잘 안다고 한다. 이는 학문을 그만두라는 것이 아니라 재주와 지혜를 자랑하는 것을 경계한 것이다. 먼저 참마음이 있어서 아름다운 마음이 있은 다음에 학문을 해야 한다는 것이다. 내외를 깊이 연구하는 것은 오로지 인격을 위해서이다"라고 하였다.

생각해 보건대, 이 이야기는 과연 그러하다. 그런데 미치노리[59]가 말한 것은 그렇지 않다. 미치노리가 권한 바는 오직 지혜를 다하라는 것으로 보인다. 덕을 닦으라고는 말하지 않았다. 요리나가가 잃은 것도, 신제이가 끝을 잘 내지 못한 것도 오직 재주와 지혜로써 배움으로 삼은 잘못에 기인한 것이리라.

난이 끝난 후 고시라카와 천황은 고산조 천황의 예에 따라 기록소記錄所를 설치하고 직접 정치를 듣고 유모의 남편 소납언 뉴도를 총임하여 황거도 지었으며[시라카와 천황 이후 처음] 수도 안도 깨끗이 쓸어 왕성하던 예전으로 되돌리고 재위 3년에 양위하였다[32세. 이후의 일은 아래에 상세하게 쓴다].

---

58 점의 일종으로, 귀복은 거북의 등껍데기를 불에 태워 갈라지는 모양으로 점을 치는 방법이며, 시서는 톱풀로 점을 치는 방법이다.
59 후지와라노 미치노리藤原通憲, 신제이信西.

니조 천황은 고시라카와 천황의 제1 황자이다. 어머니는 오이미카도大炊御門 추증 태정대신 후지와라노 쓰네자네藤原經實의 딸이다. 호겐保元 3년(1158) 8월에 황위를 물려받았다[16세]. 후지와라노 다다미치가 관백을 사임하고 그의 아들 모토자네基實가 관백이 되었다[16세]. 천하의 일은 고시라카와 상황이 들으시고, 신제이가 드디어 임용되었다.

헤이지平治 원년(1159) 12월에 후지와라노 노부요리藤原信賴·미나모토노 요시토모의 난[60]이 일어났다[호겐의 난 후 2년이 지났다]. 이 일은 권중납언權中納言 겸 중궁권대부中宮權大夫 우에몬노카미右衛門督 노부요리가 일으켰다.

노부요리는 나카노칸파쿠中關白 후지와라노 미치타카藤原道隆의 후손인데, 조부도 부친도 여러 국의 수령受領을 거쳐 노후에 종3위에 이르렀다. 그런데 이 사람은 고시라카와 상황에게 총애를 받아 스물일곱 살에 중납언 우에몬노카미가 되었다. 또 근위부近衛府 대장을 바라는 것을 상황이 신제이에게 의논하니, "이 일은 결코 마땅치 않습니다. 군주의 정치는 관리 임명을 먼저 생각해야 합니다. 서위敍位나 관리 임명에 이치가 맞지 않는 일이 생기면 위로는 하늘의 뜻을 어기고 아래로는 백성의 비방을 받아 세상이 어지러워지는 단서가

---

60 1159년에 일어난 정변으로, 헤이지平治의 난이라고 한다. 호겐의 난 뒤, 전공戰功이 있던 다이라노 기요모리平清盛는 고시라카와後白河 상황의 총신 후지와라노 미치노리와 결합하여 권력을 휘둘렀다. 한편 전공이 적었던 미나모토노 요시토모源義朝는 미치노리와 대립하고 있던 후지와라노 노부요리藤原信賴와 결합하여 기요모리와 미치노리를 타도하려 했다. 1159년 기요모리가 구마노熊野에 참배하기 위해 교토를 비운 사이에 요시토모와 노부요리는 상황을 유폐하고 미치노리를 살해하는 데 성공해 한때 권력을 장악했다. 이 소식을 듣고 서둘러 귀경한 기요모리는 그들을 처사순 뒤 노부요리를 참수시켰고, 요시토모는 오와리에서 살해당했다. 이 난을 계기로 다이라 씨는 전성기를 맞이하게 되었다.

됩니다. 중국과 우리나라에 그러한 예가 많습니다. 대신이 된 사람이라도 대장이 되지 못한 사람도 있을 정도입니다. 집병執柄의 자식이나 영재의 무리들도 이 직을 최고로 여깁니다. 노부요리 따위가 대장을 더럽히면 결국 더없이 교만해져서 포악한 신하가 되어 하늘에 멸망당할 것인데 어찌 이 일을 불편하게 생각치 않겠습니까"라고 간하였지만 과연 그렇다고 생각하는 기색이 없었다. 신제이가 당나라 안록산安祿山 그림 3권을 그려서 바쳤지만 여전히 그렇게 생각하지 않았다. 노부요리는 이를 듣고 항상 피로하다고 칭하며 칩거하면서 오로지 말 타고 활쏘기, 빨기 걷기, 무거운 물건 들기 등의 무예를 익혔다. 신제이를 멸망시키기 위해서라고 하였다.

후지와라노 노부요리가 아들 노부치카信親를 기요모리의 사위로 삼으려고 생각했는데, '그는 다자이노다이니大宰大貳가 되어 큰 영지를 많이 받아 원망이 없다. 요시토모는 호겐의 난에 공이 큰데 상이 가벼운 것을 원망한다'라고 생각하여 평소 친밀하게 지내고, 니조 천황의 외척 대납언 후지와라노 쓰네무네藤原經宗, 유모의 아들 벳토別當 후지와라노 고레카타 등과 사이좋게 지냈다.

『신황정통기』에는, "기요모리는 신제이의 친척이 되어[61] 특별히 곁에 두고 부렸다. 신제이와 기요모리를 쓰러뜨려서 세상을 마음대로 하려고 했다"라고 하였다.

이해(1159) 12월 4월에 다이라노 기요모리가 아들 사에몬노스케左衛門佐 시게모리重盛와 함께 구미노熊野에 참배하러 간 뒤에 노부요리는 요시토모와 일을 도모하였다. 9일 새벽 0시경에 요시토모는 500기騎를 이끌고, 노부요리는 상황의 어소에 가서 고시라카와 상황을 잇폰고쇼도코로一本御書所[62]에 붙잡아두고, 니조 천황을 구로도노 고

---

61 신제이信西의 아들 나리노리成範가 기요모리의 딸을 아내로 맞아들였다.
62 헤이안平安 시대에 유포되고 있던 책을 1부씩 베껴서 보관하던 시설.

쇼黑戶御所[63]에 두고, 산조덴三條殿을 불태웠다. 신제이가 니시노토인西洞院의 집도 불태우고 그의 자식들도 관위를 반환하게 했으며, 자기편 병사에게 관직을 임명하였다[노부요리는 아사가레이노마朝餉間[64]에 있었다. 노부요리는 스스로 대신大臣 대장大將이라고 말했다]. 미나모토노 요시히라源義平는 외조부 미우라노스케三浦介에게 있었는데 수도에 시끄러운 일이 있다고 듣고 달려왔다. 관직을 임명받고, "군사를 받아 아베노安倍野에 나가 기요모리 부자를 치고 나중에 받겠습니다"라고 하며 사양했으나 노부요리가 허락하지 않았다.

신제이는 9일 정오에 흰 무지개가 해를 뚫는 것[65]을 보고, "오늘 저녁에 어소에 야습해 들어올 것이다"라고 하며 이를 아뢰기 위해 인에 들어갔는데 상황은 관현 놀이 중이었다. 자식들도 어전에 있었으므로 시녀에게 말해두고 집에 돌아와 처 니이二位에게, "아이들에게도 알려라"라고 말하고 가신 네 명과 함께 나라奈良로 달아났다. 시가라키노미네信樂峯에 이르러 충신은 주군을 대신하여 희생한다는 것을 생각해내고 10일 아침에 우에몬노조右衛門尉 후지와라노 시게카게藤原成景를 수도로 돌려보냈다. 그는 도중에 도네리舍人[66] 다케자와武澤와 만나 도성 내에서 벌어진 변을 듣고, "뉴도는 가스가야마春日山 산속으로 갈 것이다"라고 말하고 되돌아가서 신제이에게 그렇게 전했다. 뉴도는 산 채로 구덩이에 묻혔다. 전임 이즈모 고쿠시出雲國司 미쓰야스光康가 50여 기로 뒤쫓아 와서 쓰키게노우마月毛の馬[67]와 다케자와라는 도네리를 찾아내어 심문하여 뉴도를 파내었는데 아직

---

63 궁중의 세이료덴淸涼殿 북쪽에 있는, 연기로 그을러서 검게 된 좁고 긴 방.
64 천황이 간단한 식사를 하던 방, 세이료덴의 서측 행랑에 있었다.
65 흰 무지개는 무기, 해는 군주의 상징으로 해석하여 전쟁이 일어나 군주에게 위해를 가할 조짐이라 여겼다.
66 귀인을 모시며 시중드는 잡인.
67 신제이가 타던 홍갈색 말.

목숨이 붙어 있는 것을 목을 베어 14일에 옥문에 내걸었다[『신황정통기』에는, "신제이는 재주와 학식이 있고 현명하지만, 자기의 잘못을 알고 조짐이 아직 나타나기 전에 화를 막는 지력知力을 결여하였다. 노부요리가 잘못을 간하였지만 자기 자식들은 중요한 관직에 올라 근위중장近衛中將까지 되었고 참의 이상 올라간 자도 있었다. 이렇게 죽었으니 이것도 천도에 어긋나는 바가 있었음은 의심할 여지가 없다"라고 하였다].

10일 아침에 로쿠하라六波羅에서 출발한 파발마가 기리메노오지切目の王子에서 따라잡았다. 기요모리가, "이대로 구마노에 가서 참배를 할까"라고 말하였지만 시게모리가 간하여 되돌렸다. 무기가 없다고 하니, 지쿠고노카미筑後守 다이라노 이에사다平家貞가 긴 궤짝 50개에서 갑옷 50벌, 화살 50요腰와 대나무 봉 속[68]에서 활 50개를 꺼냈다. 벳토別當 단조湛增가 20기를 보내고, 유아사 무네시게湯淺宗重가 30기로 와서 이래저래 100기로 돌아갔다. 미나모토노 요시히라가 군사 3천으로 아베노安倍野에서 기다린다는 소식을 듣고, '시코쿠四國로 건너간다'라고 하는 것을 시게모리가 간하고 이에사다가 권하여 돌아왔다.

그 후 신제이의 자식들은 유배죄[적자인 새 재상 도시노리俊憲와, 하리마노중장播磨中將 시게노리成範, 이는 기요모리의 사위로, 나중에 사쿠라마치 중납언櫻町中納言이라고 한다. 곤우추벤權右中辨 사다노리貞憲, 미노노쇼초美濃少將 나가노리長憲, 시나노노카미信濃守 마사노리正憲 등이다. 승려와 속인을 합쳐 아들 12명, 딸 5명 있었다]를 받았다.

23일에 황거에서는 로쿠하라에서 밀려올 것이라 하여 소란하였다. 로쿠하라에서도 10일부터 날마다 기다렸다. 26일 밤에 고시라카와 상황이 몰래 닌나지仁和寺로 달아났다[구로도 우쇼벤右少辨 후지와라노 나

---

68 난외 두주 'の'자 아래에 '杠の'의 2자가 있는 간본刊本도 있다.

리요리藤原成賴가 수행하였다]. 니조 천황도 로쿠하라 저택으로 달아났다[후지와라노 쓰네무네와 후지와라노 고레카타가 수행하였다]. 노부요리가 이를 듣고 놀라서 로쿠하라를 공격하려고 하였는데 27일에 기요모리가 황거에 몰려들었다. 겐지 군사가 이를 격파하고 로쿠하라에 밀려들었다. 미나모토노 요리마사源賴政가 변심하였고, 겐지가 불리해지자 요시토모는 동쪽으로 달아났다. 후지와라노 노부요리는 길에 버려져 항복했지만 참수되었다. 상황이 노부요리의 사형을 완화해줄 것을 청하였지만 이루어지지 않았다. 요시토모는 아오하카青墓에서 오와리 국尾張國 노마野間로 내려가서 오사다 다다무네長田忠宗의 집에 들어갔으나 이듬해 에이랴쿠永曆 원년(1160) 정월 3일에 다다무네에게 토벌되었다[38세[69]].

미나모토노 요시히라는 아버지 요시토모와 상의하여 도산도東山道에서 공격해 들어가 히다飛彈로 내려가서 많은 세력이 되었지만 요시토모가 토벌되었다는 소식을 듣고 군사가 흩어졌으며, 수도로 올라가서 기요모리를 노리려는 것이 드러나서 난바 지로 쓰네토難波二郎經遠가 300여 기로 숙소를 둘러싸 격파하였는데, 이시야마石山 근처에 숨어 있던 것을 난바 사브로 쓰네후사難波三郎經房의 가신이 붙잡아와서 참수하였다[정월 18일의 일이며, 이때 스무 살이었다].

2월 9일에 미나모토노 요리토모源賴朝가 간토關東에서 붙잡혔다. 이케노아마池の尼[70]의 청으로 이즈 국伊豆國에 유배되었다. 도키와常

---

69 원문의 '三十三歲'는 '三十八歲'의 오류.

70 이케노젠니池禪尼. 1104?~1164?. 헤이안平安 시대 후기의 여성. 다이라노 다다모리平忠盛의 정실正室. 다이라노 기요모리平淸盛의 계모에 해당한다. 이케노아마의 청으로 죽음을 면한 미나모토노 요리토모源賴朝는 이케노아마의 은혜를 잊지 않고 이즈 국伊豆國에서 거병한 후에도 그녀의 아들인 요리모리賴盛를 우대하여 헤이시平氏 멸망 후에도 요리모리 일족은 조정의 당상인 및 막부의 고케닌御家人으로 존속했다.

磐[71]가 낳은 세 아들은 살아났던.

이 난을 진압한 공으로 기요모리는 정3위에 서임되고[참의가 된다고 운운하였다]. 자식과 형제들 모두 영지를 하사받았다. 신제이의 자식 열두 명도 소환되어야 했는데 그런 일은 없었다. 이는 원래대로 소환되면 후지와라노 쓰네무네와 후지와라노 고레카타가 노부요리와 마음을 합했던 것이 발각될 것을 꺼려서 쓰네무네와 고레카타가 말씀드린 것이다.

상황은 후지와라노 아키나가藤原顯長[72]의 집에 계셨는데, 2월 20일 경[난나지에서 나왔지만 산조덴三條殿이 불타서 어소가 될 만한 곳이 없었기 때문에 하치조八條 호리카와堀河의 황후대부皇后大夫 아키나가의 집을 임시 숙소로 한 것이다] 기요모리를 불러서, "주상이 어려서 이런 조처를 했을 것이라고 생각하지 않는다[생각해 보건대, 사지키桟敷[73]를 판자로 박았다.[74] 이보국李輔國[75]이 명황明皇 현종玄宗을 서내西內 태극궁太極宮에 유폐시킨 것과 같은 것을 화낸 것이다]. 쓰네무네와 고레카타의 소행이라 생각하니 구속하라"라고 하니 붙잡아 왔다. 두 사람의 사형이 확정된 것을 후지와라노 다다미치가 상황을 달래서 유배보내게 하였다.[76]

『신황정통기』에 따르면, "이렇게 해서 잠시 동안 진정되었는데,

---

71 미나모토노 요시토모源義朝의 첩. 미나모토노 요시쓰네源義經의 생모.

72 1125~?. 헤이안平安 시대 말기 공경公卿. 후지와라노 고레카타藤原惟方의 숙부.

73 판자를 깔아서 높게 만든 관람석.

74 니조 천황의 친정파親政派인 후지와라노 쓰네무네藤原經宗와 후지와라노 고레카타藤原惟方는 고시라카와後白河 상황이 후지와라노 아키나가藤原顯長 집의 사지키桟敷에서 바깥을 구경하고 있던 것을 나무판을 박아 시계를 차단했다는 의심을 받았다.

75 당 숙종肅宗 때 전횡을 휘둘렀던 환관.

76 전 관백 후지와라노 다다미치藤原忠通는 호겐保元의 난에서 사형을 부활시켰기 때문에 다시 이러한 난이 일어났다고 주장하고 공경公卿의 사형에 반대했다.

주상과 상황의 사이가 나쁘고 천황의 외삼촌 대납언 쓰네무네와 유모의 아들 벳토別當 고레카타 등이 상황의 뜻을 거역하니 기요모리에게 명해서 붙잡아서 유배 보냈다. 이로부터 기요모리가 천하의 권력을 멋대로 휘둘렀고, 곧 태정대신에 올랐다. 그의 아들들이 대장大將이 되었고, 뿐만 아니라 형제들이 좌우 대장으로 늘어섰다. 천하의 영지 절반 이상을 가령家領으로 삼았고 관위는 대부분 집안사람이나 가신들이 차지했다. 왕실의 권한은 더욱더 없어졌다"라고 하였다.

생각해 보건대, 이해(1160) 니조 천황은 후지와라노 다시藤原多子를 맞아들여 황후로 삼았다. 고노에 천황의 황후였다. 천황은 그녀가 아름답다는 것을 듣고 그녀의 아버지 우대신 후지와라노 긴요시에게 천황 명령을 내려 불러들였다. 이 일[77]은 고시라카와 상황도 마땅치 않다고 생각하고 여러 신하들도 간하였지만 듣지 않았다. 2대의 후비后妃라고 한다. 이때 천황은 열여덟 살, 황후는 스물세 살이었다. 이로부터 주상과 상황의 사이가 좋지 않았다. 이 일로 인해 쓰네무네와 고레카타가 처벌을 받았는데, 『헤이지모노가타리平治物語』에서 말하는 대로라면, 후지와라노 노부요리의 난[78]은 주상 니조 천황의 뜻이었다는 것인가, 또 신제이의 자식들 유배 처벌에 대한 것인가.

『헤이케모노가타리平家物語』 니다이노기사키二代后 조에 따르면, "에이랴쿠, 오호應保 무렵부터[니조 천황의 연호] 천황이 고시라카와 상황의 측근을 경계하고 상황이 천황의 측근을 경계하는 동안에 상하가 두려워 떨며 마음이 편치 않았다. 마치 살얼음을 디디는 것과 같았다. 주상과 상황 부자 사이가 뭔가 소원함이 있어서 의외의 일이 많았다"라고 하였다.

---

77 고노에近衛 천황의 황후였던 후지와라노 다시藤原多子를 다시 후비로 들인 것.
78 헤이지平治의 난.

오호 2년(1162)에 후케富家 뉴도 상국相國 후지와라노 다다자네가 훙서하였다[84세]. 지소쿠인 관백이라고 하였다.

오호 3년(1163) 2월에 전 섭정 후지와라노 다다미치가 훙서하였다[68세]. 홋쇼지 도노法性寺殿라고 한다[도바 천황 대부터 당대까지 40여 년간 섭정, 관백이었다].

에이만永萬 원년(1165) 3월에 미나모토노 다메토모가 이즈 국 오시마大島에서 오니가시마鬼島로 갔다고 한다. 6월에 천황이 병이 나서 양위하였고, 7월에 붕어하였다[23세]. 재위 7년.

로쿠조六條 천황은 니조 천황의 아들이다. 어머니는 대장대보大藏大輔 기노 가네모리紀兼盛의 딸이다. 황위를 물려받을 때 두 살이었다. 섭정은 관백 후지와라노 모토자네이고, 고시라카와 상황이 정치를 들으셨다.

『헤이케모노가타리』에 따르면, "두 살 된 제1 황자를 황태자로 세워야 한다는 소문이 났을 무렵 6월 25일에 갑자기 친왕 센지를 받았고, 곧 그날 밤 황위를 물려받으니 천하가 왠지 모르게 당황했다"라고 하였다. 우리나라에서 어린 천황의 예를 찾아보건대, 세이와淸和 천황이 아홉 살로 양위를 받고 외조부 주진코忠仁公 후지와라노 요시후사藤原良房가 어린 주군을 도왔다. 이것이 섭정의 시작이다. 도바 천황은 다섯 살, 고노에 천황은 세 살. 그것조차 너무 이르다고 생각했는데, 이 천황은 두 살에 즉위했으니 그 선례가 없다. 떠들썩하는 것조차 어리석은 일이다.

닌안仁安 원년(1166) 7월에 모토자네가 훙서하였다[24세]. 그의 동생 좌대신 후지와라노 모토후사藤原基房가 섭정하였다. 10월에 고시라카와 상황이 제3 황자 노리히토憲仁[79] 친왕을 동궁에 세웠다. 이는 주상

---

79 난외 두주 '憲仁(노리히토)' 아래에 '高倉院の御事(다카쿠라인의 일)'의 6자가 있는 간본刊本도 있다.

의 숙부이다[주상 3세, 동궁 6세].⁸⁰

닌안 2년(1167) 2월에 다이라노 기요모리가 태정대신이 되었다[니조 천황 오호 원년(1161) 중납언, 로쿠조 천황 에이만 원년(1165) 대납언, 닌안 원년(1166)에 내대신, 그로부터 곧 태정대신이 된 것이다]. 종1위. 수신병장을 하사받고 데구루마輦車가 허용되었다. 이때 쉰 살이다. 5월에 사표를 내었다. 8월에 관부官符를 하사받아 하리마播磨, 히젠肥前, 히고肥後의 군향郡鄕을 공전功田으로 했다.

닌안 3년(1168) 2월에 상황이 천황을 폐하고 동궁으로 천황을 삼았다[천황을 신인新院이라 했다. 겨우 5세]. 재위 3년.

『신황정통기』에 따르면, "고시라카와 상황이 통치하였는데 니조 천황과는 원래부터 사이가 좋지 않았는지 어느 사이에 양위의 일이 있었다. 로쿠조 천황은 관례도 올리지 않았는데 열세 살로 요절하였다"라고 하였다.

생각해 보건대, 고시라카와 상황이 줄곧 다이라노 기요모리를 발탁하여 등용한 것은 사랑하는 아들 노리히토憲仁를 세우려고 생각했기 때문에 그의 힘을 빌리려 한 것이다. 이것은 도바 천황이 스토쿠를 폐하고 고노에를 세우려 한 것보다 더욱 이치에 맞지 않는 일이다. 손자를 세우는 것은 옛 성인의 도이다. 이것이 첫째 이유. 숙부를 조카의 태자로 세우는 것은 가장 어긋난 일이다. 이것이 둘째 이유. 도바 천황은 스토쿠가 자기 아들이 아님을 알고 있었기 때문이라고도 말할 수 있는데, 로쿠조는 올바른 적손嫡孫이며 더욱이 이미 황위에 있는 것을 서자인 노리히토로 바꾼 것이다. 이것이 셋째 이유. 또한 관례도 올리지 않고 폐위된 것은 고금에 그 예가 없지 않은가.

80

(78대)　　　　　　(79대)
├ 니조二條 천황 ─ 로쿠조六條 천황
고시라카와後白河 천황　├ 모치히토以仁 왕
　　　　　　　　　　　　　　　　　　　　(80대)
└ 노리히토憲仁 친왕 [다카쿠라高倉 천황]

다카쿠라高倉 천황은 고시라카와 천황의 제3 황자이다. 어머니는 좌대신으로 추증追贈된 다이라노 도키노부平時信의 딸이며, 겐슌몬인建春門院이라 한다. 여덟 살에 즉위하였다. 후지와라노 모토후사가 섭정이었으며, 고시라카와 상황이 통치하는 것은 그대로였다.

『신황정통기』에 따르면, "다이라노 기요모리가 멋대로 권세를 휘두른 것은 특히 이 천황 때였다"라고 하였다.

생각해 보건대, 기요모리의 처 다이라노 도키코平時子는 겐슌몬인의 언니이다. 그래서 헤이시는 더욱더 세력을 얻었다. 또 겐슌몬인의 오빠 대납언 다이라노 도키타다平時忠는 천황과도 헤이시와도 혈연관계였으므로 실권을 잡았다. 당시 사람들은 관백이 아닌데도 헤이칸파쿠平關白라 불렀다.[81] 이해 11월에 기요모리가 병으로 출가했다[51세].

가오嘉應 2년(1170) 봄에 이즈 국 가노스케 모치미쓰狩野介茂光의 호소에 의해 미나모토노 다메토모 추토 인젠이 내려져서 4월에 다메토모의 오시마 집을 공격했다. 다메토모는 자살하였다[33세]. 10월에 다이라노 시게모리의 둘째 아들 스케모리資盛가 마쓰 도노松殿 섭정 모토후사와 노리아이乘合의 일[82]이 있었다.

조안承安 원년(1171) 정월에 천황이 관례를 올렸다[11세]. 기요모리

81

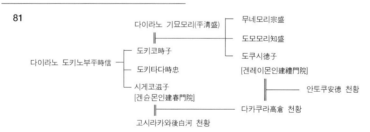

82 헤이시平氏 악역의 시작이라고 일컬어지는 사건. 매 사냥에서 돌아오던 다이라노 스케모리平資盛가 섭정 후지와라노 모토후사藤原基房의 행렬과 맞닥뜨렸을 때 하마下馬의 예를 올리지 않고, 게다가 이를 꾸짖는 모토후사의 가신을 스케모리의 가신이 호되게 두들겨 팼다.

의 딸 도쿠시德子가 중궁이 되었다. 12월에 모토후사가 섭정을 사임하고 관백이 되었다.

『백련초百練抄』에 따르면, "가오嘉應 2년(1170) 9월, 상황이 후쿠하라福原[83]에 행행했다. 송나라 사람을 보기 위해서였다"라고 한다.

조안 원년(1171) 7월에 기요모리가 양 다섯 마리와 사향노루 한 마리를 상황에게 진상했다. 조안 3년(1173) 3월에 송나라 사람이 조공하였으므로 상국相國 뉴도가 회신을 보내야 한다는 분부를 정했다.

안겐安元 2년(1176) 7월에 로쿠조 천황이 붕어하였다[13세]. 같은 달에 겐슌몬인이 붕어하였다.

지쇼治承 원년(1177) 봄에 고시라카와 법황의 벳토 신 대납언 후지와라노 나리치카藤原成親, 사이코西光 법사 등이 히가시야마東山 시시가타니鹿谷에서 만나 헤이케의 일을 도모했다. 5월 말에 일이 발각되고, 6월에 기요모리가 나리치카, 사이코 등을 체포했다. 사이코 및 그의 아들 전임 가가 고쿠시加賀國司 모로타카師高, 그의 동생 모로쓰네師經를 베고 나리치카를 유배보냈다. 그의 아들 나리쓰네成經, 다이라노 야스요리平康賴, 슌칸俊寬 등은 이 일에 연좌되어 유배당했다.[84]

---

83 지금의 고베神戸 시 일부. 세토 내해瀨戸內海 교통의 요충에 위치하며 다이라 씨 일족의 별장도 많이 있었다. 다이라노 기요모리平清盛가 이곳을 주목한 것은 일송日宋무역의 추진과도 밀접한 관계가 있다.

84 이를 시시가타니鹿ヶ谷 사건이라고 한다. 이는 1177년 고시라카와後白河 법황의 근신近臣 후지와라노 나리치카藤原成親, 슌칸俊寬 등이 교토 시시가타니에 있는 슌칸의 산장에서 다이라 씨 타도를 모의한 사건이다. 헤이지平治의 난 뒤 다이라 씨가 급속히 세력을 확대하여 1167년 다이라노 기요모리平清盛는 무사로서는 처음으로 태정대신太政大臣이 되고 다카쿠라高倉 천황의 중궁이 된 딸 도쿠시德子가 낳은 아들이 안토쿠安德 천황으로 즉위하자 외할아버지로서 권력을 휘둘렀다. 그렇지만 이 무렵 정치의 결정권은 여전히 원정院政을 하는 고시라카와 법황에게 있었으며, 귀족층에서는 다이라 씨에 대한 반감이 점차 강해졌다. 이러한 가운데 시시가타니 사건이 일어났다. 그러나 그 가운데 밀고하는 자가 나타나 모의가 발각되어 나리치카는

지쇼 2년(1178) 11월에 안토쿠安德가 태어났다. 12월에 동궁에 책립되었다. 지쇼 3년(1179) 8월에 다이라노 시게모리가 홍서하였다[43세]. 11월에 기요모리가 무네모리宗盛로 하여금 호주지法住寺[85]를 포위하고 법황을 도바鳥羽 별궁에 유폐시키고, 관백 후지와라노 모토후사를 비젠備前에, 태정대신 후지와라노 모로나가藤原師長를 오와리尾張에 유배 보내고, 안찰按察 대납언 미나모토노 스케카타源資方 등 마흔 세 명의 관작을 깎았으며, 2위 중장中將 후지와라노 모토미치를 내대신에 임명하고 관백으로 삼았다[20세, 모토자네基實의 아들, 기요모리의 사위].

『우관초愚管抄』에 이르기를, "글 짓는 재주 없이 집병이 된 것은 모토미치부터 시작되었다"라고 하였다.

지쇼 4년(1180) 2월에 다카쿠라 천황이 황위를 동궁에 양위했다[20세]. 재위 12년.

『신황정통기』에 따르면, "다이라노 기요모리가 악행만을 일삼으니 주상이 깊이 탄식하였다. 양위한 것도 세상을 비관하였기 때문이다. 성품도 훌륭하고 효심이 깊었으며 관현管絃도 뛰어나셨다"라고 하였다.

『헤이케모노가타리』에는, "주상이 특별한 탈도 없었는데 떠밀려서 황위에서 내려와 동궁에 양위하였다. 이것도 모두 뉴도 상국 생각대로 한 것이다[다카쿠라 천황이 주덕主德이 있었다는 것은 그 이야기에 보인다]"라고 하였다.

비젠에 유배된 뒤 처형당했고, 슌칸 등은 유배되었다. 이 사건 뒤 법황과 기요모리의 대립은 격심해졌다.
85 원문의 '法性寺'는 '法住寺'의 오류.

상황의 정무[제5 변화] 하

안토쿠安德 천황¹은 다카쿠라高倉 천황의 아들이다. 어머니는 다이라노 기요모리平淸盛의 딸로, 겐레이몬인建禮門院이라고 한다. 세 살 때 황위를 물려받았다. 기요모리 부부가 준삼후准三后²의 센지宣旨를 받았다. 관백關白 고노에 모토미치近衛基通³가 섭정하였다. 고시라카와後白河 법황法皇은 도바도노鳥羽殿⁴에 유폐되었고, 다카쿠라 상황은 신인新院이라 불렀으나 정무에 간섭하지 않았다. 섭정도 이름뿐으로 천하의 일은 전부 기요모리 마음대로였다. 3월에 신인이 이쓰쿠시마嚴島에 행행하였다[이때 기요모리가 상황에게 서원서誓願書를 쓰게 했다고 한다].

---

1 1178~1185. 제81대 천황. 재위 1180~1185. 다카쿠라高倉 천황의 제1황자, 어머니는 다이라노 기요모리平淸盛의 딸 도쿠시德子. 생후 얼마 되지 않아 태자로 책립되고 세 살 때 즉위했으나 실권은 기요모리에게 있었다. 1183년 미나모토노 요시나카源義仲가 입경했을 때 다이라 씨 일문에 이끌려 다자이후大宰府를 거쳐 야지마屋島 등으로 달아났지만, 1185년 3월 다이라 씨와 미나모토 씨 최후의 결전인 단노우라壇 ノ 浦 전투에서 다이라 군이 패배하여 다이라 씨가 멸망하자 다이라 씨 일문과 함께 물에 빠져 죽었다.

2 앞의 권1 주 32 참조.

3 1160~1233. 헤이안平安 시대 말~가마쿠라鎌倉 시대 초기의 공경公卿. 후지와라노 미치나가藤原道長·요리미치賴通·다다미치忠通 직계의 섭관가 출신. 섭정·관백 후지와라노 모토자네藤原基實의 장남. 다치미치의 손자. 다이라노 기요모리平淸盛의 외조부.

4 시라카와白河·도바鳥羽 두 천황이 교토 교외 도바鳥羽에 조영한 별궁. 원래 이곳은 비젠노카미備前守 후지와라노 스에쓰나藤原季綱의 별장이었는데 1086년 시라카와 천황에게 헌상하였다.

4월에 미나모토노 요리마사源賴政[5]가 은밀히 모치히토 왕以仁王에게 권하여 헤이시平氏를 멸망시키려고 도모하였다[고시라카와 법황의 제2 황자로, 신인 다카쿠라 상황의 이복형이다]. 5월에 일이 발각되어 기요모리는 4남 도모모리知盛로 하여금 이를 치게 하였다. 모치히토 왕은 빗나간 화살에 맞아 죽었고[30세], 요리마사는 자살[75세[6]]하였으며, 요리마사의 아들 나카쓰나仲綱와 가네쓰나兼綱는 전사하였다. 6월에 기요모리가 수도를 셋쓰 국攝津國 후쿠하라福原로 옮기고, 다시 법황을 후쿠하라의 어소에 유폐하였다. 모치히토 왕의 일 때문이었다. 또 요리마사의 일로 인해 여러 국의 겐지源氏를 전부 죽여야 한다고 명하였다. 8월에 미나모토노 요리토모源賴朝가 이즈 국伊豆國에서 거병하고[34세], 10월에는 미나모토노 요시나카源義仲[7]가 시나노 국信濃國에서 거병하였으나, 이 달에 기요모리가 내려 보낸 병력이 후지가와富士川에서 궤멸하였다[다이라노 고레모리平維盛[8]가 대장군, 다이라노 다다노리平忠度[9]는 부장

---

5 1104~1180. 헤이안平安 시대 말기의 무장武將, 공경公卿. 1156년 호겐保元의 난, 1159년 헤이지平治의 난에서 승자 편에 속했고 전후에는 헤이시平氏 정권 하에서 겐지源氏의 장로로서 중앙정계에 머물렀다. 다이라노 기요모리平淸盛에게 신뢰받아서 무사로서는 파격의 종3위에 올라 공경의 반열에 섰다. 그러나 헤이시의 전횡에 대해 불만이 고조되는 가운데 모치히토 왕以仁王과 결탁하여 헤이시 타도 계획을 세웠다. 사전에 계획이 드러나자 어쩔 수 없이 준비 부족인 채로 거병하였고 헤이시의 추토를 받아 자살하였다.

6 원문의 '七十三'은 '七十五'의 오류.

7 1154~1183. 헤이안 시대 말기 겐지 일문의 무장. 미나모토노 요시타카源義賢의 차남. 미나모토노 요리토모源賴朝, 요시쓰네義經와는 종형제에 해당한다. 기소 요시나카木曾義仲의 이름으로도 알려져 있다. 모치히토 왕以仁王의 명령에 따라 거병하고, 그의 유아遺兒를 호쿠로쿠노미야北陸宮로서 옹호하여 구리카라 고개倶利伽羅峠 전투에서 헤이시 대군을 격파하고 상경하였다. 수도의 치안유지 실패, 황위 계승에의 개입 등으로 고시라카와後白河 법황과 불화하였다. 호주지法住寺 전투에서 법황과 고토바後鳥羽 천황을 유폐하고 정권을 장악하여 정동대장군征東大將軍이 되었는데, 미나모토노 요리토모가 보낸 미나모토노 노리요리源範賴・요시쓰네 군세에 의해 토벌되었다.

8 1158~1184. 헤이안 시대 말기 헤이케平家 일문의 무장. 다이라노 기요모리

^군. 12월에 기요모리가 수도를 원래대로 되돌렸다.

요와養和 원년(1181) 정월에 다카쿠라 천황이 붕어하였다[21세]. 2월에 기요모리가 조노 스케나가城助長에게 명하여 에치고노카미越後守로 삼고 요시나카를 치게 하였다. 사이카이西海・난카이南海의 군사가 일어났다[사이카이에서 오가타緒方, 이요伊豫에서 고노河野, 기슈紀州에서 구마노熊野 벳토別當 등이다]. 요리토모의 숙부 유키이에行家가 오와리尾張에 이르렀다는 소식을 듣고 도모모리와 고레모리를 보냈으나 모두 머물러서 나아가지 않았다. 윤8월에 다이라노 기요모리가 훙서薨逝하였다[64세]. 이날 밤에 니시하치조 저택이 불탔다. 기요모리의 3남 무네모리宗盛가 법황을 호주지法住寺로 돌려보냈다. 3월에 다이라노 시게히라平重衡와 고레모리가 유키이에의 군사를 오와리 국尾張國 스노마타가와墨俣川에서 무찔렀다. 교노기미卿公 기엔義圓이 전사하였다[미나모토노 요시쓰네源義經의 동복형]. 6월에 다이라노 스케나가平助長가 출진했는데 갑작스레 죽었다. 7월에 무네모리가 히고노카미肥後守 다이라노 사다요시平貞能로 하여금 진서鎭西의 군사를 치게 하였다. 8월에 무쓰노카미陸奧守 후지와라노 히데히라藤原秀衡에게 천황 명령을 내려 요리토모를 토벌하게 했으나 히데히라가 명을 받아들이지 않았다.

주에이壽永 원년(1182) 9월에 조노 나가모치城長茂가 에치고노카미에 임명되었다[스케나가의 동생]. 요시나카와 싸워서 패하였다.

요와 2년(1183) 4월에 고레모리와 미치모리通盛를 대장군으로 삼고 다다노리, 쓰네마사經正, 기요후사淸房, 도모노리知敎를 부장군으로 삼아 요시나카를 토벌하였다. 5월에 헤이시 군사가 크게 패하고 돌아왔다. 10만의 병사 중 겨우 2만 명이 생환하였고 부장군 도모노리

平淸盛의 적손. 시게모리重盛의 장남.
9 1144~1184. 헤이안 시대 말기 헤이케 일문의 무장. 다이라노 다다모리平忠盛의 6남. 다이라노 기요모리의 이복동생.

[다이라노 기요모리의 막내아들]가 전사하였다. 7월에 요시나카가 히에이산比叡山에 진을 치자 무네모리 등이 안토쿠 천황을 모시고 후쿠하라로 달아났다[7월 14일에 다이라노 사다요시가 진서를 토벌하여 이를 평정하고 돌아왔다가 25일에 낙향하였다고 한다. 또 헤이시 일족 중 도모모리만이 수도에서 죽을 것이라 간하였다]. 요시나카는 모치히토 왕의 아들로, 유모의 아들 사누키노카미讚岐守 후지와라노 시게히데藤原重秀가 승려로 만들어 북국北國으로 도망시킨 것을 환속시켜서 주군으로 삼으려고 함께 상경하였다. 기소노미야木曾宮가 환속하여 뒤에 노요리노미야野依宮[10]라고 하였다.

[생각해 보건대, 요시나카는 오미지近江路를 막고 입경하려고 산에 올라간 것이 아닌가. 또 생각해 보건대, 처음에 요시나카가 에치젠越前 부중府中에 이르러 의논하기를, "오미 국近江國을 거쳐 수도에 들어갈 것인데 만일 산승山僧들이 거부하면 별수 없이 그들과 싸울 것이다"라고 하였다. 요시나카의 서기 가쿠묘覺明가 산승들과 만나 도모하여 히가시사카모토東坂本에 진을 치고, 다테 로쿠로 지카타다楯六郎親忠, 가쿠묘 등 6천의 군사가 산에 올라갔다].

『교쿠카이玉海』[11]에는, "이달 초하룻날 천황이 시신덴紫宸殿에 있었는데 잘못하여 남쪽 계단 아래 낙숫물 고이는 곳으로 떨어졌다. 또 소가 고이타지키小板敷[12]에 올라오고, 여우가 마루 위에 똥을 누었다"

---

10 1165~1230. 헤이안平安 시대 말기부터 가마쿠라鎌倉 시대 전기의 황족. 모치히토 왕以仁王의 아들. 호쿠로쿠노미야北陸宮, 기소노미야木曾宮, 노요리노미야野依宮, 사가노이마야 도노嵯峨の今屋殿라고도 불린다. 1179년 모치히토 왕의 헤이시平氏 타도 계획이 발각되자 삭발하고 호쿠리쿠北陸로 도망쳤다. 다음해 헤이시 일문이 낙향한 후 미나모토노 요시나카源義仲가 황위계승 후보자로 미야를 추천하였으나 조부 고시라카와後白河 법황은 받아들이지 않았다. 1185년 미나모토노 요리토모源賴朝의 비호로 귀경하고 고시라카와 법황에게 미나모토源 성 하사를 요구하였지만 허가받지 못하였다.

11 『교쿠요玉葉』의 이칭. 가마쿠라 시대 초기의 공경公卿 구조 가네자네九條兼實의 일기. 66권. 1164년부터 1200년까지 기술하였고, 조정 의례나 정계의 실정 등이 상세하다.

라고 적었다.

『우관초愚管抄』에는 다음과 같이 적었다.

"이때 고시라카와 법황은 이마쿠마노新熊野 신사에 계셨다. 후지와라노 노리스에藤原範季가 몰래 아뢰기를, '겐지가 이미 오미 국에 이르렀으므로 로쿠하라六波羅가 놀라 허둥댑니다. 동북의 병사는 군사軍事에 뛰어나니 헤이시가 이들을 대적할 수 없습니다. 만일 도망치시려면 지금입니다'라고 말하니 안마鞍馬로 갔다."

『교쿠카이』에는 다음과 같이 적었다.

"법황은 아리따운 자태를 지닌 섭정 고노에 모토미치를 늘 사랑하였는데 모토미치가 헤이케平家와 친하였으므로 헤이케가 법황을 붙잡아서 모시고 사이카이로 가려고 도모한다고 고하니 몰래 안마로 행차하였다[24일]. 그 후 히에이 산에 올라가셨다. 다이라노 무네모리 등은 법황이 사라졌으므로 힘없이 주상을 모시고 수도를 출발하였다[28일]. 이렇게 해서 법황이 귀경하였고, 미나모토노 요시나카는 세타勢多에서, 미나모토노 유키이에는 우지宇治에서 수도로 들어왔다. 법황이 사자를 내려 보내어 미나모토노 요리토모도 불렀으나 답하지 않았다. 8월[5일]에 법황이 다카히라尊成 친왕[13]을 즉위시켰다."

[이에 앞서 헤이케는 후쿠하라에서도 견디지 못하고 쓰쿠시筑紫로 달아났다. 이때부터 두 천황이 있었다.[14] 안토쿠 천황을 선제先帝라고 하였다. 이때 다카쿠라 천황의 황자는 안토쿠 외에 제2 황자 모리사다守貞 친왕은 사이카이에 있었고, 제3 황자와 제4 황자는 수도에 있었다. 제3 황자는 이때 다섯 살이다. 이 밖에 모치히토 왕의 아들 기

---

12 세이료덴清涼殿에 남면한 작은 정원에서부터 덴죠노마殿上の間로 올라가는 곳에 있는 마루방.

13 난외 두주 '尊成(다카히라)' 아래에 '四宮(시노미야)' 두 글자가 분주分註되어 있는 간본刊本도 있다.

14 안토쿠安德 천황이 퇴위하지 않은 채 고토바後鳥羽 천황이 즉위했기 때문에 1183년부터 헤이시平氏가 멸망한 1185년까지 2년간 재위기간이 중복된다.

소노미야木曾宮가 있었다.]

고토바後鳥羽 천황[15]은 다카쿠라 천황의 제4 황자로 네 살 때 즉위
하였다. 고노에 모토미치가 그대로 섭정하였다. 이때 전 관백 후지
와라노 모토후사藤原基房[16]가 내밀히 고시라카와 법황에게 청하여 그
의 아들 모로이에師家를 섭정으로 정하려 하였다. 세상 사람들은 우
대신右大臣 후지와라노 가네자네藤原兼實가 그 임무를 맡을 것이라고
말하였지만, 법황은 전부터 모토미치를 사랑하였고 또 그가 헤이케
의 밀모密謀를 고하여서 그 난을 피했기 때문이었다. 10일에 미나모
토노 요시나카를 사마노카미左馬頭에 임명하고 에치고越後를 하사하
였으며 아사히장군朝日將軍이라 하였다. 미나모토노 유키이에는 빈고
노카미備後守로 삼았다. 요시나카와 유키이에가 그곳을 싫어하였으

---

15 1180~1239. 제82대 천황. 재위 1183~1198. 다카쿠라高倉 천황의 제4 황자,
어머니는 보몬 노부타카坊門信隆의 딸 쇼쿠시殖子. 헤이시가 기소 요시나카
木曾義仲에게 토벌되어 안토쿠 천황을 데리고 서국으로 달아나자 고시라카
와後白河 법황은 후사에 대해 망설였다. 결국 고시라카와 법황의 총희 단고
노쓰보네丹後局의 의견을 받아들여 다카히라尊成 친왕(고토바 천황)을 세웠
다. 수도에 난입한 요시나카는 모치히토 왕以仁王의 황자 호쿠로쿠노미야北
陸宮를 추천하였지만 고시라카와 법황은 이를 거부했다. 이로써 법황과 요
시나카의 사이가 위태로워졌다. 고토바 천황은 재위 15년에 네 살인 다메
히토爲仁 친왕에게 양위하고, 상황이 된 고토바는 원정院政을 시작하고 서
면西面의 무사를 설치하는 등 조정의 권력 회복에 힘썼다. 가마쿠라 막부의
정치는 미나모토노 요리토모源賴朝 사후 점차 집권執權 정치로 변모해 갔
고, 그러는 중에 미나모토노 사네토모源實朝가 미나모토노 요리이에源賴家
의 아들 구교公曉에게 암살되어 미나모토 씨 적가嫡家 계통이 두절되었다.
상황은 1221년에 집권 호조 요시토키北條義時 추토의 인젠院宣을 내려 막부
타도를 도모했으나, 요리토모의 처 호조 마사코北條政子가 막부 고케닌御家
人의 결속을 호소하여 대항했으므로 상황 쪽이 패하고 상황은 오키隱岐에
유배되었다. 오키에서 18년을 지낸 1239년에 실의에 빠진 채 붕어했다.

16

후지와라노 다다미치藤原忠通 ┬ 4남 모토자네基實 ─ 모토미치基通
　　　　　　　　　　　　　├ 5남 모토후사基房 ─ 모로이에師家
　　　　　　　　　　　　　└ 6남 가네자네兼實

므로 요시나카는 이요노카미伊豫守, 유키이에는 비젠노카미備前守로 하였다. 그 밖에 겐지 10여 명을 수령受領,[17] 게비이시檢非違使,[18] 위부衛府의 장관[19]으로 삼았다. 10월에 미나모토노 요리토모가 요시나카를 토벌하고자 하여 군사를 보내어 도오토미 국遠江國에 이르렀으나, 후지와라노 히데히라[20]가 시라카와노세키白河關에 출진할 것이라 듣고 돌아갔다.

『헤이케모노가타리平家物語』에 따르면, "기소 요시나카木曾義仲는 헤이시가 쓰쿠시筑紫에서 빠져나가 사누키 국讚岐國 야시마屋島에 머물며 산요山陽·난카이의 14개국을 지배하에 두었다는 소식을 듣고 군사를 보냈는데, 빗추 국備中國 미즈시마水島에서 패전하였다는 소식을 듣고 직접 빗추로 향하여 승전하였다. 수도를 지키는 미나모토노 유키이에가 상황의 마음에 들어 권세를 떨친다고 듣고 돌아왔다. 유키이에는 하리마 국播磨國으로 내려가 무로야마室山에서 접전하였는데 헤이시에게 패하였다"라고 하였다.

『교쿠카이』에는 다음과 같이 적었다.

"11월에 요시나카가 수도를 지키고, 유키이에는 군사를 하리마 국에 보냈다. 요리토모가 원청院廳의 관리 나카하라노 야스사다中原泰定에게 아뢰기를, '들은 바에 따르면, 후지와라노 히데히라가 인젠院宣[21]을 받아 요리토모를 토벌하려 한다고 합니다. 아마도 이는 천자

---

17 헤이안平安 시대 이후의 고쿠시國司로, 현지에 부임한 자 중 최고 책임자를 가리키는 호칭.
18 교토의 경찰·재판을 관장한 영외관令外官.
19 궁성의 경비, 행행行幸·행계行啓의 수행 등을 맡은 관사官司인 에후衛府의 3등관.
20 1122~1187. 헤이안 시대 말기부터 가마쿠라 시대 초기의 무쓰陸奧의 호족. 오슈奧州에 세력을 뻗쳐 오슈 후지와라奧州藤原 씨의 최전성기를 맞이하게 했다.
21 상황上皇 또는 법황法皇의 명령을 받드는 측근이 그 뜻을 체득하여 발신하

의 뜻이 아니라 요시나카가 천자의 명령을 속인 것입니다. 그 인젠
을 전사轉寫하여 간토關東에 이르면 곧 베껴서 바치겠습니다'라고 하
니 법황이 크게 놀랐다."

[생각해 보건대, 이는 요리토모의 거짓 계략이다. 법황과 요시나카의 군신 사이를
이간시키려는 것이다. 또 요시나카를 토벌하려고 하는데 정당한 이유가 보이지 않았
기 때문이며, 또 법황을 으르대고 견제하기 위해서였을 것이다.]

　『아즈마카가미東鏡』를 살펴보건대, "다이라노 기요모리가 훙서하
고 요와 원년(1181) 윤2월에 요리토모가 백부 시다노 사브로 요시히
로志田三郎義廣와 싸운 일이 있었다. 요시히로는 싸움에서 져서 요시
나카에게 의지하였다. 3월에 인院에서 의정議定하였는데, 수도에서
다이부사칸大夫屬 뉴도入道 미요시 요시노부三善善信가 고하기를 '다케
다 다로 노부요시武田太郎信義에게 명하여 요리토모 추토追討의 명령문
서를 내려야 한다'고 하였으므로 요리토모가 노부요시를 의심하는
사이에 노부요시가 서약서를 바쳐서 그러한 일이 없었다"라고 하였
다.

　1년 지나서 주에이 2년(1183)경 노부요시가 요리토모에게 고하기
를, "요시나카가 에치고를 격파하여 요리토모를 따르지 않고, 헤이
시와 인연을 맺어서 요리토모를 속입니다"라고 하였다. 이는 노부요
시의 딸을 관자冠者[22] 시미즈 요시타카志水義高[23]에게 시집보내려 하는
것을 요시나카가 허락하지 않았기 때문에 이렇게 참언한 것이다. 이
때문에 요리토모는 요시나카와 싸우려 하였다. 요시나카는 시다노
요시히로를 쳐서 그의 목을 내놓을 수도 없었으므로 요시타카를 가
마쿠라에 보내어 요리토모와 화해하였다. 이는 헤이케야말로 조정

───────────────

　는 공문서. 인院의 센지宣旨의 약어. 천황의 조칙詔勅에 상당한다.
22　관례를 치른 지 얼마 되지 않은 젊은이, 또는 6위位로 관직이 없는 사람.
23　기소 요시나카木曾義仲의 적자.

의 적이니 요리토모와 싸울 필요가 없다는 것이었다. 요리토모는 자기 큰딸을 요시타카의 처로 삼았다. 이는 전부터 서로 약속한 바였을 것이다. 그 후 요시나카가 호쿠리쿠北陸를 공격해 올라가서 마침내 수도에 들어갔다.

11월 19일에 요시나카가 호주지法住寺를 공격하여 법황을 고조五條의 황거²⁴에 유폐하고 천황을 간인閑院²⁵으로 옮겼다. 이는 겐지의 군사가 수도 내에 가득하고 수도 밖에서 논을 베어 꼴로 삼고 재산을 빼앗는다는 소문이 들렸으므로 인에서 잇키노 호간壹岐判官 다이라노 도모야스平知康를 사자로 삼아 제지하라고 명령을 내렸다. 그런데 도모야스가 요시나카의 대답도 듣지 않고 돌아와서, "요시나카를 쳐야 합니다"라고 참언하였으므로 "그렇다면 산문山門²⁶과 사문寺門²⁷의 승려를 불러 모아 요시나카를 칠 것이다"라고 하였다. 기소木曾에 속한 기나이畿內의 군사가 모두 인에 왔는데 5만 병사 중 겨우 7천이었다. 인에 온 병사는 2만이고 도모야스가 대장을 맡았다. 요시나카는 곧 호주지를 의지하여 불화살을 쏘았으므로 관군은 궤멸하고, 법황이 도망치려는 것을 붙잡아 고조의 황거에 들이고 천황은 간인으로 행행한 것이다. 요시나카 손에 죽은 자는 630여 명이라고 한다.

23일에 요시나카는 49명의 관직을 정지하였다. 이때 미나모토노 요리토모는 동생들에게 군사 6만을 붙여 요시나카를 치려고 하였는

---

24 고조五條 도인洞院에 있던 후지와라노 구니쓰나藤原邦綱의 저택. 다카쿠라 高倉 천황의 거처가 되었기 때문에 이렇게 불렸다.

25 후지와라노 후유쓰구藤原冬嗣의 저택. 섭관가 당주의 거처인 히가시산조도 노東三條殿, 후지와라노 모토쓰네藤原基經의 저택이었던 호리카와인堀川院 에 둘러싸여 있었는데 이 세 저택은 섭관가와 관계가 깊어 헤이안平安 시대 말기부터 가마쿠라鎌倉 시대 중기에는 천황의 일시적인 황거가 되는 일이 많았다.

26 히에이 산比叡山 엔랴쿠지延曆寺의 별칭.

27 온조지園城寺의 별명.

데 이러한 수도의 쟁란을 듣고 오와리 국 아쓰타熱田 부근에 진을 치고 머물렀다. 요시나카가 헤이시에게 사자를 보내어 상경할 것이라고 전하게 하였는데 헤이시는 다이라노 도모모리의 의논에 따라 요시나카에게 항복할 것이라고 대답하였지만 요시나카는 다시 따르지 않았다. 마쓰 도노松殿 뉴도 전하 후지와라노 모토후사[28]의 의견에 따라 관직을 정지한 사람들을 복직하고 전하의 아들 모로이에[12세] 종2위 중납언中納言을 내대신內大臣으로 하여 섭정하게 하고, 12월 10일에 법황을 유폐한 곳에서 나가게 하니 고조의 황거에서 해방되어 대선대부大膳大夫 다이라노 나리타다平成忠의 저택 로쿠조六條의 니시노토인西洞院으로 행차하였다.

겐랴쿠元曆 원년(1184) 정월 10일에 미나모토노 요시나카가 정이대장군征夷大將軍을 겸하였다.

『아즈마카가미』에 따르면, "진수부鎭守府 센지를 내린 것은 사카노우에坂上의 중흥 이후 후지와라노 노리스에[안겐安元 2년(1176)]에 이르기까지 일흔 번에 미쳤지만, 정이사征夷使는 겨우 두 번이다. 간무桓武 천황의 치세인 엔랴쿠延曆 16년(797) 11월 사카노우에노 다무라마로坂上田村丸,[29] 스자쿠朱雀 천황의 덴교天慶 3년(879) 정월에 후지와라노

<hr />

28 1145~1230. 가마쿠라鎌倉 시대 전기의 정치가. 마쓰 도노松殿, 보다이인菩提院이라 불렸다. 관백 후지와라노 다다미치藤原忠通의 5남. 1166년 형 고노에 모토자네近衛基實에 이어 섭정이 되었다. 1179년 다이라노 기요모리平淸盛가 고시라카와後白河 법황을 유폐하고 후지와라노 모토후사藤原基房의 관백을 정지하고 비젠備前에 유배보내자 모토후사는 출가하였다. 이듬해 소환된 뒤에는 고노에 모토미치近衛基通, 구조 가네자네九條兼實에 대항하여 다이라 씨를 쫓아내고 입경한 미나모토노 요시나카源義仲의 힘으로 아들 모로이에師家를 섭정으로 삼았다. 그러나 요시나카의 몰락으로 모로이에가 실각했기 때문에 이후에 모토후사 집안은 섭관 취임권 밖으로 밀려났다.
29 758~811. 헤이안平安 시대 초기의 무장 사카노우에노 다무라마로坂上田村麻呂. 정이대장군征夷大將軍으로서 동북의 에조蝦夷를 정벌하여 평정하고, 810년 구스코藥子의 난 진정에도 공을 세워 정3위 대납언大納言에 올랐다.

다다부미藤原忠文[30] 이후 천황 22대 245년 만이다"라고 하였다.

『직원초職原抄』에 이르기를, "정이征夷는 야마토타케루노 미코토日本武尊에서 시작하였다. 이전에는 동정인東征人, 혹은 안찰사按察使였고, 혹은 진수장군鎮守將軍이었는데, 훈야노 와타마루文屋綿丸 이래 정이장군征夷將軍 호칭이 있었다[헤이제이平城 천황과 사가嵯峨 천황이 싸울 때 헤이제이 천황이 와타마루를 정이사로 삼았다]"라고 하였다.

삼가 생각해 보건대, 다무라마루와 다다후미는 모두 정이장군이라 칭하였다. 정이의 호칭이 오래되어 중절되었다가 요시나카를 정이장군에 임명한 것이다. 그 후 요리토모를 이에 임명한 이래 면면히 이어졌다[생각해 보건대, 정이의 호칭은 야마토타케루에서 시작되었고, 정이장군의 호칭은 와타마루에서부터 시작되었으며 그 이래 요시나카로써 중흥되었다].

20일에 동군東軍 미나모토노 노리요리源範賴와 요시쓰네가 수도에서 요시나카와 싸워 요시나카와 미나모토노 요시히로源義廣가 전사하였다.

생각해 보건대, 요시나카는 처음에 다카쿠라노미야高倉宮 모치히토 왕의 명령을 받들어 거병하였는데, 모치히토 왕이 전사하였으므로 승려가 되어 있던 그의 아들을 환속시켜 주군으로 삼았다. 또 백부 요시히로가 그에게 의지한 것을 요리토모가 원망하여 사적인 전쟁을 하려 하자 열세 살 된 사랑하는 자기 아들들을 보내

후세에 다무라마로에 얽힌 전설이 각지에서 만들어졌는데, 전설 중에는 다무라마루田村丸 등 다른 이름을 붙인 것도 있었다.

30 873~947. 헤이안 시대 중기의 공경公卿. 937년 다이라노 마사카도平將門 추토를 위해 정동대장군征東大將軍에 임명되어 동국으로 내려갔으나 도착 전에 마사카도가 진압되어 헛되이 귀경했다. 그 때문에 출병의 은상을 받지 못했는데, 후지와라노 사네요리藤原實賴가 은상을 저지한 것이라 여겨 이를 원망했다. 다다부미 사후 사네요리 집안에 불행이 계속되자 그 앙갚음을 입은 것이라는 소문이 났다. 후지와라노 스미토모藤原純友의 난에는 정서대장군征西大將軍이 되어 난의 진압에 성공했다.

어 사이를 진정시키는 등 군부君父의 의리를 안다고 할 것이다. 북국에서의 여러 차례 전투에서 이기고 수도로 향할 때도 '산승山僧과 이유 없는 싸움을 하는 것은 옳지 않다'라고 하여 가쿠묘의 계책을 써서 신속하게 입경하였다. 헤이케 군사를 격파하고 수도를 빼앗은 것은 전부 요시나카의 공이다. 요리토모가 4년 정도 동국을 병탄하고 자신의 일을 경영한 것과는 다르다. 법황이 천황을 결정한 날에도 자기의 주군으로 삼으려 했던 사람과 한패가 되는 일도 없는 등 전부 의義에 합당하다고 할 것이다. 다만 호주지를 공격한 한 가지 일만은 죄가 있다고 하겠다. 그렇지만 그것도 다이라노 도모야스의 참언으로 법황이 주벌誅罰할 것이라고 하여 자기에게 속한 군사도 달려갔으므로 그 분노를 견디지 못했기 때문이다. 이 일은 자신이 죽임을 당하는 것을 피하기 위해서였으며, 군측君側의 간신을 제거하려는 계책이라고도 말할 수 있다. 그래서 "요시나카 최후의 싸움이 될 것이다"라고도 하고, "저 쓰즈미 호간鼓判官31을 무찔러 버려라"라고도 하였다. 그 후 마쓰 도노 후지와라노 모토후사의 지시에 따라 법황도 내보내고 관직이 정지된 사람들도 복귀시킨 것 등을 보면 도리를 모르는 사람이 아니다.

　　요리토모가 요시나카를 토벌한 것은 전혀 이유가 없다고 할 것이다. 처음에 사적인 싸움을 한 것도 납득이 가지 않는다. 그 후 후지와라노 히데히라에게 내렸다고 하는 인젠을 요시나카의 계략이라고 말하는 것도 납득이 가지 않는다. 이번에 형제에게 군사를 붙여 올려 보낸 것도 호주지도노의 일이 있다는 소식을 듣고 그 벌을 물은 것이 아니다. 요시나카가 호주지도노를 불태웠을 때 이미 동군은 아쓰타에 이르렀다고 한다. 요리토모의 마음은 오로지 자신을 영위하기 위해서였다. 『헤이케모노가타리』, 『성쇠기盛衰記』 등에 보이는 바도 기소木曾가 시골 사람이라는 것과, 호주지도노를 태운 것만 보고 그 나머지 죄는 묻지 않았다. 호주지도노의 일은 앞에서 논하였다. 시골사람이 예에 익숙하지 않다는 것이 어찌 그 공을 덮을 수 있겠는가. 이런 기록은 가마쿠라鎌倉 시대에 적은 것이어서 오로지 요리토모의 입장을 변호하려는 것이기 때문에 결국 그 말을 알 수가 없다.

---

31 잇키 도모야스壹岐知康가 일본 전통악기인 쓰즈미鼓 명수이어서 쓰즈미 호간이라 불렸다.

또 『교쿠카이』에 따르면, "기요하라노 요리나리淸原賴業가 내밀히 후지와라노 가네자네에게 말하기를, '젊었을 때 신제이信西와 그 아들 도시노리俊憲는 사이가 좋았다. 법황이 재위에 있을 무렵이었다. 도시노리가 말하기를, 금상은 어리석은 군주이다. 나라를 다스릴 역량이 없다. 진晉의 혜제惠帝가 팔왕에 끼어서 병란이 그치지 않은 것[32]과 같지 않은가'라고 하였는데 과연 그의 말대로이다. 선견지명을 느끼지 않을 수 없다"라고 하였다.

생각해 보건대, 고시라카와 천황이 이마노미야今宮라고 불릴 때는 도바鳥羽 천황이 비후쿠몬인美福門院을 사랑하여 고노에近衛 천황을 황위에 올리려고 하였으므로 이마노미야는 제쳐 있었다. 그 후 비후쿠몬인이 스토쿠崇德 천황을 시샘하였으므로 의외로 이 천황이 즉위하였다. 하지만 2년쯤 뒤에 호겐保元의 난이 일어났다. 그 후 얼마 안 되어 총임寵任하던 후지와라노 노부요리藤原信賴에게 붙잡혀 헤이지平治의 난이 일어났다. 그 후 또 니조二條 상황과 불화하였기 때문에 적손嫡孫 로쿠조六條를 물러나게 하였고 그 대가로 다이라노 기요모리를 빈번히 발탁하였으므로 그가 권력을 휘두르게 되었고, 좋지 않은 경박한 무리들[33]과 도모하여 헤이시를 멸하려고 하였으며 결국에는 두 번이나 붙잡혔다. 지금 또 도모야스와 같은 경박한 자의 참언에 의해 요시나카의 대공大功을 버리고 갑자기 토벌하려 하였다. 총애하는 신하나 공신에게 얽매인 것이 전후 네 번이다. 그 후 곧잘 요리토모에게 위협당하였고 마침내 천하의 권력을 빼앗겼다. 호겐의 난 후에 잠시 동안 선정을 한 것은 이는 모두 신제이가 도모한 바이다. 그것도 그의 재략이 대단함을 알아서 임용한 것이 아니라 유모의 남편이었으므로 그가 아뢰는 뜻에 맡겨두었을 것이다. 도시노리만이 천황이 그릇이 아니라고 말한 것도 아니다. 스토쿠 천황도 문무 양쪽 다 우수하다고 생각하지 않는다고 말씀하신 것은 『호겐모노가타리保元物語』에도 보인다.

---

32 중국 서진西晉 혜제惠帝(재위 290~306) 때 제위 계승문제를 둘러싸고 벌어진 황족들의 대결이 내란으로 번진 것을 말한다. 이 내란이 계기가 되어 서진은 결국 멸망에 이르렀다.
33 시시가타니鹿ヶ谷에서 밀의를 꾀한 고시라카와後白河 법황의 근신.

미나모토노 요시나카가 패한 뒤 22일에 후지와라노 모로이에의 섭정을 정지하고 고노에 모토미치를 다시 섭정, 우지초자氏長者[34]로 하였다. 이는 법황의 뜻이었다. 29일에 동군[35]이 수도를 출발하여 2월 5일 밤에 미나모토노 요시쓰네가 미쿠사야마三草山의 군사를 쳐부수고, 7일에 이치노타니一谷를 함락시켰다.

이 무렵 법황이 마쓰 도노 후지와라노 모토후사에게 사자를 보내어, "작년에 고노에 모토미치가 사직하였을 때 우대신 가네자네를 추천하지 않고 열두 살 동자童子[모로이에]를 섭정으로 하여 조정을 경시하고 사리를 꾀하였으며, 요시나카에게 가세하여 짐의 서행西幸을 권유하였다. 짐이 만약 서행하였다면 오늘날이 있겠는가"라고 하시므로 모토후사가 할 말이 없었다. 헤이시가 셋쓰 국에 이르면 기세를 떨칠 것이라는 소문이 나서 내통하는 사람이 많았으나 이치노타니에서 패하였다는 소문을 듣고 그 무리들이 모두 두려워하였다. 가네자네 혼자만이 요시나카에 가세하지 않고 헤이시에게 통하였으므로 요리토모가 이를 듣고 나카하라 지카요시中原親能[36]에게, "조정의 정치를 바로 잡기 위해서는 우대신으로 하여금 이 직책을 맡게 해야 할 것이다"라고 말한 것을 지카요시가 몰래 중납언 미나모토노 마사요리源雅賴에게 말하였고, 마사요리가 또 가네자네에게 고하였다라고『교쿠카이』에 나온다.

3월 27일에 미나모토노 요리토모가 정4위하에 서임되었다. 후지와라노 히데사토藤原秀郷가 6위에서 4위에 서임된 예[37]와 같다. 4월에

---

34 헤이안平安 시대 이후의 귀족사회에서 씨족의 장으로서 일족을 통솔하고 공동재산을 상속 관리하며 외부에 대해 일족을 대표한다.
35 후지와라노 노리요리藤原範賴·미나모토노 요시쓰네源義經의 겐지源氏 군.
36 1143~1209. 가마쿠라鎌倉 시대 전기의 고케닌御家人. 겐페이源平의 쟁난이 시작되자 가마쿠라로 내려가 미나모토노 요리토모源賴朝에 출사하였다. 이 무렵 상경하여 조정과 막부의 교섭을 담당하고 있었다.

요리토모가 요시나카의 아들 요시타카義高[38]를 죽였다. 6월에 미나모토노 노리요리가 미카와노카미三河守에 임명되었다. 8월에 미나모토노 요시쓰네가 사에몬노쇼조左衛門少尉 게비이시가 되었다. 요리토모는 이를 불쾌하게 여겨 요시쓰네를 사이카이로 보내지 않고 수도를 지키게 하였으며[이에 앞서 요리토모는 인에 아뢰어 요시쓰네로 하여금 헤이시를 토벌하게 하였다] 노리요리를 보냈다. 9월에 요시쓰네를 종5위하에 서임하고, 10월에 인과 황거의 승전昇殿[39]을 허락하였으므로 요리토모는 더욱더 불쾌하게 여겼다.

분지文治 원년(1185) 2월 16일에 요시쓰네가 서쪽으로 출진하였고, 17일에 시코쿠四國로 건너가서 18일에 야시마를 함락시켰다. 3월 24일에 요시쓰네가 헤이시 군과 나가토 국長門國 단노우라壇浦에서 싸워 이를 쳐부수었다. 선제先帝 안토쿠 천황이 바다에 빠져 죽고 헤이시가 모두 멸망하여 사이카이가 평정되었다. 요리토모는 노리요리에게 명하여 규슈九州를 진정시키게 하고 요시쓰네에게는 돌아올 것을 요구하였다. 4월 22일에 고노에 모토미치가 가모 신사加茂神社에 참배하고 법황은 구경하였다.

생각해 보건대, 지난해 12월 16일에도 모토미치가 가스가 신사春日神社에 참배하였다. 당시 사람들은 전쟁이 계속되고 신경神鏡은 아직 수도에 돌아오지 않았으며 뿐만 아니라 기근도 들었는데 이러한 큰 행사를 하는 것은 때를 알지 못한다 하여 비난하였다.

26일에 신경과 신새가 입경하였다. 27일에 미나모토노 요리토모

---

37 히데사토는 940년 다이라노 마사카도平將門 추토의 군공으로 6위에서 종4위하로 올랐다. 즉 5계 올라간 예를 든 것.
38 미나모토노 요리토모源賴朝의 딸 오히메大姬의 약혼자. 인질로서 가마쿠라에 있었다.
39 고시라카와 법황의 어소와 고토바 천황 황거의 승전을 허락하였다. 일반적으로 무사는 원청院廳에 오르지 못하고 뜰에서 대응하였다.

가 종2위에 서임되었다.

『교쿠카이』에 따르면, "요리토모의 포상을 논의하였는데, 다이라노 기요모리가 정3위에 서임된 것은 흉례凶例이며 요리토모를 종3위에 서임하는 것은 가볍다 하여 정4위하에서 3위를 거치지 않고 2위로 하였다"라고 하였다.

5월에 요시쓰네가 요리토모에게 사자를 통해[가메이 사브로亀井三郎] 기청문起請文을 보내고, 이나바노카미因幡守 오에노 히로모토大江廣元[40]에게 누명을 호소하였으나 요리토모는 답하지 않았다. 그 후 요시쓰네가 다이라노 무네모리 부자를 이끌고 동쪽으로 와서 고시고에腰越에 이르렀지만 가마쿠라에 들어오는 것을 허락하지 않았다. 6월에 요시쓰네가 무네모리 부자를 이끌고 귀경하였다[『성쇠기』, 『헤이케모노가타리』 나가토 본長門本에는, "요시쓰네가 가마쿠라에 들어가서 단 한 번 요리토모와 대면하였다"라고 하였는데, 『아즈마카가미』, 『헤이케모노가타리』에는 그렇게 되어 있지 않다]. 무네모리 부자는 오미 국 시노하라篠原에서 주살되었다.

『교쿠카이』에 따르면, "요시쓰네가 시노하라에 있으면서 오쿠라쿄大藏卿 다카시나 야스쓰네高階泰經에게 아뢰기를, '저들 부자를 여기서 벨 것입니다. 그 머리를 게비이시에게 부쳐서 안검按檢하게 할까요, 노상에 버릴까요'라고 하였다. 법황이 이 일을 의논하였더니 구조 가네자네九條兼實는 '관위가 높고 또 황실의 외척입니다. 게비이시에 부쳐야 할 것입니다'라고 하였다. 법황은 요리토모와 요시쓰네를 꺼려서 다시 칙문勅問하였는데 가네자네는 '이를 결정하기 어렵습니다'라고 아뢰었으므로 법황이 불쾌하게 여겼다. 그 머리를 게비이시

---

40 1148~1225. 가마쿠라鎌倉 시대 초기 막부의 중신. 처음에는 조정에 출사했는데 미나모토노 요리토모源賴朝에게 문필 재주를 인정받아 구몬조公文所, 나중에 만도코로政所의 벳토別當가 되었다. 슈고守護 지토地頭의 설치를 헌책하는 등 막부체제의 기초를 다지는 데에 진력했다. 요리토모 사후에는 호조北條 씨와 함께 정무를 잡고 집권執權 정치의 확립에 기여했다.

에 부치고 옥문에 내걸었다"라고 하였다.

8월 4일에 요리토모는 사사키 사다쓰나佐佐木定綱로 하여금 오미국의 군사를 데리고 가서 전前 비젠노카미 미나모토노 유키이에를 토벌하게 하였다[유키이에는 이때 서국西國에 있었다]. 14일에 요시쓰네는 이요노카미伊豫守를 겸하고 인의 우마야 벳토廐別當41가 되었으며 수도를 지키라는 센지가 내려졌다[이날 개원하고 임시로 관직 임명을 한 것은 『백련초百練抄』에 보인다. 『아즈마카가미』에는, "17일"로 되어 있다]. 이달 법황이 미나모토노 요시토모의 묘에 칙사[사쇼벤左少辨 후지와라노 가네타다藤原兼忠]를 보내어 내대신 정2위를 추증하였다[『헤이케모노가타리』에 나온다]. 9월에 요리토모가 사에몬노조左衛門尉 가지와라 겐타 가게스에梶原源太景季를 교토에 보내어 요시쓰네를 찾아보게 하였다[9월 2일에 출발하여 10월 6일에 돌아왔다]. 요시쓰네에게, "유키이에를 토벌할 것이다"라고 명하기 위해서였다[이때 요시쓰네는 병이 나서 뜸으로 여러 곳을 치료하였다. 다 나은 뒤에 직접 유키이에를 토벌할 것이라고 하였다]. 이달 미나모토노 노리요리가 사이카이에서 돌아와 입경하였고, 10월 20일에 가마쿠라에 이르렀다. 10월 2일에 요리토모가 도사노보土佐房 쇼슌昌俊에게 83기騎를 붙여서 요시쓰네를 치게 하였다. 9일 일정으로 정하고 이날 가마쿠라를 출발하였다.

『백련초』에는 다음과 같이 적었다.

"10월 17일, 2품 미나모토노 요리토모 추토의 센지를 내렸다. 데이이廷尉42 요시쓰네가 진언하였으나 상황이 받아들이지 않았다. 요시쓰네가 재삼 아뢰었지만 처리하지 못하는 동안에 갑자기 공경公卿 회의가 열려서 태정대신太政大臣, 내대신, 좌대신左大臣, 우대신 이하

---

41 우마야 벳토는 말에 관한 일을 관장하는 직책이었기 때문에 당시 중요한 세력과 군사력을 가진 직책으로 여겨졌다.

42 게비이시檢非違使를 겸한 사에몬노조左衛門尉. 무관이 동경하는 직책이다.

여러 공경이 다수 참석하였다. 각자 아뢰기를, '헤이케나 요시나카 때는 일이 천자의 생각에서 나오지 않았지만 그들이 신청한 데에 따라 그 건의 센지를 내렸다. 지금도 이와 같으니 이의가 있을 수 없습니다'고 하였다. 이에 따라 센지가 내려졌다. 이날 12시경에 요시쓰네 집[로쿠조六條 호리카와堀河]에 군사가 사방에서 공격해 들어가 야습을 가하려 기도하였다. 요시쓰네가 금세 접전하여 습격해온 군사들이 전부 도망쳐 흩어졌다. 이 동안에 인에서 소동이 나서 동서남북의 네 문을 닫았다. 요시쓰네가 사자를 보내어 말하기를 '기괴한 무리들은 흩어져 도망쳤습니다. 놀라지 마십시오. 이 일의 장본인은 도사노보입니다'라고 하였다."

『아즈마카가미』를 살펴보면, "이때 우대신 후지와라노 가네자네의 의견이 특히 조리가 있었는데, 이는 전부 간토를 변호하는 말이었다. 내대신 후지와라노 사네사다藤原實定[43]는 분명한 의견을 말하지 않았다. 좌대신 후지와라노 쓰네무네藤原經宗는 속히 센지를 내려야 한다고 분명히 말했지만, 수중납언帥中納言 후지와라노 쓰네후사藤原經房가 재삼 이를 비난하였다"라고 하였다.

또 생각해 보건대, 『아즈마카가미』에 적은 것은 조금 다르다. 그러므로 아래에 상세하게 적는다.

10월 13일에 요시쓰네가 은밀히 인에 와서 아뢰기를, "유키이에가 간토를 배반하고 군사를 일으키려 합니다. 그 이유는 요리토모가 자신을 토벌하려 한다는 소식을 듣고 '어떤 이유가 있어서 죄 없는 숙부를 죽이려 하는가' 하고 불쾌하게 여기기 때문입니다. 제가 이를 말리려고 했지만 요리토모가 받아들이지 않았습니다. 또 저는 헤이케를 멸망시켜 세상을 조용하고 태평하게 만들었으니 어찌 공이 크

---

43 원문의 '基通'은 '實定'의 오류.

다 하지 않겠습니까. 그런데 요리토모는 그 공을 생각하지 않고 분여받은 영지를 전부 변경하였고, 뿐만 아니라 주멸誅滅하려고 계획합니다. 그 난을 피하기 위해 유키이에에게 동의하게 되었습니다. 이렇게 된 이상에는 요리토모는 추토의 관부官符를 내릴 것입니다. 칙허敕許가 없으시면 두 사람 모두 자살할 것입니다"라고 하였으므로 유키이에의 울분을 달랠 것이라 말씀하셨다. 17일에 쇼슌이 60여 기로 요시쓰네의 집을 습격하였다. 가신들이 니시카와西河 부근에서 소요하고 있었으므로 인원이 적었다. 다다노부忠信를 데리고 문을 열고 나가 싸웠다. 유키이에가 뒤에 도우러 와서 방어하였으므로 도사노보 등이 물러나 도망쳤다. 요시쓰네가 인에 뵈러가서 무사함을 아뢰었다. 18일에 어제 요시쓰네가 아뢴 일을 의정하였는데, "현재 요시쓰네 외에 경위警衛하는 무사가 없다. 만일 난잡한 행동이 생긴다면 누가 이를 막을 것인가. 지금의 어려움을 피하기 위해서는 우선 센지를 내리고 추후에 간토에 상세하게 분부할 것인데 요리토모가 필시 분노하지 않겠는가"라고 결정하였으므로 센지를 내렸다. 상경上卿[44]은 좌대신 후지와라노 쓰네무네였다. 22일에 도사노보가 패하였다는 소식이 간토에 들렸다. 요리토모는 먼저 미나미노미도南御堂 공양[45]을 한 다음, 25일에 용감한 무사들을 보내어 오와리, 미노美濃에 이르러 아지카足近, 스노마타州俣 나루터를 양국의 무사에게 지키게 하고, 입경하여 요시쓰네와 유키이에를 칠 것을 지시하였다. 29일에

---

44 주로 헤이안平安 시대에 공경公卿이 관여하는 조직, 직무 중의 필두인 자를 가리킨다. 율령제의 행정기관인 태정관太政官 기구의 사실상 최고 심의회의체인 진노사다메陣定에서는 의장에 상당하는 제일 상위인 자.

45 쇼초주인勝長壽院 낙성과 미나모토노 요시토모源義朝의 공양. 쇼초주인은 1185년 미나모토노 요리토모源頼朝가 아버지 요시토모源義朝의 원찰로서 건립한 사원. 오미도大御堂, 미나미노미도南御堂라고도 한다. 쓰루가오카 하치만 궁鶴岡八幡宮, 요후쿠지永福寺와 함께 당시 가마쿠라의 3대 사사寺社의 하나.

는 자신이 가마쿠라를 출발하여 도카이東海·도산東山·호쿠리쿠北陸의 군사를 재촉하였다「『헤이케모노가타리』,『성쇠기』에는, 이때 미나모토노 노리요리를 올려 보냈다라고 되어 있다. 『아즈마카가미』에는, 오야마 도모마사小山朝政, 유키 도모미쓰結城朝光 등 오십여 명을 올려 보냈다라고 한다].

11월 1일에 스루가 국駿河國 기제가와黄瀬河에 진을 치고[46] 교토의 일을 엿보았다. 요시쓰네와 유키이에는 인을 찾아뵌 후 서쪽으로 갔다[요시쓰네는 규슈지토九州地頭, 유키이에는 시코쿠지토四國地頭]. 병력은 200기 정도였다고 한다[요시쓰네와 유키이에는 법황을 받들고 사이카이로 가려고 기나이 밖 제국의 병력을 모았지만 모두 따르지 않았다. 그래서 시코쿠, 사이카이의 지토를 청한 것이다].

5일에 간토에서 파견한 무사가 입경하였다. 요리토모는 분노의 취지를 먼저 좌대신 후지와라노 쓰네무네에게 말하였다. 이 날 요시쓰네가 가와지리河尻에 이르렀는데 셋쓰 겐지攝津源氏 구로도藏人 다다노 유키쓰나多田行綱, 데시마 관자豊島冠者 등이 싸웠지만 격파당하였다. 그렇지만 요시쓰네의 군사도 죽고 남은 자가 많지 않았다. 6일에 유키이에와 요시쓰네의 배가 다이모쓰노우라大物ヶ浦에서 전복하였다. 7일에 요시쓰네가 수도를 떠났다는 소식이 기제카와에 들려왔다. 요리토모는, "이번 일은 어찌 된 일인지 센지든 원청院廳의 구다시부미下文든 역도逆徒들이 청하는 대로 맡겨두어 누차의 훈공勳功을 버리게 되지 않는가" 하고 자주 울분을 터뜨렸다. 8일에 야마토노카미大和守 시게히로重弘, 잇폰보 쇼칸一品房昌寬 등을 수도에 보내어 요리토모가 울분을 터뜨린다는 것을 아뢰고 10일에 가마쿠라로 돌아왔다. 11일에 요리토모의 울분을 들으시고 놀라서 요시쓰네와 유키이에 추토 인젠院宣을 기나이 근처의 고쿠시國司에게 내렸다. 15일에

---

46 원문의 '陳し'는 '陣し'의 오류.

오쿠라쿄 다카시나 야스쓰네의 서장이 가마쿠라에 도착하였다.

"유키이에와 요시쓰네의 일은 전적으로 천마天魔[47]의 소행이 아닌가. 당시의 난을 피하기 위해서였다. 일단은 칙허가 있는 듯하나 이는 전혀 천자가 동조한 것이 아니다"라고 하였다. 요리토모가 대답하기를, "유키이에와 요시쓰네의 모반이 천마의 소행이라고 말씀하신 것은 도저히 이유 없는 일입니다. 천마는 불법佛法을 방해하고 인륜人倫에 근심을 주는 존재입니다. 저는 수많은 조정의 적을 항복시키고 직무를 맡겨드렸습니다. 그 충성심이 어찌 금세 반역으로 변하겠습니까. 천자의 생각이 그렇지 않은데 인젠을 내리셨습니까. 유키이에고 요시쓰네고 잡아들이지 않는 동안에는 제국은 피폐하고 인민은 멸망하지 않겠습니까. 그러므로 일본 제일의 덴구天狗[48]는 전혀 다른 사람이 아니지 않습니까"라고 하였다.

생각해 보건대, 요리토모가 유키이에와 요시쓰네를 토벌하려는 것은 전혀 이유가 없다. 처음에 요리토모가 가마쿠라에 들어왔을 때부터 이미 자가自家를 경영하려는 뜻이 있었다. 그래서 동국의 세력 있는 집안을 이유 없이 주멸하고, 또 시다 요시히로志田義廣[49]와 싸웠으며, 요시나카를 치려고 한 것 등은 전부 자기에게 해가 끼칠 것을 짐작했기 때문이다. 헤이시의 포악함을 토벌하려는 것이라고 일

---

47 제육천第六天의 마왕 파순波旬. 사마四魔의 하나. 선인善人이나 수행자가 자신의 궁전과 권속을 없앨 것이라 하여 정법正法의 수행을 방해하는 마왕을 이른다. 석가모니가 보리수 아래에서 성도成道할 때에도 이의 방해를 받아 먼저 혜정慧定에 들어 마왕을 굴복시킨 다음 대각大覺을 이루었다고 한다.

48 일본의 민간신앙에서 전승되는 신이나 요괴라고도 하는 전설상의 생물.

49 ?~1184. 헤이안平安 시대 후기의 무장 미나모토노 요시히로源義廣. 미나모토노 다메요시源爲義의 3남. 통칭은 시다 사브로 센조志田三郎先生. 시다志田 씨의 실질적인 조상. 미나모토노 요리토모와 대립하여 1183년 거병하였지만 오야마 도모마사小山朝政의 기습을 받고 패했다. 이후 미나모토노 요시나카源義仲에게 의지하였는데 요시나카가 패하자 이세로 달아났다가 토벌되었다.

컬었지만 군사를 일으킨 지 4년 동안 1기도 서쪽으로 보내지 않았다[후지가와富士川 전투도 그들이 왔기 때문에 대응한 것이어서 서쪽 정벌의 군대[50]라고는 여겨지지 않는다]. 동국의 군향郡鄕을 제멋대로 압령押領하여 자기에게 공이 있는 자에게 나누어 주었으니 어찌 이를 조정의 법규를 중시한다고 하겠는가. 요시나카를 친 것도 그가 이미 수도에 들어가 헤이시를 쫓아내고 조정으로부터 은상을 받은 것을 시기해서였다. 그런데 요시쓰네가 그 마음을 알지 못하고 인에 사후伺候하여 조정의 은상을 받고 또 군사를 쓰는 방식이 천하에 비할 데가 없으므로[51] 요리토모는 그 무엇보다도 싫었던 것이다.

그러므로 요리토모는 항상 그의 병권을 빼앗아 그 세력을 고립화시키고, 헤이시가 멸망한 뒤에는 그를 손쉽게 쫓아내어 버리려고 도모하였다. 요리토모 자신이 조정에 대해 두 마음이 있었기 때문에 조정에 뜻이 있는 자를 싫어하였다. 요시쓰네는 동생이지만 당시에 이미 조정의 신하 반열에 끼어 수도를 지키고 있었는데 이를 천자의 휘하인 교토에서 습격하여 죽이려 한 것이다. 이 어찌 신하인 자가 행할 짓인가. 상황이 암약함을 이용하여 유키이에와 요시쓰네의 일로써 위협하러 가서 기소木曾와 헤이시를 멸망시킨 공이 있음을 자랑하였다. 처음에 헤이시 군대의 위력을 꺾은 것은 요시나카의 공이며, 결국 헤이시를 멸망시킨 것은 요시쓰네의 공이 많다고 할 수 있다. 요시나카 토벌은 호주지 도노를 채근하여 죄를 물은 것이 아니라 동군이 수도에 들어왔을 때 때마침 그가 흉악한 짓을 하는 날 당한 것이다. 요리토모가 조정을 위해 그를 토벌하였다고 하는 것은 거짓이다.

또 요시쓰네가 결국 요리토모를 배반하였고, 그래서 요리토모가 그를 토벌하려 한 데에는 이유가 있다고 말하는 사람도 있을 것이다. 그러나 그렇지 않다. 요시쓰네는 처음부터 요리토모에게 두 마음이 없었다. 다만 요리토모의 간사한 계략을 알지 못하였다. 예전의 요리미쓰賴光 · 요리치카賴親 · 요리노부賴信[52]처럼,

---

50 헤이시平氏 토벌을 위해 파견한 병력.
51 [난외두주] 원본에서는 方 자는 間 자, 雙 자는 變 자로 되어 있지만 그렇지 않다.
52 요리미쓰賴光, 요리치카賴親, 요리노부賴信는 헤이안平安 시대 중기의 무장 미나모토노 미쓰나카源滿仲의 아들.

또 요시이에義家 · 요시쓰나義綱 · 요시미쓰義光[53]와 같이 형제가 모두 조정을 지켜야 한다고 생각해서 요리토모의 대관代官으로서 요시나카를 치고 헤이시를 멸망시킨 후 수도를 수호하고 인에 사후하였다. 그런 것을 요리토모가 불쾌한 기색을 보였으므로 어떻게 해서라도 그 마음을 풀려고 생각하였다. 그래서 미나모토노 노리요리가 헤이시를 멸망시키지 못하게 되어서 요시쓰네가 사누키로 향했을 때 와타나베渡邊에서 풍랑이 높아지자 맨 먼저 배를 내보냈다. 오쿠라코 다카시나 야스쓰네가 간하였는데 요시쓰네는, "특별히 생각한 바가 있다. 최전선에서 목숨을 버리려고 한다"라고 말하였다. 그의 뜻은 만일 이번 싸움에서 이기지 못하면 맨 먼저 전사할 것이고, 만일 이기면 요리토모의 마음도 누그러지지 않을까 하고 생각한 것이 아니겠는가. 그렇게까지 요리토모를 위해 마음을 다했지만 요리토모는 전혀 좋지 않게 생각하고 헤이시가 망한 날에 재빨리 그의 병권을 빼앗고 소환하였다. 이후 몇 통의 기청문起請文으로써 두 마음이 없음을 아뢰었지만 조금도 받아들이지 않고 결국 토벌대를 내보냈다. 이때 요시쓰네가 스스로 목을 베어 충성심을 표하였다면 어떻게 되었을지 그것은 모르겠지만, 스스로 죽음을 구할 계책을 내놓을 방도가 없었다. 요시쓰네가 인젠을 청한 것은 어쩔 수 없는 일이었다. 그 뜻은 불쌍히 여길 만한다.

어떤 사람은 요시쓰네가 그의 뜻을 뽐내고 용맹함을 믿어 스스로 화를 불렀고, 게다가 가지와라 가게토키梶原景時가 참언하였기 때문이라고 말할 것이다. 이것도 요리토모를 편드는 설이다. 미나모토노 노리요리는 겸허하고 겁이 많았지만 결국 죽음을 피하지 못하였다. 그가 죽을 때 누가 그를 참언하겠는가. 생각하건대, 그저 요리토모와 같은 자의 동생인 것이 가장 곤란하다고 말할 수 있을 것이다.

---

53 요시이에義家, 요시쓰나義綱, 요시미쓰義光는 헤이안 시대 중기의 무장 미나모토노 요리요시源賴義의 아들.

가마쿠라 막부, 천하의 권력을 분장함[제6 변화]

❦

미나모토노 요리토모[54]는 열네 살 때인 니조 천황 에이랴쿠永曆 원년(1160) 3월에 이즈 국에 유배되었고, 다카쿠라 천황 지쇼治承 4년(1180) 8월에 서른네 살로 거병하였지만 스기야마杉山 전투에서 불리하여 아와 국安房國으로 달아났다. 9월에 가즈사上總, 시모우사下總를 복종시키고, 10월에 무사시武藏를 거쳐 가마쿠라에 들어갔다. 요리토모가 아와 국安房國에 달아나 있으면서 도구로 모리나가藤九郎盛長[55]로 하여금 지바노 쓰네타다千葉常胤를 설득하여 자기편으로 끌어 들이게 했을 때 쓰네타다가 모리나가에게 말하기를, "지금의 거처는

---

54 1147~1199. 가마쿠라鎌倉 막부 초대 장군將軍. 1159년 헤이지平治의 난에서 패배해서 아버지 미나모토노 요시토모源義朝와 도주하는 도중 미노에서 붙잡혀서 이즈에 유배당하였다. 20년 동안 유배 생활을 한 뒤 그 곳에서 처 마사코政子의 아버지 호조 도키마사北條時政의 원조를 받아 1180년 다이라 씨平氏 일족을 타도하기 위해 군사를 일으켜 다이라 씨를 격파하고 간토關東 지역을 평정하였다. 가마쿠라에 들어가 무사의 통제 기관인 사무라이도코로侍所를 설치하고 독자적인 정권을 수립하였다. 한편 동생 노리요리範賴와 요시쓰네義經로 하여금 미나모토노 요시나카源義仲를 토벌케 하고 다이라 일족의 군사를 이치노타니에서 추방해서 교토를 확보했으며, 1185년 다이라 일족을 멸족시켰다. 1185년 요시쓰네의 반역 사건을 기회로 각 국에 슈고守護, 지토地頭를 설치하는 권한을 획득해서 무가 정권을 확립하였으며, 1189년 오슈奧州 지역을 정벌해서 전국적인 군사 지배체제를 완성시켰고, 1192년 정이대장군征夷大將軍에 임명되어 가마쿠라 막부를 열었다.

55 아다치 모리나가安達盛長. 1135~1200. 헤이안平安 시대 후기부터 가마쿠라 시대 초기의 무장. 가마쿠라 시대에 번영한 아다치安達 씨의 조상. 미나모토노 요리토모源賴朝가 이즈伊豆에 유배되었을 때부터 측근이었으며, 1180년에 요리토모가 거병했을 때는 사자로서 간토關東 무사의 규합에 활약하였다. 요리토모의 신뢰가 두터워서 요리토모가 사적으로 자주 모리나가의 집을 방문하였다는 기록이 있다. 1199년 요리토모의 사후 출가하여 법명을 렌사이蓮西라 하고, 2대 장군 미나모토노 요리이에源賴家의 중신으로서 13인 합의제의 한 사람으로서 막부 정치에 참여하였다. 도구로藤九郎는 별명.

요해지가 아니며, 또 선조로부터 물려받은 땅도 아닙니다. 속히 사가미 국相模國 가마쿠라로 나가야 할 것입니다"라고 권유하여서 마침내 가마쿠라에 거주하게 된 것이다[요리요시賴義가 동쪽에 출진하는 날 쓰루가오카鶴岡를 권청勸請[56]하였고, 요시이에가 여기를 닦았으며, 요시토모가 가메가야쓰龜ヶ谷에 살았으므로 선조가 물려준 땅이라고 말할 수는 있다].

요리토모는 미나모토노 유키이에와 미나모토노 요시쓰네를 칠 것이라고 하며 기세가와黃瀬河까지 나갔다가 그 후에 가마쿠라에 돌아왔을 때[11월 10일에 가마쿠라에 돌아왔다. 요리토모는 가마쿠라에 돌아올 때 다이라노 도키마사平時政에게 군사를 붙여 입경시키고 수도를 지키게 하였다] 이번 유키이에와 요시쓰네 건은 간토의 역할이 중요하였으므로 좀처럼 시종 일관된 명령의 취지를 생각하지 못하였다. 그래서 전 이나바 고쿠시因幡國司 오에노 히로모토가 아뢰기를, "세상이 이미 말세이어서 극악무도한 자가 더없이 때를 만났습니다. 천하에 반역하는 무리가 더욱 끊이지 않을 것입니다. 도카이도東海道 내에는 그렇게 계시니까 조용하고 태평스럽습니다만 필시 다른 데에서 간사하고 추잡한 일이 일어나지 않겠습니까. 그것을 진정시키기 위해 매번 동국의 군사를 보내는 것은 사람들의 근심거리이며 국의 낭비입니다. 차제에 제국에 명령을 내려 고쿠가國衙와 장원莊園별로 슈고守護, 지토地頭[57]를 보임하면 반드시 염려할 일이 없을 것이니 속히 청해야 할 것입니다"라고 말하니 요리토모가 크게 기뻐하였다.

10월 25일에 호조 도키마사北條時政가 입경하였다. 이날 또 유키이

---

56 신불神佛의 왕림, 계시를 비는 것.
57 1185년 미나모토노 요리토모가 요시쓰네와 유키이에行家의 추토를 명목으로 천황의 허가를 받아 각국에 슈고, 지토를 설치했다. 슈고는 군사·경찰권을 중심으로 제국의 치안, 경비를 맡았으며, 지토는 장원과 공령公領의 조세 징수와 치안을 유지하며 직접 토지나 백성을 관리했다. 슈고, 지토의 설치로 가마쿠라 막부의 권력이 전국에 미치게 되었다.

에와 요시쓰네를 찾으라는 센지가 내려졌다. 28일 밤에 도키마사가 수중납언帥中納言 요시다 쓰네후사吉田經房[58]에게 보임한 제국에 슈고, 지토, 권문세가의 장원[59]을 불문하고 고르게 1단段[60] 당 군량미 5승 升[61]을 부과할 것이라고 말하였다. 29일에 청하여 아뢴 대로 속히 명령을 내릴 것이라는 지시가 내려졌다. 29일, 요리토모가 역법驛法[62]을 정하여 권문세가의 영지를 불문하고 군량을 부과하였다. 12월 6일에 요리토모가 유키이에와 요시쓰네에게 동조한 조정의 신하를 처벌해야 한다고 아뢰고, 또 우대신 구조 가네자네에게 상신서를 바쳤다. 그 대략은 다음과 같다.

"헤이시平氏가 수도를 버리고 도망간 뒤 기나이 근처 여러 국 무사의 행패를 막기 위해 나카하라 구니히사中原久經, 곤도 구니히라近藤國平 두 사람을 사자로 보내어 인젠을 내려줄 것을 아뢰어 그곳은 대략 진정되었으므로 재차 명령을 받아 규슈九州, 시코쿠四國에 내려 보냈습니다. 그런데 요시쓰네가 규슈 지토를 하사받고 유키이에가 시코쿠 지토를 하사받아 내려가던 중 풍랑 때문에 종군이 모두 전복되었습니다. 그들을 찾는 동안에 제국과 여러 장원, 가가호호, 여러 사찰들에 필시 행패를 부렸을 것입니다. 이제 제국의 장원에 고루 지토직을 찾아 명령해야 할 것입니다. 이는 자신의 이익을 생각해서가 아니라 토민이 혹은 극악무도한 생각으로 모반하는 무리와 만나거

---

58 1142~1200. 헤이안 시대 말기부터 가마쿠라 시대 초기의 공경. 미나모토노 요리토모源賴朝의 신임을 얻어 조정과 막부 간의 연락, 의견 조정을 담당하였다. 슈고守護, 지토地頭의 설치, 미나모토노 요시쓰네源義經 추토 등의 중요한 요청은 쓰네후사를 경유하여 조정에 아뢰어 청하였다.

59 난외 두주 원본에는 土 자가 公 자로 되어 있으나 그렇지 않다.

60 약 360평.

61 약 7평당 수확량.

62 가마쿠라鎌倉와 교토京都를 잇는 통신방법으로서 연로의 환승용 말의 준비와 군량을 부담시키는 법.

나 또는 측근의 무사에 대해 이래저래 핑계를 대며 발칙한 짓을 하는 기괴한 일을 하지 않겠습니까. 그 준비를 하지 않으면 향후 무질서하게 될 것입니다. 세상이 안정된 후 납기를 지키는 정세正稅 이하 국역이나 본가의 잡사 등에 대해 만약 납세를 거부하거나 납세를 게을리하면 특히 경계를 가하여 재판을 방해하는 일 없이 법대로 지시할 것입니다."

이해 요리토모는 용사를 선발하여 서국西國 26국을 나누어 감시하게 하였다. 17일, 요리토모의 청에 따라 조정의 신하 대부분의 현임을 해직하였다.

분지 2년(1186) 3월 1일에 요리토모에게 칙명을 내려 66주州 총추포사總追捕使로 삼고, 제국에 각각 지토직地頭職을 설치하게 하였다. 호조 도키마사에게 7개국을 하사했지만 굳게 사양하고 받지 않았다[간토 분국은 사가미相模, 무사시, 이즈伊豆, 스루가駿河, 가즈사上總, 시모우사下總, 시나노, 에치고, 분고豊後 등 9개국이다]. 12일에 내대신 고노에 모토미치의 관직을 거두고 우대신 구조 가네자네를 섭정으로 하고 우지초자, 수신병장隨身兵仗을 하사하고 우차牛車를 허가하였다. 이달에 도키마사가 가마쿠라로 돌아갔다. 무사 30여 명을 수도에 남겨두고 사마노카미左馬頭 후지와라노 요시야스藤原能保로 하여금 수도를 지키게 하였다. 이후 요시야스가 점차 위세를 떨쳤다[요리토모의 자형]. 5월에 요시야스가 군사를 보내어 미나모토노 유키이에를 이즈미 국和泉國에서 토벌하였다. 그의 아들 미쓰이에光家도 토벌되었다.

분지 3년(1187) 3월에 고노에 모토미치가 재차 수신병장을 하사받았다. 요리토모는 요시쓰네가 후지와라노 히데히라 휘하에 있다고 듣고 사자를 달려 보내어 이를 아뢰었다[히데히라가 요시쓰네를 도와 반역할 뜻이 있다고 아뢴 것이다]. 이렇게 해서 원청의 명령문서를 무쓰 국에 보내고, 요리토모는 또 관리를 내려 보냈다. 히데히라가 딴마음이 없다고 말하였으나, 관리는 이미 싸울 준비가 되어 있는 듯하다 운운하며 이 일을 수도에 아뢰었다. 10월 29일에 종5위상 진수부장군 무쓰노카미陸奧守 히데히라가 히라이즈미平泉에서 졸卒하였다. 히데히라는 아버지 후지와라노 모토히라藤原基衡 뒤를 계승하여 무쓰陸奧, 데와出羽를 30년간 다스렸다. 후처의 아들 후지와라노 야스히라藤原泰衡를 적자로 삼으려 했는데, 야스히라가 니시키베 다로 구니히라錦戸太郎國衡와 불화하였으므로 히데히라는 임종할 때 야스히라의 어머니를 구니히라의 처로 삼아 화해시키고, 야스히라, 구니히라, 이즈미 사브로 다다히라泉三郎忠衡, 관자 모토요시 다카히라本吉高衡[63] 등에게 서약하게 하였으며,[64] 요시쓰네를 대장군으로 하여 국무를 보게 하라고 말하고 죽었다고 한다.

분지 5년(1189) 윤4월 그믐날에 미나모토노 요시쓰네가 민부소보民部少輔 후지와라노 모토나리藤原基成의 고로모가와衣川 저택에서 자살하였다. 야스히라가 수백 기로 습격하니 먼저 처를 죽이고[21세] 자식을 죽이고[딸 4세] 자살하였다[31세]. 5월 22일 오후 6시경 무쓰 국의 파발꾼이 왔다. 6월 13일에 야스히라의 사자 관자 닛타 다카히라新田高平가 요시쓰네의 머리를 가지고 왔다. 와다 요시모리和田義盛와 가지와라 가게토키가 고시고에腰越에 마중 가서 실제인지 확인하여 검사하였다[검은 칠을 한 궤에 넣고 술에 담궜다]. 보는 사람이 모두 눈물을 훔쳤다고 한다[요시쓰네 사후 43일]. 24일에 야스히라가 평소 요시쓰네를 숨겨둔 죄는 거의 반역을 넘는 것이니 이를 토벌해야 한다고 지시하

---

63 원문의 '隆衡'은 '高衡'의 오류.

64 후지와라노 히데히라藤原秀衡의 가계도

후지와라노 기요히라藤原清衡 — 모토히라基衡 — 히데히라秀衡 ┬ 장남 구니히라國衡
└ 2남(적자) 야스히라泰衡
└ 3남 다다히라忠衡
└ 4남 다카히라高衡

였다. 이날 교토에서 요시야스의 서장이 왔다. 오슈奧州 추토의 일을 내밀히 아뢰었던바 평정評定을 거듭하고 있었다. "간토의 음울한 일은 가만 둘 수는 없지만 요시쓰네는 이미 토벌되었다. 올해 이세 태신궁伊勢太神宮의 상량, 도다이지東大寺 조영造營 등 이래저래 곤궁하다. 추토의 일은 유예할 것이다"라고 하였다. 25일에 그래도 다시 추토의 센지를 내려주시도록 아뢰고, 26일에 야스히라가 다다히라忠衡를 토벌하였다. 요시쓰네에게 동의하였으나 추토 센지의 뜻에 따랐다[요시쓰네 사후 55일].

생각해 보건대, 이해 2월에 다다히라가 토벌되었다고 한다. 『아즈마카가미』에 보이는 바로는 6월 26일의 일이다. 생각해 보건대, 『아즈마카가미』의 설이 옳은가. 세간에서는 이때 요시쓰네가 죽었다고 한다. 생각해 보건대, 다다히라에게 피해 있었던 것이 된다. 또 요시쓰네가 이미 자살하고 집에 불을 질렀다고도 하는데 야스히라가 바친 머리는 진짜가 아니다. 야스히라도 처음에는 요시쓰네가 이미 죽었다고 생각했지만 그의 머리를 얻지 못하였으므로 닮은 자의 머리를 베어 술에 담구고 날짜가 지난 뒤 가마쿠라에 보낸 것인 듯하다. 이렇게 해서 다다히라가 요시쓰네를 도와 도망치게 한 것을 듣고 토벌한 것이다. 요리토모도 의심되는 점이 있었기 때문에 자주 야스히라를 토벌해야 한다고 바라서 아뢴 것인가. 세간에 전해지는 것처럼 되려면, 다다히라가 토벌된 것은 요시쓰네가 토벌된 것보다 100일 가까이 이전 일이다. 다다히라가 이미 토벌된 다음에는 요시쓰네의 죽음이 가깝다는 것은 지혜가 많은 사람을 기다리지 않고도 분명하다. 요시쓰네는 아무 일도 하지 않고 죽을 사람이 아니므로 확실하지 않다. 지금도 에조蝦夷 땅에 요시쓰네의 집터가 있다. 또 에조 사람들이 음식으로 반드시 제사지내는 이른바 오키쿠루미[65]라는 사람은 바로 요시쓰네로, 요시쓰네가 나중에는 에조 땅에 갔다고도 전해진다.

그믐날에 요리토모는 오바 헤이타 가게요시大庭平太景能가 고로故老이었으므로 상의하기를, "오슈 정벌은 천황의 의향을 여쭈었으나 아직 칙허가 없는데 고케닌御家人들을 모우는 것은 어떨까요"하고 물었더니 가게요시가 얼른 대답하기를, "군중軍中에는 장군의 영은 들었지만 천자의 칙명은 듣지 못하였다고 합니다. 이미 주문奏聞을 거친 이상은 반드시 칙허를 기다릴 필요가 없습니다. 또 야스히라는 누대에 걸쳐 고케닌의 유적遺跡을 계승한 자입니다. 천황의 명을 내려 주시지 않아도 뭔가 주벌할 수 있을 것입니다. 모인 병사들이 여러 날을 허비하는 것이 도리어 걱정거리이니 속히 출발하여 목적지로 향해야 할 것입니다"라고 말하였다. 요리토모는 몹시 기뻐하며 안장과 말을 하사하였다.

7월 12일에 "반드시 센지를 내려주지 않겠습니까. 군사가 모여 여러 날을 보내는 동안 태정관太政官의 사자를 간토에 내려 보내는 것을 기다려서는 지체될 것입니다. 요시야스에게 명하여 그가 파발을 놓을 것입니다"라고 아뢰고 19일에 병력을 내보냈다. 8월 8일에 이시나자카石那坂에서 싸우고, 9일에 오키도大木戸를 쳐부수어 구니히라國衡를 치고, 연전연승하여 21일에 히라이즈미를 함락시켰다. 9월 3일에 야스히라의 목을 거두었다[35세]. 9월 9일에 진가오카陣が岡에 7월 19일에 내린 구젠口宣과 인젠이 도착하였고, 11월 3일에 가마쿠라로 돌아갔다. 이로부터 66주州 전부[66] 요리토모가 지배하는 바가 되었다.

---

65 아이누락클. 아이누의 신화, 전설에 전해지는 신. 지상에서 탄생한 최초의 신이며 지상과 인간의 평화를 지키는 신으로 여겨진다. 오이나카무이, 오키쿠루미 등의 별명도 전해진다.
66 일본 전국.

겐큐建久 원년(1190) 10월에 요리토모가 상경하였다[대납언大納言 대장大將이었다].

겐큐 2년(1191) 12월에 구조 가네자네가 관백이 되었다.

겐큐 3년(1192) 3월에 고시라카와 법황이 붕어하였다[67세]. 재위 3년 뒤 니조, 로쿠조, 다카쿠라, 안토쿠, 고토바 천황까지 5대의 천황 동안에 인에서 정무를 듣기를 34년. 호겐保元의 난 후, 후지와라노 노부요리藤原信賴, 다이라노 기요모리, 미나모토노 요시나카 등에게 고통당하였지만, 요리토모에게 추대되어 안락하게 일생을 마쳤다. 그렇지만 천황의 위엄은 쇠퇴하고 천하는 마침내 무가武家에 돌아간 것이 여기서 시작된다. 7월에 고토바 천황이 비로소 직접 정무를 보았다. 미나모토노 요리토모를 정이대장군으로 삼았다.

겐큐 6년(1195) 2월에 요리토모가 상경하였다. 도다이지 공양을 위해서였다. 호조 마사코北條政子와 미나모토노 요리이에源賴家도 입경하였다.

겐큐 7년(1196) 11월에 가네자네가 상표문을 제출하여 사임하였다. 내대신 고노에 모토미치가 관백關白이 되었다[3번째인가]. 처음에 사네자네의 장녀가 입궐하여 중궁이 되었는데 황자가 탄생하지 않았으므로 요리토모의 딸 오히메大姬를 입궐시키려고 하였다. 당시 권대납언權大納言 미나모토노 미치치카源通親가 고토바 천황의 유모 산미노 쓰보네三位局[후지와라노 한시藤原範子]와 내통하여 공모하고 자기 딸[67]을 입궐시켰는데 천황이 이를 사랑하여 요리토모의 딸이 입궐하는 것을 싫어하였으므로 가만히 아뢰어 그 일을 그만두었다. 쓰구히토承仁 법친왕은 천황의 숙부로, 천황과 사이가 좋아서 날마다 궁중에 들어가 단고노 쓰보네丹後局[다카시나 에이시高階榮子]와 밀통하였다. 이

---

67 미나모토노 미치치카源通親의 양녀 자이시在子. 쇼메이몬인承明門院. 쓰치미카도土御門 천황의 어머니.

단고노 쓰보네란 고시라카와 법황의 총희였는데 법황이 사망한 뒤에도 궁중의 일을 멋대로 하고 하리마播磨ㆍ비젠備前 고쿠가國衙의 일을 영유하였으며 새로 큰 장원을 경영하는 것을 가네자네가 요리토모와 도모하여 이를 정지하였다. 그래서 가네자네를 원망하여 쓰구히토, 미치치카와 한패가 되었다. 천황이 유연遊宴을 좋아하는데 가네자네를 꺼리는 것을 보고 그 틈을 보아 참언하고 가네자네가 천황에게 상주하는 것을 요리토모가 기뻐하지 않는다고 칭하여 천황의 마음을 두려워하게 만들고는 요리토모에게 고하였다. 가네자네의 상표上表를 기뻐하며 사직시키고 고노에 모토미치에게 권하여 이를 대신하게 하였다. 더욱이 가네자네를 유배에 처할 것을 진언하였으나 천황은 죄가 없으므로 허락하지 않았다. 그렇지만 그의 거짓을 깨닫지 못하였다. 중궁[68]도 가네자네가 관백을 그만두었으므로 궁중에서 나와 하치조인八條院으로 옮겼다. 승정僧正 지엔慈圓[69]도 천태좌주天台座主를 그만두었고 쓰구히토로서 이를 대신하였다.

겐큐 8년(1197) 7월에 요리토모의 딸이 죽었다. 가네자네의 상주에 의해 뇨고女御[70]의 센지가 있었는데 가네자네의 정직停職을 듣고 지체되는 사이에 갑자기 죽었다. 요리토모가 미치치카의 계략을 듣고, "딸이 있으니 내년에 입경하여 뇨고에 대비하겠다. 또 섭관을 바꾸는 것은 분부가 있을 것이다"라고 말하였으므로 사람들이 모두 두려워하였다.

---

68 구조 가네자네九條兼實의 딸 닌시任子. 기슈몬인宜秋門院.

69 1155~1225. 헤이안平安 시대 말기부터 가마쿠라鎌倉 시대의 천태종天台宗 승려. 역사서 『우관초愚管抄』를 저술하였다. 섭정ㆍ관백 후지와라노 다다미치藤原忠通의 아들. 다다미치의 6남 섭정ㆍ관백 구조 가네미치九條兼實의 동복아우이다.

70 천황의 침소에서 모시던 여성으로 황후, 중궁에 버금가는 후궁의 하나. 대부분 섭관가攝關家 등 명문 집안에서 선발되었으며 인원수는 정해지지 않았고, 헤이안 시대 중기 이후 황후는 뇨고에서 승진하는 것이 관례가 되었다.

겐큐 9년(1198) 정월 11일에 황위를 다메히토爲仁 친왕[쓰치미카도土御門 천황]에게 물려주었다. 미나모토노 미치치카[71]는 고토바 천황이 조정의 정무에 싫증을 내고 주연을 제멋대로 하려는 것을 알고 그의 딸이 낳은 자식을 세워 권력을 휘두르기 위해서 은밀히 권유하였다 [상황 19세, 천황 4세].

쓰치미카도 천황[72]은 고토바 천황의 제1 황자이다. 어머니는 쇼메이몬인承明門院으로, 내대신 미나모토노 미치치카의 딸이다. 실은 법인法印 노엔能圓의 딸이다[노엔은 홋쇼지法勝寺의 시교執行[73]로, 하치조八條 니이도노二位殿[74]의 오빠이다. 고토바 천황을 시노미야四宮라고 부를 때 이 노엔이 양육하였다. 형부경刑部卿 후지와라노 노리카네藤原範兼의 딸 한시範子는 처음에 노엔에게 시집가서 쇼메이몬인을 낳아 미치치카와 통하여 입궐시켰고 노엔이 죽고 나서 결국 미치

---

71 1149~1202. 가마쿠라 시대 초기의 공경. 호는 고가久我, 쓰치미카도土御門. 쓰치미카도 미치치카土御門通親라 부르는 것이 일반적이다. 고시라카와後白河·고토바後鳥羽 상황의 원정院政에서 활약했다. 1196년 관백 구조 가네자네九條兼實를 실각시키고 양녀 사이시在子를 고토바 상황의 후궁으로 입궐시켜 그 황자가 즉위하자 미치치카는 외척으로서 권세를 떨치고 내대신內大臣이 되어 가마쿠라 시대의 쓰치미카도 가家 번영의 기초를 쌓았다.

72 1195~1231. 제83대 천황. 재위 1198~1210. 고토바 천황의 제1황자, 어머니는 미나모토노 미치치카源通親의 딸 사이시在子. 고토바 천황의 양위로 네 살 때 즉위하고, 열여섯 살 때 동생 모리나리守成 친왕(준토쿠順德 천황)에게 양위했다. 1221년 조큐承久의 난 때는 토막討幕 계획에 관여하지 않아 처벌 대상이 되지 않았지만 아버지 고토바 상황이 유배되는데 자신은 교토에 머무는 것은 참을 수 없다 하여 자진하여 도사土佐에 유배되었고 뒤에 아와阿波로 옮겼고 유배지에서 사거했다.

73 사찰 업무를 집행하기 위해 설치한 승직僧職의 하나. 직무 내용이나 권한은 사찰에 따라, 시대에 따라 변화가 있으며 일정하지 않다.

74 다이라노 도키코平時子. 1126~1185. 헤이안 시대 말기의 여성. 다이라노 기요모리平淸盛의 정실. 위계는 종2위. 니이노아마二位尼라고 불렸다. 다이라노 기요모리와의 사이에 무네모리宗盛, 도모모리知盛, 다카쿠라高倉 천황의 중궁이며 안토쿠安德 천황의 어머니인 도쿠코德子, 시게히라重衡를 낳았다. 1185년 단노우라壇ノ浦 전투에서 헤이케平家가 멸망했을 때 안토쿠 천황을 꺼안고 물에 빠져 죽었다.

치카의 처가 되었다]. 관백 고노에 모토미치를 섭정으로 하였다. 요리토모는 양위의 일을 듣고 몹시 놀라고 또 의심하였다.

10월에 모토미치가 우도네리 수신內舍人隨身[75]을 하사받았다. 모토미치는 칩거[76]한 지 몇 해 지나 구조 가네자네가 파직된 뒤 다시 나타났다. 이는 모두 미치치카의 조처였다. 이로부터 고노에近衛와 구조九條의 두 계통이 번갈아 섭관이 되었다. 이때 후지와라노 모토후사와 모로이에는 여전하였으나 마쓰 도노 계통은 쇠퇴하였다.

쇼지正治 원년(1199) 정월 13일에 미나모토노 요리토모가 졸하였다[53세]. 『우관초』에 따르면, "요리토모는 병중에 가네자네에게 글을 보내어, '올해 입경하여 조정의 논의를 바로잡으려고 생각했는데 불행히도 여기에 이르렀다. 여기까지 운명이다'라고 하였다"라고 한다.

미나모토노 요리이에는 열여덟 살로 가독을 계승하였고, 외조부 호조 도키마사가 이를 도왔다. 4월에 다카오 산高尾山의 몬가쿠文覺[77]가 사도 국佐渡國[78]에 유배되었다.

『헤이케모노가타리』에는 다음과 같이 적었다.

---

75 우도네리內舍人는 궁중의 숙직, 천황 신변의 경호를 담당하는 율령제에서의 관직의 하나. 우도네리에서 선발된 자가 섭정, 관백의 즈이진隨身을 맡은 일도 있으며 이를 우도네리 즈이진이라 부른다.

76 1186년 3월에 미나모토노 요시쓰네源義經가 법황에게 형 미나모토노 요리토모源賴朝 추토의 인젠院宣을 내리게 하도록 중개한 장본인이라 간주되어 모든 관직에서 해임되고 칩거하였다. 그 후 모토미치를 대신하여 구조 가네자네九條兼實가 섭정하였다.

77 생몰년 미상. 헤이안平安 시대 말기부터 가마쿠라鎌倉 시대 초기의 진언종 승려. 북면北面의 무사였는데 미나모토노 와타루源渡의 처를 잘못하여 살해했기 때문에 출가했다. 뒤에 죄를 지어 이즈伊豆에 유배되었고 거기서 미나모토노 요리토모와 만나 거병을 권유했다고 한다. 진고지神護寺, 도지東寺 등 각지 사원의 부흥을 발원했는데, 요리토모 사후 사도佐渡에 이어서 쓰시마對馬에 유배되었다.

78 원문의 '隱岐國'은 '佐渡國'의 오류.

"고토바 천황은 놀이를 제일로 여겼다. 정치는 오로지 교노쓰보네 卿局[즉 미나모토노 미치치카의 처 한시範子] 마음대로였으므로 사람들의 탄식이 그치지 않았다. 오왕吳王이 검객劍客을 좋아하니 천하에 상처 입은 자가 끊이지 않았고, 초왕楚王이 가는 허리를 좋아하니 궁중에 굶어죽는 여자가 많았다. 윗사람이 좋아하는 일은 아랫사람이 따라 배우는 것이니 세상이 위태로운 모습을 보고 생각 있는 사람들이 비탄해 마지않았다. 그중에서도 니노미야二宮[모리사다守貞 친왕, 고타카쿠라後高倉 천황]는 오로지 정도正道에만 마음을 두고 학문을 게을리 하지 않았다. 몬가쿠는 보통과 다른 대단한 승려로서 관여해서는 안 되는 일만 손을 대었는데, 어떻게 해서든지 이 친왕을 황위에 올리지 않으면 안 되겠다고 생각하였다. 그렇지만 요리토모가 있는 동안에는 무슨 일을 하려고 생각할 수도 없었다. 이제 이렇게 요리토모가 죽었으므로 몬가쿠는 마침내 모반을 일으켰지만, 금세 누설되어 거처인 니조二條 이노쿠마猪熊라는 곳에 게비이시들이 다수 몰려와서 팔십여 세 되는 노인을 포박하였고 결국 오키 국隱岐國에 유배 보냈다. 수도를 떠나면서 '파도를 만나 내일을 알지 못하는 이렇게 늙은이를 천황의 책망을 받았다 하여 도성 근처에라도 두지 않고서 멀고 먼 오키 국까지 귀양 보내는구나. 깃초毬杖[79] 놀이에 흥겨워하는 관자[80]야말로 괘씸하다. 어떻게 해서든 내가 유배된 곳으로 그를 맞아들일 것이다'라고 펄쩍 뛰며 말하였다. 그 후 고토바 상황이 오키 국에 유배되었을 때 몬가쿠의 망령이 나타나 무서운 일이 많았다. 항상 그의 앞에 와서 이야기하였다고 한다. 다이라노 고레모리의 아들 로쿠다이 선사六代禪師[81]도 이 일에 연좌되어 주살되었다[열두 살에 승려가 되었고 서른

---

79 나무로 만든 막대기로 나무 공을 상대방 진에 쳐 넣는 놀이. 헤이안 시대에 아이들 놀이로 시작하였다가 나중에 서민들 사이에 확대되었다.
80 관례冠禮를 치른 사람을 말하며, 여기서는 고토바後鳥羽 천황을 가리킨다.

남짓에 죽었다."

쇼지 2년(1200) 4월에 모리나리守成 친왕[준토쿠順德 천황]을 세워 황태제로 삼고 미나모토노 미치치카를 황태제부皇太弟傅로 삼았다. 모리나리의 어머니 후지와라노 주시藤原重子[82]가 몹시 상황의 총애를 받았으므로 모리나리에 대한 총애 또한 다른 여러 황자를 넘었다. 미치치카는 상황의 마음을 알아채고 태자 책립을 진언하여 그 부가 되고 더욱더 권력을 더하였다.

겐닌建仁 2년(1202)에 가네자네가 머리를 깎고 출가하였다. 10월에 정2위 내대신 미나모토노 미치치카가 훙서하였다[고가久我].

『우관초』에 따르면, "미치치카의 처 니이노 쓰보네二位局 한시가 죽은 뒤 쇼메이몬인도 궁중에서 물러나왔는데 늘 미치치카가 다녔다. 쇼메이몬인은 자기 자식이 아니기 때문에 사통하였다고도 하고 또 속아서 살해되었다"라고도 한다.

12월에 고노에 모토미치가 섭정을 그만 두었고, 좌대신 구조 요시쓰네九條良經가 대신하였다.

『우관초』에 따르면, "예전에는 섭정을 했던 사람이 생존하는 일이 적었다. 요즈음은 후지와라노 모토후사를 뉴도 전하라 하고 그의 아들 모로이에를 소小 전하라고 하며, 모토미치를 고노에 전하라고 하고 가네자네를 구조 전하라고 하며 요시쓰네를 당當 전하라고 한다. 동시에 다섯 전하가 있으니 미증유의 일이다"라고 하였다.

겐닌 3년(1203) 5월에 권대납언權大納言 후지와라노 무네요리藤原宗

---

81 다이라노 다카키요平高淸, 또는 다이라노 로쿠다이平六代. 1173~1199. 헤이안平安 시대 말기부터 가마쿠라鎌倉 시대 전기의 헤이시平氏 일문. 헤이시 멸망 후 붙잡혔으나 몬가쿠文覺의 탄원에 의해 처형을 면하고 승려가 되었다. 그의 비호자였던 몬가쿠가 미나모토노 미치치카源通親 습격계획을 기도하였다 하여 오키 국에 유배되자 로쿠다이도 붙잡혀 처형되었다.
82 후지와라노 노리스에藤原範季의 딸. 슈메이몬인修明門院.

賴[83]가 졸하였다. 그의 처는 쇼메이몬인의 어머니 한시의 여동생으로, 교산미卿三位[84] 겐시兼子라고 한다. 외척이어서 상황에게 출사하여 권력을 휘둘렀다. 무네요리는 그 세력에 의해 몸을 일으켰고, 무네요리가 죽은 뒤 얼마 안 되어 그의 처 겐시는 상황에게 아뢰어 전 태정대신 후지와라노 요리자네藤原賴實의 처가 될 것을 바랐다. 요리자네는 궁중의 권력을 잡을 것을 생각하여 기뻐하며 맞아들였다. 이로부터 요리자네는 인의 정무에 관여하였다. 9월에 미나모토노 사네토모源實朝가 장군에 임명되었다.

겐큐 원년(1204) 봄 무렵에 북면北面의 무사[85]가 적다하여 서면西面의 무사[86]를 두었고 무예와 싸움에 관한 일을 즐겼다. 7월, 우지에 사냥 가서 수일간 머물렀는데 직접 옷을 벗고 물에서 놀았다[이 무렵부터 간토의 일을 도모할 마음이 있었던 것인가].

겐큐 2년(1205) 4월에 요리자네의 딸 레이시麗子를 뇨고女御로 삼았다. 이는 요리자네의 전처 후지와라노 류시藤原隆子가 낳았다. 그 후 겐시를 맞아들이고 류시를 내보냈다. 겐시는 천황이 성장한 뒤 레이시를 입궐시키려고 생각하여 자기 자식이 아니지만 양육하였다. 요

---

83 1154~1203. 헤이안 시대 말기부터 가마쿠라 시대 초기의 공경. 하무로 무네요리葉室宗賴라고도 부른다.

84 겐시兼子는 종3위에 서임되었고, 아버지가 형부경刑部卿 후지와라노 노리카네藤原範兼였기 때문에 이렇게 불렸다.

85 상황의 어소 북측 방에서 대기하며 상황의 신변을 경호하거나 행차할 때 참가하는 무사를 가리킨다. 11세기 말에 시라카와白河 법황이 창설하였다. 인院의 직속군으로서 주로 사원이나 신사神社의 강소强訴를 막기 위해 동원되었다.

86 가마쿠라 시대에 상황을 섬기며 신변 경호를 맡았던 무사 집단. 1200년경 고토바後鳥羽 상황이 가마쿠라 막부의 군사력에 대항하기 위해 결성했다고 한다. 시라카와 상황에 의해 결성된 북면의 무사와 함께 인院의 군사 중추를 담당했다. 1221년 조큐承久의 난 때는 상황군上皇軍으로서 참전했는데 1개월 남짓 만에 진압되었고, 난 후 상황이 유배됨에 따라 폐지되었다.

리자네는 상국相國[87]을 사임하였는데 재차 조정의 권력을 잡으려고 생각하여 처 겐시를 통해 좌대신에 임명될 것을 상황에게 청하였으나 상국이었던 사람이 내려와 좌대신이 되는 것은 당치 않다고 하여 허락하지 않았다. 올해 봄에 천황이 관례를 올리고 섭정 구조 요시쓰네의 딸을 뇨고로 맞아들이려 하였다. 요리자네는 겐시를 시켜 자기 딸의 일을 내밀히 아뢰게 하니 레이시가 입궐하게 되었다. 상황은 요시쓰네에게는 "동궁[준토쿠 천황]의 즉위를 기다려서 그의 딸을 후后로 삼을 것이다"라고 하고 레이시를 뇨고로 삼았다.

겐에이建永 원년(1206) 2월에 요시쓰네가 간코寬弘[88][후지와라노 미치나가藤原道長], 간지寬治[89][후지와라노 모로미치藤原師通]의 예를 따라 상사곡수上巳曲水의 잔치[90]를 벌이겠다고 하였다. 고토바 상황도 거동할 것이라 하여 교고쿠京極의 저택을 수리하고 산을 쌓고 나무를 심었다. 연못에 물을 담아 파자巴字 모양으로 흐르게 하고 스미요시 대사住吉大社의 소나무를 나누어 심었다. 3월에 섭정 태정대신 종1위 구조 요시쓰네[91]가 도둑에게 살해되었다[38세]. 이 일은 혹은 상황이 그가 가마쿠라와 친하고 또 재능과 기예를 싫어하였으므로 죽였다고도 하고, 혹은 후지와라노 사다이에藤原定家[92]에게 와카로 대적했기 때

---

87 태정관太政官의 최고직인 태정대신太政大臣의 중국식 명칭.

88 이치조一條 천황의 치세 1004~1012년.

89 호리카와堀河 천황의 치세 1087~1094년.

90 삼월 삼짇날, 굽이도는 물에 잔을 띄워 그 잔이 자기 앞에 오기 전에 시를 짓던 놀이.

91 1169~1206. 가마쿠라鎌倉 시대 초기의 공가公家, 가인歌人. 구조 가네자네九條兼實의 아들. 쓰치미카도土御門 천황의 섭정, 태정대신太政大臣. 후지와라노 도시나리藤原俊成, 사다이에定家 부자에게 와카和歌를 배워 고토바인後鳥羽院 가단歌壇의 주요 가인으로 활약했다. 38세 때 돌연사했는데, 너무 갑작스러운 죽음이어서 후세에 살해설까지 나왔다.

92 1162~1241. 가마쿠라 시대 초기의 공가, 가인. 가인 후지와라노 도시나리의 2남. 도시나리의 '유현幽玄'을 더욱 심화시켜 '유심有心'을 칭하여 후세의

문이라고도 하고, 스가와라노 다메나가菅原爲長가 신고금新古今의 서序를 짓지 않은 것을 원망하였기 때문이라고도 하였다.

그렇지만『우관초』에 따르면, "요리자네와 겐시의 계략에서 나온 것이다. 상황이 아는지 모르는지는 상세하지 않다. 그 도둑이 끝내 나타나지 않은 것은 당시 요리자네와 겐시의 위세를 두려워했기 때문이다. 그래서 상황도 엄중하게 찾지 않았다. 요시쓰네의 딸이 입궐하지 못한 것은 요리자네와 겐시 부부의 짓임을 알고 분노하였고 그들은 또 상황의 신임에 의해 여차하면 섭정을 멸하려고 아뢰었으므로 일이 벌어진 것이다"라고 하였다.

좌대신 고노에 이에자네近衛家實가 섭정하였다. 그의 아버지 전 관백 내대신 고노에 모토미치가 수신병장을 하사받았다[구조 계통은 쇠퇴하고 고노에 계통이 다시 왕성해졌다]. 12월에 전 태정대신 요리자네가 수신병장을 하사받았다.

조겐承元 원년(1207) 2월에 승려 겐쿠源空가 사누키讚岐에 유배되었고 그의 제자 안라쿠安樂, 주렌住蓮을 주살하였다. 『우관초』에 따르면, 겐쿠가 헛되이 사람들에게 권하기를 염불을 외면 여자를 범하고 육식을 해도 무방하다고 하였다. 4월에 전 관백 종1위 태정대신 후지와라노 가네자네가 훙서하였다. 구조 가의 조상이며, 고훗쇼지後法性寺[93] 관백[94]이라고 하고 또 쓰키와 도노月輪殿라고 한다[62세].

조겐 2년(1208)에 이 무렵부터 상황이 대장장이를 좋아하여 대장장이 열세 명을 당번으로 정하고 직접 망치질을 하였고 전 태정대신

우타歌에 큰 영향을 끼쳤다.
93 원문의 '後法住寺'는 '後法性寺'의 오류.
94 사직 후 홋쇼지法性寺 뉴도入道 후지와라노 다다미치藤原忠通의 옛 거처인 홋쇼지에 살았기 때문에 이렇게 불렸다.

요리자네, 2위 승도僧都 손초尊長 등도 망치질을 하였다. 망치 손잡이에 국화를 새겼다.

조겐 4년(1210) 11월에 쓰치미카도 천황이 황위를 태제太弟에게 물려주었다[이때 천황 16세, 준토쿠 14세였다]. 고토바 상황이 동궁을 사랑하여 고노에 이에자네, 후지와라노 요리자네와 도모하여 천황을 퇴위시킨 것이다. 이에자네가 관백이 되었다. 상황을 혼인本院이라고도 하고 이치노인一院이라고도 하였으며, 쓰치미카도를 신인新院이라고 하였다.

준토쿠 천황[95]은 고토바 천황의 제3 황자이다. 조큐承久 원년(1219) 정월 27일 밤에 미나모토노 사네토모의 일[96]이 있었다[지쇼治承에서부터 여기에 이르기까지 40년]. 2월에 니이 도노二位殿 호조 마사코가 시나노노카미信濃守 후지와라노 유키미쓰藤原行光를 사자로 하여 마사나리雅成, 요리히토賴仁 두 황자[97]를 택하여 가마쿠라의 주인으로 할 것이라고 아뢰었다. 이에 앞서 니이 도노가 상경하였을 때 니이노쓰보네 겐시[요리자네의 처]와 약속하기를 만약 사네토모에게 아들이 없으면 황자한 명을 양자로 하여 가마쿠라의 주인으로 삼겠다고 말했기 때문이

---

95 1197~1242. 제84대 천황. 재위는 1210~1221. 고토바後鳥羽 천황의 제3 황자. 어머니 후지와라노 주시藤原重子는 고토바 천황을 양육한 후지와라노 노리스에藤原範季의 딸로, 고토바의 총애를 받았다. 1200년에 동궁이 되고 1210년 14세 때 즉위했다. 재위 중에는 고토바의 원정院政 하에 있었기 때문에 정무를 맡지 않고 유직고실有職故實 연구나 와카, 관현 등의 예능 수련에 열중했다. 고토바 상황의 막부 타도 계획(조큐承久의 난)에 참여하고 그 직전에 동궁 가네나리懷成 친왕[주쿄仲恭 천황]에게 양위했다. 그러나 계획이 실패로 끝나 사도佐島에 유배되고 유배지에서 붕어했다.

96 사네모토가 조카 구교公曉에게 살해된 것.

97 고토바後鳥羽 천황 ┬ 쓰치미카도土御門 천황

├ 준토쿠順德 천황 ──────── 구조九條 폐제廢帝 [주쿄仲恭 천황]

├ 마사나리雅成 친왕 [로쿠조노미야六條宮]

└ 요리히토賴仁 친왕 [레이제이노미야冷泉宮]

다. 유키미쓰가 자주 아뢰었고, 또 호조 요시토키北條義時 등이 연명장을 바쳐서 바랐지만 만일 그렇게 되면 천하에 두 주군이 있게 되는 것이라 하여 상황이 허락하지 않으셨다. 윤월, 요시토키가 도모하여 사네토모의 처로 하여금[내대신 보몬 노부키요坊門信淸의 딸] 좌대신 미치이에道家의 막내아들로 하여금 계승시킬 것을 청하였다. 고故 중납언 이치조 요시야스一條能保의 처는 요리토모의 누나이다. 그가 낳은 딸이 섭정 구조 요시쓰네에게 시집가서 미치이에를 낳았다. 외척으로서는 미치이에의 자식은 미나모토노 요시토모에게는 외현손이다. 6월에 칙허가 내려져서 6월에 미토라마루三寅丸[98]가 내려갔다[요리쓰네이다. 이때 2세].

7월에 오우치슈고大內守護[99] 우마노곤노카미右馬權頭 미나모토노 요리모치源賴茂[미나모토노 요리마사源賴政의 손자]의 아들 시모쓰케노카미下野守 요리우지賴氏가 상황의 명령을 어겼으므로 서면의 무사에게 명하여 토벌하였다. 요리우지는 생포되고 요리시게賴茂 등은 가신들과 함께 지주덴仁壽殿에 들어가 궁성에 불을 지르고 자살하였다. 조정의 귀중한 보물이 많이 불탔다[이는 고토바 상황이 겐지 일족을 죽이기 위해서였다]. 이렇게 해서 조큐 3년(1221) 여름이 되어 이른바 조큐의 난[100]

---

98 가마쿠라鎌倉 막부 제4대 장군이 되는 미나모토노 요리쓰네源賴經. 미치이에道家의 3남. 인년寅年 인월寅月 인시寅時에 태어났으므로 이렇게 아명을 붙였다.

99 황거를 수호하는 직명. 처음에는 공경公卿 중에 무용이 있는 자가 임명되었는데 나중에는 고케닌御家人을 임명하였다.

100 1221년 고토바 상황이 가마쿠라 막부를 타도하기 위해 일으킨 병란. 가마쿠라 막부 3대 장군 미나모토노 사네토모源實朝가 사망한 뒤 호조北條 씨는 교토에서 장군을 맞이하고 중신들의 합의제에 의한 집권執權 정치를 시작하여 막부의 기초를 다졌다. 한편 막부 타도 계획을 세우고 있던 고토바 상황은 인院 직속의 북면北面의 무사를 보강하고 승병을 자기편으로 끌어들여 1221년에 전국의 무사들에게 집권 호조 요시토키北條義時를 토벌하라는 명령을 내렸다. 그러나 상황 측에 모인 무사는 의외로 적었으며, 이에 비해 가

이 일어났다.

마쿠라의 무사들은 강하게 결속하여 요시토키의 아들 야스토키泰時가 이끄는 대군이 진격하여 교토를 점령하였다. 그 결과 막부는 주쿄仲恭 천황을 폐하고, 고토바・준토쿠順德・쓰치미카도土御門 상황을 유배 보내고, 상황 편에 섰던 조정의 귀족・무가를 처벌하여 그들의 영지를 빼앗아 공로가 있는 무사들에게 나눠 주었다. 또 교토에는 로쿠하라탄다이六波羅探題를 설치하여 교토 조정을 감시하였다. 이렇게 해서 간토關東 무사단이 서국으로 진출하는 길이 열렸으며, 조정과 무가의 이원적인 정치는 끝나고 막부의 지배가 확립되었다.

호조 9대,[1] 배신[2]으로 국명國命을 잡음
부록 황통 분리 및 섭관가 다섯으로 나뉨[3][제7 변화]

『조큐키承久記』에는 다음과 같이 적었다.

"호조 요시토키北條義時[4]가 칙명을 어기게 된 발단은 다음과 같다. 시나노 국信濃國의 무사 니시나 지로 다이라노 모리토仁科二郎平盛遠가 열네 살과 열여섯 살 된 두 아들을 데리고 구마노熊野에 참배했는데 이치노인一院 고토바後鳥羽 상황上皇이 참배했을 때 살펴보시고 두 아들을 서면西面에 출사하게 하였다. 모리토는 명예로 생각하여 함께 갔다. 그런데 요시토키가 이를 듣고, '간토關東의 은혜를 입은 자가 허가 없이 인院에 봉공한 것은 납득할 수 없다'라고 하여 미나모토노 요리토모源賴朝가 내린 영지 두 곳을 몰수하였다. 인젠院宣[5]을 내려 되돌려주어야 한다고 했으나 듣지 않았다[6][이것이 한 가지 이유]. 셋쓰 국

---

1 도키마사時政 ─ 요시토키義時 ─ 야스토키泰時 ─ 도키우지時氏 ─ 쓰네토키經時 ─ 도키요리時賴 ─ 도키무네時宗 ─ 사다토키貞時 ─ 다카토키高時.

2 앞의 권1 주 8 참조.

3 후지와라藤原 씨 적통으로 공가公家 문벌의 정점에 섰던 고노에近衛, 구조九條, 니조二條, 이치조一條, 다카쓰카사鷹司의 섭관가攝關家 다섯 집안. 고셋케五攝家, 집병가執柄家라고도 한다. 대납언大納言, 우대신右大臣, 좌대신左大臣을 거쳐 섭정, 관백, 태정대신太政大臣으로 승임할 수 있었다.

4 1163~1224. 헤이안 시대 말기부터 가마쿠라 시대 초기의 무장. 가마쿠라 막부의 2대 집권執權. 이즈 국伊豆國의 호족 호조 도키마사北條時政의 차남. 미나모토노 요리토모源賴朝의 정실 호조 마사코北條政子의 동생.

5 앞의 권3 주 20 참조.

攝津國 나가에長江와 구라하시倉橋 두 장원은 인에서 부리는 시라뵤시白拍子[7] 가메기쿠龜菊[8]에게 주었다. 그곳의 지토地頭들이 영주 가메기쿠를 무시하니, 가메기쿠가 분개하였으므로 지토직을 해임한다는 명령을 내렸다. 요시토키는 '지토직은 예전에는 없었던 것을 요리토모가 헤이케平家를 추토한 포상으로 받은 것이다. 그 추토 6년 동안에 여러 국의 지토들에게 부자, 형제, 가신들이 토벌당한 훈공에 의해 나누어 준 것인데 이렇다 할 허물이 없으니 지금 내가 판단하건대 해고할 이유가 없다'하며 이것도 듣지 않았다. 이치노인은 마침내 분노하여 이 일을 핑계 삼아 제국의 군사를 불러들였다."

『신황정통기神皇正統記』[9]의 논의를 생각해 보건대, "이 난[10]은 모리토와 가메기쿠의 일에서 발단이 된 것이 아니다. 요리토모가 홍서薨逝한 뒤부터 간토[11]를 멸망시키려 한 것은 오래전부터 상황이 마음속

---

6 **난외 두주** 아마도 '不用(듣지 않았다)' 아래에 '是二ケ條(이것이 두 가지 이유)'의 분주分註가 빠져 있다.
7 헤이안平安 시대 말기부터 가마쿠라鎌倉 시대에 걸쳐 일어난 가무歌舞의 일종. 또 가무를 하는 예인藝人. 주로 남장을 한 유녀遊女나 어린아이가 이마요今樣나 낭영朗詠을 부르면서 춤을 추는 것을 가리키는데, 남성 시라뵤시도 있었다. 시라뵤시를 추는 여성은 유녀라고는 하지만 귀족의 저택에 출입하는 일도 많았기 때문에 식견이 높은 자가 많았다.
8 생몰년 미상. 가마쿠라 시대 전기의 시라뵤시白拍子. 고토바後鳥羽 상황의 애첩으로, 상황으로부터 셋쓰 국攝津國 나가에長江, 구라하시倉橋의 장원을 하사받았다. 상황과 양호한 관계를 유지하던 가마쿠라 막부 3대 장군 미나모토노 사네토모源實朝가 암살되자 막부는 상황의 황자를 새 장군으로 맞이할 것을 요청하였다. 상황은 가메기쿠의 영지인 두 장원의 지토地頭가 영주의 명령을 듣지 않는다 하여 면직하고 지토를 폐지하라고 요구하며 막부에 양보를 강요하였으나 막부가 상황의 요구를 거부하여 양자의 교섭이 결렬되었다. 가메기쿠의 영지 문제를 둘러싼 장군 문제는 상황과 막부의 관계를 악화시켰고 2년 뒤의 조큐承久의 난의 한 요인이 되었다.
9 앞의 권1 주 1 참조.
10 조큐의 난.
11 가마쿠라 막부.

으로 생각한 것으로 보인다. 그래서 스스로 무예와 싸움에 관한 일을 익히고 서면의 무사를 더 고용하였으며 미나모토노 사네토모源實朝 대에 이르러서는 간토를 저주하는 일도 많았다"라고 하였다.

『조큐키』에도 다음과 같이 적었다.

"지금 대신大臣[12]의 관위도 관리를 임명할 때마다 바라는 것보다 과분하게 하였는데, 이는 신분에 맞지 않는 높은 관위를 주어 들뜨게 만들기 위해서였다. 또 산조三條 시라카와하시白河橋에 간토를 조복調伏[13]하는 당堂을 짓고 사이쇼 시텐노인最勝四天王院이라 불렀다. 그래서 사네토모가 얼마 후 쓰러졌으므로 시라카와白河 물이 두렵다 하여 서둘러 허물었다."

사네토모가 죽었을 때 간토의 장구長久를 빌던 음양사陰陽師 몇 사람이 파직되고, 또 니이 도노二位殿 호조 마사코北條政子가 고토바 상황의 황자를 청한 것을 칙허하지 않는 등 전부터 품었던 의지가 이 무렵에 결정되었음을 알 수 있다.

조큐承久 3년(1221) 4월 26일에 준토쿠順德 천황이 동궁에게 양위하였다[이때 준토쿠 25세, 동궁은 4세. 나중에 구조 폐제九條廢帝라고 한다].

『신황정통기』에 따르면, "조큐 3년(1221) 봄 무렵부터 고토바 상황이 생각한 바가 있었으므로 천황은 갑자기 양위하였다. 준토쿠는 황위에서 물러나 자유의 몸이 되어 한마음으로 싸우려는 생각이었던 듯하다"라고 하였다.

관백關白 고노에 이에자네近衛家實를 파면하고 좌대신左大臣 구조 미치이에九條道家가 섭정하였다. 이후 고토바를 이치노인一院이라고도 하고 혼인本院이라고도 부르고, 쓰치미카도를 나카노인中院이라고 하였으며[쓰치미카도 천황 재위 11년], 준토쿠를 신인新院이라 하였다. 고토

---

12 미나모토노 사네토모源實朝를 가리킴.
13 기도에 의해 악마·원적怨敵을 내리는 것. 강복降伏.

바와 준토쿠는 마음을 하나로 하여 간토 추토의 일을 의논하였는데, 쓰치미카도 상황은 간하며 만류하였다[『조큐키』에는 도쿠다이지德大寺 대신이 간하여 만류한 적이 있다고 하였는데 우대신右大臣 도쿠다이지 긴쓰구德大寺公繼일 것이다].

이리하여 이치노인은 북면北面의 노토노카미能登守 후지와라노 히데야스藤原秀康에게 명하여 당시 오반大番[14]으로 수도에 있던 전임 스루가 고쿠시駿河國司 미우라 요시무라三浦義村의 동생 호간判官 다이라노 구로 다네요시平九郎胤義에게 의견을 구하게 하였다. 다네요시도 요시토키와 불화하였으므로 승낙하였다.

5월 14일에 이치노인이 가야인高陽院[15]으로 본거를 옮겼다. 우대장右大將 사이온지 긴쓰네西園寺公經와 그 아들 중납언中納言 사네우지實氏를 유바도노弓場殿에 가두고[간토의 친척이었기 때문이다], 호간 이가노 미쓰스에伊賀光季를 불렀으나[교토슈고京都守護로, 요시토키의 처남이다] 오지 않았으므로 다네요시와 히데야스 등으로 하여금 그 집을 포위하여 공격하게 하였다. 미쓰스에와 그 아들 관자冠者 즈오 미쓰쓰나壽王光綱[14세]가 전사하였다. 그 후 중납언 후지와라노 미쓰치카藤原光親가 받들어 제국에 인젠[16]을 내렸다. 간토에는 나레마쓰狎松라고 하는 자가 칙사였다. 다네요시도 사자를 내려 보내어 형을 권유하였다. 나레마쓰는 발이 빨라서 선택되었다. 히데야스의 종자였다.

같은 달 19일 오전 2시경에 두 사자가 가마쿠라鎌倉에 도착하였다.

---

14 오반야쿠大番役. 헤이안平安 시대 후기부터 무로마치室町 시대 초기에 걸쳐 지방의 무사에게 수도, 가마쿠라 시대에 들어오고부터는 가마쿠라의 경호를 명한 것.

15 원래 후지와라노 요리미치藤原賴通의 저택. 고레이제이後冷泉 천황 이후 5대 천황의 주거로 제공되기도 했다. 가마쿠라鎌倉 시대에 들어와서는 고토바後鳥羽 상황이 인院 어소로서 원정院政의 거점으로 삼았다.

16 요시토키義時 토벌 명령.

요시무라는 동생의 사자를 쫓아 보내고 그 서장을 요시토키에게 보였다. 니이 도노二位殿 호조 마사코는 불당 어소에서 음양도陰陽道 무리들에게 점을 치게 했는데 간토는 무사 평온할 것이라고 하였다. 여러 무사가 군집한 뒤 니이 도노는 아키타조노 스케秋田城介 아다치 가게모리安達景盛에게 명하여[『조큐키』에는 직접 말하였다고 한다], "모두 마음을 하나로 해 주십시오. 이는 최후의 말입니다"라고 말하고, "수도 쪽에 가든지 또는 머물러서 우리 쪽에 봉공하든지 바로 지금 분명히 말하십시오"라고 하니 모두 한 목소리로 한편이 될 것을 승낙하였다[이때 요리토모의 은혜로 무사가 예전과 달리 괴롭지 않다[17]고 말하였다]. 이날 저녁에 요시토키 집에서 일족과 노인이 회의를 하였다. 의견이 제각각이었지만 대체로 아시가라足柄, 하코네箱根의 길을 막고 군대를 기다려야 한다는 것이었는데, 오에노 히로모토大江廣元 뉴도入道 가쿠아覺阿가, "여러 의견의 취지는 마땅하지만 간토의 무사들이 한마음이 아니면 하코네 세키箱根關를 지키고 날을 보내는 것은 도리어 패배의 원인이 되지 않겠습니까. 하늘에 운을 맡기고 속히 군사를 수도에 보내야 합니다"라고 말하였다. 요시토키가 이 두 의견을 니이 도노에게 말하였더니, "서쪽으로 올라가지 않으면 관군을 무찌르기 어려울 것입니다. 무사시武藏의 군사를 기다려 속히 상경하게 하십시오"라고 하였으므로 도오토미遠江, 스루가駿河, 이즈伊豆, 가이甲斐, 사가미相模, 무사시武藏, 아와安房, 가즈사上總,[18] 시모우사下總,[19] 히타치常陸, 시나노信乃, 고즈케上野, 시모즈케下野, 무쓰陸奧, 데와出羽[15주州인가] 등의 군사를 징발하였다. 21일에 거듭 평의評議하였다. 이는 거처를

---

17 예전에 무사는 3년간 상경하여 경비하였는데 요리토모가 이것을 6개월로 단축해 준 것.
18 난외 두주 '上總' 아래에 '下總'의 2자가 있는 간본刊本도 있다.
19 교정자는 난외 두주에서 "가즈사上總 아래에 시모우사下總의 2자가 있는 간본刊本도 있다"라고 하고 원문에 '下總'를 뺐으나 넣는 것이 맞다.

떠나 어쩔 수 없이 관군과 적대하여 상경하는 것은 숙고해야 하지 않을까 하는 이견이 있었기 때문이었다. 히로모토가 또 말하기를, "상경하기로 정한 뒤 날이 지나감에 따라 이의가 생겨났습니다. 무사시의 군사를 기다리는 것도 좋지 않은 안입니다. 날을 거듭하면 무사시의 무사들도 점점 걱정하여 필시 변심하게 될 것입니다. 오늘 밤 중에 부슈武州[20]가 자기 혼자라도 말에 채찍질하여 급히 몬다면 동국의 무사들이 구름이 용을 따르듯 할 것입니다"라고 하였다. 요시토키도, "그렇게 생각하는가"라고 하였다. 니이 도노가 중신[21]으로 요사이 노쇠 위급하여 칩거하고 있던 다이부사칸大夫屬 뉴도 젠신善信[22]을 불러서 의견을 구하니, "간토의 안위는 지금 결정됩니다. 여러 의견을 모아 잘 짜야 합니다. 다만 저의 어리석은 생각으로는 군사를 징발하는 것이 마땅하다고 생각합니다만, 날을 보내고 있는 것은 태만하다고 할 것입니다. 대장 한 사람이 먼저 출발해야 하지 않겠습니까"라고 하였다. 요시토키가 이를 듣고 히로모토와 젠신의 의견이 같은 것을 기뻐하며 호조 야스토키北條泰時에게 지시하니 야스토키가 그날 밤에 출발하여 이네세카와稲瀬河의 사에몬노조左衛門尉 후지사와 기요치카藤澤淸親의 집에 묵었다. 야스토키는 18기騎로 출발하였다. 식부승式部丞 호조 아사토키北條朝時도 호쿠리쿠도北陸道의

---

20 호조 야스토키北條泰時.
21 　난외 두주　히로모토廣元, 젠신善信 두 노신老臣은 가마쿠라의 문관으로서 업적을 올렸다.
22 1140~1221. 미요시 야스노부三善康信의 법명. 헤이안平安 시대 말기부터 가마쿠라鎌倉 시대 초기의 하급 귀족. 가마쿠라 막부의 초대 문주소問注所 집사로서 재판, 행정 기구의 정비에 큰 역할을 했으며, 요리토모 사후 2대 장군 미나모토노 요리이에源賴家의 독재에 불안을 품은 고케닌御家人의 대표에 의한 13인의 합의제에도 참가했다. 1221년의 조큐承久의 난 때는 오에노 히로모토大江廣元의 즉시 출병 주장을 지지했다. 같은 해 조큐의 난 후 사망했다.

대장으로 출발하였다. 23일에 중신들은 상경할 필요 없다 하여 뒤에 남았다.

『조큐키』에, "아버지가 올라가면 자식이 남고 자식이 올라가면 아버지가 남았다. 부자 형제가 갈라서 올라가고 머물게 하는 계책이야 말로 대단하다"라고 하였다. 25일까지 동국의 군사가 모두 출발하였다. 도카이도東海道의 대장은 사가미노카미相模守 호조 도키후사北條時房, 무사시노카미武藏守 야스토키, 전임 무사시 고쿠시武藏國司 아시카가 요시우지足利義氏, 전임 스루가 고쿠시 미우라 요시무라, 지바노스케千葉介 다이라노 다네쓰네平胤經[10만]. 도산도東山道의 대장은 다케다 고로 노부미쓰武田五郎信光, 오가사와라 지로 나가키요小笠原次郎長淸, 사에몬노조 오야마 도모나가小山朝長, 사에몬노조 유키 도모미쓰結城朝光[5만]. 호쿠리쿠도北陸道의 대장은 식부승 호조 아사토키, 유키 시치로 도모히로結城七郎朝廣, 사사키 다로 사네노부佐佐木太郎實信.[23] 도합 19만 기였다. 27일에 칙사 나레마쓰를 되돌려 보냈다. 가마쿠라에 왔을 때 다이라노 다네요시平胤義의 사자로서 일이 탄로 나서 수색당하였기 때문에 가사이가타니葛西が谷에 깊이 숨어 있었다. 얼마 안 있어 찾아내자 인젠도 태워 버리고 잡혀 있었는데 요시토키가 불러내어, "너는 돌아가서 '요시토키는 도리에 어긋나는 일을 하지 않았는데 칙명을 어긴 몸이 된 바에는 뭐라고 할 말이 없습니다. 전쟁을 좋아하니 동생 도키후사, 아들 야스토키와 도모토키 등을 비롯하여 19만여 기를 보냅니다. 이들에게 싸우게 하고 구경할 것입니다. 싫증이 나면 사브로 시게토키三郎重時, 시로 마사무라四郎政村 이들을 선진先陣으로 하여 20만 기를 함께 보내고 요시토키도 서둘러 갈 것입니다'라고 말하라"라고 하고 쫓아 보냈다. 이날 오전 12시경에 가마쿠

---

23 난외두주 '實信' 아래에 '四萬' 2자가 분주分註되어 있다.

라에서 나와서 6월 1일 오전 12시 경에 이치노인 고토바 상황의 어소 가야인으로 달려가서 울며불며 자세한 내용을 아뢰자 사람들의 흥이 깨지는 상황이 되었다. 상황은, "그래, 알았다. 말하지 말라. 무사들이 올라온 뒤에 요시토키의 머리를 베어오는 자가 있을 것이다"라고 말하고, "우지宇治, 세타勢多의 다리를 파괴하여 수도에 들여놓지 않을 진을 쳐야 할 것인가, 오와리 강尾張川에서 결전할 것인가"라고 하였더니, "오와리 강이 격파당할 때는 우지, 세타에서 방어해야 합니다. 오와리 강에는 나루터가 아홉 군데 있기 때문입니다"라고 하며 관군을 나누어 보냈다. 관군은 1만 7천 504기.

6월 그믐날『아즈마카가미東鏡』에는 3일에 수도를 출발하였다. 5일에 동군이 오와리 국尾張國 이치노미야一宮에서 군사를 나누었다. 이날 도산도에서부터 향한 군사에게 패하여 오이도大井戸의 관군이 후퇴하였다. 6일에 마메토豆戸의 관군이 패하였고, 구이카와株川²⁴ · 스노마타洲俣 · 이치와키市脇 등의 관군이 궤멸되어 달아났다. 8일에 후지와라노 히데야스 등이 입경하여 패배 상황을 아뢰니, 우지, 세타에 군사를 보내고 이치노인 고토바 상황, 나카노인 쓰치미카도 상황, 신인 준토쿠 천황 등이 히에이 산比叡山에 행행하였다. 이날 가마쿠라에서 가나에도노釜殿²⁵에 벼락이 떨어져 한 사람이 죽었다. 요시토키가 두려워하여 히로모토를 불러, "야스토키 등을 상경시키는 것은 조정을 무너뜨리기 위해서이다. 그런데 이런 괴이한 일이 생기는 것은 혹 운명이 위축되는 것인가"하고 말하였다. 히로모토가 말하기를, "이번에야말로 반드시 하늘의 결단을 앙청해야 할 것입니다. 두려워할 바가 아닙니다. 특히 이번 일은 간토에는 좋은 조짐이 아닙니까. 분지文治 5년(1189) 동방 정벌 때 오슈의 진에 벼락이 떨어졌습

---

24 [난외 두주] '株' 아래에 '瀨'자가 있는 간본刊本도 있다.
25 헤이안平安 시대 이후 궁중이나 장군, 귀인의 저택 내에 있던 욕실.

니다. 점을 치게 했더니 음양사 일동이 매우 길하다고 하였습니다"
라고 하였다. 9일에 산승山僧들의 힘으로 동군에 대적하기 어렵다고
아뢰었으므로 10일에 고토바, 쓰치미카도, 준토쿠 세 상황이 다시
가야인으로 환궁하였다. 13일에 우지, 세타에서 접전하였고 14일에
는 관군이 전부 패하였다. 이때 사에몬노조 사사키 시로 노부쓰나佐
佐木四郎信綱와 아들 다로 시게쓰나太郎重綱가 우지가와宇治川를 건너 선
진先陣에 섰다. 15일에 다이부사칸大夫史 구니무네國宗를 칙사로 하여
야스토키의 진으로 보냈다. 오전 8시경 히구치 가와라樋口河原에서
서로 만났다. 야스토키가 말에서 내렸다. 따라온 병사 5천여 명 중
인젠을 읽을 수 있는 자를 찾았는데, 무사시 국의 무사 후지타 사브
로藤田三郎를 뽑아서 읽게 하였다.

　"이번 전투는 천자의 생각에서 나오지 않았다. 계략에 뛰어난 신
하들이 행한 바이다. 청한 대로 센지宣旨를 내릴 것이다. 도성 내에서
무도하게 굴어서는 안 된다고 동국의 무사에게 지시해야 한다"라고
하였다. 16일에 도키후사와 야스토키가 로쿠하라六波羅에 들어갔다.
이는 남북 두 로쿠하라의 시작이다. 이번 전쟁에서 잔당이 많았지만
'의심스러운 죄는 가벼운 쪽을 따른다'라고 하여 죽음을 용서받은 자
가 많았다. 사사키佐佐木 나카쓰카사中務 뉴도 게이렌經蓮은 인의 일을
주장하여 꾀하는 자이다. 싸움에서 패하여 와시노오鷲尾에 있다는 소
문을 듣고 야스토키가 사자를 보내어 죽을 일은 없다고 전하였다.
게이렌은, "이는 죽음을 권하는 사자이다. 수치스러운 일이다"라고
하며 자살하였다. 아직 죽지 않았을 때 가마에 태워 로쿠하라에 들
여왔는데 야스토키가 자기의 본뜻을 어겼다고 말하니 눈을 크게 뜨
고 기분 좋은 듯이 죽었다. 24, 25일에 일의 발단이 된 공경 및 북면
의 무사, 법사法師 등 열한 명을 로쿠하라에 넘겨주었다.

　7월 6일에 이치노인을 요쓰쓰지四辻의 센토仙洞에서 도바도노鳥羽殿

로 옮겼고, 8일에 출가하였다. 이 날 지묘인持明院의 왕자를 즉위시켜야 한다고 하여 9일에 즉위하였다.[26] 선제先帝 구조九條는 즉위 등단登壇도 없고 전쟁에 패하여 외조부인 섭정 미치이에의 구조九條 집으로 달아났다. 재위 77일. 역대 천황의 황위에는 넣지 않는다. 관례도 올리지 않은 채 열일곱 살에 죽었다. 구조 폐제[27]라고 한다. 13일에 이치노인은 오키 국隱岐國으로[42세. 63세 때 붕어], 20일에는 신인은 사도 국佐渡國으로[25세. 46세 때 붕어], 24일에 로쿠조노미야六條宮는 다지마 국但馬國으로[고토바 천황의 제3 황자 고토히토雅仁 친왕], 25일에 레이제이노미야冷泉宮는 비젠 국備前國으로[제4 황자 요리히토賴仁 친왕], 윤10월 10일에 나카노인은 도사 국土佐國으로[29세. 37세 때 붕어] 행행하였다.

『아즈마카가미』를 생각해 보건대, "쓰치미카도 상황은 스스로 주장하여 갑자기 난카이南海에 행행할 것을 표시하여 도사 국으로 간 직후에 아와 국阿波國으로 옮겼다"라고 주를 달았다. 『연대기年代記』에는, 10월 1일에 도사 국으로 향하였고, 윤10월 10일에 아와 국으로 옮겼다고 되어 있다. 그렇다면 처음에는 도사로 정하였지만 아와로

---

26 1221년 조큐承久의 난 후 고토바 상황이 유배죄를 받음으로써 치천治天의 군이 부재하게 되자 가마쿠라 막부는 주쿄仲恭 천황을 폐위시키고 '고토바 상황 자손의 황위 계승을 인정하지 않는다'는 방침을 결정하고 고토바 계통이 아닌 황족의 옹립을 도모하였다. 다카쿠라高倉 천황의 제2 황자 모리사다守貞 친왕은 출가하여 법명을 고스케行助라고 하였는데, 고스케의 3남 도요히토茂仁 왕 외에는 출가하지 않은 황족이 없었기 때문에 도요히토 왕을 즉위시키고 고스케에게 태상천황 호를 올려 원정院政을 펴게 하였다. 황위에 오르지 않고 출가해 있던 친왕에게 태상천황 호를 올리는 것은 이례적인 일이었지만 고토바 상황의 원정 세력을 구축하기 위해서는 이것이 최적의 조처였다.

27 1218~1234. 제85대 주쿄 천황을 가리킨다. 준토쿠順德 천황의 제4 황자. 아버지의 양위에 의해 네 살 때 황위를 계승했으나 준토쿠 천황이 막부 타도에 가담했다가 패하였기 때문에 정식 즉위식도 거행하지 못한 채 70여일 만에 폐위되었다. 1870년 시호를 주쿄 천황이라 하고 역대에 넣었다. 별명으로 반제半帝, 구조 폐제九條廢帝라고 한다.

옮긴 것이 된다. 막부는 처음에 그저 수도에 그대로 있어도 되지 않을까라고 말하였지만, 상황의 의사로 옮긴 것으로 보인다. 해가 지나 아와 국으로 옮겼다는 것은 의심스럽다.

『신황정통기』에는 다음과 같이 적었다.

"세상의 혼란에 대해서 생각하건대, 참으로 후세에는 헷갈리는 생각도 들 수 있다. 또 하극상의 단서가 될 수도 있을 것이다. 따라서 그 이치를 잘 분별해야 한다. 요리토모의 훈공은 비할 데 없이 컸지만, 천하의 실권을 장악했기 때문에 군주로서 마음이 편치 않았을 것이다. 하물며 요리토모의 자손이 끊기고 비구니의 몸인 미망인 마사코와 조정의 배신[28]인 요시토키의 세상이 되었기 때문에 고토바 상황이 요리토모의 영지를 삭감하고 상황 뜻대로 정치를 하려고 막부 타도의 뜻을 품은 것도 일단 납득할 만한 일이다.

그러나 시라카와白河·도바鳥羽의 치세 무렵부터 옛날 정치의 모습은 점차 쇠퇴하기 시작하였고, 고시라카와인後白河院 치세에 병란이 일어나 간신이 세상을 어지럽히고 천하의 백성은 거의 모두 도탄에 빠졌다. 요리토모는 일신의 전력을 기울여 난을 평정하였다. 왕실은 옛날의 모습으로 돌아가지는 않았지만 수도[29]의 전란은 진정되고 만민의 부담도 가벼워졌다. 윗사람도 아랫사람도 안도하며 생활하고 전국의 모든 사람들이 요리토모의 덕을 칭송하였기 때문에 요리토모가 죽은 뒤에도 막부에 등을 돌리는 사람이 있었다고는 듣지 못하였다. 이를 능가할 정도의 덕정을 행하지 않고 어떻게 쉽사리 무너뜨릴 수 있겠는가. 설령 멸망시켰다고 해도 백성이 편안하지 않는다

---

28 신하의 가신을 일컫던 말. 미나모토노 요리토모源賴朝는 조정의 신하인 왕신王臣이지만 요시토키는 막부의 신하이어서 왕신이 아니므로 배신이라 했다.

29 원문의 '九年'은 '九重'의 오류.

면 하늘도 결코 편들지 않을 것이다.

다음으로, 왕자王者의 군사는 죄 있는 자를 토벌하며 죄 없는 자를 멸망시키는 일은 하지 않는다. 요리토모가 높은 관직에 오르고 슈고守護직에 임명되었던 것도 고시라카와 법황의 칙재勅裁에 의해서였다. 요리토모가 제멋대로 빼앗은 것이라 할 수 없다.

미망인 마사코가 요리토모 사후의 조처를 잘 하였고 요시토키가 오랫동안 권력을 잡아 인망에 어긋나지 않았기 때문에 신하로서 잘못이 있다고는 할 수 없다. 하나의 이유만으로 막부를 추토하려 한 것은 군주의 과실이라 하겠다. 이는 모반을 일으킨 조정의 적[30]이 승리한 것과 비교할 수 없다.

이렇게 보면, 고토바 상황의 막부 타도의 기도는 아직 때가 이르지 않았고 하늘도 허락하지 않았던 것임은 의심할 여지가 없다. 그러나 신하된 몸으로 군주를 업신여기는 하극상[31]은 최악의 비도非道이다. 결국에는 황실의 위덕에 따르지 않을 수 없을 것이다. 그런 기도는 군주가 우선 진정한 덕정을 행하여 조정의 권위를 세우고 적을 무너뜨릴 방도를 만든 다음에 해야 할 일이라 생각한다.”

삼가 생각해 보건대, 고토바 상황은 천하의 군주가 될 만한 그릇이 아니므로 함께 덕정을 말할 수 없다. 생각해 보건대 고시라카와後白河가 군주를 택한 방식이 경솔하였다. 다카쿠라高倉 천황의 황자를 세우려 하였다면 장자를 세우는 것이 마땅한데 제3 황자를 세웠다. 잘 다스려지는 치세에도 어린 군주를 세우는 것은 더없이 조심해야 하는데, 하물며 어지러운 세상이라면 한 살이라도 나이 많은 쪽을 세워야 한다. 자기를 잘 따른다 하여 결국 세웠으니 의외로 황위를 가볍게 여긴 것이다. 또 모치히토以仁 친왕이 고시라카와 자신을 위해 천하의 군사를 소집

---

30 『신황정통기』의 저자가 아시카가 다카우지足利尊氏를 염두에 두고 쓴 것.
31 원문의 ‘刻する’는 ‘剋する’의 오류.

하고 일을 이루기 전에 토벌된 것을 생각한다면 모치히토의 아들 기소노미야木曾宮를 세웠어야 한다. 또 나이도 더 많았기 때문이다. 헤이케 사람들도 이 왕자를 세워야 한다고 생각한 것은 『헤이케모노가타리平家物語』에도 나온다. 또한 이때 동서의 두 천황 고토바와 안토쿠는 형제인데 고토바는 동생이다. 형을 향해 세상을 다투는 것도 명분이 바르다고 말할 수 없다. 이처럼 처음에 바르지 않았는데 그 끝이 어떻게 고쳐지겠는가.

고호리카와後堀河 천황[32]은 다카쿠라 천황의 손자이며, 다카쿠라 천황의 제2 황자 모리사다守貞 친왕의 아들이다. 호조 요시토키가 황위에 오르게 하였다[10세]. 아버지 모리사다에게 태상천황의 존호를 올렸다[나중에는 고타카쿠라인後高倉院이라 하였다]. 고노에 이에자네를 섭정으로 삼았다[지금까지의 섭정 구조 미치이에는 가마쿠라 막부의 장군 구조 요리쓰네九條賴經의 아버지인데, 준토쿠 천황의 장인이어서 그 직을 그만두게 하였다].

조오貞應 2년(1223)에 태상천황 고타카쿠라인이 붕어하였다. 10월에 고노에 이에자네가 섭정을 사임하고 관백이 되었다.

겐닌元仁 원년(1224) 6월에 요시토키가 죽고[62세] 야스토키泰時가 집안을 계승하였다[이후 무가의 일은 아래에 보이므로 생략한다].

가로쿠嘉祿 원년(1225) 7월에 니이노 아마二位尼 호조 마사코[33]가 홍

---

32 1212~1234. 제86대 천황. 재위는 1221~1232. 다카쿠라高倉 천황의 제2 황자 모리사다守貞 친왕의 제3 왕자. 어머니는 후지와라노 노부코藤原陳子. 1221년 조큐承久의 난 후 가마쿠라 막부는 고토바後鳥羽 천황과 관련이 있는 혈통을 전부 배제하고 주쿄仲恭 천황을 폐위시킨 뒤 안토쿠安德 천황의 동생의 아들이며 다카쿠라 천황의 손자에 해당하는 고호리카와 천황을 즉위시켰다. 즉위 때 열 살이었으므로 승적에 있던 아버지가 원정院政을 폈다.

33 1157~1225. 이즈 국伊豆國의 호족 호조 도키마사北條時政의 딸로, 헤이지平治의 난 뒤 이즈에 유배되어 있던 미나모토노 요리토모源賴朝와 결혼했다. 1180년 요리토모가 가마쿠라 막부를 열자 막부의 안주인이 되었고, 요리토모 사망 후 출가하여 비구니가 된 뒤 막부의 통일에 힘을 기울여 집권執權 정치의 길을 열었다. 장군이 된 장남 요리이에賴家의 권한을 제한하고 호

서하였다[69세].

가로쿠 2년(1226)에 구조 요리쓰네에게 장군 센지가 내려졌다.

안테이安貞 2년(1228) 12월에 고노에 이에자네가 관백을 그만두어 전前 섭정 구조 미치이에가 관백이 되었다.

간기寬喜 3년(1231) 7월에 미치이에가 그의 적자 좌대신 노리자네敎實에게 관백을 물려주었다. 10월에 쓰치미카도 천황이 붕어하였다 [37세].

조에이貞永 원년(1232) 11월에 고호리카와 천황이 양위하였다[22세]. 재위 11년.

시조四條 천황[34]은 고호리카와 천황의 아들이다. 어머니는 구조 미

조, 미우라三浦, 오에大江 등 13인 중신 합의제를 정했다. 마침내 요리이에와 대립하게 되자 아버지 도키마사와 함께 요리이에의 장남 이치만一幡의 외척 히키比企 씨를 쓰러뜨리고 요리이에를 유폐한 다음, 차남인 사네토모實朝를 장군으로 세우고 도키마사를 집권으로 삼았다. 그러나 도키마사의 후처인 마키牧 씨가 사위 히라가 도모마사平賀朝雅를 장군으로 삼으려 했으므로 도키마사를 이즈로 추방하고 도모마사를 토벌했다. 이에 동생 요시토키義時를 2대 집권으로 삼고 오에노 히로모토大江廣元와 함께 막부의 실권을 장악했다. 1218년 사네토모가 원한을 품고 있던 조카 구교公曉에게 살해당하고, 구교도 곧바로 살해되었으므로 가마쿠라 막부를 연 미나모토노 요리토모의 직계 자손은 단절되었다. 이에 마사코는 막부의 실권을 완전히 장악하여 실질적인 장군이 되었다. 1221년 조큐承久의 난이 일어나 고토바後鳥羽 상황이 집권 요시토키를 토벌하라는 명령을 내리자 가마쿠라 고케닌들이 동요하기 시작하자 마사코는 가마쿠라에 모인 고케닌들에게 초대 장군 요리토모에 대한 은혜를 강조하는 명연설을 해서 고케닌의 결속을 다졌다. 이로써 막부군은 일치단결하여 조정의 군사력을 분쇄하고 위기를 넘겼다. 1224년 요시토키 사망 뒤에는 호조 씨 중심으로 일족의 분쟁을 회피하고 집권 정치의 안정을 도모하였다.

34 1232~1242. 제87대 천황. 고호리카와後堀河 천황의 제1 황자. 어머니는 구조 미치이에九條道家의 딸 슌시竴子. 1232년에 고호리카와 천황이 양위함에 따라 두 살로 황위를 이어받았다. 천황이 어렸으므로 처음에는 아버지 고호리카와 상황이 원정院政을 펴다가 상황 붕어 후에는 외조부 구조 미치이에와 장인 사이온지 긴쓰네西園寺公經가 사실상의 정무를 보았다.

치이에의 딸로, 소헤키몬인藻壁門院이다. 두 살에 즉위하였다. 구조 노리자네가 섭정하였다[미치이에는 천황의 외조부이며 가마쿠라의 미나모토노 요리쓰네源賴經에게도 아버지이다. 섭정도 그의 아들이며, 전前 상국相國 사이온지 긴쓰네는 그의 장인이다. 조정의 권력이 전부 이 사람에게 있었다].

덴부쿠天福 원년(1233)에 전 섭정 고노에 모토미치近衛基通가 훙거薨去하였다[74세].

분랴쿠文曆 원년(1234) 5월에 구조 폐제가 붕어하였다[17세]. 8월에 고호리카와 천황이 붕어하였다[23세].

가테이嘉禎 원년(1235) 3월에 섭정 노리자네가 훙거하였다[26세]. 구조 미치이에가 다시 섭정하였다.

가테이 3년(1237) 2월에 미치이에가 그의 사위 좌대신 고노에 가네쓰네近衛兼經에게 섭정을 물려주었다.

엔오延應 원년(1239) 2월에 고토바 천황이 붕어하였다[60세].

닌지仁治 3년(1242) 정월에 시조 천황이 붕어하여 센유지泉湧寺에 장사지냈다[이 일의 시초이다]. 재위 10년.

고사가後嵯峨 천황은 쓰치미카도 천황의 제2 황자이다. 어머니는 재상宰相 중장中將 미나모토노 미치무네源通宗의 딸이다. 조큐承久의 난 때 두 살이었다. 쓰치미카도 천황의 대납언大納言 미나모토노 미치카타源通方가 외척 관계여서 천황을 양육하였다. 열여덟 살 때 미치카타도 세상을 떠났기 때문에 조모 쇼메이몬인承明門院 슬하에 있었다.[35] 시조 천황이 갑자기 붕어하고 황위를 계승할 자식도 형제도

35 미나모토노 미치치카源通親 ┬ 장남 미치무네通宗 ── 쓰우시通子
                          ├ 5남 미치카타通方   ├ 고사가後嵯峨 천황
                          └ 양녀 쇼메이몬인承明門院   ├ 쓰치미카도土御門 천황
                                            고토바後鳥羽 천황

없었고, 준토쿠 상황은 여전히 사도佐渡에 유배 중이었지만 그 아들 다다나리忠成는 수도에 있었고 미치이에의 외손이었기 때문에 이를 황위에 올리려고 가마쿠라 막부에 의논하였더니 호조 야스토키는 아키타조노스케秋田城介 아다치 요시카게安達義景를 시켜 이 천황을 황위에 앉혔다. 조노스케가, "만약 수도 도착 이전에 다다나리를 세우면 어떻게 해야 합니까"라고 말하니, "그대를 보내는 이상 무엇을 꺼리겠는가. 그냥 물러나게 하고 쓰치미카도 천황의 황자를 세우라"라고 하였다. 조노스케가 급히 입경하여 쇼메이몬인의 어소에 가서 야스토키의 뜻을 아뢰었다. 준토쿠의 어머니 슈메이몬인修明門院도 미치이에도 몹시 놀랐지만 힘이 미치지 못하였다. 같은 달 20일에 황위를 이었다[23세]. 좌대신 구조 요시자네九條良實가 관백이 되었다[미치이에道家의 둘째 아들]. 니조 도노二條殿의 조상이다.

『신황정통기』에는 다음과 같이 적었다.

"야스토키의 조치로 고사가를 황위에 앉혔다. 실로 천명天命과 정리正理에 합당한 것이었다. 쓰치미카도인土御門院은 준토쿠인順德院의 형으로 성품도 온후하고 효행도 깊은 사람이었기 때문에 아마테라스 오미카미天照太神의 뜻을 대신하여 야스토키가 조치한 것은 합당하였다.

무릇 야스토키는 심성이 바르고 정직한 정치를 하며 사람에게 자비를 베풀고 사치를 하지 않는 인물이었다. 공가公家에 대해서 존중하고 혼조本所[36]의 고충을 없앴기 때문에 바람 앞에 먼지가 남지 않듯이 천하는 곧바로 진정되었다. 이리하여 오랫동안 평화가 유지된 것은 오로지 야스토키의 힘에 의한 것이라 전해진다. 배신으로서 오랫동안 권력을 장악한 것은 일본과 중국 두 나라에 선례가 없는 일이

---

36 일본 장원제의 장원영주인 혼케本家 및 료케領家 중 장원 업무를 하는 권한, 즉 장원의 실효지배권을 가진 자를 말한다.

다. 그의 주군이었던 미나모토노 요리토모조차 2대[37]에 지나지 않는다. 요시토키는 어떤 과보果報를 타고 났는지 뜻하지 않게 가업을 열고 병마권을 장악하였다. 이것은 선례가 드문 일이다. 하지만 그는 특별한 재능과 덕목을 지닌 인물은 아니었다. 대단한 명예에 우쭐대는 마음 때문이었는지 조큐의 난 후 2년만에 죽었다. 하지만 그 뒤를 이은 야스토키는 덕정을 최우선으로 행하고 법규를 엄정히 하였다. 자신의 본분을 분별할 뿐만 아니라 친족 및 모든 무사에게 이르기까지 훈계하여 높은 관위나 관직을 바라는 자가 없었다. 그 후 호조 씨의 정치가 점차 쇠퇴하여 마침내 멸망한 것은 천명이 다한 것이라 해야 한다. 7대[38]에 걸쳐 정권을 유지할 수 있었던 것도 야스토키의 여훈餘薫[39]에 의한 것이니, 한탄할 일이 아니다.

호겐保元, 헤이지平治 이래 혼란한 세상에 만약 요리토모라는 자도 나오지 않고 야스토키라는 자도 없었다고 한다면 도대체 일본국의 인민은 어떻게 되었을까. 이 이치를 알지 못하는 사람은 까닭 없이 황실의 권위가 쇠퇴하고 막부의 권력이 승리하였다고 생각하지만, 이는 잘못이다."

"야스토키의 옛 치세를 떠올리면 거기에 진실한 도리가 있음을 발견할 수 있다. 그 자손은 야스토키 만큼의 사려가 없지만 야스토키가 정한 법대로 행하였기 때문에 미흡하나마 오랫동안 정권을 유지할 수 있었던 것이다."

"먼 옛날 일도 아니므로[40] 근대의 득실을 살펴 장래의 감계鑑誡로

---

37 미나모토노 요리토모源賴朝의 아들로 2대 장군이 된 요리이에賴家와 3대 장군이 된 사네토모實朝.
38 앞의 주1 참조.
39 **난외 두주** 원본에는 '薫'이 '黨'으로 되어 있어서 이를 고쳤다.
40 기타바타케 지카후사北畠親房가 『신황정통기』를 쓴 것은 남북조 시대이므로 지카후사가 살았던 시대로부터 생각하면 멀지 않은 옛날이다.

삼아야 할 것이다."

이해(1242) 6월 15일에 호조 야스토키가 졸卒하였다[60세]. 호조 쓰네토키北條經時가 계승하였다[야스토키의 손자이다].

간겐寬元 원년(1243) 6월에 중궁이 황자를 낳았다. 우대신 사이온지 사네우지는 외조부의 세력을 얻어 구조 미치이에, 요시자네 부자와 함께 조정 정치를 잡았다[사이온지 집안을 일으킨 것은 이로부터이다].

간겐 2년(1244) 4월에 미나모토노 요리쓰네가 그 아들 요리쓰구賴嗣에게 장군을 물려주었다. 재직 18년[27세]. 요리쓰구는 여섯 살이다.

간겐 4년(1246) 정월에 고사가 천황이 양위하였다[17세]. 재위 4년.

고후카쿠사後深草 천황[41]은 고사가 천황의 제2 황자이다. 어머니는 태정대신太政大臣 사이온지 사네우지의 딸로, 오미야인 도노大宮院殿[42]이다. 천황은 즉위 때 네 살이었으므로 상황이 정무를 보았다. 관백 구조 요시자네는 아버지 미치이에와 불화하여 관백 직을 그만두고 동생 사네쓰네實經가 섭정하였다. 이치조 도노一條殿의 조상이다. 3월에 호조 쓰네토키가 병으로 집권執權을 동생 도키요리時賴에게 물려주고 윤4월에 졸하였다. 7월에 미나모토노 요리쓰네가 귀경하였다.

호지寶治 원년(1247) 정월에 사네쓰네가 그만두고 고노에 가네쓰네

---

41 1243~1304. 제89대 천황. 재위 1246~1260. 고사가後嵯峨 천황의 제2 황자. 1246년 고사가 천황의 양위로 4살 때 즉위. 재위 중에는 고사가 상황이 원정院政을 펴서 직접 정무를 보지 않았다. 1259년 고사가 상황은 고후카쿠사 천황의 동생 쓰네히토恒仁 친왕에게 양위하게 하고(가메야마龜山 천황), 1268년 고후카쿠사 상황의 황자를 제쳐두고 가메야마 천황의 황자를 황태자로 세우도록 지시했다. 고후카쿠사 상황은 불만을 품었고, 이로써 고후카쿠사 천황 계통의 지묘인持明院 계통과 가메야마 천황 계통의 다이가쿠지大覺寺 계통의 대립이 시작되었다.

42 1225~1292. 고사가 천황의 황후. 후지와라노 기쓰코藤原姞子. 태정대신太政大臣 사이온지 사네우지西園寺實氏의 딸로, 고후카쿠사後深草 천황과 가메야마龜山 천황의 어머니.

가 다시 섭정하였다.

겐초建長 4년(1252) 2월에 호조 도키요리가 시게토키重時를 사자로 하여 상황의 제1 황자 무네타카宗尊 친왕을 맞이하였다. 이것은 전 장군 요리쓰네가 수도에서 세상을 어지럽히려 하였다고 들었기 때문이다. 이달에 미치이에가 훙서하였다[61세]. 이 사람은 요리쓰네의 아버지이므로 간토에서 죽음을 도모한 것이 아닌가 하는 설이 있다. 니조케二條家의 설로는, 미치이에가 호조北條를 원망하여 세상을 어지럽히려 하는 것을 요시자네가 항상 간하였으므로 부자 사이가 좋지 않았다고 한다. 4월에 무네카타 친왕이 가마쿠라로 내려갔다[13세라고도 하고 11세라고도 한다]. 같은 달에 미나모토노 요리쓰구가 귀경하였다[13세. 치세 8년]. 10월에 고노에 가네쓰네가 섭정을 사임하고 동생 좌대신 가네히라兼平가 섭정하였다. 이 사람이 다카쓰카사 도노鷹司殿의 조상이다. 구조 미치이에의 장남 노리자네가 구조 도노九條殿를 상속하고, 차남 요시자네를 니조 도노二條殿라고 하고, 3남 사네쓰네를 이치조 도노一條殿라고 한다. 지금 또 고노에近衛가 나뉘어져서 다카쓰카사鷹司가 되었다. 이로써 고셋케五攝家라고 부른다. 섭관가의 권한이 나누어졌기 때문에 도키요리가 이렇게 조처한 것이다[이후에는 섭정의 일을 논하는 것은 이로써 대강 끝마친다. 그 까닭은 후지와라 씨의 권한이 이로부터 쇠퇴해졌기 때문이다].

생각해 보건대, 후지와라노 요시후사藤原良房와 후지와라노 모토쓰네基經는 대신으로서의 일을 논할 필요도 없다. 사직社稷의 신하라고 말할 수 있을 것이다. 그렇지만 고코, 우다 천황이 군주답고, 스가와라노 미치자네菅原道眞와 다치바나노 히로미橘廣相가 신하다웠으므로 그 권한을 빼앗기를 바랐다. 이는 어쩌면 어떤 일이 커지기 전에 막는 심계원려深計遠慮였다. 후지와라노 다다히라藤原忠平가 순수한 신하였던 외에 후지와라노 사네요리藤原實賴 이후 정권을 잡은 신하 9대가 모두 외척의 위세로써 조정의 실권을 휘둘렀다. 고산조後三條 천황이 그 권한을 억제한 것은 영명한 군주였다고 말할 수 있다. 원정院政이 쇠퇴하고 병란이 일어나자 후지와라 씨 대신들 중에서 그 위기에서 건져내어 전복되는 것을 구조한 자는 한 사람도 없었다. 호겐保元의 난 때 후지와라노 다다미치藤原忠通는 천황의 신하였다. 동생 요리나가賴長와 불화했기 때문이라 하더라도 그 직에 부끄럽지 않다고 말할 수 있다. 헤이시平氏가 서쪽으로 달아나던 날 고노에 모토미치近衞基通[43]는 안토쿠安德 천황을 수행하지 않고 돌아왔다. 법황의 은총을 생각했기 때문이라고는 하지만 이미 조정의 대신이었는데 어찌 머리를 싸쥐고 살금살금 도피하여 목숨을 구차히 하는가. 미나모토노 요시나카源義仲가 법황을 유폐한 날, 후지와라노 모토후사藤原基房는 그 사이에서 미봉하여 위기를 제거하였다. 세상의 혼란을 구제하는 재능이 없는 것은 아니다. 미나모토노 요리토모가 슈고守護와 지토地頭를 청하자, 가네자네가 이를 상주하였다. 멀리 내다보는 식견이 없다고 해야 할 것이다. 조큐의 난 때 이에자네가 능력과 책략이 없이 또 새 천황의 섭정이 되었으니 부끄러움을 모르는 것이 중국 오대의 신하와 같다. 그 후 고다이고後醍醐 천황이 남쪽으로 간[44] 날에 이르러서는 고노에 쓰네자네近衞經忠가 맨 처음 남으로 갔다. 대신의 의義에 부끄럽지 않다. 이외에 북조北朝에 머물러 출사한 무리들은 군신의 대의를 말해서는 안 된다.

무릇 이른바 섭정, 관백은 대신의 본보기이다. 그런데 그다지 충성심도 없고 의리도 없는 무리들이 여러 세대 그 직에 임명되어 그저 이름 높은 집안과 문벌을 뽐낸다. 수치를 모르는 것이 심하다고 할 것이다. 왕실이 쇠퇴한 것은 오로지 인륜의 명분을 밝히는 가르침이 어지러워졌기 때문이라고 기타바타케 지카후사北畠親房 준후准后가 말한 것은 참으로 그러하다.

고후카사 천황이 재위 13년 만인 쇼겐正元 원년(1259) 11월에 양위하였다[이때 17세].

---

43 안토쿠安德 천황의 섭정. 권3의 주2 참조.
44 요시노吉野를 행궁으로 정한 것.

가메야마龜山 천황은 고사가 천황의 제3 황자라고도 하고 제6 황자라고도 한다. 『소운도紹運圖』[45]에 따르면, 넷째 아들이며, 고후카쿠사 천황의 동복아우이다. 열한 살에 황위를 계승하였다.

고초弘長 3년(1263) 11월에 호조 도키요리가 졸하였다[37세]. 이에 앞서 고후카쿠사 천황의 겐초建長 7년(1255) 11월 서른 살 때 출가하고 호조 나가토키北條長時에게 직을 물려주었다.

분에이文永 9년(1272) 2월에 고후카쿠사 천황이 붕어하였다[53세]. 인에서 정무를 들으신 것이 20여 년이다.

분에이 11년(1274) 정월에 가메야마 천황이 양위하였다[26세].

고우다後宇多 천황은 가메야마 천황의 제2 황자이다. 고사가 천황에게 양육되어 분에이 5년(1268) 8월에 동궁으로 책립되고[2세], 분에이 11년(1274) 정월에 황위를 물려받았다[8세]. 이때 고후카쿠사 상황을 혼인이라 하고, 가메야마 상황을 신인이라 하였다.[46] 가메야마 상황이 인에서 정무를 들으셨다. 10월에 혼인의 아들 히로히토熙仁 친왕[후시미伏見 천황]을 동궁으로 책립하였다[11세. 천황보다는 두

---

45 『본조황윤소운록本朝皇胤紹運錄』, 『황윤소운록皇胤紹運錄』, 『소운록紹運錄』이라고도 부른다. 내대신內大臣 도인 미쓰스에洞院滿季가 고코마쓰後小松 천황의 명을 받아 당시 유포되고 있던 많은 황실 계보도를 참작하여 1426년에 편찬하였다. 1권. 역대 천황과 황자, 황녀의 혈통을 자세히 표기한 황실 계보도.

46 가마쿠라 시대 후기의 천황 계보도

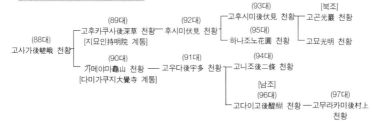

살 위라고 한다].

『신황정통기』에는 다음과 같이 적었다.

"고사가인後嵯峨院은 이 천황을 후계자로 삼으려 했는지 가메야마인龜山院이 황후 사이에 낳은 황자를 양육하였고 이윽고 태자로 책립하였다. 고후카쿠사 천황의 황자도 가메야마 천황의 황자보다도 먼저 태어났지만 건너뛰어 다음 황위를 약속받은 것은 가메야마인의 황자였다[후시미의 일]. 고사가인이 세상을 떠난[분에이 9년(1272)] 후 두 형제간에 분쟁이 일어났다[생각하건대, 인院의 정무 일 때문인가]. 간토에서[호조 도키무네北條時宗인가] 두 사람의 모친인 오미야인大宮院에게 물었더니 고사가인은 금상[가메야마]에게 넘길 의향이었다는 것이었기에 사태가 수습되어 궁중에서 정무를 보게 되었다[가메야마는 이때 천자로서 직접 정치를 들었다]."

"고사가인이 가메야마인을 후계자로 정했기 때문에 고후카쿠사인의 혈통을 황위에 올리는 것이 마음에 걸렸지만[이 무렵 혼인은 출가할 생각이 있었다고 한다] 가메야마인은 형 고후카쿠사인에게 동생으로서의 예절을 다하려 했는지 후시미인伏見院을 양자로 삼아 동궁으로 세웠던 것이다."

고안弘安 4년(1281) 정월에 몽고의 침입이 있었다.

고안 10년(1287), 고우다 천황이 양위하였다. 재위 13년.

후시미 천황은 고후카쿠사 천황의 제2 황자이다. 열한 살 때 동궁에 책립되었고, 스물세 살 때 황위를 물려받았다. 고후카쿠사 상황이 인에서 정무를 보셨다. 이때 태상황太上皇이 세 사람 있었다. 고후카쿠사를 이치노인이라고도 혼인이라고도 하고, 가메야마를 나카노인이라고 하였으며, 고우다를 신인이라 하였다. 쇼오正應 2년(1289) 4월, 천황의 제1 황자 다네히토胤仁[고후시미後伏見 천황]를 동궁으로 책립하였다.

『신황정통기』에는 다음과 같이 적었다.

"가메야마인이 이 천황[후시미 천황]을 동궁에 앉혔다. 그 후 납득할 수 없는 일조차 생겨 후시미 천황이 즉위하였다. 동궁조차 이 천황의 황자가 책립되었다."

"간토의 무리들도[호조 사다토키北條貞時, 노부토키宣時를 가리킬 것이다] 가메야마 상황이 정통을 이어받은 것을 알면서도 이 무렵 세습의 흐름에 불신감을 갖게 되었는지 두 황통[고후카쿠사, 가메야마]이 번갈아 황위에 오르도록 조치를 취하였다[47]고 한다."

『이본 태평기異本太平記』에는 다음과 같이 적었다.

"고인故院 고사가의 의향은 적통인 혼인 고후카쿠사 자손의 즉위를 멈추고 나카노인 가메야마 계통만 장래 황통으로 할 것이라고 정하였다. 무가武家도 여러 해 전부터 이처럼 생각하여 정하였다. 그래서 나카노인의 양위도 마침내 신인 고우다에게 이어졌다. 이 때문에

---

47 가마쿠라鎌倉 시대 후기 천황의 혈통이 두 계통으로 나뉘어 황위 계승을 다툰 끝에 두 계통에서 교대로 하게 하였다. 이를 양통 질립兩統迭立이라 한다. 1221년 조큐承久의 난 후 황위 계승과 원정院政을 담당하는 상황의 결정권은 막부가 장악하였다. 집권執權 호조 야스토키北條泰時의 조치로 고사가後嵯峨 천황이 즉위하고, 천황은 얼마 뒤 고후카쿠사後深草 천황에게 양위하여 상황으로서 원정을 시작하였다. 고사가 상황은 제3 황자[가메야마龜山 천황]를 사랑하여 고후카쿠사 천황을 퇴위시키고 제3 황자로 황위를 잇게 하려 하였는데, 상황이 후계자를 결정하지 않은 채 사망했으므로, 막부는 후계자를 가메야마 천황으로 결정하였다. 1274년 가메야마 천황은 장자인 고우다後宇多 천황에게 양위하고 원정을 시작하였고, 이에 불만을 가진 고후카쿠사 상황은 막부를 움직여서 고우다 천황의 뒤를 자신의 아들인 후시미伏見로 잇게 하였다. 이렇게 해서 황통이 가메야마 천황의 혈통인 다이카쿠지大覺寺 계통과, 고후카쿠사 상황의 혈통인 지묘인持明院 계통으로 나뉘게 되었다. 막부는 1308년 두 계통이 교대로 즉위하는 양통질립의 의견을 내고 이 대립을 이용해서 조정을 움직이려 하였다. 그러나 문제가 복잡해지면서 막부의 입장이 불리해질 것을 염려하여 1317년 황위 계승 문제는 막부가 간섭하지 않고 두 계통이 화해해서 결정할 것을 제안하여 양통의 화해[분보文保의 화담和談]가 성립했지만 대립은 이후에도 계속되었다.

혼인 쪽은 이미 황위 경쟁을 단념하고 번민과 탄식을 삼키며 헛되이 세월만 보내고 있었다. 이에 고안弘安 말경에 지묘인 도노持明院殿가 고인 고사가 상황의 의향이 적통인 자신의 계통을 버려 후대의 즉위를 멈추게 하려는 뜻이 아니라는 천황의 직필 유언장을 은밀히 간토에 보내어 비탄으로 호소하였다. 그때 무가에서 그것을 열어봄으로써 마침내 쇼오正應의 즉위[후시미 천황의 연호]가 지묘인 도노에게 돌아갔다."

생각해 보건대, 후시미 천황을 동궁으로 세운 것은 호조 도키후사의 조처였다. '혼인 고후카쿠사가 기뻐하고 신인 가메야마의 마음도 풀려서 혼인과 사이가 좋아졌으므로 오미야인 도노[48]도 기뻐하였다. 이후에는 양위, 즉위, 동궁 책립이 모주 간토에서 조처하였다'는 설이 있다. 『신황정통기』의 설과 같이 그렇게 된 것인가. 도키후사의 조처로 동궁에 책립되어서 혼인은 기뻐하였으나 신인의 마음은 기쁘지 않았지만 간토에서 아뢴 뜻이 있었기 때문에 가메야마는 동생으로서의 예절을 생각해서였는가. 또 고사는 어떤 일로 인해 후계자를 가메야마로 정하였는가. 고후카쿠사는 불효자이고 가메야마는 사랑하는 아들이었기 때문이었는가. 이후 두 계통이 서로 싸우고 결국에는 천하가 남북으로 나뉘었으며 가메야마의 황통은 끊어졌다. 뜻하지 않은 일이 아닌가.

또 생각해 보건대, '고우다 천황이 양위할 때 겨우 스물한 살이었으므로 가메야마인도 유감스럽게 생각하였고 주상도 본의가 아니었지만, 고후카쿠사가 더 기다릴 수 없다고 간토에서 아뢰었으므로 어쩔 수 없이 양위하였다'라는 설이 있다. 『이본 태평기』에 이른바, 고안 말에 지묘인 도노가 간토에 말씀하셨다고 하는 것은, 『신황정통기』에 이른바, "납득할 수 없는 일조차 생겨 후시미 천황이 즉위하였다"라는 것을 말할 것이다. 이에 앞서 고사가 천황 붕어 후에 고후카쿠사, 가메야마 형제가 싸울 때 오미야인 도노가 말한 바에 따르면, 가메야마가 계승할

---

48 앞의 주 42 참조.

것이라고 하였다. 지금 또 지묘인 도노가 말씀하신 바에 따르면, 고사가의 의향이 아니라 간토의 무리들이 어떻게도 정하기 어려웠기 때문에 그렇다면 두 황통을 번갈아 앉히도록 조치한 것이다. 다만 지묘인 도노가 간토에 보낸 고사가 천황의 유언장이 붕어 후 십수 년 뒤에 나온 것은 납득할 수 없다. 간토의 무리들도 의아하게 생각했지만 치세를 염려[49]했으므로 "적합하다"라고 생각하고 그렇다면 두 황통이 번갈아 황위에 오르도록 조치를 취했을 것이다.

이해(1289) 9월에 가마쿠라의 장군 고레야스惟康 친왕이 갑자기 상경하고[고사가 천황의 제1 황자 무네타카 친왕부터 2대까지 간토의 주군이었다] 고후카쿠사의 아들 히사아키久明 친왕[금상 후시미 천황의 동생]을 가마쿠라에 맞이하여 주군으로 삼다[이때 천황도 가마쿠라 도노鎌倉殿도 모두 고후카쿠사 천황의 아들이다. 가마쿠라의 집권執權은 호조 사다토키, 노부토키 등이다].

쇼오正應 3년(1290) 3월 4일에 시신덴紫宸殿의 사자와 고마이누狛犬 상이 속에서부터 깨졌다. 사람들이 모두 의아하게 생각했는데, 10일이 되자 아직 날이 밝기 전에 가이겐지甲斐源氏의 후예[『호랴쿠칸키保曆間記』에는 오가사와라小笠原 일족이라고 되어 있다] 아사하라 하치로 다메요리淺原八郞爲賴라는 자가 궁중에 침입한 일이 있었다. 이로 인해 나카노인 가메야마와 신인 고우다가 고문告文[50]을 간토에 보냈다.

『마스카가미增鏡』에는 다음과 같이 적었다.

"9일에 우에몬노진右衛門陣[51]으로부터 무사 서너 명이 말을 탄 채 황거 안으로 달려 들어와서 전상殿上에 올라가 하급 궁녀의 방 입구에 서서, '야, 야'라고 부르는 자가 있었다. 궁녀가 쳐다보았더니 키

---

49 가메야마 치세에 다이카쿠지大覺寺 황통으로부터 공격받을지도 모른다고 염려하였다.
50 천자가 신하에게 고하는 글.
51 기슈몬宜秋門. 우위문부右衛門府의 무관 대기소가 있었으므로 우에몬노진이라고 한다.

크고 무섭게 생긴 남자가 붉은 비단 히타타레直垂와 붉은 갑옷을 입고 '천황은 어디서 자는가' 하고 물었다. '요루노오도노夜の御殿[52]에서 주무십니다'라고 말하니 '거기가 어디냐' 하고 또 물었다. '남전南殿에서 동북쪽 구석[53]'이라고 가르쳐 주었으므로 남쪽으로 갔다. 그 사이에 궁녀가 와서 권대납언權大納言, 나이시 도노典侍殿, 신나이시 도노新內侍殿 등에게 그 남자 이야기를 하였다. 천황은 중궁 쪽으로 건너가므로 몰래 다이노야對屋로 달아나게 해서 가스가도노春日殿[54]에서 시녀처럼 입게 하였고, 동궁은 중궁 쪽의 아제치 도노按察殿가 안고서 도키와이도노常盤井殿[55]로 도망쳤다. 이 남자는 겨우 요루노오도노에 찾아갔지만 사람이 거의 없었다. 중궁에 있던 무사 우두머리인 가게마사景政라는 자가 이름을 대며 와서 싸웠다. 이러는 사이에 니조二條 교고쿠京極의 가카리비야篝屋[56]의 무사 50[57]여 기가 달려와서 함성을 지르니 어우르는 소리가 겨우 들리므로 안심하고 안으로 들어갔다. 그 남자는 전각 모두 격자가 걸려 있어서 난입할 수 없다고 생각하고 요루노오도노의 요 위에서 자살하였다. 다로太郎라는 남자는 남전南殿의 방장 안에서 자살하였다. 열아홉 살 된 그이 동생은 다이쇼지大床子[58]를 두는 방 툇마루 아래에 엎드려 접근하는 자의 다리를 베고 있었는데 역시 많은 수가 포박하려고 하였으므로 당해내지 못하고

---

52 세이료덴清涼殿 내에 있는 천황의 침소. 천황이 식사하는 아사가레이노마朝餉 동쪽 옆에 있다.

53 남전은 시신덴紫宸殿. 서북쪽 구석에 있다고 대답해야 하지만 속여서 동북쪽이라 대답한 것이다.

54 고후카쿠사後深泉 천황의 후궁으로, 후시미伏見 천황의 생모 겐키몬인玄輝門院의 어소.

55 사이온지西園寺의 저택으로 당시 고후카쿠사 상황의 어소.

56 수도 내 경호 무사의 대기소가 네거리마다 설치되어 있었는데 이를 가카리비야篝屋라고 한다.

57 원문의 '五千'은 '五十'의 오류.

58 천황이 식사나 이발할 때 앉는 직사각형의 대臺. 높이 1~2자.

자살하려고 내장을 꺼내어 손에 쥐었다. 그대로 전부 가마에 태워 로쿠하라六波羅에 보냈다. 로쿠하라에서 이 사건을 수색하여 시비를 가렸는데, 재상 중장中將 산조 사네모로三條實盛도 붙잡혔다. 아사하라淺源가 자살할 때 쓴 칼이 산조 가에 전해오는 나마즈오鯰尾라는 칼이라고 하고 나카노인 가메야마도 아신다는 소문이 나서 불쾌하게 생각했다고 전해졌다. 중궁의 오빠 권대부權大夫 사이온지 긴히라西園寺公衡는 이치노인一院 고후카쿠사 어전에서, '이 일은 젠린지 도노禪林寺殿[가메야마]가 협력했을 것입니다. 그런데 이대로 아무 일도 없었던 것처럼 있는다면 이보다 더한 일도 일어납니다. 가메야마인을 먼저 로쿠하라에 모셔야 할 것입니다'라고 하며 저 조큐의 난의 예도 증거로 삼아 같은 처단이 행해질 것이라고 아뢰니, '그렇게까지 할 것은 없다. 사람들은 사실이 아닌 일도 그럴듯하게 말한다. 고인故院 고사가가 안 계시는 자취도 생각하니 심하다'라고 눈물을 글썽이며 말씀하시니 마음 약해지셨는가 하고 보았다. 더욱 분부를 엄중히 할 것이라고도 들려왔으므로 나카노인도 신인도 놀랐다. 자못 어수선하게 되어 어떻게 될까 하였는데 관여하지 않았다고 맹세한 편지 등을 간토로 보낸 뒤에 일이 진정되었다.[59] 그런데 9월 초에 나카노인이 퇴위하였다[9월, 나카노인은 마흔한 살로 출가하여 젠린지 도노라고 한다. 지금의 난젠지南禪寺는 상황의 황거皇居이다]".

    생각해 보건대, 이때 나카노인 가메야마 상황은 가마쿠라로 옮길 것이라고 한 일도 있는 듯하다. 쇼묘지稱名寺 산그늘진 곳에 가메야마인의 어소터라고 하는 곳이 있는데, 태자를 위해 어소를 만들었는가라고 말하는 듯하다.

---

59 1290년에 발생한 후시미伏見 천황 암살 미수 사건. 아사하라淺源 사건이라 한다.

에이닌永仁 6년(1298)에 후시미 천황이 양위하였다[34세]. 재위 11년. 지묘인 도노라고도 한다.

고후시미 천황은 후시미 천황의 제1 황자로, 열한 살에 황위를 물려받았다. 이때 고후카쿠사, 가메야마, 고우다, 후시미 상황 네 분이 계셨다. 8월에 고우다 천황의 제1 황자 구니하루邦治 친왕을 동궁에 책립하였다[천황의 재종형제로 14세]. 재위 3년인 쇼안正安 3년(1301) 정월에 가마쿠라에서[이때 집권은 호조 사다토키이다] 전임 오키 고쿠시隱岐國司 사사키 도키키요佐佐木時淸와 전임 야마시로 고쿠시山城國司 니카이도 유키사다二階堂行貞가 상경하여 퇴위시켜서 동궁에게 황위를 물려주었다[이때 14세].

고니조 천황은 고우다 천황의 제1 황자로, 열일곱 살에 황위를 물려받았다. 8월에 후시미 천황의 제2 황자 도미히토富仁 친왕을 동궁으로 책립하였다[5세]. 가메야마 법황과 고우다[60] 상황이 인에서 정무를 보았다. 후시미, 고후시미 치세에는 출사하는 사람도 드물었는데 다시 변해갔다. 재위 6년 남짓하여 도쿠지德治 3년(1308) 8월에 붕어하였다[24세].

하나조노花園 천황은 후시미 천황의 제2 황자로, 열두 살에 즉위하였다. 후시미 상황이 인에서 정무를 보았다. 9월, 고우다 법황의 제2 황자를 동궁에 책립하였다[20세].

『신황정통기』에는 다음과 같이 적었다.

"황태자 선정을 하게 되었을 때 고니조인後二條院의 맏아들 구니요시邦良 친왕을 앉히려는 움직임이 있었지만 상황은 '생각하는 바가 있다'고 하여 이 친왕을 태자로 세웠다. '구니요시 친왕은 아직 어리므로 양자로 하여 전하게 할 것이다. 만일 구니요시 친왕이 일찍 세

---

60 원문의 '後宇皇'은 '後宇多'의 오류.

상을 떠나는 일이 생기면 다카하루尊治 친왕의 자손이 계승하도록 하라'고 써두었던 것이다[구니요시 친왕은 어렸으므로 가메야마 법황이 간토에 분부하여 정하였다]."

재위 11년인 분보文保 2년(1318) 2월에 동궁에게 양위하였다. 이때 천황은 스물두 살, 동궁은 서른두 살이었으므로 고우다 법황을 비롯하여 그 계통 사람들[61]이 더 기다릴 수 없다고 하여 간토에서 조처한 것이다[호조 다카토키北條高時 때 초].

고다이고 천황은 고우다 천황의 제2 황자로, 서른세 살에 황위를 물려받았고, 고우다 법황이 인에서 정무를 보았다. 3월에 고니조後二條의 아들 구니요시 친왕을 동궁에 책립하였다. 겐코元亨 2년(1322) 여름에 고우다 법황이 대납언 후지와라노 사다후사藤原定房를 사자로 하여, "정무를 금상에게 맡기고 한거閑居할 것이다"라고 간토에 보냈다. 무가武家에서 이의가 없었으므로 다이카쿠지도노大覺寺殿로 옮겨 갔다.

쇼추正中 원년(1324) 6월에 고우다 법황이 붕어하였다[58세]. 9월에 도키 요리카즈土岐賴員와 다지미 구니나가多治見國長 등이 천황의 밀칙密勅을 받고 가마쿠라에 대해 도모하려 한다는 것을 듣고 로쿠하라에서 군사를 보내어 이를 토벌하였다.

쇼추 2년(1325) 5월에 중납언 히노 스케토모日野資朝, 우쇼벤右少辨 히노 도시모토日野俊基가 붙잡혀서 동쪽으로 갔다. 천황의 근신近臣으로 밀칙을 받았다고 들었기 때문이었다. 7월에 대납언 마데노코지 노부후사萬里小路宣房를 시켜 고문告文을 호조 다카토키에게 보냈다. 스케토모는 사도에 유배되고, 도시모토는 용서받고 돌아가서 조정이 무사하게 되었다.[62]

---

61 다이카쿠지大覺寺 계통 사람들.
62 1324년 고다이고後醍醐 천황이 가마쿠라 막부를 타도하려 한 사건. 이를 쇼

생각해 보건대, 다카쿠라 천황이 이쓰쿠시마 신사嚴島神社에 행행했을 때 다이라노 기요모리平淸盛 뉴도가 서원서誓願書를 쓰게 했다고 한다. 이는 뉴도가 폭위를 휘둘러 강제한 것이다. 그 후 가메야마와 고우다가 간토에 고문告文을 보낸 것은 아사하라의 궁중 습격사건으로 인해 세상의 뜬소문을 해명하기 위해 만승萬乘의 지존을 굽혀 배신에게 서약한 것이다. 이에 이르러 제왕의 위엄은 땅에 떨어졌다. 이번에 고다이고도 또한 고문을 내려 보낸 것은 잠시 동안 간토의 의심을 풀게 하여 숙원을 이루기 위한 계책에 의한 것이라고 말할 수 있지 않을까. 그렇지만 천자의 덕에 누를 끼치는 일이라 할 수 있을 것이다.

가랴쿠嘉曆 원년(1326) 3월에 동궁 구니요시 친왕이 훙서하였다[24세]. 7월에 고후시미 상황의 제1 황자[고곤光嚴 천황]를 동궁으로 책립하였다[14세]. 고다이 천황의 황자가 많았지만 동궁 책립은 간토에서 조치하는 것이었기 때문에 마음대로 할 수 없었다.

겐토쿠元德 2년(1330) 4월 초하룻날 나카하라 아키후사中原章房[63]가 도둑에게 살해되었다[『조라쿠키常樂記』[64]에는 대관관人判官 아키후사章房라고 되어 있다].

『이본 태평기』에는 다음과 같이 적었다.

"아키후사가 기요미즈데라淸水寺에 참배하고 돌아갈 때 서쪽 대문에서 하치만신八幡神에게 허리 굽혀 배례하였다. 가랑비가 내리는데

추正中의 정변이라 한다. 천황은 가마쿠라 막부를 타도하기 위해 도키 요리카즈土岐賴員, 히노 스케모토日野資明, 히노 도시모토日野俊基 등과 거병을 계획했으나 이 계획은 사전에 누설되어 요리카즈는 자살하고 도시모토는 참수되었으며 스케토모는 사도에 유배되었다. 천황은 자신은 이 사건과 관계가 없다는 서약서를 막부에 제출하고 간신히 난을 피했다.

63 ?~1330. 가마쿠라鎌倉 시대의 관리. 1330년 고다이고 천황이 막부 타도 계획을 털어놓았지만 도리어 간언하였으므로 비밀이 누설될 것을 꺼린 천황의 명으로 같은 해 4월 1일에 암살되었다.

64 절에서 단가檀家의 죽은 자 법명, 속명, 연령, 사망 연월일 등을 기록해둔 장부. 별명 과거장過去帳.

도롱이에 삿갓을 쓰고 행전을 두른 한 사람이 뒤에 지나가는 것이 보였다. 그 자가 칼을 빼어 아키후사의 목을 치고 비탈길을 내려갔다. 하인 네다섯 명이 '앗'하고 주인이 들게 한 칼을 빼서 들고 뒤쫓아 갔지만 흔적조차 보이지 않았다. 이 아키후사는 나카케中家[65] 일족의 동량으로 법조法曹에 전심하는 석학이며 더욱이 고후시미, 고니조, 하나조노, 고다이고의 4대에 출사하여 일가는 세상의 자랑거리였다. 특히 당대에 더없는 은택을 입어 아침 일찍부터 밤늦게까지 전력을 다해 출사하여 대체로 집무의 판결, 조정 의식의 재단, 군신君臣의 고문을 맡았으므로 황실을 보필하였는데 이러한 화를 입은 것은 조정이 비탄할 바이며 도리가 쇠미해진 것이라 할 수 있다. 자식 아키카네章兼와 아키노부章信는 혐의를 밝히고 원수를 찾아서 어찌어찌해서 듣고 나갔다. 히가시야마東山의 구모이지雲居寺 남쪽 공터 동북쪽 언덕 위에 집 한 채가 있었다. 유명한 악당으로 널리 알려진 효에兵衛 세오 다로瀬尾太郎와 세오 사토후사瀬尾鄕房라는 자가 사는 집이었다. 그런데 그들에게 살해 의혹이 없다고 정해졌다. 아키카네는 때마침 병상에 누워 있어서 가지 못하고, 동생 아키노부는 새벽녘에 하급관리 열네댓 명과 가신과 하인 서른 여 명을 데리고 흰 가리기누狩衣 아래에 호신용 옷을 입고 칼을 차고 고하치요 구루마小八葉車[66]를 타고 그들이 있는 곳으로 몰려갔다. 대단하게 그 집을 둘러싸고 집안을 뒤졌지만 한 사람도 보이지 않았고 또 당사자가 외출한 집으로도 보이지 않았다. 누리고메[67]를 부수고 마루 밑까지 뒤졌지만 한 사람도 없었다. 힘없이 돌아가려는데 잽싸게 달려가는 자가 있어서

---

65 명법도明法道, 명경도明經道를 담당하는 나카하라 씨 일족.
66 대자리를 차체의 지붕과 양쪽에 입힌 우차牛車 아지로구루마網代車의 하나로, 차체의 표면에 꽃잎 여덟 장의 문장을 한 것.
67 사방 벽을 두껍게 바른 방. 의복이나 가구 등을 넣거나 침실로 썼다.

거적으로 만든 천정을 올려다보니 옷자락이 조금 보이므로 먼저 긴 칼로 천정을 깨부수었더니 사람이 숨어 있었다. 한 남자가 이미 들켜버렸다고 생각했는지 칼을 빼서 쥐고 뛰어내려오려는 것을 내려서기도 전에 긴 칼로 옆구리를 찔렀고, 찔리면서 뛰어내려오는 것을 한데 몰려들어 포박하려고 하였다. 하지만 유명하다고 소문이 난 자였으므로 부상당하여 발을 움직이지 못하였지만 여지없이 칼을 휘둘러서 달려들 수 없었다. 그런데 가신 한 사람이 뒤에서 큰 칼을 고쳐 잡고 작은 칼로 찔렀다. 칼에 찔려 기가 죽은 것을 하급관리 히코타케彦武라는 자가 깔아 눕혔다. 이 남자는 처음의 기세와 달리 의외로 약했으므로 마침내 붙잡아서 목을 베었다.

이 아키후사는 학문에 전념하는 유학자이며 게비이시 장관으로서 의를 바로잡고 사리를 밝혔으므로 어쩌면 형사소송의 건으로 울분을 토하며 원한을 품은 자가 있었을 것이다. 또는 아침부터 밤까지 출사하여 천황의 칭찬이 달리 비할 데가 없을 정도였으므로 혹시 권력을 시기하고 녹을 빼앗으려는 자도 있었을 것이다. 본인도 친척도 미리 숙적을 알아챘다면 동료나 동배의 원망을 사는 일이 조금도 없었을 것이다. 그런데 이 재해는 많은 사람들을 적지 않게 의심하였다. 여기서 잠시 제쳐두고 자세한 사정을 살펴보건대, 이 아키후사는 일심전력으로 출사하여 아마도 광필匡弼의 그릇이었으므로 은총도 적지 않았다. 그래서 천황의 뜻도 중히 여기고 공의公儀도 배반하지 않을 자라고 생각하여 어느 때인가 여러 해 전부터 품어온 생각을 드러내어 간토 정벌의 일을 말씀하시니 아키후사가 자신을 돌보지 않고 의를 다하여 진실한 간언을 바쳤다. 부정직하고 흉악한 마음을 품어 반역을 밀고할 그릇은 아니지만 천황의 뜻에 가담하지 않은 것을 깊이 우려하여 근신 다이라노 나리스케平成輔 아손朝臣에게 상의하였더니, 저 유명한 악당의 연고를 찾아서 녹을 주고 몰래 아키후사를 엿보게 하여 과연 이 일이 벌어졌다. 그러므로 그의 횡사도 천하의 큰 변화의 일단으로서 조정의 논의에서 나왔다고 뒤에 대략 들었다."

생각해 보건대, 이러한 일로써 고다이고 천황의 마음을 살펴보면 제왕의 업적을 끝내 완수할 수 없었던 것은 과연 그럴 만하다고 하겠다.

이 달에 천황이 도다이지東大寺, 고후쿠지興福寺, 엔랴쿠지延曆寺에 행행하여 그 승도僧徒들에게 간토에 대해 말하고 일을 도모하였다. 5월에 승려 엔칸圓觀, 몬칸文觀, 주엔忠圓 등이 붙잡혀서 동쪽으로 유배되었다. 히노 스케토모는 사도에서 살해되었으며, 7월에 히노 도시모토는 다시 간토에 불러들여 살해하였다.

겐코 원년(1331) 8월에 간토의 사자 두 사람이 상경하였다. 이는 천황 및 손운尊雲 법친왕法親王을 유배보내기 위해서였다. 천황이 가사기笠置에 행행하였다. 9월에 가사기가 함락되어 천황은 몽진하다가 길에서 붙잡혀 로쿠하라에 들어갔다. 재위 13년. 이때 49세.

고곤 천황이 겐코 원년(1331) 10월에 즉위하였다[19세]. 고니조 천황의 손자, 구니요시 친왕의 아들 야스히토康仁 친왕을 동궁으로 삼았다.

생각해 보건대, 가메야마 이후 고다이고가 이와 같았는데도 고니조 천황의 손자를 동궁으로 조처한 것은 무가가 여전히 의를 중히 여겼기 때문이다.

해가 바뀌어 쇼쿄正慶 원년(1332) 3월에 고다이고 천황이 오키隱岐로 천행遷幸하였다. 고곤 천황이 재위한 지 겨우 2년만인 쇼쿄 2년(1332) 3월에 호조가 멸망하였고[8대, 154년] 고다이고後醍醐 천황이 다시 즉위하였다.

고다이고 천황의 복위[제8 변화]

❧

겐코 3년(1333)[즉 쇼케이正慶 2년] 6월에 황위를 회복하고 그 이듬해에 연호를 겐무建武로 하였다.

겐무 2년(1335) 8월에 미나모토노 다카우지源尊氏가 모반하였다.

겐무 3년(1336) 8월, 다카우지가 고곤 천황의 동생 고묘인光明院을 세워 공주共主[68]로 삼았다. 10월에 고다이고 천황이 다카우지의 군문에 항복하여 히에이 산을 내려간 것을 가잔인花山院에 붙잡아 두었다.

남북 분립[제9 변화]

❧

겐무 3년(1336) 12월에 고다이고 천황이 요시노吉野로 달아났다. 이로부터 요시노 도노吉野殿를 남조南朝라고 하고, 무가武家의 공주共主를 북조北朝라고 하였다. 그러므로 고다이고 천황의 복위 후 천하가 통일된 지 3년도 채우지 못하고 남북으로 나뉘었다. 그 후 고다이고 천황은 요시노도노에 계시다가 4년 뒤인 엔겐延元 4년(1339)[북조에서는 오랴쿠曆應 2년] 8월 16일에 붕어하였다[53세].

고무라카미後村上 천황이 황위를 계승하여 재위 33년 만인 겐토쿠建德 2년(1371)[북조에서는 고코곤後光嚴 오안應安 4년, 아시카가 요시미쓰足利義滿 장군 때이다] 3월에 붕어하였다[43세].

고카메야마後龜山 천황이 즉위하고 재위 19년 만인 북조 고코마쓰後小松 천황 메이토쿠明德 3년(1392) 윤10월에 남북조가 화해하여 지나간 시대와 같이 지묘인 계통[69]과 다이카쿠지大覺寺 계통[70]이 번갈아

---

68 앞의 권1 주 11 참조.

치세할 것이라고 해서 남조 천황이 입경하여 다이카쿠지도노에 들어가시고 삼종三種의 신기神器를 북조에 넘겼다[남북조 분립 56년]. 무로마치 막부 3대 요시미쓰 장군 무렵의 일이다. 이후 다시 이전의 약속[71]과 달리 다이카쿠지 계통이 통치하지 못하였으므로 남조 쪽 사람들이 분노하여 군사를 일으켰으나 남조군은 결국 이기지 못하고 고하나조노後花園 천황 조로쿠長祿 2년(1458) 6월에 고카메야마 천황의 아들 남조 고후쿠高福 천황이 토벌되었기 때문에 이로써 남조 천황의 황통은 끊어졌다[메이토쿠 3년(1392)부터 이에 이르기까지 67년간이다. 전후 합쳐 남조 120여 년이다].

생각해 보건대, 고다이고 천황이 부덕하였지만 호조 시대가 망할 때를 당하여 잠시 동안이나마 중흥의 업을 일으켰는데, 마침내 다시 천하가 어지러워지고 결국 남조로 달아났다. 그러나 참으로 만승의 존위를 실천하신 일이며 삼종의 신기를 가지고 가셨으므로 당시의 관백 좌대신 고노에 쓰네타다近衛經忠를 비롯하여[고묘光明 천황 치세 초, 겐무 4년(1337) 4월이다] 충도 알고 의도 아는 조정의 신하 대부분은 남조로 가서 출사하였다[북조에서는 쓰네타다의 종제從弟 전 내대신 고노에 모토쓰구近衛基嗣를 관백으로 하였다. 이 사람은 지금의 고노에 도노近衛殿의 조상]. 무가 무리들도 그렇게 하였다. 그래서 아시카가 도노足利殿 시대가 되어서도 여전히 복종하는 국들이 많았다[고카메야마 천황 초기에 남조 지배지는 가와치河内, 야마토大和, 이즈미和泉, 기이紀伊, 이가伊賀, 이세伊勢, 시마志摩, 히다飛騨,

---

69 가마쿠라鎌倉 시대 후기부터 남북조 시대에 걸쳐 다이카쿠지大覺寺 계통과 황위를 다툰 제89대 고후카쿠사後深草 천황부터 고코마쓰後小松 천황에 이르는 계통. 고사가後嵯峨, 고후카쿠사 두 천황이 양위 후 교토 내 지묘인持明院을 어소로 정한 데에서 이 명칭이 붙었다.

70 가마쿠라 시대 후기부터 남북조 시대에 걸쳐 황위에 오른 황실 계통으로, 지묘인 계통과 대립한 제90대 가메야마龜山 천황의 자손. 가메야마, 고우다後宇多 두 천황이 사가嵯峨에 있던 다이카쿠지 재흥에 진력하고 출가 후 여기서 거주하면서 원정院政을 행하여서 이 명칭이 붙었다.

71 양통질립兩統迭立의 약속. 앞의 주 47 참조.

시나노信濃, 고즈케上野, 에치고越後, 이요伊豫, 비젠備前, 이와미石見, 나가토長門, 엣추越中, 히고肥後, 휴가日向, 오스미大隅, 사쓰마薩摩 등 20국에 달한다). 그렇지만 결국 천황의 운명을 여는 일이 없었다. 이는 전부 창업의 부덕[72]으로 인해서 하늘이 편들어주지 않았기 때문일 것이다.

북조는 아시카가 도노가 주군에게 모반하고 신하로서 천하를 다투는 것을 마음속으로 두려워하고 또 그 전쟁 때마다 불리하였으므로 권유하는 자들이 있어서 마침내 고묘인을 주군으로 삼아 남북 두 천황의 싸움인 것처럼 조처하였다. 그러므로 생각 있는 사람들은 북조에 출사하는 것을 수치스럽게 여겼다. 『태평기太平記』등의 이야기에도 "지묘인 도노는 몹시 운 좋은 사람이어서 장군으로부터 천자를 받게 하였다고 세상 사람들이 칭송하였다"라고 쓰여 있다. 그런데 "북조는 오로지 아시카가 도노만을 위해 세운 것이어서 올바른 황통이라고도 말하기 어려우므로 그 시대에는 혹은 위주僞主, 위조僞朝라고도 말하였다"라고 쓰여 있다.

그 이전 가마쿠라 도노가 천하의 일을 행하였으나 여전히 왕조의 명령이 미치는 곳도 있었다. 호조 요시토키 대에 멋대로 폐립을 하고부터 배신으로서 국명國命을 관장하였지만 그렇다고는 하나 예전의 모습이 남아 있었으므로 고다이고 천황이 군사를 일으켰을 때에는 여전히 왕명에 부응하는 자가 많았다. 그 후 남조로 달아난 뒤에도 역시 60여 국 중 삼분의 일은 천하에 왕이 계시는 것을 알았다. 남조가 이미 망한 뒤에는 천하 사람들이 황실이 있음을 알지 못하였다. 도요토미豊臣 다이코太閤 시대 초에 황실의 위엄을 빌어 천하를 손에 넣으려고 일마다 조칙詔勅을 칭하였으므로 누군가는 그것에 응하는 자가 있었다. 그러나 그에게 복종하여 따른 자들은 그저 그의 병력을 두려워했기 때문이지 전혀 황실의 위엄에 복종한 것이 아니다. 이처럼 황실이 쇠퇴한 것을 생각해 보건대, 처음에 몬토쿠文德 천황이 어린 아들을 황태자 자리에 앉힌 데에서부터 기인하며, 마침내는 인의 정무에 이르렀고, 그 위세와 권력을 아울러 무가에 빌려주었으니 일이 그렇게 되어버린 것이다. 따라서 하루라도 천황의 정치가 아닌 날이 없다는 것은 무엇보다 명심해야 할 일이 아닌가.

---

72 고다이고後醍醐 천황의 부덕.

상고上古의 정벌, 천자로부터 나옴

진무神武 천황[1]은 휴가 국日向國에서 세력을 일으켜서 쓰쿠시 국筑紫國을 평정하고 아키 국安藝國으로 건너가 기비 국吉備國을 거쳐 마침내 야마토 국大和國을 평정하였으며 우네비 산畝傍山을 개척하여 가시와라 궁橿原宮에서 황위에 올랐다. 그 이래[10년 만에 제왕의 업적을 이루었다] 9대 569년 동안에는 전쟁이 있었다고 듣지 못하였다. 고대의 인민은 순박하고 풍속도 선량해서 천황의 위광이 미치는 바가 저절로 온화했기 때문일 것이다. 다만 먼 옛날이고 사람들도 세상을 다 떠났으므로 자연히 사서의 기술에 탈루가 있을지도 모른다.

제10대 스진崇神 천황 10년(기원전 88) 9월 오히코노 미코토大彦命[구가노 미치北陸], 다케누나 가와와케武渟川別[우미쓰 미치東海], 기비노 쓰히코吉備津彦[니시노 미치西道], 다니하노 미치누시丹波道主[다니하丹波] 등에게 명하여 서쪽 지방에 파견하여 천황의 명령에 따르지 않는 자는 모조리 토벌하게 하였다. 이것을 후세에는 장군將軍의 기원이라 말하는 듯하다. 그렇지만 당시에 장군이라는 호칭이 있었던 것은 아니다. 『일본서기日本書紀』에 기록된 바는 후대에 역사가 편찬되었을 때 윤식하기

---

1 일본신화에 등장하는 인물로, 『일본서기日本書紀』『고사기古事記』에 제1대라고 전하는 천황. 『일본서기』에 따르면, 천황의 재위는 기원전 660년~기원전 585년이라고 한다. 진무神武라는 호칭은 8세기 후반에 붙여진 중국풍 시호이다.

위해 사용된 말로 보인다[스진 천황 때에는 우리나라에 한자가 아직 전래되지 않았으며, 『고사기古事記』를 보아도 장군이라는 용어는 보이지 않는다].

이 무렵에는 천황의 덕화에 복종하지 않는 자들도 있었을 것이다. 이 해 다케하니 야스히코武埴安彦라는 자가 반란을 일으켜 도성을 습격하려고 한 것을 히코쿠니부쿠彦國葺와 이소사세리히코노 미코토五十狹芹彦命에게 명하여 토벌시킨 일도 있었다[이것이 반역한 신하를 정벌한 최초의 예일까].

그 후 167년 지나 제12대 게이코景行 천황 12년(82)에 쓰쿠시 국의 구마소熊襲가 반란을 일으켰다. 이때는 천황이 친히 출정하여 8년 걸려서 마침내 평정하였다[이것이 구마소 반란의 최초인 것일까]. 게이코 천황 27년(97)에 다시 구마소가 모반하였으므로 야마토타케루노 미코토日本武尊를 파견하여 정벌시켜서 마침내 평정하였다.

그 후 게이코 천황 40년(110) 여름에 아즈마에비스東夷[2]의 반란이 일어났는데 또 야마토타케루노 미코토에게 명하여 정벌시켰으므로 이것도 얼마 되지 않아 진정되었다[최초의 아즈마에비스 반란인 것일까].

그 후 80여 년이 지나 또다시 구마소가 반란을 일으켰다[구마소가 다시 반란을 일으킨 것이다]. 제14대 주아이仲哀 천황 2년(193)에 천황은 황후와 함께 친히 출진하였고, 8년 뒤 치세로 세어 9년째인 해 2월에 쓰쿠시 국의 행궁에서 돌아가셨다. 진구神功 황후는 기비노 오미吉備臣의 선조인 가모노와케鴨別에게 명하여 정벌시켰으므로 구마소도 결국 멸망하였다.

그 직후 황후는 친히 신라를 토벌하여 이것도 마침내 항복시켰다. 그래서 황후는 병력을 철수하여 쓰쿠시 국으로 돌아왔는데, 이때에

---

2 원래는 고대 중국이 동쪽의 이민족을 가리키는 호칭이었는데, 일본에서는 수도에서 보아 동북방에 살던 에조蝦夷 사람들을 '아즈마에비스東夷' '에비스夷'라고 불렀다.

오진應神 천황이 태어났다[이 해 10월에 탄생할 예정이었지만 황후가 기도를 하여 12월에 쓰쿠시의 이토 군伊覩郡에서 태어났다고 한다]. 주아이 천황의 붕어崩御 상황도 분명치 않고 또 오진 천황 탄생에 대해서도 출산일을 늦추었다는 것 등이 의심스럽게 생각되었기 때문이었는지 주아이 천황의 가고사카麛坂王와 오시쿠마忍熊王 두 왕자가 거병하였으나 방위하여 싸워서 이기지 못하고 두 사람 모두 살해되고 말았다[이후에도 삼한이 거역하여 이를 토벌한 일이 대대로 있었지만 이것은 전부 해외에서의 일이므로 여기에 적지 않는다].

그 후 천황으로 23대, 햇수로 453년 지나 제37대[3] 사이메이齊明 천황 때가 되어 에조蝦夷가 종종 반란을 일으켰다. 아베노 오미 아베阿部臣阿部,[4] 히키타노 오미 히라후引田臣比羅夫 등에게 명하여 토벌시켰으므로 에조는 결국 항복하였고, 숙신肅愼[5]이라는 나라까지 토벌하였다. 이 천황 대에 백제가 당 때문에 망하려고 한다는 소식을 듣고 이를 구원하려고 천황이 친히 도사 국土佐國의 아사쿠라 궁朝倉宮까지 가서 군사의 일을 도모했는데 결국 이 행궁에서 붕어하셨다.

처음에 진무 천황이 동방을 정벌한 이래 38대, 햇수로 1225년 동안에는 천황의 덕치를 따르지 않는 자가 있을 때는 천황이 친히 출진하여 정벌하거나 혹은 황자를 보내어 토벌하게 하였다. 그중에 진구 황후나 사이메이 천황의 경우는 모두 여성 군주였지만 친히 출진하여 정벌하였다[다만 삼한, 에조, 숙신 등은 해외의 일이므로 대부분의 경우 장수를 보내어 정벌하게 하였다. 진구 황후와 사이메이 천황 때의 일도 해외에서의 일이긴 하지만 이것은 친히 출정한 것이어서 여기에서 언급해 둔다].

---

3 원문의 '三十八代'는 '三十七代'의 오류.
4 　난외 두주　 部 자는 倍라 쓰는 것도 있다. 日本紀에는 陪로 썼다.
5 만주에 살았다고 여기는 퉁구스계 수렵민족. 또 후에 이민족이 살았던 지역의 명칭을 가리키기도 한다.

정벌이라는 것은 국가의 중대사이기 때문에 옛날에는 이를 중시하여 신중을 기하였다고 생각한다. 후세처럼 천황 자신은 앉은 채 있으면서 장수에게 명하여 토벌시키는 일은 없었다.

제40대 덴무天武 천황이 형 덴치天智 천황의 후사인 오토모大友 황자가 천황에게 반역하여 싸운 것[6]은 일반적인 정벌 예와 같이 볼 수는 없다. 오토모가 이기지 못하고 덴무 천황이 천하를 빼앗았기 때문에 세간에서는 마치 오토모가 덴무 천황에게 반역한 것처럼 전해져 오는 듯하다. 오토모는 분명히 덴치 천황의 후사를 이어받아 황위에 올랐다. 게다가 덴치 천황의 붕어 상황에 대해서도 기괴한 소문이 전해지고 있기 때문에 세간에서 전해지는 바는 믿기 어려운 것 같다.

그래서 덴무 천황은 일단 승리하여 천하를 지배하기에 이르렀지만 그 후손은 겨우 7대[7] 100여 년 만에 현손 쇼토쿠稱德 천황이 여제여서 결국 단절되어 버렸다. 한편 덴치 천황의 후손은 손자인 고닌光仁 천황이 천하를 다스린 이래 지금에 이르기까지 끊이지 않으니 하

---

6 672년에 덴치天智 천황의 태자 오토모大友 황자와 천황의 동생 오아마大海人 황자가 황위 계승을 둘러싸고 대립하여 일어난 일본 고대 최대의 난. 덴무 천황 원년이 임신壬申年인 데에서 진신壬申의 난이라고 한다. 7세기 중엽 이후 권력이 빠르게 천황에게 집중되자 전통적인 세력을 가진 유력 씨족이나 지방 호족들은 불안을 느끼며 반발하게 되었는데, 특히 백촌강 전투 패배와 그 뒤 군비 강화에 따른 부담 강요에 대한 불만이 팽배해 있었다. 오아마는 덴치 천황에 대한 이러한 불만을 이용해 호족들을 끌어 모아 후계자인 오토모 황자에게 맞서는 데 성공하였다. 황위 계승 다툼에서 비롯된 진신의 난이 대규모 내란으로 발전한 것은 국내의 불만이 한꺼번에 폭발했기 때문이다. 약 1개월 동안 싸운 끝에 패배한 오토모 황자는 자살하고, 승리한 오아마 황자는 이듬해 덴무天武 천황으로 즉위하였다. 진신의 난에서 오아마 황자 측에 섰던 호족 세력은 몰락하였고 덴무 천황의 권위가 절대적으로 되어 황친皇親에 의한 정치가 펼쳐졌다.

7 덴무天武 — 지토持統 — 몬무文武 — 겐메이元明 — 겐쇼元正 — 쇼무聖武 — 고켄孝謙 — 준닌淳仁 — 쇼토쿠稱德(고켄 천황 재즉위).

늘이 올바른 쪽을 편을 드는 것은 명백하다고 할 것이다.

이는 두 명의 천황이 황위를 다투는 최초의 예로서, 천황의 덕이 차츰 쇠퇴하고 풍속이 이미 경박하게 되어서 나타난 현상이라고 말할 수 있다.

그 후 80년이 지나 제45대 쇼무聖武 천황 덴표天平 12년(740)에 다자이쇼니太宰少貳 후지와라노 히로쓰구藤原廣嗣가 반란[8]을 일으켰다. 옛날에 다케하니 야스히코가 반역한 이래 천황으로 34대, 햇수로 927년이 지나 인민이 반역한 데 대해 무력을 움직인 최초의 일이라 말할 수 있다[세간에서는 모리야노 무라지守屋連의 난을 가리켜 신하의 반란이었던 것처럼 전해지고 있지만, 이는 우마코노 오오미馬子大臣와 서로 다투어 발생한 싸움이었기 때문에 반역한 신하의 일반적인 예로는 논하기 어려운 것 같다].

이때는 오노노 아즈마비토大野東人를 대장으로 삼고 기노 이이마로紀飯麿를 부장으로 해서 평정하였다. 이 훈공에 의해 아즈마비토는 2계급 승진하여 종3위를 수여받았다[이것이 장수를 임명하고 또 공적을 칭찬한 최초의 예인가].

이후 36년이 지나 제49대[9] 고닌 천황 호키寶龜 6년(775)에 무쓰陸奧의 에조가 반란을 일으켜 진수부장군鎭守府將軍이었던 오토모노 스루가마로大伴駿河麿에게 명하여 토벌시켰다. 이 전공에 대해 상을 주어 스루가마로는 훈3등을 수여받았다. 호키 10년(779)에도 또 반란이 일어났는데 이때는 참의參議 후지와라노 오구로마로藤原小黑麿가 평정하여 정3위를 수여받았다.

---

8 740년 규슈九州 지방에서 일어난 내란. 겐보玄昉, 기비노 마키비吉備眞備와 대립하고, 후지와라 씨 내부에서도 고립되어 있던 후지와라노 히로쓰구는 738년 야마토노카미大養德守에서 다이자쇼니大宰少貳로 좌천되었다. 740년 8월 하순에 후유쓰구는 겐보와 기비노 마키비를 제거할 것을 요구하는 상표문을 제출하고 거병하였는데, 관군에 의해 진압되었다.
9 원문의 '三十九代'는 '四十九代'의 오류.

이후 9년 뒤 간무桓武 천황 엔랴쿠延曆 7년(788)에 무쓰의 에조가 반란을 일으켜서 참의 기노 고사미紀古佐美가 정동대장군征東大將軍이 되어 정벌에 나섰지만 승리하지 못한 채 소환되었다. 엔랴쿠 9년(790)에는 오토모노 오토마로大伴弟麿를 정동대사征東大使로 삼고 사카노우에노 다무라마로坂上田村丸를 부사로서 정벌하게 하였다. 이때 다무라마로의 공이 몹시[10] 컸으므로 엔랴쿠 16년(797)에 정이대장군征夷大將軍에 임명되었다. 또 엔랴쿠 20년(801)에 무쓰의 에조 다카마로高丸이라는 자가 스루가 국駿河國 기요미가세키清見關까지 쳐들어 왔으므로 다무라마로가 이를 격파하고 달아나는 것을 무쓰의 가구라오카神樂岡라고 하는 곳까지 추격하여 참살하였다. 이로써 무쓰는 완전히 평정되었다.

아즈마에비스가 천황의 덕치에 복종하지 않는 예는 옛날에도 있었지만, 이 무렵처럼 빈번하게 반란이 일어난 것은 이전에는 없었다. 천황의 덕치가 먼 곳에는 미치지 않게 된 징후라고 말해도 좋을 것이다[야마토타케루노 미코토가 동방을 정벌하고부터 660여 년 지나서 아즈마에비스가 거스르고, 이때에 이르러 다섯 번이나 반란을 일으킨 것이다].

그 후 8년 지나 제52대 사가嵯峨 천황 고닌弘仁 원년(810) 9월에 천황의 형 헤이제이平城 태상황이 총애한 구스코藥子와 그녀의 오빠 후지와라노 나카나리藤原仲成 등의 권유에 따라 다시 복위하려는 마음이 들어 근린의 여러 국으로부터 군사를 모아 동국 쪽으로 행차한다는 소문이 났다. 사가 천황은 대납언大納言 대장大將 사카노우에노 다무라마로에게 명하여 그것을 막도록 도모하게 하고 다무라마로의 요청으로 참의 분야노 와타마로文室綿麿를 부장군으로 삼았다. 마침내 여기저기 도로를 폐쇄하고 나카나리를 생포하였다. 나카나리는

---

10 **난외 두주** 尤諸本作是今改之(여러 본에는 '是' 자가 사용되었지만 '尤' 자로 고쳤다.)

유배형에 처해질 것이라는 소문이 있었지만 참형에 처해졌다. 구스코도 스스로 독을 마시고 죽어서 일이 낙착되었다[11][덴무 천황 이래 두 명의 천황이 천하를 다툰 두 번째 사례이다].

고닌 5년(814) 여름에 분야노 와타마로가 정이장군에 임명되었다. 그해 겨울에 무쓰의 에조가 난을 일으키자 바로 이를 토벌하여 평정한 뒤 와타마로는 종3위 중납언中納言 대장이 되었다.

이처럼 그 무렵까지는 반란이 일어날 때마다 적임자를 선발하여 장수의 임무를 맡기고, 난이 평정되어 공이 있으면 또 궁정에 들어가 재상의 지위에 끼었다[기노 고사미가 대납언 정3위에, 사카노우에노 다무라마로가 대납언 대장 정3위에, 와타마로가 종3위 중납언이 된 것도 그 예이다]. 후세와 같이 문관과 무관이 직분을 달리했던 것은 아니다.

이후에는 제왕 정치의 대강大綱이 느슨해져서 실권을 잡은 신하가 권력을 제 것으로 하면서부터 장수의 임무도 가볍게 여겨지고 재상의 지위에 오를 만한 인물도 나타나지 않았다. 게다가 문무의 직이 세습적인 분위기가 강해졌기 때문에 조정의 권위는 날로 쇠퇴하고 공신이 종내 병마권을 잡았다. 그리고 천하의 대세가 일단 변해버린 이상은 예전으로 돌아갈 수 없는 시대가 되고 말았다.

---

11 이를 구스코藥子의 정변이라 한다. 후지와라노 구스코藤原藥子는 헤이제이平城 천황이 태자였던 시절부터 헤이제이를 섬겨 총애를 받았고, 구스코의 오빠 나카나리仲成도 여동생과 천황의 관계를 이용하여 천황 측근이 되었다. 그런데 천황이 동생인 사가嵯峨 천황에게 양위하고 상황이 되자 구스코의 세력도 약해졌다. 사가 천황 즉위 초인 810년 구스코가 오빠 나카나리와 공모하여 헤이제이 상황을 다시 천황으로 즉위하게 하려는 계획을 세웠고, 이로써 사가 천황과 헤이제이 상황의 대립이 표면화되었다. 그러나 계획이 조정 군에게 차단되면서 나카나리는 사살되고 구스코는 약을 먹고 죽었으며 상황은 머리를 깎고 출가함으로써 사건은 3일 만에 끝났다.

중세 이래 장수의 임무 세습

❧

제61대 스자쿠朱雀 천황 덴교天慶 2년(939) 11월에 다이라노 마사카도平將門의 난,[12] 후지와라노 스미토모藤原純友의 난[13]이 일어났다[사가 천황 고닌 5년(814)부터 헤아려 천황 9대, 124년 후이다].

다이라노 마사카도는 무쓰의 진수부장군 종5위하였던 다이라노 요시마사平良將의 적자이다[간무 천황의 아들이 가쓰와바라葛原 왕, 그의 아들이

12 10세기 간토關東에서 일어난 반란 사건. 시모쓰케下總 북부를 기반으로 하고 있던 다이라노 마사카도平將門는 영지를 둘러싸고 일족과 분쟁을 일으켜 935년에 백부 다이라노 구니카平國香를 살해하였고, 이듬해 구니카의 아들 다이라노 사다모리平貞盛 등의 공격을 받았으나 이를 격파하였다. 또 지방관인 고쿠시國司와 대립하던 히타치의 토호 후지와라노 하루아키藤原玄明를 도와 히타치를 습격하고, 나아가 간토關東 전역을 거의 지배하고 스스로 신황新皇이라고 칭하였다. 940년 조정은 후지와라노 다다부미藤原忠文를 정동대장군에 임명하여 마사카도를 토벌하게 하였다. 그 군대가 도착하기 전에 사다모리와 시모쓰케의 압령사押領使 후지와라노 히데사토藤原秀郷가 먼저 마사카도를 공격하여 마사카도는 패하여 죽었다. 같은 시기 서국에서 일어난 후지와라노 스미토모의 난과 함께 조헤이承平・덴교天慶의 난이라고 한다.

13 10세기 간토의 다이라노 마사카도의 난과 같은 시기에 서쪽 지역에서 일어난 반란. 스미토모는 섭관가와 관계가 있는 인물로, 지방관에 임명되어 이요伊豫로 내려가서 930년대에 해적을 평정했으나, 임기가 지나도 귀경하지 않고 해적선을 이끄는 해적의 수령이 되었다가 936년 귀순하였다. 939년 부하인 후지와라노 후미모토藤原文元가 비젠 국비전국前國의 차관인 후지와라노 사네타카藤原子高에게 압박을 받고 스미토모에게 지원 요청을 하자, 스미토모는 정부에 대해 해적 평정시의 은상을 요구하며 다시 봉기하였다. 조정은 스미토모에게 종5위의 위계를 내리는 회유책을 써서 스미토모 일당의 활동이 잠시 진정되었다. 그런데 같은 시기에 간토에서 일어난 다이라노 마사카도의 난이 진정되자 간사이關西의 스미토모 일당을 토벌하라는 명령을 내렸다. 스미토모는 해적을 이끌고 세토 내해 지역을 공격하고 마침내 규슈에 침공하여 다자이후大宰府의 군대를 격파하였다. 그러나 941년 추포사 오노노 요시후루小野好古의 공격을 받고 결국 토벌되었다.

다카미高見 왕, 다카미 왕의 아들 다카모치高望 왕인데, 다카모치 왕 때 처음으로 다이라平 성을 하사받았다. 요시마사는 다카모치 왕의 차남이다.[14]

이요노조伊豫掾 후지와라노 스미토모는 다자이쇼니 후지와라노 요시노리藤原良範의 아들이다[후지와라노 나가요시藤原長良의 아들로 사다이벤左大弁 도오쓰네遠經라는 자가 있는데 요시노리는 그의 아들이다]. 마사카도와 스미토모 두 사람은 이전에 도성에 있을 무렵 히에이 산比叡山에 올라가 약속을 주고받으며 나중에 거병하였다고 한다.

『고사담古事談』[15]에 따르면, "마사카도가 닌나지仁和寺의 식부경 미야式部卿宮[우다 천황의 황자 아쓰자네敦實 친왕]와 회견하였다. 그때 그는 대여섯 명의 가신을 데리고 있었다. 다이라노 사다모리平貞盛도 찾아뵈러 와서 때마침 문을 나오는 마사카도와 만났다[사다모리는 마사카도의 종형]. 사다모리가 말하기를 '오늘 내가 가신을 데리고 오지 않은 것은 참으로 안타깝다. 이 마사카도는 분명 천하에 큰일을 일으킬 것이다'라고 하였다"라고 기록되어 있다.

『신황정통기神皇正統記』[16]를 보면, "마사카도는 오랫동안 집정[후지와라노 다다히라藤原忠平[17]]의 집에 출사하여 게비이시檢非違使에 임명되기를 바라고 있었지만 들어주지 않았기 때문에 동국에 내려가 모반한

----

14 다이라 씨平氏 계보도

(50대)
간무桓武 천황-가쓰와바라葛原 왕-다카미高見 왕-다카모치高望 왕
[다미라平 성 하사받음]

- 구니카國香 – 사다모리貞盛-고레히라維衡
- 요시카네良兼 – 긴마사公雅 – 무네요리致賴
- 요시마사良將-마사카도將門
- 요시후미良文-다다요리忠賴-다다쓰네忠常

15 앞의 권1 주 42 참조.

16 앞의 권1 주 1 참조.

17 880~949. 헤이안 시대 중기의 공경公卿. 후지와라노 모토쓰네藤原基經의 4남. 909년 형 도키히라時平의 사후 우지초자氏長者가 되고 914년 우대신右大臣으로서 정권을 잡았다. 이후 좌대신左大臣, 태정대신太政大臣. 스자쿠朱雀 천황의 섭정·관백, 무라카미村上 천황의 관백을 맡아 섭관攝關정치의 기초를 쌓았다.

것이다"라고 설명하였다[생각해 보건대, 마사카도가 후지와라노 다다히라의 자식에게 보낸 편지도 거의 같은 취지이다].

『마사카도 주해일기將門誅害日記』[18]에 따르면, "덴교 2년(939) 11월 21일 마사카도는 히타치노다이조常陸大掾 다이라노 구니카平國香[숙부, 즉 다이라노 사다모리의 아버지]를 살해하고 온 국중을 불태웠고, 29일에는 도요타 군豊田郡 가마와 숙鎌輪宿에 귀환하여 장관長官과 조사詔使를 유폐한 뒤 무사시노카미武藏守 오키요興世 왕의 계략에 의해 여러 국을 지배하에 두려고 도모하고, 12월 11일에 시모쓰케 국下野國에 침입하였다. 고쿠슈國守 이하 모두 마사카도에게 항복하였다. 이어서 15일에는 고즈케 국上野國에 들어가 지방관들을 쫓아내고 이날 관리를 임명하였다. 그 후 마사카도는 무사시 국武藏國과 사가미 국相模國을 진압하였다. 이에 앞서 그는 시모우사 국下總國 사루시마 군猿島郡 이시이 향石井鄕을 도성으로 정하고 문무백관을 두었다. 덴교 3년(940) 정월 11일에 마사카도를 토벌하라는 조칙이 도카이도東海道, 도산도東山道의 각국에 내려졌다. 2월 8일에 참의 수리대부修理大夫 겸 우에몬노카미右衛門督 후지와라노 다다부미藤原忠文를 정이대장군으로 삼고[이 다다부미는 근위장近衛將였을 때 어소御所에 숙직할 때마다 료쿠의 천황 말을 머리맡에 묶어 두었다고 한다. 말이 여물을 먹는 소리에 깊이 잠들지 못하도록 궁리한 것이다], 형부대보刑部大輔 후지와라노 다다노부藤原忠舒[다다부미의 동생], 우쿄노스케右京亮 후지와라노 구니모토藤原國幹, 다이켄모쓰大監物 다이라노 기요모토平淸基, 산위散位 미나모토노 나리쿠니源就國, 미나모토노 쓰네모토源經基를 부장군으로 삼고[미나모토노 쓰네모토는 무사시에서부터 도성으로 올라가 마사카도의 모반을 보고하였다. 우대신右大臣 미

---

18 『쇼몬키將門記』를 가리키는 것으로, 『쇼몬키』는 10세기 중엽 동국에서 일어난 다이라노 마사카도平將門의 난의 전말을 묘사한 최초의 전기물戰記物. 작자, 성립연대 불명.

나모토노 요시아리源能有의 사위로 궁마弓馬의 기예를 전수받았다고 한다], 시모우사 곤노쇼조下總權少掾 다이라노 기미쓰라平公連와 후지와라노 도오카타藤原遠方 등에게 명하여 마사카도를 토벌하게 하였다"라고 기록되어 있다.

또 『강담江談』[19]에는, "이때 조정의 생각으로는 후지와라노 모토카타藤原元方를 대장군으로 삼으려고 하였으나 이를 들은 모토카타가 '대장군이 된 이상에는 국가가 들어주지 않는 일은 없다. 만일 내가 대장군에 임명된다면 반드시 데이신코貞信公 후지와라노 다다히라의 자식 한 명을 부장군으로 삼도록 청하겠다'라고 표명하였으므로 모토카타의 대장군 건은 취소되었다."라고 기록되어 있다[생각해 보건대, 미나모토노 요리노부源賴信는 대납언 모토카타의 외손이다].[20]

이달 1일에 시모쓰케의 압령사押領使[21]였던 후지와라노 히데사토藤原秀鄕, 히타치노조 다이라노 사다모리 등의 병력 4천여 명[일설에는 1만 9천 명]이 시모쓰케 국에서 싸워 마사카도의 병력을 격파하였다. 13일에 마사카도의 본영을 습격하였다. 마사카도는 본영에 불을 지르고 시마히로 산島廣山으로 도망쳤는데, 14일 가라시마辛島에서의 큰 전투에서 사다모리가 쏜 화살에 맞았고 히데사토가 그 머리를 잘랐다. 이날 참수한 수급은 백구십칠에 달하였다[마사카도는 봉기 이래 83일 만에 멸망하였다. 『신황정통기』를 살펴보건대, "조헤이承平 5년(935) 2월에 마사카도가 거병하였고 덴교天慶 3년(940) 2월에 멸망하였다. 그간 4년 동안이다"라고 기록되어 있다].

이에 동국 정벌에 나섰던 여러 장수들은 중도에서 되돌아갔다[이때

---

19 앞의 권1 주 23 참조.
20 난외 두주 이 분주分註는 뒤에 나오는 요리노부賴信 아래에 두어야 한다고 생각한다.
21 지방의 내란이나 폭도 진압, 도적 체포 등을 담당했다.

기요미가세키에서 군감軍監 기요하라노 시게후지淸原滋藤가 두순학杜荀鶴[22]의 시구를 낭송하였다.

3월 9일에 후지와라노 히데사토는 종4위하에 임명되었다[원래는 6위였다]. 공전功田은 오랫동안 그의 자손에게 전해졌고 마침내 시모쓰케와 무사시 두 국의 고쿠시에 임명되었다. 다이라노 사다모리는 종5위하 우마노스케右馬助에, 미나모토노 쓰네모토는 종5위하 겸 다자이쇼니에 각각 임명되었다. 이때 오노노미야小野宮 좌대신左大臣 후지와라노 사네요리藤原實賴는 "의심스러운 경우에는 문제 삼지 말라"라고 하고, 우대신 구조 모로스케九條師輔는 "범죄와 형벌이 의심스러운 경우는 문제 삼지 말며, 공적이 의심스러울 때는 인정하는 편이 좋다"라고 말하였다. 좌대신 사네요리의 의견에 따라 후지와라노 다다부미는 상을 받지 못하였다[다다부미는 동국으로 출진할 때 예순 세 살이었으며 무라카미村上 천황 덴랴쿠天曆 원년(947) 6월에 일흔다섯 살로 죽었다. 사후 중납언의 관직이 추증되었다고 한다].

『스미토모 추토기純友追討記』[23]에 의해 스미토모의 난을 살펴보면 다음과 같다.

"후지와라노 스미토모가 해적의 수령이 되자 난카이도南海道와 산요도山陽道 방면의 자들은 상황을 알아차리고 스미토모에게 항복하였다. 스미토모는 다이라노 마사카도의 반란을 듣고 상경하려고 하였다. 동서 2경京에 밤마다 방화되었다.

12월 하순[덴교 2년(939)] 비젠노카미備前守 후지와라노 고다카藤原子高가 도성으로 달아났으므로 스미토모는 후지와라노 후미모토藤

---

22 846~904(907?). 중국 만당晩唐의 시인. 자는 언지彦之, 구화산인九華山人.
23 헤이안平安 시대의 전기물戰記物. 10세기에 후지와라노 스미토모藤原純友가 세토瀨戶 내해의 해적을 이끌고 일으킨 반란의 내용, 그 추토의 경과를 기록한 것. 작자, 성립연대 불명.

原文元에게 명하여 이를 추격하게 하였다. 26일에 셋쓰 국攝津國 우바라 군兎原郡에 이른 후미모토는 교전 끝에 고다카를 붙잡아 귀와 코를 베고 그의 처자를 빼앗아갔다. 조정에서는 여러 국에 고관사固關使[24]를 보내는 한편, 스미토모를 설유하고 종5위하에 서임하였지만 스미토모는 사누키 국讃岐國에 침입하였다. 사누키노스케讃岐介 후지와라노 구니카제藤原國風는 군병이 격파당하여 아와지 국淡路國으로 달아났다가 2개월 뒤에 군병을 모집하여 고쿠후國府로 돌아갔다.

도성으로부터는 좌소장左少將 오노노 요시후루小野好古가 장관, 미나모토노 쓰네모토가 차관에, 우에몬노조右衛門尉 후지와라노 요시유키藤原慶幸가 판관, 또 우에몬노사칸右衛門志 오쿠라노 하루자네大藏春實가 사칸主典이 되어 난을 진압하러 향하였다. 하리마播磨, 사누키 등의 국에 도착하여 배 200척을 만들어 적지로 뛰어들었다. 이에 앞서 적군의 부장이었던 후지와라노 쓰네토시藤原恒利가 구니카제에게 항복하였으므로 구니카제는 쓰네토시를 길안내로 삼아 앞에 서서 진군하여 적군을 격파하였다. 이후 적군이 규슈의 다자이후에 침입하여 다자이후의 군사는 크게 패하고 사람들은 모두 붙잡혔으며 물건은 다 빼앗겼다.

한편, 요시후루는 육로로 나아가고, 요시유키와 하루자네는 해로를 취하여 5월에 하카타 항구에서 적군과 교전[25]하였다. 하루자네는 웃통을 벗어젖히고 머리카락을 흩날리며 분투한 끝에 적군을 함락시켰다. 쓰네토시와 도오카타가 이 기세를 틈타서 활약하였다. 적군은 혼란하여 배위로 달아나 계속 싸우려 했으나 관군은 적선에 불을 질렀다. 적군의 사자는 수백 명, 익사자는 헤아릴 수 없었다. 후지와

---

24 내란 등 비상시에 임시로 세키쇼關所 경비를 감독하는 관리.

25 난외 두주 合下當有戰字 ('합' 자 아래에 마땅히 '戰' 자가 들어가야 한다).

라노 스미토모는 작은 배에 올라타 이요 국伊豫國으로 달아났지만 경고사警固使 다치바나노 도오야스橘遠保에게 붙잡혀 옥중에서 죽었다"[생각해 보건대, 그 후 후지와라노 히데사토와 다이라노 사다모리는 진수부장군에 임명되었다].

그 후 41년이 지나 이치조一條 천황 조토쿠長德 원년(995)에 시모쓰케노카미下野守 다이라노 고레히라平維衡가 다이라노 무네요리平致賴와 동국에서 싸웠다. 조정에서는 그 죄를 물어 무네요리를 오키 국隱岐國에 유배시켰다[고레히라는 다이라노 사다모리의 4남이며 무네요리와는 재종형제에 해당한다].

그 후 28년이 지나 고이치조後一條 천황 조겐長元 원년(1028)에 다이라노 다다쓰네平忠常가 모반26하였다. 다다쓰네는 가쓰라바라 왕의 손자 다카모치 왕의 5남 무라오카 고로 요시부미村岡五郎良文의 아들이다[지바千葉 씨의 조상]. 이해에 먼저 히고노카미肥後守 다카시나 나리아키高階成章, 후지와라노 도키토오藤原時遠, 다이라노 다메유키平爲行 등이 교전을 기도하여 벌을 받았다.

4월이 되어 전 가즈사노스케上總介 다다쓰네가 시모우사 국에서 반란을 일으켰다. 조정은 게비이시 다이라노 나오카타平直方[미나모토노 요시이에源義家의 외조부로 호조 도키마사北條時政의 4대 조상에 해당한다]와 나카하

---

26 헤이안平安 시대 중기에 일어난 반란. 다이라노 마사카도平將門의 난 뒤, 다이라 씨 일족은 간토關東를 기반으로 세력을 떨쳤는데, 그중에서도 다다쓰네는 가즈사上總, 시모우사下總에서 큰 세력을 형성하였다. 다다쓰네가 가즈사에서 지방관인 고쿠시國司와 대립하여 1028년 가즈사의 관아를 점령하고 아와安房에 침입하여 고쿠시를 살해함으로써 난이 시작되었다. 조정은 다이라노 나오카타平直方를 추토사로 임명하여 토벌하게 했으나 실패하고, 1030년 미나모토노 요리노부源賴信에게 다다쓰네를 토벌하게 하였다. 다다쓰네는 요리노부의 위세에 굴복하여 싸우지도 않고 항복하였고 쿄토로 호송 중 미노에서 병사하였다. 이 난은 미나모토源 씨가 다이라平 씨를 대신하여 간토에 진출하는 계기가 되었다.

라노 나리미치中原成道에게 명하여 도카이도와 도산도의 군병을 이끌고 이를 토벌하게 하였다. 조겐 2년(1029) 12월에 나리미치는 전공도 올리지 못한 채 소환되었다. 조겐 3년(1030) 3월에는 아와노카미安房守 후지와라노 미쓰나리藤原光業가 임지를 버리고 돌아왔다. 이는 다 다쓰네를 두려워해서 그렇게 한 것이다.

9월이 되자 다다쓰네의 세력이 점점 왕성해지고 나오카타도 역시 전공 없이 소환되었다. 조정에서는 가이노카미甲斐守 미나모토노 요리노부에게 간토關東의 군세를 딸려서 다다쓰네를 토벌하게 하였다. 조겐 4년(1031) 4월에 다다쓰네가 항복하였다.

『부상략기扶桑略記』[27]에는, "전 추토사 나오카타가 공을 이루지 못한 채 헛되이 귀경하였다. 요리노부는 임지로 내려가는 날에 다다쓰네를 토벌하라는 칙명을 받았다"라고 적혀 있다[계보도로 생각해 보면, 다이라노 나오카타는 가즈사노스케였다].

『우지습유宇治拾遺』[28]에는, "가와치노카미河內守 요리노부가 고즈케노카미上野守였을 때 다다쓰네를 토벌하였다. 그때 바다의 얕은 곳을 잘 알고 건넜다. 먼저 4, 5기騎 정도가 선두에 서고 그 뒤에 500기 정도가 말이 배 가까이 물에 잠기면서 건넜다. 이 장소를 알고 있던 것은 세 사람뿐이었다[바다를 건너는 것은 후지도藤戶의 예[29]가 최초라고 말

---

27 진무神武 천황부터 호리카와堀河 천황까지의 한문편년체 역사서. 헤이안 시대 말기 성립되었으며, 저자는 고엔皇圓(?~1169). 일부만 전해지며, 『스미토모 추토기純友追討記』를 인용하는 등 불교관계 이외의 기사도 있지만 대체로 불교관계 기사가 많다.
28 가마쿠라鎌倉 시대 초기의 설화집. 작자 미상. 천황, 귀족부터 승려, 무사, 도적에 이르기까지 여러 계층의 인물이 등장하며 제각각 성공담, 실패담, 기묘한 이야기 등 다양한 내용의 이야기가 실려 있다.
29 1184년 후지도藤戶에서 겐지源氏와 헤이시平氏가 싸울 때 사사키 모리쓰나佐佐木盛綱가 그 지역 어부에게서 여울이 있는 곳을 들어서 알고 해협을 건넌 예.

하는데 실은 그렇지 않은 듯하다]. 다다쓰네는 아주 당황하여 자신을 비롯하여 중요한 자의 이름을 낱낱이 쓴 명부를 후미바사미文挿[30]에 끼워서 걸고 작은 배에 가신 한 명을 데리고 투항하였다"라고 기록되어 있다.

또 『부상략기』에는, "미나모토노 요리노부가 수종하여 상경하는 도중에 미노 국美濃國 야마가타 군山縣郡에서 다다쓰네가 병사하였다. 곧바로 그의 목을 베어 교토에 헌상하려고 6월 16일에 입경하였으나 다다쓰네가 이미 항복한 몸이었다는 이유로 그의 머리는 집안사람에게 반환되었다"라고 한다.

그로부터 7년 뒤 히에이 산 엔랴쿠지延曆寺의 승병이 난을 일으켰다. 고스자쿠後朱雀 천황 조랴쿠長曆 3년(1039)에 히에이 산의 승병이 후지와라노 요리미치藤原賴通에게 서면을 바치고 "메이손明尊은 지쇼 대사智證大師[31]의 문류에 속하는 사람이다[전해 겨울에 메이손은 천태좌주가 되었다]. 지카쿠 대사慈覺大師[32] 파 사람이 아니므로 천태좌주에 임명해서는 안 된다"라고 항의한 것이다.

요리미치가 "천태좌주는 어느 문류에 속하더라도 그 인물에 따른다"라고 말하였으므로 승병들은 노하여 여럿이 무리지어 요리미치의 집에 몰려가 고소嗷訴[33]하고 저택의 문기둥을 잘랐다. 화가 난 요리미치는 다이라노 나오카타에게 명하여 방어하게 하였다. 나오카타는 승병들과 싸워 많은 사상자를 냈다[이것이 히에이 산 승병 고소의 첫 사례인가].

---

30 문서를 끼워 귀인에게 제출하기 위한 백목白木 막대기. 길이 약 1.5미터이며 앞부분에 문서를 끼우는 금속 부분을 도리구치鳥口라고 한다.
31 814~891. 엔친圓珍. 제5대 천태좌주로 천태종 사문寺門 파 시조.
32 794~864. 엔닌圓仁. 제3대 천태좌주로 천태종 산문山門 파 시조.
33 헤이안 시대 중기 이후 승병, 신관神官들이 신불神佛의 권위를 과시하며 집단으로 조정이나 막부에 대해 호소나 요구를 하는 일.

이로부터 10년 뒤에 아베노 요리토키安倍賴時의 일이 일어났다.[34] 관백 요리미치가 우지宇治의 보도인平等院을 건립한 해인 고레이제이 後冷泉 천황 에이쇼永承 5년(1050)에 요리토키가 모반하였다[6군의 군지郡 司이며 처음 이름은 요리요시賴良. 아베노 다다요리安倍忠賴의 손자에 해당하며 다다요 시忠良의 아들이다]. 무쓰노카미陸奧守 후지와라노 나리토藤原登任가 토벌하러 갔지만 거꾸로 격파당하고 말았다.

미나모토노 요리요시源賴義는 이전 조겐 연간[35]에 아버지 미나모토노 요리노부를 따라 다이라노 다다쓰네의 난 평정에 군공을 올린 인물이다.[36] 고이치조인小一條院[37]의 호간다이判官代[38]가 되어 인이 사냥하러 나갈 때 수행하고 약궁弱弓을 잘 쏘아 맹수를 쓰러뜨린 일이 있

---

34 1051년부터 1062년까지 무쓰陸奧에서 일어난 반란으로 전구년前九年의 난이라고 한다. 무쓰를 지배하고 있던 동북 지방의 호족 아베노 요리토키安倍賴時가 이웃 군을 공략하고 난을 일으켰으므로 조정은 미나모토노 요리요시源賴義, 요리이에賴家 부자를 파견하여 토벌하게 하였다. 요리토키는 한때 귀순하였다가 1056년 다시 난을 일으켰다. 그가 죽은 뒤 아들 사다토貞任, 무네토宗任 형제가 완강하게 저항해서 난이 장기화되었다. 요리요시는 데와出羽의 호족 기요하라淸原 씨의 도움을 받고 1062년 겨우 진압에 성공하였다. 이후 미나모토源 씨의 세력이 동북 지방에까지 미치게 되었다.

35 고이치조後一條 천황, 고스자쿠後朱雀 천황 대의 연호로, 1028년부터 1037년까지이다.

36 미나모토 씨源氏 계보도

(56대)
세이와淸和 천황 ─ 사다즈미貞純 친왕 ─ 로쿠손六孫 왕 ──────────── 미쓰나카滿中 ┐
　　　　　　　　　　　　　　　미나모토노 쓰네모토源經基
　　　　　　　　　　　　　　　[미나모토 성 하사받음]　　　　　　　　└ 요리노부賴信 ┐

└ 요리요시賴義 ┬ 요시이에義家 ─요시치카義親 ─다메요시爲義 ─요시토모義朝 ─ 요리토모賴朝
　　　　　　　│　　　　　　　　　　　　　　　　　　　　　　　[가마쿠라鎌倉 막부 초대 장군將軍]
　　　　　　　├ 요시쓰나義綱
　　　　　　　└ 요시미쓰義光 ─모리요시盛義 ─요시노부義信 ─도모마사朝雅

37 994~1051. 산조三條 천황의 아들 아쓰아키敦明 친왕. 고이치조後一條 천황의 동궁이 되었지만 후지와라노 미치나가藤原道長의 압력으로 즉위하지 못하였다.

38 원청院廳에 출사한 사무관. 5위, 6위인 자를 임명하였다.

다. 고즈케노카미 다이라노 나오카타는 요리요시가 장수가 될 기량
을 갖추고 있다고 보아 사위로 삼았다. 호간다이 재직 중의 공적을
인정받아 사가미노카미相模守에 임명되었고 간토의 무사들 대부분이
요리요시의 가신이 되었다. 상경하고 나서 수년 뒤 이번에 이 명령
을 부여받았던 것이다[동국의 무사로 미나모토 씨의 계통에 속하는 자들은 요리
노부, 요리요시 부자에게 복종하였다]. 요리요시가 임지에 도착하자 갑자기
조정으로부터 사령赦令이 내려지고 아베노 요리토키는 항복하였다.

그런데 요리요시가 임기를 마친 날 요리토키가 또다시 모반하였
다[요리토키의 아들 사다토貞任에게 죄가 있어서 그를 소환하려 했기 때문이었다].
이해 새로 임명된 무쓰 고쿠시는 그곳이 어지러운 상황임을 알고서
사임해 버렸다. 조정은 다시 요리요시에게 임무를 맡겨 요리토키의
정벌을 수행시키기로 하였다. 그러나 때마침 그곳에 기근이 닥쳐서
군량이 부족하고 군사들은 해산하여 모이지 않아서 관군은 불리하
였다. 덴기天喜 5년(1057) 9월이 되어 요리토키는 빗나간 화살에 맞아
서 죽었다.

고헤이康平 5년(1062) 봄 요리요시의 임기가 끝났다. 조정은 다카
시나 쓰네시게高階經重를 고쿠시國司에 임명하였다. 쓰네시게는 의기
양양하게 부임했으나 얼마 되지 않아 귀경하였다. 왜냐하면 무쓰 국
사람들이 전임 고쿠시 요리요시의 지휘에 따랐기 때문이다. 조정에
서의 논의가 시끄러웠으나 요리요시는 종종 데와 국出羽國의 기요하
라노 다케노리淸原武則에게 계속 원군을 구하고 있었다.

가을 7월에 다케노리가 자제 1만여 명을 이끌고 응원하러 왔다. 8
월 17일에는 고마쓰 책小松柵을 함락하고, 9월 5일에는 이와이 군盤井
郡에서 아베노 사다토와 싸워 이를 대패시켰다. 같은 달 7일 고로모
가와세키衣河關를 격파하고 오아소大麻生, 노세노하라野瀨原의 두 책을
공략하였다. 11일에 도리노우미 책鳥海柵을 함락시키고 또 쓰루하기

鶴脛, 히요도리比與鳥의 두 책을 공략하였다. 사다토는 책에서 나와 교전하였지만 포로가 되어 죽었다[상처를 입었기 때문이었다]. 요리요시는 사다토의 동생 시게토重任과 아들인 지요 동자千世童子를 베어 죽였다[12년 만에 평정한 것이다. 이때 요리요시는 예순여덟 살. 에이호永保 2년(1082) 11월 3일에 어든여덟 살로 졸卒하였다].

고헤이 6년(1063) 2월 16일 사다토, 쓰네키요經淸, 시게토의 수급 셋이 수도에 바쳐졌다. 같은 달 25일 미나모토노 요리요시는 정4위하 이요노카미伊豫守에, 장남 요시이에는 종4위하 데와노카미出羽守에, 차남 요시쓰나義綱는 우에몬노조에 각각 임명되었고, 또 기요하라노 다케노리는 종5위하 진수부장군에, 머리를 헌상한 사자가 되었던 후지와라노 스에토시藤原季俊는 우마노조右馬允에, 모노노베노 나가요리物部長賴는 무쓰노다이사칸陸奧大目에 임명되었다.

그 후 20년이 지나 후삼년의 일[39]이 일어났다.

이 이전에 시라카와白河 상황 에이호永保 원년(1081) 3월에 고후쿠지興福寺 승려가 도우노미네多武峰의 노복과 싸워 승려가 죽었는데, 그 때문에 고후쿠지 승병들이 도우노미네를 공격하여 불태워 버렸

---

39 1083년부터 1087년까지 동북 지방의 호족 기요하라淸原 씨가 일으킨 난으로 후삼년의 난이라고 한다. 전구년의 난 이후 기요하라 씨는 동북 지방에서 세력을 뻗치고 있었는데, 11세기 후반 기요하라 씨 일족 사이에 내분이 일어났다. 기요하라노 사네히라淸原眞衡와 이복 동생인 이에히라家衡 및 기요히라淸衡 사이에 상속 싸움이 일어났고, 사네히라가 사망한 뒤인 1083년에는 기요히라와 이에히라 간의 싸움으로 발전한 것이다. 무쓰陸奧의 장관으로 그 지역에 내려가 있던 미나모토노 요시이에源義家는 기요히라를 도와 이에히라와 싸워 마침내 1087년 이를 평정하였다. 이것이 후삼년의 난이다. 조정에서는 이 난을 사적인 싸움이라 하여 은상을 내리지 않았는데, 요시이에는 사재를 털어 부하들에게 상을 나눠 주어 간토關東 지역의 무사들은 요시이에에게 충성을 맹세하였고 이로써 미나모토 씨는 간토 지역에 확고한 기초를 쌓았다. 또 기요히라는 히라이즈미平泉를 중심으로 동북 지방에 세력을 뻗쳤다.

다. 같은 해 6월에는 미이데라三井寺[40]와 히에이 산[41] 엔랴쿠지가 불화 때문에 서로 싸워 미이데라가 완전히 불타 버렸다.

이듬해 에이호 2년(1082)부터 무쓰의 사변이 일어났다. 당시 무쓰의 6군에 기요하라노 사네히라淸原眞衡라는 자가 있었다. 전에 진수부장군을 지냈던 기요하라노 다케노리의 손자로 아라카와 다로 다케사다荒川太郎武貞의 아들이다. 사네히라는 몹시 부유하고 사치스럽고 그의 행동도 도가 지나쳤으므로 원래는 일족이면서도 사네히라의 가신이 된 데와 국의 무사 기미코노 히데타케吉彦秀武의 원한을 사서 양자 간에 싸움이 시작되었다[향응의 일 때문에 일어났다]. 에이호 3년(1083)에 미나모토노 요시이에가 무쓰노카미에 임명되어 서둘러 부임하였다. 처음에 기요히라淸衡, 이에히라家衡 형제는 히데타케 편을 들었는데 그 후 다케히라가 이에히라 편이 되어 요시이에에게 등을 돌리고 기요히라, 히데타케가 요시이에에게 속하게 되었다.

생각해 보건대, 『후삼년기後三年記』[42]에 따르면, "기요히라는 와타리노 곤노다이후亘理權大夫 후지와라노 쓰네키요藤原經清[43]의 아들이다. 쓰네키요가 주살된 뒤 그의 처는 아라카와 다로 다케사다에게 시집가서 이에히라를 낳았다. 그런 까닭에 기요히라와 이에히라는 이부동복 형제이다"라고 하였다. 그렇다고 하면 사네히라와 이에히라는 동부형제이며 따라서 두 사람 모두 기요히라와는 이부형제가 되는 것인가. 다케히라에 대해서는 『후삼년기』에는 설명이 없다. 아마도 다케히

---

40 온조지園城寺.
41 난외 두주 '山' 자 아래에 '門' 자가 들어가야 한다.
42 후삼년의 난을 묘사한 것을 1347년 겐네玄慧 법인法印이 두루마리 그림의 사서詞書를 뽑아 쓴 것.
43 전구년前九年의 난 때 미나모토노 요리요시源賴義, 기요하라노 다케노리淸原武則와의 싸움에서 패하여 죽었다.

라도 다케노리나 다케사다의 자식이었을 것이다.

『왕대일람王代一覧』[44]에는 다케히라는 이에히라의 형이라고 기록되어 있다. 어떤 근거가 있는 것인지 분명치 않다. 『후삼년기』에는 에이호 3년(1083)까지의 일을 기술하였고 그 사이에 7년간의 일은 빠져 있으며 뒤이어 간지寛治 5년(1091)부터 적고 있다. 대체로 이 전투에 대해서는 확실하게는 알지 못하는 것인가.

『대계도大系圖』[45]에 따르면, 기요히라 부분에 "후삼년 전쟁의 발단은 이 인물이다. 이부동복 동생인 이에히라와의 다툼이 그것이다"라고 기록되어 있다. 그렇다고 한다면 에이호 3년 이후에 사네히라가 죽고 가독을 둘러싸고 기요히라와 이에히라가 또다시 다투고 이에히라가 고쿠시의 명령에 따르지 않았기 때문에 전투가 일어난 것일까.

이렇게 해서 간지 5년(1091) 9월에 미나모토노 요시이에는 수만 기를 이끌고 가네사와 책金澤柵를 공격하였고, 11월 14일 밤에 이를 공략하여 다케히라와 이에히라를 생포하고 목을 베었다. 그리고 조정에 상주하여, "다케히라와 이에히라의 모반은 이미 사다토와 무네토의 예를 훨씬 넘었지만 저의 병력으로 때마침 평정할 수 있었습니다. 빨리 다케히라 등의 추토 관부官符를 받아서 적의 머리를 헌상하고 싶습니다"라고 고하였지만, 사적인 적이었다고 하는 소문이 났다. 관부가 내려지면 조정으로부터 상을 받을 터였는데 결국 관부를 내리지 않기로 정해져서 요시이에는 도중에 머리를 버리고 헛되이 상경하였다[생각해 보건대, 에이호 2년(1082)부터 간지 5년(1091)까지는 10년간이

---

44 『일본왕대일람日本王代一覧』. 하야시 슌사이林春齋가 와카사 국若狭國의 오바마 번小濱藩 번주 사카이 다다카쓰酒井忠勝의 요구에 응하여 편찬한 역사서. 1652년 성립. 전 7권. 진무神武 천황부터 오시마치正親町 천황까지의 주요 사건의 요점을 연대순으로 정리했다.

45 『존비분맥尊卑分脈』의 이름으로 알려진 일본 황실·제가諸家의 계도집系圖集. 도인 긴사다洞院公定가 1377년부터 1395년에 걸쳐서 편찬했다.

다. 이때 요시이에는 쉰두 살, 요시이에의 동생 요시미쓰義光는 서른세 살이었다].

그 후 16년 뒤에 미나모토노 요시치카源義親의 일[46]이 있었다. 요시치카는 요시이에의 장남이다. 『계도系圖』에 따르면, 고와康和 2년 (1100)에 오에노 마사후사大江匡房 경이 호소했기 때문에 요시치카는 유형에 처해졌다[생각해 보건대, 마사후사는 호리카와堀河 천황 쇼토쿠承德 2년 (1098) 9월에 다자이곤노소쓰大宰權帥가 되었고 고와 4년(1102) 6월에 임기를 마치고 귀경하였다. 그렇다면 요시치카가 유형에 처해졌을 무렵에는 마사후사가 아직 재임 중이었던 것이 된다.]

『고사담』에는, "전 쓰시마노카미對馬守 요시치카가 고와 5년(1103) 12월 28일에 하코자키 궁筥崎宮의 호소에 의해 오키 국에 유배되었다. 그렇지만 그곳에 가지 않고 이즈모 국出雲國을 돌아다니며 그 국의 모쿠다이目代[47]를 살해하였다[고쿠시國司 후지와라노 이에야스藤原家保 경이 모쿠다이로 임명하였다]. 이 일 때문에 조정에서 요시치카 토벌 명령이 내려졌다. 가조嘉承 3년[즉 덴닌天仁 원년](1108) 정월 6일 그는 죽임을 당했고 같은 달 29일에 도성의 우옥右獄[48] 나무에 효수되었다."라고 기록되어 있다[생각해 보건대, 호리카와인堀河院은 가조 2년(1107) 7월에 붕어하였다. 이 해에 다이라노 마사모리를 파견하였고, 요시치카는 도바鳥羽 천황이 즉위한 이듬해인 덴닌天仁 원년(1108) 정월에 죽임을 당하였다.]

요시치카가 토벌된 해 2월 7일에 미나모토노 요시이에의 2남 우효에곤노스케右兵衛權佐 요시타다義忠가 숙부인 요시미쓰에게 살해당하였다. 가시마 사브로鹿島三郎라고 하는 자가 죽였다. 그것이 요시미쓰의 형 요시쓰나의 짓이라고 잘못 전해졌으므로 요시쓰나는 몹시 분노하

---

46 앞의 권2 주 18 참조.
47 헤이안·가마쿠라 시대 지방관인 고쿠시國司의 대리인. 고쿠시 대신에 임지에 부임하여 집무하는 사적인 대관代官.
48 헤이안쿄平安京의 우경右京에 설치되었던 옥사.

여 오미 국近江國 고가 산甲賀山에서 농성하였다. 이때 요시치카의 아들인 다메요시爲義가 인젠院宣을 받아[다메요시는 요시이에의 적손으로 요시이에를 계승했다. 요시쓰나는 다메요시의 종조부이며 게다가 장인이었다] 요시쓰나를 토벌하였다[당시 다메요시는 열 살이었다. 『호겐모노가타리保元物語』에는 열네 살로 적혀 있다]. 요시쓰나는 항복하였고 사도佐渡에 유배되었다[일설에는 주살되었다고도 한다]. 이해 8월 18일에 미나모토노 요시이에가 예순일곱 살로 졸하였다[이해 요시이에는 아들 두 명과 동생 한 명을 앞세웠다].

『난태평기難太平記』[49]에 따르면, 미나모토노 요시이에는 유언장에 "나는 7대째 자손으로 다시 태어나 천하를 얻을 것이다"라 적었다고 한다. 생각해 보건대, 중세에는 장수의 명을 받아서 활동하고 그 전공을 상주하면 훈공의 보답으로 반드시 재상의 지위가 주어졌다. 오노노 아즈마비토가 후지와라노 히로쓰구를 토벌하고, 오토모노 스루가마로, 후지와라노 오구로마로, 사카노우에노 다무라마로, 분야노 와타마로 등이 아즈마에비스를 토벌한 것이 그런 부류이다. 덴교의 난 때 참의 우에몬노카미右衛門督 후지와라노 다다부미가 중도에서 되돌아왔을 때조차도 역시 은상을 내려야 할 것인지 아닌지 논의가 조정에서 행해졌던 것이다. 그때 후지와라노 히데사토, 다이라노 사다모리가 전공을 상 받은 것이 겨우 4위, 5위에 서임되는 데에 지나지 않았다고 하더라도 이들은 장수의 명을 받고 토벌한 것은 아니었다. 하물며 원래 관위가 6위 정도의 인물이라면 이 정도의 은상이라도 파격적인 대우였다고 말해야 할 것이다. 더욱이 두 사람은 진수부장군에 임명되고 공전功田을 많이 수여받았으며 두 국의 고쿠슈國守를 겸하게 하였다.

미나모토노 쓰네모토는 다이라노 마사카도의 난, 후지와라노 스미토모의 난이 일어났을 즈음에 동서의 전쟁에 분주하였고, 미나모토노 요리노부 대에는 오랫동안

---

49 무로마치室町 시대의 무장 이마카와 사다요今川貞世 저. 1402년 성립. 규슈 탄다이九州探題로서 큰 성과를 올렸음에도 불구하고 장군 아시카가 요시미쓰足利義滿에 의해 1395년 그 직에서 파면되고 1402년에는 스루가·도오토미 슈고守護직과 영지도 몰수당한 사다요가 만년에 실의에 빠져 저술한 것.

평정되지 않았던 다이라노 다다쓰네를 그리 많은 날수도 걸리지 않고서 항복시켰다. 또 미나모토노 요리요시는 동국의 평정에 12년 정도 종사하고 백발이 되어 전공을 상주하기에 이르렀다. 그리고 미나모토노 요시이에도 10년이 지나 다케히라, 이에히라를 평정한 것이다. 그렇지만 이 사람들은 모두 그 위는 4위에 지나지 않았다. 겨우 승전昇殿[50]이 허락된 것을 명예로 생각했던 것이다. 그리고 평소에 섭관가攝關家를 섬겨 그 집 하인들과 어깨를 나란히 하였다.

원래 미나모토노 쓰네모토는 세이와淸和 천황으로부터 2대째 친왕이다. 그 자손은 친왕가에서 나온 지 아직 세월이 경과하지 않았다. 설령 재상의 반열에 들어가지 않았다 하더라도 다른 집안과는 비할 바가 아니다. 하물며 요시이에는 다케히라, 이에히라를 쳐서 평정했을 때 관부官符를 요청했음에도 불구하고 사적인 전투라는 소문이 있다는 이유로 받아들여지지 않았다. 이는 더욱더 납득할 수 없는 일이 아닌가. 10년이나 되는 세월 동안 사적인 전투로 임지 내를 어지럽혀 쇠퇴하게 하였다고 한다면 조정은 어째서 요시이에를 벌하지 않았는가. 어째서 공적을 상 주지 않은 것인가. 이런 점들에 대해서 요시이에가 원한을 품은 것도 이유가 없지 않다고 말할 수 있다. 다만, 요시이에가 유언장에 "천하를 취할 것이다"라고 적은 것은 주의해야 한다. 결코 황실을 뒤엎으려는 의미가 아니며 당연히 그 당시의 사정에 근거하여 생각해야 한다.

당시 천하의 권력은 오랫동안 섭관가에 있었다. 요시이에가 말한 것은 그 권력을 빼앗아 자기 후손에게 준다는 것이다. 과연 3대 뒤에 미나모토노 요리토모源賴朝가 그 권력을 조정으로부터 분장하였고, 아시카가足利 장군가도 또한 천하의 주군으로서 추앙받았으며, 그리고 세 번째인 지금의 시대가 다스려지고 있는 것이다. 요시이에의 유언은 결코 헛되지 않았다고 말할 수 있다. 또 세이와 천황의 계통은 요제이陽成 천황으로 단절되고 말았지만 요리토모 이래 무가로서 세상을 다스렸던 사람들은 모두 그의 혈통인 것이다. 하늘의 뜻은 참으로 헤아리기 어려운 것이 아닌가.

또 생각해 보건대, 『신황정통기』에는, "도바인鳥羽院 대였던가 '여러 국의 무

---

50 앞의 권2 주 29 참조.

사가 겐지源氏나 헤이시平氏 집안에 속하는 것을 금하라'는 금령이 여러 차례에 걸쳐 내려졌다. 겐지나 헤이시는 오랫동안 무武로써 출사해왔는데 일단 일이 있을 때는 센지宣旨를 받아 여러 국의 군사를 소집하여 인솔하였다. 그러는 사이에 근래에 이르고부터는 여러 국의 군사 다수가 겐지나 헤이시에게 자주 조력하게 되었기 때문에 이와 같은 금령이 조정으로부터 내려졌던 것이다."라고 하였다.

겐지가 군사를 장악하게 된 것은 미나모토노 쓰네모토 때부터이며, 헤이시가 군사를 장악한 것은 다이라노 사다모리에서 시작한다. 이는 모두 덴교의 난 때에 시작된 것이다. 그 후로는 헤이시 중에서 모반하는 신하가 나타나면 겐지에게 명하여 이를 토벌하게 하였고[미나모토노 요리노부가 다이라노 다다쓰네를 토벌한 것처럼], 겐지 중에서 천황의 명령에 따르지 않는 자가 나왔을 때는 헤이시에게 명하여 이를 치게 하였다[다이라노 마사모리가 미나모토노 요시치카를 토벌한 것처럼]. 그 때문에 겐지와 헤이시는 원래는 사적인 원수 사이가 아니었는데도 자연히 대대로 원수인 것처럼 생각하였다. 하물며 호겐保元의 난, 헤이지平治의 난을 거쳐 헤이시가 권세를 제멋대로 하고 겐지가 그 자취를 완전히 제거당해 버린 데에 있어서는 더욱 그러할 뿐이었다. 그러는 가운데 동국의 무사들이 모두 겐지에게 마음을 둔 것이 확실하며 당초 요리노부, 요리요시 부자가 다다쓰네를 토벌한 이래 요리요시, 요리이에 2대에 무쓰의 전구년의 난, 후삼년의 난 20여 년을 거쳐 그들에게 속했으므로 대부분이 자연스럽게 자신이 그 일문의 사람인 것처럼 생각하게 되었다.

미나모토노 요리토모가 마침내 천하의 권력을 분장하게 된 것도 모두 겐지 대대로 이룬 공적에 의한다. 그 이유를 생각해 보면, 첫째는 덴교의 난에 기인한다. 이 난의 원인은 섭관가 사람들이 천황가의 권력을 빼앗아 천황의 권위가 날로 약해지고 게다가 무력 대비도 허술해져 버렸기 때문이었다. 다이라노 마가카도와 후지와라노 스미토모가 모의했을 때 천황의 계통을 이어받는다는 점에서 마사카도가 황위를 취하고, 후지와라 씨의 자손이므로 스미토모가 섭정관백의 지위를 차지하려고 약속하였다는 소문이 들리는 것도 천황가와 섭관가의 과실을 보고 배운 것은 아니었던가. 이것이 첫째.

또 천황의 외척으로서 권력을 휘둘렀던 점에서 섭정관백의 직을 자기 집안의 것으로 만들어 버려서 자연히 이를 자제에게 물려주게 되었다. 그런 까닭에 조정에서 재상은 전부 일문의 자들로 채워졌다. 그들이 한 사람도 빠짐없이 그 계통에서 관직을 잡았기 때문에 장수의 직도 그 계통 사람이 임명되었고 결국에는 세습직이 되었다. 따라서 거기에 소속된 병사들 또한 그들의 사병으로 변해 버렸으므로 도바 천황 무렵에 '겐지나 헤이시에게 속해서는 안 된다'는 금령이 자주 내려진 것이다. 겐지와 헤이시의 병권을 완화시키려고 생각하였다면 그것을 실현할 방책은 세울 수가 없었던 것일까[중국 후한의 광무제가 공신의 병권을 해제한 것, 또 송의 태조가 주연을 베푼 사이에 병권을 해제한 것 등과 같이]. 그렇게 된 이유를 파헤치지 않고서 오로지 이를 금지한 것은 겐지와 헤이시가 서로 분노를 품는 것을 촉구하지 않았을까. 이것이 둘째.

이 두 가지 점을 아울러 논한다면, 결국 천하가 무가의 시대가 된 것은 후지와라 씨가 외척으로서의 권력을 남용한 데에 기인한다고 말할 수 있다.

그 후 3개월이 지나 시라카와 상황上皇 에이큐永久 원년(1113)에 히에이 산과 고후쿠지興福寺가 싸웠다. 고후쿠지는 황실을 원망하여 가스가샤春日社의 신목神木을 치켜들고 수천 명이 구리스야마栗栖山에 와서 도성에 들어가려고 하였다. 칙사가 파견되었지만 고후쿠지 승병들은 받아들이지 않았다. 미나모토노 다메요시[당시 18세]가 파견되어 다수의 승려를 쳐부수고 쫓아 돌려보냈다. 다메요시는 이 공적으로 사에몬노조左衛門尉에 임명되었다.

생각해 보건대, 시라카와 법황은 "내 생각대로 되지 않는 것은 쌍륙雙六 주사위와 야마호지山法師[51]다"라고 말하였다고 한다. 이 무렵에는 히에이 산의 승병뿐

---

51 히에이 산比叡山 엔랴쿠지延暦寺의 승병.

만 아니라 미이데라나 고후쿠지의 승병들도 여차하면 무력을 써서 황실의 권위를 경시했던 듯하다. 이것의 발단은 고스자쿠 천황 조랴쿠 3년(1039) 봄에 히에이 산의 승병들이 관백 후지와라노 요리미치를 원망하여 거병한 데에서 찾을 수 있지 않을까. 이 또한 섭관가가 권력을 남용하여 천황의 권위가 쇠퇴해 버린 데에 기인한다.

예전에는 승병이 무기를 비치하는 것은 국가가 가장 엄중하게 금지한 바였다. 그런데도 이렇게까지 난잡하게 되어 버린 것은 이른바 '제왕 정치의 대강이 느슨해진' 일단을 보여준다. 이후 툭하면 승병이 병력을 움직여 세간을 어지럽혔고, 심할 때는 호겐의 난 이후 승병의 힘을 빌려 반란을 진정시키기까지 했을 정도였다[호겐의 난 때에는 남도南都[52]의 승병에게 출병을 재촉했고, 또 지쇼治承의 난 때에는 다카쿠라高倉 천황이 미이데라의 승려에 의지하였으며, 고시라카와後白河 법황이 히에이 산 승려의 힘을 의지하여 미나모토노 요시나카源義仲를 치려고 했던 것, 그리고 고다이고後醍醐 천황이 두 번이나 히에이 산을 의지한 것이 그 실례이다].

그 후 오닌應仁의 난 후 히에이 산의 승려는 말할 것도 없고 법화종法華宗[53] 일향종一向宗[54]의 승려, 고야 산高野山 네고로데라根來寺의 승려들도 걸핏하면 무력의 위력을 떨쳤으며, 또 심한 예로서는 일향종 승려들은 가가加賀의 슈고다이묘守護大名 도가시 마사치카富樫政親를 멸망시켰고, 오다 노부나가織田信長조차 결국 이 일향종을 완전히 쓰러뜨리지는 못하였다. 그러므로 노부나가 시대에 히에이 산의 무기를 불태우고 네고로데라를 불태워 멸망시켜서 수백 년에 걸친 화근을 제거

---

52 나라奈良.

53 일본의 불교 종파. 가마쿠라鎌倉 시대 중기에 승려 니치렌日蓮이 개창하였다. 천태종과 같이 대승경전의 하나인 법화경法華經을 성불로 가는 가장 가까운 길로 보았으나, 천태종보다 법화경을 좀 더 절대적으로 받아들여 다른 가르침을 배격한다는 점이 다르다. 니치렌 사후에 여섯 제자에 의해 널리 퍼졌으며 여러 분파가 생겨났다.

54 일본의 불교 종파. 가마쿠라 시대의 정토종 승려 잇코 준쇼一向俊聖가 개창하였다. 에도江戶 막부에 의해 시종時宗에 강제적으로 통합되어 시종일향파時宗一向派로 개칭되었다.

한 것은 큰 공적이었다고 말해야 할 것이다. 다만 일향종에 대해서는 오늘날도 여전히 그 화근이 없어진 것처럼 보이지 않는다. 장래에 국가의 근심거리가 될 만한 것은 이 일향종만 남았다.

그 후 15년이 지나 스토쿠崇德 천황 다이지大治 4년(1129) 3월 산요도山陽道, 난카이도南海道 방면에서 반란이 일어났다. 도바 상황이 히젠노카미備前守 다이라노 다다모리平忠盛에게 명령을 내려 이를 토벌하였다[다다모리는 다이라노 사다모리의 손자이며 다이라노 마사모리의 아들이다].

그 후 26년이 지나 호겐의 난이 일어났다[이에 대해서는 앞에서 언급했으므로 여기서는 생략한다].

그 후 2년이 지나 헤이지의 난이 일어났다[이것도 마찬가지로 생략한다].

그 후 21년이 지나 다카쿠라 천황 일이 발생하여 천하가 어지러웠다. 그로부터 6년 후에 헤이케平家가 망하고 말았다[다카쿠라 천황의 일은 지쇼治承 4년(1180), 헤이케 멸망은 고토바後鳥羽 천황 분지文治 원년(1185)].

생각해 보건대, 덴교 2년(939)에 다이라노 마사카도, 후지와라노 스미토모의 난이 일어나고부터 분지 원년(1185) 봄에 헤이케가 망하기까지 245년 동안에 일어난 전란이 12번에 달한다. 진무 천황 즉위년부터 스자쿠 천황 덴교 원년(938)까지 1564년 동안에는 전란이 겨우 14번을 헤아릴 따름인가. '하늘의 노여움이 작용하는 시절에는 그렇게 태평스럽게 있어서는 안 된다'라는 것은 사실인가.

미나모토노 요리토모 부자 3대

미나모토노 요리토모[55][56]는 서른네 살이 되던 다카쿠라 천황 지쇼 4년(1180) 8월에 거병하였다. 이때는 이기지 못하고 아와 국安房國으로 달아났다. 9월에 가즈사 국上總國으로 갔고 거기서 시모우사 국으로 갔다. 10월에 무사시 국을 거쳐 가마쿠라鎌倉에 들어갔다. 그리고 20만 병력을 이끌고 아시가라 산足柄山을 넘어 오바 가게치카大庭景親[57]과 교전하여 이를 격파하였다. 더 진군하여 스루가 국 가시마賀島에 도착했는데, 헤이시의 군세가 궤멸하였다는 소식을 듣고 그만두고 다케다 다로 노부요시武田太郎信義[58]에게 스루가 국을 지키게 하고 또 야스다 사브로 요시사다安田三郎義定에게 도오토미 국遠江國을 지키게 하고 가마쿠라로 돌아갔다. 11월에는 관자冠者 사타케 히데요시佐竹秀義를 쳐서 베어 죽이고, 12월에는 가마쿠라의 새 저택으로 옮겼다. 그에게 출사하는 무사는 311명을 헤아렸다.

---

55 앞의 권3 주 54 참조.

56

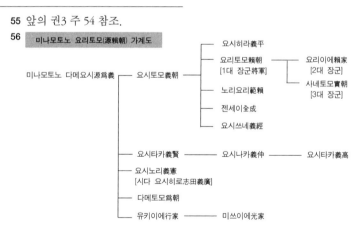

57 난외 두주 저본에는 '場' 자로 되어 있다.

58 난외 두주 '武' 자 위에 '使' 자가 빠진 것이 아닌가.

안토쿠安德 천황 요와養和 원년(1181) 윤2월에 다이라노 기요모리平淸盛가 훙서薨逝하였다. 이달에 다이라노 시게히라平重衡가 1천여 기를 이끌고 동쪽으로 출진하였다. 미나모토노 요리토모는 숙부 시다 사브로志田三郎와 싸워 이를 무찔렀다. 같은 해 3월에는 미나모토노 유키이에源行家 등이 오와리尾張, 미카와三河의 병력을 이끌고 헤이시와 스노마타가와墨俣川에서 싸워 패하였다. 8월, 이세노카미伊勢守 후지와라노 기요쓰나藤原淸綱, 가즈사노스케上總介 후지와라노 다다키요藤原忠淸, 다테노 다로 사다야스館太郎貞保가 동쪽으로 출진하고 군병을 오미 국에 주둔시켰다. 9월이 되어 요리토모는 미우라三浦, 가사이葛西를 파견하여 아시카가 다로 도시쓰나足利太郎俊綱를 토벌하고 이를 베어 죽였다. 10월에는 다이라노 고레모리平維盛가 동쪽으로 출진하였다. 11월에 요리토모는 아시카가 요시카네足利義兼, 미나모토노 구로 요시쓰네源九郎義經, 도이 지로 사네히라土肥二郎實平, 쓰치야 사브로 무네토土屋三郎宗遠, 와다 고타로 요시모리和田小太郎義盛를 파견하여 헤이케 병력을 도오토미 국에서 방어하게 하였다. 사사키 히데요시佐佐木秀義는 다이라노 고레모리와 오미 국에 주둔하고 언제까지나 진군하지 않은 채로 있었으며, 또 미나모토노 유키이에가 오와리 국에서 헤이케 병력을 저지할 터였기 때문에 간토의 병력도 출진하지 않았다.

요와 2년(1182) 3월에 미나모토노 요리토모는 가즈사노스케 다이라노 히로쓰네平廣常를 죽였다. 이 해 겨울에 노리요리範賴와 요시쓰네義經를 파견하여 요시나카를 토벌하였다. 고토바 천황 겐랴쿠元曆 원년(1184) 정월, 요시나카가 싸움에 패하여 죽었다. 2월 7일에 이치노타니 성一谷城이 함락되었고, 18일에 요리토모는 교토슈고京都守護와 가지와라 가게토키梶原景時, 도이 사네히라에게 명하여 사자를 파견하고 하리마播磨, 미마사카美作, 비젠備前, 빗추備中, 빈고備後의 다섯 국을 지키게 하였다. 3월 1일, 명령문서를 규슈 아홉 국의 무사들에게 발행하였다. 9일, 센지에는 "무사들 중에 헤이시 토벌을 빙자하여 난폭한 짓을 하는 자가 있다. 요리토모는 사정을 조사하여 아뢰어라"라고 되어 있었다.

같은 달 8일에 이타가키 사브로 가네노부板垣三郎兼信와 도이 사네히라가 서국西國 지방으로 향하여 헤이시를 토벌하였다. 4월에 미나모토노 요시타카源義高[59]를 살해하였다. 6월에 노리요리가 미카와노카미三河守에 임명되었다. 요리토모는 요시쓰네가 임관하는 것을 용납하지 않았기 때문에 같은 달 요시쓰네는 간토로 가서 자기에 대한 참언을 둘러싸고 요리토모에게 사죄하였다[이 해 3월에 가지와라 가게토키가 간토로 돌아가서 요리토모에게 요시쓰네의 일을 나쁘게 고했기 때문이었다고 일컬어지고 있다. 이것은『겐페이 성쇠기源平盛衰記』에 실려 있다].

7월에 요리토모는 상황에게 요시쓰네를 서국에 출진시키도록 청원하였다. 8월에 요시쓰네가 이치노타니에서의 전공을 상 받아 사에몬노쇼조左衛門少尉 게비이시에 임명되었는데, 요리토모는 이 일을 불쾌하게 생각하여 요시쓰네의 서국 출진을 중지시키고 대신에 노리요리를 파견하였으므로 노리요리가 가마쿠라를 출발하였다. 9월, 요시쓰네는 종5위하가 되고, 10월에는 인院과 황거의 승전을 허락받았다.

분지 원년(1185) 2월, 요시쓰네도 서국의 출진에 가담하여 야시마屋島를 함락시켰다. 3월 4일, 요리토모는 대선대부大膳大夫 나카하라히사쓰네中原久經와 곤도 구니히라近藤國平를 교토에 파견하여 도성에 있는 무사들의 난폭한 행동을 진정시켰다. 24일에 결국 헤이시가 멸

---

59 기소 요시나카木曾義仲의 아들. 미나모토노 요리토모源賴朝와 요시나카의 화해의 증거로서 가마쿠라에 보내고 요리토모의 딸 오히메大姬의 사위로 삼았다.

망하였다.

4월 12일, 요리토모는 노리요리에게 명하여 규슈에 머물러 일을 지시하게 하였다. 또 관령官領[60]을 몰수하고 요시쓰네를 소환하였다. 요리토모가 종2위에 서임되었다. 15일, 간토의 고케닌御家人 중에 요리토모의 내밀한 추천을 받지 않고 제멋대로 위부衛府[61]의 장관에 임명된 자 23명에 대해 요리토모는 '영지를 몰수하고 참죄에 처할 것이다'는 뜻의 문서를 교토에 보냈다. 29일에는 다시로 노부쓰나田代信綱에게 "사자를 보내어 요시쓰네가 자립하려고 기도하여 사무라이들에게 사적인 은혜를 베푸는 것은 부당하다. 이후는 요리토모에게 충성심이 있는 자는 요시쓰네를 따라서는 안 된다고 알리며 다니라"고 명하였다. 5월 7일, 요시쓰네는 가메이 로쿠로龜井六郎를 사자로 삼아 요리토모에게 서약서를 바치고, 내대신內大臣 다이라노 무네모리平宗盛를 데리고 사카와노에키酒勾驛에 도착하였다. 호조 도키마사가 마중하러 나왔지만 요시쓰네는 가마쿠라에는 들어갈 수 없었다. 6월 9일, 다이라노 나이후는 요시쓰네에게 되돌려졌고 마침내 오미 국의 시노하라篠原에서 살해되었다. 8월, 대선대부 히사쓰네와 곤도 구니히라는 원정院政 정청의 명령서를 받아서 규슈로 향하였다. 16일, 요시쓰네가 이요노카미 겸 인노우마야 벳토院廐別當에 임명되었고, 또 특별 칙령에 의해 교토의 경비를 분부받았다. 9월, 요리토모는 가지와라 가게스에梶原景季를 파견하여 "전임 비젠 고쿠시 미나모토노 유키이에를 토벌하라"라고 요시쓰네에게 명하였다. 10월, 요리토모는 도사노보 쇼슌土佐房正俊으로 하여금 요시쓰네를 습격하게 하였다.

---

60 관직에 부수하는 영지나 권익.

61 궁성 경비를 맡은 관청. 영제슈制에서는 5위부衛府가 있었지만 811년 이후는 좌우 에몬衛門·효에兵衛·고노에近衛의 6위부가 되었다. 후에 게비이시檢非違使의 설치에 의해 도성에서의 위부의 기능은 쇠퇴하였다.

25일에 오야마 도모마사小山朝政, 유키 도모미쓰結城朝光와 50여 명을 교토로 보냈다. 29일에는 요리토모 자신이 서국으로 향하여 출진하였다. 11월 3일에는 요시쓰네와 유키이에가 교토를 떠났고, 같은 달 5일에 간토의 병력이 입경하였다. 8일, 요리토모는 병력을 되돌렸다.

25일에 호조 도키마사[62]가 입경하여 28일에 여러 국에 슈고守護, 지토地頭를 배치하였고, 권문세가의 장원이나 공령公領을 불문하고 병량미를 징수할 수 있도록 조정에 요청하여 29일에 칙허받았다. 같은 날 요리토모는 역법驛法[63]을 정하였다. 12월 6일, 요리토모는 후지와라노 가네자네藤原兼實에게 서장을 보내어 지토직을 요청하였고, 21일에 칙허되었다. 이해 사이카이西海 26국에 무용이 있는 사무라이를 뽑아 파견하여 각각 그 지역을 감독시키기로 하였다.

분지 2년(1186) 3월 1일, 조정은 요리토모를 총추포사總追捕使 및 지토에 임명하였다[이때 그가 받은 영지는 사가미相模, 무사시, 이즈伊豆, 스루가, 가즈사, 시나노信濃, 에치고越後, 거기에 분고豊後 등 규슈의 국들이다].

생각해 보건대, 처음에 요리토모는 헤이시, 요시나카, 유키이에 등과 싸우는 동안에 동국 지방을 복종시키고 어부지리의 비유대로 기회를 틈타 세간의 난을

---

62 1138~1215. 가마쿠라 막부의 초대 집권執權. 미나모토노 요리토모源賴朝가 이즈에 유배 중인 1177년 무렵 딸 마사코政子를 시집보내 미나모토 씨와 인연을 맺었다. 1180년 요리토모가 다이라平 씨를 타도하기 위해 군사를 일으킨 이래 호조 도키마사는 막부 창업에 큰 역할을 하였다. 요리토모가 사망한 뒤 2대 장군 미나모토노 요리이에源賴家의 친정親政을 그만두게 하고 중신 합의제를 실시하고 그 일원이 되었다. 요리토모의 총애를 받던 가지와라 가게토키梶原景時, 외척인 히키 요시카즈比企能員를 토벌하여 반대 세력을 제거하였다. 1203년 장군 요리이에를 폐하고 3대 장군 미나모토노 사네토모源實朝를 옹립하고, 자신은 막부의 정치를 총괄하는 집권執權이 되어 실권을 잡았다. 1305년 장군 사네토모를 제거하려다 실패하여 은퇴하였다.
63 앞의 권3 주 62 참조.

진정시키고 지금까지 쳐서 복종시킨 국들을 조정으로부터 상으로 받아서 마치 무쓰 국의 히데히라가 오우奧羽 지방을 횡령한 것처럼 하려고 마음먹었던 것은 아니었을까. 그렇지만 요시쓰네, 유키이에 일이 발생하였기 때문에 오에노 히로모토의 방책을 채용하여 조정에 슈고, 지토직을 청원하고 그로써 천하를 모두 한손에 장악한 것임에 틀림없다.

또 요리토모가 정치를 시작한 즈음에 오에노 히로모토, 미요시 야스노부三善康信, 미요시 야스토시三善康俊 등의 유학자를 만도코로政所의 지시를 맡기게 한 데에는 깊이 고려한 바가 있었음에 틀림없다.

『신황정통기』는 다음과 같이 말하였다.

"사람을 뽑아 쓸 때에는 우선 그 사람의 덕행을 검토한다. 덕행이 같은 정도인 경우에는 연공이 있는 쪽을 채용한다. 격조格條에는 '아침에는 잡역에 봉사하는 비천한 몸이라도 저녁에는 공경 신분에 오른다'라고 말하였는데, 그것은 순서나 차례에 구애되지 않고 덕행이나 재주와 슬기에 의해 인물을 뽑는 것을 가리킨다. 간코寬弘[이치조 천황 때의 연호] 연간[64] 이전에는 재주와 슬기가 많으면 집안이나 혈통에 관계없이 대장이나 재상의 지위에까지 올라간 사람도 있었다. 간코 이후는 대대로 그 관직을 이어받는 가문이 우선되었고 그중에서 재주도 있고 게다가 그 관직에 걸맞는 인물이 뽑히게 되었다. 말세에도 난잡해지는 것을 경계한 것일까. '일곱 국의 수령受領을 거쳐 합격해야 중앙관청의 장관壯官이 고려한 다음에 참의에 임명된다'고 늘 말하였다"[이는 섭관가攝關家가 자기 집안의 힘을 영위하기 위한 계략이지 좋은 일은 아니다].

"너무 대대로 그 관직을 이어받는 가문의 자만을 채용해도 현명한 재주와 슬기를 가진 인물이 나타나지 않는 원인이 되므로 상고 시대

---

64 1004~1012.

처럼 되지 않는 현실을 원망하는 무리들도 당연히 나올 것이다. 그러나 예전 그대로 해서는 점점 난잡하게 되어 버리기 때문에 역시 유서 있는 가문을 중시하는 편이 이치에 맞다"[이 논지는 어떨까].

　"다만 재능도 있고 덕도 밝아서 채용되더라도 결코 타인으로부터 비난받지 않을 정도의 인물이라면 오늘날에도 반드시 유서 있는 가문이 아니라고 해서 물리치는 것은 당치 않다고 생각한다."

　"다음으로 공전功田이라는 것은 예전에는 공로의 정도에 따라서 대·상·중·하의 네 가지 공을 기준으로 하여 전지를 나누어 주었다. 그것이 계승되는 세대는 정해져 있었다. 대공大功은 대대로 계승하는 것이 허용되었고, 그 이하의 경우는 혹은 3대에 걸쳐서 계승되거나 손자에게 계승되거나 본인 한 대에 한하여 그치는 것도 있었다. 천하를 다스린다는 것은 국군國郡의 관리에만 전념하지 않고 이렇다 할 이유도 없이 조세 면제의 토지를 둔다거나 하는 일이 없도록 조처하는 것이다. 국에는 가미守가 있고 군에는 료領가 있다. 한 국 내는 모두 국가의 명령 하에 다스려지기 때문에 법을 어기는 백성도 없었고 고쿠시國司의 행적을 고려한 뒤에 상벌이 정해지므로 천하의 일도 마치 손바닥을 보듯 행하기 쉬웠다. 그중에 여러 인院이나 궁에 속하는 미후御厨[65]가 있었다. 친왕과 대신大臣도 마찬가지이다. 그 밖에 관전官田, 직전職田 등과 같은 것이 있었는데 어느 것이나 조정으로부터 관작을 받아서 그 토지로부터 조정으로 올라오는 조세를 받을 뿐이며 국내의 일은 일체 고쿠시의 공무에 속하였다. 다만 큰 공이 있는 자의 경우에는 현재도 장원으로서 전해지고 있는 것처럼 고쿠시의 간섭을 받지 않고 토지를 대대로 물려받았다. 중고 시대가 되면 장원이 많이 생겨서 조세 면세지가 나타났기 때문에 나라

---

65 조용조를 상납하는 민가.

가 극도로 어지러워졌다."

"고산조後三條 상황 시대에 이와 같은 폐해를 듣고 기록소記錄所라는 관청을 설치하여 여러 국에 있는 장원이나 공령의 문서를 제출하게 해서 많은 장원을 폐지시켰는데, 시라카와白河·도바鳥羽 천황 시대부터 신설되는 장원이 점점 많아져서 고쿠시의 힘이 미치는 토지는 100분의 1정도가 되고 말았다. 게다가 후세가 되면 고쿠시 자신이 임지에 부임하는 일조차도 없이 유능하지도 않은 모쿠다이目代를 보내어 국을 다스리게 시켰기 때문에 어지러운 나라가 되지 않는 쪽이 이상할 정도였다. 하물며 분지文治 초에 국에는 슈고직을 임명하고 장원, 향보鄕保66에 지토를 배치하고부터는 옛 시대의 모습은 조금도 없어지고 정치를 바르게 행하는 길은 다 없어지고 말았다."

또 이렇게 쓰여 있다.

"헤이시가 망한 바에는 천하는 원래대로 천황의 뜻대로 될 것인가 하고 생각했는데 요리토모가 유례없는 공을 세웠기 때문에 자기도 권력을 남용하였다. 천황도 요리토모가 하는 대로 맡겨두었으므로 황실의 권위는 점점 쇠퇴하였다. 그리고 요리토모가 여러 국에 슈고를 두어 고쿠시의 권위를 억제했기 때문에 고쿠시의 공무도 이름뿐인 것이 되고 말았다. 모든 장원과 촌에 지토를 임명했기 때문에 장원영주는 마치 없는 것처럼 되었다."

『아즈마카가미東鑑』67 분지 원년(1185) 12월 21일조에, "여러 국의 장원 토지는 오로지 간토68가 관리하였다. 이전에도 지토라고 칭하

---

66 향鄕과 보保. 지방행정구역. 장원 등의 사령私領에 대한 공령公領 지역.
67 『아즈마카가미吾妻鏡』 또는 『아즈마카가미東鑑』라고 한다. 가마쿠라鎌倉 시대에 성립한 역사서. 가마쿠라 막부 초대 장군 미나모토노 요리토모源賴朝부터 6대 장군 무네카타宗尊 친왕까지 6대 장군기將軍記라는 구성으로, 막부 사적을 편년체로 기록하였다. 성립 시기는 가마쿠라 시대 말기인 1300년경. 편찬자는 막부 중추의 복수의 인물일 것으로 본다.

는 자는 대부분 헤이케 사람들이었다. 그것은 천황의 은혜에 의해서가 아니라 혹은 헤이케가 영내에 그 칭호를 받은 자를 배치하고 혹은 고쿠시나 장원영주가 사적인 은혜에 의해 장원 내에 임명한 것이다. 그 장원도 주인의 명령을 어기는 경우에는 해임하고 다른 사람으로 교체하였다. 그리고 헤이케가 망해서 없어졌을 때는 헤이케 사람들이 다스리던 토지라는 이유로 몰수되고 말았다. 그 때문에 사적으로 은혜를 베풀던 본래의 영주들은 빈손이 되어 후회하였다. 이번에 여러 국에 일률적으로 지토가 배치되어 도리어 그 생각이 끊어졌다고 한다."

조에이시키모쿠貞永式目[69] 제3조를 보면[제1조는 신사神社, 제2조는 불사佛寺], "우대장右大將 미나모토노 요리토모 시대에 정해진 것은 오반사이소쿠大番催促[70], 모반, 살해인 등에 관한 것이다. 그것이 최근에는 군향郡鄉에 대관代官을 임명하여 장원이나 공령에 세금을 부과하고 고쿠시가 아닌데도 국의 업무를 방해하고 지토가 아닌데도 토지로부터 이익을 탐내는 자가 눈에 띄게 되었다. 이는 실로 무도한 짓이다. 더구나 각지의 장원 관리나 장원 관리인 이하가 고케닌이라 칭하며 고쿠시나 장원영주의 명령을 받으려고 하지 않는 듯하다. 이러한 자들이 설령 슈고 직무를 맡고 싶다고 부탁하여도 일체 받아들여서는 안 된다. 빨리 대장 시대의 예에 따라 오반야쿠大番役[71] 및 모반, 살해

---

68 미나모토노 요리토모의 정권.

69 고세이바이시키모쿠御成敗式目의 다른 이름. 고세이바이시키모쿠는 가마쿠라 시대에 제정된 무사정권을 위한 법령이다. 조에이貞永 원년(1232) 8월 10일에 제정되었기 때문에 조에이시키모쿠라고도 한다.

70 가마쿠라 시대에 슈고가 관할 국내의 고케닌御家人을 지휘하여 오반야쿠大番役를 근무하게 하는 것.

71 헤이안平安 시대 말부터 가마쿠라 시대에 천황·상황의 어소나 교토 시중을 경비하는 임무. 고케닌의 직무 중 하나로, 여러 국의 무사가 교대로 담당했으며 슈고守護·소료惣領의 지휘를 따랐다. 조큐承久의 난 이후 장군 어

인에 관한 것 이외는 슈고의 권한을 정지시켜야 한다. 만일 이 시키모쿠의 규정을 어기는 다른 것을 섞어 넣는 경우에는 그 사람을 해임하고 대신에 온당한 인물을 임명해야 할 것이다."라고 정하고 있다[이 뒤 3조는 전부 슈고의 불법행위를 금하는 것이다].

분지 5년(1189) 윤4월 그믐날에 미나모토노 요시쓰네가 자살하고, 9월 3일에 후지와라노 야스히라藤原泰衡가 도망가서 죽었다.

겐큐建久 원년(1190) 11월, 미나모토노 요리토모가 상경하였다. 겐큐 4년(1193) 8월에 동생 노리요리를 죽였다. 겐큐 6년(1195) 2월에 요리토모가 상경하였다. 겐큐 9년(1198) 12월에 말에서 떨어진 요리토모가 해가 바뀌어 쓰치미카도土御門 천황 쇼지正治 원년(1199) 정월 13일에 졸하였다[53세. 지쇼 4년1180부터 20년, 분지 원년1199부터 15년].

『신황정통기』는 다음과 같이 적었다.

"시라카와, 도바 천황 대부터 정치를 하는 방도의 옛 모습이 점차 쇠퇴하기 시작하였고, 고시라카와 천황 시대에 전란이 일어나서 간사한 신하들이 나라를 어지럽혔다. 이 때문에 천하의 백성은 도탄에 빠졌다. 요리토모는 힘을 휘둘러 그 혼란을 평정한 것이다. 왕실이 예전 모습으로까지는 되돌아가지 않았지만 수도의 전란도 진정되었고 만민은 어깨의 짐을 내려놓았다. 또 모든 사람들이 안심하고 생활할 수 있게 되었고 동쪽에서도 서쪽에서도 그의 덕을 경모하여 귀순하였다."

또 말하기를, "대체로 호겐, 헤이지 이래 세상이 혼란하게 되었을 때 만일 요리토모라는 인물도 없고 야스토키라는 자도 없었다면 일본국의 인민은 어떻게 되었을까."

소를 경비하는 가마쿠라 오반야쿠도 제도화되었다.

생각해 보건대, 『신황정통기』가 말하는 바는 공자가 관중管仲의 인仁을 인정한 것을 가리키는 것이다. 요리토모가 처음에 거병한 것은 천황을 위해 진력하고 백성을 구하려고 생각해서가 아니다. 헤이시의 죄악이 가득 차서 천하의 호걸이 다투어 일어날 즈음에 재주가 뛰어나고 민첩한 인물이 결국 목적을 달성한 것이다. 처음에 거병하고서부터 요시나카를 토벌하기까지 몇 년 동안은 기마 장병 한 사람을 내보내어 서쪽으로 향해 출진시켜서 죄를 묻는 것 같은 일은 하지 않았다.

하늘 아래 땅이 이어지는 한 어느 누가 천황의 신하가 아닌 자가 없으며 천황의 토지가 아닌 곳이 한 군데도 없다. 요리토모가 멸망시키고 횡령한 것은 도대체 누구의 신하이며 누구의 토지였던가.

요리토모가 요시나카를 토벌한 것이 때마침 요시나카의 난폭함이 생겼던 때에 해당하며, 또 헤이시를 멸망시킨 것이 때마침 헤이시 세력이 약해졌을 때에 해당하기 때문에 요리토모의 거병은 대의명분을 가지며 또 단시간에 성공한 것처럼 보일 따름이다.

헤이시가 낙향했을 때 만일 계획하고 있던 것처럼 이치노인一院 고시라카와 상황도 마찬가지로 행행하게 하고, 요시나카가 요리토모와 싸우게 되었을 때 계획대로 이치노인을 데리고 서쪽으로 향하였다면 요리토모가 보낸 병력은 도대체 어떤 대의명분으로 요시나카를 토벌하고 또 어떤 말로 헤이시를 멸망시킬 수 있었을까. 이치노인이 우연히 수도에 잔류하게 되고 또 헤이시가 제4 황자[72]를 수도에 남겨 둔 것은 황통의 흐름은 끊어지게 할 수 없는 것이기 때문에 당연히 하늘의 처분에 의한 것이었음에 틀림없다. 그렇지만 요리토모는 늘 스스로 공로에 우쭐해서 황실을 위협하고 제약하였다. 실로 하늘의 공적을 훔쳤다고 말해야 하는 것이 아닌가.

다만 세간에서 요리토모에 대해 논하는 사람은 그가 60여 주의 총추포사, 슈고, 지토직에 임명된 것을 말할 것이다. 그의 시대에 천하의 혼란이 비로소 다스려졌지만 멸망한 헤이시 잔당이 여전히 각지에 가득 차 있었고 게다가 요시쓰네

---

72 나중의 고토바後鳥羽 천황.

나 유키이에의 일이 발생하였다. 당시 슈고, 지토 등을 배치하지 않았다면 천하의 혼란은 그치지 않았을 것이다. 요리토모가 처음에 이 건에 대해 조정에 주청한 것은 결코 황실의 권위를 약화시켜서 자신의 권력을 제멋대로 휘두르려고 해서는 아니었다. 그런 까닭에 『조에이시키모쿠』를 보면 그 첫머리에 당시의 슈고, 지토를 경계하기 위해 결코 고쿠시나 장원영주에게 폐를 끼쳐서는 안 된다는 것을 몇 개조에 걸쳐 규정하고 있다. 이로써 보건대, 조정의 권위가 날로 쇠퇴하고 무가의 권력이 점점 왕성하게 된 것은 전부 그 규정이 나중에 폐해가 생긴 것이지 요리토모가 처음부터 생각하던 것은 아니었다.

당초 요리토모가 이미 패해 있던 병사를 모으고 간토의 무사나 백성의 마음을 끌어 세력이 날로 왕성하게 되어 천하가 결국 그의 무공武功에 복종한 것은 조상이 남긴 세력에 의해서만이 아니라 그 자신이 영웅의 소질을 갖추고 뛰어난 사람들이 그를 원조한 것이다. 시대를 구하는 정책에는 오에노 히로모토나 미요시 야스노부의 공이 가장 컸다. 세상 사람들은 다만 그의 무공만을 알고 그것이 어떻게 성취되었는지를 알지 못한다. 그러나 그 사람이 몹시 잔인한 성격이며 시기심도 깊고 자손의 보전을 도모하기 위해 가까운 형제 일족을 많이 죽이고 자신의 처 다이라노 마사코平政子 일족에 의지하고 고아73를 의탁하여 결국에는 그 때문에 후손을 멸망시키고 말았다. 하늘의 응보는 잘못되지 않는다고는 하지만 그 자신이 만든 싹이었다[생각해 보건대, 노리요리와 요시쓰네는 동생이다. 요시히로와 유키이에는 숙부이며, 요시나카와 유키이에의 아들 미쓰이에는 종형제에 해당한다. 요시쓰네의 아들은 조카이며, 요시나카의 아들 요시타카義高는 종조카이면서 사위이기도 하였다. 요리토모가 죽인 친척은 대략 여덟 명이 될까].

---

73 미나모토노 요리토모의 장남 요리이에賴家, 차남 사네토모實朝.

미나모토노 요리토모 부자 3대

미나모토노 요리이에源賴家[1][2]는 열여덟 살 때 집안을 이었다. 당시 정5위하 좌근위소장左近衛少將 겸 사누키곤노스케讚岐權介였는데, 집안을 계승했을 때 좌근위중장左近衛中將로 전임하였다. 쇼지正治 2년 (1200) 정월에 종4위상, 10월에 종3위 사에몬노카미左衛門督가 되고, 겐닌建仁 2년(1202) 8월에 종2위에 서임되고 정이대장군征夷大將軍에 임명되었다[당시 스물한 살. 집안을 계승하고부터 4년째였다]. 겐닌 3년(1203)

---

1 1182~1204. 가마쿠라鎌倉 막부 2대 장군將軍. 가마쿠라 막부를 연 미나모토노 요리토모源賴朝의 적장자. 어머니는 호조 마사코北條政子. 아버지 요리토모가 급사하여 열여덟 살 때 가독을 상속하고 2대 장군이 되었다. 요리이에는 종래의 관습을 무시하고 독재적인 판단을 함으로써 고케닌御家人들의 반발을 초래하였고 이에 호조北條 씨를 중심으로 13인의 합의제가 성립되어 요리이에의 독단을 억제했다. 합의제가 성립된 지 3년 후에 요리이에가 중병에 빠지자 요리이에의 후원자인 히키比企 씨와, 동생 사네모토實朝를 떠받드는 호조 씨의 대립이 일어났고 호조 씨 일파의 공격에 의해 히키 씨는 멸망하였다. 요리이에는 장군직을 박탈당하고 이즈 국伊豆國 슈젠지修禪寺에 유폐된 뒤 호조 씨에게 암살되었다. 요리이에를 추방함으로써 호조 씨가 가마쿠라 막부의 실권을 장악하였다.

2 미나모토노 요리이에(源賴家) 가계도

장군직을 물려주고 삭발하고 불가에 귀의했으며 그 이듬해[겐큐元久 원년1204 7월]에 졸卒하였다[23세]. 치세는 겨우 5년이었다.

당초 미나모토노 요리토모源賴朝 시대에는 호조 도키마사北條時政, 호조 요시토키北條義時 및 오에노 히로모토大江廣元, 미요시 요시노부三善善信, 나카하라 지카요시中原親能[교토에 있었다], 미우라 요시즈미三浦義澄, 핫타 도모이에八田知家, 와다 요시모리和田義盛, 히키 요시카즈比企能員,[3] 도구로藤九郎 뉴도入道 렌사이蓮西,[4] 사에몬노조左衛門尉 아다치 도오모토足立遠元, 가지와라 가게토키梶原景時, 민부대부民部大夫 니카이도 유키마사二階堂行政 등이 상담하여 결정하였다[이것은『아즈마카가미東鑑』에 보인다]. 요리토모가 죽은 해 4월[요리토모는 이 해 정월에 졸하였다]에 가지와라 가게토키, 우쿄노신 나카나리右京進仲業 등이 봉행으로서 만도코로政所에서 쓴 바에 따르면, "오가사와라 야타로小笠原彌太郎, 히키 사브로比企三郎, 히키 야시로比企彌四郎, 나카노 고로中野五郎의 일문들이 가마쿠라 시중에서 난폭하게 굴더라도 누구를 불문하고 이에 대적해서는 안 된다. 만일 이 명령을 어긴다는 소문이 귀에 들어올 때는 처벌한다. 틀림없이 명부를 제출하도록 촌리에 포고를 돌릴 것, 또한 위의 네[5] 사람[6] 외에 각별한 지시가 없을 때는 여러 사람이 경솔하게 장군을 뵈러가서는 안 된다."라고 되어 있다[이는『아즈마카가미』에 보인다].

7월 10일에 미카와 국三河國에서 파발꾼이 와서 무로노 헤이시로 시게히로室平四郎重廣라는 자가 강도를 이끌고 왕래하는 사람들을 괴롭히고 있다고 전했으므로 16일에 아다치 야쿠로 가게모리安達彌九郎

---

3 원문의 '義員'은 '能員'의 오류이다.
4 앞의 권3 주 55 참조.
5 난외 두주 '四' 자는 '五' 자로 고쳤다.
6 원문의 '五人'은 '四人'의 오류. 교정자는 난외 두주에서 '四' 자를 '五' 자로 고쳤다고 하였으나 '四人'이 맞다.

景盛경성에게 토벌을 명하였다. 가게모리는 평소 이 건에 대해서 사절로서 가는 것을 굳게 사퇴하고 있었다. 왜냐하면 봄 무렵 교토에서 미녀를 불러와 끼고 있었는데 잠깐 동안의 이별도 슬퍼했기 때문이었을 것이다. 그러나 미카와 국은 그의 아버지가 봉행하는 국이었기 때문에 피하지 못하고 출발하였다.

20일 밤이 이슥하여 달이 떴을 무렵 요리이에는 나카노 고로 요시나리中野五郎能成에게 명하여 가게모리의 첩을 빼앗아서 오가사와라 야타로의 집에 두고 26일 밤에 북면[7]의 어소에 불러 이제부터 여기에 있도록 하라고 말하였다. 8월 16일에 가게모리는 돌아와서 무로노 시게히로 등이 도망쳐서 행방을 모른다고 보고하였다. 가게모리가 그녀의 일로 요리이에를 원망하고 있다고 고하는 자가 있었으므로 오가사와라 야타로, 와다 사브로, 히키 사브로, 나카노 고로, 호소노 시로細野四郎에게 명하여 가게모리를 주살하게 하였다. 밤이 되고 나서 오가사와라 야타로가 기를 들고 도구로 뉴도 렌사이의 아마나와甘繩의 집으로 향하였다. 가마쿠라 중의 무사들이 앞 다투어 나아갔다. 니이노아마二位尼 호조 마사코北條政子는 모리나가 집에 가서 구도 고지로工藤小次郎를 사자로 보내어, "대장大將[8]께서 돌아가시고 얼마 되지 않아 히메姬도 일찍 죽어서 비탄함이 여간 아닌데 싸움을 좋아하는 것은 난세의 근원입니다. 특히 가게모리는 요리토모께서 총애하던 사람이므로 만일 죄과가 있다고 한다면 내가 빨리 심문하여 처치할 것입니다. 그 까닭도 심문하지 않고 토벌해 버리면 필시 후회가 남을 것입니다. 그런데도 여전히 그를 토벌하려고 한다면 내가 먼저 그 화살을 맞겠습니다."라고 요리이에에게 고하였으므로 요리이에는 마지못하여 군사를 거두어들였다. 가마쿠라에 소동이

---

7 난외 두주 저본의 '向' 자를 '面' 자로 고쳤다.
8 미나모토노 요리토모源賴朝.

나서 두려워하지 않는 자가 없었다. 오에노 히로모토는 이렇게 말하였다.

"이런 일은 선례가 없는 것은 아니다. 도바인鳥羽院이 총애했던 기온노뇨고祇園女御는 미나모토노 나카무네源仲宗의 처였는데 인이 그녀를 불러낸 뒤 나카무네를 오키 국隱岐國에 귀양보냈다."

20일에도 니이노아마는 모리나가의 집에 체재하며 가게모리에게 야심이 없다는 서약서를 요리이에에게 제출하게 하고 집으로 돌아왔다. 그리고 그 서약서를 요리이에에게 보내게 한 김에, "국내의 수비를 잊고 정치에 싫증을 내며 백성의 근심을 모른 채 가무와 여색에 제정신을 잃고서 다른 사람이 비난하는 것을 반성도 하지 않는 기색이며, 부리는 자들도 현명한 자들이 아니라 대체로 마음이 비뚤어진 패거리들입니다. 하물며 겐지源氏 사람들은 돌아가신 요리토모 님의 일족이며 호조 씨는 우리 친척입니다. 그렇기 때문에 요리토모 님께서는 줄곧 그들에게 친절하게 하고 가까이 불러들였던 것입니다. 그런데도 그대는 그들에게는 극진히 상 주는 일도 하지 않고 그뿐 아니라 모두 실명을 부른다[9]고 하니 각자 원망을 품고 있다는 소문이 있습니다. 요컨대 유의해야 할 것입니다"라고 설유하였다. 사자는 사사키 사브로佐佐木三郎 효에兵衛 뉴도였다.

10월 25일에 유키 시치로 도모미쓰結城七郎朝光가 어전의 경호대기소에서 꿈의 계시가 있었다고 하며 돌아가신 요리토모를 위해 각각 염불 만 번을 외우도록 권유하며, "충신은 두 명의 주군을 섬기지 않는다고 한다. 나는 돌아가신 요리토모 님으로부터 두터운 은혜를 입은 몸이다. 돌아가셨을 때 유언이 있었으므로 출가도 하지 않고 지

---

9 실명은 휘諱라고도 하여 친한 사이라도 자字, 예를 들어 사브로三郎, 시로四郎, 고로五郎 등으로 부르는 것이 일반적이었으며 높은 관직에 대해서는 관직으로 불렀다. 실명을 부른다는 것은 업신여긴다는 뜻이다.

내왔는데 후회가 한둘이 아니다. 게다가 지금 세간의 상황을 보건대 살얼음을 밟는 듯한 불안을 지울 수 없다"라고 말하였다. 이 사람은 요리토모의 근신으로서 비길 자가 없다고 일컬어졌기 때문에 그가 옛일을 그리워하는 모습에 감동하여 듣고 있던 사람들이 눈물을 흘렸다. 가지와라 가게토키는 도모미쓰가 말한 이 말을 요리이에에게 나쁘게 고하였다. 아와노쓰보네阿波局라는 궁녀가 27일에 그것을 알려왔으므로 도모미쓰는 미우라 요시무라三浦義村에게 가서 사정을 이야기하였다. 요시무라는 와다 요시모리, 렌사이를 불러서 상담하고 28일에 다이묘 66명이 쓰루가오카 하치만 궁鶴岡八幡宮의 회랑에 모여 몇 년 동안에 쌓인 가지와라 가게토키의 악행을 호소하는 문서를 작성하고 "서로 마음을 하나로 하는 것을 절대로 변치 않는다"라고 맹세하였다. 도모미쓰의 형인 오야마 고로 무네마사小山五郎宗政는 성명은 기입하였지만 날인은 하지 않았다. 오에노 히로모토에게 제출하려고 요시모리와 요시무라가 지참하고 나갔다. 11월 10일에 요시모리는 히로모토가 아직 그 문서를 요리이에에게 보이지 않은 것을 화냈으므로 12일이 되어 히로모토는 이것을 요리이에에게 바쳤다. 마침내 그것이 가게토키에게 내려져서 "사실인지 아닌지 진술하라"라고 했지만 가게토키는 13일에 자식과 친척을 이끌고 사가미 국相模國 이치노미야一宮로 내려가고, 가게토키의 3남 사브로 효에 가게시게三郎兵衛景茂만이 남았다. 12월 9일이 되어 가게토키는 가마쿠라로 돌아왔지만 18일에 가마쿠라에서 추방당하고 집은 파괴되고 말았다.

　해가 바뀌어 쇼지 2년(1200) 정월 19일 밤에 가게토키는 몰래 이치노미야에서 나와서[일전에 성곽을 지었는데 낙성한 것이다] 다음날 20일 오후 10시경 스루가 국駿河國 기미요가세키淸見關에 도착하였다. 부근에서 활쏘기 연습을 하고 돌아가려던 무리들과 딱 맞닥뜨려서 수상하게 여긴 가게토키 등이 활을 쏘았다. 아시하라 고지로芦原小次郎, 구도 하치로工藤八郎, 미사와 고지로三澤小二郎, 이다 고로飯田五郎 등이 쫓아 왔다. 가게토키는 기쓰네사키狐崎[10 11]에서 되돌아가서 교전하였다. 이다 등 두 명이 죽임을 당하였다. 요시카 고지로吉香小二郎, 시부카와 지로澁河次郎, 후나코시 사브로船越三郎, 야베 고지로矢部小二郎가 가담 하여 가지와라 사브로 효에 가게시게梶原三郎兵衛景茂[34세]와 싸웠고 함께 전사하였다. 로쿠로 가게쿠니六郎景國, 시치로 가게무네七郎景宗, 하치로 가게노리八郎景則, 구로 가게쓰라九郎景連가 힘껏 싸웠으나 그 국의 고케닌御家人들이 모여들어서 형제 네 명과 다른 사람은 토벌되 었다. 가게토키와 가게스에景季[39세], 헤이지 사에몬노조 가게타카景高[36세]는 뒷산으로 물러나 계속 싸웠으나 이들도 토벌되었는데, 사 체는 있어도 머리는 찾지 못하였다. 21일에 산속에서 머리를 찾아서 서른세 명의 머리가 길거리에 효수되었다.

처음에 가게토키가 패하여 도망친다는 소문이 났을 때 호조 도키 마사와 오에노 히로모토가 상담한 뒤 토벌군을 내보려고 하였는데 이미 가게토키가 토벌되었기 때문에 출진하지는 않았다. 가게토키 는 평소부터, "스루가 국에 있는 요시카 고지로는 제일 용사다. 만일 상경하는 날 그의 집 앞을 지나치기만 해도 무서울 것이 없을 것이 다"라고 말했는데, 과연 그 요시카 때문에 가게토키는 토벌되었다.

그 후 오야마 사에몬노조, 와다, 하타케야마가 모여 잡담을 하고 있을 때 시부카와 지로가 말하였다.

"가게토키는 주변의 다리를 떼어내어 저항하였다면 좋았을 것을 정 신없이 도망치다가 도중에 토벌된 것은 평소 가게토키 자신이 말하 던 것과는 다르다."

---

10 **난외 두주** '孤崎'로 하는 간본刊本도 있다.
11 원문의 '孤騎'는 '孤崎'의 오류.

하타케야마 시게타다는, "일이 갑자기 일어났으므로 해자를 판다거나 다리를 떼내거나 하는 계략은 어려웠을[12] 것이다"라고 말한 데 대해 우마대부右馬大夫 안도 스케무네安藤右宗[몬가쿠쇼닌文覺上人을 붙잡은 인물]는, "하타케야마 님은 다이묘大名이기 때문에 다리를 떼내거나 성을 짓거나 하는 것은 모르지 않을까요. 주변의 오두막을 헐어 다리 위에 놓고 불을 지르면 뭐 어려운 일도 아닙니다"라고 말하였다. 또, "오야마 사에몬노조의 동생 무네마사는 전부터 오야마 가문의 무용武勇을 짊어진 것은 자신이라고 자찬하고 있었는데 이번에 가지와라 가게토키의 위력을 두려워하여 소장訴狀에 인장을 찍지 않았다. 그것은 이름을 실추시킨 수치스러운 일이라 여겨야 한다. 향후에는 그런 말을 할 수 없을 것이다"라고 말하였다.

생각해 보건대, 가지와라 가게토키가 참언하여 아첨한 것은 죽을죄에 해당한다. 게다가 모반한 데에 이르러서는 더욱더 그렇다. 다이묘들이 이를 진정한 것은 주군 곁에 있는 악을 제거하려고 했던 것이라 말하지 않을 수 없다. 미우라 요시무라가, "가게토키가 쌓은 악행은 분명 주군인 요리이에 님께 돌아가게 될 것이다. 세상을 위해, 주군을 위해 가게토키를 치지 않으면 안 된다. 그렇기는 하지만 무기로 승부를 결정한다면 다시 군국郡國의 내란을 초래하게 될 듯하다"라고 한 것은 깊은 생각이 있었다고 말할 수 있다. 오에노 히로모토가 열흘이 지날 때까지 그것을 요리이에에게 보이지 않은 것은 깊이 생각해서였다. 그의 생각은 '만일 지금 다이묘들의 소장에 의해 가게토키를 처벌해 버리면 이런 유의 진정이 끊이지 않을 것이다. 그렇다면 국가는 당을 맺은 패거리들의 재앙을 견딜 수 없을 것이다. 다이묘들의 분노가 진정되기를 기다려 가게토키에게 사죄하게 하자'라고 생각한 것이다.

그러나 일이 이미 이렇게 되어 다이묘들의 분노는 막을 수 없는 상황이 되었

---

12 난외 두주 '治' 자는 '可' 자가 아닌가 한다.

다. 호조 도키마사는 권력을 잡은 장으로서 굳이 이를 해결하지 않고 가게토키가 서쪽으로 달아난 날에 이르러 즉각 토벌군을 보낸 것이다. 그 간사한 계략은 가공할 만하다. 도키마사의 생각은 '만일 다이묘들의 소장에 의해 가게토키를 주살하였다면 형벌의 권한이 하부에서 나오게 된다. 반드시 명백한 하나의 죄과를 확보한 뒤에 가게토키를 주살하겠다'라는 점에 있었던 것이 아닐까. 그렇기 때문에 가게토키가 가마쿠라를 떠나는 대로 내버려 두다가 되돌아왔을 때 그를 추방하여 상대가 진퇴유곡에 빠져서 반란을 일으키게 했던 것이다.

형벌의 권한이 하부에서 나오게 되는 것을 우려했을 뿐 아니라 반드시 가게토키를 죽음에 이르게 할 것을 생각했다. 만일 그렇지 않다면 가게토키가 처음에 가마쿠라를 떠났을 때 신속하게 그의 죄상을 생각하고 예전의 공적을 감안하여 죽을죄를 완화하여 부자 모두를 유형에 처해야 하지 않았을까. 만일 그가 명령을 받아들이지 않는다면 그때 그를 주살하는 것은 말할 필요도 없다.

쇼지 3년(1201)[즉 겐닌建仁 원년] 9월 18일 개[사냥개] 사육 날을 정하여 매일 순번으로 그 임무를 맡게 하였다. 1번[오가사와라 야타로, 호소노細野 효에에노조兵衛尉], 2번[나카노 고로, 구도 주로工藤十郎], 3번[히키 야시로, 기소노 겐타木曾源太]이다. 같은 달 22일에 오마리노카이御鞠會가 있어서 많은 사람들이 늘어앉아 구경하고 있었다[당시 요리이에는 게마리蹴鞠[13]를 아주 좋아하였다]. 그 중에 에마노 다로 야스토키江馬太郎泰時[14]가 몰래 나카노 고로 요시나리를 향해, "게마리는 유현幽玄의 예능이다. 요리이에 님께서 이를 보고 즐기는 것은 바라는 바이다. 하지만 지난 8월의 큰바람으로 쓰루가오카 하치만 궁의 문이 무너지고 나라 안의 기근이 우려되는 때에 놀기 좋아하는 패거리를 수도에서 가마쿠라로 불러들였다[기노 유키카게紀行景가 상황上皇의 분부로 내려왔다]. 지난 20일의 이번은 예삿일이 아니다[20일 한

---

13 헤이안平安 시대에 유행한 경기의 하나. 사슴가죽으로 만든 마리鞠를 일정 높이로 계속 차서 그 회수를 다투는 경기이다.
14 호조 야스토키北條泰時.

밤중에 달과 별 같은 것이 하늘에서 떨어졌다]. 요리이에 님도 크게 놀라셨으니 이 또한 고려해야 할 일이다. 천문박사들에게 물어보아 이변이 아니라면 이런 놀이를 해도 좋지 않을까. 그대는 요리이에 님과 절친한 분이니 이참에 간해야 하지 않을까"라고 말하였다. 나카노 고로 요시나리는 마음속으로 납득했지만 입 밖에는 내지 않았다.

10월 2일 밤 간세이観淸 법안法眼이 내밀히 호조 야스토키에게 가서, "측근인 요시나리에게 하신 말씀은 자세하게 요리이에 님의 귀에 들어갔는데, 아버지와 할아버지를 제쳐두고 에둘러 간하였다고 하여 기분을 상하게 한 기색이 보였습니다. 이렇게 된 이상에는 병을 핑계 삼아 잠시 영지에 물러가 있는 편이 좋을 것입니다. 지금까지의 예를 보건대 요리이에 님의 기분은 반드시 열흘, 한 달 계속되는 것이 아니라 아주 잠깐 사이에 일시 그렇게 됩니다"라고 권유하였다. 야스토키는, "요리이에 님께 에둘러 간한 것이 아닙니다. 느끼고 있던 점을 측근에게 다소 상담했을 따름입니다. 처벌받아야 한다면 영지에 돌아가지 않겠습니다. 다만 급한 일이 있어서 새벽녘에 호조北條로 내려갑니다. 지금 알려주신 일 때문에 가마쿠라로 가는 것은 결코 아닙니다. 헤아려주신 점은 면목 없다고 생각합니다"라고 말하고 여행 준비[도롱이까지]를 꺼내어 보여주었다[이는 영지가 바람으로 손해를 입은 것을 구제하기 위해서였다].

겐닌 2년(1202) 6월 25일에 니이노아마는 요리이에의 어소에 들어갔다. 오마리노카이는 늘 있는 일이었지만 기노 유키카게 등의 능숙한 기예는 아직 보지 못해서였다고 한다. 그날 저녁에 비가 쏟아져 누구나 유감스럽게 생각했는데 마침내 날이 개었다. 하지만 빗물이 괴어 성가셨기 때문에 잇키호간一岐判官 다이라노 도모야스平知康[전부터 가마쿠라에 와 있었다]가 히타타레直垂[15]와 가타비라帷子[16] 등을 벗어서 빗물을 제거하였다. 사람들은 그것을 보고 흥취를 느꼈다. 오후 3시경에 게마리가 시작되었고 360을 헤아리며 해질녘에 끝이 났다. 동북에 있는 무사 어소에서 주연이 열리고 무녀 비묘微妙가 불려와 무곡舞曲을 연주하였다. 도모야스는 북을 치는 역할을 하였다. 연회가 한창일 무렵 도모야스는 조시銚子를 들어 술을 호조 고로 도키쓰라北條五郎時連[17]에게 권하였다. 이때 도모야스는 술이 이미 광태를 보이며, "호조 고로는 태도나 자세로 보나 행동거지로 보나 발군의 인물이라 할 만합니다. 그런데 실명인 도키쓰라라는 것은 몹시 용렬합니다. 도키쓰라의 쓰라連 자는 '돈을 꿴다貫'[18]라는 의미입니까. 기노 쓰라유키紀貫之가 뛰어난 가인이어서 그를 닮으려는 것입니까. 어쨌든 걸맞지 않습니다"라고 말했더니 요리이에는, "빨리 개명하라"라고 명했으므로 도키쓰라도 "알겠습니다"라고 대답하였다. 26일에 니이노아마가 어소로 돌아왔는데, "어제 일은 재미있는 듯하지만 도모야스의 행동은 실로 기이합니다. 이요노카미伊豫守 요시나카가 호주지도노法住寺殿[19]를 공격하고 공경公卿들에게 창피를 준 것도 따지고 보면 이 도모야스의 해악에서 나온 것이며 또 요시쓰네에게 동의하여 간토關東[20]를 쓰러뜨리려고 도모하였습니다. 돌아가신 요리토모 님도 몹시 노하셔서 관직을 해임하고 쫓아내야 한다고 조정에 건의하였습니다. 그런데도 요리이에가 도모야스의 과거 과오를 잊고 절친하게 사귀는 것을 허락한 것은 돌아가신 요리토모 님의 본심에 어긋

---

15 옛날 예복의 일종. 소매 끝을 묶는 끈이 달려 있고 문장紋章이 없으며 옷자락은 하카마 속에 넣어서 입음.
16 비단이나 마로 지어 여름에 입는 홑옷.
17 도키쓰라時連는 요시토키義時의 동생 도키후사時房이다. 오사라기大佛 씨 조상, 요리이에의 외삼촌이며 수리대부修理大夫 사가미노카미相模守.
18 구멍 있는 전錢 일정 수를 끈으로 엮은 것을 렌센連錢이라 불렀다. 도키쓰라時連의 한 글자를 여기에 빗대어 조롱한 것.
19 고시라카와 상황의 주거.
20 가마쿠라鎌倉 막부.

납니다"라고 하여 좋게 생각하지 않았다.

겐닌 3년(1203) 정월 2일에 이치만一幡이 쓰루가오카 하치만 궁[21]에 봉폐奉幣하고 신마神馬 두 마리를 헌납하고, 가구라神樂가 연주되었을 때 무당에게 신이 지펴서, "올해 중에 간토에 뭔가 사건이 일어날 것이다. 와카 도노께서는 가독을 계승해서는 안 된다. 언덕 위의 나무는 벌써 뿌리가 말라버렸다. 사람들은 그것을 알지 못하고 그런데도 우듬지를 의지하고 있다"라고 탁선하였다.

이해 6월에 미나모토노 요리이에는 이즈의 후미진 곳에 있는 사냥터로 나갔고 와다 헤이타 다네나가和田平太胤長에게 명하여 이토가사키伊東ヶ崎의 동굴을 탐험하러 들여보내고, 그리고 나서 후지의 사냥터로 향하여 닛타 시로 다다쓰네仁田四郎忠常에게 히토아나人穴라는 이름의 동굴을 탐험시켰다. 같은 달 23일에 요리이에는 핫타 도모이에에게 명하여 시모우사 국下野國에서 법교法橋 아노 젠세이阿野全成를 토벌하게 했다[젠세이는 요리이에의 숙부로 호조 도키마사의 사위이다. 『아즈마 카가미』에 언급되어 있다. 올해 5월에 모반 소문이 있었으므로 생포되어 히타치 국常陸國에 유배되었는데, 결국 살해되었다. 계보도에 따르면, 젠보建保 연간(1213~1218)에 호조 요시토키가 가나쿠보 에몬金窪右衛門 등에게 명하여 살해하였다고 한다].

7월 20일에 요리이에가 갑자기 병이 났는데 이제 위태롭게 보일 정도여서 8월 20일에 간사이關西 38개국의 지토地頭 직을 동생인 센만千幡[10세]에게, 간토 28개국의 지토, 총슈고總守護 직을 장남인 이치만[6세]에게 물려준다고 하였다. 9월 2일에 히키 요시카즈가 그의 딸[요리이에의 첩으로 이치만의 생모. 원래는 와카사노 쓰보네若狹局라고 불렀다]을 통

---

21 가나카와 현神奈川縣 가마쿠라 시에 있는 신사. 미나모토源 씨의 우지가미氏神, 무가의 수호신으로서 숭상되었다. 가마쿠라 시대를 통해 연초에는 장군將軍이 직접 참배하였고, 또 장군이 조정으로부터 새로운 관위를 받을 때는 배하식拜賀式을 이 신사에서 하는 것이 관례였다.

해, "가독 이외의 자에게 지토직을 분할하시는 것은 권위가 둘로 나뉘어져서 싸움이 일어날 것은 의심할 여지가 없습니다. 아들을 위해, 동생을 위해라고 생각하셔서 온건한 처치를 하신 것 같은데 쟁란을 초래하는 원인이 될 것입니다. 호조 도키마사의 일족이 이 세상에 있는 동안은 가독이 권력을 빼앗겨 버리는 것도 또한 틀림없습니다"라고 고하였다. 요리이에는 놀라서 히키 요시카즈를 머리맡에 불러 도키마사를 토벌하라고 명하였다. 니이노아마는 장지문을 사이에 두고 이 이야기를 듣고 급히 시녀를 도키마사에게 보냈는데 도키마사는 불사佛事가 있어서 나고에名越로 돌아갔다는 것이었다. 사정을 서면에 적어서 시녀에게 가지고 가게 했더니 시녀가 도중에서 도키마사를 따라잡아 니이노아마의 편지를 건네주었다.

도키마사는 잠시 동안 궁리하다가 오에노 히로모토 집에 가서 사정을 고한 뒤, "이렇게 된 이상에는 요시카즈를 쳐야 할 것인가"라고 말했는데 히로모토[22]는, "저는 돌아가신 장군 때부터 정치를 돕는 몸이라고 일컬어져 왔지만 군사의 일에 관해서는 알지 못합니다. 요시카즈를 칠 것인지 아닌지는 그대 심중에 있습니다"라고 대답하였다.

도키마사는 자리에서 일어나 돌아갔다. 아마노天野 민부民部 뉴도 렌케이蓮景, 닛타 시로 다다쓰네가 수행하고 있었다. 에가라 사荏柄社 앞까지 왔을 때 도키마사가 말을 매놓고 그들을 향해서, "요시카즈가 모반하였다. 오늘 그를 죽이려고 한다. 모두들 토벌자가 되라"라고 말하였다. 렌케이는, "굳이 군사를 일으킬 것까지도 없습니다. 어전에 불러들여서 토벌해 버리면 저 노인 정도 뭐 대단한 일이 있겠습니까"하고 말하였다. 집에 돌아와 다시 히로모토를 불렀다. 히로

22 　난외 두주 　히로모토가 이 상담에 넘어가지 않은 것은 도키마사의 거짓 계략을 잘 알고 있었기 때문이다. 조큐承久의 난 때는 히로모토가 주가 되어 계략을 꾸몄다. 군사에 어두운 인물이 아니었던 것이다.

모토는 깊은 생각에 잠긴 기색이었지만 어쨌든 나아갔다. 가신들도 여럿이 수행하려 했으나 히로모토는 생각하는 바가 있다고 말하며 모두를 남게 하고 이이토미 겐타 무네나가飯富源太宗長만을 데리고 갔다. 히로모토는 도중에 은밀히 무네나가에게, "세간의 상황이 매우 두렵다. 중요한 것은 오늘 아침에 이미 서로 이야기했는데 또다시 나를 부르는 것은 납득이 가지 않는다. 만일 의외의 사태가 벌어지면 그대는 우선 첫째로 나를 죽여야 할 것이다"라고 말하고 나고에에 도착하였다. 도키마사와의 대면은 약간 오래 끌었다. 그사이에 무네나가는 히로모토의 배후에서 사후하여 자리를 떠나지 않았다. 점심 무렵이 되어 히로모토가 퇴출하였다. 도키마사는 약사여래 불상 공양을 하려고 요조 율사葉上律師[23]를 도사導師[24]로 초청하였고 니이노아마도 불도佛道의 인연을 맺기 위해 방문한다는 것이었다. 도키마사는 구도 고로工藤五郎를 사자로 삼아 요시카즈에게, "숙원이던 불상 공양 의식을 하게 되었으니 와 주십시오. 더구나 이참에 여러 가지 상담하고 싶습니다"라고 전하게 하였다. 요시카즈가, "서둘러 참가하겠습니다"라고 대답했으므로 구도는 돌아갔다. 요시카즈의 아들과 친척들은 그에게 간하며, "허술하게 나가서는 안 됩니다"라고 말하는 자도 있고, "집안 아이들과 가신들에게 무장시켜서 수행하게 하십시오"라고 말하는 자도 있었지만 요시카즈는, "그런 것은 결코 마땅하지않다"라고 하며 나갔다.

도키마사는 갑옷과 투구로 채비를 하고 나카노 시로中野四郎, 벳토別當 이치카와 고로市河五郎에게 활을 쥐고 양쪽의 쪽문에 대기시켰다[이 두 사람이 활을 잘 쏘았기 때문이다]. 렌케이와 닛타 다다쓰네는 하라마키腹巻[25]를 입고 서남쪽 협문 안에 있었다. 히키 요시카즈는 헤이라

---

23 임제종臨濟宗의 교조 에이사이榮西. 원문의 '桑上律師'는 '葉上律師'의 오류.
24 불사佛事를 주관하는 승려.

이平禮[26]를 쓰고 흰색 스이칸水干,[27] 구즈바카마葛袴[28]를 입고[29] 흑마를 타고 가신 두 명과 잡역 사무라이 조시키雜色 다섯 명을 데리고 문으로 들어왔다. 회랑의 신발 벗는 곳에 올라와서 집 끝 쪽에 붙어 있는 여닫이문을 지나 북면에 알현하려고 하던 것을 렌케이와 다다쓰네가 쓰쿠리아와세作り合せ[30] 부근에서 가로막아 서서 요시카즈의 좌우 두 손을 꽉 붙잡고 산기슭에 데려가 강제로 꿇어 앉혀서 목을 베었다. 수행했던 하인들이 돌아와서 보고했으므로 일족과 가신들은 이치만의 저택[고고쇼小御所라고 하였다]에서 농성하였다.

오후 2시경에 니이노아마의 명령을 받고 그들을 토벌하기 위해 군사를 내보냈다. 요시카즈의 아들 히키 사브로, 시로四郎, 고로五郎를 비롯하여 일족과 가신들은 목숨을 버릴 각오로 싸웠기 때문에 공격하는 병사들 대부분이 부상당하여 후회하였다. 하타케야마 지로 시게타다畠山二郎重忠가 교체하여 공격을 계속했으므로 마침내 격파되어 저택에 불을 지르고 일동은 이치만 앞에서 자살하였는데 이치만도 죽었다. 요시카즈의 적자 효에노조 요이치餘一는 여장을 하고 탈주했지만 가토 가게카도加藤景廉가 쳐 죽였다. 밤이 되어 시부카와澁川 형부노조刑部丞가 살해되었다. 요시카즈의 장인이었기 때문이다.

날이 밝아 3일에 히키 씨의 잔당을 찾아서 어떤 자는 유배 보내고 어떤 자는 죽였다. 요시카즈의 처첩과 두 살 된 아들은 연고가 있어서

---

25 허리에 두르고 등 뒤에서 여미도록 한 간편한 갑옷의 하나. 가마쿠라 말기 무렵부터 보졸이 사용하였고 무로마치 시대에는 상급무사도 사용하였다.
26 히레에보시平禮烏帽子의 약자. 에보시의 윗부분을 접어서 쓰는 것.
27 풀을 먹이지 않은 천으로 만든 가리기누狩衣의 일종. 옛날에는 하급관리의 공복이었는데, 나중에는 견직물로 만들어 공가公家나 상급 무가의 사복이 되었고 또 소년의 식복式服으로 사용되었다.
28 갈포葛布로 만든 주름 잡힌 하의로, 발목을 졸라매는 끈이 달려 있다.
29 요시카즈가 평범했다는 뜻.
30 두 개의 합장형合掌形 지붕이 접한 곳.

와다 요시모리에게 맡겨졌다가 아와 국安房國에 유배되었다.

4일에는 오가사와라 야타로, 나카노 고로, 호소노 효에노조를 옥에 구금하였다. 이들은 요시카즈의 외손들이었다. 이때 사에몬노조 시마즈 다다히사島津忠久도 오스미大隅, 사쓰마薩摩, 휴가日向 등의 슈고직을 몰수당하고 말았다.[31]

5일에는 요리이에의 병도 조금씩 좋아지고 있었는데 이치만과 요시카즈의 이야기를 듣고 분노를 억누를 수 없었으므로 와다 요시모리, 닛타 다다쓰네에게 도키마사를 죽이라고 명하였다. 호리 도지지카이에堀藤次親家가 사자였다. 요시모리는 깊이 생각하여 요리이에의 명령서를 도키마사에게 보였으므로 도키마사는 결국 사자를 붙잡아 구도 고지로 유키미쓰工藤小次郎行光에게 명하여 이를 베게 하였다. 요리이에의 마음은 점점 평온치 못하였다.

6일 밤 무렵에 도키마사는 닛타 다다쓰네를 나고에의 저택으로 불러서 요시카즈 토벌에 관한 상을 주려고 하였다. 다다쓰네가 들어간 후 해가 지고 나서도 도키마사의 저택에서 나오지 않았다. 말구종이

---

31 1203년 가마쿠라 막부 내부에서 일어난 정변으로 히키 요시카즈比企能員의 난이라고 한다. 가마쿠라 막부 2대 장군 미나모토노 요리이에源賴家는 외가인 호조北條 씨를 멀리하고 아내 쪽인 히키比企 씨와 친밀하였다. 이에 불안을 느끼던 호조 도키마사北條時政는 요리이에가 병으로 쓰러지자 천하를 둘로 나누어 요리이에의 장남 이치만一幡과 요리이에의 동생 사네토모實朝에게 분할하여 지배하게 하였다. 이로써 이치만의 외조부인 히키 요시카즈의 세력을 억제하려 했다. 이 분할안에 분노한 요시카즈는 장군 요리이에를 찾아가 호조 씨를 타도하고자 했으나 오히려 호조씨에게 살해당하고 이치만을 옹호하는 히키 씨 일족은 몰살당하였다. 요리이에는 이 사건에 격노하여 외조부 도키마사를 타도하려 했지만 이 또한 실패하였다. 도키마사는 요리이에를 출가시키고 장군직을 사네토모에게 물려주고, 자신은 장군을 보좌하고 막부 정치를 통괄하는 집권執權이 되었다. 요리이에의 아들 이치만은 1203년에, 요리이에는 이즈 국伊豆國의 슈젠지修禪寺에 유폐되었다가 1204년에 살해되었다.

이상하다고 생각하고 말을 끌고 돌아왔다. 다다쓰네의 동생 고로五郞와 로쿠로六郞는 형 다다쓰네가 도키마사를 치라는 명령을 받은 것이 드러나서 이미 살해되었음에 틀림없다고 생각하여 호조 요시토키에게 몰려갔다. 요시토키는 니이노아마의 집에 가 있어서 집에는 없었다. 집을 지키고 있던 가신들이 방어전에 힘써서 고로는 토벌되었다. 로쿠로 쪽은 부엌에 난입하여 방화했기 때문에 이를 본 고케닌들이 급히 달려왔다. 한편, 다다쓰네는 나고에의 도키마사 저택에서 나와 집에 돌아왔는데 도중에 사정을 듣고 이렇게 된 바에는 목숨을 버리려고 결심하고 어소로 향하던 것을 가토 가게카도에게 살해되었다.

7일에 요리이에는 출가하였다. 나이노아마가 조처한 것이라고 한다. 21일에 도키마사와 히로모토가 상의하여 29일에 요리이에를 이즈 국伊豆國의 슈젠지修禪寺로 내려가게 하였다.

생각해 보건대, 호간判官 히키 요시카즈가 토벌된 것은 전부 호조 도키마사의 모략에 의한 것이었다. 요리이에의 장남 이치만은 소란이 한창일 때 살해되었고, 요리이에도 또한 이로 인해 살해되었으며, 요리이에의 차남 구교公曉는 그 원수를 갚기 위해 사네토모實朝를 죽여 요리토모의 자손은 결국 끊어졌다.

그러한 화근은 모두 여기에서 싹트고 있었다. 도키마사의 죄악을 잘 생각해 보아야 할 것이 아닌가. 도키마사의 간사한 지혜가 천하의 권력 분양이 혼란의 근원이 됨을 알지 못했을 리가 없다. 요리이에가 병으로 고생하여 인사人事를 살펴보지 못하는 틈을 타서 니이노아마를 속여 요리이에의 명령을 듣지 않고 이처럼 조치한 것이었다. 요리이에는 병중에 그것을 듣고 화를 참을 수가 없었다. 경솔하고 허둥대는 성질이어서, "병이 낫기를 기다려 이를 처리할 것이다"라고 말한 것을 니이노아마는 우려하여 도키마사에게 고한 것임에 틀림없다. 도키마사는 히로모토와 상의했지만 그도 도키마사의 계략을 알고 있었기 때문에 관여하지 않았다. 그런데도 다시 도키마사가 자기 집에 히로모토를 불러 시간이 경과할 때까지 상대한 뒤에 돌려보냈다.

이 히로모토는 돌아가신 장군 요리토모 시대부터 간토가 의지하는 사람이었기 때문에 히로모토도 마찬가지로 이 계략에 가담한 것처럼 니이노아마도 믿게 하고 세간 사람들에게도 믿게 하기 위해서였다. 그런데 대면 시간이 약간 오래 끌었다고 보일 뿐 일을 상의했다고 보이지 않는다. 하물며 이이토미 무네나가가 그 자리에 있었다는 데에 있어서는 더욱더 그렇다. 또 요리이에의 뒤를 동서로 나누어 물려주려고 니이노아마가 도키마사에게 말하여 정한 것을 요시카즈가 화냈던 것은 확실하다. 그렇지만 도키마사를 치라고는 말하지 않았을 것이다. 나고에로 간 정황도 전혀 다른 계략이 있는 자인 것 같지 않다. 또 요리이에가 닛타 다다쓰네에게 명하여 도키마사를 치려고 하였다는 것도 이해할 수 없다. 정말로 도키마사의 명령으로 요시카즈를 죽인 인물에게 이와 같은 큰일을 요리이에가 과연 명할 수 있었을까. 가령 그와 같은 일이 있었다 하더라도 당시 그 사자로 나섰던 호리 지카이에가 어째서 그 사정을 말하지 않을 이유가 있겠는가. 도키마사는 요리이에의 분노를 샀기 때문에 그 죄를 다다쓰네에게 전가하여 죽인 것이다. 이렇게 해서 요리이에를 속였지만 세상 사람들을 속일 수는 없어서 이와 같이 피로한 것을 그대로 적은 것은 호조 입장에 선 문구이다. 그러나 요리이에의 분노가 여전히 강했기 때문에 그가 이 세상에 있으면 그의 의향을 헤아릴 자도 나타날 것임에 틀림없다고 생각하고 니이노아마가 나서서 출가시키고 또, "히로모토와 상의했습니다만 가마쿠라에 계시는 것은 좋지 않다고 말하니까"라고 말하고 이즈국에 옮기고 결국에는 그를 죽이고 세상에는 병으로 죽었다고 공표하였다. 그러나 자연히 그 죽음을 아는 자도 있었기 때문에 요리이에의 아들이 원망을 품은 것도 당연하다. 도키마사가 요리이에의 부탁을 거스르지 않도록 하기 위해서는 요리이에가 걸맞지 않은 인물이라고 생각하였다면 그를 폐하고 사네토모에게 집안을 계승하게 하였다면 좋았다. 그렇게 하였다면 옛날 사직귀척社稷貴戚의 신하[32]라고 일컬어진 사람들과 비교하여 부끄러운 데가 없었을 것이다. 하물며 요리이

---

32 국가의 안위와 존망을 짊어진 중요한 신하.

에가 중태에 빠져 있었기 때문에 더욱 그러하다. 우리나라에 그러한 예가 많기 때문에 사네토모에게 뒤를 잇게 하고 이치만을 사네토모의 후사로 정하였다면 이렇게까지 화가 미치지도 않았다. 도키마사가 이후에 사네토모도 없애버리려고 꾀했던 것 따위를 아울러 생각하면 그의 흉계 정도가 추찰된다.

이 같은 화가 일어난 것도 요리토모가 가까운 일족을 시기하여 의심하고 오로지 처의 일족을 의지했기 때문이다. 이는 옛 성인의 도리에 따르면 '아들을 세우지 않고 손자를 세운다'라는 것이다. 그렇다면 가령 요리이에가 아버지 요리토모보다도 일찍 죽고 요리토모가 뒤에 세상을 떠나더라도 이치만을 세워 후사로 삼으면 좋았던 것이다. 하물며 요리이에는 장군가 정통의 후사로서 5년간 정치를 했으며 그의 아들이 뒤를 잇는 것이 도리에 맞다고 말해야 한다.

그러나 당시 도키마사는 오랫동안 외조부의 권세를 뽐내어 히키 요시카즈는 도키마사와는 비교되지 않았다. 만일 이치만에게 집안을 잇게 하였다면 세상 사람들의 의혹을 초래하여 장군가도 평안하지 않았을 것이다. 만일 요리토모의 친척에게 도키마사와 함께 후사를 부탁하고, 게다가 세상 사람들의 의지가 될 만한 사람이 있었다면 옛날의 도리도 행해졌을 것임에 틀림없다.

또 '나라를 나누는 것조차도 이 같은 혼란이 생긴다. 하물며 사네토모에게만 물려주었다면 히키 요시카즈는 어떻게 그 분노를 억눌렀을까'라는 의견도 틀림없이 있겠지만, 실은 그렇지 않다. 가령 이때에 혼란이 생기지 않더라도 이와 같은 사정이 되면 반드시 세상은 어지러워진다. 도키마사도 그것을 생각하고 있었던 것인지 동국의 지토직을 이치만에게 물려준 것이다. 그 이유는 '동국에는 도키마사가 오랫동안 가깝게 지내온 사람들이 많다. 요시카즈가 책략을 써도 그러한 무리는 도키마사와의 예전부터의 친분을 잊지 않을 것이다'라고 생각했기 때문이다. 그러나 이미 장군가의 가신이 된 이상은 그 가운데에 특히 충의로운 자도 나올 것이다. 그렇다면 그 화가 깊었음에 틀림없다. 이미 사네토모가 군주로 정해졌다면 요시카즈의 미미한 힘으로 어떻게 솜씨를 발휘하여 세상을 어지럽힐 수 있었겠는가. 요시카즈가 토벌되었을 때에 당류가 적었음을 보면 그의 세력이 약했음을 알 수 있다. 그런 미미한 힘으로 요시카즈가 평소 뭔가 꾸미고 있었다고는 더욱 생각할 수 없다.

또 생각해 보건대, 이번의 쟁란으로 인해 요리토모의 사망 정황에 대해서도 『교쿠카이玉海』[33]에 기록되어 있는 것 등이 의심스럽다. 조정의 정치를 바로잡지 못한 채 죽는 것을 안타깝게 여겼을 정도라면 어째서 자기 집안일을 확실히 지시해 두지 않았을까. 가령 요리이에가 사고도 없이 오랫동안 장군으로서 치세했을 경우에는 사네토모를 어떻게 취급하면 좋을까. 이러한 점에 물론 유언을 남겨야 했다. 오에노 히로모토, 미요시 요시노부와 같은 사람들도 그것을 들어두었어야 하지 않았을까. 이러한 지시가 전해지지 않는 것은 요리토모가 죽을 때의 정황이 세간에서 말하듯이 분명하지 않은 것과 관계가 있지 않을까. 어쩌면 유언은 있었지만 그것을 받아들인 사람이 없었던 것은 아니었을까[요리토모가 죽었을 때 사네토모는 이미 일곱 살이었다. 또 생각하건대, 요리토모가 하타케야마 시게타다畠山重忠에게 뒷일을 위탁한 사실은 『아즈마카가미』 중 시게타다가 전사한 부분에 적혀 있다].

미나모토노 사네토모[34]는 요리토모의 차남이다. 겐닌 3년(1203) 9월에 간토초자關東長子[35]가 되어 종5위하 정이대장군에 서임되었다[10세]. 같은 해 10월에 우효에노스케右兵衛佐, 겐큐元久 원년(1204) 정월에 종5위상, 3월에 우근위소장右近衛少將, 겐큐 2년(1205) 정월에는 정5위하 겸 가가노스케加賀介에 서위되고 우콘에노곤추조右近衛權中將에 임명되었다. 겐에이建永 원년(1206) 2월에 종4위하, 조겐承元 원년(1207)

---

33 앞의 권3 주 11 참조.

34 1192~1219. 가마쿠라 막부 3대 장군. 가마쿠라 막부를 연 미나모토노 요리토모源賴朝의 차남. 형 요리이에賴家가 추방당하자 열두 살 때 장군에 임명되었다. 정치는 처음에는 집권執權을 맡은 호조北條 씨 등이 주로 잡았으나 성장함에 따라 깊이 관여하였다. 무사로서는 처음으로 우대신右大臣에 서임되었는데, 그 이듬해 쓰루가오카 하치만 궁鶴岡八幡宮에서 요리이에의 아들 구교公曉에게 암살되었다. 이로써 미나모토源 씨 장군은 단절되었다.

35 미나모토源 씨 일문의 동량棟梁의 지위.

정월에 종4위상, 겐큐 2년(1208) 12월 정4위하, 조겐 3년(1209) 4월에 종3위, 겐랴쿠建曆 원년(1211) 정월에는 정3위 겸 미마사카곤노카미美作權守, 겐랴쿠 2년(1212) 12월에 종2위, 겐보建保 원년(1213) 2월에 정2위, 겐보 4년 6월에 권중납언權中納言, 7월에 좌근위중장, 겐보 6년 1218 정월에 권대납언, 3월에 사콘에타이쇼, 10월에 내대신內大臣, 12월에 우대신右大臣으로 올라갔고, 조큐承久 원년(1219) 정월 27일에 살해되었다[28세].

요리이에는 이즈 국에 도착하여 니이노아마와 사네토모에게 편지를 보내어, "속세를 떠나 할일도 없고 무료함에 견딜 수 없습니다. 평소 가까이에서 섬기던 자들이 이곳에 오는 것을 허락해 주기 바랍니다. 또 우에몬노조右衛門尉 아다치 가게모리를 청하여 잘못을 추궁하고자 합니다"라고 요구하였지만, "희망하시는 조목들은 어느 것이나 그렇게 할 수 없습니다. 더욱이 향후에는 편지를 보내서는 안 됩니다"라는 회답이었다. 사자는 미우라 요시무라였다. 요시무라가 돌아와 요리이에의 쓸쓸한 살림살이를 자세히 보고했더니 니이노아마는 탄식하였다.

사네토모 시대 초 11월 19일에 간토의 분국 및 사가미, 이즈 등의 국에 백성의 당해 연도 세금을 감면하였다. 이는 새 장군 시대의 초기에 즈음하여 백성의 생활을 편안하게 하기 위해서였다.

겐큐 원년(1204) 정월 12일에 도쿠쇼하지메讀書始[36]『효경』가 있었고 사가미곤노카미相模權守 나카하라 나카아키라中原仲章가 시독侍讀 역할을 맡았다[이후 항례가 되었다]. 6월 18일에 요리이에가 졸하였다[33세. 당시 사네모토는 겨우 11세였다]. 10월에 대납언 보몬사키노 노부키요坊門前信淸의 딸을 정실로 맞아들이기 위해 마중하는 무사들이 상경하였다

---

36 황족이나 귀족 자제가 처음으로 『효경孝經』 등을 읽는 법을 전수받는 의식. 또는 궁중이나 장군가의 신년행사로 그 해 초에 책을 읽는 의식.

[생각해 보건대, 도키마사는 히키 요시카즈에게 질려서 외척이 권세를 떨치는 폐해를 없애기 위해 공가公家에서 정실을 맞이했음이 틀림없다].

11월 4일에 교토슈고이며 전임 무사시 고쿠시武藏國司였던 히라가 도모마사平賀朝雅 집에서 주연이 열렸을 때 집주인 도모마사와 하타케야마 로쿠로 시게야스畠山六郎重保 사이에 논쟁이 일어났는데 동석했던 무리들이 두 사람을 화해시켰다.

겐큐 2년(1205) 4월 11일에 가마쿠라에 불온한 기미가 감돌아 근린 제국의 무사들이 군집하여 무기를 점검하고 있다는 소문이 나돌았다. 또 이나게 사브로 시게나리稻毛三郎重成 뉴도는 평소 무사시 국武藏國에 칩거하고 있었는데 근래 도키마사가 그를 불러들였으므로 종자들을 데리고 가마쿠라에 왔다. 이러나저러나 사람들은 수상하게 생각하고 있었다. 5월 3일, 니이노아마 명령에 의해 군집해 있던 무리들이 대부분 귀국하였다. 6월 20일, 하타케야마 로쿠로 시게야스가 무사시 국에서 왔다. 이는 이나게의 조처에 의한 것이라 한다.

21일에 마키노카타牧方는 사위인 히라가 도모마사가 하타케야마 시게야스에게 욕을 먹은 데에 화가 나서 시게타다와 시게야스 부자를 토벌하도록 청원하였다. 도키마사가 이 일을 요시토키, 도키후사時房 두 사람에게 이야기했더니 두 사람은, "시게타다는 지쇼治承 이래 오늘날까지 오로지 충직한 사람이어서 요리토모 님도 그의 뜻을 간파하고 자신의 자손을 지켜주기 바란다고 유언을 남겼을 정도의 인물입니다. 이전에 요리이에 님의 편이면서 요시카즈 쪽의 병력을 격파했습니다. 이는 부자의 도를 중시했기 때문입니다[시게타다는 도키마사의 사위]. 그런데 지금에 와서 어째서 모반하는 일이 있겠습니까. 여러 번의 훈공을 인정하지 않고 경솔하게 토벌해서는 분명 후회하게 될 것입니다. 사실인지 아닌지 잘 조사한 다음에 지시해야 합니다"라고 말했기 때문에 도키마사는 한 마디도 하지 않고 자리에서 일어났다.

두 사람 모두 귀가했는데, 비젠노카미備前守 오오카 도키치카大岡時親가 마키노카타의 사자로서 요시토키의 집에 찾아와서, "시게타다의 모반이 발각되었으므로 군주를 위해서, 세상을 위해서라고 생각하여 도키마사에게 누설하여 전했는데 그대는 시게타다를 대신하여 변명했습니다. 내가 계모라고 해서 참언하는 사람 취급을 하시는 겁니까"라고 전했으므로 요시토키는, "이렇게 된 바에는 뜻대로 하십시오"라고 대답하였다.

22일에 가마쿠라 안에 군사가 소란스럽게 뛰어다녔다. 이는 모반한 무리를 토벌하는 것이라고 말하며 사쿠마 다로佐久間太郎 등이 하타케야마 시게야스의 집을 에워쌌다. 시게야스도 잘 싸웠지만 다수에는 맞서지 못하고 주종 모두 토벌되었다. 아버지 하타케야마 시게타다가 온다는 소문이 나돌자 도중에서 죽여 버리라고 하여 요시토키를 비롯하여 여럿이 급히 달려가 무사시 국의 후타마타가와二俣川에서 시게타다를 만났다. 시게타다는 19일에 오부스마 군小衾郡 스가야菅屋의 저택에서 출발하여 지금 여기에 도착한 것이었다. 동생 나가노 사브로 시게키요長野三郎重清는 시나노 국信濃國에 있고, 그의 동생 나가노 시게무네長野重宗는 무쓰 국陸奧國에 있었다. 시게타다를 따르는 자는 차남 고지로 시게히데小二郎重秀, 로주老中 혼다 지로 쓰네치카本田次郎通常, 한자와 로쿠로 나리키요榛澤六郎成清를 비롯하여 134기가 쓰루가미네鶴が峰 아래에 진을 쳤다. 여기서 오늘 아침 시게야스가 토벌되었고, 또 시게타다 토벌군이 이미 여기로 향하고 있음을 알았다.

혼다와 한자와는, "들은 대로라면 토벌대 수가 많은 듯하므로 당해낼 수 없습니다. 빨리 본거지로 되돌아가서 대기하기로 합시다"라고 주장했는데 시게타다는 "그렇지 않다. 시게야스가 살해된 이상

본거지로 돌아갈 것도 없다. 가게토키가 저택에서 출발하여 도중에서 토벌되었다. 잠시라도 목숨을 아까워하는 것처럼 보이면 과연 음모가 있었던 것처럼 보인다. 이는 향후 사람들에게 주는 교훈이다"라고 말하며 돌아가지 않았다.

이렇게 해서 아다치 가게모리가 선두가 되어 전진해 왔다[주종主從 7기]. 시게타다는 고지로 시게히데에게 싸우게 하였다. 아군이 많이 토벌되었지만 승부는 아직 결정되지 않았다. 오후 4시경이 되어 시게타다는 아유카와 사브로 스에타카愛甲三郎季隆가 쏜 화살에 맞아 마침내 죽었다[42세]. 시게히데와 가신들은 자살하고 말았다[시게히데는 23세. 어머니는 우에몬노조 도오모토遠元의 어머니이기도 하다. 시게타다의 전처가 죽고 없었던 것일까].

23일 오후 2시경 요시토키 등이 가마쿠라로 돌아왔으므로 도키마사가 전투 상황을 물었다. 요시토키는, "시게타다의 동생과 친족들은 거의 다른 토지에 있어서 시게타다를 따르는 병력은 백 명 남짓이었습니다. 그래서 모반이라고 하는 것은 거짓말입니다. 어쩌면 누군가의 참언 때문에 살해된 것은 아닐까요. 그의 머리를 보았습니다만 이제까지의 일이 떠올라서 눈물을 억누를 수 없었습니다"라고 말하였다. 도키마사는 아무 말이 없었다.

오후 6시경 가마쿠라 안에 또다시 소동이 일어났다. 이나게 시게나리 뉴도와 자식 고지로 시게마사小二郎重政와 한가야 시로 시게토모榛谷四郎重朝, 그의 아들 다로 시게스에太郎重季와 지로 스에시게次郎季重가 살해되었다. 이는 미우라 요시무라가 계략을 꾸며서 그들을 속여 토벌한 것이다. 시게타다가 살해된 것은 시게나리 뉴도의 책략에 기인한다. 마키노카타가 말한 것에 의해 도키마사가 이나게 뉴도에게 시게타다 모반을 고하게 했기 때문에 이나게는 곧바로 친족의 친분을 버리고 시게타다의 적으로 돌아 '가마쿠라에 전란이 일어났다'라고 자기 아들을 사자로 삼아 시게타다에게 통보하게 해서 도중에서 그를 토벌한 것이다. 이를 슬퍼하여 탄식하지 않은 자가 없었다.

생각해 보건대, 도키마사는 또 이나게를 죽이고 시게타다를 살해한 죄를 그에게 덮어씌운 것이다. 이전에 닛타[仁田]를 죽이고 히키 요시카즈를 살해한 죄를 전가한 것도 더욱더 믿을 수 있지 않은가.

윤7월 19일에 도키마사가 갑자기 출가하였다. 처음에 요리이에를 출가시키고 사네토모를 후계자로 삼은 날[지난 해 9월 10일의 일이다] 장군 사네토모는 니이노아마의 슬하에서 도키마사의 저택으로 갔다. 아와노쓰보네阿波局[37]가 가마에 동승하여 갔다. 호조 야스토키[에마 다로江馬太郎], 미우라 요시무라 등이 가마를 붙여서 승강하는 현관에 나왔다. 불과 며칠 뒤에 아와노쓰보네가 니이노아마를 방문하여[15일의 일], "와카 도노께서 도키마사 님 저택에 계시는 것은 좋지 않습니다. 마키노카타의 기색을 살펴보니 뭔가 이상할 뿐 아니라 해를 끼치려는 마음도 엿보입니다. 와카 도노의 양육을 맡은 사람으로서는 믿기 어렵습니다. 필시 곤란한 일[38]이라도 되는 것은 아닐지"라고 말하자 니이노아마도, "나도 전부터 그렇게 생각하고 있습니다"라고 말하고 호조 마사무라[에마 시로江馬四郎], 미우라 요시무라, 유키 도모미쓰에게 명하여 사네토모를 맞아들이게 하였다.

도키마사의 당황한 모습은 여간 아니었고 스루가노쓰보네駿河局[39]를 통해 사과하였다. 그 뒤 마키노카타의 계략으로 히라가 도모마사

---

37 호조 마사코北條政子의 여동생. 아노 젠세이阿野全成의 처로, 사네토모의 유모.

38 난외 두주 저본에는 '勝事'라고 되어 있는데 '僻事'로 고쳤다.

39 미우라 야스무라三浦泰村의 처로서, 호조 마사코에 출사하여 중간에서 말을 전달하는 역할을 맡았다.

를 장군으로 세우고 사네모토를 없애려고 한다는 소문이 들려왔다. 이때 사네모토는 도키마사에게 있었으므로 나가누마 고로 무네마사長沼五郎宗政, 유키 시치로 도모미쓰, 효에노조 미우라 요시무라, 다이라 구로 다네요시平九郎胤義, 아마노 로쿠로 마사카게天野六郎政景 등에게 사네모토를 맞이하여 요시토키의 집으로 향하게 하여 사네토모를 지켰으므로[사네토모는 이때 12세]. 이날 오전 2시경에 도키마사는 출가하였다[68세]. 날이 밝아 20일 오전 8시경 도키마사 뉴도는 이즈 국 호조로 내려갔다. 같은 달 26일에 우에몬노곤스케右衛門權佐 히라가 도모마사가 교토에서 살해되었다. 이때 효에노조 사사키 사브로 모리쓰나佐佐木三郎盛綱, 사에몬노조 고토 모토키요後藤基淸가 전공을 세웠다.[40]

생각해 보건대, 히라가 도모마사[히라가 겐지平賀源氏]의 계통은 시라기 사브로 요시미쓰新羅三郎義光에서 나온다. 아버지 요시노부義信는 헤이지平治의 난 때 미나모토노 요시토모에게 가담하였고 요리토모가 흥하게 되자 일족의 장이 되었다. 도모마사는 아버지를 대신하여 무사시노카미武藏守에 임명되었다. 도키마사는 마키노카타가 낳은 딸을 그의 처로 삼아서 그의 사랑은 어느 사위보다도 깊었다. 교토슈고京都守護의 장으로서 우에몬노스케右衛門佐 종5위하가 되어 승전昇殿이 허락되었다. 그도 미나모토노 요리요시源賴義의 자손이므로 "가마쿠라 도노鎌倉殿와의 사이에 존비尊卑의 차는 없다"라고 말하는 것이어서 도키마사도 혹하였다는 것

---

40 1205년에 일어난 가마쿠라 막부의 정변으로 이를 마키 씨牧氏 사건, 또는 마키 씨 정변이라고 한다. 마키노카타牧の方는 호조 도키마사北條時政의 후처로, 사위 히라가 도모마사平賀朝雅를 새 장군으로 옹립하여 막부 정치의 실권을 장악하려고 기도하였으나 도키마사의 딸 마사코와 아들 요시토키義時에게 알려졌다. 마사코와 요시토키는 협력하여 도키마사를 집권執權에서 물러나게 하고 마키노카타와 함께 강제로 출가시켰다. 그 후 두 사람은 요시토키의 손에 의해 이즈 국伊豆國에 유폐되었고, 히라가 도모마사는 사건 후 즉시 살해되었다.

이다.

　도키마사가 후처에게 마음을 빼앗겨 세상을 어지럽히려 한 것도 일조일석의 이유에 기인한 것이 아니다. 요리이에의 병이 임박하였을 때 그의 아들 이치만을 죽이고 또 요리이에도 죽인 것은 사네토모를 위해서 한 일이 아니었다. 이치만을 죽게 했을 때 겨우 열흘 사이에 또 사네토모도 무너뜨리려고 한 것이다. 만일 이치만이 죽은 것이 외조부 히키 요시카즈 때문이라고 한다면 사네토모를 무너뜨리려 한 것은 도대체 누구를 위해서였는가.

　또 하타케야마 시게타다를 죽인 것은 그는 도키마사의 사위였지만 충직한 사람이며 게다가 무용武勇도 천하에 견줄 자가 없어서 도키마사의 계략에 가담할 인물은 아니었다. 그리고 요리토모의 유언을 받아서 그의 남은 자식에게 두마음을 가지지 않았다. 그를 죽게 한 것은 사네토모의 오른팔을 떼내기 위해서였다. 이나게 시게나리도 역시 도키마사의 사위였지만 그들의 처는 혹은 죽었거나 혹은 후처 마키노카타가 낳은 딸은 아니었다. 도키마사가 그들을 보는 눈은 사랑하는 사위를 보는 눈이 아니었다.

　이후 8월 10일에 우쓰노미야 야사브로 요리쓰나宇都宮彌三郎賴綱가 모반하였다고 하므로 벌써 토벌대가 정해졌는데 요리쓰나는 출가하고 스스로 요시토키에게 달려와서 사죄하였기 때문에 일이 진정되었다. 그도 역시 도키마사의 사위였다. 어쩌면 그도 도키마사에게 동의하고 있다고 하는 소문이 있었던 것인가. 만일 도키마사 생각대로 일이 진전되었다면 그의 자손들도 죽음을 피할 수 없었다. 그렇기 때문에 도키마사가 요리이에 부자를 어떻게 생각했는지도 추측되는 것이 아닐까.

　12월 2일에 요리이에의 아들 젠자이善哉는 니이노아마의 조처로 쓰루가오카 하치만 궁의 벳토別當인 손교尊曉의 제자가 되어 이 날 손교의 승방으로 옮겼다.

　겐큐 3년(1206) 6월 16일에 젠자이에게 처음으로 하카마袴를 입히는 의식을 하였다. 10월 20일에 사네토모의 양자로 삼았다. 니이노아마의 조치였다.

조겐 4년(1210)[경오년] 11월 21일에 스루가 국 겐푸쿠지建福寺의 진수신鎭守神인 마나리다이묘진馬鳴大明神이 어린아이에게 지펴서 3년 뒤인 계유년癸酉年에 전투가 일어날 것이라고 탁선하였다. 점을 쳐야 한다는 항간의 소문이 있었지만 사네토모는, "21일 새벽에 전투하는 꿈을 꾸었는데 지금 똑같은 게시가 있었다. 헛꿈은 아니다. 점칠 것까지도 없다"라고 말하고 다이묘진의 신사에 도검을 봉납하였다.

조겐 5년(1211) 9월 22일에 선사禪師[구교41]가 등단수계登壇受戒하기 위해 상경하였고 사네토모는 수행 무사 다섯 명을 딸려 주었다. 양자였기 때문이었다.

10월에는 가모노 조메이鴨長明가 아스카이 마사쓰네飛鳥井雅經42의 추천으로 가마쿠라로 내려와 자주 사네토모와 만났다. 13일에는 요리토모의 기일이라고 하여 홋케도法華堂에 참배하고,

풀도 나무도 나부끼고 가을 서리도 스러지며
덧없는 이끼를 털어버리는 산바람

---

41 1200~1219. 가마쿠라 시대 전기의 승려. 가마쿠라 막부 2대 장군 미나모토노 요리이에源賴家의 차남. 어렸을 때 이름은 젠자이善哉. 아버지 요리이에가 장군직에서 물러나게 된 뒤 쓰루가오카 하치만 궁鶴岡八幡宮 벳토 손교尊曉의 제자가 되었다. 1206년에는 장군 미나모토노 사네토모源實朝의 양자가 되었지만 1211년에 머리를 깎고 출가하여 구교公曉라고 칭하고 1217년에 쓰루가오카 하치만 궁 벳토가 되었다. 그러나 숙부 사네토모를 아버지의 원수라고 겨냥하여 1219년 사네토모의 우대신右大臣 배하拜賀 의식 직후에 사네토모를 살해하고 그 머리를 가지고 미우라 요시무라에게 달려갔지만 도리어 살해당하고 말았다. 이로써 미나모토源 씨는 3대로 끊어졌다.

42 헤이안 말기부터 가마쿠라 전기의 귀족, 가인歌人. 『신고금화가집新古今和歌集』 편찬자 중 한 사람. 장군 미나모토노 요리토모源賴朝로부터 와카和歌의 재능을 높이 평가받았고 요리토모의 자식 요리이에 · 사네토모와도 깊은 친교를 맺고 있었다.

이라고 읊었다.

겐랴쿠 3년[계유년](1213) 2월 15일에 지바노스케千葉介 시게타네成胤가 시나노 국의 무사 아오구리 시치로靑栗七郎의 동생 아세이보 안녠阿靜局安念을 잡아서 호조 요시토키에게 보냈다. 이 승려는 모반자의 내밀한 사자였다. 16일에 그가 자백했으므로 모반한 일당들은 여기저기서 붙잡혔다. 그중에 사에몬노조 와다 시로 요시나오和田四郎義直, 효에노조 로쿠로 요시시게六郎義重, 헤이타 다네나가 등을 비롯하여 시나노 국, 시모우사 국의 고케닌들 장본인 백삼십여 명, 한패는 이백 명에 달하였다고 한다. 각국에 명하여 그들의 신병을 보내도록 지시하였다. 시나노 국의 무사 이즈미 고지로 지카히라泉小二郎親平[43]는 재작년부터 모반하고, 고故 사에몬노카미 요리이에의 자식 오와리 나카쓰카사노조 요군尾長中務丞養君을 대장군으로 하여 호조 요시토키를 무너뜨리려고 한패를 이룬 무리들이다. 죄수 중에 소노다 시치로 시게토모園田七郎成朝는 18일 밤 신병을 맡고 있던 사람의 집에서 달아나 기도승려인 게이온敬音의 승방에 가서 요사이 벌어진 일을 이야기하였다. 게이온이 말하기를, "반역죄를 벗어날 수 없습니다. 일단 도망치더라도 안전하다고는 할 수 없습니다. 빨리 출가하시는 편이 좋을 것입니다"라고 하였다. 시게토모는, "한패에 가담한 것은 물론 사실이다. 옛날 명장 중에도 난을 피한 사람은 있다. 만일 전부터 바라던 대로 된다면 나에게도 생각이 없는 것은 아니다. 특히 나는 연래 수령이 되고 싶었다. 어째서 머리를 깎는 따위를 해야 하는가"라고 대답하고 몇 잔인가 술을 마시고 자취를 감췄다고 한다.

사네토모가 이 일을 물었더니 승려는 있는 그대로 대답하였다. 사

---

43 난외 두주 지카히라는 미나모토노 미쓰요시源滿快의 아들 미쓰쿠니滿國의 자손이다.

네토모는 시게토모가 수령受領이 되고 싶은 마음이 있었다는 데에 감동하여, "빨리 그를 찾아내라. 은사를 주라"라고 명하였다.

또 25일에 죄수 교부刑部 시부카와 로쿠로 가네모리澁川六郎兼守는 다음날 아침에 처형되는 것을 알고 시 열 수를 읊어 에가라 신사荏柄神社에 봉납하였다. 구도 도조 스케타카工藤藤三祐高는 전날 밤 신사에 칩거하였다. 오늘 아침에 나올 때 발견하였다고 하며 가네모리의 시를 사네토모의 어소에 지참하였는데 사네토모는 이 시에 감동하여 죄를 면해주었다. 27일에 모반인 대부분은 유배형에 처해졌다.

3월 2일에 지카히라親平가 다테하시建橋라고 하는 곳에 숨어 있다는 고지가 들어와 구도 주로에게 명하여 잡아들이라고 했는데 지카히라는 구도와 가신 몇 명을 베고 자취를 감추었다.

8일에 가마쿠라에 병란이 일어났다는 소문이 각국에 전해져서 이에 달려온 무사들은 수를 알 수 없었다. 와다 요시모리는 당시 가즈사 국上總國의 이키타노쇼伊北莊에 있었는데 달려와서 이날 사네토모를 대면하고 그때 지금까지의 전공을 말하고 자식인 요시나오와 요시시게를 살려달라고 탄원하였다. 새삼 감동한 사네토모는 부친의 공로를 보아서 두 사람의 죄를 용서해 주었다. 9일에 요시모리는 일족 98명을 이끌고 사네토모의 어소에 와서 와다 다네나가의 일에 대해서 사죄하고 싶다고 말하였다. 오에노 히로모토가 이를 사네토모에게 전했으나 다네나가는 이번 일의 장본인이기 때문에 용서받지 못하였다. 감호인 효에노조 가나쿠보 유키치카金窪行親 손으로 호간判官 야마시로 유키무라山城行村에게 인도되었고 "구류에 처하라"는 사네토모의 명령을 호조 요시토키가 전하고 뒷짐결박하여 일족 앞을 조리돌린 끝에 신병을 건넸다. 19일, 다네나가는 무쓰 국 이와세 군岩瀬郡에 유배되었다. 그날 밤 고신마치노카이庚申待の會[44]가 개최되었는데, 한밤중에 이르러 무장한 병사 50여 명이 와다 요시모리 저택 근처를 어슬렁거리고 있었다. 우마노조右馬允 요코야마 도키카네橫山時兼가 요시모리에게 온 것이다. 이가노카미伊賀守 유키 도모미쓰가 멈추게 했으므로 조심하기 위해 모처럼의 모임이 중지되었다.

25일에 다네나가의 부지가 에가라 신사 앞에 있고 어소에 가까웠기 때문에 사람들은 그 땅을 가지고 싶어했지만 이날 요시모리는 고조노쓰보네五條局를 통해, "돌아가신 장군 때부터 일족의 영지가 몰수된 뒤 타인에게 배분되지는 않았습니다. 예의 토지는 도노이宿直로 사후하기에 좋은 곳이므로 나에게 내려주시기 바랍니다"라고 청원하였다. 곧 장군의 귀에 들어갔으므로 요시모리는 몹시 기뻐하였다.

4월 2일에 호조 요시토키가 다네나가의 부지를 하사받아서 유키치카行親, 다다이에忠家에게 나누어 주고 요시모리의 대관代官을 내쫓았다.

7일에 장군이 궁녀를 불러서 주연을 벌이고 있었을 때 야마노우치山內 사에몬노조, 효에노조 지쿠고 시로筑後四郎 등이 중문 주변에서 서성이는 것을 발 속에서 보고 툇마루까지 불러들여 술잔을 주고, "두 사람 모두 일간 목숨을 잃을 것이다. 한 사람은 나의 적이 되고 한 사람은 여기에 남는 몸이 될 것이다"라고 말하였다. 두 사람은 두려워서 떨며 술잔을 품속에 넣고 부랴부랴 물러갔다.

15일에 신 효에노조 와다 도모모리和田朝盛[쓰네모리常盛의 아들]는 총애 받는 신이지만 동료가 없었다. 요시모리가 칩거하고 있었으므로

---

44 일본의 민간신앙으로, 경신庚申 날에 불가佛家에서는 제석천帝釋天·청면금강靑面金剛에게, 신도神道에서는 사루타히코猿田彦를 제사지내며 철야하는 행사. 이 날 밤에 잠을 자면 몸 안에 살고 있는 세 마리 벌레가 잠든 사람의 몸에서 빠져나와 하늘로 올라가서 그 사람의 잘못을 천제天帝에게 고하여 일찍 죽게 한다고 하여 독경을 하거나 함께 음식을 먹고 환담을 나누며 밤을 밝혔다. 고신마치庚申待는 통상 마을 단위 등 집단으로 행하며 그 모임을 고신코庚申講, 고신에庚申會라고 한다.

그도 칩거하고 있으면서 조헨淨遍 승도僧都에게 불도佛道에 대해 배워 이날 저녁에 출가하려고 결정했기 때문에 어소로 향하였다. 사네토모는 달을 바라보며 우타카이歌會를 개최하고 있어서 궁녀 몇몇이 곁에서 모시고 있었는데 도모모리가 알현하고 와카를 사네토모에게 바쳤다. 사네토모는 여러 차례 감동하였다. 도모모리는 요사이 얼마 동안 책무를 다하지 못했던 것 등을 사죄하였다. 사네토모는 몇 개소의 지토직을 한 장의 종이에 써서 친히 도모모리에게 주었다. 도모모리는 물러나와 곧바로 승도에게 가서 출가하고 법명을 지쓰아미다부쓰實阿彌陀佛라고 칭하고 수도로 출발하였다. 가신 두 명과 동자 한 명이 수행하였다. 요시모리는 깜짝 놀라 그를 찾게 하였는데 편지 한 장이 발견되었다. 거기에는, '일족과 함께 주군을 쏠 수는 없다. 또 주군을 따라서 아버지와 할아버지에게 맞설 수도 없다. 그래서 세상을 피하여 은둔하려 생각한다'라는 의미의 내용이 적혀 있었다. 요시모리는 몹시 화가 나서 사에몬노조 시로 요시나오四郎義直에게 쫓게 하였고, 그는 스루가 국 데고시手越에서 도모모리를 따라 잡아 데리고 돌아왔다. 요시모리는 그를 대면하고 분노를 풀었으며, 도모모리는 검은 옷을 입은 채로 막부에 알현하였다. 소환되었기 때문이다.

24일에 요시모리가 수년 이래 귀의한 승려가 있었는데[이세伊勢 사람. 손도尊道], 사람들은 이를 괴이하게 여겼다. 실은 이세신궁에 뭔가 기원을 하기 위해서 일 것이라는 소문이 나 있었던 것이다. 이 때문에 가마쿠라에서 특히 소란스러웠다. 27일에 효에노조 구나이 기미우지宮內公氏가 사자로서 요시모리 집으로 가서 모반 준비가 있다는 소문인데 어찌된 일인가 심문하였다. 기미우지가 사무라이노마에 입실하여 주인에게 말을 전하게 했더니 얼마 후 요시모리가 침소에서 사무라이노마에 왔는데 쓰쿠리아와세作り合せ를 뛰어넘으려고 할 때 에보시烏帽子가 머리에서 벗겨져 떨어졌다. 요시모리는 연래의

훈공을 말하고 결코 모반할 마음 따위는 없다고 말하였다. 이야기는 끝났고, 자식들을 비롯하여 무사들이 열석하여 무기를 갖추고 있었다.

　기미우지가 사정을 보고하였으므로 요시토키는 가마쿠라에 주재하는 고케닌들을 어소에 소집하였다. 요시모리의 모반은 이미 결정적이었지만 아직 갑옷과 투구를 입는 데에까지는 가지 않아서 해질 무렵에 형부노조刑部丞 시마즈 다다스에島津忠季를 사자로 하여 요시모리에게 보내어, "세상을 도모하려 한다는 소문이 있어서 장군께서도 놀라고 계십니다. 하여튼 봉기를 단념하고 장군의 자비를 기다리십시오"라고 전하게 하였다. 요시모리는, "위에는 원망이 없습니다. 요시토키의 행동거지가 방약 무도하여 자세히 추궁하기 위해서 몰려가려고 최근 젊은이들이 몰래 모여서 논의하고 있는 듯합니다. 간하여도 도무지 들으려 하지 않고 벌써 결집해 버렸습니다. 이렇게 된 이상에는 나의 힘으로는 어떻게 할 수 없습니다"라고 대답하였다.

　5월 2일에 요시모리 집에 군사들이 몰려드는 것을 본 이웃집의 사에몬노조 지쿠고 도모시게筑後朝重가 오에노 히로모토에게 알렸다. 때마침 주연을 열고 있어서 많은 사람이 모여 있었는데 히로모토는 혼자 자리에서 일어나 어소에 갔다. 사에몬노조 미우라 헤이로쿠 요시무라三浦平六義村와 우에몬노조 구로 다네요시九郎胤義 형제는 요시모리와 약속하고 북문을 경비하기로 미리 합의해 두었는데 갑자기 마음이 변하여 요시토키에게 달려가 요시모리가 이미 군사를 내보내고 있다고 고하였다. 요시토키는 바둑 모임을 열고 있었는데 놀라는 기색도 없이 조용히 바둑알을 센 뒤 오리에보시折烏帽子를 다테에보시立烏帽子[45]로 고쳐 쓰고 스이칸水干을 입고 어소에 갔다. 요시모리가 오늘 봉기한다고는 생각치도 못하고 어소의 경비도 갖추지 못하였으므로 니이노아마 및 미다이도코로御台所를 북문으로 내보내어 쓰루가오카 하치만 궁 벳토別當의 방사坊舍로 옮기게 하였다.

오후 4시경 요시모리는 병사 150명을 3대로 나누어 어소 남문과 서북 양쪽 문을 포위하고 요시토키의 집을 공격하였다. 요시토키의 부재중에 집을 지키던 병사들은 방어전에 힘썼으나 전사한 자가 많았다. 오후 6시경 결국 어소의 사방을 에워싸고 아사히나 요시히데朝比奈義秀가 총문總門을 부수고 남쪽 정원에 난입하였다. 그런 다음 농성하던 고케닌들이 불을 질렀으므로 건물은 완전히 타버렸다. 사네토모는 홋케도法華堂로 피하였다. 요시토키, 히로모토가 수행하였다. 요시히데에게 대항한 자로 살아남은 자는 없었다. 그중 한 사람 효에노조 다카이 사브로 시게모치高井三郎重茂는 요시히데와 대결하였으나 결국 죽임을 당하였다. 아시카가 사브로 요시우지足利三郎義氏는 갑옷 소매가 찢어져서 목숨을 건졌다. 새벽녘이 되어 요시모리의 군대는 싸움에 지쳐서 앞에 있는 해변으로 물러났다. 사가미 슈리노스케相模修理亮 호조 야스토키北條泰時, 아시카가 요시우지 등은 여세를 몰아 싸웠다.

3일에는 비가 내리고 요시모리 군은 군량도 떨어지고 말도 피로에 지쳤다. 오전 4시경 우마노조 요코야마 도키카네橫山時兼가 일족의 병사를 이끌고 고시고에腰越에 도착하였다. 도롱이와 삿갓을 벗어버리고 요시모리 군에 가담하여 합계 3천 기가 되어 고케닌들을 추격하였다. 오전 8시경 소가曾我, 나카무라, 니노미야二宮, 가와무라河村 사람들이 무사시오지武藏大路와 이나무라가사키稻村ガ崎에 모여들었다. 홋케이도에서 사네토모가 그들을 소환했지만 의심스럽게 여겨 곧바로는 모여들지 않았다. 교서에 수결한 뒤에 소집하였더니 모여

---

45 오리에보시折烏帽子는 위를 꺾어 꼬부린 에보시. 다테에보시立烏帽子는 꼭대기의 중앙을 접지 않은 보통의 에보시.

들었다. 또 지바노스케 나리타네千葉介成胤도 일족을 이끌고 왔다. 영장을 근린의 여러 국에 보내어 병력을 불러 모았다. 요시토키와 히로모토가 잇달아 서명을 한 뒤에 사네토모가 날인하였다. 마침내 다수의 병력을 해변 쪽으로 보냈다. 요시모리는 어소를 습격하려고 했으나 대로가 전부 봉쇄되어 있어서 이루지 못하고 유이가하마由比ガ濱 및 와카미야오지若宮大路에서 교전하느라 시간이 걸렸다. 다이가쿠노스케大學助 쓰치야 요시키요土屋義淸, 사에몬노조 후루고오리 야스타다古郡保忠, 아사히나 요시히데 3기가 말머리를 나란히 하여 싸웠으므로 아군 병력은 몇 번이고 흩어졌다. 야스토키는 고지로 하치로 유키히라小代八郎行平를 사자로 하여, "다수의 의지가 되지만 흉도를 진압하기 어렵습니다. 거듭 배려하시기를"이라고 고했으므로 사네토모[46]는 매우 놀랐다.

이러저러하는 사이에 요시키요가 빗나간 화살에 맞아 죽고 사에몬노조 와다 시로 요시나오도 전사하였다[37세]. 그 뒤 요시모리[67세], 효에노조 고로 요시시게五郎義重[34세], 효에노조 로쿠로 요시노부六郎義信[28세], 시치로 히데모리七郎秀盛[15세] 네 사람도 토벌되고 말았다. 요시히데는 해변으로 나가 총 500기를 6척의 배에 태우고 아와 국安도모모리, 후루고오리 사에몬노조, 사에몬노조 야마노우치 지센지로 山內千二郎, 사에몬노조 오카자키 요이치岡崎余一, 요코야마橫山 우마노조 여섯 명은 행방불명되었다. 나중에 쓰네모리 부자와 후루고오리는 자살하고, 그 밖에는 붙잡혀 살해되었다. 토벌되어 죽은 자는 요코야마 군병 30명, 쓰치야 군병 10명, 야마노우치 군병 20명, 모리 군병 10명, 가마쿠라 군병 13명, 기타 33명, 합계 약 150명[와다 부자는 13명이다]. 생포된 자는 27명[하인과 가신은 제외], 머릿수 234, 아군으로

---

46 원문의 '實賴'는 '實朝'의 오류.

토벌된 고케닌은 50명, 부상자 1천 명 남짓이었다.[47]

『아즈마카가미』를 살펴보건대, "재작년[겐랴쿠 원년](1211) 12월에 와다 요시모리가 가즈사 고쿠시相模國司 임명을 탄원했던 자기의 청원서를 반환하고 싶다고 오에노 히로모토에게 신청했는데 그것은 장군의 조치를 경시한 행위이다"라고 적었다. 그러나 이듬해 정월부터 그의 자식들은 자주 장군의 은혜를 입었으며 6월에 장군이 요시모리 집에 갔을 때 일본과 중국의 장군 초상화 12점을 헌정하였다.

8월에는 전임 이가 고쿠시伊賀國司 유키 도모미쓰와 요시모리는 북면 산겐도코로三間所에 출사하라는 명을 받았다. 이는 장군의 측근 중에서 힘이 센 자를 뽑아 조를 짜고 순번으로 출사시키는 것인데 두 사람은 경험이 많고 연장자였기 때문에 장군에게 옛날이야기라도 들려주도록 여기에 넣은 것이다.

그 후 이해 2월에 자식들과 와다 다네나가和田胤長가 모반한다는 소문이 났을 때 자식들은 사면되고 다네나가와 그의 동료들은 모두 유배형에 처해졌다. 다네나가의 영지는 처음에는 요시모리에게 하사될 것이었는데 나중에는 요시토키에게 주어지고 말았다. 요시모리는 이에 화를 내고 출사를 그만두었다. 그의 손자 도모모리도 칩거하고 있었는데 출가할 마음이 들어서 작별 인사하기 위해 출사했더니 몇 개소 영지의 지토직을 부여받았고 나중에 출가하였지만 결국에는 소환되었다는 등의 기록이 보인다.

이것저것 아울러 생각해보면, 사네토모가 그들 부자를 의지할 사람으로 생각

---

47 1213년에 가마쿠라鎌倉 막부 내부에서 일어난 유력 고케닌御家人 와다 요시모리和田義盛의 반란으로, 와다갓센和田合戰이라고 한다. 가마쿠라 막부의 창업 공신이며 사무라이도코로侍所 벳토別當인 와다 요시모리는 2대 집권執權 호조 요시토키北條義時에게 거듭되는 도발을 받고 인척관계였던 요코야마토横山黨이나 동족인 미우라 요시무라三浦義村와 결탁하여 호조 씨를 타도하기 위해 거병하였다. 하지만 마지막에 미우라 요시무라가 호조 쪽에 한패가 되어 와다 일족은 병력 부족인 채로 장군 어소를 습격하고 가마쿠라에서 시가전을 전개하였다. 전투는 이틀에 걸쳐 전개되었는데 와다 일족은 막부군에 압도되었고 요시모리는 전사하였다. 이 전투의 승리에 의해 호조 씨의 집권 체제가 더욱 강고해졌다.

하고 있던 것을 요시토키가 나쁘게 억측하여 요시모리의 세력을 저지한 것이다. 오로지 주군을 생각한 것이지 모반이 아니었음은 의심할 여지없다. 어쩌면 사네토모로부터 비밀명령을 받은 것은 아니었나 하고 말하는 사람도 있다. 당시 사람들도 그렇게 생각했기 때문에 편드는 사람도 많았으며 그때가 되어서도 소가曾我, 가와무라河村 사람들도 사태를 의심하고 있었던 듯하다.

대체 그들은 무엇을 의심한 것일까. 생각해보면, '요시모리의 병력이 사네토모의 비밀명령에 의해 봉기한 것은 아닐까'라고 의심한 것이다. 그래서 요시토키는 결국 사네토모의 날인을 받아서 그들을 소집하였다. 그들도 그것을 보고 응했던 것이다. 요시모리가 뜻을 이루지 못한 것은 요시토키가 사네토모를 끼워 넣었으므로 요시모리는 그를 향해 싸우는 형태가 되었기 때문이다. 요시모리도 진작부터 그것을 생각하지 않은 것은 아닌 듯하다. 그렇기 때문에 요시토키와 히로모토의 집에 손님이 모여들어 있는 좋은 기회를 엿보아 재빨리 군사를 움직여 우선 요시토키의 집을 공격하고 어소의 사방을 포위하여 사네토모를 자신의 전진에 거두어 들이려고 도모한 것이다. 그런데도 가까운 일족으로 북문을 지키겠다고 약속한 요시무라와 미우라 다네요시가 배신하였으므로 요시토키는 어소에 들어갈 수 있었고 요시모리는 사네토모를 거두어들일 수 없게 되어버렸다. 이는 요시모리의 불운이 아니라 사네토모의 불행이다. 그래서 사네토모도 요시모리의 충성스러운 기도를 생각했던 듯하며 그해 12월에 친히 주후쿠지壽福寺에 참배하고 요시모리의 영혼을 조문하였다는 기록이 보인다.

또 요시무라와 다네요시는 일족을 버리고 약속을 어겨 요시카타 쪽에 붙었는데, 다네요시가 먼저 요시토키를 원망하여 멸망하였고 요시무라의 아들 야스무라도 역시 요시토키의 증손 도키요리에게 살해되었다. 하늘의 응보는 틀리지 않는다고 말해야 할 것이다.

8월 18일 밤 12시경 사네토모[48]는 어소 남면으로 나갔다. 불도 꺼지고 주위도 고요해져서 달을 향해 혼자 노래를 읊고 있었는데 오전

---

48 원문의 '實賴'는 '實朝'의 오류.

2시경이 되어 젊은 하녀가 앞뜰을 달려 지나갔다. 사네토모는 연달아 "누구냐" 하고 물었지만 이름을 대지 않았다. 하녀가 문밖에 이르렀을 무렵 빛이 보였는데 횃불인 듯하였다.

겐보建保 2년(1214) 11월 13일에 와다, 쓰치야의 잔당이 교토에서 요리이에의 아들로 선사禪師인 자를 부흥시키려 하고 있다는 소식이 들어와 교토에 있는 오에노 히로모토의 부하가 이치조一條 북쪽 부근의 숙소를 습격했더니 선사는 자살하고 일당은 도주하였다.

겐보 3년(1215) 정월 6일에 뉴도 도오토미노카미遠江守 종5위하 다이라노 도키마사平時政가 호조에서 사망하였다[78세]. 부스럼을 앓다가 죽었다.

12월 25일에 갑자기 불사佛事[49]를 행하였다. 교유 율사行勇律師가 도사導師[50]를 맡았다. 이는 사네토모가 어젯밤 요시모리 등의 면면이 자기에게 모여드는 꿈을 꾸었기 때문이다.

겐보 4년(1216) 6월 8일에 진화경陳和卿[51]이 가마쿠라에 왔다. 도다이지東大寺 불상을 중장한 사람이다. 그 절에서 공양이 행해진 날 미나모토노 요리토모에게 알현하지 않고 사네토모[52]를 신불神佛이 다시 환생한 것이라고 말하며 알현을 원하였다고 한다. 그는 15일에 사네토모[53]를 만나 삼배하고 울었다. 진화경이 말하기를, "그대는 송나라 육왕산育王山 장로의 후신이며 나는 그의 문제자 후신입니다"라고

49 　난외 두주　 이는 말을 빌어서 그 충혼을 위로했다.
50 앞의 권6 주 24 참조.
51 중국 남송의 공인工人. 생몰년 미상. 12세기 말에 일본에 왔으며, 1180년 도다이지東大寺가 소실된 후 간진쇼닌勸進上人 조겐重源을 따라 손실된 대불大佛 주조와 대불전 재건에 진력하였다. 장군 사네토모實朝의 신임을 얻어 송으로 건너가기 위한 대선 제작을 맡았으나 배는 물에 뜨지 않았고 그 후는 소식 불명.
52 원문의 '實賴'는 '實朝'의 오류.
53 원문의 '實賴'는 '實朝'의 오류.

하였다.

지난 겐랴쿠 원년(1211) 6월 3일 오전 2시경에 사네토모는 꿈에서 고승 한 사람을 보았는데 그 승려가 말한 것도 이와 같았다. 사네모토는 굳이 사람들에게는 말하지 않았지만 6년 후인 지금 진화경이 말한 것이 꼭 들어맞는다 하여 오로지 그를 믿었다.

9월 18일에[사네토모가 대장人將에 임명되기를 바랐을 때] 호조 요시토키가 오에노 히로모토를 불러, "요리토모 님은 조정에서 관위에 대해 센지宣旨가 내려져도 항상 사퇴하셨다. 그것은 좋은 운이 자손에게 미치도록 하신 것이다. 사네토모 님은 아직 서른 살도 되지 않으셨는데도 승진이 매우 빠르며 고케닌들도 각자 관직을 바라고 있다. 분에 넘치는 일이라고 말할 수 있다. 내가 비난하였지만 도리어 질책을 받았을 따름이었다. 그대가 말해 줄 수 없는가"라고 말하였다. 히로모토는, "평소 그것을 신경 쓰고 있었습니다. 요리토모 님 시대에는 무슨 일이든 하문하셨는데 지금은 그런 것이 없기 때문에 마음속으로 생각할 뿐입니다. 지금 이러한 이야기를 삼가 들은 것은 천만다행입니다. '신하는 자신의 역량을 되돌아보아 직을 받는다'라고 합니다. 사네토모 님은 선대의 유업을 그저 계승하고 계실 뿐 이렇다 할 훈공도 보이지 않는데 제국을 관령하실 뿐 아니라 중납언中納言 중장中將에 승진하셨습니다. 섭관가攝關家 출신도 아니고 평범한 사람의 경우 이 같은 일은 없을 터입니다. 어떻게 해서 '거듭되는 재난과 쌓이는 재앙'이라는 이 두 가지를 피하실 수 있을 것입니까. 서둘러 사자가 되어 말씀드립시다"라고 대답하고 20일에 사네토모에게 그 말을 아뢰었다.

"자손의 번영을 바라신다면 지금의 관위는 사퇴하고 다만 정이장군으로 있다가 나이가 드시고 나서 대장을 겸임하셔야 되지 않겠습니까"라고 말하였다. 사네토모[54]는 히로모토의 간언을 기꺼이 들었다. 그러나 "겐지源氏의 정통은 나의 시대에서 축소되고 말았다. 자손이 계승할 수 없으니 어디까지나 관직을 배명하여 집안의 명예를 높이려고 생각할 따름이다"라고 말했으므로 히로모토도 말없이 물러나와 요시토키에게 그것을 전하였다.

11월 24일에 사네토모는 전신前身이 살던 곳인 육왕산에 참배하러 가기 위해 송나라로 건너가려고 하여 당선唐船[55]을 제작하고 공양자 60여 명을 정하였다. 유키 도모미쓰가 봉행하였다. 요시토키와 야스토키가 여러 번 간하였지만 받아들이지 않았다.[56]

겐랴쿠 5년(1217) 4월 17일에 진화경이 건조한 당선이 완성되어 수백 명을 불러서 유이가우라由比ガ浦에 띄우고 구경하였다. 점심 무렵부터 오후 4시경이 되어서도 배는 뜨지 않았다. 이 부근은 당선이 출입할 수 있는 포구가 아니어서 배는 헛되이 모래사장에서 썩고 말았다.

6월 20일에 구교 아자리阿闍梨가 온조지園城寺에서 도착하였다. 니이노아마의 분부로 쓰루가오카 궁 벳토別當의 결임에 충당하려한 것이다. 근래 1, 2년은 묘오인明王院 승정 고인公胤의 제자가 되어 그 절에 살고 있었다.

10월 11일에 구교를 쓰루가오카 벳토직에 임명하였다. 또 전부터 바라던 것이라 하여 오늘부터 천일 동안 궁사宮寺[57]에 칩거하기로 하였다고 한다.

『조큐키承久記』[58]에 따르면, "근래 2, 3년 장군 어소 안에서 요괴가

---

54 원문의 '實賴'는 '實朝'의 오류.
55 에도江戶 시대에 나가사키에 내항했던 중국배의 통칭.
56 난외 두주 사네토모는 죽을 때가 임박한 것을 알고 송으로 가서 죽음의 화를 모면하려고 했는데 그것도 이루지 못하였다.
57 신사神社에 부속되어 있는 절.
58 가마쿠라鎌倉 시대 말부터 남북조 시기에 성립된 전기물戰記物. 작자 불명. 1219년의 미나모토노 사네토모源實朝 암살부터 시작하여 조큐承久의 난의 경과를 적었다.

나타나는데 여자 모습을 하고 발이 빠르며 몸놀림이 가벼워 간 곳을 본 사람도 없다. 바로 이 사람이라고 짐작하였다"라고 한다.

겐보 6년(1218) 6월 27일 오후 4시경에 쓰루가오카 궁에서 대장 배하拜賀[59][60] 의식이 있었다.

7월 8일에 노시하지메直衣始[61]가 있어서 사네토모는 쓰루가오카에 갔다. 요시토키는 입궐하는 길을 수행을 하지 않고 궁사에 참여하였다. 그날 밤 꿈에 약사십이신장 중에 술신戌神[62]을 보았는데, "올해의 배하는 무사하다. 내년 배하 때는 공봉供奉해서는 안 된다"라고 고하였으므로 다음날 9일에 오쿠라고大倉鄕 남산에 당 하나를 짓고 약사여래를 안치하였다. 야스토키와 도키후사 등이 이해의 대례에 고케닌들이 민중에게서 거둔 재물을 소비하고 그 불안이 진정되지 않는 현상을 고려하여 "이렇게 해서는 안 되는 것이 아닌가"라고 충고했지만 요시토키는 받아들이지 않았다[이는 요시토키가 나중에 말한 것을 『아즈마카가미』에 적은 것일까. 만일 그때에 처음부터 계시를 말하여 지시하였다고 하면 구교에게 가르쳐 준 것이 된다].

12월 2일에 약사당이 완성되어 공양이 행해졌다. 이날 교토 조정에서는 사네토모를 우대신에 임명하였다.

겐보 7년(1219) 정월 27일에 우대신 임명을 삼가 치하하였다[이 날은 눈이 많이 내려 2자 남짓 쌓였다]. 어소를 출발할 때 오에노 히로모토가 와

---

59 **난외 두주** '物' 자는 '拜' 자로 쓰는 것도 있다.
60 원문의 '物賀'는 '拜賀'의 오류. 교정자는 난외 두주에서 '物'은 '拜'로 쓰는 것도 있다고 하면서 '物賀'라고 썼으나 '拜賀'가 맞다.
61 칙허를 받은 공경公卿이 처음으로 귀족의 평복인 노시直衣를 착용하는 의식. 노시는 고위 귀족의 평상복으로 공공연히 착용하기 위해서는 노시 센게宣下가 필요했다.
62 십이신장十二神將은 불교 신앙, 조상造像의 대상인 천부天部의 신들로 호법선신護法善神이다. 약사여래 및 약사경을 신앙하는 자를 수호한다고 여기는 십이체十二體의 무신武神이다. 이 중 술신戌神은 초두라신장招杜羅神將.

서, "가쿠아覺阿[63]는 성인이 된 뒤로는 눈물이 어린 적도 없었습니다. 그런데 지금은 흐르는 눈물을 참을 수 없습니다. 이는 예삿일이 아니라 분명 뭔가 있음에 틀림없습니다. 도다이지東大寺 대불공양 날 요리토모 님의 예에 준하여 소쿠다이束帶[64] 밑에 하라마키腹卷[65]를 착용하도록 하십시오"라고 말하고 가라아야오도시唐綾縅[66]의 기세나가着背長[67]를 가져다주었지만 문장박사 미나모토노 나카아키라源仲章가, "대신 대장 지위에 올라가는 사람이 그런 것을 한 예는 없습니다"라고 말했으므로 이것도 중지되었다. 히로모토는 연달아, "낮에 신사에 참배하기 바랍니다"라고 독촉했는데 나카아키라는, "반드시 밤에 등불을 붙일 무렵에 하는 것이 관습입니다"라고 우겨서 오후 8시경으로 정하였다. 사네모토가 귀밑머리를 정돈하고 있던 참에 구나이기미우지가 왔는데 사네모토는 스스로 귀밑머리 머리카락 한 올을 뽑아서 "유품으로 하라"고 하며 주었다. 또 사네모토는 정원의 매화를 보며,

내가 나가 주인 없는 집이 되더라도
처마 끝의 매화여, 봄을 잊지 말라

라고 읊고 남문으로 나갔는데 비둘기가 연달아 울었으며, 수레에서 내릴 때 의장용 세검細劍 손잡이가 수레의 데카타手形[68]에 낀 것을

---

63 오에노 히로모토大江廣元의 법호.
64 율령제에서 정한 남자의 조복. 헤이안平安 시대 이후 천황 이하의 문무관이 조정의 의식이나 공무에 착용하였다.
65 앞의 권6 주 25 참조.
66 중국에서 전해진 도드라지게 짠 능직으로 갑옷미늘을 얽어맨 것.
67 대장이 입는 갑옷의 미칭. 중세 이후는 하라마키를 가리키기도 한다.
68 손을 걸칠 수 있도록 도려낸 부분.

알아차리지 못하여 부러져 버렸다. 나카아키라는 바꿔 끼울 것이 없다고 하며 나뭇조각을 덧대었다.

처음에 궁사宮寺 누문에 들어갈 때 요시토키는 꿈처럼 흰 개가 곁에 보인 것 같은 기분이 들어서 마음이 어지러웠으므로 검을 나카아키라에게 건네고 이가노 시로伊賀四郎 한 사람을 데리고 그 자리에서 물러났다. 사네토모는 참배를 마치고 물러나왔을 때 돌계단 아래에서 구교에게 살해되었다. 나카아키라도 칼에 베어 살해되었다.

구교는 사네토모의 머리를 손에 쥔 채로 후견인인 빗추備中 아자리의 유키노시타키타가야雪下北谷 승방에서 식사를 하고 유모 아들인 효에노조 야겐타彌源太를 미우라 요시무라에게 보내어 자신이 장군이 될 것을 고하였다. 이는 요시무라의 아들 야스무라泰村가 아직 고마와카마루駒若丸라 하며 구교의 문제자 중 한 사람이었기 때문이다. 요시무라는, "여하튼 오십시오. 마중할 사람을 보내겠습니다"라고 하며 심부름꾼을 돌려보내어 요시토키에게 사정을 고하였다. 요시토키는, "즉각 토벌하라"라고 명하였으므로 일족을 소집하여 대책을 짰다. 구교는 보통 사람이 아니라 하여 나가오 신로쿠 사다카게長尾新六定景를 토벌대로 명하였다. 나가오는 검은 가죽으로 미늘을 얽어맨 갑옷을 입고 사이가노 지로雜賀次郎를 비롯하여 가신 5명을 데리고 기타가야의 승방으로 향하였다. 구교는 마중이 더디므로 쓰루가오카 봉우리에 올라가 요시무라 집으로 가려고 하였다. 거기에서 맞닥뜨린 사이가 구교에 맞붙었고 사다카게가 머리를 베었다.

『조큐키』에 따르면, "그 후 '내가 구교다'라 하여 여기저기에서 많은 사람이 살해되었다"라고 하는데, 믿을 수 없다. 일설에는 와카미야若宮 뒷쪽 서문으로 돌아가[69] 산에서 떨어져 서문의 작은 건물 위에

---

69 **난외 두주** '來' 자는 '越' 자로 쓰는 것도 있다.

걸린 것을 집주인이 도둑이라 생각하여 때려죽였다. 그날 밤 개들이 먹어버려서 아침이 되어 보았더니 신체가 손상되어 있었다.

28일에 사네토모를 장례치를 때 기미우지에게 하사했던 귀밑머리 머리카락 한 올을 머리 대신에 묻었다.

『우관초愚管抄』에는, "구교가 버린 머리를 장사지냈다"라고 기록되어 있다.

호조, 대대로 천하의 권력을 장악함[1]

2월 13일에 시나노노카미信濃守 니카이도 유키미쓰二階堂行光가 상경하여 로쿠조노미야六條宮[2], 레이제이노미야冷泉宮[3] 중 어느 쪽을 장군의 후계자로 할 것인지를 전하였다. 15일에 법교法橋 아노 젠세이阿野全成의 아들 관자冠者[4] 도키모토時元[호조 도키마사北條時政의 딸이 낳았다]가 많은 인원을 이끌고 스루가 국駿河國에 성곽을 쌓고 동국을 장악하려 한다는 소식이 들어와 19일에 니이노아마二位尼 호조 마사코北條政子[5]의 명령으로 효에노조兵衛尉 가나쿠보 유키치카金窪行親 등의 토

---

1 호조(北條) 씨 가계도

① 호조 도키마사 北條時政

- 도키후사時房 ─ 도모나오朝直 ─ 노부토키宣時 ─ 무네노부宗宣 ⑪
- ② 요시토키義時
  - 사네야스實泰 ─ 사네토키實時 ─ 아키토키顯時 ─ 사네아키貞顯 ⑮
  - ⑦ 마사무라政村 ─ 도키무라時村 ─ 다메토키爲時 ─ 히로토키熙時 ⑫
  - 야스토키泰時 ─ 도키우지時氏
    - ⑤ 도키요리時賴 ─ 도키무네時宗 ─ 사다토키貞時 ⑨ ─ 다카토키高時 ⑭ ─ 도키유키時行[나카센다]
    - 쓰네토키經時 ⑥ ─ 무네마사宗政 ─ 모로토키師時 ⑬
  - ⑥ 시게토키重時
    - 나가토키長時 ─ 요시무네義宗 ─ 히사토키久時 ─ 모리토키守時 ⑬
    - 나리토키業時 ─ 도키카네時兼 ─ 모토토키基時 ⑩
- 마사코政子
  미나모토노 요리토모源賴朝
  [가마쿠라鎌倉 막부 초대 장군]

※ 숫자는 집권

2 고토바後鳥羽 천황의 황자 마사나리雅成 친왕. 고시라카와後白河 천황의 황녀 센요몬인宣陽門院 긴시覲子 내친왕의 양자가 되어 센요몬인의 어소인 로쿠조도노六條殿에서 성장했기 때문에 로쿠조노미야六條宮라고 불렀다.

3 고토바 천황의 황자 요리히토賴仁 친왕.

4 권3의 주 22 참조.

벌대를 내보냈다. 도키모토는 자살하였다.

『조큐키承久記』에는, "아노 관자는 혈통이 좋은 미나모토源 씨이기 때문에 이 사람이야말로 가마쿠라 도노鎌倉殿가 될 것이라는 평판이 자자하였다. 요시토키는 이를 듣고 그런 일이 어떻게 있겠는가 하며 토벌대를 보내어 공격하였다. 잘못을 빌 몸은 아니었지만 변명할 수 없었으므로 힘껏 싸운 끝에 자살하였다"라고 되어 있다[이에 따르면, 『아 즈마카가미東鑑』에 쓰여 있는 것은 의심스럽다].

7월 19일에 좌대신左大臣 구조 미치이에九條道家의 아들 미토라마루 三寅丸가 가마쿠라에 내려왔다[2세]. 그 후 1년 걸러서 조큐承久의 난이 일어났다[조큐 3년(1221)].

조큐의 난 후 2년 지나서 겐닌元仁 원년(1224) 6월 13일에 호조 요 시토키北條義時[6]가 죽었다[62세, 집권執權 20년].

『아즈마카가미』에는, "평소에 각기병을 앓은 데에다가 곽란이 겹 쳐서 결국 병이 위독해졌으므로 와카 도노若殿[7]에게 그것을 전하게 하고 이날 아침 4시경에 출가하고 죽었다. 전날 아침부터 게으름 피 우지 않고 나무아미타불을 외우고, 외박인外縛印[8]을 하며 염불 십 편

---

5 1157~1225년. 헤이안 시대 말기부터 가마쿠라 시대 초기의 여성. 이즈 국伊
豆國의 호족 호조 도키마사北條時政의 딸. 이즈 국에 유배되어 있던 미나모
토노 요리토모源賴朝의 처가 되었고 요리토모가 무가정권을 수립하자 미다
이도코로御台所라 불렸다. 요리토모 사후 정이대장군이 된 장남 요리이에賴
家, 차남 사네토모實朝가 차례로 암살된 후에는 괴뢰 장군으로서 교토에서
불러온 후지와라노 요리쓰네藤原賴經의 후견이 되어 막부 정치의 실권을 장
악하였다.
6 1163~1224. 가마쿠라 막부 2대 집권執權. 호조 도키마사北條時政의 아들.
1213년 와다 요시모리和田義盛를 멸하고 사무라이도코로侍所의 벳토別當를
겸하였다. 사네토모 사후에는 누나 마사코政子와 함께 막부 정치의 실권을
장악하고, 1221년 조큐承久의 난에서 승리하여 막부 정권을 확실하게 하였
다.
7 호조 야스토키北條泰時.
8 두 손을 엇갈리게 하여 주먹을 쥐고 열 손가락을 밖으로 드러내 보여 부처

을 외운 뒤 순조롭게 극락왕생하였다고 해야 할 것이다"라고 쓰여 있다.

『호랴쿠칸키保曆間記』[9]에는 측근의 고자무라이小侍[10]가 찔러 죽였다고 쓰여 있다. 일설에 따르면, "가까이에서 모시는 자 중에 후카미 사브로深見三郎라는 자가 있었다. 처음에 그의 아버지가 몇 군데 토지의 지토地頭였는데 죄를 물어 죽음을 당했고 아들 세 명은 유배형에 처해졌다. 해를 지나 용서받고 장남 사브로는 요시토키를 가까이에서 모시는 무사가 되었다. 사브로는 아버지의 죄를 속죄하고 또 동생도 요시토키를 모시면 좋겠다고 바라서 조석으로 열심히 일하기를 5년에 달했지만 한 곳의 토지도 받지 못하고 또 동생도 용서받지 못하였기 때문에 원망스럽게 생각하여 요시토키의 병을 틈타 찔러 죽였다. 와타리 헤이타亘理平太라고 하는 일흔 남짓 된 자가 곁에 있어서 못하게 말렸지만 말리지 못하여 요시토키는 척살되었다. 와타리가 후카미를 죽였다"라고도 쓰여 있다.

생각해 보건대, 예로부터 지금까지 우리나라의 가장 소인배라면 요시토키만한 사람이 없다. 세 명의 천황[11]과 두 명의 황자[12]를 유배형에 처하고, 천황 한 명을 폐했으며,[13] 미나모토노 요리이에源賴家와 그의 두 아들[선사禪師 이치만一幡과

나 보살의 법덕法德을 표시하는 인印을 맺는 일.

9 작자, 성립 연대 미상. 1158년 호겐保元의 난부터 1339년 고다이고後醍醐 천황의 죽음까지 공무公武의 흥망을 불교적 인과사상에 의해 치정治政의 득실을 비판적으로 기술한 역사서.

10 젊은 무사 또는 신분이 낮은 무사.

11 고토바後鳥羽천황, 쓰치미카도土御門 천황, 준토쿠順德 천황.

12 마사나리雅成 친왕, 요리히토賴仁 친왕.

13 준토쿠順德 천황의 제1 황자로 1221년 황위를 물려받았으나 조큐承久의 난 후 겨우 78일 만에 폐위되어 즉위도 인정받지 못했으므로 시호도 추호追號가 없이 구조九條 폐제廢帝, 반제半帝라 불렸다. 1870년 천황으로서 인정되어 주교仲恭 천황이라 추호되었다.

구교公曉], 또 요리토모의 아들 한 명[이호보 쇼칸意法坊生觀의 딸이 낳은 아들]을 죽였다는 것이 『조큐키』에 보인다], 요리토모의 동생 한 명[젠세이], 조카 한 명[아노阿野 관자]을 없애버렸다. 그중에서도 구교에게 사네토모를 죽이게 한 것은 놀랄 만한 간계이다. 가지와라 가게토키梶原景時와 와다 요시모리和田義盛를 죽인 것에 대해서는 앞에서 논하였다. 그런 그가 어떻게 정상적으로 죽을 수 있겠는가. 『아즈마카가미』에 쓰여 있는 것은 믿을 수 없다. '순조롭게 극락왕생하였다'라는 따위는 전부 수식어임이 분명하다. 『호랴쿠칸키』에 적은 것이 맞지 않을까.

그렇지만 요시토키가 간계를 부린 것도 말하자면 외척으로서의 권세에 의지했기 때문이다. 예를 들어, 왕망王莽이 원후元后의 권력을 빌어 결국 한漢 왕조를 대신한 것[14]처럼. 우리나라에서는 소가노 우마코蘇我馬子가 친척 관계로 요메이用明 천황의 동생 아나호베노미코穴穗部皇子와 모리야노 오무라지守屋大連를 죽이고 그 후 결국 스슌崇峻 천황을 살해한 이래는 이 같은 일도 없었는데 요시토키가 범한 죄악은 우마코를 넘는 것이다.

요시토키 사후 27일에 호조 야스토키北條泰時와 호조 도키후사北條時房가 가마쿠라에 돌아왔다[그때까지 두 사람은 교토에 있었다]. 하루 사이를 두고 야스토키는 니이노아마 호조 마사코를 배알하고 장군 후견역의 명을 받았다. 니이노아마는 이보다 앞서 히로모토와 상담하고, "너무 서두른 것인가"라고 말하자 히로모토가, "지금까지 누긋하게 있는 것이 너무 늦었을 정도입니다. 세간의 안위, 사람들의 의혹을 수습하지 않으면 안 됩니다. 빨리 그 지시를 해야 합니다"라고 말했기 때문이다.

요시토키 사후 야스토키가 동생들을 치려고 내려온다는 소문이 있어서 야스토키의 동생 시로 마사무라四郎政村의 집 부근이 어수선

---

14 전한前漢 말 유약한 황제 애제哀帝, 평제平帝가 이어지자 황태후 원후元后의 조카 왕망王莽(기원전 45~25)이 권력을 증대시켜 결국에는 애제를 쫓아내고 평제를 죽인 뒤 신新을 세우고 스스로 제위에 올랐다.

하였다. 마사무라의 어머니는 이가노카미伊賀守 유키 도모미쓰結城朝光의 딸이다. 따라서 식부승式部丞 이가 미쓰무네伊賀光宗[15] 형제는 마사무라를 후견인으로 하여 재상 중장中將 이치조 사네마사一條實雅를 장군으로 삼으려고 도모하였다. 이 사네마사는 요시토키 후처의 사위이기 때문이었다. 야스토키에게 사정을 고한 사람이 있었는데, "사실이 아닐 것이다. 요인 외는 알현하지 않도록 하라"라고 말하여 아주 조용해졌다.

29일에 도키후사의 아들 가몬노스케掃部助 도키모리時盛와 야스토키의 아들 무사시 다로 도키우지武藏太郎時氏를 상경시켰다. 어수선한 때이어서 두 사람 모두 어떻게 된 일인가 하고 말했는데, "교토 사람들은 틀림없이 의혹을 가지고 있을 것이다. 빨리 교토를 경호하라"라고 하며 파견한 것이다.

7월 4일에 삼칠재三七齋[16]를 올렸다. 5일 밤에 가마쿠라 안이 소란스러웠고 미쓰무네 형제가 요시무라 집에 갔으며 또 요시토키의 후처 집에서, "이는 어기지 않을 것이다"라는 맹약이 이루어졌다고 어느 시녀가 고했더니 야스토키는 "그들 형제가 약속을 어기지 않겠다고 약속한 것은 참으로 신묘하다"라고 말하였다.

오칠재五七齋[17]를 올린 다음날[17일], 가까운 국의 무사들이 모여들어서 그날 저녁에는 굉장히 소란스러웠다. 밤 12시경에 니이노아마는 스루가노쓰보네駿河局만을 데리고 요시무라에게 가서, "요즈음 세간이 평온하지 못합니다. 마사무라와 미쓰무네가 그대 집에 자주 왕래하고 있다는 소문입니다만, 어찌된 일입니까. 야스토키를 살해하려는 것입니까. 이 사람의 공로가 없었다면 조큐의 난 때 간토關東[18]

---

15 원문의 '光家'는 '光宗'의 오류.
16 사람이 죽은 뒤 21일째 되는 날 유족만으로 치르는 법요法要.
17 사람이 죽은 뒤 35일째 되는 날 승려를 불러서 하는 법요.

의 오늘날은 없을 것입니다. 그렇다면 요시토키 후사로는 이 사람을 제쳐두고 누가 있습니까. 마사무라와 그대는 부자와 같습니다. 누군가 의문으로 생각할 터이니 아무 일도 없는 것처럼 처리해야 할 것입니다"라고 말하였다. 요시무라가 그런 사실은 없다고 말하자, "마사무라를 도우려는 것입니까, 아니면 화평한 조처를 하려는 것입니까. 지금 여기서 분명히 단언하세요"라고 독촉하였으므로 요시무라는, "시로 마사무라 님에게는 전혀 딴 마음은 없는 것 같습니다. 미쓰무네[19]에게는 주장하고 싶은 말이 있습니다. 제가 제지하겠습니다"라고 맹세했으므로 니이노아마는 돌아갔다.

다음날 요시무라는 야스토키에게 가서 미쓰무네[20]를 제지하였고 말하였다. 야스토키는, "마사무라에게 위해를 가할 마음은 조금도 없다. 어찌 음모를 기도하는 일이 있겠는가"라고 기뻐하는 기색도 놀라는 기색도 보이지 않았다.

사십구일재 밤[30일]에 가마쿠라 안이 소란스럽게 기치를 휘날리고 갑옷을 입은 자가 달려 지나갔지만, 새벽 녘에는 진정되었다. 날이 밝아 윤7월 1일, 니이노아마는 와카 도노를 데리고 야스토키 집에 가서 요시무라에게 심부름꾼을 보내어, "세간을 진정시키세요"라고 전하게 한 뒤, "어젯밤의 소동에는 몹시 놀랐습니다"라고 말하고 요시무라를 불러, "나는 지금 와카 도노를 데리고 야스토키, 도키후사와 함께 있습니다. 요시무라도 떨어져 있지 마세요"라고 말하여 그를 머물게 하고 그 외의 중신들을 전부 소집하였다. 8일에 늙어서 병상에 누워있던 히로모토를 불러들여, "미쓰무네[21] 등의 계략은 분명

했습니다. 다만 공경公卿, 대신 이상의 지위에 있는 자는 간토[22]의 지시가 미치기 어렵습니다. 요시토키의 후처와 미쓰무네는 유배형에 처해야 합니다. 그 밖의 일당은 죄를 물어서는 안 됩니다"라고 말하고, 23일에 이치조 사네마사를 상경시켰다. 사에몬노조左衛門尉 이가노 시로 도모유키伊賀四郎朝行, 사에몬노조 로쿠로 미쓰시게六郎光重, 식부式部 다로 무네요시太郎宗義, 사에몬左衛門 이가노 다로 미쓰모리伊賀太郎光盛가 이를 따라서 상경하였다. 29일에 식부승式部丞 이가 미쓰무네의 만도코로政所 집사 직을 해임하고 52개소 영지를 몰수하고 외숙부 오키隱岐 뉴도入道 교사이行西에게 신병을 맡겼다. 22일에는 백일재를 올렸으며, 29일에는 요시토키 후처 비구니를 이즈 국伊豆國 호조北條에 보내어 칩거하게 하고, 사네마사는 에치젠에, 미쓰무네는 시나노에 유배 보냈으며, 그 동생 도모유키와 미쓰시게는 교토에서 곧바로 규슈로 유배 보내어 사건이 진정되었다.

9월 5일에 요시토키의 영지를 아들딸들에게 분배하였다. 전부터 야스토키가 니이노아마에게 신청해 둔 것이다. 적자 야스토키 몫이 적은 것은 어떨까 싶었는데 야스토키는, "집권執權인 나로서는 영지 등에 대해서는 굳이 바라는 바가 없습니다. 오직 동생들의 일을 생각하지 않으면 안 됩니다"라고 말하였더니 니이노아마는 줄곧 감동의 눈물을 흘렸다.

가로쿠嘉祿 원년(1225) 6월에 정4위하 전 무쓰노카미陸奧守 대선대부大膳大夫 오에노 히로모토大江廣元가 졸卒하였다[83세]. 중납언中納言 오에노 마사후사大江匡房의 증손이다. 4대의 막부[23]에 출사하였고 정사에 참여하기를 50년. 자손도 많으며 우에다上田 · 고가古河 · 오자와

---

22 가마쿠라 막부.
23 미나모토노 요리토모源賴朝─요리이에賴家─사네토모實朝와 구조 요리쓰네九條賴經.

小澤 · 니시메西目 · 시바하시柴橋 · 사무카와寒河 · 나가이長井 · 나하那波 · 모리毛利 · 가이도海東 · 미즈타니水谷의 조상에 해당한다.

생각해 보건대, 히로모토는 선조 대대로 조정의 신하이면서 미나모토노 요리토모源賴朝를 도와 60개 국을 수중에 넣었고, 호조 요시토키를 도와 조큐의 난을 책략한 중심인물이었다. 이 사람은 당시 명성이 있었기 때문에 호조 도키마사가 이치만을 죽였을 때도 히로모토의 이름을 빌려 자신의 목적을 달성하였고, 요시토키가 간사한 계획을 제멋대로 한 데 대해서도 늘 다른 사람의 이름을 빌려서 자기의 이익을 쌓았다. 그렇기 때문에 이 사람은 조정에만 반역한 것이 아니라, 요리토모에게도 반역한 것이다. 그의 아첨과 간사한 지혜, 이 역시 요시토키에 버금간다고 할 것이다. 『교쿠카이玉海』에, "요리토모는 히로모토에게 모든 것을 맡기고 심복으로서 여겼다. 필시 사자 몸의 벌레[24]일 것이다"라고 기록한 것은 선견지명이 있었다고 말해야 할 것이다.

가로쿠 2년(1226) 7월 11일에 니이노아마 다이라노 마사코平政子가 흥서薨逝하였다[69세].

조에이貞永 원년(1232) 5월에 호조 야스토키가 시키모쿠式目를 제정하였다. 야스토키의 2남 도키자네時實가 다카하시 아무개라는 자에게 살해되었다[16세]. 다카하시는 붙잡혀 주살되었다.

닌지仁治 3년(1242) 6월에 야스토키가 졸하였다[62세]. 집권 19년. 적손 사콘노쇼겐左近將監 호조 쓰네토키北條經時가 집권직을 이었다[야스토키의 적자인 슈리노스케修理亮 도키우지時氏는 간기寬喜 원년(1229) 6월에 스물아홉 살로 졸하였다. 쓰네토키는 도키우지의 아들이다].

간겐寬元 2년(1244) 4월에 구조 요리쓰네九條賴經의 아들 요리쓰구賴

---

24 사자 몸속에 기생하여 결국에는 사자를 죽음에 이르게 하는 벌레. 불교경전에서 유래하는 말로, 조직 등의 내부에 있으면서 해를 끼치는 자나 은혜를 원수로 갚는 자를 말한다.

嗣가 여섯 살로 관례를 치르고 장군에 임명되었다. 종5위상 우소장右少將였다. 요리쓰네는 두 살 때 교토에서 가마쿠라로 왔고 아홉 살이 되어 장군이 되었으며 18년 만에 장군직을 물려준 것이다. 하늘에 큰 변고가 있었으므로 경계하기 위해서였다고 한다[생각해 보건대, 전해 12월 낮에 흰 무지개가 해를 꿰뚫었다.[25] 이 때문에 요리쓰네는 갖가지 기도를 드렸다. 일설에 따르면, 실은 호조가 권력을 휘두르려고 어린 주군을 세웠다고도 한다].

간겐 3년(1245) 7월에 요리쓰네가 삭발하고 불가에 귀의하였다[21세인가]. 이 달 쓰네토키의 여동생 히카와 히메檜皮姬를 요리쓰구의 정실로 삼았다[요리쓰구는 7세, 히메는 16세].

간겐 4년(1246) 4월 19일에 쓰네토키가 병으로 위독해지자 직을 동생 좌근장감 호조 도키요리北條時賴에게 물려주고 불가에 귀의하였다.

윤4월 초하루에 무사시노카미武藏守 쓰네토키가 졸하였다[33세]. 집권 재직 5년. 같은 달 18일 밤 10시경부터 가마쿠라 안에 소동이 있어서 무장한 무사들이 군집하였다. 20일에는 가까운 국의 고케닌御家人들이 모여들었다. 5월 22일 오전 4시경 조노스케 요시카게城介義景 집안 및 아마나와甘繩 부근에서 소동이 일어났다. 24일에는 가마쿠라 안이 크게 소란스러워 네거리를 굳게 방비하였다. 무사들은 어소에 알현하고 도키요리에게도 갔다. 25일에는 도키요리의 저택을 엄중하게 경비하였다. 오전 6시경에 사자로서 전임 다지마노코쿠시但馬國司 사다카즈定員가 왔으나 들여보내지 않았다. 에치고노카미越後守 나고에 미쓰토키名越光時[호조 요시토키의 손자이며 도모토키朝時의 아들]는 어소에 있었는데 그날 새벽녘에 도망쳐서 머리를 깎고 그것을 도키요리에게 보냈다. 이는 미쓰토키가 요리쓰네에게 측근으로서 출

---

25 권2의 주 65 참조.

사하고 있었는데 도키요리를 토벌할 책략이 발각되었기 때문이라고 한다. 미쓰토키의 동생 오와리노카미尾張守 도키아키時章, 비젠노카미備前守 도키나가時長, 우근대부장감右近大夫將監 도키카네時兼 등에게는 야심이 없다는 소문이었다. 점심 이후 또 군집한 무사들이 기를 올렸다. 이날 슈리노스케 도오토미 도키유키遠江時幸가 병 때문에 출가하였고 6월 1일에 졸하였다. 13일에 미쓰토키는 이즈 국에 유배되고, 27일에 요리쓰네는 에치고노카미越後守 도키모리時盛의 사스케佐介 저택에 들어갔다. 이는 상경을 하기 위한 출발의례이다. 7월 11일, 뉴도 전 장군 요리쓰네가 상경길에 올랐고 28일에 입경하였다. 8월 1일에는 수행원들을 가마쿠라로 돌려보냈다. 전임 노토노코쿠시能登國司 미우라 미쓰무라三浦光村는 흐르는 눈물을 억누르지 못하였다. 이 사람은 20여 년이나 가까이에서 모셨던 것이다[생각해 보건대, 미쓰토키 건이 있었기 때문에 도키요리가 급히 주군을 내쫓은 것인가].

호지寶治 원년(1247)[즉 간겐寬元 5년] 정월 29일에 날개미가 떼를 지어 날았다.[26] 30일에는 유성이 있었다. 3월 11일에는 유이가하마由比ヶ濱의 바닷물이 피처럼 물들었으며, 12일에는 유성이 있었다. 16일에는 가마쿠라 안에 소동이 있어났고, 17일에는 노란 나비가 날았다. 4월 4일에 아키다조노스케秋田城介 아다치 가게모리安達景盛 뉴도 가쿠치覺地가 간토로 와서 호조 도키요리를 자주 방문하며 오래 머물렀다. 11일에 자식 요시카게義景를 빗대어 꼬집고 손자 구로 야스모리九郎泰盛를 의절하게 하였다. 이것은, "요즈음 미우라 일족이 뛰어나서 방약무인하다. 세상도 말세이니 우리 자손은 그들에게 대항할 수 없을 것이다. 부디 깊이 생각해야 하는데도 요시카게도 야스모리도 군비를 게을리하는 것은 괴이한 일이다"라는 것이었다. 25일 오전 10시

---

26 난외 두주 원문의 '羽蟻群飛'의 '飛' 자 위에 혹시 여러 글자가 빠진 것이 아닌가.

에 햇무리가 나타났고, 6월 18일에 유성이 있었다. 21일에는 쓰루가 오카 궁鶴岡宮의 도리이鳥居[27] 앞에, "전임 와카사노코쿠시若狭國司 미우라 야스무라三浦泰村가 단독 행동을 한 나머지 엄명을 거슬렀으므로 벌하라는 분부가 있었다. 단단히 근신해야 한다"라고 적은 방이 붙었다.

이 무렵 도키요리는 먼 친척의 상을 당하여 야스무라 집에 가 있었다. 27일에는 야스무라 일족이 군집하였고 밤이 되고부터 갑옷이나 하라마키를 입는 소리가 들렸다. 근래 고해주는 사람이 많았는데도 전혀 믿지 않았는데 갑자기 짚이는 데가 있어서 고로시로五郎四郎라는 자에게 큰 도검을 가지고 귀가하게 하였다. 야스무라는 내밀히 사과의 말을 하였다. 28일에 밤이 되고나서 미우라 일족의 집집마다 사람을 보내어 탐색하게 했는데, 제각각 무기를 갖춰두었고 아와 국安房國, 가즈사 국上總國 등의 영지에서 배로 갑옷 같은 것을 실어오고 있다는 보고였다. 29일에 사에몬노조 미우라 고로三浦五郎가 도키요리에게 와서, "지난 11일 쓰가루津輕 해변에 큰 물고기가 흘러와서 마치 죽은 사람 같았습니다. 지난날 유이가하마의 물이 붉게 물든 것도 이 물고기가 죽었기 때문이었을까요. 그 무렵 무쓰陸奧 포구의 물도 붉게 물들었습니다. 이는 분지文治 5년(1189) 후지와라노 야스히라藤原泰衡 때의 일, 겐닌 3년(1203) 사킨고左金吾[28]의 일, 겐보建保 원년(1213) 와다 요시모리의 일이 있을 때 같습니다"라고 말하였다.

6월 1일에 호조 도키요리는 사에몬노조 오미 시로 우지노부近江四郎氏信를 미우라 야스무라에게 보냈다. 이를 아는 사람은 없었다. 야스무라는, "요 며칠 세간이 시끄러운 것은 정말로 나의 근심거리이기도 하다. 왜냐하면 형제들은 다른 사람들을 넘었고 나도 이미 정5

---

27 신사神社의 경내 지역을 표시하는 일종의 문.
28 사에몬노카미左衛門督의 중국명. 미나모토노 요리이에源賴家를 가리킨다.

위하가 되었다. 그 외에 일족 대부분이 관위를 얻었으며 게다가 몇 개 국의 슈고守護직, 장원 수백 정町을 맡았다. 번영하는 운이 더할 나위 없다. 참소하는 사람이 있어 근신하는 일이 없지 않을 것이다"라고 말하였다. 무사 대기소에 무기를 담은 중국식 궤가 수십 개나 있었다. 가신 도모노노 다로友野太郎에게 명하여 살펴보게 했더니 돌아와서 우마야사부라이廐侍[29]에 쌓여 있는 갑옷 상자가 백이삼십 개나 되었다고 보고하였기 때문에 도키요리의 경계심은 더욱 날카로워졌고 2일에는 가까운 국의 고케닌들이 도키요리의 집에 모여들어 기를 올렸다. 3일에 야스무라의 집 남쪽 정원에 낙서가 있었는데 노송나무 판에 적힌 그 글귀는, "요사이 세간의 소동은 무엇 때문일까. 신변에 토벌되는 일이 있지 않을지 잘 조사하게 해서 조심하라"라는 것이었다. 야스무라는 도키요리에게 사자를 보내어, "저에게 야심은 없습니다. 세간의 풍문 때문에 여러 국의 가신이 모여든 것입니다. 이는 필시 참언의 근원이 되었을 것입니다. 의심스러우시면 빨리 그들을 돌려보내겠습니다. 만일 다른 사람에 관한 일이라면 대세의 힘에 따르지 않으면 큰일에 다 대처할 수 없습니다. 진퇴에 대해서는 그대의 명령에 따르겠습니다"라고 말했으므로 도키요리도, "결코 의심한 적은 없다"라고 대답하였다. 4일에 고케닌 및 도키요리에 출사한 사람들에게 퇴거하라는 명령이 내려졌다. 5일 새벽 무렵부터 가마쿠라 안이 더욱 소란스러워졌다. 도키요리는 마네바萬年馬 뉴도를 사자로 보내어 가신들을 진정시키라고 야스무라에게 전하게 하고 이어서 다이라노 사에몬平左衛門 뉴도 세이아盛阿에게 서약서를 쥐어 보내어 딴 마음은 없다고 말하였다. 야스무라는 몹시 기뻐하였다. 세이아가 자리를 뜨고 야스무라가 아직 앉아있을 때 야스무라의 처

---

29 가마쿠라鎌倉·무로마치室町 시대에 무가의 저택 내에 설치한 하급무사의 대기실.

가 더운 물에 만 밥을 야스무라에게 권하며 일이 낙착된 것을 축하하였다. 고야高野 뉴도 가쿠치의 사정을 듣고, "이후에는 야스무라 일족만이 오만불손할 것임에 틀림없다. 그때가 되면 그들에게 대항하지 못할 것이니 바로 지금 승부를 지으십시오"라고 말하였다. 부자일족이 야스무라 집에 몰려가 화살을 쏘았다.[30] 야스무라는 몹시 놀라 항전하였다. 세이아가 달려서 돌아와 이를 고하였다. 도키요리는 이제 어쩔 수가 없다고 하며 사네토키에게 명하여 어소를 지키게 하고 로쿠로 도키사다六郎時定를 대장으로 삼았다[도키사다는 동생이다]. 모리毛利 구로도다이부藏人大夫 뉴도 세이아西阿도 어소로 가려고 했는데 그의 처[야스무라의 여동생]가 간하여 야스무라의 진으로 달려갔다. 도키요리는 이를 듣고 정오 무렵에 어소에 가서 북풍이 남풍으로 바뀌었을 때 야스무라 저택 남쪽 인근에 방화하였다. 야스무라와 미쓰무라는 홋케이도法華堂에 가서 요리토모의 영정 앞에서 자살하였다. 주된 자는 26, 7명이고 합계 500여 명이었다. 이 중에서 어소의 숙직을 허락받은 자는 260명. 이 밖에 연좌로 인해 벌을 받은 자는 일일이 다 셀 수 없을 정도였다. 막부에서 보낸 서면에는 다음과 같이 쓰여 있었다.

"전임 와카사노코쿠시 야스무라, 전임 노토노코쿠시能登國司 미쓰무라를 비롯하여 형제 일가의 자들이 오늘 오전 10시 무렵에 싸움을 걸어왔으므로 꾸짖어 벌을 주었다."

홋케이도의 조지 법사承仕法師[31]가 천정에서 들은 것을 쓴 것 중에, "미쓰무라가 말하기를 '뉴도 요리쓰네賴經 때에 젠조禪定 전하가 은밀

---

30 [난외 두주] 이는 도키요리가 고야 뉴도 가쿠치와 상담하여 야스무라를 친 것이다. 이 간계는 가공할 만한 것이다

31 상황上皇의 거처, 섭관가攝關家, 사원 등에서 잡역을 맡은 자. 승려 행색을 하고 대처帶妻는 자유였다.

히 말씀하신 취지에 준해서 곧 무가의 권력을 잡을 것이었다. 그런데 와카사노카미若狹守가 망설였기 때문에 후회하고도 남음이 있다'라고 말하고 스스로 얼굴을 깎고 '이래도 여전히 나를 알아볼 수 있을까'라고 말하였다. 그 피로 요리토모의 화상이 더럽혀졌다. 또 당堂을 불태우려고 하는 것을 야스무라가 제지하였다. 야스무라가 말하기를 '요시아키義明 이래 4대에 걸친 공로를 생각하고 또 호조 도노의 외척으로서 안팎의 정치를 도운 것을 생각한다면 한 번의 참소에 의해 오랜 세월의 친숙함을 잊고 이 같은 일이 있을 것인가. 분명 후일이 되면 짐작 가는 데가 있을 것이다. 어쩌면 돌아가신 전임 스루가노코쿠시駿河國司³² 도노가 다른 집안사람들을 많이 사죄死罪에 처하고 그 자손을 없앤 응보이기도 한 것일까. 지금 죽음에 직면하여 시끄럽게 호조 도노를 원망해서는 안 된다'라고 말하였다"라고 하였다. 야스무라 이하 처자들은 목숨을 건진 다음 여러 국에 맡겨졌다. 7월에 사가미노카미相模守 호조 시게토키北條重時[요시토키의 3남으로 야스토키의 동생]가 교토에서 내려왔다. 도키요리가 불렀기 때문이다. 이후 집권이 두 사람이 되었다.³³ 시게토키는 무쓰노카미陸奧守가 되고 도키요리는 사가미노카미에 임명되었다.

그 후 겐초建長 3년(1251) 12월 26일에 료교 법사了行法師, 야하기矢作 사에몬노조, 사에몬노조 조지로 히사쓰라長次郎久連를 붙잡았다. 모반했기 때문이다. 27일에 모반인들을 죽였다. 가까운 국의 고케닌들이 엄청나게 달려왔지만 모두 영지로 돌아가도록 명하였다.

겐초 4년(1252) 2월 20일에 전임 이즈미노코쿠시和泉國司 니카이도 유키카타二階堂行方와 사에몬노조 무토 가게요리武藤景賴가 상경하였다. 이는 고사가後嵯峨 상황上皇의 제1 황자 무네타카宗尊 친왕을 청하

---

32 야스무라의 아버지 미우라 요시무라三浦義村.
33 집권執權과 연서連署.

여 장군으로 맞이하기 위해서였다. 21일에 홋쇼지法性寺 젠조禪定 전하[구조 미치이에]가 홍서하였다. 무쓰노카미陸奧守 호조 시게토키, 사가미노카미相模守 호조 도키요리 등이 무리지어 참배하였다. 미치이에의 홍서를 둘러싸고는 설이 있는데, 무가가 음모를 꾸미는 시기였다는 것이다. 4월 1일에 고사가 상황의 제1 황자인 나카쓰카사쿄中務卿 무네타카 친왕이 가마쿠라로 내려왔다[열세 살이라고도 열한 살이라고도 한다]. 3일에 요리쓰구가 귀경하였다. 치세는 8년이었다.

그 후 2년 지나 겐초 7년(1255) 8월에 요리쓰네가 졸하고[39세], 10월에는 요리쓰구가 졸하였다[18세]. 생각해 보건대, 무네타카는 친왕이었기 때문에 공경 전상인殿上人 두세 명이 옆에서 모시고 의식은 엄중하여 전대의 예를 넘는 것이었다고 한다.

생각해 보건대, 미우라 미쓰무라가 죽을 때 말한 것도 구조 미치이에 공의 은밀한 지시가 있었다고 한다. 이는 간토[34]를 무너뜨리려고 기도하고 있다는 풍문이 있었지만 요리쓰네의 아버지이며 요리쓰구의 조부에 해당하는 인물이었으므로 그대로 되었던 것인데 료교 법사 건이 발각되었기 때문에 미치이에가 자살한 것인가. 또 무가 쪽에서 획책한 것인가. 요리쓰구를 급히 쫓아낸 것도 료교 법사의 일을 계기로 한 듯하다. 다만 이러한 일이 도대체 어떤 책략에 기인했는지는 의심스럽다.

겐초 5년(1253) 11월에 도키요리가 겐초지建長寺를 건립하여 공양을 하였다. 도사導師를 맡은 사람은 송나라 승려 도륭道隆[35]이다. 호를 난계蘭溪라 하고 시호를 대각선사大覺禪師라고 하는 인물이다. 외국

---

34 가마쿠라 막부.
35 1213~1278. 남송 서촉西蜀 사람으로 가마쿠라 시대 중기 남송에서 일본으로 건너온 선승. 대각파大覺派의 개조開祖. 겐초지建長寺 창립. 도호는 난계蘭溪, 시호는 대각선사大覺禪師.

승려[36]가 일본에 온 것은 이것이 최초였다.

고겐康元 원년(1256) 3월에 시게토키가 사직하고 동생 호조 마사무라北條政村를 집권으로 삼았다. 11월에 도키요리가 사직하였다[재직 11년]. 무사시노카미武藏守 호조 나가토키北條長時가 집권이 되었다[나가토키는 시게토키의 아들]. 도키요리는 삭발하고 불가에 귀의하여 야마노우치山內에 은거하고 사이묘지最明寺라고 불렀다[30세].

분오文應 원년(1260) 2월에 돌아가신 고노에 가네쓰네近衛兼經 공의 딸이 가마쿠라에 와서 도키요리의 양자로 하여 무네타카 친왕에게 시집갔다[20세. 무네타카는 21세인가]. 7월에 승려 니치렌日蓮이 도키요리와 대면하였다.

고초弘長 원년(1261) 11월에 무쓰 시게토키陸奧重時 뉴도가 졸하였고 [64세] 고쿠라쿠지極樂寺라고 불렀다. 아카하시赤橋 씨의 조상에 해당한다.

고초 2년(1262) 11월 28일에 승려 한넨範宴이 죽었다. 신란親鸞 그 사람이다[91세].

고초 3년(1263) 11월 22일에는 사가미노카미 뉴도 호조 도키요리가 졸하였고[37세] 2남 도키무네時宗가 열세 살로 가독을 이었다.

생각해 보건대, 도키요리는 형을 계승하여 권력을 잡아 처음에 주군[요리쓰네]을 쫓아내었고, 그 후 미우라 일족을 모략에 의해 결국 멸망시켰으며, 그런 다음 또 주군[요리쓰구]을 쫓아냈다. 미네 도노峰殿 구조 미치이에의 훙서도 세간에서는 간토의 모략인가 하고 의심하고 있으며, 얼마 후 이전의 주군 두 사람이 잇달아 세상을 떠난 것도 의문점이 없는 것은 아니다. 이렇게 해서 고사가 상황의 황자를 간토의 주군 자리에 앉히고 섭관가攝關家의 딸을 자기 자식으로 삼아 장군 부인으로 하였다. 장남을 버리고 어린 아들을 후계자로 삼아 자신이 죽은 뒤에는

---

36 난외 두주 '異' 자 아래에 '國' 자가 있는 것도 있다.

그 집안은 어지러워졌다.

　이러한 점에서 생각해보면, 도키요리를 야스토키와 나란히 평가하는 것은 납득이 가지 않는다. 그뿐만 아니라 처음으로 외국 승려를 맞이하여 선禪의 소굴을 열어서 지금까지도 세상에 쓸모없는 것이 되었다. 어째서 후세 사람들이 그를 현명한 사람이라 평가하는지 나는 이해할 수 없다.

　분에이文永 원년(1264) 8월에 호조 나가토키가 졸하여서[35세] 사마노카미左馬頭 호조 도키무네北條時宗가 집권이 되고 사가미노카미相模守에 임명되었다. 도키요리의 장남 식부승 호조 도키스케北條時輔는 수도에 있어서 호조 도키시게北條時茂[나가토키의 동생]와 함께 남북 로쿠하라六波羅를 맡고 있었다. 도키무네가 가독을 잇고부터는 마사무라와 나가토키가 그를 보좌하였다. 도키무네의 장인 아키타조노스케秋田城介 아다치 야스모리도 권세가 있었다.

　분에이 3년(1266) 3월 그믐날에 어소에서 와카노카이和歌會가 개최되었다. 4월 22일에 장군이 병이 나서 마쓰 도노松殿가 승정 료키良基에게 수험자로서 그의 신변의 안전을 도모하도록 명하였다. 6월 19일에 도키무네의 저택에서 은밀히 그의 지시가 있어서 좌경대부左京大夫 마사무라, 에치고노카미越後守 사네토키實時, 조노스케城介 야스모리 외에는 아무도 동석하지 않았다. 이날 료키는 어소를 나와 행방을 감추었다[나중에 고야 산高野山에 들어가 단식하고 죽었다].

　23일 오후 6시경 장군 부인인 히메기미姬君가 급히 야마노우치 저택에 들어가고 와카미야若宮 고레야스惟康는 도키무네 저택에 들어갔다. 사람들이 도키무네 저택에 집결하였다. 가마쿠라 안이 소란스러웠다. 26일에 가까운 국의 고케닌들이 엄청나게 달려왔다. 7월 1일에 그들 대부분은 어떤 자는 관문을 부수고 어떤 자는 길을 돌아서 왔다. 3일 오전 10시경 무장한 병사들이 기를 올리고 동서에서 뛰어

돌아다니며 도키무네 저택의 문밖을 엿보고 뒤이어 만도코로政所 남쪽 대로에서 일제히 함성을 질렀다. 쇼케이少卿 뉴도 신렌心蓮과 시나노信濃 호간判官 뉴도 교칸行閑이 도키무네의 사자로서 두세 번 어소에 왕래하였다. 가까이서 모시는 자는 모두 어소를 나가고 남아서 모시는 자는 겨우 다섯 명이었다. 4일 정오 무렵에 또다시 소동이 일어나서 오후 8시경에 장군은 에치고越後 뉴도 쇼엔勝圓의 사스케 저택으로 옮겼다. 시녀의 가마를 사용하였다. 이는 교토로 돌아가는 출발이었다. 20일에 입경하였다[이때 27세인가].

생각해 보건대, 무네타카의 귀경은 그가 도키무네에 대해서 계략을 꾸민 데에 기인한다. 귀경 후에는 고사가 상황도 대면하지 않고 나카미도中御門 사쇼벤左少辨 고노에 쓰네토近衛經任를 가마쿠라에 내려 보내어 의견을 말하기는 했지만 무가武家 쪽도 특별히 이의를 제기하지 않았기 때문에 결착 지었다고 한다[무네타카의 재직은 15년이다]. 가마쿠라에서는 겨우 세 살인 그의 아들 고레야스 친왕을 장군으로 삼았다.

분에이 5년(1268) 12월에 몽고의 외교문서가 다자이후大宰府에 도착하였다.

분에이 7년(1270) 정월에 호조 도키시게가 졸하였다[30세].

분에이 8년(1271) 10월에 나가토키의 아들 호조 요시무네北條義宗가 상경하여 북쪽 로쿠하라탄다이六波羅探題[37]에 취임하였다.

분에이 9년(1272) 2월 15일에 가마쿠라에서 보낸 파발마가 북쪽 로쿠하라탄다이 요시무네에게 도착하였고 요시무네는 갑자기 남쪽 로

---

37 가마쿠라 막부 관직의 하나. 1221년 조큐承久의 난 이후 조정에 대한 조치로 종래의 교토슈고京都守護를 개조하여 교토 로쿠하라의 남과 북에 설치한 출장기관. 단다이探題는 집권執權, 연서連署에 버금가는 중직으로 여겨져서 전통적으로 호조北條 씨 중에서 남과 북에 각 1명을 뽑아 정무를 맡겼으며, 그 아래에는 가마쿠라의 조직에 준하는 하부조직도 두었다.

쿠하라에 몰려가 호조 도키스케를 죽였다. 도키스케는 도키무네의 형으로 동생 도키무네가 가독에 앉혀진 것을 불만으로 여겨서 모반하려는 의도가 있음이 드러났기 때문이다. 가마쿠라에서는 호조 기미토키北條公時와 노리토키教時가 연좌되어 살해되었다[이를 2월소동이라고 한다].

분에이 10년(1273) 5월에 호조 마사무라가 졸하고[69세. 요시토키의 4남] 호조 요시마사北條義政가 연서連署직을 맡았다[시게토키의 4남].

분에이 11년(1274) 3월에 몽고군이 습격해왔다. 7월에 무네타카가 홍서하였다[33세]. 겐지建治 3년(1277) 5월에 요시마사가 연서를 사임하였다. 이후에는 도키무네 혼자서 공문서에 날인하게 되었다.

고안弘安 4년(1281)에 몽고의 아라한阿剌罕과 범문호范文虎의 대습격이 있었다. 고안 6년(1283)에 호조 나리토키北條業時[시게토키의 4남]가 연서를 맡았다. 7년(1284) 4월 4일에 도키무네가 병 때문에 출가하여 호를 도코道杲라고 하였다. 이날 졸하였다[34세]. 호코지寶光寺라고 한다. 집권 21년. 적자인 사마곤노카미左馬權頭 호조 사다토키北條貞時가 열네 살에 가독을 계승하고, 외조부 아키다조노스케秋田城介 아다치 야스모리가 무쓰노카미陸奧守에 임명되어 권세를 떨쳤다. 호조 도키쿠니北條時國가 로쿠하라에서 모반을 도모하고 있다는 이유로 이를 불러들여 히타치常陸에 유배 보내고 결국에는 죽이고 말았다[도키쿠니는 겐지 원년에 남쪽 로쿠하라탄다이가 되었던 사람으로 도키후사時房의 증손이다]. 고안 8년(1285) 2월에 사다토키가 사가미노카미相模守가 되었다. 그의 내관령內管領[38] 사에몬노조 다이라노 요리쓰나平賴綱가 야스모리와 사이가 나쁘고 야스모리의 아들 무네카게宗景가 오만불손한 나머지, "증조부 가게모리는 요리토모와 인연이 있었다"라고 하며 미나모토

---

38 가마쿠라 막부의 집권執權 호조 씨의 종가인 도쿠소得宗가의 집사로, 미우치비토御內人의 우두머리.

源 씨로 개칭했을 때 요리쓰나는, "그가 씨성을 바꾼 것은 장군이 되려는 의지가 있기 때문이 아닌가"라고 말했기 때문에 사다토키도 그렇게 생각했던 것인가. 실제로 딴마음이 있었던 것인가. 11월에 야스모리, 무네카게 등 일족 및 그의 일당이 모두 살해되었다. 이를 시모쓰키霜月 소동[39]이라 한다. 이후 요리쓰나 혼자 권력을 잡았고 삭발하고 가엔果圓이라 칭하였다.

생각해 보건대, 아다치 야스모리의 조부 고야高野 뉴도 가쿠치가 미우라 일족을 참소하여 죽이고 자기 자손을 위해서 계략을 꾸몄는데도 그의 손자 대에 일가는 망하고 말았다. 또 가엔은 야스모리를 멸망시켰지만 그 후 자신도 살해되고 말았다. 하늘의 응보는 이처럼 분명하다.

고안 10년(1287) 6월에 호조 나리토키가 삭발하고 불가에 귀의하였고, 사다토키는 호조 노부토키北條宣時를 연서로 삼았다[노부토키는 도

---

39 1285년 11월에 가마쿠라 막부의 중신 아다치 야스모리安達泰盛와 그 일족이 토벌된 정변. 이 사건이 발생한 달이 11월, 즉 시모쓰키霜月여서 시모쓰키 소동이라 부른다. 원의 침입을 계기로 호조 씨 일족을 대량으로 슈고守護에 보임하여 호조 씨의 전제화 경향이 두드러지게 되었고, 특히 호조 씨 집안의 상속인 도쿠소得宗에게 권력이 집중되었다. 도쿠소 전제의 기반을 이루는 것이 가신인 미우치비토御內人다. 이들은 장군과의 관계에서는 배신陪臣에 지나지 않았지만, 호조 씨의 권력을 배경으로 장군의 직신直臣인 고케닌御家人을 배제하고 막부의 정치를 좌우하였다. 미우치비토의 세력이 중대함에 따라 고케닌과 대립이 격화되었다. 아다치 야스모리는 집권執權 사다토키貞時의 외조부였던 만큼 외척으로서 발언권이 강해져서 1284년 사위인 호조 도키무네北條時宗가 죽자 막부의 기반을 전 무사 계급에까지 확대하는 급진적 개혁을 추진하려 하였다. 이에 미우치비토의 대표인 다이라노 요리쓰나平賴綱와 대립이 깊어졌다. 요리쓰나는 도키무네의 아들 사다토키에게 아다치 씨에게 음모가 있다고 참언해서 사다토키의 명령으로 아다치 씨를 토벌하였다. 아다치 씨 편이었던 고케닌도 토벌되어 사건은 전국에 파급되었다. 이 사건으로 미우치비토의 세력이 고케닌 세력을 이김으로써 도쿠소의 전제 체제가 확립되었다.

키후사의 손자].

쇼오正應 원년(1288)에 사다토키의 조처로 고우다後宇多 천황을 퇴위시키고 후시미伏見 천황을 즉위시켰다.

쇼오 2년(1289) 9월에 가마쿠라에 소동이 일어나 장군 고레야스 친왕이 갑자기 상경하였다. 지난 8월 15일의 쓰루가오카 궁의 방생회까지는 사다토키도 노리토키도 공봉하여 경의를 표했는데 돌연 아지로고시網代輿[40]를 거꾸로 대어[41] 거기에 태워 고레야스 친왕을 쫓아낸 것이다[재직 24년, 26세였다]. 사다토키는 고후카사後深草 천황[혼인本院]의 아들로 현 천황의 동생인 히사아키久明 친왕을 맞이하여 장군으로 삼았다. 10월에 고레야스 친왕의 딸을 히사아키[16세]의 비로 삼았다.

에이닌永仁 원년(1293) 3월에 사다토키는 처음으로 호조 가네토키北條兼時를 로쿠하라에서부터 쓰쿠시 국筑紫國에 파견하여 진제이탄다이鎭西探題로 삼고, 나가토탄다이長門探題를 설치하여 서국西國과 주코쿠中國 지방의 일을 맡아 외적을 방어하게 하였다[가네토키는 도키요리의 손자로 겐지建治 9년부터 로쿠하라탄다이였다]. 4월에 가마쿠라에 큰 지진이 나서 깔려죽은 자가 1만 명에 달했다.

이 무렵 가엔은 권세를 떨쳤고, 2남 이이누마飯沼 호간判官도 아버지 못지않아서 당시 사람들은 그를 이이누마 도노飯沼殿라 칭했으며 또 아와노카미安房守에 임명되었다. 가엔은 교만한 나머지 이이누마를 장군으로 삼으려고 도모하였다. 가엔의 장남 무네쓰나宗綱가 이를 밀고하였으므로 요리쓰나 뉴도도 이이누마도 살해되고 무네쓰나도 사도佐島에 유배되었다. 무네쓰나는 그 후 다시 불러들여져서 관령管領에 임명되었지만 또 죄과를 물어 가즈사上總에 유배되었다.

에이닌 4년(1296) 11월에 미카와노카미三河守 노리요리範賴의 현손

---

40 대나무나 노송나무로 만든 삿자리를 지붕과 양 옆에 친 우차牛車.
41 거꾸로 대었다는 것은 대우를 소홀히 하는 것임.

요시미 마고타로 요시요吉見孫太郎義世가 모반한다는 소문이 있어서 가마쿠라에서 살해되었다.

에이닌 5년(1297)에 호조 사다토키가 각 국에 사자를 보내어 슈고의 선악, 민간의 고통에 대해서 조사시키고, 이후 매년 보냈다. 그런데 그 사자가 간 곳에서 악행을 저지르는 것을 사다토키가 알지 못했는데, 데와 국出羽國 하구로羽黑의 야마부시山伏[42]가 와서 직소함으로써 사자의 악행을 규명하였다. 처벌받은 사자는 백여 명이었다. 그 후는 다른 여러 국도 잘 다스려져서 사람들은 모두 사다토키의 선정을 칭송하였다.

쇼안正安 3년(1301) 정월에 사다토키가 사자를 보내어 고후시미後伏見 천황을 퇴위시키고 고니조後二條 천황을 즉위시켰다. 8월에 사다토키가 출가하여 스엔崇演이라 칭하고 사위인 호조 모로토키北條師時에게 직을 물려주었다[모로토키는 도키요리의 손자]. 또 호조 도키무라北條時村는 마사무라의 아들로 일문의 장자였기 때문에 모로토키에 곁들여서 집권연서執權連署로 삼았다.

가겐嘉元 3년(1305) 정월에 호조 무네카타北條宗方[도키요리의 손자로 스루가노카미駿河守]가 도키무라를 죽였다. 이는 모로토키와 도키무라 두 사람이 사다토키의 대리인으로서 집권을 맡고 있었는데, 무네카타는 모로토키와 권력을 다투어 먼저 도키무라를 죽이고 나서 모로토키를 쓰러뜨리려고 도모하여 히사아키 장군의 명령이라 칭하여 군사를 모아 도키무라를 야습한 것이었다[당시 도키무라는 64세]. 사다토키는 노하여 무쓰노카미陸奧守 호조 무네노부北條宗宣[43]와 우쓰노미야 사다쓰나宇都宮貞綱에게 무네카타를 토벌하게 하고 그 일당을 죽이고 무

---

42 수험도修驗道 수도자. 수험도는 밀교의 한 파로, 주법呪法을 닦고 영험靈驗을 얻기 위해 산 속에서 수도하였다.

43 원문의 '宗益'은 '宗宣'의 오류.

네노부를 모로토키에게 딸려서 연서로 삼았다.

도쿠치德治 3년(1308)[즉 엔쿄延慶 원년] 7월에 호조 사다토키의 계략으로 히사아키 친왕을 쫓아내고 그 아들 모리쿠니守邦 친왕을 장군에 앉혔다. 히사아키의 재위는 20년[34세], 모리쿠니는 겨우 일곱 살이었다.

오초應長 원년(1311) 9월에 모로토키가 급사하였다[37세]. 10월 26일에는 사다토키도 졸하였다[41세]. 사이쇼엔지最勝園寺라 한다. 집권의 현직에는 18년, 불가에 귀의한 후는 10년, 합쳐서 28년이다. 적자인 호조 다카토키北條高時가 아홉 살이었기 때문에 무네노부와 히로토키熙時가 연서집권의 임무를 맡았다[히로토키는 도키요리의 손자로 사다토키의 사위이다]. 사다토키의 내관령 나가사키 다카쓰나長崎高綱 뉴도 엔기圓喜와, 다카토키의 장인인 아키타조노 스케秋田城助 도키아키時顯가 유언을 받고 다카토키를 보좌하였다[엔기는 요리쓰나의 조카이며 미쓰쓰나光綱의 아들. 도키아키는 야스모리의 동생이며 아키모리顯盛의 손자].

생각해 보건대, 세상 사람들은 사다토키의 선정을 칭송한다. 하지만 열네 살에 아버지 뒤를 잇고, 열다섯 살에 외조부와 장인을 살해하고[야스모리, 무네카게], 주군 두 사람[고레야스, 히사아키]을 쫓아내었으며, 천황을 퇴위시킨 것이 2대[고우다, 고후시미 천황], 권위를 휘둘러 황태자를 세우는 것도 모두 자기 혼자만의 생각으로 정하였다. 국가로서는 그의 선정이 칭송되었다 하더라도 그의 시대에 전란도 빈번하였다. 야스모리, 가엔, 요시미, 무네카타를 합쳐서 네 차례이다. 다만 한 가지 칭송받을 만한 것은 여러 국에 사자를 보내어 민간의 고통을 조사시킨 것뿐인가.

쇼와正和 원년(1312) 6월에 호조 무네노부가 죽어서 히로토키가 혼자서 공문서에 도장을 찍게 되었고 엔기와 도키아키가 자못 권력을 휘둘렀다.

쇼와 4년(1315)에 히로토키가 죽고, 호조 모토토키北條基時와 호조 사다아키北條貞顯가 집권이 되었다[모토토키는 나리토키의 손자. 사다아키는 요시토키의 현손이며 가나자와 사네토키金澤實時의 손자이다].

쇼와 5년(1316)에 호조 다카토키가 열네 살로 집권이 되었다. 모토 토키는 사임하였다.

분보文保 원년(1317) 3월에 다카토키가 사가미노카미가 되었다[15세].

분보 2년(1318)에 간토[44]의 조치로 하나조노花園 천황을 퇴위시키 고 고다이고後醍醐 천황을 세웠다.

겐코元亨 2년(1322) 무쓰의 안도 고로 스에히사安東五郎季久가 모반하 였다. 이를 마타타로又太郎라고도 한다. 일족 사이에 약간 다툼이 있 었는데, 나가사키 엔기가 고령이 되어 그 직을 적자인 다카스케高資 에게 물려주자 다카스케가 오만불손하여 다카토키를 경시한 시기이 기도 했기 때문에 양쪽에서 뇌물을 받고 사복을 채운 것을 안도 고 로가 화냈던 것이다. 또 셋쓰 국攝津國의 와타나베渡邊, 기이 국紀伊國 의 야스다安田, 야마토 국大和國의 오치越智 등도 무가에 모반하였다. 조큐承久의 난 이래 무사가 호조 씨에 모반한 것의 시초였다.

쇼추正重 원년(1324)에는 도키 요리카즈土岐賴員의 사건[45]이 있었고, 2년(1325)에는 히노 스케토모日野資朝와 히노 도시모토日野俊基가 가마 쿠라로 내려온 사건이 있었다. 이해 10월 전 장군 고레야스 친왕이 홍서하였다[61세].

가랴쿠嘉曆 원년(1326) 3월에 다카토키는 출가하여[24세] 법명을 스 칸崇鑑이라 하였다. 동생 사콘다이부左近大夫 야스이에泰家에게 직을 물 려주려고 했으나 나가사키 다카스케長崎高資가 듣지 않아서 야스이에 는 출가하여 에쇼惠性라 칭하였다. 호조 모리토키北條守時와 호조 고레

---

44 가마쿠라 막부.

45 권4의 주 62 참조.

사다北條惟貞가 집권이 되어 다카토키의 의사를 받아 정사를 보았다.

가랴쿠 2년(1327) 10월에 고레사다가 졸하였다.

겐토쿠元德 2년(1330) 6월에 호조 시게토키北條茂時가 집권이 되었다 [히로토키의 아들]. 9월에 다카스케의 무도한 소행이 너무 심해서 다카 토키는 몰래 일족인 다카요리高賴에게 명하여 죽이려고 도모하였는 데 일이 발각되어 다카요리는 무쓰에 유배되었고 다카스케의 권세 는 점점 왕성해졌다.

겐코元弘 원년(1331) 8월에 고다이고 천황이 가사기笠置에 행행하였 다. 9월에 가사기가 함락되었다. 천황을 붙잡아 쇼케이正慶 원년 (1332) 3월에 오키隱岐로 옮겼다. 5월에 구스노키 마사시게楠木正成가 거병하였고, 8월에는 아카마쓰 노리무라赤松則村가 거병하였다.

쇼케이 2년(1333) 5월 7일에 교토가 함락되었다. 호조 나카토키北條仲 時와 호조 도키마스北條時益가 토벌되었고, 22일에 다카토키가 닛타 요 시사다新田義貞에게 멸망당하였다. 다카토키는 현직 11년, 그 후는 7년 이다[31세]. 모리쿠니 장군은 그날 출가하였고 7월에 죽었다[33세].

생각해 보건대, 호조 9대란 도키마사·요시토키·야스토키·도키우지·쓰네 토키, 그의 동생 도키요리·도키무네·사다토키·다카토키를 가리킨다. 그러나 만일 집권의 후사라는 점에서 본다면 도키우지는 부친에 앞서 죽었기 때문에 9대 는 아니다. 만일 혈통이라는 점에서 본다면 쓰네토키와 도키요리는 형제여서 함 께 1대이니 9대는 되지 못한다. 실은 8대였던 것을 어째서 9대라고 하는 것일까.

그중 도키마사, 요시토키 부자의 간악함에 대해서는 전술한 바와 같다. 그렇 기는 하지만 천하의 무사들이 요시토키를 존경한 것은 그가 조큐의 난 후에 많은 겟쇼闕所[46]를 전부 전공이 있는 무사에게 분배하고 자신은 한 곳도 취하지 않았다 는 한 가지 사실에 기인한다.

---

46 주인을 잃은 영지나 권리.

야스토키가 현인賢人이었던 것은 새삼스럽게 말할 필요도 없다[자세한 것은 아래에 서술한다]. 그리고 그의 적손인 쓰네토키는 집권으로서의 임기는 길지 않았지만 칭송할만한 것도 없고 비방할 것도 없다. 다만 장군 요리쓰네가 직을 물려주고 출가한 것을 그의 조치에 의해서인 것처럼 말하고 있지만 과연 어떠했던 것일까. 그의 동생 도키요리에 대해서는 도리를 어기고 무지한 점은 전술한 바와 같다. 도키무네도 또한 지묘인持明院 계통과 다이카쿠지大覺寺 계통의 두 흐름이 교대로 황위에 오르도록 도모하여 황실을 어지럽히고, 장군을 추방하고[무네타카], 그의 형을 죽였다[도키스케]. 이러한 것들은 전부 인륜에 맞지 않는 일이다. 다만 원의 대군이 빈번하게 우리나라에 습격해온 것을 자신은 가마쿠라에 있으면서 격파하였다는 이 한 가지 점에 대해서는 그의 도량을 평가하지 않으면 안 된다. 사다토키의 일도 앞에 서술하였다. 세상 사람들이 그를 도키요리와 함께 칭송한 것은 여러 국에 순찰사를 파견한 한 가지 일에 기인한다. 다카토키에 대해서는 논할 거리가 못된다.

『신황정통기神皇正統記』에는 다음과 같이 기록되어 있다.

"대체로 호조 야스토키는 마음이 바르고 정치도 곧아서 사람을 기르고 사치하지 않으며 공가公家를 소중히 생각하고 장원영주의 폐를 제거했기 때문에 바람 앞에 먼지도 일어나지 않고 천하가 곧 진정되었다. 호조 씨가 대대로 이어진 것도 오로지 야스토키의 힘에 의해서라고 전해지고 있다. 호조 씨가 배신陪臣으로서 오랫동안 권력을 잡은 것은 일본에도 중국에도 선례가 없다. 그의 주군이었던 미나모토노 요리토모조차 2대 이상은 미치지 못하였다.

호조 요시토키는 어떤 과보에 의해서인지 생각지 못한 가업을 시작하여 병마권을 장악하였다. 거의 선례가 없는 일이 아닌가. 그리고 특별한 재능도 인덕도 있었던 것 같지 않은데 큰 공명을 뽐낼 마음이 있었던 것일까. 2년 간격을 두고 사거했지만 야스토키는 그 뒤를 이어 덕정德政을 제일로 여기고 법식을 확립하고 자기의 분을 헤아릴 뿐 아니라 친족 및 모든 무사들까지도 경계하여 누구도 고위고관을 바라지 않았다. 그 정치가 되는 대로 쇠퇴하고 결국 망한 것은 천명天命이 끝나는 모습이다. 7대까지 유지되었던 것이야말로 그가 남긴 유풍에 의한 것이기 때문에 유감스럽게 생각할 바가 없다고 말할 수 있을 것이다.

무릇 호겐保元의 난, 헤이지平治의 난 이래의 난세에 요리토모라는 사람도 없고 야스토키라는 사람도 없었더라면 일본국의 인민은 대체 어떻게 되었을까. 이를 잘 알지 못하는 사람은 이유 없이 천황의 권위가 쇠퇴하고 무사의 권력이 이겼다고 생각하지만 그것은 잘못이다. 야스토키의 시대를 생각할 때는 깊은 성의誠意가 있었음을 생각해야 할 것이다. 자손은 그만한 각오도 없었지만 야스토키가 확립한 법제대로 정치가 행해졌기 때문에 미흡하면서도 호조 씨는 대대로 이어진 것임에 틀림없다."

[생각해 보건대, 야스토키는 이복동생 마사무라에게는 원망이 없었고 아버지가 남긴 영지를 전부 동생들에게 분배하고 집권을 12년 맡은 뒤 겨우 종5위하에 임명되었다. 시조四條 천황이 붕어한 뒤 후계자가 없었으므로 쓰치미카도土御門 천황의 황자 고다이고 천황을 옹립하였다. 또 주군 요리쓰네를 공경하고 『고세이바이시키모쿠御成敗式目』47를 제정하였다].

오타 도칸太田道灌의 설에, 야스토키가 집권이었을 무렵 한 승려가, "그대에게만일 신심이 있다면 가람 하나를 세우십시오"라고 말하였다. 야스토키는, "세워도 좋겠지만 그 공덕은 무엇입니까"라고 물었다. 승려는, "가람 하나를 세우시면 세상은 다스려지고 인민은 안온하며 사후는 좋은 곳에 가고 자손은 번창하는 공덕이 있습니다"라고 하자 야스토키는, "불법佛法과 신도神道, 성법聖法48을 비교하면 어느 쪽이 월등하고 어느 쪽이 열등합니까"하고 물었다. 승려는, "신도와 성법

---

47 1232년에 제정한 가마쿠라 막부의 기본 법전. 51개조이며, 조에이시키모쿠貞永式目라고도 한다. 율령격식律令格式이 조정의 법전인 데 대해 식목式目은 무가의 근본 법전을 의미한다. 식은 식조式條, 목은 목록을 뜻한다. 성패成敗는 비리非理를 재판한다는 뜻으로, 식목의 내용이 재판 기준을 나타내는 것이었다. 종래 무가 사회의 소송은 미나모토노 요리토모源賴朝 이래의 선례나 도리에 근거하여 재판이 이루어졌는데, 무가와 장원 영주 사이에 소송이 끊이지 않자 일정한 기준이 절실히 필요하게 되어 이것을 제정하였다. 따라서 대부분은 고케닌御家人의 영지 문제를 규정한 것이다. 일정한 체계를 갖춘 것으로는 최초의 무가 법전이다.

48 성인의 도, 즉 유교.

은 불법에 미치지 못합니다"라고 대답하였다. 야스토키는 웃으며, "'한 사람의 스승이 길에 어두우면 만인의 제자가 길을 잃는다'라는 것은 이런 것을 가리키는 것이 아닐까. 우리나라의 종묘인 이세 신궁伊勢神宮은 작은 건물에 띠로 지붕을 이은 것에 지나지 않지만 그 은혜는 전국에 넘친다. 너의 마음이야말로 바르지 않다. 공적의 대소에 의하지 않고 뜻이 도리에 맞으면 구하지 않아도 좋은 인연을 만난다고 말하여 권한다면 괜찮지만 나를 속여서 가람을 세우라고 하는 것은 아주 틀렸다. 지금 가람을 건립하면 그 비용도 막대하여 국 전체에 폐가 될 것이다. 이는 인민을 안온하게 하는 방책이 아니라 인민을 괴롭히는 것이다. 현세 안온[49]이란 무엇을 가리키는가. 세상을 다스리고 일족들을 육성하는 것이야말로 현세 안온이다. 자손이 선하면 기도할 것까지도 없이 번영하고 악하면 기도해도 망해 버릴 것이다. 자기 집안의 가업조차 다 알기 어렵다. 하물며 자신의 도리도 아닌 것에 대해서는 더욱 그렇다. 성현의 도와 신도의 가르침의 깊이는 어떻게 다 알 수 있겠는가. 천하의 주인이며 만승의 군주도 우러러 기리는 불교이기 때문에 나쁘게는 말하지 않겠지만 그대가 가마쿠라에 있으면 정치의 방해도 될 것이며 지혜가 얕은 자가 가업을 잃는 계기도 될 것이다"라고 말하고 가마쿠라에서 쫓아내 버렸다. 그 후 가마쿠라의 승려들은 두려워서 사람을 속이지 않게 되었다.

야스토키에게는 이러한 현명한 재능이 있었지만, 도키요리 대가 되어 겐초지建長寺를 건립하고부터는 가마쿠라 내에 '오산五山'이라 불리는 큰 절이 많이 세워지고 그 밖에 여러 국에 무수한 사원이 만들어졌다. 나라의 재화가 크게 소비되었고 도적은 거리에 넘쳤다. 아시카가 다카우지足利尊氏는 무소 국사夢窓國師라는 승려에게 혹하여 덴류지天龍寺를 건립하고 터무니없는 일이 많았다. 무장武將의 신분으로서 이 같은 도에 미혹되어서는 나라를 다스리는 것도 어려웠을 것이다. 절을 세울 마음이 있을 정도라면 먼저 천하에 넘치는 유랑민을 구제하는 계획이 있었으면 싶은 것이다.

---

49 난외 두주 저본에는 '現' 자는 '理' 자로 되어 있다.

고다이고 천황의 중흥정치

겐코元弘 3년(1333)[간토關東에서는 쇼케이正慶 2년] 6월 7일에 고다이고後
醍醐 천황이 귀경하였다. 연호 및 그의 편을 들었던 공가의 관위도 복
구되었다. 연전에 유배형에 처해졌던 남조의 친왕들[1] 및 공가, 무가,
승려들도 여러 국에서 상경하였다. 7월 23일에는 모리요시護良 친왕
이 입경하여 정이대장군征夷大將軍에 임명되었다. 10월 10일에는 기
타바타케 아키이에北畠顯家[당시 참의參議로 우코노에추조右近衛中將]를 무쓰노
카미陸奧守로 하여 파견하였다. 노리요시義良 친왕[고무라카미後村上 천황.
당시 6세]도 무쓰 국陸奧國으로 향하였다. 유키 미치타다結城道忠 고즈케
上野 뉴도入道가 후견인이었다. 12월 28일에 나리요시成良 친왕[11세]이
가마쿠라로 내려왔다. 사마노카미左馬頭 아시카가 다다요시足利直義[사
가미노카미相模守를 겸한다]가 집권執權이 되었다.

겐무建武 원년(1334) 정월에 궁성을 조성하였다[다카쿠라高倉 천황 안겐
安元 3년(1177)에 궁성이 불탔기 때문에 156년 만이다]. 아키安藝 · 스오周防 두
국을 료코쿠料國[2]로 삼고 지토地頭, 고케닌御家人의 영지에 수입의 20
분의 1을 부과하였다. 이때 처음으로 지전紙錢을 만들었다[이것은 우리

---

1 1332년 3월 고다이고後醍醐 천황이 오키 국隱岐國에 유배되었을 때 도사 국
土佐國에 유배되었던 다카요시尊良 친왕, 사누키 국讚岐國에 유배되었던 손
초尊澄 법친왕 모두 호조北條 씨가 멸망함에 따라 교토로 돌아왔다.
2 궁전 조영 등 황실 경비를 마련하기 위해 조세를 부과한 국.

나라 최초의 지폐].

3월에 혼마本間와 시부야澁谷가 가마쿠라를 습격하였다가 패배하였다. 쓰쿠시 국筑紫國에서는 기쿠規矩와 이토다絲田가 거병하고, 가와치 국에서도 거병하는 자가 있어서 이이모리 산飯盛山에서 농성하였으며, 이요 국伊豫國에서는 아카하시赤橋가 거병하여 다테에보시가미네立烏帽子ヶ峰에서 농성하였다. 얼마 후 이이모리 산은 구스노키楠木에게 격파되고, 다테에보시가미네는 도이土居와 도쿠노得能에게 패하였으며, 쓰쿠시 국은 오토모大友와 쇼니少貳에게 격파되었다.

그 후 먼저 큰 전공이 있는 사람에게 상을 주었다. 치부대보治部大輔 아시카가 다카우지足利高氏는 무사시武藏·히타치常陸·시모우사下總를, 사마노카미 다다요시는 도오토미遠江를, 사마노스케左馬助 닛타요시사다新田義貞는 고즈케上野·하리마播磨를, 그 아들 요시아키義顯는 에치고越後를, 병부소보兵部少輔 요시스케義助는 스루가駿河를, 호간判官 구스노키 마사나리楠木正成는 셋쓰攝津·가와치河內를, 호키노카미伯耆守 나와 나가토시名和長年는 이나바因幡·호키伯耆를 각각 받았으며, 그 외에 공가, 무가에게 2개국, 3개국을 나누어 주었다[지구사 다다아키千種忠顯는 3개국을 하사받았다]. 아카마쓰 엔신赤松圓心은 사요노쇼佐用莊를 받았지만 하리마 국의 슈고직은 얼마 안 되어 반환되었다. 3월 11일에 마데노코지 후지후사萬里小路藤房 경이 출가하였다.

『매송론梅松論』[3]에는, 겐코 3년(1333)에 천하통일이 실현되었으므로, "어느새 여러 국에 고쿠시國司와 슈고守護를 정하고 공경, 대신, 전상인殿上人[4]들도 각각 위계에 승진한 것은 실로 훌륭한 성단이었다"

---

3 역사서. 2권. 아시카가 다카우지足利尊氏 측근의 무장이 썼다고 일컬어진다. 1349년경 성립. 다카우지 측 입장에서 내란의 경과를 파악하였다.
4 천황의 일상생활의 거처인 세이료덴清涼殿의 덴조노마殿上の間에 올라가는 것이 허락된 4위·5위 이상의 당상관. 6위 구로도藏人도 직무상 예외적으로 허락되었다.

"5기畿 7도道를 8번番으로 나누어 경상卿相을 장관으로 삼고 신결소新決所[5]라는 이름의 관청을 새로 설치하였다. 이는 선대[6]에는 히키쓰케슈引付衆의 지시가 행해지는 곳에 해당한다[『태평기』에서 말하는 잡다한 소송을 위한 관청]. 중요한 안건은 기록소記錄所에서 재결하였다. 또 구보쇼窪所라고 칭하여 도사노카미土佐守 이가 가네미쓰伊賀兼光, 다이부호간大夫判官 오타 지카미쓰太田親光, 돈베富部 오토네리노카미大舍人頭[7], 미카와노카미三河守 고노 모로나오高師直를 구성원으로 삼고 천황이 친히 출석하여 의사를 들었다. 이전처럼 무샤도코로武者所를 설치하고 닛타 일족 사람들을 장관에 앉히고 여러 집안의 사람들을 순번으로 대기시켰다. 옛날 흥폐의 예를 잘 고려하여 '지금의 예는 예전의 신의新儀이다. 짐의 신의는 미래의 선례가 될 것이다'라고 말하고 새로운 천황의 재결이 차례로 내려졌다"라고 쓰여 있다.

또 이렇게 적었다.

"기록소記錄所, 잡소결단소雜訴決斷所를 설치하였는데 근신들이 임시로 내밀한 상신을 거쳐 도리에 맞지 않는 일을 하였으므로 천황의 말씀도 아침에 바뀌고 저녁에 고쳐져서 사람들의 흥망이 마치 손바닥을 뒤집는 것과 같았다. 혹은 선대가 멸망했을 때 도망쳐 숨은 무리들이나 다카토키高時 일족들 중 관위를 받은 자 이외는 관대한 처치에 의해 죽을죄를 용서받았고, 또 천하에 공통의 법에 의해 안도安堵[8]의 천황 명령문서를 내렸는데 영지나 권리를 몰수당한 무리들은

---

5 겐무建武의 신정권이 1333년에 설치한 소송 처리 기관. 잡소결단소雜訴決斷所. 주로 영지 분쟁에 관한 소송을 재결했다.

6 호조 다카토키北條高時.

7 오토네리료大舍人寮의 장관. 종5위상에 상당한다. 오토네리료는 율령제에서 중무성中務省에 속하는 기관의 하나.

8 중세·근세에 토지의 소유권, 지교권知行權 등을 장군이나 영주가 승인하는 것.

마음속에 원망을 품었다."

『태평기』에는 다음과 같이 적었다.

"겐코 3년(1333) 8월 3일부터 군대에 대한 은상을 지시하기 위해 사에몬노카미左衛門督 도인 사네요洞院實世를 담당 장관에 임명하였다. 여러 국의 군대는 전공을 나타내는 서면을 제출하여 은상을 희망하는 자는 수를 다 헤아릴 수 없었다. 실제로 충의가 있던 자는 전공에 의지해 알랑거리는 짓은 하지 않았고 충의가 없던 자가 실력자에게 빌붙어 여기저기 손을 써서 자신에게 유리한 일을 천황의 귀에 불어넣었으므로 몇 개월 사이에 스무 명 남짓에게 은상을 주었는데 올바른 방도에 의한 것이 아니어서 결국 몰수되었다. 중납언中納言 마데노코지 후지후사가 담당 장관이 되어 충의가 있었는지 없었는지를 규명하여 은상을 주려 하였지만 내밀한 상신에 의해 조정의 적이었던 자라도 안도되고 충의가 없었던 자라도 다섯 군데 열 군데의 영지를 하사받았다. 후지후사는 천황에게 간하기 어려워 병을 이유로 사직하였다. 그 후 민부경民部卿 구조 미쓰쓰네九條光經를 담당 장관으로 삼았다. 각 대장에게 각자의 군대가 충의가 있었는지 여부를 물어서 은상을 주도록 했는데 사가미相模 뉴도가 남긴 영지[9] 한 곳은 황실 영지로 제쳐두고, 시로四郎 사콘노다이후左近大夫 뉴도[10]가 남긴 영지는 병부경兵部卿 모리요시 친왕에게 주어졌으며, 무쓰노카미 오사라기 사다나오大佛貞直가 남긴 영지는 준후准后의 료쇼料所로 삼았고, 이 밖에 사가미노카미의 일족, 간토 제씨의 영지는 가요를 잘 하는 기녀나 게마리蹴鞠 잘 하는 자들이나 위부衛府의 여러 관사官司, 관녀官女, 관승官僧[11]들에게 한 곳, 두 곳 내밀한 상신에 의해 주어졌기

---

9 집권執權 호조 다카토키가 가지고 있던 호조 씨 종가의 영지.
10 14대 집권 호조 다카토키의 동생 호조 야스이에北條泰家.
11 난외 두주 어떤 원본에는 '下官' 자가 없는 것도 있다.

때문에 60여 개국 중에는 군병에게 나누어주어야 할 곳은 바늘을 꽂을 만한 정도의 토지조차 남지 않게 되었다. 미쓰쓰네도 어찌해야 할 방도도 없이 세월을 보냈다. 또 갖가지 소송 처리 때문에 궁전의 이쿠호몬郁芳門 양 옆에 잡소결단소를 세우고 그 의정議定을 맡을 인물로는 재능과 학문이 뛰어난 공경·대신·전상인, 기전紀傳·명법明法·외기外記의 관인을 세 번番으로 나누어 1개월에 6번 처리하는 날로 정하였다. 그러나 어떤 경우에는 은밀히 상주하여 천황의 허락을 받아도 결단소에서 피고가 승소하게 되고, 또 어떤 때는 결단소에서 원래의 영주가 보증을 받아도 천황에게 은밀히 상주하여 그 토지가 다른 사람의 은상지로 되어 버렸다. 이런 형편이어서 하나의 영지에 대해 4, 5명의 임자가 겹쳐지기도 해서 여러 국의 동란은 진정될 때가 없었다. 또 평소 무위를 자랑하며 장원영주를 업신여기던 무사들도 어느새 여러 집안의 봉공인이 되어 버려서 어떤 자는 귀족의 수레 꽁무니에 붙어 달리고 어떤 자는 아오자무라이青侍[12] 앞에 무릎을 꿇는 몸이 되었다. 세상의 성쇠, 때의 변천은 한탄해도 어쩔 수 없음을 알면서도 지금과 같은 상태로 공가公家 통일천하가 되어버리면 여러 국의 지토, 고케닌들은 모두 노비나 잡인처럼 되어 버릴 것이다. '아, 어떤 일이라도 좋다, 생각지 못한 일이 일어나 무가武家가 전국의 권력을 잡는 세상이 다시 한 번 되었으면 싶다'라고 생각하는 사람이 많았다"

『매송론』에 따르면, 교토 천황의 결단에 원망을 품은 사람들이 많았을 때, "시모노고젠下御前 사마노카미 아시카가 다다요시 님은 가마쿠라에 계셨지만 동국의 무사들이 그에게 귀순하여 교토에 응하지 않았으므로 천황은 통일의 본의도 지금과 같은 상황으로는 조금

---

12 공경의 집에 출사한 하급 사무라이.

도 이익이 없다고 생각하였고 무가는 또 공가에 대해 원망을 품고 있어서 요리토모 경과 같이 천하를 장악하기에 안달하였다. 그 때문에 공가와 무가의 항쟁은 물과 불의 싸움이 되어 겐코 3년도 저물었다."

"겐무 원년(1334) 설날부터 3일간의 세치에節會[13]를 비롯한 의식은 옛날로 돌아가는 듯하였다. 그렇지만 세상 사람들은 마음도 진정되지 않고 여러 가지로 뒤숭숭하게 생각되었다. 오토노미야大塔宮,[14] 닛타 요시사다, 구스노키 마사시게, 나와 나가토시가 은밀히 천황의 뜻을 받아 여러 번 출진했지만 다카우지에게 가세한 병력이 무수하여 전투는 몹시 곤란하다고 판단되었다. 때문에 이미 결전하게 된 날에 일단 그것을 지연시키기 위해 천황은 아무렇지도 않은 듯이 기타야마도노北山殿에 임시 행행을 하였고 이것이 거듭되었다. 6월 7일에 오토노미야가 대장이 되어 다카우지의 어소에 쳐들어올 것이라는 소문이 있어서 군대가 어소의 사방을 경비하고 남은 군사가 니조오지二條大路에 충만하여 사태가 중대하게 되었지만 이날은 아무 일도 없이 지나갔다. 하지만 다카우지가 울분을 터뜨렸더니 '이는 전혀 천황의 의지에 의한 것이 아니라 오토노미야가 강행한 것이다'라고 하였으므로 10월 22일 밤 오토노미야가 입궐한 참에 무샤도코로에 가두어 버리고 다음날 아침 도키와이덴常盤井殿에 신병을 옮겨 무가 패거리들이 경비하였다. 오토노미야를 수행하던 자들도 수십 명을 사전에 칙명을 받은 무샤도코로의 반슈番衆가 떠맡았다. 같은 해 11월에 무쓰노카미 호소카와 아키우지細川顯氏가 오토노미야를 떠맡아서

---

13 절일節日이나 기타 중요한 의식이 있는 날에 천황이 여러 신하에게 주연을 베풀던 의식.

14 모리요시護良 친왕을 제신祭神으로 하는 가마쿠라 궁鎌倉宮의 별칭. 모리요시 친왕을 가리킴.

간토로 내려갔다. 오토노미야의 모반은 사실은 천황의 의지에 의한 것이었지만 죄를 오토노미야에게 전가한 것이 되어 미야는 '무가보다도 천황 쪽이 원망스럽다'라고 혼잣말을 내뱉었다고 들었다"라고도 쓰여 있다.

『호랴쿠칸기保曆間記』[15]에는 다음과 같이 적었다.

"아시카가 다카우지足利尊氏는 승전昇殿을 허락받았고 임관하여 관리가 되는 것도 실현했으나 그만한 은상은 없었다. 왜냐하면 오토노미야가 방해한 것이다. '다카우지가 병마권을 장악하면 예전의 요리토모와 다를 바 없다. 이참에 처벌하셔야 합니다'라고 진언했지만 천황은 '저만한 군공이 있는 사람이니까'라고 답하고 받아들이지 않았다. 오토노미야는 갖은 모략을 꾸며서 다카우지를 토벌하려 하였다. 그 무렵 기나이畿內와 서국西國 지방의 무사, 구스노키 씨와 같은 자는 모두 이 오토노미야의 편이었기 때문에 기회가 되면 다카우지를 토벌하려고 했지만 동국의 무사 대부분이 다카우지 편이었던 데다가 대대로 무용이 있던 자들이었기 때문에 용이하게 토벌되지는 않고 장군에 임명될 것이라는 소문이 나 있었다. 겐무 원년(1334) 오토노미야는 세상이 뜻대로 되지 않는 것을 편치 않게 생각하여 천하를 어지럽히고 천황을 퇴위시키고 두 살 된 자기 아들[뉴도 지카후사視房의 여동생이 낳은 아들]을 자리에 앉혀서 다카우지를 비롯하여 만만치 않은 무사를 토벌하여 천하를 자유롭게 하려고 결심하였다. 이것이 어떻게 누설되었는지 천황은 깜짝 놀라서 오토노미야를 10월 그믐날에 궁전에서 붙잡아서 가마쿠라에 있던 다다요시에게 맡겨 두고 미야에 가세했던 무사 다수를 죽였다."

---

15 작자, 성립연대 미상. 호겐保元의 난(1156)부터 랴쿠오曆應 원년(1338) 고다이고後醍醐 천황의 죽음까지 공무公武 흥망을 불교의 인과사상에 의해서 서술한 역사서.

이마가와 사다요今川貞世가 저술한 『난태평기難太平記』에는 다음과 같이 기술하였다.

"미나모토노 요시이에源義家가 유언장에 '나는 7대째 자손으로 다시 태어나서 천하를 취할 것이다'라고 적은 것은 아시카가 이에토키足利家時 대에 해당한다. 이에토키는 아직 그 시기가 도래하지 않은 것을 알고 있었기 때문이었는지 하치만八幡 대보살에게 기도하며 '내 명을 단축시켜서 3대 사이에 천하를 취하게 하기 바란다'라고 바라고 할복하였다. 그때의 자필 유언장에 자세한 내용이 보인다. 바로 두 어소[다카우지, 다다요시]의 어전에서 돌아가신 주군[이마가와 노리쿠니今川範國 뉴도 신세이心省]도 우리들도 배견하였다. '지금 천하를 취한 것은 오직 이 발원에 의한 것이다'라고 두 어소도 말씀하셨다."

또 이렇게도 쓰여 있다.

"겐코元弘의 난에 다카우지가 상경했을 때 이상한 일이 일어났다. 미카와 국三河國 야쓰하시八橋에 도착했을 때 어전에 사람이 없었던 저녁 무렵에 흰옷을 걸친 한 여자가 나타나 '자손에게 악행이 없으면 7대 동안을 지켜드리겠습니다. 그 증거로서 전투에 출진하실 때마다 비바람으로 보이겠습니다'라고 말하고 꿈처럼 사라졌다. 그로부터는 굳게 모반의 결의를 굳히고 효고노카미兵庫頭 우에스기上杉 뉴도[효고노카미 후지와라노 노리후사藤原憲房, 다카우지 형제의 외종조부]를 사자로 하여 먼저 기라吉良 가즈사上總 젠몬禪門[사다요시貞義]에게 상담했더니 '지금까지도 늦었다고 생각하고 있었습니다'라는 대답이었다. 이는 간토를 출발하는 당초부터 은밀히 우에스기 효고 뉴도가 권하고 있던 것일까. 이에토키와 사다우지, 이 두 사람의 유의遺意를 오카타 도노大方殿 아시카가 다카우지는 우에스기에게만 들려주었다고 말한다. 그 때문에 우에스기는 더욱 진력하였고 가와라河原 전투에서 전사하였다고 한다."

생각해 보건대, 『매송론』『호라쿠칸키』의 설은 모두 무가를 위해 윤색한 것이다. 다카우지는 위계를 넘어 종3위에 승진하여 참의參議가 되었고 3개국 슈고 직을 하사받았다. 어째서 "그만한 은상도 없었다"라고 말할 수 있겠는가. 『태평기』에는 다카우지가 오토노미야를 참소한 것을 적었다. 따라서 『호라쿠칸키』의 설 중에서 "겐무 원년" 이하의 기술은 다카우지의 참소를 뒷받침하고 있다고 보인다. 또 이 미야가 처음부터 다카우지를 반역한 신하로 간주하여 '정벌하지 않고서는' 이라고 생각하고 있던 것도 충분히 이유가 있다고 생각한다.

『난태평기』의 설에 따르면, 다카우지가 무가의 세상을 빼앗으려고 한 것이 오래되었다. 다만 다카우지, 다다요시 형제만이 이렇게 생각한 것은 아니다. 이에 토키, 사다우지 대부터 그런 뜻이 있었지만 기회가 없는 채 지나간 것이다. 다카우지가 조정 측에 참가한 것은 다만 그 위세를 빌렸을 뿐 천황가를 위해 의병을 일으킨 것이 아니다. 천하의 상태가 예상외로 공가 통일의 세상이 되었기 때문에 다카우지는 '어떻게 해서라도 돌아가신 우대장右大將 미나모토노 요리토모源賴朝처럼 무가 세상으로 만들고 싶다'라고 생각하였다. 이를 미야가 신중히 간파하고 재빨리 토벌하도록 천황에게 권했지만 허락이 나지 않아 이래저래 망설이고 있는 사이에 다카우지가 숙모를 통해 준후准后에게 나쁘게 고하여 천황도 결국 그르치고 말았다는 것이다.

또 생각해 보건대, 중흥 초의 정치는 어느 것이나 논의할 가치가 없다. 보통 때조차 중흥 사업은 창업보다도 훨씬 곤란한 것이다. 예를 들어 말하면, 창업은 새로 집을 짓는 것처럼 조립의 공은 많지만 그것을 완수하면 그 집은 수백 년이라도 유지된다. 큰 집이 파손되어 기울진 것을 원래대로 수리하는 것은 대단한 일이다. 귀에 익은 속담에도 '교각살우矯角殺牛'라는 것이 있는데 실로 좋은 비유이다. 처음에 섭정·관백의 사람들이 권력을 남용하여 조정의 예식이 쇠퇴한 것을 고산조後三條 천황 즉위 후 얼마 안 되어 회복된 것은 아직 그 쇠퇴가 심하지는 않았기 때문이다. 예를 들어 말하면, 파손이 심하지 않은 사이에 곧 수리한 가옥과 같다. 요리토모가 천하의 권력을 나누어주고 그 후 호조 씨 9대가 이어서 세상을 다스린 뒤는 60여 국의 무사가 세력을 뻗치고 그 위세를 방자하게 굴었다. 그런데도 어째서 공적도 없는 사람들에게 수수방관하고 무릎을 꿇고 있을 수 있겠는가. 그것을 그저 예삿일처럼 옛날에 조정이 아직 쇠퇴하지 않던 시대로 되돌리려고 하는 것은 기초가 기울어 파손된 것을 그럭저럭 바로잡고 치장을 하는 것밖에는 아니다. 그것이 뒤집힐 것임은 명료하다. 그런데도 민중이 무거운 짐을 내려놓

기도 전에 궁전을 재건하고 먼저 환관宦官이나 시녀, 예능인, 승려 등의 무리에게 영지를 주는 한편, 전공이 있는 자에게는 나누어 주려고 하지 않고 어쩌다 주어도 곧 몰수한 것은 그저 혼란을 초래할 뿐이다. 게다가 이러한 시세의 급무로서는 형벌과 상여 두 가지밖에 없다. 은혜를 베풀고 권위를 세우는 것 이 두 가지를 제외하고는 없다. 공로가 적은 자에 대해서는 말할 것도 없고 먼저 상을 준 큰 공이 있던 사람들도 그 공적의 다소를 의정한 결과 모두 합당하지 않았다.

지금 시험 삼아 그들의 공적을 생각해보면, 모리요시 친왕의 공적은 말할 것도 없지만, 이는 부친 고다이고 천황을 위해서였기 때문에 그럴 수 있을 것이다.

공신이라는 점에서는 구스노키 마사시게楠木正成가 제일이다. 왜냐하면, 처음에 가사기笠置가 함락되어 천황이 서국으로 몽진했을 때 66개국 중 오로지 이 사람만이 절개를 굽히지 않고 얼마 안 되는 병력으로 몇 년이나 동국의 대군과 계속 싸웠기 때문에 무가에 반역하는 자도 점차 나타난 것이다. 이 사람이 이렇게까지 천황가를 위해 훈공을 보이지 않았다면 닛타, 아시카가, 아카마쓰의 사람들도 그 뜻을 이룰 수 없었음에 틀림없다.

마사시게 다음은 닛타 요시사다의 공적이 크다. 이는 적의 수괴를 토멸했기 때문이다.

그 다음으로는 아카마쓰와 나와那和. 누구를 위로 하고 아래로 해야 하는가. 아카마쓰의 공로가 없었다면 로쿠하라탄다이六波羅探題는 격파되지 않았다. 천황이 설령 센조 산船上山에 있었다 하더라도 가마쿠라가 아직[16] 망하지 않고 로쿠하라탄다이도 아직 격파되지 않은 경우에는 천황의 거처도 물론 위험했을 것이다. 나와가 천황의 수레를 맞이하여 지키지 않았다면 가령 가마쿠라는 멸망하였다 하더라도 도대체 누구를 위해서 공을 세우려 하겠는가. 그렇지만 궁지에 몰린 새가 품에 뛰어든다면 사냥꾼조차도 이를 불쌍히 여긴다고 한다. 하물며 만승의 천자가 부탁하면 보통 사람이 어떻게 신명을 다하여 지키지 않겠는가. 그의 공적은 분명히 큰 것 같지만 그것 자체는 이루기 어려운 일이라고는 생각되지 않는다. 천자가 이미 해외에 옮겨지고[17] 무가의 위력이 대단히 뻗쳐나가는 시기에 수도 밖

---

16 난외 두주 저본의 '方' 자를 '巳' 자로 고쳤다.

멀지 않은 곳에서 아카마쓰가 거병한 것은 그 공로가 나와 나가토시에는 미치지 않은 것처럼 보이지만 이는 용이한 일이 아니었다고 말해야 하지 않겠는가.

아시카가 다카우지에게는 칭송해야 할 공적은 없는 것이 아닌가. 동국의 군대가 오랫동안 마사시게 때문에 고통당하고, 아카마쓰도 거병하여 천황이 센조 산으로 옮겨 관군이 수도로 향하여 사태가 생각 외로 어렵다는 소문이 전해졌으며, 게다가 호조 다카토키北條高時의 행동에 이미 망할 때가 되었음이 역력히 엿보여서 오래전부터 가진 뜻을 이룰 시기를 더 이상 기다리고 있을 수 없다고 느낀 다카우지는 관군에 속할 것을 표명하였다. 하지만 로쿠하라가 멸망한 날조차 일부러 말할 만한 전공도 없었다. 그런데도 이 사람이 제일 공로자로서 상을 받은 것은 납득이 가지 않는다. 그러나 그 이유가 없는 것은 아니다. 왜냐하면 이 사람의 조상인 무쓰 호간陸奧判官 요시야스義康는 미나모토노 요시이에의 손자이며 호겐保元의 난 때 관군 측에 속하여 대장으로서 활동하였다. 그의 아들 가즈사노스케上總介 요시카네義兼는 실은 하치로 다메토모八郎爲朝의 아들이었다고도 한다. 미나모토노 요리토모와도 친했고 또 호조와도 친했기 때문에 미나모토 일족 중에서는 믿음직하게 생각되었을 것이다. 헤이케平家 군세를 막기 위해 대장에도 임명되었다. 이처럼 세간의 평판도 좋았기 때문에 수령受領에도 임명되었다. 그의 아들 요시우지義氏는 호조 도키마사北條時政의 외손이었으므로 호조 일족과는 특히 가까웠고 조큐承久의 난 때에도 한쪽의 대장에 임명되었다. 그의 아들 야스우지泰氏는 야스토키泰時의 외손. 그의 아들 요리우지賴氏는 야스토키의 손녀로 도키우지의 딸이 낳았다. 그의 아들 이에토키家時도 도키시게時茂의 외손이며, 그의 아들 사다우지貞氏도 도키우지의 외손이다. 이 사다우지만은 우에스기上杉[사브로 요리시게三郎賴重]의 사위가 되었기 때문에 다카우지와 다다요시만 호조 씨의 외손이 아니었다. 이처럼 대대에 걸쳐서 호조 씨와 가깝고 더욱이 미나모토 씨의 혈통을 이어받았으므로 이때도 한쪽의 대장에 임명되었다. 따라서 천황도 진작부터 다카우지와 다다요시가 유서 있는 자라고 알고 있었는데 한쪽의 대장으로서 공격해 올라온다는 소문이 있었던 다카우지가 천황에 가세한다고 센조 산에 전해졌던 것

---

17 고다이고後醍醐 천황이 오키隱岐에 유배되어 있던 것.

이므로 얼마나 미덥고 기쁘게 생각했던 것일까.

닛타 요시사다의 경우도 마찬가지로 같은 미나모토 씨의 혈통을 이어받았다. 특히 그의 조상 닛타 요시시게新田義重 뉴도 조사이上西라는 사람은 아시카가 씨의 조상인 요시야스의 형에 해당하며 하치만 도노八幡殿 미나모토노 요시이에의 자식 요시쿠니義國의 혈통에서는 적통이었지만 요리토모와의 사이에 좋지않은 일이 있어서 그의 시대에는 세상에 드러나는 자도 없었다. 고즈케 국上野國에 파묻혀서 세간에서도 알지 못했기 때문에 천황은 그의 이름을 들어보지도 못하였다. 그러나 그의 공적이 특히 컸기 때문에 부자형제가 함께 4개국 슈고직을 받았다. 그렇기는 하지만 그의 관위는 다카우지에는 미치지 못하였다. 종4위상 사효에노카미左兵衛督로 하리마노카미播磨守를 겸임한 데까지였다.

이처럼 그 시절에 큰 공이 있다고 일컬어지던 사람들의 공적을 논의하는 데에도 잘못이 많았던 듯하므로 하물며 공로가 적은 다른 무리들이 충의였는지 아닌지에 대해서는 명확하지 않으며 『태평기』 등에 적혀 있는 바와 같을 것이다. 그렇다고 하면 어떻게 세상이 어지럽지 않겠는가.

겐무 2년(1335) 춘3월에 대납언大納言 사이온지 긴무네西園寺公宗가 모반하여 살해되었다. 5월 21일에 데와 국出羽國의 무사가 고쿠시 재상 하무로 미쓰아키葉室光顯를 죽였다. 나고에 다로 도키카네名越太郎時兼가 북국에서 거병하고, 사가미 지로 호조 도키유키相模二郎北條時行가 시나노 국信濃國에서 거병하고 가마쿠라로 향하였다.[18] 아시카가 다다요시가 보낸 군대는 불리하게 되고 적군이 공격해왔으므로 다다요시는 나리요시 친왕을 데리고 7월 23일에 가마쿠라에서 탈출하였다. 8월 2일, 아시카가 다카우지는 흉도를 퇴치하기 위해 수도에

---

18 1335년 호조 다카토키北條高時의 차남 도키유키時行가 겐무建武 정권에 저항하여 일으킨 반란으로 나카센다이中先代의 난이라고 한다. 당시 호조 씨를 센다이先代라고 불렀으므로 그 재흥을 기도했던 도키유키를 나카센다이라고 불렀다.

서 출발하였다.

『신황정통기神皇正統記』에는, "겐무 을해 가을[19] 무렵에 다카토키高
時 일당이 모반을 일으켜 가마쿠라에 들어왔다. 다다요시는 나리요
시 친왕을 데리고 미카와 국까지 달아났다."

"아시카가 다카우지는 호조 도키유키 토벌 명령을 받고 동국으로
향했는데 정이대장군 및 제국총추포사諸國總追捕使에 임명되기를 바
랐지만 정동장군征東將軍이 되었을 뿐으로 전부 허락받지 못하였다"
라고 쓰여 있다.

『태평기』에는, "정이장군 및 동국 8개국의 관령管領을 바랐다. 정
이사征夷使 건은 간토를 진정시켰을 때의 충공에 의하는 것으로 하고
동국 8개국 관령은 허가되었다. 그 뿐 아니라 천황의 이름 다카하루
尊治 중 한 글자를 부여받았다"라 하였고,『매송론』에는, "간토의 전
투가 미리 흉도에게 전해졌으므로 장군이 천황에게 '다다요시는 세
력이 작고 방어하여 싸울 만한 지략이 없기 때문에 해도海道로 후퇴
할 듯하니 말미를 얻어서 가세하고 싶다'라고 여러 차례 아뢰었지만
칙허가 내려지지 않았다. 그러는 동안에 어차피 나를 위해서가 아니
라 천하를 위해서라고 말하고 8월 2일에 교토를 출발하였다. 이 무
렵 공가에 반역하는 사람들은 무수했으므로 모두 기꺼이 수행하였
다. 미카와 국의 야하기矢矧에서 교토와 가마쿠라의 두 대장[20]이 대
면하고 간토로 내려갔다."

"도오토미 국의 하시모토, 도오토미 국 사야佐野의 나카야마中山,
스루가 국의 다카하시나와테高橋繩手, 하코네 산箱根山, 사가미가와相
模川, 가타세가와片瀬川에서부터 가마쿠라에 이르기까지 일곱 번의 전
투에서 이기고 8월 19일에 가마쿠라에 공격해 들어갔을 때 흉도는

---

19 난외 두주 원본에는 여러 글자가 빠져 있는 것을 보충하였다.
20 아시카가 다카우지足利尊氏와 아시카가 다다요시足利直義.

모두 자살하였다."

"이러저러하는 사이에 장군 형제가 가마쿠라에 들어가서 니카이도二階堂 벳토別當 저택에 묵었다. 교토에서부터 수행하고 온 자는 훈공을 상 줄 것이라고 기뻐하였고, 또 선대 호조 씨에 협력하고 있던 자는 사형이나 유배 죄를 용서받았기 때문에 어떻게 해서라도 충절을 다하려고 생각하지 않는 자가 없었다. 교토 사람들은 친척을 사자로 보내어 축하의 뜻을 표하였다. 또 칙사 구로도노토藏人頭 중장中將 나카노인 도모미쓰中院具光가 간토에 내려와서 '이번에 간토가 신속하게 평정된 데 대해서는 천황도 재삼 감격하고 계십니다. 다만 군병에 대한 상은 교토에서 린지綸旨에 의해서 나누어주는 것입니다. 우선 조속히 귀경하십시오'라고 전하였다. 다이고쇼大御所 다카우지는 '서둘러 돌아가겠습니다'라고 대답했지만, 시모고쇼下御所 다다요시는 '상경하지 않겠습니다. 왜냐하면 다카토키가 망하고 천하가 통일된 것은 오로지 그대의 무략에 의한 것입니다. 그런데도 여러 해 계속 교토에 계실 때 공가나 요시사다義貞의 음모가 되풀이되었지만 운 좋게 오늘날까지 안전하게 지내온 것입니다. 때마침 큰 적[21]으로부터 도망친 것이니 이대로 간토에 계시는 편이 유리할 것입니다'라고 굳게 간하였으므로 다카우지는 상경을 그만두었다"라고 기술하였다.

생각해 보건대, 『신황정통기』, 『호라쿠칸키』, 『태평기』에는 공통적으로 다카우지가 가마쿠라로 내려가고 싶다고 원했을 때 정이대장군 및 총추포사 임명의 바람이 허가되지 않았다고 되어 있다. 『매송론』에 가마쿠라로 내려가는 것이 허락되지 않았던 것처럼 쓰여 있는 것은 윤색이다. 다카우지가 희망을 이루지 못한 데에 대해 화를 내면서 출발한 것을 어떻게든 공가 측에 과실이 있었던 것처럼 쓴 것이다.

---

21 교토의 반反 다카우지 파.

『남조기전南朝紀傳』에는, "겨울 11월 18일에 아시카가 다카우지는 아와노카미阿波守 호소카와 가즈우지細川和氏를 통해 천황에게 주장奏狀을 올렸다. 같은 달 19일에 제1 황자 다카요시尊良 친왕과 닛타 요시사다에게 출정을 명하는 표시로서 도검과 기 등이 주어졌다"라고 쓰여 있다.

『태평기』에는, "다카우지는 '천황의 약속을 받았으므로'라고 말하고 아직 센지宣旨도 내려지지 않았는데도 멋대로 정이장군征夷將軍이라 칭하였고 동국 8개국 관령의 일은 천황이 허락하였다고 말하며 먼저 닛타 일족이 배령한 동국의 영지 등을 전부 이번에 군공이 있던 자에게 나누어 주었다. 이렇게 해서 다카우지가 간토를 평정한 뒤 음모를 꾸미고 있다는 소문이 나서 천황이 그의 토벌을 명하는 센지를 내릴 터였는데 기타바타케 지카후사北畠親房나 후지와라노 긴아키藤原公明가 자주 간하였고 홋쇼지法勝寺의 엣친쇼닌惠鎮上人을 파견하여 사실 여부를 확인시키게 되어 쇼닌이 간토로 가려고 한 그날에 다카우지가 아와노카미 호소카와 가즈우지를 통해 주장을 올렸다"라고 기술하였다[생각해보건대, 그 주장에는 '겐무 2년 10월 일'이라 적혀 있고 요시사다義貞의 주장에는 '11월 일'이라 적혀 있다].

『신황정통기』에는, "동국은 진정되었지만 다카우지의 희망이 달성되지 않았기 때문에 모반을 일으킬 것이라는 소문이 있었는데 겐무 2년(1335) 11월 10일경이었는지 다카우지가 닛타 요시사다를 추토해야 한다는 주장을 올리고 곧 토벌대가 상경길에 올랐으므로 도성 안이 소란스러워졌다"라고 기술하였다.

『호랴쿠칸키』에는 다음과 같이 적었다.

"아시카가 다카우지와 다다요시가 해로 도처에서의 전투에서 승리하고 사람들이 항복하였다. 그렇지만 신하 중에 돌아가신 오토노미야 편인 자가 있었던 듯하여 다카우지가 모반을 도모하고 있다고

참소하고 요시사다를 불러들여 여러 가지로 흉계를 꾸며서 그를 좌
중장左中將에 추천하고 다카우지의 영지였던 고즈케 국[이 설은 잘못이
다]을 주기로 하였다. 다카우지가 상경해서 오면 도중에서 토벌하도
록 요시사다에게 명하였다. 그리고 다카우지를 불러들였다. 간토의
병력을 다다요시에게 맡기고 단신으로 서둘러 상경하라는 것이었
다. 다카우지는 천황의 부름에 응하여 상경하려고 했는데 교토에서
내밀하게 이 일을 알린 자가 있었던 것인가. 게다가 다다요시도 동
국 무사들도 미심쩍게 생각하여 만류했으므로 다카우지는 상경하지
않았다"

『매송론』에는, "이번에 다카우지와 다다요시를 수행해온 자들에
게는 시나노·히타치 국의 겟쇼闕所를 할당했는데 요시사다의 영지
고즈케上野 슈고직을 우에스기上杉 무코노젠몬武庫禪門[22]에게 주어 우
에스기는 준비를 위해 그곳으로 향하였다. 이러한 정세 하에 교토에
서 출사하는 자의 친척이나 대관代官들은 서둘러 상경하였고, 또 한
편으로 간토에 충성을 바치려는 자는 교토에서부터 도망쳐 나왔기
때문에 해로의 왕래가 갑자기 북적이게 되었다"라고 쓰여 있다.

생각해 보건대, 나카센다이中先代[23] 호조 도키유키가 멸망한 것은 8월 19일이
다. 아시카가 다카우지가 주장奏狀을 올린 것은 11월 10일경이었다. 그간 90일
정도나 된다. 그 사이에 병부경 친왕의 일[24]을 듣지 못했던 것은 도대체 어찌 된
일일까. 결국 칙사를 보낸 것은 『매송론』의 설명대로일 것이다. 『호라쿠칸키』의
설대로라면 닛타 요시사다는 주장을 올릴 필요도 없었다. 또 이때 고즈케 국을 요

22 　난외 두주　저본의 '兵'을 '武'로 고쳤다.
23 원문의 '中前代'는 '中先代'의 오류.
24 1335년 나카센다이中先代의 난에서 호조 도키유키北條時行가 가마쿠라에
　쳐들어갔을 때 아시카가 다다요시足利直義가 패하여 달아나면서 감금 중이
　던 모리요시護良 친왕을 살해하게 한 일.

시사다에게 주었다는 것도 잘못이다. 엔겐延元 원년(1336) 2월에 다카우지를 쓰쿠시 국筑紫國으로 내쫓은 공적으로 좌중장에 임명된 것이다.

또『매송론』에 요시사다가 간토로 향하려는 소문이 전해졌기 때문에 고즈케 국을 우에스기에게 나누어주었다는 것도 윤색이다. 요시사다는 11월 19일에 다카우지 등의 토벌을 명하는 센지를 받고 그날로 출발하였고 같은 달 25일에 야하기矢矧 전투가 벌어졌다. 이것이 가마쿠라에 전해져서 우에스기가 고즈케 국으로 향하고 요시사다 일족의 대관들이 상경하였다고 하는 것은 앞뒤가 안 맞지 않는가.『태평기』의 설명대로 해석해야 실제 사정에 맞다. 설령 요시사다가 다카우지 등을 추토하라는 센지를 받았다고 하는 소문이 있었다고 하더라도 그의 영지 고즈케 국을 횡령하려고 하는 것은 반역 행동이 아닌가.『매송론』의 작자는 다카우지를 위해 그의 잘못을 꾸며댔지만 결국은 미치지 못했던 것 같다.

생각하건대, 다카우지가 가마쿠라에 들어간 뒤 칙사를 통해 불러들였으나 서둘러 가겠다고 말하면서도 상경하지 않았다. 그 후 멋대로 장군이라 칭하고 또 동국의 영지를 무사들에게 전공의 상으로 주었다는 것이 교토에 전해진 뒤에 주장을 올린 것이다. 또『태평기』에는 요시사다가 내려온다고 듣고 간토의 병력이 출발하였다고 적었지만 이것도 앞뒤가 맞지 않는다. 11월 10일경에 주장이 교토에 도착하고, 같은 달 25일에 야하기 전투가 벌어졌기 때문에『신황정통기』의 설과 같이 주장을 바치고 나서 곧바로 출발한 것이었다.

같은 해 11월 25일에 야하기 전투가 있었고, 12월 5일에는 데고시手越 가와라河原 전투가 벌어졌다. 두 전투 모두 간토 쪽에 불리하여 하코네箱根로 퇴각하였다. 같은 달 12일, 하코네, 다케노시타竹ノ下 등에서 전투가 있었고 관군이 불리해져서 퇴각하였다.

『매송론』에는 다음과 같이 적었다.

"이러저러하는 사이에 아시카가 다다요시는 하코네 산에 농성하고 미즈노미水飮라고 하는 곳을 파서 요새로 만들고 닛키仁木, 호소카와細川, 고노 모로나오, 고노 모로야스高師泰를 비롯하여 일기당천의 무사가 진을 쳤다. 장군 아시카가 다카우지는 요전에 칙사가 내려왔을 때 귀경 명령이 있었는데도 상경하지 않은 것은 본의가 아니었기 때문에 깊이 탄식하며 이번 일은 하나하나 자신의 의지가 아니라 하여 정무를 다다요시에게 물려주었다. 다카우지는 호소카와 겐쿠로도 요리하루細川源藏人賴春[25]와 가까이에서 모시는 자 두세 명만을 데리고 몰래 조코묘지淨光明寺에 있었는데[생각해 보건대, 『난태평기』에 "나카센다이中先代의 난 때는 하코네 산 때부터 천하도 물려주었다"라고 말한 것은 이것이다] 해로에서의 전투가 어렵다고 듣고 '도 도노頭殿 다다요시가 목숨을 잃는다면 내가 있어도 무익하다. 다만 천황의 명령을 어길 생각은 결코 없다'라고 말하고 앞장서서 여러 군대를 출진시켰는데 삼가고 있던 것인지 오야마小山, 유키結城, 나가누마長沼 일족을 아껴서 남아 있게 하였다. 그 군대 2천여 기를 선진으로 정하고 12월 8일에 가마쿠라를 출발하였다[생각해 보건대, 이는 데고시手越에서 패한 뒤의 일이다]. 사람들이 하코네의 진에 가담하고 전투가 있을 것이라고 생각하고 있었던바 장군은 '전략을 생각하면, 미즈노미까지 가서 적을 막고만 있어서야 불리하다. 하코네 산을 넘어 전투하면 적이 놀라서 허둥대는 것을 격파할 것임에 틀림없다'라고 말하고 10일 밤 다케노시타의 길에서 날이 새기를 기다려 오전 7시 반에 닛타 군의 와키야 요시스케脇屋義助가 대장이 되고 아시가라묘진足柄明神의 남쪽 들에서 기다리고 있었던 것을 우군의 선진이 산을 내려와 야산으로 올라가서 작은 비탈 아래에서 교전하였다. 적이 지탱하지 못하고 퇴각하는 것을 여세를 몰아 30리 남짓이나 바짝 추격하여 아이자와하라藍澤原에서 수백 명을 죽였다. 다음날 12일에 교토의 군대는 스루가 국까지 퇴각하였다."

---

25 1304~1352. 가마쿠라 시대 후기부터 남북조 시대의 무장. 호소카와 요리하루細川賴春. 아명은 겐쿠로源九郞. 구로도藏人는 통칭이다.

생각해 보건대, 이 설이 가장 실상을 말한 것이라 생각한다. 왜냐하면 『태평기』에 "다카우지가 출가하여 겐초지建長寺에 들어가 버린 것을 다다요시가 가마쿠라에 돌아와 이즈노카미伊豆守 우에스기 시게요시上杉重能와 도모하여 가짜 린지綸旨를 쓰고 이로써 다카우지를 절에서 꺼내었다"라고 쓴 것은 '다카우지는 칙명을 어기지 않았는데 다다요시가 계략을 꾸민 것이다'라고 설명하기 위해 만든 것이다.

『매송론』에는, "아군은 다케노시타, 사노야마佐野山, 이즈 고쿠후伊豆國府에서의 사흘간의 싸움에서 이겼고 오늘 13일에 두 대장이 일체가 되어 부중府中에서부터 구루마가에시車返, 우키시마가하라浮島原에 이르는 사이에 진을 치지 않은 곳이 없을 정도였다"

"14일에 진중의 평정에서 '이제부터 두 대장은 가마쿠라로 돌아가 간토에 지시해야 한다'라는 의견이 나왔다. 또 한편으로는 '설령 간토를 완전히 지배하에 넣었다 하더라도 해로 및 교토에서의 전투가 중요하다. 무엇보다도 오직 일체가 되어 출진해야 한다'라는 의견도 나왔으므로 같은 달 15일에 해로로 향하였다"라고 쓰여 있다.

엔겐 원년(1336)[아시카가 가의 연호로는 겐무建武 3년] 정월 10일에 아시카가 다카우지가 수도에 들어갔다. 천황은 히에이 산比叡山으로 옮겨갔고 궁전은 전쟁으로 인한 화재로 불탔다. 12일에 노리요시 친왕과 기타바타케 아키이에가 오미 국近江國에 도착하여 사사키 우지요리佐佐木氏賴의 간논지 성觀音寺城을 공략하였다. 16일에는 온조지園城寺 전투가 있었다. 관군은 우세였는데도 상대가 도망치는 것을 깊이 추격하여 오히려 격파당하였다. 27, 28, 29일에도 전투가 계속되었고 다카우지는 결국 패하여 단바 국丹波國으로 도주하였다.

2월 2일에 천황이 히에이 산에서 귀경하여 가잔인花山院에 들어갔다. 5일에 아키이에와 닛타 요시사다가 셋쓰 국에 출진하였다. 13일에 사쿠라야마櫻山 전투가 있었다. 다카우지와 다다요시는 효고의 우오노미도魚御堂에서 바야흐로 자살하려고 하였는데 호소카와쿄細川鄕의 율사가 간하여 규슈로 향하였다.

『매송론』에는, "그믐날 한밤중부터 전투가 시작되었는데, 아군의 군대가 패하였고 그날 저녁에 단바의 사사야마篠山에 진을 쳤다."

"2월 1일에 다시 수도로 쳐들어가야 한다는 논의가 있었지만 '물러나 공을 이루는 것이 무략武略의 방도다'라는 하여 호소카와 씨 사람들과 아카마쓰 등 서국 사람들을 안내자로 삼아 우선 본진을 효고兵庫의 섬으로 옮기기로 하여 2월 3일에 효고에 도착하였다. 여기에 앞서 내려진 교서敎書에 의해 스오 국의 오우치大內, 나가토 국長門國의 고토厚東가 병선兵船으로 왔기 때문에 이 새로운 군대로 수도로 쳐들어가려고 2월 10일에 효고를 출발하였다. 구스노키 마사시게는 이즈미 국和泉國, 가와치 국의 군대를 이끌고 니시노미야西宮의 해변에서 하루 내내 싸웠지만 무엇을 생각했는지 밤이 되고부터 퇴각하였다. 11일에 호소카와 씨 사람들이 대장이 되었고 스오 국, 나가토 국의 군대가 공격해 올라왔으므로 요시사다는 세가와가하라賴川河原에서 이들과 접전하였다. 호소카와 가즈우지의 동생 요리하루賴春가 중상을 입었다. 쌍방 모두 진을 지키고 사람도 말도 한숨 돌렸다. 밤이 깊어서 아카마쓰 엔신이 몰래 장군의 어전에 와서 '설령 적을 쳐부수고 수도에 공격해 들어갔댔자 아군은 피로에 지쳐서 큰 성과는 거두기 어렵습니다. 잠시 동안 본진을 서국으로 이동하셔서 군대의 마음도 편안하게 하고 말도 쉬게 하고 무기 준비도 하신 뒤에 다시 상경하시는 것이 어떻겠습니까. 대체로 전투에는 기旗를 가장 중요시합니다. 관군은 니시키노미하타錦の御旗[26]를 앞세우고 있습니다만 아군에는 그것에 대항하는 기가 없기 때문에 완전히 조정의 적인 듯

---

26 조정의 적을 칠 때 관군의 표시로 해와 달을 금은으로 수놓은 붉은 비단기.

합니다. 어차피 지묘인持明院 도노는 천황가의 정통이시니 선대가 망한 뒤는 분명 기분도 좋지는 않을 것입니다. 서둘러 인젠院宣을 받아서 니시키노미하타를 선두에 세워야 합니다. 지난해 아군이 불리했던 것은 대장의 군사가 서쪽에 계셨기 때문에 그쪽으로 향하게 되었으므로 매번 전투가 불리했습니다. 그러나 행운에 의해 상경이 성공할 것임은 의심할 여지없습니다. 지금 서국에서부터 공격해 올라가면 도성 안의 적은 대장의 군사에게 적대하게 될 것입니다. 그렇게 해서 본의를 달성하셔야 합니다'라고 재삼 충언을 올렸으므로 밤중에 세가와瀬川의 진을 거두어 12일 아침 6시경에 효고에 들어갔다. 다다요시는 되돌아가서 마야 산摩耶山 기슭에 있었는데 어떻게 해서든 목숨을 버릴 각오로 수도로 향하려는 생각이었지만 장군과 문답을 거듭한 끝에 효고로 돌아왔다. 오후 6시경부터 배에 올라타기 시작하여 …"

"오후 8시경에는 다카우지의 배가 출항하였다"

"빈고 국備後國 도모鞆에 도착했을 때 산보인三寶院 승정 겐슌賢俊이 지묘인 도노의 칙사로서 파견되어 왔다. 이로써 사람들은 용기가 났다. 이제는 조정의 적이 아니라 하여 '니시키노미하타를 올려라'라고 여러 국의 대장에게 고한 것은 경사스러운 일이었다"라고 적었다[생각해 보건대, 이 설명대로라고 하면 지묘인 도노를 북조의 주인으로 한 것은 아카마쓰 엔신의 계략이었다].

2월 29일에 개원하여 엔겐延元이 되었다. 닛타 요시사다는 좌중장에, 와키야 요시스케는 우에몬노스케右衛門佐에 임명되었다.

그런데 다카우지는 쓰쿠시 국으로 내려갔을 때 교토에서부터 토벌군이 내려오면 방어하라고 명하고 시코쿠四國에는 호소카와 일족, 하리마 국에는 아카마쓰, 비젠 국備前國에는 사에몬노스케左衛門佐 오와리 우지요리尾張氏賴를 대장으로 삼아 미쓰이시 성三石城에 군사를 두었고, 빗추 국備中國에는 이마카와今川, 아키 국에는 모모노이桃井, 스오 국에는 오우치大內, 나가토 국에는 고토厚東 등으로 정해 두었으며, 무나카타샤宗像社[27] 대궁사大宮司의 저택에 도착했을 때 쇼니小貳 뉴도 묘에妙惠, 그 아들 다로 요리히사太郎賴尚가 아군에 가세해왔다. 그 후 가몬노스케掃部助 기쿠치 다케토시菊池武敏가 남조 측으로서 쇼니의 성을 공격하여 묘에는 토벌되고 말았는데 다타라하마多多良濱 전투에서 기쿠치는 패했으며 마쓰우라松浦와 가와타河田는 항복하였다. 기쿠치도 성이 함락되어 미야마深山로 도망쳤고 야쓰시로八代의 성도 함락되었으며 아소阿蘇 대궁사 형제와 아키즈키秋月 빗추노카미備中守는 자살했으므로 규슈는 전부 다카우지 편이 되었다. 또 무쓰 국, 히타치 국에도 조정의 적이 봉기하였다고 전해졌다.

먼저 동국을 진정시키려고 기타바타케 아키이에를 진수부장군으로서 내려보냈다. 요시사다는 16개국의 관령을 허가받았고 다카우지 추토의 센지를 받았다. 닛타 요시사다는 하리마 국에, 와키야 요시스케는 비젠 국으로 향하였다. 다카우지는 아카마쓰와 오와리가 곤란을 겪고 있다고 듣고 규슈에는 잇시키一色 뉴도, 닛키仁木 우마노스케右馬助, 마쓰우라토松浦黨 및 재지 무사들을 남겨두고 4월 3일에 다자이후大宰府를 출발하였다. 5월 5일에 빈고 국 도모에 도착하여 여기서 전쟁 평정評定을 열고 쇼니 요리히사少貳賴尚의 의견으로 다카우지는 수로, 다다요시는 육로로 공격해 올라가기로 하였다.

생각해 보건대, 『태평기』에는 이때, "5월 2일에 다카우지가 이쓰쿠시마嚴島에 참배하고 두문불출했는데 그 결원結願의 날에 산보인 승정 겐슌이 교토에서 내려와서 고후시미인後伏見院이 지난 4월 6일에 붕어하셨는데 돌아가시기 전에 내린 인젠을 지참하였다. 다카우지는 같은 달 5일에 이쓰쿠시마를 출발하였다"라고 기

---

27 원문의 '宗俊'은 '宗像'의 오류이다.

록되어 있다.

『매송론』의 설에 따르면, "지난 정월 그믐날에 다카우지가 교토 세력에 패하여 쓰쿠시 국으로 내려갔을 때 빈고 국 도모에 지묘인 도노의 칙사 겐슌이 왔다"라고 쓰여 있는데, 『이본 태평기異本太平記』를 참조하면 "2월 8일에 효고를 출발하여 13일에 다타라하마多々良濱에 도착하였다"라고 한다.

그렇다면 효고에서 멀리 달아났을 때 인젠을 청하고 도모에 도착한 날에 칙사가 올 리가 없다. 생각해 보면, 규슈에서 상경하려고 도모까지 왔을 때에 겐슌이 마침 그곳에 와 있어서 만난 것임에 틀림없다. "니시키노미하타를 올려라"라고 다카우지가 여러 국의 아군에게 고한 것은 아직 인젠이 내려져 있지 않았지만 이미 지묘인 도노에게 인젠의 하부를 청한 이상에는 아군을 격려하려고 감히 "니시키노미하타를 올려라"하고 명한 것이다. 이는 임기응변의 계략에 의한 것이었던 듯하다.

이렇게 해서 오에다大江田 식부대보式部大輔는 다다요시에게 빗추국 후쿠야마福山를 공격당했고, 와키야 요시스케는 미쓰이시三石를 포기하고 하리마 국으로 퇴각하였다. 요시사다는 하리마 국 가코가와加古川에서 비젠 국, 미마사카 국의 군대를 기다려 효고로 물러나진을 쳤다. 이는 고다이고 천황에게 보고되었기 때문에 구스노키 마사시게를 효고에 내려보내어 요시사다에게 가세하도록 명하였다. 5월 25일, 미나토가와湊川에서 접전하여 구스노키 형제는 전사하고 관군은 귀경하였다. 29일에 고다이고 천황이 히에이 산으로 천행遷幸하였고, 같은 날 다카우지는 입경하였다. 겐무의 책력을 사용하고 고후시미後伏見 법황의 제2 황자 도요히토豊仁 친왕을 즉위시키려고 하였다[고묘光明 천황]. 6월 2일에 교토 세력은 히에이 산으로 향하였다. 관군은 고전을 면치 못하였다. 10일에 고곤光嚴 천황이 재즉위하였다. 20일에 전투가 있었다. 그믐날에 관군은 교토를 공격했지만 패

배하였다. 7월 13일에 요시사다가 교토를 공격했으나 패배하였고, 나와 나가토시가 전사하였다.[28]

28 　남북조 시대 황실 계보도

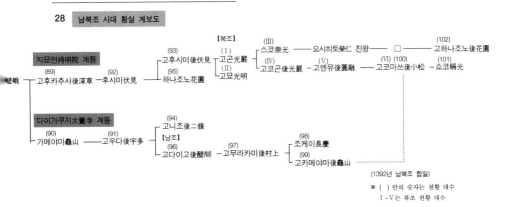

아시카가 도노, 북조의 주군을 세움

❧

8월 15일에 고묘光明 천황이 즉위하고[16세], 10월 10일에 고다이고後醍醐 천황이 교토로 돌아왔다.

이에 앞서 아시카가 다카우지足利尊氏가 몰래 사자를 보내어,

"지난 해 이래 참소 때문에 죄를 지었습니다만 닛타 요시사다新田義貞나 와키야 요시스케脇屋義助의 일은 천황의 분노를 이용하여 평소의 울분을 풀려고 했으므로 어쩔 수 없이 대란이 천하에 퍼지고 말았습니다. 다카우지가 참소에 빠져서 벌을 받은 것을 가엽게 생각하셔서 교토로 돌아와 주신다면 수행한 공경과 항복한 무리들에 대해서는 모두 원래 관위와 영지를 회복하고 천하의 공무를 조정에 맡기겠습니다"라는 고문告文을 바쳤으므로 귀경이 결정되어 9일 아침에 몰래 히에이 산比叡山을 내려온 것이다. 그때 미노노카미美濃守 호리구치 사다미쓰堀口貞滿가 달려와서 일족 163명, 가신 7천 600명이 천황을 위해 다카우지와 싸워서 목숨을 잃은 사정을 하나하나 들며 슬피 호소했으므로 천황은 요시사다 형제를 불러 동궁 중무東宮中務 쓰네요시恒良 친왕[13세]과 다카요시尊良 친왕을 그 형제에게 소속시켜 에치젠 국越前國으로 향하게 하고 천황은 교토로 출발하였다. 다카우지는 이를 가잔인花山院[1]에 감금시키고 수행 무사들을 모두 다이묘에

---

1 헤이안쿄平安京(현재의 교토京都)에 있던 저택. 원래 세이와淸和 천황의 황

게 맡겼다.

요시사다는 쓰루가敦賀에 도착하여 동궁과 이치노미야一宮 다카요시尊良 친왕을 지키고 자신은 가네가자키金ヶ崎에, 아들 요시아키義顯를 에치고 국越後國에 돌려보내고 요시스케를 소마야마 성杣山城에 파견하였다.

12월 21일 밤 고다이고 천황은 요시노吉野로 잠행하고 기타바타케 지카후사北畠親房는 이세伊勢로 달아났다.

『매송론梅松論』에는, "이렇게 된 바에는 도성 내에서 적이 나올 것이라고 하므로 급히 도지東寺에 경비를 파견하였다. 장군은 주군이셨던 분들을 대면하여 '이번에는 천황이 가잔인에 계셨기 때문에 경호도 기한이 없었다. 무가로서 성가심이 더할 나위 없었는데 지금 나가신 것은 수고스럽기는 하지만 오히려 잘된 일이다. 필시 기나이畿內 어딘가에 몰래 잠복해 계실 것이다. 자신의 생각으로 진퇴를 결정하셔서 자연스럽게 일이 해결되면 그것으로 됐다'라고 말했으므로 사람들은 서로 이상한 일이라고 말하였다"라고 쓰여 있다.

엔겐延元 2년(1337)[북조 겐무建武 4년] 정월에 우대신右大臣 후지와라노 긴카타藤原公賢, 대납언大納言 후지와라노 모로모토藤原師基, 중납언中納言 후지와라노 사네토藤原實任가 요시노에 왔다. 3월에는 중납언 다이라노 고레쓰구平惟繼, 오쿠라쿄大藏卿 스가와라노 아리우지菅原在氏, 사다이벤左大辨 재상宰相 후지와라노 기요타다藤原淸忠가 요시노에 왔다.

같은 달 6일에 가네가자키가 함락되었다. 다카요시 친왕 및 닛타 요시아키가 자살하였다. 『태평기太平記』를 참조하면, 지난 해 요시스케와 요시아키가 스루가에서 소마야마로 갔을 때 오와리노카미尾張守 아시카가 다카쓰네足利高經의 권유로 우리유 다모쓰瓜生保가 변심했

자 사다야스貞保 친왕의 저택이었는데 나중에 가잔花山 천황이 출가 후 후원後院으로 삼았다.

기 때문에 그의 동생 기칸보義鑑房에게 요시스케의 아들 식부대부式部
大夫 와키야 요시하루脇屋義治를 맡겨두고 요시스케와 요시아키는 스
루가로 돌아갔다. 겨우 16기騎로 가네가자키에 입성하였다. 그리고
적군의 가네가자키 성 공격은 해를 지나 봄이 되었기 때문에 우리유
의 동생들은 요시하루를 대장으로 하여 소마야마[2]에서 깃발을 올렸
다. 형 호간도 가네가자키 성 공격에 가담해 있었는데 속여서 성에
돌아갔다. 이렇게 해서 가네가자키 성의 후방 방위를 하려고 에치젠
의 부중府中에서 싸웠다. 우리유는 패하고 이가노카미伊賀守 사토미里
見를 비롯하여 우리유 형제, 조카인 시치로七郎가 토벌되었다. 가네가
자키 성의 정황을 들은 요시사다와 요시스케는 소마야마에 들어가 가
네가자키 성 공격의 군세를 격퇴할 계략을 세우려고 2월에 성을 몰래
나갔다. 우리유는 기뻐하며 후방 방위의 전략을 짜고 있던 중에 성이
함락당하고 이치노미야一宮와 요시아키는 자살하였다. 동궁을 배에 태
워 멀리 달아나게 하려고 하던 중 생포되었다.

4월 5일에 관백 좌대신左大臣 고노에 쓰네타다近衛經忠가 요시노로
왔다. 같은 달 16일에 쓰네타다의 동생 고노에 모토쓰구近衛基嗣가 북
조의 관백에 취임하였다.

같은 달 닛타 요시사다가 소마야마에서 군사를 일으켰다. 9월에
노리요시義良 친왕과 아키이에가 서쪽으로 출진하였다.

남조 엔겐 3년(1338)[북조 랴쿠오曆應 원년. 10월 개원] 서쪽에 출진한 관
군은 지난 해 11월 13일에 고즈케 국上野國 도네가와利根川에서 접전
하였고, 16일에는 무사시 국武藏國 아보하라安房原에서 접전하였다.
24일에는 가마쿠라의 도처에서 접전하였다. 이해 정월에는 미노 국
美濃國 아오노青野에서 접전하였다. 2월에 요시사다는 에치젠 국 부중

---

2 원문의 '松山'은 '杣山'의 오류.

을 함락하고, 아시카가 다카쓰네는 아스와 성足羽城으로 달아났다. 14일에는 이세 국 구모쓰雲津, 가와마타河俣, 가와구치川口의 여기저기에서 전투가 있었으며 관군이 승리하였고, 28일의 나라奈良 전투에서는 교토 세력이 이겼다. 요시나가 친왕은 요시노로 들어가고 기타바타케 아키이에北畠顯家는 가와치 국河內國으로 향했으며 기타바타케 아키노부北畠顯信는 하치만八幡에 진을 쳤다. 5월 22일, 이즈미 국和泉國 사카이우라堺浦 전투에서는 관군이 패하고 아키이에가 전사하였다[21세]. 7월 11일에 하치만의 관군은 식량이 떨어져서 퇴각하였다. 윤7월 2일에는 에치젠 아스와 전투에서 요시사다가 전사하였다. 같은 달 13일에 쓰네요시 친왕이 살해되었다[15세]. 21일에는 나리요시成良 친왕이 살해되었다[16세].

이보다 앞서 요시사다는 구로마루黑丸를 공략하려고 진군하여 아스와 성을 공격하게 하였다. 관군은 패하고 요시사다 형제는 가와이노쇼河合莊에 진을 치고 대군을 모아 일곱 군데 적의 성으로 향하였다. 자신은 후지시마 성藤島城으로 향하려고 겨우 50기 남짓으로 몰래 나아갔지만 호소카와細川 데와노카미出羽守와 가쿠사 히코타로鹿草彦太郎가 후지시마 성의 후방 방위를 하려고 진군하고 온 것과 맞닥뜨려서 활에 맞아 죽었다.

같은 달 25일에 노리요시 법친왕, 손초尊澄 법친왕[3] 및 여러 황자들, 잇폰一品 뉴도入道 기타바타케 지카후사, 기타바타케 아키노부를 비롯하여 유키 미치타다結城道忠 등이 동국의 병력을 이끌고 이세 국에 출진하였다.

8월 28일에 북조가 개원하였다. 아시카가 다카우지는 위의 11명을 뛰어넘어 정2위 대납언 정이대장군征夷大將軍, 아시카가 다다요시足

---

3 무네요시宗良 친왕의 법호.

利直義는 종4위상 사효에노카미左兵衛督 겸 사가미노카미相模守 정동장군
征東將軍이 되었다.

9월 11일에 동국으로 향했던 배가 이즈伊豆의 미사키御崎에서 바람
을 만나 전부 침몰하고 말았다. 친왕과 아키노부의 배는 바람에 날
려 이세 국 시노지마篠島로 되돌아갔고, 지카후사의 배는 히타치 국
常陸國의 내해에 닿았으며, 손초 법친왕과 다카요시 친왕의 아들 잇
폰노미야一品宮의 배는 도오토미 국遠江國 시로하白羽 항구에[여기서 이
이카伊의 성으로], 그리고 하나조노노미야花園宮 가네요시懷良 친왕의 배
는 시코쿠四國에 닿았다. 여기서부터 규슈로 향하려고 한 것이었다.

8월 9일에 고다이고 천황이 병에 걸려서 같은 달 15일 노리요시
친왕[12세]이 황위를 이었다. 16일에 천황이 붕어하고[53세], 10월에 고
무라카미後村上 천황이 즉위하였다. 지카후사가 히타치 국에서 『신
황정통기神皇正統記』를 헌상하였다[생각해 보건대, 이때에 남조 측에 뜻을 둔
자는 야마토大和·가와치·기이紀伊·이가伊賀·이세·미노·오와리尾張·도오토미·
에치젠·엣추越中·에치고·시나노信濃·고즈케·무사시·이즈모出雲·호키伯耆·빈
고備後·빗추備中·아키安藝·이와미石見·하리마播磨·이요伊豫·아와지淡路·히타
치·무쓰陸奧의 25개국에 충만해 있었다].

랴쿠오 3년[남조 고코쿠興國 원년](1340) 춘2월에 기타바타케 지카후사
가 히타치 국 오다 성小田城에서 『직원초職原抄』를 헌상하였다. 5월에
기타바타케 아키노부가 무쓰 국의 고쿠시國司가 되어 시라카와 성白
川城에 도착하였다. 와키야 요시스케는 지난해 겨울 고무라카미 천황
으로부터 칙명을 받고 구로마루 성을 공략하였다. 다카쓰네는 도가
시 성富樫城으로 도망쳤다. 그 후 교토의 군세가 다수 공격해 와서 소
마야마 성도 공략되어 미노 국 네오 성根尾城에 농성했지만 도키 요
리토오土岐賴遠에게 함락되어 요시스케는 가신 73명을 데리고 몰래
요시노 도노吉野殿에 이르자 임시 센게宣下가 내려져서 1급 승격하였

다. 이때 따랐던 일족이나 군병들에 이르기까지도 관위가 승진되거나 은상을 하사받았다[『남조기전南朝紀傳』에 따르면, 요시스케는 시나노 국에 가서 거기서 미노 국으로 도망치고 이세 국을 경유하여 요시노에 갔다고 한다].

시코쿠 방면이 타개되었다고 전해졌으므로 형부경刑部卿 요시스케는 시코쿠와 서국 대장이 되어 4월 2일에 요시노를 출발하고 23일에 이요 국에 도착하였다. 얼마 후 5월 4일에 고쿠부國府에서 갑작스럽게 병사하였다[『남조기전』에는, 요시스케가 요시노에 온 것은 고코쿠 원년(1340) 9월 18일이라 쓰여 있다. 5월에 죽은 것이 확실하다고 하면 고코쿠 2년 5월로 보아야 할 것이다].

조와貞和 3년[남조 쇼헤이正平 2년](1347) 6월에 아시카가 다다요시에게 아들이 생겼다. 그 후는 동국의 관군도 점차 쇠퇴하였다.

조와 4년[남조 쇼헤이 3년](1348) 8월에 구스노키 마사나리楠木正成의 아들 구스노키 마사쓰라楠木正行가 가와치 국에서 거병하였다. 교토 세력이 자주 패전하였다. 12월에는 무사시노카미武藏守 고노 모로나오高師直와 에치고노카미越後守 고노 모로야스高師泰가 시코쿠, 주코쿠中國, 도카이東海, 도산東山의 20여 국의 병력을 이끌고 출진하였다.

조와 5년[남조 쇼헤이 4년]1349 정월에 시조四條 나와테繩手 전투에서 마사쓰라가 토벌되고 그로부터 모로나오가 군사를 진군시켜 요시노에 공격해 왔기 때문에 남조의 고무라카미 천황은 아노우賀名生로 달아났다. 모로야스는 가와치 국으로 향하여 구스노키 마사노리楠木正儀와 교전하고 모로나오는 교토로 돌아갔다.

4월에 궁내대보宮內大輔 아시카가 다다후유足利直冬가 나가토탄다이長門探題에 임명되었다. 이 나오후유는 다카우지가 미복 차림으로 하룻밤 출입한 에치고노쓰보네越後局가 낳은 아들이다. 사가미 국相模國 도쇼지東勝寺의 갓지키喝食[4]였던 것을 제몫을 할 어른으로 인정하여 교토로 불러들인 것이었다. 겐네玄惠[5]가 아뢰었으므로 다다요시가 대면하고 지난 해 5월에 기이 국 남조 측 군세가 봉기했을 때 우효에 노스케右兵衛佐에 임명되어 대장이 되고 이를 진정시켰다. 이때는 다다요시의 조처로 비젠 국備前國까지 내려갔다고 한다.

『원태력園太曆』[6]에는, "나가토 국長門國으로 가서 거기서 8개국을 다스렸다"라고 쓰여 있다.

8월에 다다요시가 모로나오를 살해하려고 도모한 것이 드러나서 모로나오는 동생이 가와치 국 이시카와石川 강가에 진을 치고 있던 것을 맞이하였다. 9일 오후 6시경에 대거 귀경하였다. 11일 저녁에 아카마쓰 엔신赤松圓心[7]과 아카마쓰 노리스케赤松則祐가 모로나오의 집에 갔는데 모로나오는 그들을 되돌아가게 해서 다다후유가 비젠에서 올라올 것이므로 그것을 저지해 달라고 말하였다. 12일 저녁부터 수도 안에 소동이 일어나 다다요시와 모로나오 집에 병력이 모여들었다[다다요시에 붙은 자는 7천여 명, 모로나오에 속한 자는 5만여 명]. 다카우지는 산조 도노三條殿 다다요시에게 사자를 보내어 함께 있도록 전했으므로 다다요시는 장군 다카우지의 고노에 히가시노토인近衛東洞院 어소에 들어갔다. 13일 오전 6시에 모로나오와 그의 아들 무사시 고로 모로나쓰武藏五郎師夏가 장군 저택을 포위하고 우에스기 시게요시上杉重能와 하타케야마 나오무네畠山直宗 두 사람의 신병을 인수하고 싶다고 말하였다. 다다요시가 말한 대로, "이제부터는 사효에노카미左兵衛督 다다요시 정치에 간섭하지 않겠다. 우에스기와 하타케야마는 귀양보낼 것이고, 묘키치지샤妙吉侍者는 말할 것도 없이 승려 신분

---

4 절에서 승려의 식사 안내를 맡은 수행자.
5 가마쿠라鎌倉 시대 후기 천태종의 학승.
6 남북조 시대의 공경公卿 도인 긴가타洞院公賢(1291~1360)의 일기. 남북조 시대의 중요한 기본사료이다.
7 1277~1350. 가마쿠라 시대부터 남북조 시대의 무장, 슈고다이묘守護大名 아카마쓰 노리무라赤松則村. 엔신은 법명.

이니 생포할 것도 없다. 적당히 처리하라"라고 고했으므로 무사히 낙착되었다.

나오후유도 빈고 국 도모鞆에 있었는데 모로나오가 가까운 여러 국의 지토, 고케닌들에게 그를 죽이라고 명하여 몰려왔으므로 나오후유는 간신히 규슈로 달아났다.

장군은 하코네의 다케노시타에 있을 때부터 천하의 일은 다다요시에게 물려주었는데 지금은 다다요시가 관여하지 못하도록 간토關東에서부터 다카우지의 적남 사마노카미左馬頭 아시카가 요시아키라足利義詮를 서둘러 상경시켜서 정치를 하게 하고 모로나오가 제반사를 도맡아하기로 결정하였다. 요시아키라는 10월 4일에 가마쿠라를 출발하여 22일에 입경하였다. 26일에는 산조보몬三條坊門 다카쿠라高倉의 다다요시 집으로 옮기고 정무 집행의 분부를 개시하였다. 다다요시는 병부대부兵部大夫 호소카와 아키우지細川顯氏의 니시키코지錦小路 호리카와堀川의 집으로 옮겼다.

모로나오와 모로야스가 이렇게 해서는 다다요시가 시종 울분을 품을 것이라 생각하고 몰래 다다요시 암살을 기도하고 있다는 소문이 들려왔으므로 다다요시는 그 의혹을 떨쳐 버리기 위해 세속에 소망도 없고 몸을 버린다는 마음을 알리려고 했는지 12월 8일에 출가하였다. 당시 마흔두 살[마흔한 살이라고도 마흔네 살이라고도 또는 마흔여섯 살이라고도 한다]. 이즈노카미伊豆守 우에스기 시게요시와 대장소보大藏少輔 하타케야마 나오무네는 함께 에치젠에 유배되었는데 두 사람 모두 12월 말경에 유배지에서 모로나오에게 살해되었다.

이듬해 2월에 개원하여 간노觀應[남조 쇼헤이 5년]라고 하였다. 나오후유를 토벌하라는 교서가 내려졌지만, 이는 모로나오의 소행이라고 알았으므로 토벌하는 자도 없었고 쇼니 요리히사少貳賴尙는 어떻게 생각했는지 나오후유를 사위로 삼았다. 이와미 국의 무사 미스미

三角 뉴도가 다다후유에게 호응하여 재지 무사들을 따르게 한다는 소식을 들은 모로야스는 6월 20일에 출진하였다. 때마침 규슈와 2도島[8]가 나오후유에게 속하였다는 소식이 전해졌으므로 모로나오는 장군에게 권하여 정벌하게 하였다.

10월 28일, 출진한다는 소문이 있었던 전날 밤에 다다요시가 모습을 감추었다. 이는 모로나오가 그날 밤 몰래 그를 죽이고 서국으로 향하려고 꾀하고 있다고 들었기 때문이다. 모로나오는, "다다요시를 탐색하고 그런 뒤에 출진하도록 하라"라고 말했지만 장군은 받아들이지 않고 출진하였다[이는『원태력』의 설이다.『태평기』에는 모로나오로 하여금 출진시켰다고 되어 있다]. 다다요시는 야마토 국에 가서 이가노카미 오치越智를 의지하고 있었는데 남조에 항복하였다[11월의 일이다].

이렇게 해서 다다요시에게 속했던 군세는 수를 헤아릴 수 없었고 교토에 있던 아시카가 요시아키라는 파발마를 마련하여 장군이 있던 비젠 국 후쿠오카福岡에 보고하였다. 다카우지는 모로야스에게, "빨리 교토에 되돌아오라"라고 명하였다. 모로나오는 그가 오는 것을 기다려도 날수가 걸릴 것이라 생각하여 마침내 후쿠오카를 출발하여 상경하였다.

다다요시는 아직 적의 세력이 늘어나지 않은 동안에 교토를 함락시키려고 간노 2년(1351) 정월 7일에 하치만에 진을 쳤다. 엣추 국의 우마노카미右馬頭 모모이 나오쓰네桃井直常도 오미 국近江國 히가시사카모토東坂本에 도착하였다.

요시아키라는 날마다 병력이 도망쳐 행방을 감춰 버렸으므로 다카우지와 함께 싸우려고 정월 15일에 서국 방면으로 달아났다가 가쓰라가와桂河를 건너 무코묘진向明神 남쪽으로 나아간 부근에서 장군

---

8 규슈九州 지방 전역.

과 모로나오를 만나 모모이의 군대와 싸워 이겼다.

　모모이는 오다케大岳에 진을 쳤기 때문에 장군 부자 다카우지와 요시아키라는 교토로 들어갔다. 그날 밤 교토 세력의 대부분이 하치만의 군세에 가담해 버렸으므로, "이렇게 해서는 교토에 있어도 막아 낼 수 없을 것이니 서국 쪽으로 후퇴하여 주코쿠, 동국의 군세를 불러 모아 싸워야 한다"라고 말하고 다음날[16일] 아침 단바지丹波路 서쪽으로 달아나 요시아키라에게는 닛키 요리아키仁木賴章와 요시나가義長를 딸려 보내어 단바 국丹波國의 이하라井原, 이와야石龕에 머물게 하고, 장군은 하리마 국 쇼샤사카모토書寫坂本에 진을 쳤다. 모로야스도 여기로 와서 합류하였다. 하치만부터는 우마노곤노카미右馬權頭 이시도 요리후사石堂賴房를 대장으로 삼아 군사를 쇼샤사카모토로 향하여 보냈다. 모로야스의 대세가 가담하였다고 전해져서 이시도는 하리마 국 고묘지光明寺에 진을 치고 하치만의 가세를 요구하였다.

　2월 3일에 장군은 쇼샤 사카모토를 출발하여 이시도 공격에 나섰지만 성의 수비가 견고해 보였기 때문에 장군은 히키노오引尾에, 고노 모로나오는 나키노오泣尾에 진을 치고 화살을 주고받았다. 그러는 사이에 하치만의 가세가 온다는 소식을 듣고 먼저 그 군세를 격파해 버리면 적은 완전히 패배할 것임에 틀림없다고 하여 고묘지를 버리고 2월 13일에 효고兵庫의 미나토가와湊川로 달려갔다.

　같은 달 17일에 고시미즈小淸水 전투에서는 패배하고 마쓰오카 성松岡城에 농성하며 아군이 전부 도망쳤다고 들은 장군을 비롯하여 고케高家 일족 7명, 주된 무사 23명이 바야흐로 자살하려고 하였는데 아에바 묘즈루마루饗場命鶴丸[9] [10]가 다카우지와 다다요시의 화해가 성

9　난외 두주 '饗場命' 세 글자는 아마도 오류일 것이다.

10　원문의 '饗場命鶴丸'은 '饗庭命鶴丸'의 오류. 남북조 시대의 무장으로 아시카가 다카우지足利尊氏의 근신 아에바 우지나오饗庭氏直이다. 묘즈루마루命

립되었다고 고했으므로 이래저래 평의한 끝에 모로나오, 모로야스 형제가 항복하고 출가하기로 결정하였다. 그러나 모로나오, 모로야스 형제는, "양자 하리마노카미播磨守 고노 모로후유는 가마쿠라 도노鎌倉殿 아시카가 모토우지足利基氏의 집사로서 동국에 세력이 있다. 사태가 아주 나빠지면 효고에서 승선하여 가마쿠라로 가자"라고 약속했지만, 25일 한밤중에 동국에서도 병란이 일어나고 가이 국으로 달아났던 모로후유도 결국 자살하였다고 전해졌다. "이렇게 된 이상에는 어쩔 수 없다"라 하며 형제는 항복하고 출가하였다. 27일에 장군이 상경하고 모로나오 형제가 수행하였지만 무코가와武庫川를 지날 무렵 일족을 남김없이 죽여 버렸다.

이렇게 해서 28일에 다카우지가 귀경하고, 요시아키라도 단바 국에서 상경하였으며, 다다요시도 하치만에서 돌아왔다[이에 앞서 25일에 다다요시의 다섯 살 된 아들이 하치만에서 죽었다]. 세 사람은 마침내 회합하고 술잔을 나누는 의례는 있었지만 서로 말수도 적었고 언잖은 기색으로 돌아갔다. 그 후 정무에 대해서는 서로 의견을 나눈 결과 다다요시 젠몬禪門이 정무를 담당하기로 타결을 보았던 것일까.

장군은 사사키 도요佐佐木圖譽를 토벌하려고 출진하고, 요시아키라는 하리마 국으로 출진하였다. 도지東寺에서 대면하고 젠몬에게 심문할 것이라고 고했으므로 7월 그믐날 밤에 다다요시는 교토를 탈출하여 엣추로 갔다. 8월 18일, 다카우지는 오미 국 가가미슈쿠鏡宿에 진을 치고 젠몬을 토벌하려 하였다. 젠몬은 이시도, 하타케야마, 모모이를 대장으로 삼아 소산相山에 진을 치게 하였다[7일]. 9월 8일에는 소산 전투에서 젠몬 쪽은 에치젠 국으로 퇴각하였다.

하타케야마 아와 쇼겐阿波將監이 다카우지와 다다요시 형제를 화해

鶴丸는 호. 처음 이름은 나오노부直宣, 나중에 다카우지로부터 한 글자를 받아서 우지나오氏直라 칭하였다.

시켜 정무는 요시아키라가 보는 것으로 사태를 해결하려고 했지만 젠몬이 이를 인정하지 않았기 때문에 구니키요는 장군 쪽에 붙었다. 이후 장군 쪽에 붙는 자가 많아졌으므로 젠몬은 에치젠에는 머물 수 없다고 생각하고 10월 18일에 호쿠리쿠도北陸道를 거쳐 가마쿠라로 내려왔다[일설에는 11월 20일이라고 한다]. 10월 23일에 장군이 가마쿠라로 향했고 요시아키라는 도성에 있었다.

11월 그믐날 장군은 삿타 산薩埵山에 진을 쳤다. 젠몬 다다요시는 우쓰노미야 우지쓰나宇都宮氏綱가 삿타 산을 나중에 공격한다고 듣고 군대를 보내고 자신은 삿타 산으로 향하였다.

12월 27일에 우쓰노미야는 도처의 전투에서 이기고 삿타 산을 나중에 공격하였다. 젠몬의 병력은 궤멸하여 이즈모 국고쿠부國府로 도주하였다. 닛키 요시나가가 이를 공격했기 때문에 젠몬은 호조로 달아났다. 여기서도 버티지 못하고 이즈 국 미야마御山로 퇴각하였고 어딘가로 도망쳤는지 아니면 자살했는가라고 생각하던 참에 다시 화해 건이 떠올랐으므로 항복하고 정월 6일 밤에 가마쿠라로 돌아왔다.

『난태평기難太平記』에, "나카센다이中先代의 난[11] 때 천하의 권력도 가독도 물려준 것을 오고쇼大御所[12]는 잊지 않았다. 다만 어떻게 해서라도 다이큐지 도노大休寺殿[13]로부터 호쿄인 도노寶筐院 殿[14]로 원만하게 천하의 권력을 물려주도록 했으면 하고 생각했기 때문에 셋쓰 국攝津國 이데井出 전투 때에도 모로나오와 모로야스가 토벌된 것을 책망하지는 않았다. 또 유이 산由比山 전투 후에 민부대보民部大輔 우에스기 노리아키上杉憲顯가 이즈야마伊豆山에서부터 헤어져 멀리 달아난

---

11 1335년에 가마쿠라 막부 14대 집권執權 호조 다카토키北條高時의 아들 도키유키時行가 겐무建武 정권에 저항하여 일으킨 반란.
12 아시카가 다카우지足利尊氏.
13 아시카가 다다요시足利直義.
14 아시카가 요시아키라足利義詮.

것도 오고쇼는 책망하지 않았고 이때 화해도 물론 정해졌다. 이에 대해서 두 고쇼는 몰래 상담을 하신 것일까. '교토의 보몬 도노坊門殿[15]는 어떻게 말해도 이를 고치기는 어렵다. 그리고 보면 결국은 천하의 권력을 계속 유지하는 것은 곤란할 것이다. 가령 정도政道에는 약간 어긋나는 점이 있더라도 간토의 다이묘大名들이 일치한다면 일본을 수호할 것이다. 그렇게 하면 또 이 형제 사이에 가마쿠라 도노를 두고 교토의 수비 역할을 맡기면 축하할 만한 일이다'라고 은밀히 평의되었고 판동坂東 8개국을 히카리오光王[16] 고료御料[17] 모토우지에게 물려주고 '자손 대대로 보몬 도노의 수호가 되라'라고 말해 두었다"라고 쓰여 있다[이 설명에 따르면, 아시카가 모토우지가 간토의 슈고守護가 된 것은 이때 정해진 것이다].[18]

이해 간노 2년(1351) 2월 26일에 아시카가 다다요시 젠몬이 졸卒하였다. 마흔일곱 살이었다. 독살당했다고도 한다.

이때 아시카가 요시아키라는 계략에 의해 요시노 도노에게 항복하였다. 남조의 고무라카미 천황의 허락이 났으므로 북조의 간노 2년 11월 7일에 요시아키라는 스코인崇光院을 폐위시키고 남조의 쇼헤이 6년이라 칭하였다.

『원태력』11월 5일 기사에는, "장군 다카우지는 필시 마음속으로

---

15 아시카가 요시아키라足利義詮.
16 아시카가 모토우지足利基氏의 아명.
17 귀인의 자녀를 높이는 말.
18 가마쿠라쿠보(鎌倉公方) 계보도

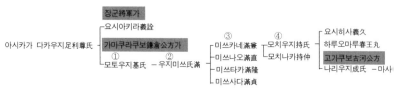

※ 숫자는 가마쿠라쿠보 대수

그것을 위험스럽게 생각하고 있었다. 그래서 영식 요시아키라, 도요道譽, 묘젠妙善이 이와 같이 처리하였다는 것이다"라고 쓰여 있다.

쇼헤이 7년(1352) 윤2월에 남조의 고무라카미 천황은 스미요시住吉로 갔고 거기서 하치만으로 갔다. 20일에 관군이 교토로 밀어닥쳤다. 호소카와 사누키노카미讚岐守가 시치조오미야七條大宮에서 전사하였다. 요시아키라는 오미 국으로 도주하였다. 21일에 고곤, 고묘, 스코 및 동궁 사다히토貞仁를 유괴하여 요시노 깊숙이 아노우로 옮겼다. 이달 15일에는 무사시노카미 닛타 요시사다의 3남 닛타 요시무네新田義宗가 고즈케 국에서 거병하여 16일에 국내를 평정하고 같은 날 무사시 국으로 진출하였고, 18일에 가마쿠라로 공격해 들어갔다. 다카우지[19]는 무사시 국의 가노가와狩野川에서 농성하였다.

『태평기』에는 다음과 같이 쓰여 있다.

"요시무네는 무사시 국 고테사시하라小手差原에서 접전하였고 다카우지는 격파당하여 무사시 국 이시하마石濱로 퇴각하였다. 닛타 요시오키新田義興와 와키야 요시하루가 가마쿠라에 쳐들어갔다. 요시무네는 우스이토게笛吹峠에 진을 쳤는데 25일에 장군이 밀어닥쳐서 격파했기 때문에 우스이토게에서 철수하고 그날 밤 에치고로 달아났다. 요시오키와 요시하루도 요시무네가 패배하고 다카우지가 가마쿠라로 향하였다는 소식을 듣고 3월 4일에 고우즈 산國府津山 깊숙이에 칩거해 버렸다."

3월 12일에 요시아키라는 오미 국 시쥬쿠인四十九院에서 출진하여 15일에 교토로 향해 가며 싸웠다. 하치만의 황거를 멀리서 에워싸고 50여 일이나 공격했다. 하치만에서는 군량이 떨어져 버려서 천황은 5월 11일 밤에 야마토지大和路에 행행하였다. 도중에 도처에서 막부

---

19 난외 두주 이하 '尊氏'라고 되어 있으나 '基氏'의 오류가 아닐까.

쪽 사람들이 가로막으려고 했으나 큰일 없이 요시노로 돌아왔다.

이때 요시무네는 4월 27일에 에치고 국에서 출발하여 7천여 명으로 엣추 국에 도착하고 모모이桃井의 3천 명이 달려와 가담하여 1만 명이 되었고 노토 국能登國으로 향하였다. 기라吉良와 이시도도 4월 27일에 스루가 국駿河國에서 출발하여 도중에 병력을 모우면서 5월 11일에 미노 국 다루이垂井에 도착하였다. 시나노노미야信濃宮 무네요시宗良 친왕도 같은 날 시나노 국에서 출발하였고, 도이土居, 도쿠노得能도 병선 700척으로 해상에서 공격해 올라왔다. 그렇지만 4, 5일도 버티지 못하고 하치만은 함락되었다. 북조 간노 3년[남조 쇼헤이 7년]1352에 남조의 고무라카미 천황은 요시노로 돌아가고 요시아키라는 귀경하였다.

북조의 스코 천황이 남조 측에 붙잡혔기 때문에 요시아키라는 스코 천황의 동복아우 이야히토彌仁를 천황으로 삼았다. 이 사람이 고코곤後光嚴 천황이다[15세]. 8월에 황위를 계승하고, 9월에 분나文和로 개원하였다[삼종三種의 신기神器 없이 즉위했다].

분나 2년(1353)에 야마나 도키우지山名時氏와 그의 아들 모로우지師氏가 요시아키라에 모반하고 남조 측에 항복하였다. 이는 사사키 도요의 무례에 분노하여 모로우지가 아버지에게 권하여 부자가 함께 호키 국으로 돌아가 거병한 것이다.

5월에 호키 국을 출발하여 6월에 남조군과 함께 교토에 쳐들어갔다. 요시아키라는 패하여 천황을 데리고 사카모토坂本로 달아났고 동국으로 향하여 미노 국 다루이를 황거로 삼아 제국의 병력을 불러모았다. 야마나는 세력이 다하여 호키로 돌아가고, 요시아키라는 천황과 함께 귀경하였다.

분나 3년(1354) 봄에 요시오키와 요시하루가 가와무라 성河村城을 떠나고[요시하루는 에치고 국으로 갔다] 동국이 진정되었으므로 다카우지는 하타케야마 구니키요畠山國淸를 모토우지의 가신으로 삼아 귀경하였고 좌경대부左京大夫 닛키 요리아키를 막부의 집사로 삼았다. 또 요시아키라를 하리마 국에 파견하여 병력을 모우고 야마나를 토벌하려고 하였다. 야마나는 아시카가 다다후유[20]를 맞이하여 이를 대장으로 삼았다[이때 다다후유는 규슈의 무사들에게 배신당하여 아키 국과 스오 국周防國 사이에 있었다].

다다후유가 남조 측에 속했기 때문에 다카우지 간에 부자의 싸움이 시작되었다. 에치젠 국의 아시카가 다카쓰네, 엣추 국의 모모이 다다쓰네桃井直常도 다다후유에 속하였다[생각해 보건대, 야마나는 하치만 싸움에서 공로가 있었기 때문에 지난해 하사받은 채 아직 영지를 지배하지 못한 와카사 국若狹國의 이마즈미今積를 원래대로 수여해주도록 사도 호간佐渡判官 사사키 도요에게 부탁했는데도 도요는 끝내 대면해 주지도 않아서 그것에 화를 낸 것이다. 다카쓰네는 전에 다카우지가 명검 오니키리마루鬼切丸가 탐난다고 말했는데 그것을 아껴서 불타 없어졌다고 말한 적이 있었다. 이 때문에 요시사다 토벌에 힘썼지만 그만한 상여도 없어서 종종 면목을 잃었던 것을 원망하여 전날에는 다카쿠라 도노高倉殿 다다요시에게 속하였다가 이번에는 또 다다후유에게 속한 것이다].

분나 4년(1355)[쇼헤이 10년] 정월에 다카우지는 고코곤 천황과 함께 오미 국으로 달아났고 다다후유, 도키우지, 다카쓰네, 다다쓰네가 입경하였다. 2월,[21] 3월에 양쪽 군의 전투가 거듭되었는데 남조군은 군량이 다 떨어져버려서 각자 귀국하였다. 그 후 요시아키라의 부름에 의해 다카쓰네는 무가 쪽에 속하였다.

엔분延文 2년(1357)[쇼헤이 12년] 고곤, 고묘, 스코 세 천황을 교토로 돌려보냈다. 이는 이바라노미야茨宮 고코곤 천황이 즉위한 이상에는

---

20 아시카가 다카우지足利尊氏의 서자로 아시카가 다다요시足利直義의 양자가 되었다.
21 원문의 '二年'은 '二月'의 오류.

남조 측에 잡아두어도 어쩔 수 없다는 이유 때문이었다[6년 만의 귀경이었다].

엔분 3년(1358) 4월 29일에 정이대장군 정2위 대납언 미나모토노 다카우지源尊氏가 졸卒하였다[54세]. 종1위 좌대신에 추중되었다.

생각해 보건대, 처음에 다카우지는 대대로 이어온 친분을 버리고 조정에 소속하여 집안을 일으켰고 얼마 후에는 조정에 모반하여 천하를 어지럽혔다. 그의 미미한 공적에 대해 조정의 보상은 과분했다. 그렇지만 원래 그는 자기 집안을 위해서였지 조정을 위해서 전쟁을 일으킨 것이 아니었기 때문에 끝내는 조정을 배반할 것이라고 진작부터 생각되고 있었다. 그러나 조정에 모반하고 다이토노미야大塔宮 모리요시護良 친왕을 죽이고 그 후 쓰네요시 친왕과 나리요시 친왕을 살해한 것 등은 모두 다다요시의 흉계에서 나온 것이지 다카우지의 본의는 아니었다. 그래서 다카우지가 나카센다이中先代의 난 때에 가마쿠라로 향한 뒤 칙사에 응하여 상경하려 한 것을 다다요시가 간하여 만류하였다. 그날부터 그는 아시카가 집안의 일도 천하의 일도 모두 다다요시에게 물려주고 자신은 말참견을 하지 않았다. 과연 그럴 수도 있을 것이다.

대체로 다카우지가 도량이 넓은 인물이었음은 여러 가지 점에서 나타난다. 계략은 다다요시에게 미치지 못한 듯하지만 전술은 훨씬 뛰어났다. 고노 모로나오 형제의 난은 다카우지가 천하의 일에 참견하지 않고 다다요시가 정무를 잡고 있던 것을 모로나오 등이 방해하였고 게다가 다다요시에게 친아들이 태어나고 요시아키라가 어리석었기 때문에 참소하는 사람에게는 자연히 편리했던 듯하다. 이리하여 다다요시가 모로나오 형제를 죽이려고 도모한 이래 다카우지와 불화하게 되었다. 결국 모로나오 형제가 토벌되고 정무에 대해서는 다카우지와도 요시아키라와도 불화하여 다다요시는 두 번이나 교토를 떠났고 결국에는 부자형제의 싸움이 되었다. 그리고 다다요시는 삿타 산 싸움에서 패배하여 항복하였고 얼마 후 죽어서 후사가 끊어졌다. 이는 악업을 쌓아 자손에게 화가 된 것이다. 그 후 또 야마나 도키우지 부자와 아시카가 다카쓰네가 다카우지 부자에게 모반하여 다다후유를 대장으로 삼아 또 부자형제의 싸움이 시작되었다.

이 사람이 처음에 거병한 이래 26년 동안에 하루도 싸우지 않은 날이 없었으나 천하는 결국 진정되지 않았으며 군신 부자 형제가 서로 싸운 것은 고금에 예가 없는 일이다. 전부 자신이 바르지 않았기 때문이다. 게다가 타인을 바르게 할 수 없었기 때문이다. 그러나 이 사람이 결국 무가의 동량棟梁이 된 것은 조정의 정치가 무가의 치세만 못하다는 것을 무사도 인민도 잘 알았기 때문에 천하의 사람들이 누구라도 좋으니 무가 시대를 재흥해 주는 사람을 군주로 떠받들려고 생각하고 있었는데, 다행히 이 사람이 조정의 적이 되었기 때문에 이름은 미워하지만 실을 좋은 것이다. 게다가 마침내 지묘인持明院 도노를 옹립했으므로 그 염려[22]도 없어진 듯하였다.

이렇게까지 어지러워진 무가 시대를 남조의 고다이고 천황은 통일하지 못하였다. 닛타 씨 일족이야말로 자기 자신에게 관련된 적이어서 어떻게 해서든 아시카가 도노를 멸망시키려고 생각했다. 그러나 그 외에는 충을 지키고 의를 아는 자가 없었던 것은 아니지만 병력이 약해서 자립하기 어려웠다. 또 그 밖에는 무가 측과 불화한 자들이 일단 남조에 속하여 각자의 울분을 풀려고만 생각하던 무리들이었다. 그렇기 때문에 끝내 성공하지 못하고 끝난 것이다.

아시카가 요시아키라[23][치세 10년]가 아버지 뒤를 계승한 당초에는 규슈에서 기쿠치菊池 세력이 강했으며 남조 측도 힘을 펼쳤다. 야마

---

22 조정의 적이라는 오명.
23 아시카가 요시아키라足利義詮. 1330~1367. 무로마치 막부 제2대 장군. 초대 장군 다카우지尊氏의 3남. 1333년 겐코元弘의 난 때 인질로서 가마쿠라에 남아 있었는데 가마쿠라 막부 멸망 후 호소카와 가즈우지細川和氏 등의 원조로 간토關東를 통치했다. 숙부 다다요시直義의 실각에 의해 입경하여 정무를 보았고, 그 후 다다요시, 다다후유直冬나 남조와 교토 쟁탈전을 거듭하였고 다카우지 사후 1358년에 정이대장군이 되었다. 집사 호소카와 기요우지細川淸氏의 실각 후에는 관령管領 시바斯波 씨를 등용하여 정권을 안정시키고, 오우치 히로요大內弘世, 야마나 도키우지山名時氏를 억제하고 주코쿠中國를 통일하여 아시카가 정권의 기초를 굳혔다.

나도 아직 항복하지 않았다. 그런 중에 가마쿠라 도노 아시카가 모토우지의 가신인 하타케야마 구니키요 뉴도 도세이道誓의 계략으로 간토에서 닛타 요시오키를 쳤다. 그 후 도세이는 동국의 병력을 모아서 상경하였고 남조의 군대와 싸워 아카사카赤坂 등의 성을 공략하여 무위를 한층 떨쳤는데, 죽은 집사 닛키 요리아키의 동생 닛키 요시나가를 멸하려고 지금의 집사 사가미노카미相模守 호소카와 기요우지細川淸氏와 함께 거병하였다. 요시나가는 요시아키라를 위협하여 두 사람의 추토를 명하는 교서를 손에 넣었으나 성공하지 못하고 이세 국으로 달아났다. 이를 기회로 남조의 군대가 또다시 일어났으므로 도요도 간토로 돌아갔다.

또 기요우지와 사사키 도요는 서로 권력을 다투었는데 기요우지는 모반자처럼 일컬어졌고 결국에는 남조에 귀속하여 구스노키 마사노리楠木正儀와 함께 교토로 쳐들어갔다. 요시아키라는 낙향하였고, 기요우지는 아와 국阿波國으로 가서 시코쿠를 쳐서 복종시키려고 했지만 우마노카미 호소카와 요리유키細川賴之와 사누키 국讚岐國에서 싸워 토벌되었다.

간토에서도 여러 다이묘들이 하타케야마 도세이의 죄악을 호소했기 때문에 하타케야마는 반란을 일으켜 이즈 국 슈젠지修禪寺에서 농성하다가 시간이 지나 가와치 국으로 도망쳐서 남조에 속하고 싶다고 희망하였다. 하지만 천황이 허가하지 않았고 이 사람도 행방불명이 되었다.

야마나는 호키 국에서 군대를 일으켜 미마사카 국美作國에서 아카마쓰와 싸웠고 또 주코쿠 지방에서 여러 번 싸운 끝에 마침내 항복했으므로 아카마쓰는 이나바因幡·호키·단바·단고丹後·미마사카의 5개국 슈고직을 허락받았다[처음에 분나 원년(1352)에 모반하였고 조지貞治 3년(1364)에 항복하였다. 13년 만이었다]. 스오 국의 오우치노스케大內介 오우치 히로요大內弘世도 무가 측에 따랐다.

또 가마쿠라에서는 민부대보民部大輔 우에스기 노리아키를 집사로 삼았는데 우쓰노미야宇都宮의 가신 하가芳賀 젠카禪可 뉴도가 우에스기와 불화하게 되어 모반하였으므로 아시카가 모토우지가 직접 이를 쳐부수었다.

이 무렵 사사키 도요 및 여러 다이묘들이 지금의 집사 아시카가 요시마사足利義將의 아버지[시바斯波라고도 부에이武衛라고도 한다] 다카쓰네 뉴도 도초道朝를 참소했기 때문에 도초는 에치젠으로 떠났다. 토벌대를 보냈지만 도초가 병사했으므로 요시마사는 항복하였다.

그 후 조지 6년(1367) 4월에 사마노카미 아시카가 모토우지가 스물여덟 살로 졸하였다. 그의 아들 우지미쓰氏滿[24]가 아버지의 뒤를 이었다.

같은 해 9월에 아시카가 요시아키라는 병이 들어서 정무를 아시카가 요시미쓰足利義滿에게 물려주고, 호소카와 요리유키를 시코쿠에서 불러서 집사로 삼고 무사시노카미에 임명하고 관령管領이라 불렀다[이것이 관령의 시작]. 일설에 따르면, 도초가 몰락한 뒤 도요가 집사에 취임할 것이라는 소문이 났는데 모토우지의 권유로 요리유키가 임명되었다고 한다. 12월 7일에 요시아키라가 졸하였다[38세]. 좌대신 종1위로 추증되었다[정2위 전 대납언으로 졸하였다].

---

24 아시카가 우지미쓰足利滿. 1359~1398. 2대 가마쿠라쿠보鎌倉公方. 재직 1367~1398. 가마쿠라쿠보 아시카가 모토우지足利基氏의 아들. 장군 아시카가 요시미쓰足利義滿의 이름 한 글자를 받아 우지미쓰라고 하였다. 우쓰노미야 우지쓰나宇都宮氏綱를 비롯하여 간토關東의 여러 세력과 싸워 간토에 강력한 지배권을 형성하였다. 1379년 무로마치 막부 내부에서 항쟁이 일어나자 이에 호응하여 장군 요시미쓰 타도를 획책하였는데 당시의 간토칸레이關東管領 우에스기 노리하루上杉憲春가 죽음으로 간하였으므로 단념하였다. 이후 간토 평정에 힘썼다.

생각해 보건대, 요시아키라는 처음 상경했을 때부터 항상 분주하였고 평안한 해가 없었다. 남조 세력은 물론이고 야마나, 호소카와, 닛키, 아시카가 등의 일족이 차례차례 모반하였다. 이들은 모두 윗사람의 행위에 익숙해져 버려서 주인을 배반하는 따위의 일은 세상에 늘 있는 일이라고 생각했기 때문이다. 그러나 이들이 모반한 것은 첫째로는 요시아키라가 무지하여 사사키 뉴도 도요를 총임하였기 때문이다.

또 간토의 일은 처음에 요시아키라가 가마쿠라에 있었을 무렵에는 하리마노 카미 고노 모로후유가 집사직에 있으면서 동국의 남조 측과 교전하며 세월을 보냈는데 나중에 요시아키라가 상경하고 모로후유도 또한 반란을 일으켰으므로 가이 국으로 달아나서 죽었다.

다카우지와 다다요시가 화해했을 때 서로 상의하여 모토우지를 가마쿠라에 두고 동국 8개국의 관령으로 삼았다. 하타케야마 구니키요 뉴도 도세이가 집사가 되었다. 도세이가 모반한 뒤에는 우에스기 노리아키를 집사로 삼았다. 이는 우에스기가 동국에서 집사를 맡은 최초이다. 그러나 동국이 아직 평정되지 않은 동안에 모토우지가 죽었다. 대체로 간토에 대해서는 자세히 쓴 것이 없어서 상세하지 않은 듯하다.

아시카가 요시미쓰[25]는 열한 살 때 가독을 계승했고 치세는 41년에 이른다[그중 14년은 아들 요시모치義持에게 직을 물려주고 출가하여 정무를 보았다]. 이 사람이 가독을 계승한 이듬해인 오안應安 원년[남조 쇼헤이 23

---

25 아시카가 요시미쓰足利義滿. 1358~1408. 무로마치 막부 3대 장군. 재직 1368~1394. 2대 장군 아시카가 요시아키라足利義詮의 아들. 1392년 남북조 합일을 이루고, 야마나山名, 오우치大內 씨 등 유력 슈고다이묘守護大名를 억제하여 막부 권력을 확립했다. 명과의 국교를 회복하고 1402년 건문제建文帝로부터 일본국왕에 책봉되어 감합무역에 의한 중국 화폐의 반사頒賜라는 형태로 화폐발행권을 장악했다. 1395년 출가하여 호를 도의道義라고 하였으며, 기타야마北山에 로쿠온지鹿苑寺를 건립하여 기타야마 문화를 꽃피우는 등 무로마치 시대의 정치, 경제, 문화의 최전성기를 이루었다.

년]1368 3월 11일에 남조의 고무라카미 천황이 붕어하였다[41세]. 재위는 31년이었다. 황태자 히로나리熙成 친왕이 황위를 물려받았다. 고카메야마後龜山 천황이 이 사람이다.

이해 2월, 요시미쓰의 동생 사마노카미 아시카가 미쓰아키라足利滿詮[11세]가 무사시 국 혼다本田의 진으로 향하였다가[이는 가마쿠라의 곤노마루金王丸 우지미쓰가 아직 어렸기 때문에 동국의 군사를 통괄하기 위해서였을 것이다] 10월 3일에 귀경하였다. 동국의 군대는 시나노 국으로 출진하여 오가와라 성大河原城을 공격하였다[이 성에 무네나가宗良 친왕이 있었다].

이 무렵 호소카와 요리유키는 남조에, "예전처럼 지묘인 도노와 다이카쿠지 도노大覺寺殿가 교대로 치세하기로 하고 삼종의 신기를 북조에 넘겨서 남북 양조가 화해하고 상경하신다면 공가와 무가의 본래 영지도 회복시키고 관위도 보증하겠습니다"라고 재삼 제의하였으나 남조의 공경과 모모이 등이 받아들이지 않아서 화해는 실현되지 않았다[당시 남조 측의 영지는 가와치・야마토・이즈미・기이・이가・이세・시마志摩・히다飛驒・시나노・고즈케・에치고・이요・비젠・이와미・나가토・엣추・히고肥後・휴가日向・오스미大隅・사쓰마薩摩의 20개국이었다. 호쿠리쿠에는 정동장군征東將軍 무네요시宗良 친왕, 서국에는 정서장군征西將軍 가네요시懷良 친왕, 이세 국伊勢國에는 하타케야마의 고쿠시國司가 있었다].

『남조기전』에 따르면, 겐토쿠建德 원년(1370)[북조 오안 3년] 봄에 호소카와 요리유키가 병력을 모아 가와치 국으로 향하였고 구스노키를 공격하였다. 사마노카미 구스노키 마사노리는 농성하며 방어하였다. 요리유키는 야마나 우지키요山名氏淸에게 명하여 싸우게 하고 또 우쓰노미야 우지쓰나를 기이 국에 파견하여 싸우게 하였다. 여름 5월에 기이 국의 군대가 강하여 우쓰노미야가 패배하였다. 그 후는 하타케야마가 출진하여 우쓰노미야와 함께 싸워 남조군을 무찔렀다. 7월에 기이 국에서 시모쓰케노카미下野守 우쓰노미야 우지쓰나가 졸하였다[계보도에서는 이요노카미伊豫守 난레이안南船菴 젠코禪綱라고 한다].

『가에이 삼대기花營三代記』[26]에 따르면, 오안 2년(1369) 정월 2일, 사효에노카미 구스노키 마사노리가 아군에 붙겠다고 하며 왔다. 교서가 내려졌다. 3월 16일, 구스노키에게 가세하기 위해 아카마쓰 미쓰노리赤松光範 뉴도가 남쪽으로 향하였다. 18일, 우마노스케右馬助 호소카와 요리미쓰細川賴光 등도 출진하였다. 20일에 구스노키는 덴노지天王寺로 퇴각했고 23일에는 에나미榎並에 물러났다. 아카마쓰 뉴도도 마찬가지로 덴노지에서 물러났다. 4월 2일에 구스노키 마사노리가 상경하였다[그날 밤 관령과 대면]. 3일 밤에 구스노키가 요시미쓰를 대면하고 22일에 가와치 국으로 출진하였다.

오안 3년(1370) 11월, 와다和田 등이 구스노키의 성채에 몰려와서 접전하였다. 머리 아홉 개를 들고 상경하였다. 오안 4년(1371) 5월에 호소카와 우마노스케가 남쪽으로 출진하였다. 8월에 야마나, 이시도, 잇시키, 사사키, 아카마쓰가 남쪽으로 출진하였다. 13일에 남쪽의 남조군이 구스노키의 성채로 공격해왔다. 동생 엣추 좌근대부장감左近大夫將監과 히다 고쿠시飛驒國司 두 명을 비롯하여 백여 명이 어떤 자는 항복하고 어떤 자는 생포되었다고 보고했다.

『앵운기櫻雲記』[27]에 따르면, 겐토쿠 원년(1370)[오안 3년] 11월, 남조의 와다 등이 칙명에 따라 구스노키의 성채를 공격하였다[구스노키 마사노리가 무가 쪽에 항복했기 때문이다]. 호소카와와 요리유키가 대군을 이끌고 구스노키를 도와서 남조군이 패하여 물러갔다. 요리유키는 야마

---

26 1권. 별명 『무가일기武家日記』 『무로마치키室町記』. 무로마치 막부의 문서·기록을 맡은 유희쓰右筆 저서라고 추정된다. 내용은 요시미쓰義滿·요시모치義持·요시카즈義量의 3대에 걸쳐 있다.

27 3권. 저자 불명. 에도江戶 시대 초기의 성립이라 추정된다. 고다이고後醍醐 천황 즉위부터 남조 멸망까지의 일을 남조 측의 성쇠에 시점을 두고 기술한 것.

나 우지키요를 가와치 국에 주류시키고 귀경하였다. 구스노키 마사노리는 남조에 반역하고 무가 쪽에 항복했는데 그 일족은 마사나리나 마사유키正行의 유훈을 지켜 남조에 충성을 다하였다[생각해보건대, 요리유키가 가와치 국에 출진한 것은 『남조기』, 『앵운기』 모두 겐토쿠 원년이라고 쓰여 있다. 다만 달이 다르다. 『남조기』에 따르면, 구스노키가 반역한 것은 보이지 않았다. 『가에이 삼대기』도 『앵운기』도 그것을 적었고 특히 『가에이 삼대기』가 자세하다. 미심쩍다].

오안 4년(1371) 3월에 고엔유後圓融 천황이 즉위하였다[『남조기』에는 오안 7년(1374)이라 되어 있다]. 당시 열네 살이었다. 이때 스코 천황의 제1 황자[요시히토榮仁 친왕]가 지묘인의 정통이었기 때문에 즉위해야 한다고 평의되었는데 요리유키가 고코곤 천황의 제1 황자를 옹립했으므로 스코와 고코곤이 불화하게 되었다고 한다.

오안 5년(1372) 3월에 규슈탄다이九州探題 이마가와 사다요今川貞世 이요伊豫 뉴도, 좌경권대부左京權大夫 오우치 요시히로大內義弘가 지쿠젠 국筑前國의 세부리 산世振山에 진을 쳤다. 기쿠치菊池 비젠노카미備前守, 마쓰라토松浦黨 등이 이를 공격하였다. 이마가와 쪽은 오쿠야마奧山, 이이伊井, 가사데라笠山 등이 토벌되었지만 공격군은 패하여 물러갔다[『왕대일람王代一覽』에는 오안 4년(1371)에 료슌了俊이 규슈에 내려갔다고 되어 있고, 『남조기전』에는 오안 5년(1372)에 내려갔고 그로부터 4년째인 에이와永和 원년(1375)에 기쿠치와 싸웠다고 기록되어 있다].

에이와 4년(1378)[남조 덴주天授 4년]에 아시카가 요시미쓰는 가테이花亭로 옮기고 무로마치 도노室町殿라 칭하였다.

겨울 10월에 남조의 조케이長慶 천황이 히고노카미肥後守 가라하시 쓰네야스唐橋經泰에게 명하여 병력을 모아 야마토 국, 기이 국에서 거병하였다. 요시미쓰는 도지東寺에 진을 치고 호소카와 요리유키, 요리모토賴元, 야마나, 아카마쓰에게 명하여 하치만 산八幡山을 함락시

컸다. 구스노키는 지하야千劍破에 웅거하며 패전한 병사들을 모으고, 이즈미노카미和泉守 와다 마사타케和田正武는 쓰치마루 성土丸城에 웅거하여 싸웠지만 힘이 떨어져 성이 함락되었다. 요리유키는 이즈미 국, 수리대부修理大夫 야마나 요시마사山名義理는 기이 국 슈고직을 받았다. 고랴쿠康曆 원년[텐주 5년](1379) 6월, 우효에노카미右兵衛督 시바 요시마사斯波義將가 관령이 되었고 호소카와 요리유키는 아와 국阿波國으로 돌아갔다[『왕대기王代記』에는, 오안 4년(1371) 5월에 단바 국 야마구니山國로 물러났다고 쓰여 있다. 이 해부터 세어 9년 전의 일이다. 또 이때 도성 안에 소동이 있어서 호소카와 요리유키를 시코쿠로 쫓아내고 요리모토賴元 등은 장군의 분노를 샀다고도 한다. 이해 9월에 요리유키를 토벌하라는 교서가 내려졌지만 사면받아 시코쿠를 내려주셨다고 되어 있다].

고랴쿠 2년(1380) 5월 16일에 시모우사 국下總國 모하라裳原의 시모 쓰케노카미 오야마 요시마사小山義政가 우마노카미右馬頭 우쓰노미야 모토쓰나와 싸워 모토쓰나가 전사하였다. 이듬해 가마쿠라의 우지미쓰가 오야마를 공격하였다. 이 일로 시나노 국의 남조 측이 모두 등을 돌리고 고사카 다카무네高坂高宗만이 남조 측에 남았다. 무네요시 친왕은 남쪽으로 도주하여 가와치 국 야마다山田에 살며 『신엽집新葉集』을 편찬하였다.

에이토쿠永德 원년(1381)[남조 고와弘和 원년]에 우지미쓰는 12개국의 병력을 모아 아와노카미安房守 우에스기 노리카타上杉憲方를 대장으로 삼아 오야마를 공격하였다. 우지미쓰는 무사시 국 부중에 진을 쳤다. 9월, 오야마 요시마사는 항복했고 결국 살해되었다.

에이토쿠 2년(1382) 윤정월에 남조군이 봉기하였고 구스노키는 이즈미 국 쓰치마루 성에서 농성하였다. 야마나 요시마사가 공격하였다. 우마노스케右馬助 야마나 우지요리山名氏賴가 전사했으므로 쓰치마루 성과 기이 국[28]의 후지시로 성藤代城이 함락되고 구스노키 일족

6명과 가신 140명이 토벌되었다. 야마나 우지키요가 쓰치마루를 수비하고 야마나 요시마사가 후지시로를 지켰다.

이해 12월에 고코마쓰後小松 천황이 즉위하였다[6세. 고엔유 천황의 황태자].

에이토쿠 3년 정월에 도카노세치에踏歌節會에 아시카가 요시미쓰가 나이벤內辨[29]이 되었다[이때 종1위 좌대신 우대장右大將]. 16일에 쇼가쿠인獎學院과 준나인淳和院 양원의 벳토別當에 취임하고 우지초자氏長者가 되었다[양원 벳토와 우지초자는 도바鳥羽 천황의 칙명에 의해 공가의 고가久我 씨가 대대로 임명되어 왔는데 이후 무가가 서로 계승하였다]. 6월에 준삼후准三后.

시토쿠至德 2년(1385)[남조 겐추元中 2년] 6월, 간토의 남조 측인 오야마 와카이누마루小山若犬丸가 고가古河에서 싸워 패하였다.

가케이嘉慶 2년(1388)[남조 겐추 5년] 봄 요시미쓰는 고야 산高野山에 참배하였다. 이때 기이 국에는 남조군이 많아서 만일 봉기하면 정벌하려는 것이었다. 구스노키 마사히데楠木正秀의 군대가 가와치 국까지 진출했지만 야마나 우지키요에게 격파되었다. 7월에 간토의 남조 측인 오다 등[30]이 시모즈케 국下野國의 오나리 성男體城에 농성하였다. 이 해 가을 요시미쓰는 스루가 국으로 내려가서 가즈사노스케上總介 이마가와 야스노리今川泰範의 저택에서 후지富士 노래를 읊었고, 8월에 귀경하였다.

이달 형부대부刑部大夫 도키 야스유키土岐康行가 동생 이요노카미伊豫守 시마다 미쓰사다島田滿貞와 싸웠다. 그 이유는 지난해 12월에 미노 국의 대선대부大膳大夫 도키 요리야스土岐賴康 뉴도가 죽어서 그의

---

28 원문의 '紀丹'은 '紀伊'의 오류.
29 즉위나 세치에節會 등의 조정 의식 때 궁궐 쇼메이몬承明門 안에서 여러 일을 봉행하던 중요한 역할. 대신大臣이 임명되었다.
30 원문의 '小田原'은 '小田等'의 오류.

아들 야스유키가 미노·오와리·이세 국의 슈고에 임명되었고, 미쓰사다는 형의 대관代官으로서 수도에 있었는데 총령總領[31]이 되려고 도모하여 요시미쓰에게 진정한 것이다.

"사촌아우인 궁내소보宮內少輔 아키나오詮直가 모반을 꾀하고 있으며 야스유키는 그의 장인이어서 한패입니다. 저도 연좌로 처벌될 것이라 생각해서 이에 알립니다"라고 말하였으므로 요시미쓰는 즉시 아키나오와 의절하고 미쓰사다에게 오와리 국을 주었다. 미쓰사다가 오와리로 가려던 참에 아키나오가 구로다구치黑田口에서 오기를 기다려 교전하였다. 야스유키는 군대를 보내어 아키나오를 도왔다. 요시미쓰는 사정을 듣고 야스유키의 사촌아우인 좌경대부左京大夫 도키 요리마스土岐賴益에게 명하여 야스유키를 토벌하게 하고 이듬해 고오康應 원년[남조 겐추 6년]1389 2월에 대군을 보냈다. 야스유키는 도망갔고, 요리마스는 미노 국의 슈고직을, 시바 요시시게斯波義重는 오와리 국을, 잇시키 아키노리一色詮範는 이세 국을 받았다.

고오 원년(1389) 3월 4일에 요시미쓰는 규슈로 향하였다. 이는 진서鎭西의 미야宮 야스나리泰成 친왕과 비젠노카미備前守 기쿠치를 치기 위해서였다. 단조쇼히쓰彈正少弼[32] 우에스기 도모후사上杉朝房에게 교토를 지키게 하고, 야마나 요시마사 형제와 하타케야마 모토쿠니畠山基國에게 남쪽을 진압하여 평정하게 하였으며, 잇시키 아키노리와 닛키 미쓰나가仁木滿長에게는 이세 고쿠시伊勢國司 우대장 기타바타케 아키야스北畠顯泰를 진압하여 평정시켰다[이 이전에 고쿠시는 이가·이세 두 국의 몇 개 군郡을 쳐서 복종시켰다]. 호소카와, 다케다, 오가사와라小笠, 우쓰노미야는 이요 국으로 가서 도이, 도쿠노, 가나이金居, 다케치高市, 무라카미村上와 싸워서 이겼고 형부대보刑部大輔 고노 미치나오河野通直

---

31 가독家督을 계승하는 아들.
32 원문의 '禪正少弼'은 '彈正少弼'의 오류.

는 토벌되었으므로 제군은 빗추 국 미즈시마水島로 향하였다.

4월에 비젠노카미 기쿠치가 나가토 국에 출진하여 싸웠으나 패하였다. 7월부터 8월에 걸쳐 큰비가 내렸다. 9월에는 기쿠치가 항복하였고, 호소카와 요리유키 뉴도 조큐常久는 빈고 국에 있으면서 9개국의 정무를 맡았고 10월에 귀경하였다.

[생각해 보건대, 이로부터 16년 전인 오안 7년(1374) 3월에 요시미쓰가 서쪽을 정벌하였다. 호소카와 요리유키, 시바 요시유키斯波義將, 하타케야마 요시타케畠山義深, 닛키, 이마가와今川, 도키土岐, 사사키 등 다이묘 39명, 병력 10만 기였으며, 야마나 모로우지, 아카마쓰 일족이 선진을 맡았다. 4월에 요시미쓰는 아키 국에, 선진은 나가토 국에 도착하였다. 기쿠치와 싸워서 선진은 패했지만 사누키노카미 호소카와 요시유키細川義之의 시코쿠 병력이 계속해서 공격했기 때문에 시마즈島津와 이토伊東가 항복하고 기쿠치도 격파되었으며 장군 미야를 데리고 다자이후大宰府에 진을 쳤다. 하라다原田와 아키즈키秋月 등이 전부 배신하였다. 기쿠치는 지쿠고 국筑後國의 고라 산高良山에 진을 쳤다. 요시미쓰가 다자이후에 도착하였고, 호소카와, 야마나, 아카마쓰는 기쿠치와 누차 싸워 기쿠치는 항복하고 히고로 돌아갔다. 요시미쓰는 휴가 국을 이토에게, 지쿠젠·히젠肥前 두 국을 쇼니에게, 분고 국豊後國을 오토모大友에게, 나가토·부젠豊前 두 국을 오우치 요시히로에게 주었다. 지쿠고·히고·히젠에는 기쿠치의 군대가 도처에 성을 쌓고 지키고 있었다. 요시미쓰는 10월에 귀경하였다고 한다].

이해(1389) 봄 가마쿠라에 미노 국의 병란 소식이 전해져서 우에스기 노리카타 뉴도 도고道合가 3월 10일에 이즈 국 미시마三島까지 출진하였다. 도키 야스유키가 도망쳤다고 듣고 미시마에 체재하였다.

이 무렵에는 이유가 있어서 아시카가 우지미쓰는 장군과 불화하고 있었다. 우지미쓰는 동국에서 11개국을 복종시킨 위세가 있었다. 그는 요시미쓰의 정치로 천하 사람들이 고통받고 있기 때문에 장군을 쓰러뜨려 천하의 근심 고통을 구하려고 하여 상경할 뜻을 품고 있었다. 요시미쓰가 형부대보 우에스기 노리하루上杉憲春에게 서면을 주었기 때문에 노리하루는 자주 우지미쓰에게 충고했지만 우지미쓰는 받아들이지 않았다. 노리하루는 이 이상 말하기 거북하여 자살하였다. 우지미쓰는 그의 뜻에 감동하여 상경을 단념하였다. 5월에 나카쓰카사中務 우에스기 도모무네上杉朝宗 뉴도 젠조禪助는 시모쓰케 국으로 향하였고 오나리 성을 함락시켰다.

동서에서 이와 같았기 때문에 남조군의 세력은 쇠퇴하였고 가까운 국 중에는 가와치 국에 와다・구스노키・하시모토橋本・후쿠즈카福塚・우사미宇佐美・진구지神宮寺・야오八尾 등, 기이 국에는 유아사湯淺・야마모토山本・온치恩地・니에카와贄川・기시貴志・노카미野上, 야마토 국에는 미와三輪・마키眞木・우노宇野・사카베酒邊・사와佐和・아키야마秋山 등이 겨우 남아 있었다. 이세 고쿠시伊勢國司는 아직 세력이 쇠퇴하지 않았다. 이세 국・야마토 국[우다 군多郡]・이가 국[나바리 군名張郡]・시마 국[2군] 등을 영유하였다.

메이토쿠明德 원년(1390)[남조 겐추 7년] 봄에 야마나, 하타케야마, 와다, 구스노키가 가와치 국의 오치아이落合에서 접전했는데 구스노키가 패하였다. 대선대부 도키 야스유키가 죄를 용서받았다.

무쓰노카미陸奧守 야마나 우지키요와 하리마노카미 야마나 미쓰유키山名滿幸로 하여금 이요노카미 야마나 도키나가山名時長, 궁내소보 야마나 도키히로山名時熙, 우마노카미 야마나 우지유키山名氏幸를 토벌하게 하였다. 이는 지난해 규슈에 출진했을 때 고故 이요노카미 도키요시時義가 다지마 국 호리자키堀崎에 있으면서 명령에 거역했으므로 토벌하려고 생각했으나 규슈로 출진하는 도중이기도 하여 거기에는 미치지 못했는데 5월 5일에 도키요시가 사망하였다. 그런데 그의 아들들은 여전히 과분한 행동을 계속하고 있었을 뿐 아니라 아버지와 할아버지가 범한 죄는 자손에 대갚음되어야 한다고 하여 우지키요 등에게 토벌대의 명령을 내린 것이다. 우지키요는, "한 집안의 사람을 토멸하는 것은 전적으로 야마나 집안 쇠퇴의 원인이 됩니다. 그렇기는 하지만 윗분의 뜻이라면 거절할 이유도 없습니다. 서둘러 달려가 토벌하겠습니다. 다만 그들 쪽에서도 할 말이 있을 터이니 그때 허락을 받는다면 나 자신은 나가기 전에 교훈으로 삼고 교토에 불러들이고 싶습니다. 그러나 아무리 아뢰어도 오랫동안 허락이 나지 않는다면 하루라도 빨리 나가겠습니다"라고 말했지만, "그들이 위의 뜻에 거역해서 토벌대를 내보내는 것이니 아무리 탄원해도 인정할 수 없다. 즉시 출진하라"라는 대답이었다. 우지키요는 이제 어쩔 수가 없다고 단념하고 출진하였다. 우지나가는 토벌되고, 도키히로와 우지유키는 도망쳤다. 우지키요는 다지마 국을 하사받았고, 미쓰유키는 호키 국을 쳐서 복종시켜서 오키 국隱岐國을 함께 하사받았다.

호소카와 조큐細川常久는 시코쿠에서 건너가서 빗추 국을 쳐서 평정하고 메이토쿠 2년(1391) 6월에 상경하여 재차 관령에 취임하였다[일설에 따르면, 요리유키의 동생으로 양자였던 요리모토賴元가 관령이 되었다고도 한다].

10월에 호소카와 조큐가 "야마나 우지키요의 우지宇治 별장에서 단풍을 감상하심이 어떠십니까" 하고 요시미쓰에게 권했으므로 11일에 출발하기로 하였다. 이 무렵 도키히로와 우지유키가 탄원하고 있었기 때문에 우지에서 그들의 죄를 용서하고 우지키요와 화해시키려는 생각이라고 우지키요의 조카이며 사위이기도 한 미쓰유키가 알려왔다. 우지키요는 갑자기 병이 났다고 하며 요도淀에 머문 채 우지에는 가지 않았다. 요시미쓰는 헛되이 우지에서 돌아왔다.

11월에 미쓰유키의 이즈모 국 슈고직이 정지되었다. 이는 미쓰유키가 센토仙洞의 영지를 횡령한 죄에 기인한 것이다. 도키히로와 우지유키의 죄는 용서받았다.

우지키요는 남조의 고카메야마 천황에게 교토 공격을 요청하고 니시키노미하타錦御旗를 하사받았다. 요시미쓰는 우지키요를 불러들였다. 우지키요는 죄가 없다고 적은 고문告文을 바쳤다.

12월 23일, 궁내소보 야마나 우지후유山名氏冬는 교토를 떠났다. 24일, 야마나 요시타다山名義理를 불러들였으나 응하지 않았다. 우지키요는 하치만 산에 진을 쳤고, 요시미쓰가 제장을 소집하였다. 29일에 우지키요는 요도에 진출하였고 미쓰유키는 다니노도谷堂에 진을 쳤다. 초하룻날 우지키요와 미쓰유키가 교토에 쳐들어갔으나 패하였고 우지키요는 토벌되었다[48세]. 미쓰유키와 우지키요의 아들 사마노스케左馬助 도키키요時淸와 민부소보民部少輔 미쓰우지滿氏는 도주하였다[33][야마나 군은 879명이 토벌되었고, 아군은 160명이 죽었다. 『메이토쿠키明德記』[34]에는 야마나의 아들 미야타宮田 사마노스케左馬助의 2남 시치로七郎라 되어 있다].

생각해 보건대, 『난태평기難太平記』에 따르면, "수리대부 야마나 도키우지는 늘 '우리 자손은 의심할 여지없이 조정의 적이 될 것이다. 왜냐하면, 나는 겐무建武 이후는 당대의 덕분에 인간답게 되었지만 겐코元弘 이전에는 그저 백성과 같아서 고즈케 국의 야마이치山市라고 하는 곳에서 살고 있었기 때문에 세상살이의 슬픔도 자신의 분수도 뼈저리게 느꼈다. 또 전쟁의 고생스러움도 다 알아버렸

---

33 1391년 야마나 우지키요山名氏淸와 미쓰유키滿幸가 일으킨 반란으로 이를 메이토쿠明德의 난이라 한다. 야마나 우지키요는 일족이 11국의 슈고守護 직을 가진 슈고 다이묘守護大名로 강대한 세력을 가지고 있었다. 야마나가에서 상속 싸움이 일어나자 무로마치 막부 3대 장군 아시카가 요시미쓰足利義滿는 이를 이용하여 서자계인 우지키요・미쓰유키에게 적자계인 도키히로市熙・우지유키氏幸를 치게 했다. 장군 요시미쓰의 교묘한 일족 분리 정책에 빠진 우지키요는 1391년 군사를 일으켜 교토에 들어갔다. 막부는 호소카와細川・하타케야마畠山・오우치大內 씨의 군사를 모아서 싸워 우지키요는 전사하고 미쓰유키는 도망갔다. 난이 끝난 뒤 야마나 일족의 분국은 논공행상으로 다른 슈고들에게 나누어 주었다. 결국 야마나 씨는 3국의 슈고로 축소됐다.
34 3권. 작자, 성립연대 미상. 메이토쿠明德의 난의 경과를 기술한 것.

다. 따라서 당대의 은혜가 감사함도 알고 세간의 동정도 분별하였지만 지금 자칫 소홀하게 생각되어 사람도 천하게 생각하게 된 것을 고려하면 그것은 잘 알 수 있다. 어린아이가 군주의 은혜도 부모의 은혜도 알지 못하고 자신의 일을 제일로 쳐서 그저 과분하게 되고 제멋대로 지내게 될 터여서 분명 의심을 끼치게 될 것이다'라고 자식들이 듣는 데서 이야기하였다. 그 말처럼 되었으니 예전 사람들은 이 같은 장래 예측을 알고 있었던 듯하다. 그렇다면 이 사람은 문맹이었는데도 좋은 말을 한 것이다"라고 쓰여 있다.

메이토쿠 3년(1392)[남조 겐추 9년] 정월 4일에 야마나의 영지가 이번 전공자들에게 배분되었다. 야마시로 국山城國을 하타케야마 모토쿠니, 단바 국을 호소카와 요리유키, 단고 국을 잇시키 미쓰노리一色滿範, 미마사카 국을 아카마쓰 요시노리赤松義則, 이즈미·기이 두 국을 오우치 요시히로, 이즈모·오키 두 국을 사사키 다카노리佐佐木高範, 다지마 국을 야마나 도키히로, 호키 국을 야마나 우지유키, 와카사 국 이마토미노쇼今富莊를 잇시키 아키노리에게 각각 주었다.

야마나의 난을 통보받고 가마쿠라의 아시카가 우지미쓰는 정월 4일에 출진하였으나 평정되었다는 소식을 듣고 가마쿠라로 돌아갔다. 무쓰·데와出羽 두 국의 고쿠시에는 우지미쓰가 임명되었다. 2월에 오우치 요시히로는 기이 국에 출진하여 야마나 요시타다를 공격하고, 이즈미 국의 아메야마雨山·쓰치마루土丸 등의 성을 공략하였다. 18일에 야마나 미쓰유키가 이나바 국 아오야노쇼青屋莊에서 출가하였다. 25일에 요시타다가 후지시로 성을 탈출하였다. 26일에 중무대보中務大輔 야마나 우지후유가 항복하였다. 28일에 요시타다 부자 세 사람이 출가하여 이세 국으로 도주하였다.

3월 2일에 무사시노카미 호소카와 요리유키 뉴도 조큐常久가 졸하였다[64세]. 가신 미시마三島 뉴도 조톤常頓이 순사하였다.

6월에 우지키요에게 속했던 무리가 지하야에서 농성하며 하타케야마 뉴도와 싸워서 패하였다.

10월에 오우치 요시히로가 남조와 통하여, "지묘인 계통과 다이카쿠지 계통이 교대로 치세하셔야 합니다. 우선 화해하셔서 삼종의 신기를 북조에 건네주시고 남조의 태자를 동궁에 세우기로 합시다"라고 양조의 화해를 진언하였다. 조건도 갖추어져서 15일에 합체하고, 12월 2일에 남조의 고카메야마 천황과 황태자[오쿠라 도노小倉殿라고도 하고 사가 도노嵯峨殿라고도 한다]가 귀경하여 다이카쿠지도노大覺寺殿에 들어갔다. 공가, 무가의 신하가 수행하였고, 3일에는 신기가 궁전으로 들어갔으며 남조의 고카메야마 천황에게 태상천황의 존호가 진상되고 태자 유타나리寬成가 동궁에 세워졌다. 요시노의 영지는 전부터 내려오는 대로였다[요시노吉野의 도쓰가와十津川]. **남조의 새 천황은 삭발하고 출가하였다.**

엔겐 2년(1337)부터 이해까지 56년 만에 남북조가 통일된 것이다[35][이세 고쿠시伊勢國司 기타바타케 아키야스도 영지는 원래대로였다. 생각해 보건대, 이 무렵 하타케야마는 가와치를 영유하고 지하야를 공략했으므로 구스노키 마사카쓰楠木正勝는 도쓰가와十津川 부근을 유랑하였고 그의 동생 마사모토正元는 교토에 잠입하여 장군을 노렸지만 발각되어 살해되었다. 남조 측은 점차 쇠퇴하여 이즈미·가와치 국의 와다나 구스노키 일족 중에는 하타케야마나 오우치의 가신이 되는 자가 많았기 때문에 남북 양조의 화해가 실현된 것이라고 한다].

---

35 1392년 무로마치 막부 3대 장군 아시카가 요시미쓰足利義滿의 주도로 남조의 고카메야마後龜山 천황이 교토로 환행하여 북조의 고코마쓰後小松 천황에게 양위하는 형태로 남북조 합일이 실현되었다. 화합의 조건으로 남조가 가지고 있던 3종의 신기神器를 고코마쓰 천황에게 양도하고 양조가 교대로 황위를 계승할 것을 정했다. 그러나 이 조건은 실행되지 않았고 남조측의 황손이나 유신들은 각지에서 분쟁을 일으켰다.

무로마치 막부의 역대 장군[1]

오에이應永 2년(1395) 닛타新田 쪽인 오야마 와카이누마루小山若犬丸를 치기 위해 가마쿠라의 아시카가 우지미쓰足利氏満가 2월 28일에 고가古河에 도착했고, 오야마는 싸워서 패하였다. 3월에는 야마나 미쓰유키山名満幸가 토벌되었다. 출가해 있었지만 메이토쿠明徳의 난의 장본인이었기 때문에 용서받지 못하였다.

오에이 3년(1396) 봄에 수리대부修理大夫 오토모 지카요大友親世가 우마노카미右馬頭 요시히로 우지사토吉弘氏郷를 살해하였으므로 오토모는 교토에 소환되어 칩거하게 하였다. 오가사와라 나가히데小笠原長秀, 이마가와 노리타다今川範忠, 이세 사다유키伊勢貞行에게 명하여 무가의식을 제정하였다[생각해 보건대,『왕대기王代記』에는 이 해에 이마가와 사다요今川貞世의 관직이 정지되었다고 쓰여 있지만,『난태평기難太平記』에는 오토모가 방면

---

1 무로마치 막부 쇼군 계보도

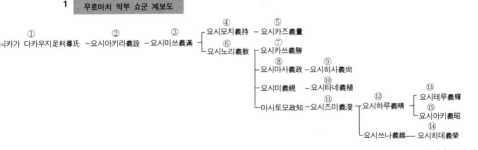

①
시카가 다카우지足利尊氏 ―②요시아키라義詮 ―③요시미쓰義満 ┬ ④요시모치義持 ― ⑤요시카즈義量
└ ⑥요시노리義教 ┬ ⑦요시쓰義勝
├ ⑧요시마사義政 ― ⑨요시히사義尚
├ ⑩요시미義視 ― 요시타네義稙
└ 마사토모政知 ― 요시즈미義澄 ― ⑫요시하루義晴 ┬ ⑬요시테루義輝
├ ⑮요시아키義昭
└ 요시쓰나義維 ― ⑭요시히데義栄

※ 숫자는 쇼군 대수

된 뒤 오우치大內의 방편에 의해 사다요가 해임되었다고 되어 있다. 그렇다면 오에이 4년(1397) 겨울이거나 5년(1398)의 일일 것이다].

오에이 4년(1397) 가을 쇼니少貳 뉴도入道 소칸宗間, 기쿠치 히젠노카미肥前守의 군대가 봉기하였고 지바千葉와 오무라大村가 이에 가담하였다. 오우치 요시히로大內義弘 및 그의 동생 이요노카미伊豫守 히로카쓰弘勝와 로쿠로 모리미六郎盛見가 그들을 토벌하였다. 이요노카미는 전사하였다. 겨울 11월에 오토모는 용서받고 귀국하였다[일설에 따르면, 오우치 요시히로가 공을 자랑하며 교만했기 때문에 쇼니와 기쿠치가 비밀 명령을 받고 오우치를 속였다고 한다. 오우치의 역모가 여기에서 나왔다고 하는 것은 맞지 않다].

오에이 5년(1398) 5월 8일에 하타케야마 모토쿠니畠山基國가 관령管領이 되었다[법명은 도쿠겐德元]. 무가武家는 3직職 7두頭[2]를 정하였다. 3직은 시바斯波, 호소카와細川, 하타케야마[집사執事 벳토別當]이며, 7두는 야마나, 잇시키一色, 도키土岐, 아카마쓰赤松, 교고쿠京極, 우에스기上杉, 이세이다. 그중 야마나, 잇시키, 아카마쓰, 교고쿠는 교토부교京都奉行로[사무라이도코로 벳토侍所別當] 이를 4직職이라 한다. 주샤奏者는 이세노카미伊勢守 사다유키貞行이다. 또 다케다武田와 오가사와라 두 사람은 궁마弓馬의 예식부교禮式奉行였다. 또 두 기라吉良, 이마가와, 시부카와澁川는 무샤노토武者頭였다[교고쿠는 사사키 도요佐佐木道譽의 후예이다].

간토關東에서도 이를 모방하여 가마쿠라 관령鎌倉管領을 장군이라고도 어소라고도 부르고, 가신 우에스기를 관령, 지바·오야마·나가누마長沼·유키結城·사타케佐竹·오다小田·우쓰노미야宇都宮·나쓰那須를 하치야카타八屋形[3]라고 하였다.

---

2 삼관령三管領·사직四職으로 알려져 있는 무로마치 막부의 중추기구.

3 무로마치室町 시대에 간토關東 지방에서 야카타屋形 호칭이 허락된 유력한 다이묘大名를 가리킨다.

생각해 보건대, 아시카가 요시미쓰足利義滿가 이를 정한 것은 조정의 고셋케五攝家, 시치세이가七淸華[4]와 같은 것을 모방한 것이라고 한다. 섭관가攝關家의 출현은 황실이 쇠퇴하는 시초이며, 그 집안이 다섯으로 분열한 것은 섭관가가 쇠퇴해 가는 시초였다. 요시미쓰가 그와 같은 쇠미한 시대의 정치를 본받은 것은 참으로 무식해서 행한 일이다. 무가의 쇠퇴도 이로부터 시작되었다.

대체로 이 사람은 교만 방자하여 툭하면 조정의 예법을 가로채고 무지하며 엉터리이고 일의 좋고 나쁨을 생각하지 않고 조상이 남긴 공적을 믿고 뻐기며 집안을 일으켰지만 창업의 전통은 자손에게 전해져 간다는 깊은 사려를 결여한 것은 애석한 일이다.

오에이 6년(1399) 겨울에 오우치 요시히로의 난[5]이 일어났다. 10월 3일에 좌경대부左京大夫 오우치 요시히로는 이즈미 국 사카이堺에 도착하여 히라이 신자에몬平井新左衛門에게 안내를 시켰다.

이 사람이 야심을 품고 있다는 소문이 있어서 쇼렌인靑蓮院의 보칸坊官[6]이었던 이요伊豫 법안을 통해 소환되었지만 "사정이 있어서"라고

---

4 조정에 출사하는 문벌의 하나. 섭관가攝關家에 다음가며 대신가大臣家 위에 위치한다. 대신大臣 대장大將을 겸하여 태정대신太政大臣이 될 수 있는 집안. 고가久我・산조三條・사이온지西園寺・도쿠다이지德大寺・가잔인花山院・오이미카도大炊御門・이마데가와今出川의 일곱 집안을 가리킨다.

5 1399년 오우치 요시히로大內義弘가 막부에 대항하여 일으킨 반란. 오에이應永의 난이라 한다. 요시히로는 규슈를 제압하고, 1391년 메이토쿠明德의 난 때 야마나山名 씨를 토벌하고, 또 남북조 합일을 주선하는 등의 공을 세워 6국 슈고守護를 겸하였다. 또 이마가와 사다요今川貞世가 실각한 뒤 조선과의 무역을 독점해서 최강의 슈고다이묘守護大名가 되었다. 무로마치 막부 3대 장군 아시카가 요시미쓰足利義滿는 유력 슈고의 세력을 억제하려고 메이토쿠의 난의 논공으로 요시히로에게 준 2국 슈고직을 빼앗고 상경할 것을 명했다. 이에 1399년 요시히로는 가마쿠라쿠보鎌倉公方 아시카가 미쓰카네足利滿兼 등과 함께 군사를 일으켜 막부군과 싸웠지만 패하여 전사했다. 막부는 메이토쿠의 난, 오에이의 난에서 승리하여 기초가 확립되면서 전성기를 맞이하였다.

6 주지 집안 등에서 사무를 맡았던 재가 승려. 삭발하고 법의를 입었지만 육

하며 찾아뵙지 않았다. 이즈미 국, 기이 국紀伊國, 쓰쿠시 국筑紫國 및 주코쿠 지방의 병력이 사카이의 성에 넘쳐났다. 남조 측이었던 구스노키 마사히데楠木正秀[지로 사에몬 사마노카미二郎左衛門左馬頭 마사노리正儀의 아들]가 100여 기騎로 달려와 가담하였다. 기쿠치 히젠노카미도 사카이 포구에 도착하였다. 오와리 국尾張國의 궁내소보宮內少輔 도키 아키나오土岐詮直, 스오노카미周防守 이케다 아키마사池田秋政, 고故 야마나山名 무쓰노카미陸奧守의 아들 미쓰우지滿氏도 동의하였다는 소문이었다.

요시미쓰는 젯카이絕海[7] 화상和尙에게 요시히로를 달래게 했으나 요시히로는 응하지 않았다. 11월 8일에 요시미쓰는 도지東寺까지 이르렀으며 14일에는 하치만에 진출하였다. 관령 하타케야마 모토쿠니를 비롯하여 시바·호소카와·야마나 형제·교고쿠·아카마쓰·기라·이시도石堂·요시미吉見·시부카와·잇시키·이마가와·도키·사사키佐佐木·다케다·오가사와라·도가시富樫·고노河野·이세 고쿠시伊勢國司의 병력 합계 3만 기가 이즈미 국으로 향하였다.

29일 오전 6시경부터 싸움이 시작되어 한밤중까지 계속되었는데 힘이 떨어져 쌍방 모두 물러났다. 이때 좌소장左少將 기타바타케 미쓰야스北畠滿泰가 전사하였다. 도키 아키나오와 이케다 아키마사는 오와리 국에서 출진하여 미노 국美濃國에 도착하였는데 미노노카미美濃守 도키 요리마스土岐賴益에게 격파당하여 나가모리 성長森城에서 농성하였다. 야마나 미쓰우지는 단바丹波의 야다쇼八田莊에서 출진하여 [12월 7일] 싸웠다. 12월 28일, 사카이의 성 주위를 태워버리고 쳐들어가서 요시히로는 오와리노카미 하타케야마 미쓰이에畠山滿家에게 격파당하였다. 기쿠치도 패하여 규슈로 도주하였고 구스노키도 패하였다. 요시히로의 아들 오우치 신스케 모치모리大內新介持盛는 항복하였다. 이

식, 대처帶妻하고 대도帶刀가 허락되었다.

7 원문의 '繼海'는 '絕海'의 오류.

후 하타케야마 모토쿠니는 가와치河內·기이 국을 영유하였으며, 호소카와에게 셋쓰攝津·이즈미 국을 하사하였다.

이해 7월에는 가마쿠라의 아시카가 미쓰카네足利滿兼[8]가 모반한다는 소문이 있었다. 11월 21일, 미쓰카네는 무사시 국武藏國의 부중府中에 진출하여 고안지高安寺에 진을 치고 다시 아시카가쇼足利莊로 나아갔다.

해가 바뀌어 오에이 7년(1400) 3월 5일에 아시카가쇼에서부터 가마쿠라로 돌아갔다. 요시미쓰와 화해하도록 중무소보中務少輔 우에스기 도모무네上杉朝宗 뉴도 젠조禪助가 자주 권했기 때문이다『남조기전南朝紀傳』에도 이렇게 기록되어 있다].

『난태평기』에는 다음과 같이 쓰여 있다.

"오우치 요시히로가 이즈미로 공격해 올라갔을 때 우리는 조금도 야심을 갖고 있지 않았다. 하물며 간토[9]에서 한 마디도, 한 통의 서면도 받지 않았다. 다만 오우치가 조치하였는지 여러 방면의 사람들에게 보낸 것과 같은 교서를 지참하고 왔으므로 즉시 어람하게 하였다. 조금도 딴마음 따위는 없었는데, '도오토미 국遠江國에서 아이들이나 하인들이 간토에 마음을 두었기 때문에 사다요가 늦게 뵈러갔다'라고 사람들이 나쁘게 고한 것인지 나를 의심하고 계신다고 은밀히 전해 들었다. '규슈에 그저 혼자서 해적선에라도 태워서 보내라'는 위의 뜻을 미심쩍게 생각하여 영지에 돌아가 은거하고 아이들의 일은 위의 뜻에 따라 처리하기로 하였다. 만일 교토의 도움이 없다면 지금이야말로 천하를 위해서라고 가마쿠라 도노鎌倉殿가 생각한 것은 이 집안의 운이 장구함을 의미하며 만인이 안도하게 되는 것이 아닌가 라고 생각하였다."

---

8 1378~1409. 3대 가마쿠라쿠보鎌倉公方. 우지미쓰氏滿의 아들.
9 2대 가마쿠라쿠보 아시카가 우지미쓰.

"교토에서 도오토미 국으로 토벌대가 향한 것이 확실하다는 소문이 났을 무렵 간토에 대해서도 화해에 대해 우에스기가 엄중하게 말하였다는 것이어서 '그렇다면 가마쿠라 도노가 오직 천하를 위해 결의할 정도의 일은 아니었다'라고 생각한 것이다"

"이번에 가마쿠라 도노가 결의하신 것은 어소의 정도政道가 너무나도 상대 나름이어서 최후에 천하에 유익한 사람이 나타나 천하의 권력을 빼앗으면 이 집안이 망해 버릴 것이라고 슬프게 생각하고 '타인에게 빼앗기는 것보다 그래도 낫다'라고 결심하신 것이다. 다만 천하 만민을 위한 모반이라고 세간에서 들리고 있는 이상에는 어소도 완전히 마음을 바꿔 오로지 선정만을 하리라고까지는 생각하지 않더라도 적어도 요 얼마동안의 과도한 악행과 무도함을 조금은 멈추어 사람들의 탄식을 진정시켜 준다면 어째서 이제 와서 가마쿠라 도노도 모반을 기도하시겠는가. 이렇게까지 사람들에게 원망을 산 상태인데도 운이 좋고 위세도 당당하시니 하물며 정도를 조금만 바르게 한다면 누가 가마쿠라 도노에게 마음을 기울이거나 또 권유하거나 하겠는가. 지금도 두려워서 갖가지 기도도 빈번하게 행하고 간토 조복調伏[10]이라거나 뭐라거나 하는 것을 듣는 일도 조복도 기도도 포기하시고 천하가 천하다운 길을 조금이나마 생각하신다면 특별히 천도天道에도 불신佛神의 마음에도 이내 들어주실 것임에 틀림이 없다고 생각한다."

생각해 보건대, 오우치 요시히로와 아시카가 미쓰카네의 일은 여러 설이 어느 것이나 소상하지 않은 듯하다.

『난태평기』에 따르면, 오우치 요시히로가 거병한 것은 미쓰카네의 분부라고

---

10 기도에 의해 악마, 원수를 항복시킴. 여기서는 간토 관령關東管領을 항복시키도록 하는 것.

칭하고 여러 사람들에게도 미쓰카네의 교서를 내려서 병력을 모은 것임에 틀림없다. 요시히로가 귀국할 때 이마가와 사다요에게 말한 것은 '지금 도성에 있으면서 본 바로는 여러 다이묘나 일족들의 일은 조금도 얄밉게 생각되지 않는다'라고 하였다. 그렇다면 이번에 관령의 직무 따위를 정한 것은 가소롭기도 하고 천하 사람들이 요시미쓰의 정치를 지겹게 생각하고 있던 때이므로 가마쿠라 도노를 주군으로 떠받들자고 말하며 거병한 것임에 틀림없다. 이처럼 오우치가 멸망한 결과 우에스기가 동서의 화해를 조처하여 무사히 결착을 본 것이다.

오에이 9년(1402) 2월에 가마쿠라의 아시카가 미쓰카네의 동생 미쓰사다滿貞는 무쓰의 관령으로서 사사카와 성篠川城으로 향하였다. 이때 대선대부大膳大夫 다테 마사무네伊達政宗 뉴도가 모반하였다. 가마쿠라에서는 우에몬노스케右衛門佐 우에스기 우지노리上杉氏憲가 토벌하러 가서 5월 21일에 싸웠으나 패하였다. 그 후 후원군이 달려왔기 때문에 마사무네는 패하여 9월 5일에 항복하였다.

오에이 10년(1403) 4월 25일에 닛타 요시타카新田義隆[요시하루義治의 아들]가 하코네 산箱根山 속에 숨어 있던 것을 안도 하야토安藤隼人가 소코쿠라노유底倉湯에서 물리쳤다.

오에이 13년(1406) 여름에 대명大明의 사절이 일본에 와서 요시미쓰를 일본국왕에 봉하고 관복 등을 하사하였다.

이에 앞서 에이와永和 초에 젯카이추신絶海中津[11]과 조린료사汝霖良佐를 명에 파견하였다. 두 사람은 명 태조를 회견하고 귀국하였다. 오안應安 6년(1373) 6월에 대명국의 사절로 승려 중유조천仲猷祖闡과 무일극근無逸克勤이 규슈로부터 입경[12]했으므로 사가嵯峨에 체재하게

---

11 1336~1405. 남북조 시대부터 무로마치 시대 전기의 임제종臨濟宗 승려. 무소 소세키夢窓疎石의 법을 이었으며, 명에 유학하였다. 무로마치 막부 3대 장군 아시카가 요시미쓰足利義滿의 귀의를 받고, 도지지等持寺, 쇼코쿠지相國寺의 주지를 역임하였다. 젯카이絶海는 도호道號.

하였다. 이는 대명국에서부터 세 번이나 사절이 파견되어 왔는데도 쓰쿠시 국에서 기쿠치菊池[13]에게 저지되어 입경하지 못하였고 그 때문에 두 승려가 파견된 것이라고 한다. 요시미쓰는 놀라서 두 승려를 같은 해 9월에 귀국시켰다.

오에이 8년(1401)에 요시미쓰는 명 황제에게 사절을 보내어 황금 1천 량兩과 기물 등을 헌상하였다.

오에이 9년(1402) 2월에 혜제惠帝 건문제建文帝가 서면을 보내어 요시미쓰를 일본국왕 도의道義라고 불렀다.

오에이 10년(1403) 11월에 성조成祖 영락제永樂帝가 서면을 보내어 자신이 즉위한 것을 알렸다.

오에이 11년(1404)에도 사절이 일본에 왔다. 이해에 이키壹岐, 쓰시마對馬의 해적이 명나라 부근을 침략한 것을 도의[14]가 붙잡아 평정했으므로 칙서를 보내온 것이다. 그 이래 장군가를 일본국왕에 봉하였다.

오에이 15년(1408) 3월에 고코마쓰後小松 천황이 기타야마도노北山殿[15]에 행행하였다. 도의는 법의를 입고 손에 염주를 쥐고 요시쓰구義嗣를 데리고 문까지 마중 나갔다. 천황은 열흘 남짓 체재하였고 관현管絃,[16] 와카가이和歌會[17]가 개최되었다. 그 순위는 천황이 지은 시가에 이어 사문沙門 도의, 그 다음에 요시쓰구, 그 다음에 관백 후지

---

12 원문의 '入道'는 '入京'의 오류.
13 원문의 '菊地'는 '菊池'의 오류.
14 도의道義는 출가한 아시카가 요시미쓰足利義滿의 호.
15 1224년 교토 북쪽의 기누가사야마衣笠山 산기슭에 사이온지 긴쓰네西園寺 公經가 세운 별장. 1397년 아시카가 요시미쓰가 물려받아 산장을 세웠다. 당시에는 기타야마도노北山殿 또는 기타야마테이北山第라고 불렸으며, 요시미쓰 사후 로쿠온지鹿苑寺, 긴카쿠지金閣寺라고 불렸다.
16 관현은 아악인 당악唐樂을 무용에 맞추지 않고 악기만으로 연주하는 것.
17 일본 고유의 시가인 와카和歌를 지어 서로 피로하는 모임.

와라노 쓰네쓰구藤原經嗣[이치조 ―條]였다. 요시쓰구를 사마노카미左馬頭에 임명하고 정5위하에 서임하였으며 또 종4위하로 올리고 좌중장左中將로 삼았다. 이번에 요시모치義持는 교토에서 루스이留守居를 하고 있었다[당시 종1위 대납언大納言이었다. 일설에는 이 모임은 오로지 요시쓰구의 명성을 높이기 위한 것이었다고 한다].

4월에 좌대신左大臣 고노에 요시쓰구近衛良嗣가 관백關白에 취임하고 이름을 다다쓰구忠嗣라고 고쳤다. 이는 요시쓰구의 이름과 음이 같은 것을 피하기 위해서였을 것이다. 같은 달에 요시쓰구는 궁궐에서 관례를 올렸는데 그 의식은 친왕의 경우에 준하였다. 참의參議 종3위가 되었다. 중장中將은 원래대로였다[이때 15세].

5월에 전 정이대장군 태정대신太政大臣 종1위 준삼후准三后 아시카가 요시미쓰 뉴도 도의가 훙서하였다[51세]. 태상천황의 존호를 추증하였다[요시모치는 이것을 굳게 사양하고 받지 않았다고 한다]. 12월에 대명국의 성조成祖가 요시모치에게 위문 서한을 보내어 도의를 조문하고 제문을 짓고 시호를 공헌왕恭獻王이라 하였다.

생각해 보건대, 요시미쓰는 어린 나이에 할아버지와 아버지의 뒤를 계승하고 남으로 서로 출정하여 마침내 남북조를 통일하였으며 직접 서쪽으로 출진하여 진서鎭西를 평정하였다. 황실을 중히 여기며 무가의 예식을 제정하였다. 무로마치 장군가는 그의 시대에 최전성기를 보였다.

그렇지만 천하의 사람들은 그저 그의 위력에 복종했을 뿐으로 그의 덕은 칭송하지 않았다. 이 때문에 가까운 일족인 가마쿠라의 우지미쓰나 미쓰카네는 늘 천하를 차지하려는 의지가 있었으며, 야마나나 오우치의 난은 천하를 위기에 몰아넣었다. 결국 그들을 토멸한 것은 하늘이 도왔다고 말할 수 있다. 도키 야스유키土岐康行, 야마나 도키요시山名時義의 자식들을 참소하는 사람들의 말대로 무턱대고 모반인이라 지칭하여 그들을 토벌하였다. 그래서 천하의 사람들도 안심하지 못하였고 야마나·오우치의 난도 발생한 것이다.

그렇기는 하지만 아직까지도 뛰어난 아시카가 장군의 예로서 이 사람을 칭송하는 데에는 이유가 있다.

첫째로는 이 사람 시대에 남북 양조가 일단 통일하였으므로 후세 사람들은 그의 무위武威를 칭송한다.

둘째로는 이 사람이 태정대신까지 올라가고 사후 태상천황의 존호까지 추증되었으므로 무가의 영광이 생겨난 것이 여기에서 시작된 것을 칭송한다.

셋째로는 일본뿐만 아니라 대명국의 황제가 일본국왕으로 봉하고 존경하여 그 명예가 외국에 미쳤다.

넷째로는 무가의 예식을 제정하여 오랫동안 막부의 선례가 되었다.

다섯째로는 3직 7두를 제정하여 공로자에게 많은 영지를 배분해 주었으므로 그의 은혜가 넓음을 칭송한다.

하지만 이른바 남북 양조의 통일도 참된 통일은 아니다. 만일 그 맹약대로 지묘인 도노持明院殿와 다이카쿠지 도노大覺寺殿의 자손을 교대로 즉위하게 하였다면 그 후의 혼란도 없었을 것임에 틀림없다. 그러나 그저 그 자리를 피하는 사기의 모책에서 나온 것이어서 결국 약속대로 되지 않은 것은 그의 신용을 잃게 하였다. 천하의 주인인 자가 성실하지 않으면 도대체 무엇으로써 칭송할 수 있을까.

또 태정대신에 올라가고 일본국왕에 봉해진 것도 평범한 사람이 자신의 공로에 의해 관위를 올라가는 것이야말로 진정한 광영이라고 말할 수 있을 것이다. 당시 이 사람의 권세를 가지고 하면 무엇을 바라더라도 생각대로 되지 않는 것은 없었다. 그래서 세간에서 구전되는 바로는 이 사람이 서른일곱 살 때 이 관위를 바랐지만 "다이라노 기요모리平清盛 외에는 무가에서 이 관위에 임명된 예가 없다"라고 문제가 된 것을 몹시 화를 내며 "그렇다면 공가의 영지를 억제하여 직접 국왕이 되고 호소카와와 하타케야마를 섭관가攝關家, 세이가清華에 준하게 하겠다"라고 기도했으므로 결국 천황의 허락이 내려졌다고도 한다. 공자의 말에 "명실상부하지 않으면 말이 잘 전달되지 못하고 말이 순조롭게 전달되지 못하면 모든 일이 이루어지지 못한다"라고 하고 또 "이름을 붙일 때는 반드시 말로 표현되어야 하고 말로 표현하였다면 반드시 행동으로 옮겨야 한다. 군자는 자기가 한 말에 대해 절대 책임을 져야 한다"라고도 말하였다. 이른바 대신大臣이란 인신人臣이며 군주에 출사하는 관직이다. 관직이 있으면 반드시 직장職掌이 있다. 이를 "이름을 붙일 때는 반드시 말로 표현되어야 하고 말로 표현하였다면 반드시 행동으로 옮겨야 한다"라고 말한 것이다.

왕조는 이미 쇠퇴하여 무가가 천하를 다스리고 천황을 세워 세상의 공주共主[18]로 한 이후는 명목은 인신이더라도 실질은 그 명목에 반한다. 자신은 왕이 수여한 관직을 받으면서도 왕의 사업에는 따르지 않으면서 자신을 섬기는 자에게는 자신에게 복종하라고 명령해보았댔자 아랫사람이 어떻게 그에게 심복하겠는가. 더구나 자신이 받은 것은 왕이 수여한 관직이다. 자기 신하가 받은 것도 왕이 수여한 관직이다. 군신이 모두 왕이 수여한 관직을 받은 이상은 실질은 주군과 신하이더라도 명목은 모두 왕의 신하인 것이다. 그렇다면 그의 신하가 어떻게 그를 존경하겠는가.

요시미쓰 대에 반역하는 신하가 항상 끊이지 않았던 것은 그의 인덕이 미치지 못한 데에 기인하겠지만, 동시에 또 군주를 존경하는 본심이 없었던 데에 기인한다. 게다가 인신의 몸임에도 불구하고 왕조의 신하를 곁에 두고 부리며 이를 짓킨昵近이라고 이름 붙이고 고케라이御家禮로 삼았다고 하더라도 아랫사람이 윗사람으로부터 훔쳤다고 하는 죄는 어떻게 만대의 비난을 면할 수 있겠는가. 세상의 모습이 이미 변했기 때문에 그 변화에 따라 일대의 예식을 제정해야 할 것이다. 이는 즉 변화에 통한다는 의미인 것이다. 만일 그가 불학무술不學無術이 아니라 이때에 중국이나 일본 고금의 사제事制를 연구하여 그 지위의 명칭을 확정하고 천황 다음에 자리하며 조정의 공경대부 이외는 60여 국의 인민 모두가 자기 신하가 되는 제도를 만들었다면 지금의 시대가 되어서도 사용할 가치가 있을 것이다.

또 무가의 예식을 정한 것 등은 한漢 왕조 시대의 예식도 숙손통叔孫通[19][20]이

---

18 권1의 주 11 참조.

19 난외 두주 원문에는 '通' 자가 없어서 이를 보충하였다.

20 생몰년 미상. 중국 전한前漢의 유학자. 호는 직사군稷嗣君. 설薛나라 사람. 한의 고조高祖와 혜제惠帝에 출사하여 한의 여러 의법儀法을 제정하였다.

논한 바와 같으므로 새삼스럽게 논할 필요도 없다. 3직7두의 제정은 폐해가 있는 정책이다. 이는 결국 윗사람으로부터 훔치는 신하를 배출시키는 원인이 되었으며 이 사람의 자손이 그 때문에 입장이 약화된 것은 세간에서 아는 바와 같다.

공이 있는 자에게 많은 영지를 분배한 것은 세간이 칭송하는 한 가지 일이며 국가를 지배하려는 자가 가장 염려하는 바이다. 근대에도 도요토미豊臣 다이코太閤를 지금에 이르기까지 사람들이 칭찬하고 있는 것은 오직 이 한 가지 일이다. 옛날 사람이 사赦를 논하고 "소인에게는 다행이지만 군자에게는 불행이다"라고 말하였다. 이것도 또한 그것과 마찬가지이다. "소인은 이익을 탐하고 안락한 위치에 연연하는" 것이 습관이기 때문에 어떻게 해서든 녹을 많이 받고 집안도 부유해지기를 바라는 것이 세상사이다. 그러나 겨우 60여 개국의 토지를 10개국, 5개국, 7개국씩 합쳐서 영유했기 때문에 다른 공로자에게 주어야 할 토지가 없어지게 되고 장군 아시카가 요시마사足利義政 대가 되고나서부터는 도검이나 서화 기물에 값을 정하여 그것을 영토 대신에 상으로 주었다. 천하 사람들이 어찌 이욕利慾으로 치우지지 않겠는가.

이처럼 깊은 사려가 없는데 어찌 칭송을 받을 가치가 있겠는가. 도요토미 다이코도 66개국을 죄다 배분하여 어쩔 수 없게 되자 조선도 탈취하려고 생각해냈고 결국에는 세상의 혼란을 일으켰으며 그 집안도 망해 버렸다.

더구나 요시미쓰는 어린 아들 요시쓰구를 사랑하고 장남 요시모치를 미워하여 자기가 죽은 지 얼마 안 되어 그 사랑하는 아이를 비명횡사하게 하였다.[21] 어처구니없는 일이다. 대체로 이 사람은 교만한 성질로 신의가 없는 사람이었다. 그의 대에 살았던 이마가와 사다요 뉴도가 논평한 것은 그의 병근病根을 찌른 것이다.

아시카가 요시모치[22]는 오에이 원년(1394) 12월에 아홉 살로 관례

---

21 우이스기 젠슈上杉禪秀의 난.
22 1386~1428. 무로마치 막부 4대 장군. 1394년에 아홉 살로 관례를 올리고 정5위하 좌중장左中將에 서임되어 장군 센게宣下를 받았다. 정무의 실권은 여전히 아버지 요시미쓰義滿가 장악하고 있었고 더욱이 요시미쓰 만년에 이복동생 요시쓰구義嗣를 편애하였기 때문에 요시쓰구와 대립하는 감정이

를 올리고 정5위하 좌중장이 되었고 아버지 요시미쓰로부터 정이대
장군征夷大將軍직을 물려받았으며, 스물세 살 때 도의가 훙서하고 나
서는 직접 정치를 하게 되었다. 치세는 21년이다.

오에이 17년(1410)에 가마쿠라의 아시카가 미쓰카네가 졸卒하였다
[34세. 일설에는 26세라고도 한다]. 그의 아들 모치우지持氏[23]가 계승하였
다.

이달에 닛타 사다카타新田貞方[요시무네義宗의 아들]를 붙잡아서 사무라
이도코로侍所의 지바노스케千葉介에게 명하여 시치리가하마七里ガ濱에
서 베어 죽이게 하였다.

오에이 18년(1411) 7월에 히다 고쿠시飛驒國司 참의 아네가코지 다
다쓰나姉小路尹綱를 가가노카미加賀守 교고쿠 다카카즈京極高數에게 토
벌시켰다. 무카이向井, 고지마小島 두 성은 함락되고 다다쓰나는 토벌
되었다.

오에이 20년[24](1413) 8월에 쇼코稱光 천황이 즉위하였다[고코마쓰 천
황의 황자로 당시 12세]. 이때 후시미 도노伏見殿도 남조의 황태자도 즉위

생겼다. 요시미쓰 사후 시바 요시마사斯波義將 등의 지지로 지위를 확보하
고 모반의 우려가 있던 요시쓰구를 살해하는 한편, 요시미쓰의 태상천황太
上天皇 칭호 사퇴, 명과의 외교무역 중지, 덴류지天龍寺를 오산五山 제일위
로 하여 오산 관사官寺의 기강을 바로잡는 등 요시미쓰 시대의 폐풍 시정
에 힘썼다.
23 아시카가 모치우지足利持氏. 1398~1439. 4대 가마쿠라쿠보鎌倉公方. 재직
1409~1439. 3대 가마쿠라쿠보 미쓰카네滿兼의 아들. 4대 장군 아시카가 요
시모치足利義持의 이름 한 글자를 받아 모치우지라고 하였다. 1416년 간토
관령關東管領 우에스기 젠슈上杉禪秀의 난을 평정하고, 이후 장군 아시카가
요시노리足利義敎와 대립하였는데, 이를 보다 못해 간하던 간토 관령 우에
스기 노리자네上杉憲實와 대립하게 되었다. 1438년 모치우지는 노리자네
토벌명령을 내려 우에스기 일파와 모치우지 쪽의 무력충돌이 시작되었다.
그러나 막부의 지원을 받은 우에스기 일파에게 패배하였다. 출가하여 사면
을 바랐으나 막부의 엄명으로 우에스기의 공격을 받고 자살했다.
24 원문의 '二十八年'은 '二十年'의 오류.

를 바랐지만 무가가 사네히토實仁 친왕을 옹립했으므로 이세 고쿠시 伊勢國司 및 야마토 국大和國, 기이 국, 가와치 국, 무쓰 국陸奧國의 남조 측 사람들이 한결같이 호소하였다. 쇼코 천황의 즉위가 실현되면 전부 모반한다고 하였다. 12월에 무쓰 국의 남조 측의 다테 마쓰이누마루伊達松犬丸, 가케다懸田 하리마노카미播磨守 등이 오사라기 성大佛城에서 농성하였다. 아시카가 모치우지는 수리대부 하타케야마 구니아키라畠山國詮[니혼 성二本城에 있었다]에게 명하여 공략하게 하였다.

오에이 21년(1414) 9월에 이세 고쿠시 기타바타케 미쓰마사北畠滿雅가 천황 즉위의 일로 거병하였다. 세키關 일당, 간베神戶, 미네峰, 고쿠부國府, 가부토鹿伏兎들이다. 야마토 국, 이가 국, 시마 국志摩國의 군대가 전부 모여 들었다. 기타바타케 도시야스北畠俊泰만은 교토 쪽에 붙었다.

오에이 22년(1415) 봄에 미쓰마사는 도시야스의 사카우치 성坂內城을 공략하고[도시야스는 수도에 있었다], 군대에게 명하여 고즈쿠리木造, 아자가阿射賀, 다키多氣, 오고치大河內, 사카우치, 다마마루玉丸 등의 여러 성을 지키게 하였다. 요시모치는 좌경대부 도키 모치모리土岐持盛를 대장으로 삼고 중납언中納言 기타바타케 도시야스에게 공격하게 하였다. 공격군은 여러 성을 함락하고 고쿠시가 농성하는 아자가를 포위했으나 성의 수비가 단단하여 함락시킬 수 없었다. 9월, 남조 조케이長慶 천황의 태자가 재차 즉위하는 것으로 일이 낙착되었다.

이해 4월에 가마쿠라의 가로家老 우에스기 우지노리는 아시카가 모치우지와의 사이에 틈이 생겨 26일부터 칩거하였다. 아와노카미安房守 우에스기 노리모토上杉憲基가 관령이 되었다.

우에스기 우지노리 뉴도 젠슈禪秀는 몰래 의견을 같이하는 자들을 모아 남조 측의 병란을 기다려 거병하려고 하였다. 7월이 되자 간토의 병력이 가마쿠라에 모였다. 모치우지는 20일에 각자 영지에 돌아가도록 명령을 내렸다.

　오에이 23년(1416) 7월 중순부터 간토 8개국의 병력이 가마쿠라에 결집하였다. 10월 그믐날에 대납언 아시카가 요시쓰구가 린코인林光院에 감금되었다[요시모치 대가 되어 중납언에 임명되었고 그 이듬해에 대납언이 되었다]. 요시쓰구는 그날로 출가하였다. 법명은 도조道繩[일설에 따르면 요시쓰구는 출가하여 도망쳤다고도 한다]. 이는 도의가 생존 중에 장군 요시모치를 폐하고 요시쓰구를 장군으로 삼으려고 했는데 실현하지 못한 채 사거하여 이를 불만으로 생각한 요시쓰구가 이번 간토의 난을 기뻐하며 아시카가 미쓰타카足利滿隆나 우에스기 젠슈와 내통하고 교토를 무너뜨리려고 기도한 것이 드러났기 때문이다.

　12월 2일 밤에 모치우지의 숙부 미쓰타카[신미도 도노新御堂殿], 모치우지의 동생 모치나카持仲[미쓰타카의 양자로 도노고쇼殿御所라고 한다], 이누가케犬懸 뉴도 젠슈 일가 및 동의하는 무리들이 거병하였다. 3일에 모치우지는 몰래 노리모토憲基의 사스케佐介 저택으로 옮겼다. 6일, 모치우지는 오기가야쓰扇谷의 단조쇼히쓰彈正少弼 우에스기 우지사다上杉氏定를 대장으로 삼아 싸웠으나 젠슈 쪽에는 여러 국의 군대가 가담하여 이미 11만여 기나 되었고 이들이 여지없이 공격을 퍼부었기 때문에 모치우지는 패하였고 밤이 되고부터 스루가 국駿河國으로 도망쳤다. 추격해오는 적군에게 토벌된 자가 많았다. 모치우지는 며칠 지난 다음 세나瀨名로 가서 이마가와 노리타다를 의지하였다. 우지사다는 후지사와藤澤의 도장道場에서 자살하였다.

　모치우지가 이즈 국伊豆國의 고쿠세이지國清寺에 있다고 들은 패잔병들은 여기로 모여들었다. 가노노스케狩野介는 젠슈 쪽에 있었기 때문에 고쿠세이지를 공격해 쳐부수었다. 뉴도 젠슈의 적자 이즈노카미伊豆守 우에스기 노리카타上杉憲方는 모치나카를 따라 무사시 국으로 향하였고, 모치우지 편인 미나미잇키南一揆의 에도江戸, 도시마豊島

및 니카이도二階堂와 교전하였으나 패하여 가마쿠라로 돌아갔다. 젠슈의 사위 치부대보治部大輔 이와마쓰 모치쿠니岩松持國는 고즈케 국上野國에서 거병하여 젠슈에게 협력하였다. 요시모치는 사정을 듣고 이마가와나 가쓰라야마葛山에게 교서를 내렸다.

오에이 24년(1417) 정월 초하룻날에 미쓰타카와 모치나카 및 젠슈는 무사시 국으로 향했고 5일에 세야하라世谷原에서 싸워 이겼지만 9일의 전투에서는 패하여 돌아갔다. 이는 이와마쓰가 몹시 교만하여 모두 좋게는 생각하지 않았기 때문이다. 모치우지는 이마가와, 오모리大森, 가쓰라야마, 가마쿠라를 공격하였다. 젠슈는 패배하였고 10일에 유키노시타雪下의 사원에서 미쓰타카, 모치나카, 젠슈, 노리카타, 노리하루, 가이손快尊 등이 전부 자살하였다. 17일에 모치우지는 가마쿠라로 돌아갔다. 이와마쓰는 잔당을 모아 마이키舞木 궁내승宮內丞[25]와 싸웠다. 5월에 이와마쓰는 생포되어 윤5월에 살해되었다. 자식인 무네즈미宗純는 도망쳤다[나중에 닛타의 이와마쓰 미카와노카미三河守라고 하는 인물이다]. 우에스기 노리모토가 다시 관령이 되었다[이후에도 젠슈에게 가담했던 무리들이 여기저기서 봉기했으나 모두 토벌되었다].[26]

---

25 원문의 '宮內亞'은 '宮內丞'의 오류.

26 1416년 간토 관령關東管領 우에스기 젠슈上杉禪秀가 가마쿠라쿠보鎌倉公方 아시카가 모치우지足利持氏에 대해 일으킨 반란으로 우에스기 젠슈의 난이라 한다. 우에스기 집안은 대대로 가마쿠라쿠보를 보좌하는 간토 관령직을 계승해 왔다. 그런데 1415년 젠슈의 부하가 영지를 몰수당한 일을 계기로 젠슈와 가마쿠라쿠보 모치우지의 사이가 벌어졌다. 젠슈는 간토 관령 직을 사임하고 물러나 있었는데, 1416년 모치우지에게 불만을 가진 세력과 인척인 지바千葉・이와마쓰岩松 씨 등과 함께 모치우지 타도 군사를 일으켰다. 모치우지는 젠슈의 공격을 받고 스루가로 물러나 이마가와 노리마사今川範政의 비호를 받았다. 막부는 가마쿠라쿠보를 견제하여 처음에는 사태를 관전하다가 난이 발생한 지 2개월 만에 모치우지를 지지할 것을 결정했다. 막부가 모치우지 구원군을 파견하자 젠슈의 편을 들었던 사람들이 차례차례 젠슈를 배반하여 젠슈 측의 패색이 짙었다. 1417년 고립되어 있던 젠슈는

오에이 25년(1418) 정월 24일에 아시카가 요시쓰구가 살해되었다
[25세]. 사후 종1위에 추증되었다. 5월 10일에 권대납언 아시카가 미
쓰아키라足利滿詮가 졸하였다[고카와 도노小川殿. 57세]. 좌대신 종1위에 추
증되었다. 이는 죽은 장군의 동생, 현 장군의 숙부에게 대신을 추증
하는 선례를 따른 것인가.

오에이 29년(1422) 10월 1일에 두 난이 발생하였다. 남조 측의 조
토쿠지 도노長德寺殿 모로야스師泰 친왕[27]이 아쿠도惡黨[28]를 모았다.

가즈사노스케上總介 사타케 오키요시佐竹興義가 모치우지를 배반하
여 윤10월 가마쿠라의 히키가야쓰比企谷에서 접전하였는데 사타케는
패하여 자살하였다. 또 히타치 국常陸國의 오구리 고로 미쓰시게小栗
五郎滿重가 반역하였다. 모치우지는 우에스기와 고야마小山에게 명하
여 추토시켰다.

오에이 30년(1423) 3월에 미나모토노 요시카즈源義量[29]가 장군에 취
임하였다[17세]. 4월에 조토쿠지 도노가 토벌되었다. 5월, 모치우지는
오구리 미쓰시게를 토벌하기 위해 시모쓰케 국下野國 유키結城에 도착
했고, 8월에 성이 함락되었다. 오구리는 우마노카미 우쓰노미야 모
치쓰나宇都宮持綱와 함께 도주하였는데 토벌되었다[이 밖에 한패였던 자들
이 전부 살해되었다]. 교토에서부터 오구리를 토벌하기 위해 출진했던
대군은 스루가 국까지 와서 성이 함락된 것을 알고 귀경하였다. 모
치우지는 무사시 국의 부중까지 돌아가 여기서 체재하며 교만한 태

자살하고 3개월 동안 계속된 난은 끝이 났다.

27 1362~1423. 제99대 천황 고카메야마後龜山 천황의 제2 황자.

28 중세 때 장원영주나 막부의 지배에 반항하여 사회질서를 어지럽힌 자, 또
는 그 집단.

29 1407~1425. 무로마치 막부 5대 장군. 4대 장군 요시모치義持의 장남. 1417
년 관례를 올리고 정5위하 우근위중장右近衛中將에 서임되었다. 1423년 요
시모치 뒤를 이어 장군이 되었지만 여전히 요시모치가 정무를 보아 실권이
없었다. 1424년 1월에 정4위하에 오르지만 다음 달에 발병하여 사망했다.

도를 보였다. 이 때문에 교토와 서먹한 사이가 되었다.

오에이 31년(1424) 3월에 교토에서 후쿠세이도服西堂를 사자로 삼아 부중府中에 보냈다. 4월 12일에 남조의 고카메야마後龜山 천황이 붕어하였다. 5월, 후쿠세이도가 상경하였다. 9월에 또다시 부중에 와서 모치우지에게 여러 가지로 간하였으므로 교토와 화해하게 되었다. 11월에 모치우지는 가마쿠라로 돌아갔다.

오에이 32년(1425) 2월 24일에 장군 참의 정4위하 아시카가 요시카즈足利義量가 급사하였다[19세]. 요시모치가 재차 정무를 맡았다. 9월에 시마 국 이자와우라伊雜浦에서 봉기한 군대가 있었는데 토벌하여 평정하였다.

오에이 34년(1427) 5월에 좌경대부 아카마쓰 미쓰스케赤松滿祐와 에치고노카미越後守 아카마쓰 모치사다赤松持貞 사이에 논쟁이 생겼다. 아카마쓰 일족은 셋쓰·하리마播磨·비젠備前·미마사카美作·이나바因幡의 5개국을 영유하고 있었다. 미쓰스케는 노리스케則祐의 적가嫡家 계통이며, 모치사다는 노리스케의 형 사다노리貞範의 손자에 해당하는데 이는 서가庶家 계통이다. 그러나 모치사다는 요시모치가 총애하는 신하이므로 3개국을 부여받았다. 미쓰스케는 화가 나서 자기 집에 불을 지르고 하리마 국으로 돌아가서 시로하타 성白旗城에서 농성하였다. 요시모치義持는 화가 나서 호소카와 모치모토細川持元, 야마나 미쓰히로山名滿熙에게 명하여 토벌하려고 하였다. 10월에는 여러 다이묘가 한패가 되어 모치사다의 교만하고 무례함을 호소하였다. 모치사다는 이의를 제기하지 않고 자살하였고, 미쓰스케는 사면받아 12월 17일에 귀경하였다.

쇼초正長 원년(1428) 정월에 요시모치가 병이 났다. 후사에 대해 회의가 열렸고 승려인 형제를 환속시킬 것인지[3명 있었다] 모치우지를 시킬 것인지 어느 쪽으로 결정하기 어려워서 관령 사에몬노카미左衛

門督 하타케야마 미쓰이에 뉴도 도탄道端이 이와시미즈 하치만 궁石淸水八幡宮에서 제비뽑기를 한 결과 요시모치의 동복아우인 쇼렌인靑蓮院 기엔義圓 대승정大僧正으로 결정하였다.

같은 달 18일에 장군 종1위 내대신內大臣 아시카가 요시모치가 훙서하였다[43세]. 19일에 기엔은 쇼렌인을 떠나 3월 12일에 환속하였다. 사마노카미 종5위하가 되었고 요시노부義宣라고 칭하였다[35세].

7월 20일에 쇼코 천황이 붕어하였고[27세]. 황자가 없었고[이 천황은 마법을 행하고 항상 목욕재계하였다고 한다], 고코마쓰 상황上皇에게도 황자가 없었다. 이 때문에 천황이 아직 붕어하지 않았을 때[7월 12일] 요시노부는 후시미伏見에 사자를 보내어 도킨道欽30의 아들 히코히토彦仁 친왕을 맞이하고 상황에게 말씀드려서 양자로 삼게 하였다. 29일에 황위를 계승하였다[이 사람이 고하나조노後花園 천황이다].

생각해 보건대, 아시카가 요시아키라足利義詮는 간노觀應 2년(1351)에 남조의 고무라카미後村上 천황을 맞이하여 항복하는 날에 북조의 스코 천황을 폐하였다. 이때 남조의 천황은 고곤, 고묘, 스코 세 상황을 데리고 요시노로 돌아갔으므로 요시아키라는 또 스코의 동복아우를 북조의 천황에 앉혔다. 이 사람이 고코곤後光嚴 천황이다. 그 후 6년 지나 세 상황은 교토로 되돌려 보내졌다. 요시미쓰 대가 되어 고엔유後圓融 천황이 황위를 계승하는 날에 스코 상황의 제1 황자인 요시히토榮仁 친왕을 즉위시켜야 한다는 논의가 있었으나 호소카와 요리유키細川賴之가 고코곤 천황을 편들었으므로 그의 아들이 즉위하기로 결정되었다. 스코 천황은 지묘인 도노의 적통인데도 이러한 사정이 되었기 때문에 고코곤과의 형제 사이도 나빠졌다[이때 스코 상황은 후시미에 살았으므로 후시미 도노라고 불렀다]. 후시미 도노가 세상을 떠나고 요시히토 시대에는 영지도 줄어들었고 오에이 23년(1416)에는 요시히토도 사거하고, 그 뒤는 사다후사貞成가 계승하였지만 점점 쇠

---

30 스코崇光 천황의 손자 사다후사貞成 친왕.

퇴하였다. 고코마쓰 상황의 명령에 의해 품위를 가지지 않은 친왕으로 하도록 조처되었지만 쇼코 천황의 분노가 깊었으므로 마침내 출가하여 도킨이라 칭하였는데 그의 아들이 이번에 즉위하였고 이후는 오랜동안 지묘인 도노의 적통인 스코 천황의 후예가 정통이 되었다.

『남조기南朝記』에는, "다이토쿠지大德寺의 잇큐一休는 실은 고코마쓰 천황의 황자이다. 그러나 신분이 천한 여자의 뱃속에 잉태되었기 때문에 인신人臣의 자식이라 여겨져서 승려가 된 것이다. 쇼코 천황의 후사가 논의되었을 때 잇큐에게 자문하여 결정한다는 인젠院宣이 내려졌는데 화상은 말없이 와카和歌 한 수를 바쳤다.

도키와기常磐木나 기데라木寺의 우듬지를 잘라버리고[31]
대를 이을 다케노소노竹の園[32]는 후시미에

'그렇다면' 하고 후시미 도노의 아들로 결정하였다"라고 한다. 이 와카를 쓴 것은 지금도 세상의 보물이라고 전해지고 있는 사람이 있기 때문에 그렇게 말한 것이었을까. 납득이 가지 않는다.

『남조기』에 따르면, 이때 남조의 황자가 즉위를 바랐지만 이루기 어려운 것을 탄식하고 종1위 요시다 모리후사吉田守房 등을 수행하고 거처를 다른 곳으로 옮겼다. 남조 측 사람들은 점점 더 원망이 깊어졌다. 12월, 황자[유타나리寬成]는 이세 국伊勢國으로 갔고 고쿠시 기타바타케 미쓰마사가 군사를 모았으며 요시노에서도 관군이 거병하였다.

에이쿄永享 원년(1429)에 장군이 관례를 치렀으며 하타케야마가 가관加冠 역할을 맡았다. 참의에 임명되었고 장군 센게宣下가 있었으며

---

31 도키와기常磐木는 가메야마龜山 천황의 황자 쓰네아키라恒明 친왕의 도키와이常磐井 궁가宮家를 나타내며, 기데라木寺는 고니조後二條 천황의 황태자 구니요시邦良 친왕의 기데라 궁가를 나타낸다. 즉 가메야마 천황이나 고니조 천황의 다이가쿠지大覺寺 계통을 제외하였다는 뜻.

32 황족의 딴 이름.

휘를 요시노리義教[33]라고 고치고 권대납언 종3위가 되었다[이는 처음 천황에 알현하고 상황을 알현했을 때의 일이다]. 7월에 남조군의 오치越智, 도오치十市, 구세久世, 만네萬年 등이 요시노에서부터 출진하여 도처에서 접전하였고, 하타케야마 모치쿠니畠山持國가 이를 토벌하였다. 닛키, 잇시키 등이 이세 고쿠시 기타바타케 미쓰마사를 토벌하러 나갔다. 형부소보刑部少輔 도키 요야스 모치요리土岐世保持賴가 대장이었다. 고쿠시는 패하여 토벌되었다. 남조의 황자는 교토와 화해하고 사가로 돌아가 출가한 뒤 만주지萬壽寺에 들어갔고 법명을 가쿠리覺理 고초케이인後長慶院이라 불렀다. 미쓰마사의 아들 아키마사顯雅도 항복하였다.

생각해 보건대, 아시카가 요시미쓰 초기에 남북조를 화해시킨 날에 맹약한 것은 지묘인 도노와 다이카쿠지 도노 두 계통이 예전처럼 교대로 즉위하는 것이어서 삼종三種의 신기神器가 북조에 건네지고 남조 천황의 황태자 유타나리 친왕을 동궁으로 세운 것이다. 그 후 17년이 지나 요시미쓰가 죽고 결국 맹약대로 남조의 황태자를 즉위시키지 않았다. 또 4년이 지나 고코마쓰 천황이 양위한 날 아시카가 요시모치는 이전의 맹약을 어기고 쇼코 천황을 옹립했기 때문에 남조 천황은 분노를 품고 여러 국에서 거병하였다. 이때 요시모치가 남조군과 화해할 즈음에 다음에는 남조의 황태자를 세운다고 약속했기 때문에 군대는 해산하였다.

그 후 16년이 지나 쇼코 천황이 붕어하고 황위를 계승할 황자도 없고 고코마쓰 상황에게도 아들이 없었다. 이때에는 아시카가 요시노리는 당연히 남조 천황

---

33 1394~1441. 무로마치 막부 6대 장군. 3대 장군 아시카가 요시미쓰足利義滿의 3남. 4대 장군 요시모치義持의 동복아우. 1403년 출가하여 법명을 기엔義圓이라 하였다. 1428년 요시모치가 후계자 없이 급사하자 환속하여 요시노부義宣로 개명하고 1429년에 정이대장군에 보임되었다. 이때 요시노리義教로 개명하였다. 요시모치를 계승한 처음에는 전대의 예를 답습하여 관령管領 이하 중신의 의견을 따랐지만, 점차 장군 전제를 지향하게 되어 그 뜻에 따르지 않는 자에 대해서는 사사寺社, 조정의 신하, 다이묘大名를 불문하고 준엄한 태도로 임했다. 그 때문에 다이묘들의 불만과 불안을 초래하여 1441년 아카마쓰 미쓰스케赤松滿祐에게 살해되었다.

의 태자를 즉위시켜야 하지 않았는가. 그렇게 하였다면 요시미쓰, 요시모치의 맹약과도 틀리지 않고 남조 옛 신하의 분노도 진정되었으며 더구나 겐무建武 이래 80여 년 동안에 전사한 남조의 충성스러운 무사들의 영혼도 위로를 받았을 것이다. 어찌 충직하고 순후하다고 말하지 않았겠는가. 그런데도 나쁜 마음을 품고 남조 천황의 계통을 단절시켜 버리려고 한 것이야말로 당치않은 일이다. 이를 비유해서 말하면, 진秦의 장의張儀가 상商, 어於 600리의 땅을 바치겠다고 말하며 초楚의 회왕懷王을 속이고 결국에는 무관武關의 모임에 의해 초왕을 붙잡아 돌아온 것과 같다. 다만 그 경우에는 속여서 토지를 조금 주고 혹은 왕을 붙잡기까지 한 것이다. 요시미쓰, 요시모치, 요시노리가 남조 천황을 속인 것은 삼종의 신기를 빼앗기 위해서였기 때문에 마치 좀도둑과 같다고 말해야 하지 않을까. 어떻게 천하의 주인인 자의 행위라고 말할 수 있겠는가. 그러나 남조가 이처럼 그들에게 속임을 당한 것도 전부 고다이고後醍醐 천황의 과실이 자손에게 미친 것이기 때문에 함부로 그들을 원망하지 못할 것이다.

에이쿄 2년(1430) 봄에는 이즈미·가와치·기이 국의 남조군도 전부 항복하였다. 고노에近衛 좌대신은 처음으로 남조 천황을 떠나 자립하고 기이 국으로 가서 호리우치 도노堀內殿라고 칭하고 남조군의 남은 세력에게 알렸더니 따르는 자가 많이 나타났다.

『공경보임公卿補任』 및 『남조기전南朝記傳』을 살펴보건대, 고다이고 천황이 남조에 들어가고 고묘 천황이 즉위하고 나서 겐무建武 4년(1337) 4월 5일에 고노에 관백 좌대신 종1위 후지와라노 쓰네타다藤原經忠가 요시노의 남조에 달려갔고, 다음 다음해[남조 엔겐延元 4년, 북조 랴쿠오曆應 2년](1339)에 남조의 고다이고 천황이 붕어하여 고무라카미後村上 천황이 즉위한 날에 남조의 관백에 임명되었다. 그후 14년, 남조 천황이 아시카가 요시아키라의 승낙에 의해 화해한 이듬해[남조 쇼헤이正平 7년, 북조 분나文和 원년](1352) 8월 13일에 쉰한 살로 훙서하였다.
그의 아들 쓰네이에經家가 쉰아홉 살로 고오康應 원년(1389)에 죽은 것도 고카메야마 천황이 무가와 화해한 3년 전의 일이다. 『대계도大系圖』에도 『공경보임』에도 쓰네이에의 자식에 대해서는 기록되어 있지 않다.

여기에 쓰여 있는 에이쿄 2년(1430)이라는 것은 쓰네타다 사후 78년, 쓰네이에 사후 41년 후이다. 그런데도 '고노에 좌대신 도노左大臣殿'라고 한 것은 이상하다.

생각해 보건대, '처음'이라는 글자 아래의 데て는 니に를 잘못 베껴 쓴 것이 아닐까. 어쩌면 쓰네타다 공이 처음에 남조에서 떠나서 기이 국으로 가서 자립했는데 그 자손이 지금 또 남조 천황의 옛 신하를 모은다는 것을 의미하는 것이 아닐까. 『남조기』 제2권이 빠져 있기 때문에 남조 고코쿠興國 원년(1340)[북조 랴쿠오 3년]부터 쇼헤이 22년(1367)[북조 조지貞治 6년]까지 27년간의 일이 기록되어 있지 않다. 그러므로 어느 쪽이든 정하기 어렵다.

그렇지만 이렇게 생각하는 것은, 쓰네이에에 관한 것이 『공경보임』에 보이는 것은 조지 3년(1364)부터 고오 원년(1389)에 사거하기까지이며 산위散位 항목에 종3위라고만 쓰여 있으며 그 밖에 승진에 관해서는 기록되어 있지 않기 때문이다. 이 사람이 조정에 출사한 이래 44년 동안에 1관官 1계階도 승진하지 않았다는 것이 있을 수 있는가. 이는 남조에도 다시 출사하지 않았던 증거라고 해야 하지 않을까. 그렇다면 쓰네타다가 남조에서도 떠나 있었던 것은 도대체 언제쯤이었는가. 조와貞和 5년(1349) 정월, 고노 모로나오高師直가 요시노에 쳐들어갔으므로 고무라카미後村上 천황이 아노우賀名生로 달아났던 무렵이었을까. 만약 그렇다고 하면 간노 2년(1351)에 고무라카미 천황이 요시아키라와 화해하고 교토로 돌아가려고 하치만八幡까지 나갔을 무렵이었을까. 또 여기에 '호리우치 도노堀內殿'라고 되어 있는 것은 『대계도大系圖』에는 '호리카와 도노堀川殿'라고 되어 있어서 어느 쪽을 옳다고 해야 하는가. 이 또한 소견이 없다.

대체로 천황가가 쇠퇴한 후 병란이 일어났던 당초 호겐保元 이래 헤이지平治의 난, 주에이壽永, 조큐承久, 그리고 그 후는 겐코元弘, 겐무의 난이 큰 것이었다.

호겐 때 관백 후지와라노 다다미치藤原忠通는 황거에 알현하여 문안드렸다. 친동생 요리나가賴長가 신인新院 스토쿠崇德 상황 쪽의 일을 꾀하는 사람이어서 다다미치와 불화하게 되었기 때문에 형세가 이렇게 되지 않을 수 없었다. 헤이지平治

때에는 후지와라노 노부요리藤原信賴가 인院을 위협했지만 관백 후지와라노 모토자네藤原基實는 겨우 열여섯 살이어서 어떻게 할 수도 없었고 그의 아버지 다다미치를 비롯하여 다른 대신 중에 누구 하나 기묘한 계책을 내어 천황의 위난을 구하려는 사람도 없었다. 다행히도 다이라노 기요모리平淸盛의 조처로 고시라카와後白河 상황도 니조二條 천황도 다시 빼앗고 군사를 보내어 역적을 쳐서 평정하였기에 상황도 천황도 무사했던 것이다.

그 후 또 기요모리가 교만 방자했을 때는 관백 후지와라노 모토후사藤原基房를 비롯하여 모든 사람들이 그의 위세를 두려워하여 대신大臣 한 사람이라도 조정을 진정시킨 자가 없었다. 얼마 후 기소 요시나카木曾義仲가 수도에 쳐들어왔으므로 헤이케平家는 사이카이西海로 멀리 달아났고 천황도 마찬가지로 수도에서 떠나갔는데 섭정 후지와라노 모토미치藤原基通는 헤이케와도 인연이 깊은 사람이었는데도 천황을 버리고 수도에 머물러서 고토바後鳥羽 상황의 섭정이 되었다. 얼마 안 있어 고시라카와 법황이 요시나카義仲를 토벌하려고 승병을 모았지만 결국에는 요시나카에게 유폐되는 사건이 일어났을 때에도 법황에게 간하여 단념시킨 것도 아니고 또 요시나카를 진압한 것도 아니었다. 전 관백 후지와라노 모토후사藤原基房가 겨우 요시나카를 달랬기에 천황의 지위도 무사하였다.

그런데 조큐의 난이 일어난 즈음에는 폐위된 구조九條 천황의 섭정이었던 구조 미치이에九條道家는 고토바인에게 간한 일도 없으며 또 천황을 구한 일도 없었다. 이 사람은 가마쿠라 막부의 장군 구조 요리쓰네九條賴經의 아버지였기 때문에 호조 요시토키北條義時의 행동을 나쁘다고는 생각하지 않았던 것일까. 그 후 요시토키가 세 상황[34]을 혹은 유배 보내고 혹은 폐지하기도 하여 고호리카와後堀河 천황을 옹립했을 때 고노에 이에자네近衛家實는 요시토키의 조처로 섭정이 되었다. 이 이에자네는 모토미치의 아들로 쓰치미카도土御門 천황 시대의 섭정이며 그 후 관백이 되었고 준토쿠順德 천황 때도 그대로 관백이었다. 따라서 2대 천황의 섭관을 맡았던 사람이 배신陪臣인 요시토키 때문에 천황을 유배 보내고 또 요시토키의 조처 그대로 후의 조정에 출사하여 섭정이 되었던 것이다.

---

34 고토바後鳥羽 상황, 쓰치미카도土御門 상황, 준토쿠順德 천황.

대체로 이러한 사람들의 행동은 아무리 생각해도 대신다운 행동이라고는 말할 수 없다. 생각하면, 어지간히 수치를 모르는 사람들이었다. 이를 비유해보면, 오대五代 때의 대신[35]과 아주 닮았다. 중세 이래 세상이 어지러워졌을 때 시절에 당면하여 의를 중시하고 힘을 다해 생명을 내던진 것은 오직 무사뿐이었다. 세상이 조금이라도 평온해지면 높은 지위와 많은 녹봉을 받으며 무사를 마치 노예나 잡인으로밖에 여기지 않고, 세상이 어지러워졌을 때에는 수근거릴 뿐 누구하나 몸을 던져 충의를 다하는 자가 없는 것은 공가公家와 승려뿐이다. 참으로 국가의 충해蟲害란 이런 무리들을 말하는 것이리라. 그렇기 때문에 하늘의 도리는 하늘을 대신하여 공을 세운 사람에게 보답하는 것이 도리인 까닭에 그 후에 무가가 세상을 다스리게 된 것도 이유 있는 일이라고 생각한다.

그러나 겐무建武의 난이 일어난 당초에 고노에 도노 고노에 쓰네타다는 북조에서도 관백이 되었는데도 그것을 버리고 맨 처음 남조에 참가하였다. 그 밖에는 대신으로서는 요시다吉田 내대신內大臣 종1위 후지와라노 사다후사藤原定房가 있다. 섭관가攝關家 사람으로는 니조 모로모토二條師基도 남조에 가담했고 나중에는 관백을 맡았다. 21년 정도 지난 후인 엔분延文 2년(1357)에 이치조 우치쓰구一條內嗣도 참가하였다. 그중에서도 고노에 도노, 이치조 도노처럼 적자이었던 사람들이 이렇게 된 것은 참으로 그 집안의 조상에 대해 부끄럽지 않은 일이었다고 말하지 않을 수 없다[집안의 조상이란 다이쇼쿠칸大織冠 후지와라노 가마타리藤原鎌足[36], 쇼센코昭宣公 후지와라노 모토쓰네藤原基經[37] 등을 가리킨다]. 특히 대납언 기타바타케 지카후사北畠親房 부자의 충의는 옛날 대신과 비교해도 뒤떨어지지 않는다.

이 시대의 조정 사람들 대부분은 의를 생각하고 절개를 지킨 것일까. 공경公卿 이상으로 남조에 참가한 사람은 20여 명을 넘는다. 그 아래의 사람은 훨씬 많았

---

35 풍도馮道를 가리킨다. 10세기의 네 왕조 후당後唐, 후진後晋, 후한後漢, 후주後周, 10명의 군주를 섬기고 20년 이상 대신의 지위에 있었다. 호를 장락노長樂老라 하고 자신의 관위를 자랑스럽게 늘어놓는 글을 썼다. 절조 없는 인물의 전형.

36 권1의 주 21 참조.

37 권1의 주 5 참조.

다. 특히 전장에서 목숨을 잃은 사람들도 적지 않다. 그렇기 때문에 어떤 사람은 "그 시대에 의리나 절개를 아는 사람은 모두 남조로 치달았고 북조 조정의 신하가 되는 것을 몹시 수치스럽게 여겼다. 그 이외에 북조에 잔류한 사람들은 수치를 모르는 사람이다"라고 평하였다. 과연 그렇다고 생각한다.

그중에 니조 요시모토二條良基는 고묘, 스코, 고코곤, 고엔유, 고코마쓰 5대에 걸친 천황의 스승이었다. 그 집안은 이를 광영으로 여겼던 듯하다. 내가 생각하기에는, 이보다 더한 치욕은 없는 것은 아닐까. 이미 고다이고 천황의 조정에 출사했던 몸이면서 북조의 신하가 되어 관백이 되었고 요시아키라가 스코 천황을 폐하고 남조의 천황을 맞이했을 때 백관을 이끌고 요시노에 갔으며 고곤 이하 세 천황이 요시노에 포로 신세가 되었을 때는 또다시 북조 쪽으로 내달렸고 고코곤 천황이 즉위한 날에는 또 관백에 취임하였다. 그뿐 아니라 이때에 삼종의 신기를 완전히 남조에 넘겨줘 버렸기 때문에, "즉위는 어찌된 일인가"라고 고개를 갸우뚱하는 사람도 있었는데도, "보검寶劍에는 다카우지尊氏를 쓰고 신새神璽에는 요시모토良基를 쓰면 된다"라고 주장하였으므로 황위 계승 의식도 무사히 거행되었다고도 한다. 더욱이 무가의 고실故實 등도 이 집안에서 답신하였다고 한다. 그것은 오대五代의 풍도馮道[38]의 행동과 아주 닮았다. 이러한 인물도 박학다재하며 역대 천황의 스승이었다고 하여 존경하니 어지간히 의義라는 것을 알지 못하는 세상이 된 것이다.

에이쿄 3년(1431) 2월에 장군이 이세 신궁伊勢神宮에 참배하였다. 4

---

38 881~954. 중국 하북 성河北省 영주瀛州 출신. 932년에 최초로 유교경전을 조판·인쇄하도록 한 사람으로 알려진 유학자이며 재상이다. 그의 노력의 결과로 유교경전의 가격이 내려가 쉽게 구할 수 있게 되었다. 또한 전국적으로 학자와 지식인의 수가 많아졌으며, 과거시험에 응시하는 사람들이 늘었다. 그러나 그가 실제로 발간사업에 기여했는지는 확실하지 않다. 풍도는 당시 대유학자로 존경받았으나 후세의 유교 사가들은 그가 충절이 없다고 비난하였다. 혼란했던 5대五代(907~960)에 살았던 풍도는 5개국에서 10명 이상의 황제를 모셨다. 충절을 군자의 가장 기본적인 덕목으로 보았던 후대의 유학자들은 여러 황제를 섬긴 그의 거침없는 행동을 좋게 보지 않았다.

월에 고야高野에 참배했는데, 수행한 다이묘는 스물세 명이었다. 이 참에 남방을 순시하였다. 8월에 아카마쓰 미쓰스케를 유폐하였다. 왜냐하면 아시카가 요시노리가 가까이에서 모시는 시녀 세 명이 죄를 범하여 죽였는데 그중에 미쓰스케의 딸이 있었다. 미쓰스케가 그 것을 원망하여 모반심을 품고 있다고 전해졌기 때문이다. 미쓰스케 는 몰래 하리마 국으로 달아났다. 9월, 요시노리는 후지 산富士山을 구경하기 위해 스루가 국으로 향하였다[10일]. 이마가와 노리마사今川 範政의 저택에서 우타가이歌會가 있었고, 그 후 귀경하였다[11일]. 교토 의 병력이 야마토 국에 출진하여 이요노카미伊豫守 오치 고레미치越智 維通를 토벌하였다. 12월에 아카마쓰를 쳐서 항복시켰다.

에이쿄 5년(1433) 정월에 분고豊後의 중무소보 오토모 모치나오大友 持直가 반란을 일으켰으므로 오우치 모치모리와 고노 미치히사河野通 久가 출진하여 접전하였다. 형부대보刑部大輔 미치히사가 전사하였 다. 3월에 고바야카와 마타타로小早川又太郎가 명령을 받고 수리권대 부修理權大夫 모치모리를 도와 모치나오를 토벌하였다. 10월에 히에 이 산比叡山의 엔랴쿠지延暦寺 승병이 반란을 일으켰다. 사카모토坂本 와 시가志賀에서 성을 지키고 야마나 모치토요山名持豊에게 공격하게 하였다. 11월 13일부터 12월 내내 싸움이 그치지 않았다.

에이쿄 6년(1434) 정월에 승병이 항복하였다. 에이쿄 7년(1435)에 승병 및 교토 오산五山[39]의 승려 수십 명이 살해되었다. 9월에 교토 병력이 오치를 토벌하였다. 에이쿄 8년(1436)에 하타케야마 쪽의 가

---

39 오산五山은 사원의 종교적 지위, 사회적 지위에 따라 조정 또는 막부에서 인정한 사원의 격식의 하나이다. 일본에서는 가마쿠라 시대 말기 무렵 중 국 남송南宋의 제도를 모방하여 오산제도를 도입하여 가마쿠라의 사원을 중심으로 오산을 선정하였는데, 무로마치 시대에는 가마쿠라 오산과 교토 오산으로 나뉘었다. 교토 오산은 난젠지南禪寺, 덴류지天龍寺, 쇼코쿠지相國 寺, 겐닌지建仁寺, 도후쿠지東福寺를 가리킨다.

와치 국의 슈고다이守護代 유사遊佐 효고노스케兵庫助를 대장으로 삼아 오치를 공략하였다. 오치는 남조 병력을 모아 다카토리 성高鳥城을 지켰다. 성이 험준하여 함락되지 않았다. 11월에 시나노 국信濃國의 대선대부 오가사와라 마사야스小笠原政康가 중무대보中務大輔 무라카미 요리키요村上賴淸와 교전하였다. 무라카미가 가마쿠라에 원군을 청했으므로 모치우지가 승낙하였다. 우에스기 노리자네上杉憲實가 모치우지에게 간하기를, "오가사와라는 교토 장군가의 고케닌御家人이므로 사적으로 토벌할 수 없습니다"라고 하였다. 모치우지는 좋게는 생각하지 않았지만 원군은 보내지 않았다. 이때부터 모치우지와 노리자네는 사이가 좋지 않게 되었다.

에이쿄 9년(1437) 3월에는 다카토리 전투가 벌어졌다. 4월에 모치우지는 무쓰노카미 우에스기 노리나오上杉憲直에게 명하여 무라카미 지원이라 칭하고 무사시 국 혼잇키本一揆[40]의 군병을 모았다. 그런데 이는 노리자네를 치기 위해서라는 소문이 났다. 노리자네는 놀라서 일곱 살 된 아들을 7월 25일 고즈케 국으로 보냈다. 8월 13일, 모치우지가 노리자네의 집에 가서 화해하였다.

에이쿄 10년(1438) 5월에 야마토大和에서 잇키一揆가 일어났고 요시노의 관군이 도처에서 봉기하였다. 오치는 아직 다카토리에 있었는데 좌경대부 잇시키 요시쓰라一色義貫와 형부대부刑部大夫 도키 요야스모치요리를 대장으로 삼아 이를 토벌하였다. 6월, 모치우지의 아들 겐오마루賢王丸가 와카미야若宮에서 관례를 올리고 요시히사義久라고 이름 지었다. 노리자네가 여느 때처럼 교토의 휘諱를 바라도록[41] 여러 가지로 말하여 간하였으나 모치우지는 듣지 않았다. 노리자네는 축하하러 갈 때 살해될 것이라고 듣고 병을 이유로 축하하러 가지

---

40 목적을 위해 혈연 또는 지연의 무사가 단결하여 행동하는 것.
41 장군의 이름 한 글자를 받아 이름 짓는 것.

않았다. 8월 14일, 노리자네가 고즈케 국으로 갔다. 15일에 모치우지는 잇시키 도키나가一色時永[42]를 고즈케 국으로 보냈고 16일에는 자신이 무사시 국으로 출발하였다. 28일에 교토의 병력이 야마토 국으로 향하여 도노미네多武峰를 불태우고 다카토리 성을 공략하여 오치가 패배하였다.

9월에 아시카가 요시노리는 린지綸旨 발행을 요청하고 교서教書를 첨부하여 중무소보 우에스기 모치후사上杉持房[43]를 대장으로 삼아 간토에 파견하였다. 9월 10일의 하코네箱根 전투에서는 교토 쪽이 패배하였고 데라오寺尾, 구마타니熊谷 등이 전사하였다. 지난 4일부터 우에스기 노리자네도 시로이 성白井城을 출발하여 19일에 무사시 국 부바이分倍[44]에 진을 쳤다. 모치우지의 군사 중에는 변심하여 노리자네를 따르는 자가 많았다. 27일에 교토 병력은 아시가라足柄를 넘어 하야카와지리早川尻에 도착하였다. 가마쿠라 쪽이 패전하였다.

10월 3일에 가마쿠라를 지키고 있던 미우라노스케 도키타카三浦介時高가 미우라로 도주하였다. 17일에 미우라의 군사가 오쿠라다니大藏谷에 방화하였다.

11월 1일에 미우라노스케가 가마쿠라에 들어갔고 요시히사義久는 달아났다. 야나다梁田, 이시즈카石塚, 가와즈河津 등은 남아서 싸우다가 전사하였다. 2일에 모치우지가 항복하고, 5일에 출가하였으며 요시히사에게 가독을 물려줄 것을 요청하였다. 노리자네는 이를 교토에 진정했지만 요시노리는 들어주지 않았다. 7일에 우에스기 노리나오[45] 부자와 잇시키 나오카네一色直兼[46]가 자살하고 그들의 가신 대부

---

42 원문의 '一ノ宮'은 '一色'의 오류.
43 원문의 '爲房'은 '持房'의 오류.
44 원문의 '分陪'는 '分倍'의 오류.
45 원문의 '上杉憲實'은 '上杉憲直'의 오류.
46 원문의 '一式直兼'은 '一色直兼'의 오류.

분은 노리자네에게 살해되었다.

에이쿄 11년(1439)⁴⁷ 2월에 아시카가 모치우지와 미쓰사다滿貞[미쓰카네의 동생으로 사사카와 도노稻川殿]가 자살하였고[모치우지는 42세], 28일에는 요시히사가 자살하였다[10세]. 노리자네는 이 부자의 목숨을 건지기 위해 수십 번이나 탄원했으나 소용없었으며, 이 때문에 자살한 것이다. 노리자네도 자살하려고 했으나 사람들이 말렸으므로 출가하여 이즈 국 고쿠세이지에서 세속을 떠나 살았다. 조토안長棟庵이라고 한다.

에이쿄 12년(1440) 정월에 모치우지의 잔당 잇시키 이요노카미伊豫守가 가마쿠라를 떠나 사가미 국相模國의 이마이즈미 성今泉城에서 농성하였다. 관령 우에스기 기요카타上杉淸方의 군사로 공격하였다. 모치우지의 아들 하루오春王와 야스오安王는 닛코 산日光山에 숨어 있다가 이달 산에서 나와 중무대보 유키 우지토모結城氏朝의 성에 들어갔다. 노다野田 우마노스케右馬介가 고가에서 농성하였다. 요시미 기케이吉見希慶가 고즈케 국에서 봉기하였다. 가마쿠라 쪽이 이를 공격하였다. 4월에 효고노카미兵庫頭 우에스기 기요카타 등이 유키로 향하였다. 5월 초하루 교토에서 우에스기 모치후사가 내려왔고 노리자네도 소집되었다.

좌경대부 잇시키 요시쓰라[『계도系圖』에는 수리대부 미쓰노리滿範의 아들 수리대부 요시노리義範라고 되어 있다]는 당시 오치를 공격하기 위해 야마토 국 미와三輪에 있었는데 장군의 측근에서 부리고 있던 고벤小辨이라는 여자가 "잇시키 요시쓰라는 남조 쪽에 마음을 두고 있습니다"라고 참언하였으므로 사실을 확인하지도 않고 요시노리는 다케다 노부히데武田信榮에게 명하여 요시쓰라를 진중에서 주살하였다. 일족

---

47 원문의 '十年'은 '十一年'의 오류.

300명이 자살하였다[요시쓰라의 앙갚음이 장군의 사랑하는 아들에게 미쳤다[48]
고 한다].

또 호소카와 사누키노카미讚岐守에게 명하여 도키 요야스 모치요
리를 야마토 국 도노미네에서 토벌하게 하였다. 모치요리는 패하여
자살하였다[잇시키, 요야스는 모두 오치를 토벌한 대장이다]. 7월, 잇시키 이
요노카미는 무사시 국에 가서 스가須賀 도사노카미土佐守의 성을 공략
하였고 그 후 우에스기와 교전하였다가 패주하였다. 시나노 국의 오
이大井 에치젠노카미越前守 미나모토노 모치미쓰源持光는 에이주마루
永壽丸[모치우지의 4남]를 옹립하여 우스이토게笛吹峠에서 봉기하였는데
우에스기가 토벌하였다. 이달 29일부터 교토 병력 및 무사시 국, 고
즈케 국, 에치고 국越後國, 시나노 국 등의 대군이 결집하여 유키結城
를 에워싸서 공격하였다. 이때 고故 이세 고쿠시 미쓰마사滿雅의 적
자 중장中將 아키마사顯雅가 오카와치 성大河內城에 있었고 2남 소장少
將 노리사다教貞는 다키 성에 있었다. 장군은 빈번히 화해 준비를 하
고 친하게 지내며 요야스의 이세 슈고직伊勢守護職을 거두어들여 고쿠
시國司에게 주었다. 이는 '간토가 진정되지 않았는데 이때 남조 측이
봉기하면 큰일이다. 통일 후에는 고쿠시 일족을 몰살시키겠다'라고
생각하여 이처럼 조처한 것이었다고 한다.

아시카가 요시노리의 이복동생 다이가쿠지大覺寺의 주지 대승정
기쇼義昭[49]가 도망쳤다. 이 사람은 자비심이 깊어서 사람들의 존경심
도 보통이 아니었다. 남조 천황[유타나리 친왕]과도 매우 친밀하였다.
남조 천황에게 권하여, "장군이 이처럼 위력을 휘두르고 더없이 교

---

48 장군 아시카가 요시노리足利義敎 아들로 7대 장군이 된 요시카쓰義勝가 아
홉 살 어린 나이로 사망한 것.

49 1404~1441. 무로마치 막부 3대 장군 아시카가 요시미쓰足利義滿의 아들.
진언종 승려로 대승정大僧正, 다이가쿠지大覺寺 몬제키門跡, 도지東寺 조쟈
長者.

만하여 천하사람 모두가 곤궁합니다. 바라옵건대 주군을 세상에 세워 만민의 고통을 구제하고자 합니다. 고키나이五畿內[50]의 남조 쪽 사람들도 오래전부터 원망을 품고 있으며 간토 역시 크게 어지럽습니다. 규슈九州의 기쿠치, 오무라大村를 모으면 그럭저럭 병력에 부족함은 없을 것입니다. 천하를 뒤엎는 것은 바로 이때입니다"라고 말하였다. 은밀히 칙사가 보내져서 기쿠치에게 전해졌다. 기쿠치는, "유키 성이 내년에도 굳게 수비되면 내년 말에는 반드시 천하를 뒤엎을 것입니다"라고 대답하였다.

이에 남조 천황은 옛 신하들을 모았다. 기쇼 승정은 병을 핑계대고 머리를 길렀다. 오랫동안 출사하지 않은 것이 납득이 가지 않는다고 요시노리는 토벌대를 보내려고 하였다. 승정은 호칸坊官인 야마토大和 법교法橋 단 한 사람만을 데리고 도주하였다. 막부는 그의 인상서를 만들어 여러 국을 수색하였고 그를 쳐 죽이면 적이나 아군을 불문하고 바라는 대로 포상을 할 것이라고 하였다.

가키쓰嘉吉 원년(1441) 3월에 기쇼 승정이 사쓰마 국薩摩國에 도착하여 민가에 들어가 휴식을 취하고 있었는데 매통, 맷돌 등의 농구를 보고 이것은 무엇인가하고 농부에게 물었으므로 농부는 수상하게 여기며 수도에서 수배받고 있는 사람이 이 사람임에 틀림없다고 깨달았다. 그때 승정이 기쿠치 앞으로 쓰고 있던 편지를 농부가 빼앗아 보니 시가 적혀 있었다.

꽃은 어찌 자신을 폭풍이라 생각하는가
언제나 변함없는 일이로구나
산그늘 꽃은 지금은 피기 시작하고

---

50 교토에 가까운 다섯 지방[야마시로山城 · 야마토大和 · 가와치河內 · 이즈미和泉 · 셋쓰攝津]의 총칭.

도성은 끝이라고 추측할 만하도다

더욱더 수상하게 여겨 13일에 그를 습격하였다. 승정도 법교도 살해되었다. 세상을 하직하는 승정의 글귀는,

원수라고 생각하는 꽃다운 연배조차
부럽게도 내일을 알련마는

이달 23일에 아시카가 요시노리가 이세 신궁에 참배하였다. 큰비가 내렸고 원령이 많았다. 가마에 넣어 둔 검[히게키리髭切라는 검]이 잘못되어 다른 물건이 있었다. 오미 국近江國의 구사쓰草津에서 이를 알고 이오飯尾 히젠노카미를 돌려보내어 진짜 검을 가져오게 했는데 미나쿠치水口라는 곳에서 바쳤다. 이번 이세 신궁 참배는 '이세 고쿠시가 만일 기쇼 승정을 숨겨두고 모반심을 품고 있는 것은 아닌가'라고 의심을 하고 만일 그렇다면 직접 고쿠시를 토벌하기 위해서였다.

5월에 기쇼 승정의 머리가 교토에 도착하였다. 얼굴에 상처가 많아서 진짜인지 아닌지 의심스러웠다. 승정을 가까이서 모시던 동자에게 보였더니 승정의 머리라면 지난해 어금니 두 개가 빠졌으므로 그 흔적이 있을 터이라고 하면서 울면서 말하였다. 조사해보니 과연 이가 없어서 의심이 풀어졌다.

또 유키 성도 지난 4월 16일에 함락되어 우지모토氏朝, 모치모토持朝 부자는 자살하고 병사 수천 명이 전부 전사하였다. 하루오와 야스오는 체포되었다. 17일에는 고가 성도 함락되었고 5월 4일에는 다수의 머리가 교토에 도착하였다. 하루오[15세]와 야스오[12세]는 16일에 미노 국 다루이垂井에서 참수되었다.

6월 24일에 요시노리가 아카마쓰 미쓰스케에게 살해되었다[48세].

요시노리는 이즈노카미 아카마쓰 사다무라赤松貞村가 아직 어린아이였을 때 총애하였으므로 그가 성인이 되고 나서도 여전히 애정을 쏟아 아카마쓰 미쓰스케의 영지인 비젠·하리마·미마사카를 나누어 주려고 하였다. 20일에 미쓰스케의 저택에 갈 것이라고 전부터 지시를 내려 두었다. 미쓰스케 저택의 정원 연못에 오리새끼가 태어난 것을 보고 싶다는 것이었다. 이날 미쓰스케의 둘째 아들이 "오늘 오는 것은 정원을 보려는 것이 아니라 사다무라에게 영지를 주기 위해서라는 소문이 있습니다"라고 고하였다. 미쓰스케는 노하여 아쓰미渥美, 나카무라中村, 우라가미浦上 등 300명을 도처에 잠복시켰다. 요시노리는 아침 6시경에 도착하였다. 사루가쿠猿樂와 주연이 한창일 때 먼저 마구간의 말을 풀어놓아 이를 붙잡는다는 명목으로 문을 닫은 다음에 복병이 봉기하였다. 아쓰마쓰가 병풍 뒤에서 나와서 장군을 죽였다.[51]

[이 이전에 장군의 작은 방에서 2치 정도의 인형이 나와서 한창 우노하鵜の羽의 노能를 연기하고 있었는데 이때 미쓰스케가 아들 히코지로 노리야스彦二郎敎康와 일족인 사마노스케左馬介가 함께 앞으로 나아가서 요시노리의 손을 붙잡고 아쓰미가 뒤에서 요시노리의 목을 베었다고 한다].

좌중에 있던 사람들이 놀라서 소란을 피우고 같은 패끼리 싸움을 하는 자들이 수를 헤아릴 수 없었다. 교코쿠 가가京極加賀 뉴도 도토道

---

51 1441년 슈고守護 아카마쓰 미쓰스케赤松滿祐가 무로마치 막부 6대 장군 아시카가 요시노리足利義敎를 살해한 사건. 요시노리는 장군의 권위를 높이고자 유력 슈고를 억누르고 전제 정치를 강행했고, 이에 슈고 다이묘들 사이에 불안감을 초래했다. 아카마쓰 씨는 막부 창업 이래 공신이었는데 장군은 오히려 그 세력을 억제하려 했다. 사건 당시 장군 요시노리가 아카마쓰의 영지를 몰수하여 다른 사람에게 주려 한다는 소문이 나 있었다. 미쓰스케는 유키結城 전투의 승리를 축하하는 연회를 열고 장군을 자기 집으로 초대하여 살해했다. 막부는 야마나 모치토요山名持豊에게 미쓰스케를 토벌하게 하여 미쓰스케는 패하여 죽고 아카마쓰 씨는 멸망했다.

統와 중무대보 야마나 히로타카山名熙貴는 목숨을 잃었고, 사효에노카미左兵衛督 시바 요시카도斯波康廉와 형부소보 오우치 모치요大內持世는 담을 넘어 달아났다.

미쓰스케는 토벌대가 오는 것을 기다려 화살 하나를 쏘고 자살하려고 하고 있었는데 사람들이 허둥대며 소란스러운 동안에 시간이 지나갔다. 미쓰스케 부자 300여 기는 셋쓰攝津 나카시마中嶋의 영지로 가서 그곳의 소젠지崇禪寺에 장군의 머리를 장사지냈다. 그런 뒤에 하리마 국으로 향하였다.

7월 21일에 오우치 모치요가 졸하였다. 상처를 입었기 때문이었다.

8월에 사에몬노조左衛門尉 하타케야마 모치쿠니가 아시카가 요시카쓰足利義勝를 옹립하여 장군가를 계승하게 하였다. 요시카쓰는 종5위하에 서임되었다[당시 8세]. 어려서 아직 장군 센게宣下가 내려지지 않았다[하타케야마 모치쿠니와 오우치 모치요가 상담하였다는 설은 잘못이다]. 이달 조정에 아뢰어 아카마쓰 미쓰스케 추토의 린지綸旨를 받아 26일에 사누키노카미 호소카와 모치쓰네細川持常, 이즈노카미 아카마쓰 사다무라, 대선대부 다케다 노부쓰라武田信貫는 추격대로, 사에몬노카미 야마나 모치토요, 수리대부 야마나 노리키요山名敎淸, 사가미노카미相模守 야마나 노리유키山名敎之는 후면 공격부대로 공격하였다.

9월에 미쓰스케는 추격대의 진을 역습하여 가니사카蟹坂에서 교전하여 교토 병력이 패하였다. 재차 시라하타 성白幡城을 공격하려 하였다. 호소카와는 미쓰스케와 친했기 때문에 선진에 나서서 다른 군대와 섞이지 않고 국내로 쳐들어갔다. 같은 달 야마나는 오야마구치大山口를 지나 하리마 국에 들어가서 미쓰스케의 가메야마 성龜山城52을 공략하였다. 같은 달 10일에 미쓰스케는 자살하였고, 노리

---

52 원문의 '蠵山'은 '龜山'의 오류.

스케 및 일족은 달아났다. 노리야스敎康는 나중에 이세 국에서 자살하였으며[고쿠시國司를 부탁했으나 받아들여지지 않았기 때문이다], 사마노스케左馬助 노리시게則繁는 조선朝鮮으로 갔다. 17일에 하리마 국은 야마나 모치토요에게, 미마사카 국은 노리키요에게, 비젠 국은 노리유키에게 주었다[노리키요는 수리대부 요시타다義理의 손자이다].

이때 쇼니 요시요리少貳嘉賴는 소집에 응하지 않았기 때문에 오우치 노리유키大內敎之에게 명하여 공격하게 하였다. 요시요리는 패하여 쓰시마로 갔고, 오우치는 결국 쇼니의 영지를 입수하였다. 메이토쿠의 난에서 야마나 우지키요山名氏淸가 토벌되고 사카이의 전투에서 오우치 요시히로가 토벌된 이래 야마나와 오우치 두 집안은 약간 쇠퇴하고 있었는데 이를 계기로 하여 다시 만회하였다.

생각해 보건대, 아시카가 요시모치가 죽은 당초에 후사에 대해 논의하였는데 하타케야마 미쓰이에가 이와시미즈 하치만 궁에서 제비뽑기에 맡긴 것은 앞에서 기술하였다.

아시카가 요시미쓰에게는 아들이 일곱 명 있었다. 장남은 요시모치, 2남은 대납언 요시쓰구. 요시쓰구는 이미 요시모치에게 살해되었다. 3남은 기엔 승정, 즉 요시노리이다. 4남은 본코인梵光院 준후准后 호손法尊. 5남은 다이가쿠지 준후准后 기쇼義昭, 나중에 요시노리에게 살해되었다. 6남은 쇼코쿠지相國寺 에이류永隆, 7남은 가지이梶井 기쇼義承 승정이다. 나이로 말하면 요시노리가 네 명의 동생보다 앞이다. 만일 인물을 선택하려고 한다면 요시미쓰의 아들은 아직 네 명이 있었던 것이다. 이들 중에 적당한 재목이 있었던 것은 아닐까.

또 『쇼잔세이이로쿠湘山星移錄』[53]를 보면, "요시모치에게는 아들이 없었기 때문에 간토의 중요문서, 조상 대대로 내려오던 보물까지도 건네주었다"라고 쓰여 있다. 그렇다면 요시모치는 전부터 아시카가 모치우지를 후사로 생각하고 있었

---

53 우에스기 젠슈上杉禪秀의 난에 관한 전기戰記. 성립연대, 작자 불명.

던 것인가.

　하타케야마 미쓰이에 정도 되는 자가 인재를 가리는 데에 주진코忠仁公 후지와라노 요시후사藤原良房가 여러 황자 중에서 고코光孝 천황을 선출한 것처럼 했던 것일까. 그런데 신에게 물어 결정한 것은 예를 들어 돌팔이 의사가 약봉지를 쥐고 약사여래를 외며 손에서 놓아 쟁반 위에 떨어진 약을 모아서 처방을 정하였다고 하는 이야기와 비슷하다. 요시노리가 악덕하고 천하가 이미 어지러워지려는 것을 보건대, 이와시미즈 하치만 궁의 신은 어째서 이러한 인물을 비록 하루라도 천하의 군주에 앉혀서 만민을 괴롭히려 한 것일까. 신이 그것을 알고 있었다면 절대로 그런 일은 있을 수 없다. 만일 그러한 신이 없다면 사람의 일을 다 하지 않고 신에게 물은 것은 더없이 어리석다고 해야 할 것이다. 그렇다면 요시노리가 살해된 것은 아시카가 집안을 위해서도, 또 당시 천하의 인민을 위해서도 큰 행운이었다. 만일 이 사람이 만일 오래 살아 있었다면 아시카가의 세상은 반드시 망해서 사라졌을 것이다. 이로써 생각해 보면, 하타케야마 미쓰이에의 죄는 단지 어리석음에 있는 것이 아니다. 모치우지가 군사를 일으켜 결국에는 그 자신도 망해 버리고 간토의 반란이 그 후에도 그치지 않은 것도 첫째로는 요시모치가 전부터 약속했던 것이 어긋난 것, 둘째로는 요시노리가 승려 신분에서 무가의 동량이 된 것을 가소롭게 생각한 데에 기인한다. 그렇기 때문에 요시노리가 죽고 아시카가 장군 집안은 평안했지만 동국의 난은 결국 이것이 원인이 되어 일어났다. 하타케야마 미쓰이에의 죄는 가볍지 않다. 다만 이와시미즈 신의 가르침에 따른다고 둘러댔던 것도 미쓰이에의 계략이었고 모치우지의 분노를 달래기 위한 것이었는지도 모른다.

　아시카가 다카우지尊氏와 다다요시直義 형제는 말년에는 사이가 나빠서 여러 번 교전하였으며 결국 다다요시는 다카우지에게 독살되었다. 그 후 요시아키라는 첩의 소생인 형 다다후유直冬와 싸웠고 충의심이 깊은 모토우지基氏도 몹시 의심하며 싫어하였다. 요시아키라의 아들은 요시미쓰와 미쓰아키라 둘 뿐이다. 미쓰아키라는 사고 없이 생애를 마쳤는데 그의 네 아들을 모두 승려도 만들었다. 요시미쓰는 아들이 일곱 명이었는데 그중에서도 요시쓰구를 귀여워했으므로 요시모치는 몹시 분개했고 최후에는 요시쓰구를 죽이고 나머지 동생들은 모두 승려로 만들었다. 이는 다카우지 형제, 요시아키라 형제의 예에 질려서 자기 형제와 종형제 아홉 명 모두 승려로 만든 것이다. 그래서 자기의 죽음에 즈음해서도 집안을 계승시킬 사람도 없어서 일단 불문佛門에 들어간 사람에게 집안을 계승하게 하였다. 우리나라의 관습에는 승려를 나가소데長袖[54]라고 부르며 무사와 나란히 견주는 일은 없다. 따라서 위로는 따르는 것처럼 보이지만 아래에서는 심복하는 자가 없었다. 요시노리의 아들 요시마사도 동생을 전부 승려로 만들었다. 후사 문제 때문에 결국 형제가 불화하였다. 그 가풍은 형제 사이가 나쁘고 연장자에게 공손하지 않아서 몹시 한심하다. 게다가 천하의 부를 쥐고 있으면서 어째서 장남 외에는 전부 승려로 만들어 버렸는지 이해하기 어려운 일이 아닌가. 생각해 보건대, "자라 보고 놀란 가슴 솥뚜껑 보고 놀란다"는 속담 그대로이다.

아시카가 요시노리에 대해서는 논할 것까지도 없지만, 그의 치세 초에 남조 천황과의 맹약을 어겼기 때문에 제국의 관군이 여기저기에서 봉기하여서 전혀 평온치 않았다. 가마쿠라[55]를 멸하고 모치우지 부자 두 사람을 죽여 전란이 계속된 뒤 또다시 그의 아들 두 명을 죽였으며 동생인 기쇼 승정도 살해하였고 참소를 믿어 안이하게 잇시키, 요야스 등 남조를 토벌한 대장도 죽여서 모반하는 자가 늘 끊이지 않았다. 천하의 사람들이 살얼음을 디디는 듯한 생각을 하고 있었던 것은 당시의 기록에도 보인다. 그러고도 아카마쓰 미쓰스케에게 살해당한 것은 스스로 죽음을 초래한 것이다. 이 미쓰스케라는 자는 요시모치 시대에도 아카마쓰 모치사다에게 영지를 많이 분급하려는 것을 원망하여 모반한 적이 있었다. 요시노리 대가 되어서도 딸이 살해된 데에 분개하여 영지에 돌아가서 거병하여 싸운 뒤 힘이 다하여 항복하였다. 얼마 후 요시노리가 또다시 그의 영지를 빼앗으려고 하면서 그의 집에 가서 사루가쿠나 주연을 즐긴 것은 도대체 어떤 속셈이었을까. 그저 교만한 나머지 사람을 사람으로 생각하지 않고 '어떤 자가 내 뜻을 어기겠는가'라고 얕보았기 때문에 이러한 일이 일어난 것이다. 그의 시대에 한 사람도 그에게

---

54 늘 긴소매 옷을 입는 귀족, 의사, 신관神官, 승려, 학자 등을 가리킴.
55 간토 관령關東管領을 가리킨다.

간하는 자가 없었던 것도 교만한 꼴이 심했으므로 일부러 귀에 거슬리는 말을 해서 화나게 만들 필요도 없다고 생각했기 때문이었을 것이다.

아시카가 요시카쓰[56]는 아홉 살 때 관례를 치르고, 정5위하 좌중장 장군의 센게를 받았다. 가키쓰 3년(1443) 7월 22일에 훙서하였다[10세, 치세는 3년]. 말에서 떨어져 죽었다[혹은 잇시키 요시쓰라의 지벌이라고도 한다]. 죽을 때 남기는 사세辭世 시는 다음과 같다.

피었기에 사람도 한창일 때는 볼 만한 것인데
아아, 부러운 나팔꽃

그 뒤는 요시나리義成가 계승하였다[8세. 나중에 요시마사義政라고 개명. 치세는 49년이다].

가키쓰 3년(1443) 7월 28일 하리마 국의 떠돌이 무사들이 아카마쓰 미쓰스케의 조카 아카마쓰 사브로 노리시게赤松三郎則重를 세워서 거병하였다. 야마나 소젠山名宗全이 토벌하였다[생각해 보건대, 노리시게는 미쓰스케의 조카가 아니라 종제인가].

9월 23일 밤에 남조 측의 군사인 요시노吉野 도쓰가와十津河, 가와치 국, 기이 국의 재지 무사 300여 명이 남조 천황[유타나리 친왕]을 도와 300여 명이 두 갈래로 나뉘어 한 갈래는 구스노키 지로 마사히데

---

56 1434~1443. 무로마치 막부 7대 장군. 6대 장군 요시노리義敎의 아들. 1441년 6월에 아버지 요시노리가 아카마쓰 미쓰스케赤松滿祐에게 살해되자 중신에게 옹립되어 여덟 살 때 가독을 이었다. 요시카쓰가 어렸으므로 관령管領 호소카와 모치유키細川持之가 보좌했다. 같은 해 9월에 아카마쓰 미쓰스케를 하리마播磨에서 토벌했는데 이 막부 내부의 분열을 틈타 교토를 중심으로 한 도쿠세이 잇키德政一揆가 일어났으므로 덕정령德政令을 발포하여 위기를 극복하려 하였다. 이듬해 1442년에 장군 센게宣下를 받았지만 1443년 병사했다.

楠木二郎正秀를 대장으로 삼아 궁중의 세이료덴淸涼殿에 들어가고 또한 갈래는 야마토 국의 오치가 대장이 되어 쓰보네마치局町[57]로 쳐들어가 방화하였다.

고하나조노後花園 천황은 고노에 전 전하의 저택에 잠행하였다. 남조군은 삼종의 신기神器를 가지고 있었는데 나이시도코로內侍所[58]의 궤는 동문의 경비를 맡고 있던 사사키 구로다 호간佐佐木黑田判官에게 탈환되었다. 신새神璽는 요시노에 보내고, 보검寶劍은 패찰을 붙여 기요미즈데라淸水寺 법당에 버렸다. 그리고 남조군은 히에이 산의 곤폰추도根本中堂[59]에서 농성하였다. 25일, 교토 병력과 승병들이 곤포추도를 공격하였다. 구스기도 오치도 전사했고 남조 천황은 자살하였다[조케이인長慶院이라고 한다].

이 일은 히가시노토인東洞院 잇폰一品 히노 아리치카日野有親가 안내한 것이라는 소문이 나서 아리치카는 살해되었다. 그의 아들 참의 우다이벤右大辨 스케치카資親는 사정을 알지 못했지만 유배죄라 칭하여 살해되었다.

분안文安 원년(1444) 8월에 남조 천황의 태자 두 명 중 한 명은 요시노 깊숙한 곳에서 신새를 지키고 있었으며 고쿠진들은 그를 남조의 새 천황으로 받들었다. 다른 한 명은 이즈미, 가와치, 야마토의 떠돌이 무사들을 이끌고 하치만에서 농성하였다. 하타케야마가 군대를 보내어 공격했지만 이기지 못했고 남조군은 여세를 몰았다. 호소카와 데와노카미出羽守가 출진하여 싸워서 성을 함락시켰으므로 남조

---

57 궁중의 후원. 궁녀의 거처.
58 지금의 가시코도코로賢所에 해당하며, 삼종三種의 신기神器의 하나인 신경神鏡 야타노카가미八咫鏡를 안치하고 나이시內侍가 수호하던 궁중의 전각. 신경을 가리키는 말로 쓰인다.
59 히에이 산比叡山 엔랴쿠지延曆寺의 중심 건물. 788년 사이초最澄가 개창했고 현재의 건물은 간에이寬永 연간(1624~1644)에 재건.

군은 기이 국으로 갔다.

분안 2년(1445) 정월에 오미 국의 대선대부大膳大夫 사사키佐佐木 뉴도 스우타이崇體 부자가 뭔가 이유가 있어서 자살하였고, 사사키 고로佐佐木五郞는 이타카 산飯高山에서 농성하였다.

분안 3년(1446) 8월에 이타카가 함락되고 고로는 자살하였다. 9월에 하타케야마의 가신 유사遊佐 효고노스케 등이 기이 국으로 가서 남조 측과 싸웠는데 패하였다.

분안 4년(1447)에 도가시 지로富樫二郞[하타케야마 쪽]가 백부 도가시富樫 뉴도 안코安高[호소카와 쪽]와 가가 국 슈고직守護職을 둘러싸고 싸워서 국을 반으로 나누었다. 같은 해 8월에 가마쿠라에서 아시카가 모치우지의 아들 에이주오마루永壽王丸를 시나노 국의 무사 에치젠노카미 오이 모치미쓰大井持光가 숨겨 두었다. 관례를 치르고 사에몬노스케左衛門佐 시게우지成氏라고 칭하였다[요시나리義成의 이름 한 글자를 받았다고 한다].

아와노카미安房守 우에스기 노리자네는 모치우지를 잃은 뒤에 출가하여 이즈 국에서 살고 있었는데 거듭 교토 측의 재촉을 받고 유키結城까지도 공격한 것을 수치로 여겨서 도쿠탄德丹과 세이조淸藏 두 아들을 출가시켜서 이들을 데리고 서쪽으로 달아나 오닌應仁 원년(1467)에 스오 국周防國에서 죽었다. 이즈에 버려진 한 아이는 성장하여 다쓰와카마루龍若丸라고 칭하였다. 그리고 우에스기 가신들이 상담한 끝에 나가오長尾 사에몬左衛門 뉴도 쇼켄昌賢 등이 교토에 청하여 에이주오마루를 가마쿠라 도노로 받들고 다쓰와카마루를 우쿄노스케右京亮 노리타다憲忠라고 부르고 집사로 삼았다.

12월에 유사遊佐 등이 또다시 군사를 모아 유아사湯淺 지역을 공략하여 남조의 황족 및 구스노키 지로를 토벌하였다.

분안 5년(1448) 정월에 대신 이하가 어소에 참내하여 축하하였다.

요시나리는 사마노카미에 임명되었다. 남조 측을 토벌한 상이었다. 같은 달 27일에 남조의 태자와 구스노키의 목이 옥문에 걸렸다. 『야스토미키康富記』[60]의 분안 원년(1444) 8월 6일조에는, "남조의 황족이 야마토 요시노 깊숙이에서 깃발을 올렸다고 구마노熊野의 본궁에서 알려 왔다. 우에노미야上野宮의 같은 패들일까"라고 쓰여 있다[생각해 보건대, 우에노미야란 나리요시成良 친왕[61]을 가리키는 것인가]. 또 같은 해 정월 10일조에는, "작년 겨울 기이 국에서 남조 황족의 일당을 토벌하였다. 그 목을 교토에 보내왔으므로 하타케야마 도노가 이것을 장군에게 진상하였다. 올해 초에 적의 목이 도착한 것은 경사스러운 일이다. 그 때문에 오늘 위아래 사람들이 칼을 바쳤다"라고 되어 있고, 같은 달 23일조에는, "예의 황족은 지난 해 12월 22일 기이 국에서 음모가 밝혀졌기 때문에 이를 토벌하였다"라 하였고 27일조에는, "이 목은 엔만인圓滿院 주지가 환속하여 기이 국 기타야마北山라는 곳에서 음모를 꾸미고 있다고 하여 하타케야마 사에몬左衛門 뉴도가 재지무사들에게 명하여 지난해 12월 22일 기이 국에서 토벌한 남조의 고조인護性院의 일당이라는 것이다"라고 쓰여 있다.

생각해 보건대, 『제문적계도諸門跡系圖』[62]에 따르면, "교고行悟[63]는 남조의 고카메야마 천황의 황자로 고엔만인구後圓滿院宮 승정이다. 엔고圓悟는 남조의 고조인노미야五常院宮의 아들로 호를 엔만인圓滿院이라 하였다"라고 한다. 『야스토미

---

60 곤노다이게키權大外記였던 공가公家 나카하라 야스토미中原康富가 오에이應永 8년(1401)부터 53년간 쓴 일기.

61 고다이고後醍醐 천황의 황자.

62 1680년 무렵의 저작이라 일컬어지는 『제문적보諸門跡譜』를 가리킨다. 편자 미상.

63 1377~1406. 남북조 시대부터 무로마치 시대에 걸친 남조의 황족. 조케이長慶 천황의 황자. 근세의 남조 계도系圖에 고카메야마後龜山 천황의 황자라고 되어 있는 것은 잘못이다.

키』에서 말하는 고조인은 『제문적계도』에서 말하는 고조인五常院임에 틀림없다. '그 일당'이라고도 또 '전前 주지'라고도 쓰고 있기 때문에 이때 토벌된 것은 교고 行悟 승정임에 틀림없다. 그렇다면 『남조기』에 '남조 천황의 태자 세 명'이라고 쓴 것은 틀림없이 고후쿠인 도노高福院殿와 교고 승정을 가리킨다.

8월에 사마노스케 아카마쓰 노리시게[미쓰스케의 동생[64]]가 조선에서 돌아와 집안을 일으키려고 하다가 살해되었다.

호토쿠寶德 2년(1450) 4월에 가마쿠라鎌倉의 아시카가 시게우지와 우에스기 노리타다가 불화하여 시게우지는 에노시마江嶋로 옮기고 하마浜에서 교전하였다. 8월에 화해가 성립되어 시게우지는 가마쿠라로 돌아갔다.

교토쿠享德 3년(1454) 4월에 오와리노카미 하타케야마 마사나가畠山政長와 이요노카미 하타케야마 요시나리畠山義就가 관령 사에몬노카미 모치쿠니 뉴도 도쿠혼德本의 가독을 둘러싸고 싸웠다.[65] 처음에 도쿠혼에게는 아들이 없어서 동생인 오와리노카미 모치노리持憲의 아들 마사나가를 양자로 삼아 총령總領으로 할 것을 약속하였다. 그런데 나중에 요시나리가 태어났으므로 요시나리에게 가독을 물려주려고 했기 때문에 형제가 불화하고 결국에는 싸움이 된 것이다.

마사나가는 도쿠혼의 집에서 나와 호소카와 가쓰모토細川勝元의 집에 가서 가신을 야마나 소젠 집에 보냈다. 8월에 도쿠혼의 가신이 전부 야마나의 집에 가서 마사나가에게 붙었다. 수도 안에 큰 소동이

---

64 원문의 '二男'은 '實弟'의 오류.

65 하타케야마(畠山) 씨 가계도

하타케야마 미쓰이에畠山滿家 ┬ 장남 모치쿠니持國 ─ 요시나리義就
　　　　　　　　　　　　　├ 2남 모치나가持永
　　　　　　　　　　　　　│ [적남]
　　　　　　　　　　　　　└ 3남 모치토미持富 ─ 마사나가政長

일어났다. 21일 밤 도쿠혼의 집이 불탔다. 도쿠혼은 백부 미쓰노리滿
則[수리대부인가]의 집으로 갔다. 하타케야마 요시나리는 야마나 사가
미노카미[노리유키] 집에 갔으나 들여보내 주지 않아서 가와치노카미
河內守 유사 구니스케遊佐國助 집에 들어갔다. 23일 밤, 구니스케의 집
이 불타서 요시나리와 구니스케는 가와치 국으로 달아났다[일설에는
이가(伊賀)로 달아났다고 한다].

28일에 도쿠혼은 겐닌지建仁寺 사이라이인西來院에 칩거하고 마사나
가에게 집안을 계승시켰다. 호소카와 가쓰모토가 편들어 주었기 때문
이다. 도쿠혼 일족이 간했지만 도쿠혼은 들어주지 않았으므로 부자 일
족 일곱 명이 할복하고 죽었다[생각해 보건대, 하타케야마의 집이 불탄 것은 전부
소젠의 계략이었다고 한다]. 죽을 때 지어 남긴 시가는 다음과 같다.

가바네姓는 히가시야마東山에 남겨 두기는 하나
이름은 서쪽에 지는 달

11월 2일에 아시카가 요시마사는 군사를 모았다. 야마나를 치기
위해서였다. 관령 호소카와 가쓰모토가 여러 번 간했으므로 요시마
사도 야마나 소젠이 호소하는 바를 받아들였다. 소젠은 다지마 국但
馬國에 가고 아들 이요노카미는 수도에 있었다[이는 이번 하타케야마의 집
안일은 소젠 탓이라 하여 죽이려고 한 것이다. 가쓰모토도 가신 이소가야磯谷가 이번
건의 장본인이라 하여 그를 죽였다고 한다].

12월에 소젠이 장군의 꾸지람을 받았으므로 사누키노카미 호소카
와 시게유키細川成之[66]는 아카마쓰 히코고로 노리나오赤松彦五郎則尚의
옛 영지에 대해 탄원하여 허락받았고 노리나오는 하리마 국으로 갔

---

66 원문의 '成久'는 '成之'의 오류.

다[노리나오는 미쓰스케의 조카라고 한다. 그렇다면 미쓰스케의 동생 요시마사義雅의 자식임에 틀림없다. 『남조기南朝記』에는 히코고로 노리나오라고 적고 그 밑에는 아카마쓰 스케유키赤松祐之 히코고로 노리나오라고 쓰여 있으며, 『오닌기應仁記』에는 히코지로彦二郎 히코고로彦五郎라고만 되어 있고 이름은 기재되어 있지 않다].

이달에 가마쿠라에서 우쿄노스케 우에스기 노리타다가 살해되었다 [22세]. 이후 우에스기의 가신인 나가오 가게나카長尾景仲와 아시카가 시게우지 사이에 싸움이 시작되어 간토는 크게 혼란하였다.

고쇼康正 원년(1455) 정월에 무사시 국 다치카와라立河原 전투, 부중 전투로 싸움이 이어졌는데 이때에 시게우지가 패하였다. 3월 26일에 도쿠혼이 졸하였다. 4월에 야마나 소젠과 아카마쓰 노리히사가 하리마 국에서 싸웠고, 5월에 아카마쓰는 비젠 국에서 자살하였다. 야마나는 죄를 용서받고 상경하여 위세를 떨쳤다.

생각해 보건대, 『오닌 별기應仁別記』에는 "이때 히코지로는 이세 국에 가서 기타바타케를 의지했는데 바람이 이루어지지 않아서 자살하였다"라고 쓰여 있다. 『남조기』에는 "미쓰스케가 살해되었을 때 노리스케는 이세에서 살해되었다"라고 기록되어 있으며, 그 후 분안文安 무렵의 기록에는 "노리스케는 이세에서 살해되었다"라고 쓰여 있다. 이는 한 사람의 일을 우선 기록하고 나중에 보충해서 적은 것이라 생각된다.

그런데 이것을 적은 부분에는 히코고로에 관한 것뿐이고 히코지로의 일은 기록되어 있지 않다. 『왕대일람王代一覽』에는 아버지와 같은 해에 이세 국으로 내려가서 자살한 것은 노리야스로 되어 있고[19세라고 한다] 사마노스케左馬助가 살해된 것을 적은 곳에는 어디에도 기록되어 있지 않으며 그 이름도 쓰여 있지 않다. 이번의 건에 대해서는 히코고로 노리나오만을 기록하였다. 『왕대일람』에는 사마노스케의 죽음에 장소를 명기하지 않은 것인가.

6월에 교토에서 우에스기 후사아키上杉房顯와 우에스기 사다마사上

杉定政에게 명령하여 가마쿠라를 공격하게 하였다. 시게우지는 패하여 멀리 달아났다. 10월에는 오카베카하라岡部原에서 교전하였는데 우에스기가 승리하였다. 11월에는 하네쓰구하라羽繼原 전투에서 우에스기가 패했고, 부바이 전투에서는 우에스기가 이겼다. 우에스기는 무사시 국 이캇코五十子에 진을 쳤다.

고쇼 2년(1456) 여름에 하타케야마 마사나가와 요시나리가 가와치 국 가야후리萱振에서 교전하였다. 아시카가 요시마사가 두 사람에게 명하여 화해시켜 두 사람은 상경하였다[『남조기』에는 "이번에 마사나가 요시마사의 명을 어겼으므로 요시나리가 군병을 모아 가와치 국에 출진하였고, 6월 26일에 곤다譽田의 도묘지道明寺 강변에서 싸웠다"라고 쓰여 있다. 『왕대일람』에는 "요시나리가 가와치 국에서 출진하여 야마토 국 가타오카片岡 부근을 빼앗았다. 요시마사가 불러서 마사나가와 화해시켰다"라고 기록되어 있다].

조로쿠長祿 원년(1457) 9월 26일에 요시마사는 동생 고곤인香嚴院[23세]을 환속시켜서 사마노카미 마사토모政知라고 이름 짓고 간토의 주인으로 삼았다. 그렇지만 동국의 군사 대부분은 고가쿠보古河公方 시게우지에게 마음을 두었기 때문에 마사토모는 이즈 국 호리코시堀越에 살았다. 야마우치山內나 오기가야쓰扇谷는 모두 그를 받들었다[『왕대일람』에는 간쇼寬正 2년(1461) 10월의 일이며 사효에노카미라고 되어 있다].

조로쿠 2년(1458) 6월 27일 밤 남조 천황 고후쿠인이 붕어하여 신새가 교토로 돌아왔다. 『남조기전』에는 다음과 같이 쓰여 있다.

"아카마쓰 미쓰스케의 가신인 이와미 다로石見太郎는 내대신內大臣 산조 사네카즈三條實量를 모시고 있었는데 아카마쓰 집안이 끊어진 것을 탄식하며 아시카가 다카우지가 아카마쓰 엔신赤松圓心을 아버지처럼 의지하고 있다는 문서 등도 보여주었으므로 '어떻게든 해서 가키쓰嘉吉의 반역죄를 용서받을 만한 일은 없는가'라고 하자 이와미 다로는 '남조 천황을 토벌하고 신새를 다시 조정에 헌납하여 속죄하겠습니다'라고 말하였다. 내대신이 이를 상주하였고, 또 막부에도 전했으므로 사면되었다. 아카마쓰 일족은 마시마眞島, 기누가사衣笠 및 나카무라中村 단조彈正 등과 상담하고 십여 명이 남조 천황에게 출사하고 싶다고 청원하여 허락을 받았다. 이날 밤 나카무라가 잠입하여 남조 천황을 토벌하였다. 남조 천황은 부상을 입었으면서도 도쓰카와로 천행遷幸하였고 결국 붕어하였다. 나카무라는 토벌되었으나 마시마, 기누가사 등이 신새를 탈환할 수 있었고 교토로 돌아와 궁궐에 바쳤다. 아시카가 요시마사는 마침내 미쓰스케의 동생인 요시마사의 아들로 쇼존性存 법사法師라고 하는 자의 다섯 살 된 아들 이치마쓰마루一松丸를 불러서 아카마쓰 지로 마사노리赤松二郎政則라고 칭하고 도가시 야스타카富樫安高 뉴도가 이전에 받은 가가加賀의 반을 주었다. 야마나 소젠은 노하여 이와미 다로를 야습하여 죽였다."

[『오닌 별기應仁別記』에는, "산조 도노三條殿를 모시고 있던 것은 사에몬노조 이와미 다로石見太郎이며, 남조 천황을 토벌한 것은 나카무라 다로 시로中村太郎四郎라고 하는 자였다. 이와미가 토벌된 것은 산조덴三條殿에서 고와카마이幸若舞가 있어서 구경꾼이 많이 모였다가 돌아갈 때 쓰지기리辻切[67]처럼 토벌되었다"라고 쓰여 있다].

생각해 보건대, 고다이고 천황이 요시노로 가고부터 55년 만에 남북조가 합체하였고, 그 후 50년 지나 남조 천황이 다시 요시노에서 일어났으며 그 후 15년 만에 토벌되고 말았다. 남조는 120년 만에 멸망하였다.

---

67 무사가 칼을 시험하거나 무술을 연마하기 위해 왕래가 적은 밤거리에 나가 불시에 사람을 베던 일. 특히 에도 시대 초기는 센코쿠戰國 시대의 살벌한 기풍이 아직 충만하였으므로 에도 시중을 횡행하며 치안을 어지럽혔다.

무로마치 막부의 역대 장군

간쇼寬正 원년(1460) 9월에 우에몬노스케右衛門佐 하타케야마 요시나리畠山義就[1]가 또다시 장군 요시마사義政의 명령을 어기고 가와치국河內國으로 물러가 와카에 성若江城에서 농성하였다. 오와리노카미尾張守 하타케야마 마사나가畠山政長로 하여금 공격하게 하였다. 요시나리는 다케야마嶽山, 곤타이지金胎寺에서 성을 지켰고 전투가 끊이지 않았다.

간쇼 3년(1462) 4월에 요시마사는 호소카와細川, 야마나山名, 사사키佐佐木 등 합쳐서 20여 국의 병력을 동원해서 마사나가를 돕게 하여 곤타이지를 함락하였다.

간쇼 4년(1463) 4월에는 다케야마가 함락되어 요시나리는 고야 산高野山으로 도주하였다. 마사나가가 이를 공격하자 요시나리는 몰래 요시노 산吉野山으로 달아났다. 12월에 마사나가가 상경하였고, 고쓰치미카도後土御門 천황 간쇼 5년(1464) 8월에 마사나가는 관령管領이 되었다. 이해 11월에 요시마사는 동생인 조도지淨土寺의 주지 기진義

---

1 ?~1490. 무로마치 시대 중기의 무장. 하타케야마 모치쿠니畠山持國의 아들. 하타케야마 가의 가독을 둘러싸고 종형제 야사브로彌三郎와 그 동생 마사나가政長와 대립하여 오닌應仁의 난을 일으켰다. 오닌의 난에서는 서군에 속했으며 1477년 강화 후 돌아오지 않고 가와치河內로 내려가 가와치·기이紀伊를 지배하였다.

尋을 환속시켜서 종5위하 사마노카미左馬頭 요시미義視라고 명명하여 천하를 물려주기로 약속하고 호소카와 가쓰모토細川勝元[2]를 그 집사로 삼았다[요시마사 29세, 요시미 22세].

간쇼 6년(1465) 11월에 요시마사는 아들을 얻었다[이 사람이 요시히사義尚]. 미다이도코로御台所[요시히사의 어머니로, 내대신內大臣으로 추증追贈된 우라마쓰 시게마사裏松重政의 딸]는 은밀히 야마나 소젠山名宗全[3]을 의지하여 그의 아들을 후사로 세우도록 도모하였고 소젠은 이에 응하였다.

생각해 보건대, 가쓰모토는 소젠의 사위이다. 가쓰모토는 처음에 아들이 없어서 소젠의 아들을 양자로 삼았다. 그 후 친아들이 태어났으므로 양자를 승려로 만들었다. 소젠은 불쾌하게 생각하였고 또 아카마쓰 지로 마사노리赤松二郎政則가 집안을 재흥한 것도 원망스럽게 생각했으므로 요시미가 국정을 잡으면 가쓰모토가 실권을 잡을 것임에 틀림없기 때문에 어떻게 해서든 요시미를 무너뜨리려고 이 일에 응한 것이다.

이듬해 분쇼文正 원년(1466)[4] 4월에 우효에노카미右兵衛督 시바 요시카도斯波義廉와 우효에노스케右兵衛佐 시바 요시토시斯波義敏가 싸웠다.

---

2 1430~1473. 무로마치 막부의 관령管領. 1441년 가키쓰嘉吉의 난 후 강대해진 야마나 모치토요山名持豊와 결탁하였으나 아카마쓰赤松 씨의 재흥을 지원함으로써 점차 모치토요와 대립하게 되고, 하타케야마畠山와 시바斯波 집안의 내분 문제로 완전히 대립하였다. 결국 장군 가의 후사를 둘러싸고 가쓰모토는 아시카가 요시미足利義視를, 모치토요는 아시카가 요시히사足利義尚를 지원함으로써 1467년 오닌應仁의 난이 발발하는 한 요인이 되었다. 가쓰모토는 동군東軍의 총대장으로서 모치토요가 이끄는 서군西軍과 싸웠으나 승패가 결정되기 전에 모치토요가 죽고 가쓰모토도 약 2개월 후에 병으로 죽었다.

3 1404~1473. 무로마치 시대 무장. 이름은 모치토요持豊. 소젠은 출가 후의 법명. 1441년 가키쓰의 난 때 아카마쓰 미쓰스케赤松滿祐를 토벌하고 세력을 강화하였고, 오닌의 난 때는 서군의 총대장으로 알려졌다.

4 원문의 '文正四年'은 '文正元年'의 오류.

이 일이 있기 전에 시바의 총령 지요토쿠千代德가 일찍 죽고[조로쿠長祿 3년(1459)의 일인가] 아들이 없었다. 수리대부修理大夫 오노 모치타네大野 持種가 장남 요시토시를 후사로 삼고 3직職 자리에 앉혔는데 얼마 안 있어 가이甲斐, 아사쿠라朝倉, 오다織田 등의 가신과 불화하게 되었다. 이세노카미伊勢守 이세 사다치카伊勢貞親의 처는 가이의 누이동생이었 기 때문에 사다치카를 의지하여 장군에게 진정하였던바 마침내 치 부소보治部少輔 시부카와 요시카도澁川義廉를 세워서 우효에노카미에 임명하여 요시토시를 물리쳤다.

요시토시는 쓰쿠시 국筑紫國으로 내려가서 좌경권대부左京權大夫 오 우치 노리히로大內敎弘를 의지하고 있었는데 6년 뒤에 요시토시 처의 여동생이 사다치카의 첩이 되어 신조新造라고 불리며 몹시 사랑을 받 았다. 그 첩이 사다치카를 움직여 주선하게 하여 요시토시[5]의 아들 마쓰오마루松王丸를 로쿠온인鹿苑院의 인료켄蔭涼軒 신즈이 사이도眞蘂 西堂의 제자로 삼고 사이도西堂를 통해 요시토시의 사면을 탄원하였 다. 사다치카의 아들 효고노스케兵庫助 이세 사다무네伊勢貞宗가 그것 을 간하여 막았으므로 사다치카는 그를 마음에 들지 않았지만 얼마 후 요시토시는 용서받고 간쇼 6년(1465) 겨울에 상경하였고 12월 29 일에 아버지 수리대부 뉴도入道 메이간明巖과 함께 장군 어소에 찾아 뵈었다.

이해 여름 무렵에 요시토시가 시바斯波의 가독이 되었으므로[6] 요 시카도는 장인 소젠과 상의하였고 뉴도 메이간은 마침내 영지의 병

---

5 원문의 '義政'은 '義敏'의 오류.

6 시바斯波 씨 가계도   ※ ━ 표시는 양사

시바 요시타케斯波義健 ┌ 요시요시義敏
                      │ [시바 모치타네斯波持種의 아들]
                      └ 요시카도義廉
                        [시부카와 요시카네澁川義鏡의 아들]

력을 소집하였다. 요시카도도 오와리尾張 · 에치젠越前 · 도오토미遠江
의 병력을 불러들이고 저택에 망루를 짓고 방패를 담처럼 빙 둘러
세우고 대기하였다. 여러 다이묘들도 각기 영지로부터 병력을 불러
올렸으므로 도성 안의 소동은 대단하였다. 그때 낙서 중에 다음과
같은 것이 있었다.

요시토시義敏는 후타미二見 포구의 어부로구나
이세伊勢 미역[7]을 부탁할 따름이로다
매미는 정신없는 세상에 나왔으나
쓰쿠시에 있던 요시토시는 틀어박혀 있으면 좋을 것을

이마데가와 도노今出川殿 요시미가 요시카도의 편을 들고 있다는
소문이 나서 형제 사이가 대립하게 되어서 요시미는 몰래 가쓰모토
의 집으로 옮겨갔다.

또 사다치카에게는 "천하를 어지럽힌 장본인이라 하여 호소카와
와 야마나가 장군의 명령을 받아 토벌대를 보낸다"는 소식이 들어와
4월 6일 밤 사다치카 부자와 신조新造 및 사이도는 오미지近江路로 나
가 멀리 달아났다. 요시토시도 같은 날 북국北國으로 달아났다. 9일
에는 여러 다이묘가 연판連判하여 사다치카의 누적된 악행을 호소하
고 그를 처벌하지 않으면 모두 출사를 그만둔다고 말하였으므로 사
다치카 추방 명령이 내려졌다. 이때 다음과 같은 낙서가 있었다.

사다치카는 오미近江 포구의 붕어로구나
미역에 휩싸여 입에 들어간다[8]

---

7 미역은 일본어로 와카메わかめ, 이는 '젊은 여자わかめ', 즉 신조新造를 가리
킴.

엮은 대나무 힘이 강하니

찢어지기 어려운 피롱皮籠[9]인가

'인료켄 신즈이도 처벌해야 한다'는 요청이 있었기 때문에 그도 요청대로 처치되었다. 11일에는 히노日野 내대신을 사자로 하여 이마데가와 도노今出川殿 요시미에게 서장을 보냈다. 서장에 따를 마음이 없었지만 잇시키一色 이요노카미伊豫守가 간하였으므로 요시미는 돌아왔다. 그리고 하타케야마 요시나리는 히노 내대신과 기타코지로 도노北小路殿를 의지하여 미다이도코로 히노 도미코日野富子에게 탄원해도 용서받지 못하였는데 소젠 뉴도가 지난번 다케야마嶽山 전투에서 요시나리의 무용을 보았으므로 그를 자기편으로 하면 자기 집안을 위해 좋을 것이라고 생각하여 누이인 비구니 안세이인安淸院을 통해 미다이도코로에게 매일 부탁한 결과 마침내 요시나리에게 출사 허가가 내려졌다. 분쇼 2년(1467) 12월 25일에 상경하여 출사하였다. 그날 아침에 그의 숙소인 센본千本 지조인地藏院 문에 낙서가 적혀 있었다.

우에몬노스케右衛門佐[10]가 받은 것이 두 가지

야마나山名의 발[11]과 어소의 술잔[12]

---

8 붕어를 다시마 등 해초에 싸서 먹는 방법이 있다. 미역은 일본어로 와카메わかめ, 즉 '젊은 여자わかめ'에게 휩싸여 있는 사다치카를 조롱하는 것.
9 시부카와고しぶかはご는 속껍질로 보강한 바구니. 여기서는 시부카와しぶかは, 澁川, 고ご, 子, 즉 시부카와의 아들 요시카도義廉를 가리킨다.
10 하타케야마 요시나리畠山義就.
11 야마나 소젠山名宗全의 부하가 되는 것.
12 장군 아시카가 요시마사足利義政의 신하가 되는 것.

이듬해 오닌應仁 원년(1467) 정월 초하루에 관령 사에몬노카미左衛門督 하타케야마 마사나가가 향응을 담당하였다. 2일에는 항례대로 장군이 관령의 집에 첫 행차를 하는 오나리하지메御成始를 할 예정이었으나 "내일의 행차는 생각하는 바가 있어서 연기한다"라고 말하였다. 마사나가는, "4, 5년 동안 여덟 번의 중요한 의식을 집행하고 봉공도 다른 사람과는 달리 특별하였다. 다른 일도 없을 텐데 이후에는 어찌 될 것일까"라고 하며 당황해 하였다. 요시나리는 마사나가를 쫓아내고 저택을 빼앗으려고 하였다. 마사나가 쪽도 망루와 방패로 담을 치고 상대를 기다렸다.

여느 때와 마찬가지로 15일에 야마나 소젠의 향응 역할이 끝난 뒤 소젠은 한밤중에 이마데가와 도노를 찾아뵙고 요시미를 무로마치 어소室町御所에 끌어들여서, "요시나리가 상경한 다음에는 마데노코지萬里小路의 저택으로 옮기려고 하였는데 가쓰모토가 마사나가와 힘을 합해 윗분의 뜻을 거역하고 반역을 도모하고 있는 듯합니다. 사자를 보내어 마사나가에의 원조를 그만두도록 명하는 것이 좋을 것입니다"라고 요시마사에게 진언하였으므로 마침내 사자를 보냈는데 가쓰모토는 승복하지 않았고 결국, "여러 집안의 자들은 마사나가에게도 요시나리에게도 응원해서는 안 된다. 오직 서로 맞서서 당사자 간에 승패를 결정하라"라고 하였다.

소젠은 요 며칠 사이에 나흘 밤낮으로 탄원하였는데도 이 같은 명령이 내려진 것은 도대체 어찌 된 일인가 하고 말했지만 요시나리는, "이 명령은 내가 바라던 바다"라고 하였다. 18일에 마사나가는 고료노모리御靈森로 물러났다. 여기는 호소카와의 성채와 가까웠기 때문에 그의 협력을 기대했기 때문이다. 소젠은 얼마 안 있어 천황을 요시마사의 저택 무로마치 어소로 옮겼다.

이날 다시 가쓰모토에게 사자를 보냈지만 승복하지 않았다. 요시미는 민부소보民部少輔 호소카와 노리하루細川教春를 사자로 하여 보냈다. 노리하루는 유사시의 작별인사를 요시미에게 청하고 가쓰모토를 방문했는데 가쓰모토도 마사나가에게는 협력하지 않는다고 약속하였다.

다음과 같은 낙서가 있었다.

봄이 오면 다시 갈아엎을 하타케야마
역시 말다툼의 씨를 뿌리겠지

이와 같이 하여 18일 오전 6시경부터 종일 싸움이 계속되었고 가쓰모토의 조력을 얻지 못한 마사나가는 그날 밤 멀리 달아났다[이때 마사나가도 전사한 것처럼 이야기되고 있었다].

낡은 갑옷으로 고료御霊까지 온 오와리 도노尾張殿
호소카와 천 조각을 믿은 덧없음[13]
호소카와細川는 스노마타 강墨俣川라고 이름 지을지어다
오와리 깨뜨리는 강이라 할 만하도다[14]

라는 낙서도 있었다. 이렇게 해서 도성 안은 잠시 동안 조용해졌다. 야마나와 하타케야마의 교만과 사치는 대단하였다. 이리하여 가쓰모토의 숙부 사마노카미 호소카와 모치카타細川持賢[15] 뉴도가 은밀히 가쓰모토에게 권하였으므로 소젠과의 사이에 싸움이 일어났다는

---

13 오와리 도노는 마사나가政長, 호소카와 천 조각은 가쓰모토勝元. 가쓰모토의 의지할 데 없는 처지를 야유한 것.

14 오와리는 스노마타 강의 범람으로 어려움에 처해 있었다. 오와리는 시바斯波의 영지.

15 원문의 '細川持堅'은 '細川持賢'의 오류.

소문이 나서 이마데가와 도노가 호소카와와 야마나 양쪽을 방문하고 화해를 명하였다. 가쓰모토의 계략으로 아카마쓰 지로 마사노리의 구신들이 하리마播磨·비젠 국備前國에 쳐들어가고, 이세 국伊勢國에는 도키 요야스 고로 마사야스土岐世保五郎政康가 공격하였고, 오와리·도오토미 국에는 시바 요시토시斯波義敏의 구신들이 쳐들어갔으며, 와카사 국若狭國의 이마토미노쇼今富莊에는 다케다武田가 내려가서 잇시키의 가신들을 쫓아냈다. 소젠 쪽 사람들은 분개하였고 각각의 저택에 방비를 단단히 하였다.

5월 24일에 야마나 쪽 잇시키 좌경대부左京大夫의 진지가 된 오쿠라 쇼시쓰御倉正實의 저택에 가쓰모토 쪽의 조신인成眞院이 쳐들어와 진을 쳤다.

날이 밝아 26일에 동군과 서군의 양 진영으로 나뉘어 서로 화살로 싸움을 시작하였다. 이 날 가쓰모토는 출사하여 관군을 나타내는 깃대 미하타자오御旗竿를 수여받고 요쓰아시몬四足門[16]에 미하타御旗를 내걸었다.

호소카와 쪽(동군)

호소카와 가쓰모토　셋쓰攝津·단바丹波·도사土佐·사누키讚岐

사누키노카미讚岐守 호소카와 마사유키細川政之　아와阿波·미카와三河

빗추노카미備中守　빗추

아와지노카미淡路守　아와지

이즈미 슈고和泉守護　이즈미

시바 요시토시斯波義敏

하타케야마 마사나가　기이紀伊·가와치·엣추越中

대선대부大膳大夫 교고쿠 모치키요京極持淸　　오키隱岐 · 이즈모出雲 · 히
　다飛驒 · 오미

아카마쓰 지로 마사노리　하리마 · 비젠 · 미마사카美作

도가시노스케 마사치카富樫介政親　가가加賀

대선대부 다케다 구니노부武田國信　아키安藝 · 와카사
　　이상 합계 22개국, 병력 16만여 명

야마나 쪽(서군)

야마나 소젠　다지마但馬 · 하리마 · 빈고備後

사가미노카미 뉴도　호키伯耆 · 비젠

이나바 슈고因幡守護 야마나 가쓰토요山名勝豊　이나바因幡

수리대부 야마나 마사키요山名政淸　미마사카 · 이와미石見

시바 요시카도　에치젠 · 오와리 · 도오토미

하타케야마 요시나리　야마토大和 · 가와치 · 기이

수리대부 하타케야마 요시무네畠山義統　노토能登

좌경대부 잇시키 요시나오一色義直　단바 · 이세 · 도사

좌경대부 도키 시게요리土岐成賴　미노美濃

록카쿠 시로 다카요리六角四郎高賴　오미

오우치 신스케 마사히로大內新介政弘　스오周防 · 나가토長門 · 부젠豊
　前 · 지쿠젠筑前 · 아키 · 이와미

고노 미치하루河野通春　이요伊豫
　　이상 합계 27개국, 병력 11만 6천여 명

이렇게 6월부터 연일 싸움이 그치지 않아서 도성 안도 도성 밖도
완전히 전화에 휩싸였다. 8월에 가쓰모토는 천황과 상황上皇을 하나
노고쇼花御所로 옮겼다. 이는 요시마사가 야마나와 마음을 통한다는

소문이 나 있었기 때문에 천황과 상황을 도와 받들려는 계략이었다[8월 23일이었다]. 이달, 요시미는 이세 고쿠시伊勢國司 중납언中納言 기타바타케 노리토모北畠敎具의 집으로 달아났다.

[『오닌 별기應仁別記』를 참조해보면, "요시미는 5월 25일 이래 요시마사와 같은 곳에 있었다. 8월 20일에 호소카와 가쓰모토의 저택에 초대받았다. 요시마사가 이 일에 대해 호소카와에게 물었더니 '고쇼御所 도노께서 야마나를 편들어 주시므로 이 고쇼에게 의지하기로 했습니다'라고만 대답하였다. 22일에 요시미가 요시마사에게 사자를 보내어 '함께 있는 것은 가쓰모토가 반대하기 때문에 누긋하게 있다'라고 전했더니 요시마사로부터는 '경솔하게 생각하지 않는 것이 중요하다. 여하튼 그곳에'라는 전달이 있었다. 하지만 23일 오후 10시경에 도망쳐서 이세 국으로 향하였다"라고 기록되어 있다].

오닌 2년(1468) 정월부터 3월까지 동서 양군이 도성 내에서 교전하였고 각각의 우군이 각국에서 싸웠다. 4월에 가쓰모토는 요시미를 맞이하였고 요시미는 10월에 귀경하였다. 그렇지만 가쓰모토가 요시미를 주군으로 세우려고 한다는 소문이 퍼졌기 때문에 요시마사도 역시 그런가 하고 의심하고 있다고 소문이 났다. 가쓰모토는 그 의심을 풀기 위해 요시미를 히에이 산比叡山에 올라가게 하였다[『오닌 별기』에는, "11월 5일에 요시미가 상경하였고, 13일 밤비 속에 산에 올라갔다"라고 쓰여 있다]. 결국 요시미는 소젠의 진중에 맞이되어 주군이 되었다[11월 25일]. 이후에는 장군 형제가 영지를 다투는 경향을 드러내었다.

분메이文明 원년(1469)에 오미 국의 록카쿠 가메주마루六角龜壽丸가 야마나 편으로서 봉기하였다. 부재중인 오우치大內를 지키던 후타오二尾 가가노카미加賀守는 주군을 배반하고 호소카와 편에 붙었다. 이틈에 쇼니 요시요리少二嘉賴의 아들 노리요리敎賴가 쓰시마對馬에서부터 출진하여 지쿠젠 국의 원래 영지를 탈환했으므로 규슈는 혼란하였다.

분메이 2년(1470) 7월에 이치조 가네요시一條兼良가 관백을 사직하였다. 이때 예순아홉 살이었다. 전래하던 문헌은 죄다 전화에 불타 버렸으며, 그 후 나라奈良에 칩거하였다. 아들인 전 관백 노리후사敎房는 효고兵庫로 내려갔으며 손자 후사이에房家는 도사 국으로 내려갔다. 그 후 아카마쓰의 군대가 하리마 국에서 상경할 때 가네요시의 손자는 살해되었다. 그때 가네요시는 이렇게 읊었다.

아무리해도 죽을 목숨을 어찌 무사의
집에서 태어나지 않은 것인지 분하도다

12월에 고하나조노後花園 상황이 무로마치도노室町殿에서 붕어하였다[52세].

분메이 3년(1471) 정월에 히덴지悲田寺에 장사하였다. 5월에 요시마사는 에치젠 국을 아사쿠라 다카카게朝倉孝景에게 주었다. 에치젠 국은 시바 씨의 영지였지만 가신인 가이甲斐가 전란을 틈타서 주군을 죽이고 영지를 빼앗은 것을 아사쿠라가 토벌한 것이다. 그 후 시바 부에이斯波武衛의 자손은 떠돌이 무사가 되어 간토關東로 갔다. 오와리 국도 부에이의 영지였는데 가신 오다織田 씨가 탈취하고 말았다[『대계도大系圖』에는, "시바 요시카도는 오닌의 난 때 조정의 적에 가세했기 때문에 요시나가義良를 가독으로 삼았다. 요시나가는 실은 요시아쓰義淳의 아들로서 나중에 요시히로義寬라고 개명하였다"라고 쓰여 있다. 이 사람은 살해된 것일까]. 이해에 고가古河의 아시카가 시게우지足利成氏는 우에스기 아키사다上杉顯定에게 고가를 함락당하여 지바千葉로 달아났다.

분메이 4년(1472)에 도성 내에서의 전투는 여전히 계속되었다. 요시마사의 명령으로 노토 국의 하타케야마[하타케야마 요시즈미畠山義純]가 호소카와에게 항복하였고 북국의 길이 열렸으므로 다량의 군량미가 동군에 모였다. 야마나 쪽의 항복자가 많았다[『오닌 별기』에는, "야마나,

잇시키가 오고, 하타케야마 사에몬노스케左衛門佐가 내려갔다. 오우치 신스케는 항복하고, 시바 부에이와 도키는 영지로 돌아가서 도성 내가 진정되었다. 고쇼御所 도노께서 기뻐하였다"라고 기록되어 있다.

분메이 5년(1473) 3월 19일에 우에몬노카미右衛門督 야마나 모치토요山名持豊 뉴도 소젠宗全이 졸卒하였다[70세]. 5월 11일에 우경대부右京太夫 호소카와 가쓰모토가 졸하였다[44세]. 오닌 원년(1467)부터 이해까지 7년 동안 싸웠다. 승패가 아직 정해지지 않은 채 양쪽 대장이 병사하였지만 남은 군대는 여전히 도성 안에서 대진하였다.[17] 12월에 아시카가 요시히사足利義尚[18]가 관례를 올리고 정이대장군征夷大將軍 정5위하 좌중장左中將가 되었다[이때 9세]. 하타케야마 마사나가가 관령이었지만 7일 만에 사직하고 하타케야마 요시무네[19]가 관령을 맡았다.

분메이 9년(1477) 11월에 야마나 쪽 다이묘는 전부 교토를 떠나 영

---

17 오닌應仁 원년(1467)에 발생하여 분메이文明 9년(1477)까지 약 10년에 걸쳐 계속된 내란으로, 오닌의 난이라 한다. 또 전란 기간 대부분이 분메이 연간이었기 때문에 오닌·분메이의 난이라고도 한다. 무로마치 막부 8대 장군 아시카가 요시마사足利義政의 후계 다툼 등 복수의 요인에 의해 발생하여 무로마치 막부 관령管領 집안인 호소카와 가쓰모토細川勝元와 야마나 모치토요山名持豊 등의 유력 슈고다이묘守護大名가 싸웠고 싸움은 규슈 일부 지방을 제외한 전국으로 확대되었다. 난의 영향으로 막부와 슈고다이묘의 쇠퇴가 가속화하여 센코쿠戰國 시대에 돌입하는 계기가 되었다.

18 1465~1489. 무로마치 막부 9대 장군. 8대 장군 요시마사義政의 적자. 오닌應仁의 난 중에 어린 나이로 장군에 취임하였는데 그의 치세 전반은 생모 히노 도미코日野富子, 외척 히노 가쓰미쓰日野勝光, 오고쇼大御所 아시카가 요시마사足利義政 등이 실권을 장악하여 괴뢰적 존재였다. 1483년 요시마사가 히가시야마東山 산장에 은거하자 겨우 막부 정치를 장악하였으나 장원 회복을 명목으로 장군 친정 강화책을 썼기 때문에 관령 호소카와 마사모토細川政元와 대립하고, 자신도 술과 황음으로 인해 오미의 진陣에서 사망했다.

19 원문의 '義純'은 '義統'의 오류.

지로 돌아갔다. 요시미는 미노 국으로 향하였다[원래 도키 나리요리上岐成
賴는 야마나 편이었다]. 도성 안은 진정되었고 하타케야마 마사나가가 다
시 관령이 되었다.

오닌의 난이 발발한 때부터 이해까지 11년이다. 이후 다이묘들은
영지에 있으면서 가까운 여러 국을 힘으로 빼앗아 무가의 위력은 쇠
퇴하였다.

분메이 10년(1478)에 아시카가 시게우지는 우에스기 아키사다와
화해하고 고가로 돌아왔다. 아키사다는 야마노우치山內 가를 계승하
고 고즈케 국上野國 히라이 성平井城에 있으면서 8개국을 관령하였다.
오기가야쓰扇谷의 수리대부 우에스기 사다마사上杉定正의 가신인 오
타 도신太田道眞의 아들 도칸道灌은 무사시 국武藏國에 있었다. 이 부자
의 모략으로 국내의 병력 대부분이 야마노우치를 배반하고 오기가
야쓰를 따랐다. 이후 두 우에스기가 교전하였다.

분메이 11년(1479) 11월에 열다섯 살의 요시히사가 한하지메判始,[20]
효조하지메評定始[21] 의식을 거행하였다. 이때부터 요시마사는 히가시
야마東山의 도구도東求堂에 거주하며 고기古器나 고화古畵를 즐기며 세
월을 보내며 기타야마北山의 금각金閣에 준하여 은각銀閣을 조성하였
다[이때 요시마사 44세].

분메이 17년(1485)에 고가의 아시카가 시게우지가 요시마사 부자
에게 화해를 빌고 용서받았다.

분메이 18년(1486)에는 호소카와 가쓰모토의 아들 우경대부 마사
모토政元가 관령이 되었다. 이해에 우에스기 아키사다의 모략으로 오

---

20 무로마치室町 시대에 장군이 취임하여 처음으로 교서敎書에 가오花押를 서
  명하는 의식.
21 가마쿠라鎌倉·무로마치 막부에서 정월, 또는 장군이 새로 되었을 때 처음
  으로 정무를 평정評定하는 의식.

타 도칸이 우에스기 사다마사上杉定正에게 살해되었다. 이후 오기가
야쓰 가는 쇠퇴하였다.

조쿄長享 원년(1487) 9월에 사사키 롯카쿠 다카요리佐佐木六角高賴가
상경하지 않아서 요시히사가 친히 토벌에 나섰다. 다카요리는 고가
산甲賀山으로 도주하였고, 요시히사는 마가리노사토鈎里에 진을 쳤
다. 이해에 이세 신쿠로伊勢新九郎[22]가 교토에서 스루가 국駿河國으로
내려가서 이마가와今川에게 속하였다고 한다.

엔토쿠延德 원년(1489)[조쿄 원년(1487)부터 1년 사이를 둔 해] 3월 26일에
장군 종1위 내대신 미나모토노 요시히로源義凞[23]가 마가리노사토의
진중에서 훙서하였다[25세]. 재직은 17년이다. 요시마사는 후사가 없
었기 때문에 요시미와 화해하였다. 4월에 요시미는 미노 국에서 귀
경하여 삭발하고 불문에 들어갔다. 그의 아들 요시키義材[24]를 요시마
사가 양자로 삼았다.

엔토쿠 2년(1490) 정월 7일, 전 장군 종1위 좌대신左大臣 준삼궁准三
宮 아시카가 요시마사가 훙서薨逝하였다[56세]. 치세는 49년이다. 7월
에 요시키[25]가 장군 센게宣下를 받고[25세], 참의參議 종4위하 중장中將
이 되었다.

엔토쿠 3년(1491) 정월 7일에 뉴도 대납언大納言 미나모토노 요시미
源義視가 훙서하였다[53세]. 4월에는 종3위 사효에노카미左兵衛督 미나
모토노 마사토모源政知[26]가 이즈 국伊豆國에서 졸하였다[57세. 이 사람의

---

22 1432~1519. 이세 나가우지伊勢長氏, 나중의 호조 소운北條早雲. 신쿠로新九
郎는 통칭. 무로마치 시대 말기부터 센코쿠戰國 시대의 무장으로 호조北條
씨의 간토關東 제패의 기초를 확립했다.
23 무로마치 막부 9대 장군 아시카가 요시히사足利義尚. 만년에 요시히로義凞
로 개명하였다.
24 원문의 '義村'은 '義材'의 오류.
25 원문의 '義村'은 '義材'의 오류.
26 호리고에쿠보堀越公方 아시카가 마사토모足利政知.

죽음에 대해서는, 일설에 온조시御曹司 차차마루茶茶丸가 죽었다고도 한다].

『오닌키應仁記』에는 다음과 같이 기술되어 있다.

"요시마사는 천하의 정치를 관령에게 맡기지 않고 오로지 미다이도코로나 고주인香樹院, 가스가노쓰보네春日局 등과 같이 일의 시비도 분간하지 못하고 공무도 모르는 신분 낮은 시녀나 승려, 비구니들의 손에 내맡기고 술과 여색에 정신이 팔려서 지시를 내렸다. 이 때문에 지금까지의 후원자에 의해 피고 측에게 주어야 하는 영지에 대해서도 어떤 때는 뇌물에 빠져서 원고에게 이유를 인정하고 어떤 때는 봉행소에서 본래 영주의 보증을 받아도 미다이도코로가 다른 사람에게 은상으로서 주는 형편이었다. 이와 같이 착란을 일으키고 있어서 하타케야마 양가도 지난 분안文安 원년(1444)부터 올해 오닌 원년(1467)까지 겨우 24년 동안에 양가 모두 장군가로부터 견책을 받은 것이 세 차례, 용서받은 것도 세 차례였다. 이를 생각해보면, 별다른 불의도 없고 또 별다른 충의도 없다. 또 시바 부에이 집안에 대해서는 요시토시, 요시카도 시대 겨우 10년 동안에 두 번이나 변동이 있었다. 이는 모두 이세노카미 이세 사다치카의 추천에 의해서 지위를 얻었으면서도 호색에 빠졌기 때문이다. 그 무렵 오미 국 시오즈塩津의 무사로 구마가야熊谷라고 하는 봉공인이 정치의 부정을 슬퍼하며 몰래 간하는 글을 지어 한 통의 편지를 올렸는데 요시마사는 몹시 노하며 '간언한 점은 이도저도 도리에 맞는 말이지만 담당자도 아닌데 법의 일을 행하고 간언하는 글을 올리는 것은 분에 넘치는 행패다'라고 말하고 영지를 몰수하고 쫓아내 버렸다."

"난이 일어나기 전의 공가公家, 무가武家, 거기에다 도성이나 시골이나 먼 영지의 인민이 슬퍼하고 고통당한 원인을 말하자면 요시마사가 여태까지 한 번도 인민의 비용을 이용하고 있음을 깨닫지 못하고 인정仁政을 행하지 않았기 때문이다. 설령 5, 6년에 한 번의 공식

의식이라 해도 여러 가문들에게 용이하지 않았을 텐데 5년 동안에
아홉 번까지 집행한 것은 참으로 슬픈 일이다.

첫 번째는 장군의 대장大將 배하拜賀 의식

두 번째는 간세이寬正 5년(1464) 3월의 가와라河原의 사루가쿠猿樂

세 번째는 같은 해 7월의 고쓰치미카도 천황의 즉위식

다섯 번째는 같은 해 8월의 하치만쇼케이八幡上卿[27]

여섯 번째는 같은 해 9월의 가스가샤春日社 참배

일곱 번째는 같은 해 12월의 다이조에大嘗會[28]

여덟 번째는 분쇼 원년(1466) 3월의 이세신궁伊勢神宮 참배

아홉 번째는 하나노미유키花の御幸[29]

이로 인한 여러 가문들의 부담, 인민의 비용은 할 말이 없을 정도
였다."

"또 하나노고쇼의 기와지붕에는 주옥을 닦아 광을 내고 금은을 박
아 넣었다. 그 비용이 60만 사시緡.[30] 그리고 다카쿠라노고쇼高倉御所
라고 하여 요시마사 어머니의 거처로 나중에 미다이도코로가 들어
간 저택의 장지는 1칸間의 가치가 2만 전錢이었다. 이로써 그 화려함
을 추측할 만하다."

"이러한 일로 여러 국의 토민, 백성 등에게 과세하고 단전段錢,[31] 동

---

27 원문의 '上鄕'은 '上卿'의 오류.

28 다이조사이大嘗祭에 행하는 세치에節會. 매년 11월에 천황이 그해 새로 나
온 곡식을 신에게 바치고 천황 스스로도 맛보는 수확제를 니나메사이新嘗祭
라고 하는데, 니아메사이를 예전에는 '매년의 다이조大嘗'라고 불렀다. 다이
조사이는 당초에는 통상의 니나메사이와 구별이 없다가 후에 즉위 후 처음
으로 한 대에 1번 행하는 제례로서 중시되었다.

29 1465년 고하나조노後花園 상황이 장군가의 저택인 하나노고쇼花の御所에
행차한 것.

30 구멍이 있는 전錢을 꿰는 가는 새끼줄. 보통 96몬文을 1꿰미로 하여 100몬
으로 취급했다.

31 즉위, 궁궐 수리, 사찰이나 신사 조영 등에 조정이나 막부가 그 비용을 충당

별전棟別錢[32]을 여러 가지로 체제를 만들어 거두어들였기 때문에 여러 국의 묘슈名主나 백성은 경작도 할 수 없는 형편이었다. 논밭을 버리고 거지가 되어 손발에 의지하여 견디고 있었다. 로쿠온인 도노鹿苑院殿 시대에는 구라야쿠倉役[33]가 사계절에 부과되었다. 후코인 도노普廣院殿[34] 시대가 되자 1년에 12번이나 부과되었다. 그런 것이 당대가 되어서는 임시 구라야쿠가 빈번하게 부과되었는데 다이조에大嘗會가 거행된 11월에는 임시로 아홉 번, 12월에는 여덟 번이었다. 또 차금借金 포기를 목적으로 전대미문의 덕정德政이라는 것을 꺼내어 이 시대에 열세 번까지 발령되었기 때문에 징세하는 관리도 임시과세를 부과 받은 사람도 모두 아주 숨이 끊어져서 중국 하夏 시대 백성이 '태양이 어떻게 소멸하는가. 나는 도리어 너와 함께 멸망하고 싶다'라고 한 말 그대로였다. 만일 그 무렵 근신 중에 주군을 생각하는 충신이 있었다면 어찌 간하지 않았겠는가. 그렇지만 천하가 파멸하려면 파멸하라, 세상이 망하려면 망해라. 그런데도 여전히 악착같이 거두어서 다른 자들보다 훨씬 더 아름답게 하려는 무도함은 바로 견원지간의 조짐[35]임에 틀림없다."

생각해 보건대, 천하가 약간 안정되면 반드시 교만과 사치가 생기는 듯하다.

『오닌키』에 기록된 바에 따르면, 무로마치 장군가의 정치 혼란은 이미 요시

하기 위해 임시로 토지의 넓이에 따라 부과한 세금.

32 가옥의 동수에 따라 부과한 임시 과세.

33 무로마치室町 시대에 고리대금업자인 도소土倉에 부과한 과세. 무로마치 막부의 중요한 재원이었다.

34 로쿠온인은 무로마치 막부 3대 장군 아시카가 요시미쓰足利義滿를, 후코인은 6대 장군 요시노리義教를 가리킨다.

35 개와 원숭이와 같이 사이가 나쁜 자들이 충돌하는 조짐. 개는 개띠인 호소카와 가쓰모토細川勝元, 원숭이는 원숭이띠인 야마나 모치토요山名持豊를 가리킨다.

미쓰義滿 대에 싹텄고 요시노리義敎 대에 확대되었으며 요시마사 때에 이르면 극에 달하였다. 구라야쿠라는 것은 부유한 상인이나 부자에게 부과하여 돈을 빌리는 것이다. 이렇게 국가의 재화가 부족하다는 것은 모두 상부 한 사람의 교만과 사치에 기인한다. 그 폐해가 일반백성에게 돌아가서 원망하고 고통스러워하는 화근이 결국 다시 상부 한 사람에게 돌아가는 것이다. 천하의 혼란이라고 하는 것은 갖가지 원인에서 발생하지만 그 근본은 천하의 재화가 다하여 백성이 궁핍하고 다이묘는 가난해지는 데에서 일어난다. 우리 신조神祖[36]께서 막부 창고의 금은을 보고, "이 금은이 반으로 줄었을 때 천하가 점차 혼란해질 것이다"라고 말씀하셨다. 참으로 천자의 깊은 마음이라고 생각한다.

또 천하가 혼란해질 때는 교만한 주군이 나타나고 게다가 오랫동안 천하에 군림하는 듯하다. 요시미쓰의 치세는 41년이며 이때에 천하가 약간 안정되어 무가의 예식도 갖추어진 것처럼 세간에서는 전해지지만 이 시대에는 세간의 근심과 걱정, 다이묘들의 원망과 분노도 많았다. 이는 오로지 상부 한 사람의 교만과 사치에 기인하는 바였다. 그러나 무로마치 시대가 번성한 시기이기도 했기 때문에 동요도 없이 세상을 유지하였다.

그 후 요시노리의 치세는 14년이었지만 천하는 의외로 고통스러웠다. 이 사람이 조금 더 살았다면 그의 시대에 천하가 어지러워져 버렸을 것이다. 아카마쓰에게 살해된 것은 무로마치 도노室町殿가 더 대를 이어가기 위해서는 다행이었으며, 얼마 동안이라도 세상의 혼란이 늦어진 것은 그 시대 백성에게는 큰 행복이었다.

아시카가 요시마사의 치세는 49년에 이르며 이 시대가 되어 천하의 혼란이 일어났는데 그 원인은 모두 요시미쓰에서 싹트고 요시노리에서 확대된 것이다. 하물며 49년 동안이나 제멋대로 교만과 사치를 부려서 천하의 다이묘도 인민도 몹시 괴로워했기 때문에 무로마치 도노도 결국에는 망하였다. 그의 시대에 완전히 멸망하지 않은 것은 세상에 영웅도 없었으며 한편으로는 천하가 오랫동안 장군의 권위에 복종하는 습관이 있었기 때문이었다[이 습관에 대해서는 자세한 사

---

36 도쿠가와 이에야스德川家康.

정이 있었을 것이다].『대학大學』에 "설령 훌륭한 인물이 나온다 하더라도 이를 어떻게 할 수 없다"라고 한 것은 과연 있을 법한 일이다.

이마데가와 도노 요시미는 그 시대의 자료에 보이는 바에 따르면, 매우 온순한 인물이었다. 그러나 하루도 장군 지위에 앉지 못했기 때문에 그 덕의 혜택이 세상에 미치는 일도 없었다.

요시히사 장군은 대체로 무로마치 역대 장군 중에서는 뛰어난 주군이었다. 생각해 보건대, 그의 천성이 아름다웠을 뿐 아니라 아버지 요시마사의 부덕 때문에 세상이 어지러워졌으므로 이에 크게 질렸는지 스스로 덕을 닦고 열한 살 때부터는 문학을 즐겨서 와카和歌에도 소양을 쌓았으며 궁마와 기예도 익히고 서도도 배웠다. 그래서 오쓰기노 스쿠네 마사히사小槻宿禰雅久에게 명하여 『논어』를 강의하게 하고 우라베 가네토모卜部兼俱에게 『일본기日本紀』를 강의하게 했으며 하나노고쇼의 마구간 앞에서 이누오우모노犬追物[37]도 여러 차례 관람하기도 하였다. 열다섯 살 때 아버지를 대신하여 천하의 정무를 보았다. 열여섯 살 7월에 다이코太閤 이치조 가네요시에게 소망하여 『초담치요樵談治要』[38]를 편찬하게 하고, 열아홉 살 2월에 시이카노카이詩歌の會를 개최했으며, 스물두 살 때 대장 배하의 입궐을 했을 때 예법에 맞는 행동을 하였다는 이야기가 세간에 전해지고 있다. 스물세 살 때 록카쿠 다카요리를 친히 토벌하러 나갔다가 다카요리가 고가甲賀로 도주한 것을 더욱 추격하려고 마가리노사토에 진을 쳤다. 그 진중에서도 『효경孝經』을 강의시키고 『춘추좌씨전春秋左氏傳』을 강의하게 해서 들었는데 결국 진중에서 사거하였다. 그래서 문文을 즐길 뿐 아니라 만사 볼만한 데가 있었다고 여겨진다. 이

---

37 달리는 개를 표적으로 하여 말 위에서 활을 쏘는 기예技藝.

38 1480년 이치조 가네요시一條兼良가 아홉 살 어린 나이에 장군이 된 아시카가 요시히사足利義尙의 물음에 답하여 정치의 요점을 설명한 것. 1권. 신불神佛을 숭상할 것, 슈고守護・부교닌奉行人・장군의 긴쥬近習의 임명은 엄선할 것, 여성의 정치 참여를 중지할 것, 아시가루足輕의 정지 등 8개조로 되어 있다. 저자 이치조 가네요시는 태정대신太政大臣・관백이었으며 고전 문학, 신불, 유학에 정통한 당시 최고 학자였다. 고급 귀족이었으므로 옛 질서를 유지하려는 보수적인 면도 있지만 당대의 의견을 수렴하는 면도 있었다.

사람의 재세가 길고 또 좋은 사람으로서 정치를 보좌하게 하였다면 어쩌면 기울어가는 무로마치 시대를 중흥할 수도 있었을 것이다. 그러나 한창 전란이 계속되는 가운데 성장하고 치세도 얼마 안 되어 죽고 말았다. 좋지 않았던 히가시야마 도노東山殿 요시마사는 치세가 장기간이었기 때문에 천하는 마침내 어지러워졌다. 하늘이 국가를 망하게 할 때는 "설령 훌륭한 인물이 나온다 하더라도 이를 어떻게 할 수 없는" 것이라고 여겨진다. 예를 들어 중국 은殷 시대에는 덕이 뛰어난 인물이 세 사람[39] 있었는데도 주왕紂王이 세상을 망하게 한 것과 같다.

또 요시마사 대에 천하가 어지러워진 것은 그 근본은 교만과 사치에서 나왔다고 하더라도 일의 발단은 요시노리가 살해된 데에 있다. 왜냐하면, 아카마쓰 미쓰스케赤松滿祐가 반역죄를 짓자 요시카쓰[40] 시대에 토벌대를 내보냈는데 야마나 뉴도의 일족에게 군공이 있었으므로 은상도 특히 많았다. 그러나 이 야마나 뉴도는 태어나면서부터 뱃속이 검고 교만한 기질이 있어서 하타케야마 집안을 어지럽히고 아카마쓰 집안의 단절을 도모하였으며 결국에는 사위인 호소카와 가쓰모토와 불화하게 되어 '이마데가와 도노를 세상에 세우지 않겠다'라고 미다이도코로에게 말씀드렸다.

또 이 사람은 가키쓰嘉吉의 난[41] 때 공적이 없는데 어떻게 이렇게까지 세간을 어지럽힐 정도의 세력을 가질 수 있었을까. 그리고 하타케야마, 시바 집안에서 각각 가독 다툼이 있었던 것은 난의 발단 중에서는 첫째로 들어야 한다.

하타케야마에 대해서는, 처음에 가쓰모토가 마사나가편을 들고 야마나 소젠도 그에게 편을 들었다. 나중에는 소젠이 요시나리에게 가담하여 그를 세우려고 하였다.

시바에 대해서는, 먼저 가신 가이甲斐가 내연을 의지하여 소망하였으므로 이세 사다치카를 써서 요시토시를 밀어내었고 최후에는 첩 신조新造의 제의를 인정하여 이번에는 요시카도를 밀어내었다.

---

39 미자微子, 기자箕子, 비간比干.
40 원문의 '義量'은 '義勝'의 오류.
41 앞의 주 52 참조.

또 이때 요시마사가 양자를 들이고 나서 친자가 태어났으므로 처음 생각을 바꾸고, 가쓰모토도 양자를 승적에 넣었기 때문에 소젠과는 사위와 장인의 사이가 악화되었다. 하타케야마 쪽도 양자 뒤에 친자가 태어난 이래 집안이 어지러워졌다. 장군도 관령도 양자를 들이고 나서부터 생각이 바뀐 것은 마찬가지이며, 야마나와 이세가 다른 집안을 도왔다거나 기울게 하려고 하였다거나 한 것도 변함이 없다.

따라서 세간의 대사 중에서도 후사만큼 중요한 것은 없다. 호조北條가 가마쿠라 도노鎌倉殿의 후사를 끊으려고 한 것, 그 후 천황의 황통을 어지럽혀[42] 황실의 힘을 약화시키고 섭정가의 지류를 분열시켜[43] 세력을 꺾은 것도 전부 후사 문제가 아닌 것이 없다. 공자가 『춘추春秋』를 필삭한 맨 처음에 노魯 은공隱公 원년부터 시작한 것도 후사 문제로 나라가 혼란해졌기 때문이다. 『예기禮記』에도 이에 대해 논하였다. 그렇기 때문에 중국에서도 후사 문제가 특히 중요시되었다. 우리나라 고대에도 영令 중에 후사 규정이 있으며 최근에는 우리 신조께서 천하의 법식을 제정했을 때도 이를 거듭거듭 말해 두었다. 이는 신하 집안에 국한된 일이 아니라 군주의 일과도 연관이 있다. 히가시야마 도노의 후사는 이 때문에 혼란이 계속되었다. 어리석은 주군이 스스로 국가를 뒤엎는 것도, 간신이 세상을 어지럽히려고 하는 것도 반드시 가계 계승 문제에 원인이 있기 때문에 잘 명심해야 한다.

요시마사 시대에는 "천하의 정치가 두 곳에서 나왔다"라고 『오닌키應仁記』는 적고 있는데, 그것은 고다이고後醍醐 천황의 겐무 중흥 정치가 파탄한 것과 같다. 이는 미다이도코로, 고주인, 가스가노쓰보네 등이 내밀한 제의에 의한 것이라고는 하지만 그것을 집행한 것은 전부 이세노카미 이세 사다치카였다.

사다치카[44]에 대해서는 『오닌키』의 기술이 상세하다. 더욱이 『오닌 별기』에

---

42 다이가쿠지大覺寺 계통과 지묘인持明院 계통이 번갈아 즉위하는 양통질립兩統迭立을 도모한 것.

43 후지와라藤原 씨 중에 섭정, 관백을 내는 집안이 다섯으로 분립한 것.

44 이세 사다치카伊勢貞親. 1417~1473. 무로마치 막부의 근신. 이세 사다쿠니伊勢貞國의 아들. 1460년 만도코로政所 집사가 되었다. 무로마치 막부 8대 장군 아시카가 요시마사足利義政의 양부여서 막부에 영향력을 가지고, 특히

도 "사다치카는 '나는 고쇼御所 도노의 아버지이며 신조新造를 어머니라 불렀다'라고 말하였다. 그만큼 거리낌이 없었기 때문에 천하에 큰일이 발생하는 따위는 돌이켜보지 않았다"라고 쓰여 있다.

이세의 계보도 및 오다와라小田原에서 쓰인 옛 기록을 보면, 무로마치 도노의 부친 격이었다고 되어 있다. 그 밖에는 증거가 되는 기록이 없는 것일까. 다만 오에이應永 5년(1398)에 요시미쓰가 무가의 3직職 7두頭 등을 제정했을 때 이세노카미 이세 사다유키를 소샤奏者에 임명하였다. 사다유키의 아들이 이세노카미 사다쿠니貞國, 사다쿠니의 아들이 종4위하 이세노카미 사다치카이다. 그의 적자는 효고노스케 사다무네로, 나중에 빗추노카미 또 이세노카미에 임명되었다. 이 사다무네는 긴센지金仙寺[45]라고 하며 세간에 존중받는 인물로 부친과는 닮지 않은 사람이었다.

사다치카는 분메이 5년(1473) 정월에 쉰일곱 살로 졸하였다고 하므로 오닌應仁 전후에는 쉰 살 쯤 되었을까. 『지카모토 일기親元日記』[46] 등을 보면, 그가 당시 휘두른 권세는 관령도 직사職事도 미치지 못할 만큼 강하였다. 처음에 요시미쓰가 소샤라는 직을 설치한 것이 이미 잘못이었던 것일까.

생각해보건대, 이 직은 조정에서의 구로도藏人 직무와 아주 비슷한 것이라 생각된다. 구로도라는 직책은 예전에는 없었는데 사가嵯峨 천황 때에 설치되었다.

오닌應仁의 난 전후에는 요시마사에게 아첨하는 신하라 불리기도 했다. 1466년 시바斯波 가의 후계 다툼에 개입하여 요시카도義廉를 물리치고 요시토시義敏를 세울 것을 요시마사에게 진언했고, 또 자식이 없었던 요시마사가 동생 요시미義視를 후사에 앉히려는 움직임을 보이자 참언하여 요시미 살해를 도모했다가 실패하고 오미로 달아났다. 이듬해 1467년 소환되어 정무에 복귀했으나 이 때문에 요시마사와 요시미의 대립이 심각해졌다.

45 이세 사다무네伊勢貞宗의 법명.

46 아시카가 요시마사足利義政에 출사하여 만도코로다이政所代로서 막부 정치에 참여한 니나가와 지카모토蜷川親元가 1465년부터 20년간에 걸쳐 쓴 일기. 니나가와 씨는 무로마치 막부 만도코로 집사를 세습하는 이세伊勢 가의 대관代官으로 만도코로다이에 임명되었다. 직무상 장군이나 이세 가 당주의 동향, 유력 다이묘의 움직임, 만도코로의 활동 상황, 오닌의 난 전후의 사회 정세 등을 알 수 있는 사료이다.

『속고사담續古事談』[47]을 보면, "옛날 헤이제이平城 천황 때까지는 이 나라에서도 아침에 정치가 행해졌다. 막 날이 샐 무렵에 천황이 나와서 남면하고 군신백료가 각자 자리에 앉아 있었다. 사방의 호소인들이 망설이지 않고 궁궐에 모여들었다. 높은 탁자 위에 탄원서 상자라는 것을 놓아두었으므로 천민 백성까지도 바라는 것을 적은 탄원서를 가지고 와서 이 상자에 넣었다. 사칸史 · 게키外記 및 소납언少納言 등이 차례로 들어서 읽었다. 군신도 제각각 이를 평정하고 천황이 눈앞에서 재결을 내렸다. 쌍방에게 근심이 있으면 즉시 묻는다. 탄원서가 많아서 생각외로 시간이 지나면 그 자리에서 식사가 바쳐진다. 제경諸卿은 밥상을 꺼내놓고 각자 먹는다. 정치가 전부 종료되면 그 뒤는 무악舞樂이나 놀이 등도 하였다.

천자의 마음에는 인민의 근심을 듣고 재단하는 것만큼 중요한 일은 없었다. 사가 천황 후는 쇠퇴하였다. 이 천황은 특히 방일한 성격으로 정치에 깊이 마음을 기울이지 않았으나 그 의식은 아직 행해지고 있었다. 5위의 구로도 두 명을 지명하고 자기 의자 곁에 두고 호소를 듣게 하고 여러 의견을 듣게 한 뒤에 자신도 듣고 결재를 하였다. 이것이 지금의 직사의 시작이다. 사가 천황은 항상 별장 등에서 살았기 때문에 짬도 없어서 직접 조정에 임하지 않았던 것이다"라고 하였다.

또 『직원초職原抄』[48]의 '구로도도코로藏人所' 조를 참조하면, "사가 천황 시대 고닌弘仁 연간에 처음 이것을 설치하였다. 중국의 시중侍中, 내시內侍 등의 직을 모방한 것인가. 시중이라는 것은 아주 중요한 임무이다. 내시는 환관의 임무로 이것이 경시된 시대도 있었지만 중시된 시대도 있었다. 예로부터 환관이 일에 관계하는 것은 선현들이 비난하는 바이다. 당唐 현종玄宗은 내시 고력사高力士를 일품장군一品將軍에 임명하였고 그 이래 내시가 문무의 권력을 잡게 됨에 따라 결국에는 당 왕조를 멸하였다. 이 때문에 집정관은 환관을 몹시 싫어하였다. 우리나라

---

47 『고사담古事談』의 속편으로, 중국설화가 많이 채용되어 있다. 저자 불명. 가마쿠라 시대 초기 1219년 성립.
48 오다 성小田城에서 농성 중이던 기타바타케 지카후사北畠親房가 『신황정통기神皇正統記』와 함께 저술한 관직 연구서. 2권. 영제令制 및 영외관令外官에 대해 직제職制의 기원 · 연혁, 보임, 승진 등을 상세하게 설명했다. 1340년 성립.

에서는 반드시 그렇지 않고 고닌 이래 소납언少納言 및 시종侍從이 가까이에서 모시며 전령하는 직이 되었고 이 시대에 처음 구로도도코로를 설치하였다"라고 쓰여 있다.

이 기록들로 생각해보면, 무로마치 시대에 이세 집안이 담당했던 것은 즉 우리나라의 구로도, 중국의 내시 직무이다. 이세 사다치카 대가 되고부터 위광과 화복을 주는 권한이 그의 수중에 돌아가서 세력도 점점 교만해지고 전횡하여 마치 당의 현종 황제 시대에 고력사가 황제에의 상주를 자기가 재결하고 장군이나 대신을 임면한 것과 같았다. 심한 사례로는, 요시마사의 부모라 자칭하게 된 것도 중국 당 말에 '정책定策의 국노國老, 문생門生의 천자'[49]의 재앙이라는 것과 다르지 않다.

중국의 환시宦侍는 원래는 형벌을 받은 적이 있는 자로 청소하는 일을 맡았던 자이어서 사士 신분의 계통으로부터는 멸시당였다. 이 사다치카의 경우는 그렇지는 않고 간무 헤이시桓武平氏 계통으로, 궁마업弓馬業을 가업으로 전하여 대대로 장군을 가까이서 모시던 자이다. 그 때문에 재앙도 중국의 환시보다 훨씬 심하였다. 이러한 직무를 맡은 자가 나타나서 모의에 관여하고 위압과 복덕을 제멋대로 휘둘렀다는 것은 치세가 아니었다는 것이다. 이는 전부 교만하고 방일한 주군이 현사賢士 대부大夫와 만나기를 싫어하여 가까이서 모시는 자에게 명하여 전령의 직을 맡게 한 데에서 일어난 일이다. 이 폐해가 결국에는 천하를 뒤엎을 정도의 재앙에까지 도달한 것을 알려고 한다면, 동한東漢 말, 당唐이 쇠망한 시대의 일 등을 아울러 생각해 봐야 할 것이다.

우리 신조께서는 이와 같은 일을 잘 생각했던 것인지 막부 당초에는 이러한 직을 두지 않았다.

또 아시카가 요시미쓰 때 관령과 4직職 등을 제정할 무렵에 천하의 다이묘를 골라내어 그 직에 임명하였고, 특히 후다이譜代 집안을 세운 것은 아무리 생각해도 큰 잘못이었다고 해야 할 것이다[이는 무로마치 시대 초부터 있었다]. 오닌의 난은 여기에서 기인한다.

---

49 환관이 국정을 보고 천자는 그 제자처럼 취급되는 것.

한漢의 문제文帝 때에 가의賈誼가 간한 것[50]도, 또 가까운 예로는 명의 건문제建文帝 때 혼란한 것[51]도 이것이다. 후한의 광무제光武帝, 송의 태조는 이 점을 잘 납득하여 공신이나 제후의 권한을 자기 수중에 넣었다.

이는 예를 들어 호랑이에게 날개를 붙여 주는 것과 같다. 날개가 없어도 손톱과 엄니의 예리함이 가공할 만한데 하물며 거기에 날개를 붙이면 어찌 비상하여 사람을 잡아먹지 않을 수가 있겠는가. 이런 내력을 근래의 오다 노부나가織田信長도 도요토미 히데요시豊臣秀吉도 결코 깨닫지 못했는데 우리 신조만이 잘 납득한 것은 참으로 천고의 역사상 탁월하다고 말할 수 있다. 만대 후까지도 따라야 할 일이 아닌가. 예전에 호조北條 집안이 9대까지 유지된 것도 이에 대한 납득이 있었다고는 생각하지만 실제 그들이 한 행동을 보면 전부 음모의 힘에서 나온 것이어서 논할 거리가 못된다.

이 밖에 무로마치 막부를 연 당초에 큰 잘못을 범하여 무로마치 시대 말의 혼란도 여기서 기인한 바가 두 가지 있다. 그렇기는 하지만 그 사태를 생각해보면 뭐라고 하기 어렵다.

첫째는, 간토 8개국을 아시카가 모토우지足利基氏[52]에게 나누어 준 것이다. 그 후 요시미쓰 시대에 우지미쓰氏滿에게 무쓰陸奧의 2개국을 주었기 때문에 가마쿠라 도노의 영지가 이미 11개국이 되었고 그 수는 많지는 않으나 토지가 넓고 병마가 강하다는 점에서는 아마도 일본의 반에 필적할 것임에 틀림없다. 그래서 요

---

50 제후가 강력해지는 것을 억제해야 한다고 진언한 것.
51 숙부 연왕燕王의 공격을 받고 패하여 양위한 것.
52 1340~1367. 남북조 시대의 무장. 아시카가 다카우지足利尊氏의 4남. 1349년 형 요시아키라義詮 대신에 가마쿠라부鎌倉府의 주인이 되었다. 1350년 다카우지와 다다요시直義 사이에 간노觀應의 소란이 일어나자 다다요시 측의 우에스기 노리아키上杉憲顯에 추대되어 간토關東 각지를 전전했다. 다카우지가 다다요시를 죽인 뒤에는 다카우지에게 속하여 다다요시 측이나 남조 세력과 대치하며 닛타 요시오키新田義興를 멸망시키는 등 동국 무사를 많이 결집했다. 또 집사 하타케야마 구니키요畠山國淸를 추방하고 스스로 정권을 장악하고 다카우지와 대립하여 에치고에 도망친 우에스기 노리아키를 간토 관령關東管領으로 맞이하여 우에스기 씨 지지하에 간토 지배 체제를 만들어냈다.

시아키라義詮[53] 대부터 가마쿠라에 대해 의심을 품었기 때문에 그 후는 늘 교토와 가마쿠라 사이가 좋지 않았다. 요시노리가 결국 가마쿠라를 멸망시킨 결과 동국東國 사람들은 수대에 걸쳐 옛 주군을 그리워하며 교토 막부의 명령은 받아들이지 않았다. 또 모치우지의 아들 고가 도노古河殿를 세워 주군으로 한 이후는 동국은 맨 먼저 혼란해지고 말았으며 아시카가 시대가 끝날 때까지 끝내 진정되지 않았다. 그러나 요시아키라가 기량이 없는 사람이었기 때문에 아시카가 다카우지尊氏와 다다요시直義가 상의하여 번병藩屏을 세운 것도 일리가 없다고는 말하기 어렵다. 사태가 뭐라고 하기 어렵다는 것은 이것이다.

둘째는, 막부를 교토에서 연 것이다. 요시아키라 이래 장군은 대대로 수도에서 태어나 자랐기 때문에 와카和歌나 게마리蹴鞠나 음악 등의 놀이로만 날을 보내고 여러 가지 점에서 화려함을 좋아하며 무비武備는 특히 느슨했기 때문에 자칫하면 강력한 신하가 거역하였고 세상도 또한 그에 따라 망하였다. 그러나 아시카가 시대 초에는 남조의 천황이 요시노古野로 옮겼으므로 자연히 북조를 지키기 위해서는 수도 내에 막부를 열었음에 틀림없다. 이 또한 아무튼 어쩔 수 없는 일이었다.

무릇 도읍 건설에는 깊은 사정이 있었다고 전해진다. 우리나라의 헤이안 성平安城은 실로 왕자王者의 도읍이었다. 덕이 있는 주군이 아니면 하루도 유지할 수 없는 지세였다. 그렇기 때문에 어느 시대의 전투에서도 교토 쪽이 하루라도 끝까지 지탱하였다는 것은 듣지 못하였다. 그러나 간무桓武 천황이 이 도읍을 정하고부터 오늘날까지 1500년 동안 수도로서 움직이지 않았다. 중국의 낙양과 비슷한 점도 있는 것인가.

그 후 미나모토노 요리토모源賴朝는 이를 잘 알았던 것 같다.

예전에 겐지源氏, 헤이시平氏 양가가 나란히 조정의 경호를 맡고 있었을 때는 궁마술에 우열의 차이가 없었다. 호겐保元의 난, 헤이지平治의 난 때 헤이시의 훈공이 겐지보다 나은 정도였다. 그랬는데 겨우 20여 년 사이에 헤이시의 무위가 눈에 띄게 쇠퇴하였고 겐지가 봉기하기에 이르러서는 눈 깜짝할 사이에 완전히

---

53 원문의 '義銓'은 '義詮'의 오류.

꺾이고 말았다. 이는 헤이시의 가운家運이 다한 때가 왔기 때문이라고는 하지만 헤이케平家 사람들이 그간 수도에서 오래 살아 정이 들고 공가 사람들과 조석으로 익숙해져서 어느새 무예와 용맹에 대해서는 잊어버리고 말았던 데에 원인이 있다.

요리토모는 이를 가까운 본보기라고 생각했기 때문이었는지 60여 개국 중에서도 특히 두드러지게 무武를 중시하는 무사시, 사가미相模 양국 사이에 거처를 정한 것이다. 그래서 한참 시대를 지나서 다카우지高時가 죽을 때까지도 무사武事에 대해서는 볼 만한 것이 있었다. 그 후 아시카가 모토우지의 역대가 또 가마쿠라를 유지하였다. 그러나 후세 사람들이 이러쿵저러쿵 말할 것은 아니지만 이 땅은 지금 세상의 천하처럼 사람이 잦고 물건이 왕성하게 되기에는 역시 부적합한 점도 있었다고 생각한다.

그 후에는 오다 노부나가가 오미 국의 아즈치安土를 거처로 했지만 얼마 안 되어 살해되었으므로 논할 것까지도 없다. 다이코太閤 도요토미 히데요시는 처음에는 주라쿠다이聚樂第[54]에 살다가 후시미伏見로 옮겼고 다시 오사카 성大坂城을 지어 자손만대의 거처로 생각한 듯한데 그 토지도 무가가 상주할 만한 곳이라고는 생각할 수 없는 점이 많았다.

그러나 우리 신조께서 동국에 옮겼을 당초에 사람들은 가마쿠라를 거처로 할 것이라고 생각했지만 그에 반하여 여기를 도성으로 정하고 영구한 사업을 개시하였다. 그 깊은 사려는 이것도 그 이전의 역사상에서 탁월한 점이다. 실로 여기는 문사文事도 무비武備도 함께 완수하기에는 백대 동안이라도 동요하지 않을 지세인 것이다.

지금 세상에서 국가의 폐해가 되는 점을 보면, 히가시야마 도노 요시마사때에 시작된 것이 얼마든지 있다. 이후에 어느 때에 이 폐해를 고치는 선정이 행해질 것인가.

첫째로는, 이 사람은 화려한 건물을 조영하고 정원을 넓히기를 좋아하였다. 그것은 지금도 히가시야마東山에 은각銀閣 등의 유적이 있으므로 알 수 있다. 그래

---

54 도요토미 히데요시豊臣秀吉가 교토 내에 지은 정청政廳 겸 저택.

서 그 후 이런 것을 좋아하는 사람은 모두 그 시대의 것을 그리워하며 이를 모방했기 때문에 민력을 손상하고 국가의 재화를 소비하는 일이 많았다.

둘째로는, 이 사람은 만사 과분한 사치를 즐기고 진기한 기물을 완상했으므로 그 시대의 장인匠人들이 모두 진력하여 많은 완상품을 만들어서 지금도 히가시야마 도노 시대의 물건이라고 하면 세상의 보물로 여기는 것이 적지 않고 부귀한 사람들의 사치심을 일으키는 매개가 되는 것이 많다.

셋째로는, 이 사람은 천성이 교묘하였기 때문에 만사 유별난 것을 좋아하여 지금까지도 호사가는 무엇이든 고식古式을 싫어하고 자신의 교묘한 재주를 써서 신기함을 다투었다. 대체로 옛날의 예절이 쇠퇴해가는 것과 막대한 재화가 분별 없이 소비되는 것은 모두 이 유별난 것을 좋아하는 데에서 생겨난다. 풍속을 대단히 파괴하는 것이라고 말할 수 있다.

넷째로는, 다도를 즐기고 고화古畵나 고기古器를 많이 모아서 지금도 히가시야마 도노의 물건은 가격도 아주 높다. 이러한 것은 한가하고 할 일이 없는 사람이나 문인묵객이 평소에 다소 즐기는 것이라면 이러쿵저러쿵 말할 만한 일도 아니지만 그 폐해는 구하기 어려운 기물을 입수하려고 유용한 재화를 다 써버린다든지 관위가 있는 무사와 같은 자들까지도 중개 일에 익숙해져서 청렴결백한 기풍을 잃어버린다든지 하는 점에 있다.

다섯째로는, 당시 교만과 사치한 나머지 천하의 재화를 다 써버렸기 때문에 도검刀劍의 가격을 정하였다. 그 값의 고저로써 봉공奉公이 얕고 깊음에 따른 상여품으로 하였다. 그 습관이 지금도 남아 있어서 주군에게 바치는 물건에 대해서도 우선 그 값어치를 논하게 되었다. 몹시 천박한 짓이다.

이러한 다섯 가지를 비롯하여 후세 사람들이 사치를 즐기는 기풍을 생겨나게 해서 국가의 재화를 낭비하고 무사와 군자의 풍속을 해치는 것은 그의 치세 49년 동안에 나타나서 200여 년 후인 오늘날에까지 미치고 있다. 『서경書經』의 오자지가五子之歌 편에, "안에서는 여자에 미치고, 밖에서는 사냥에 미치고, 술 좋아하며 음악 좋아하고, 호화로운 저택에 살며 담을 화려하게 장식하는 것, 그것이 하나만 있어도 멸망할 것이다"라고 하였으며 이훈伊訓 편에는, "춤 광, 술주정, 노래 따위는 무풍巫風이라 부른다. 돈과 여자라면 사족을 못 쓰고 산으로 놀러 다니고 사냥에 미치는 것은 음풍淫風이라 부른다. 성인의 말을 깔보고 충언을 거스르며 노인을 싫어하고 악동을 좋아하는 것은 난풍亂風이라 부른다. 신하가 이 세 가지 풍風과 열 가지 과실을 하나라도 가졌다면 그 집안은 무너지고 말며 주군이라면 나라가 망한다"라고 하였다. 분명히 이런 것들 중 하나만 있어도 집안도 나라도 망해버릴 것임에 틀림없다. 하물며 이 사람은 이미 몸에 갖추고 있었기 때문에 세상이 혼란해진 것도 당연하다. 실로 하늘이 만든 재앙이 아니라 스스로가 만든 죄는 모면할 수 없다고 말해야 할 것이다. 그런데도 지금 사람들은 다른 사람의 나쁜 짓 흉내를 경계하는 것을 알지 못하고 오로지 그 풍속을 그리워하는 것은 도대체 어찌 된 일인지 납득이 가지 않는다.

아시카가 요시키[55]는 이마데가와今出川 뉴도 대납언 미나모토노 요시미의 아들이다. 전직前職 4년, 재임再任 14년.

요시마사를 계승한 뒤 메이오明應 원년(1492) 8월에 군병을 이끌고 오미 국의 록카쿠 다카요리를 치고 미이데라三井寺에 진을 쳤다. 다카요리는 고가 산으로 달아났다. 요시키[56]는 귀경하였다.

메이오 2년(1493) 3월에는 가와치 국으로 가서 가즈사노스케上總介 하타케야마 요시토요畠山義豊를 토벌하였다. 관령 사에몬노카미左衛門督 하타케야마 마사나가가 수행하였다[생각해보건대, 요시토요는 요시나리의 아들이다. 마사나가는 요시나리와 형제이기 때문에 요시토요에게는 백부에 해당한

---

55 원문의 '義村'은 '義材'의 오류. 아시카가 요시타네足利義稙. 1466~1523. 무로마치 막부 10대 장군. 아시카가 요시미足利義視의 아들. 처음 이름은 요시키義材, 나중에 요시타다義尹. 9대 장군 아시카가 요시히사足利義尙 사후 1490년 백모 히노 도미코日野富子에 옹립되어 장군직을 계승했다. 1493년 호소카와 마사모토細川政元의 반란으로 장군을 폐하였는데 오우치 요시오키大內義弘, 호소카와 다카쿠니細川高國의 지원으로 회복되었다. 뒤에 다카쿠니와 대립하여 교토에서 달아나 아와지淡路, 아와阿波로 옮겨다녔다.

56 원문의 '義村'은 '義材'의 오류.

다. 요시나리도 이 해에 죽었다고 한다].

4월에 요시키[57]는 쇼가쿠지正覺寺에 진을 쳤다. 요시토요는 곤다譽田에 진을 치고 몰래 호소카와의 가신 미요시 지로 사에몬 유키나가三好二郎左衛門之長와 내통하여 호소카와의 가세를 구하였다. 미요시 유키요시之慶[유키나가의 아들]는 주군인 우경대부 호소카와 마사모토에게 권유하여 요시토요에게 가세하였다. 요시토요가 쇼가쿠지를 공격하기에 이르러 마사모토는 그를 도와 함께 공격하였다. 마사나가는 토벌되고 그의 아들 오와리노카미尾張守 히사노부尙順는 기이 국으로 도주하였으며 요시키[58]는 붙잡혔다. 이렇게 해서 마사모토는 이즈 국에서 아시카가 마사토모의 아들 요시미치義通를 맞이하여 주군으로 삼았다. 그해 6월에 요시키[59]는 몰래 탈출하여 엣추 국으로 갔고 거기에서 다시 스오 국으로 가서 오우치에게 의지하였다.

아시카가 요시즈미足利義澄[60]의 처음 이름은 요시토義遐[61]였다가 요시타카義高로 개명하였다. 호리고에 도노堀越殿 아시카가 마사토모의 아들로 호소카와 마사모토에 의해 옹립되었다[이때 15세. 재직 14년.

메이오 3년(1494)에 이세 신쿠로伊勢新九郎[62]가 사가미 국에 들어가

---

57 원문의 '義村'은 '義材'의 오류.

58 원문의 '義村'은 '義材'의 오류.

59 원문의 '義村'은 '義材'의 오류.

60 1481~1511. 무로마치 막부 11대 장군. 아버지는 8대 장군 아시카가 요시마사足利義政의 이복형인 호리고에쿠보堀越公方 아시카가 마사도모足利政知. 처음에 법명은 세이코淸晃이라 하였는데 환속하여 요시토오義遐, 요시타카義高, 요시즈미義澄라고 하였다. 1493년에 종제인 10대 장군 아시카가 요시타네가 호소카와 마사모토細川政元에 의해 추방되자 11대 장군으로 옹립되었다. 그러나 1508년 전 장군 요시타네를 옹립하는 오우치 요시오키大內義弘가 상경 군대를 일으켰기 때문에 오미 국近江國으로 달아나 장군직에서 폐해지고 복귀하지 못한 채 사망했다.

61 원문의 '義通'은 '義遐'의 오류.

62 호조 소운北條早雲.

서 오다와라 성을 빼앗았다.

메이오 6년(1497) 9월에 고가의 아시카가 시게우지[63]가 졸하였다[64세]. 그의 아들 마사우지政氏가 세워져서 사마노카미左馬頭가 되었다.

메이오 9년(1500) 9월에 고쓰치미카도後土御門 천황이 붕어하였다[59세]. 재위 36년. 한창 난세였기 때문에 장례비용도 없어서 40여 일 궁궐의 구로도黑戶[64]에 안치하였다가 11월에 장사지냈다. 고카시와바라後柏原 천황이 황위를 계승하였다[고쓰치미카도 천황의 태자로 37세].

에이쇼永正 원년(1504) 10월에 야마노우치山內의 우에스기 아키사다와 오우기가야쓰扇谷의 우에스기 도모요시上杉朝良가 가와고에河越에서 접전하였다. 에이쇼 2년(1505)에 화해하였다. 이때 호조 소운北條早雲[65]과 그 아들 우지쓰나氏綱 부자는 무사시 국으로 가서 간토에서 위세를 떨쳤으므로 두 우에스기는 함께 호조를 방어하여 싸웠다.

에이쇼 4년(1507) 6월 23일 밤, 우경대부 호소카와 마사모토[66]가

---

63 1434~1497. 무로마치 시대 후기의 무장. 가마쿠라쿠보鎌倉公方 아시카가 모토우지足利持氏의 아들. 초대 고가쿠보古河公方. 에이쿄永享의 난으로 아버지 모토우지가 멸망하자 시나노의 오이大井 씨에게 달아났다가 1447년 가마쿠라에 돌아가 가마쿠라쿠보가 되었다. 모토우지를 토벌한 우에스기 노리자네上杉憲實의 아들인 간토 관령關東管領 우에스기 노리타다上杉憲忠와의 불화로 노리타다를 살해하고 교토쿠享德의 대란을 일으켰다. 그 결과 막부의 추토를 받고 시모우사의 고가古河에 웅거했다. 그 후 오랫동안 여기를 본거로 하여 반 막부, 반 우에스기 씨의 행동을 취하였으므로 고가쿠보라 불렸다. 1482년 막부와 화해가 실현되어 30년에 걸친 전란이 끝나고 시게우지는 그 세력을 유지했지만 시게우지는 가마쿠라로 돌아오지 못하고 고가에서 사망했다.

64 궁중의 세이료덴淸凉殿 북쪽, 다키구치노토滝口の戶의 서쪽에 있던 가늘고 긴 방. 땔감에 그을러 검게 된 데에서 유래한 명칭.

65 원문의 '早條'는 '北條'의 오류.

66 1466~1507. 무로마치 시대 말기의 무장. 무로마치 막부의 관령. 오닌應仁의 난 중인 1473년 아버지 가쓰모토勝元의 사망으로 집안을 계승했다. 1493년 하타케야마 마사나가畠山政長를 살해하고 장군 요시키義材를 폐하고 요시타카義高, 요시즈미義澄를 옹립하여 막부의 실권을 장악하고 호소카와

자기 하인에게 살해당하였다[42세].[67] 이는 마사모토의 가신으로 가사이 마타로쿠香西又六라는 자가 모반심을 품고 마사모토의 유히쓰右筆로 도쿠라戶倉라는 자에게 뇌물을 주고 상황을 엿보게 시켰는데 그날 저녁에 마사모토가 아타고 쇼진愛宕精進을 위해 욕실에 들어가 있던 것을 도쿠라가 살해한 것이다. 가까이서 모시던 하하카베波波伯部라는 자가 달려갔지만 이 사람도 내리치는 칼을 맞고 도주하였다. 하하카베는 목숨을 건졌다.

마사모토는 요술에 미쳐서 자식이 없었다. 사누키노카미 시모야카타 모토카쓰下屋形元勝의 아들 로쿠로 스미모토六郎澄元를 양자로 삼았다[『계도系圖』에는 스미모토를 사누키노카미 요시하루義春의 아들이라 되어 있다. 호소카와 가는 시코쿠四國가 영유했는데 요리유키賴之 이래 적통은 관령이었으므로 재경하여서 가미야카타上屋形라고 불렀다. 요리유키의 동생 좌근장감左近將監 아키하루詮春 계통은 사누키 국에, 아와노카미阿波守 미쓰유키滿之 계통은 아와 국阿波國에 있었다. 이를 시모야카타下屋形라고 한다].

스미모토는 요시즈미를 받들고 오미 국으로 달아났다. 가사이香西 등은 서로 상의하여 마사모토가 처음에 관백 구조 히사쓰네九條尙經

와 가에 의한 전제체제를 확립했다. 1494년 이후 사망할 때까지 13년간 관령. 마사모토는 수험도修驗道에 열중하여 처를 맞이하지 않아서 자식이 없었으므로 구조 마사모토九條政基의 아들을 양자로 삼아 스미유키澄之라 하고, 일족인 호소카와 요시하루細川義春의 아들을 양자로 삼아 스미모토澄元이라 이름 붙였다. 이 때문에 호소카와 씨의 가신이 두 파로 분열하였고 마사모토는 1507년 암살당했다.

67 호소카와細川 관령 가管領家 가계도

※ ━━ 표시는 양자

요리유키賴之＝요리모토賴元—미쓰모토滿元—모치유키持之—가쓰모토勝元—마사모토政元━ 스미모토澄元—하루모토晴元
[요시하루義春의 아들]
━ 스미유키澄之
[구조 마사모토九條政基의 아들]
━ 다카쿠니高國—우지쓰나氏綱
[마사하루政春의 아들]

의 막내아들을 양자로 삼아 구로 스미유키九郎澄之라고 부르던 자를 거두어 아라시야마嵐山에 성을 짓고 농성하였다. 7월에 스미유키가 군대를 이끌고 상경하였다. 지쿠젠노카미筑前守 미요시 나가테루三好長輝 등도 출진하여 셋쓰 국에서 올라와 교토에 들어왔다. 8월에 가사이와 교전하였다. 하하카베는 선두에 서서 마침내 도쿠라를 토벌하였다. 가사이는 화살에 맞아 죽고 그의 일당은 패하였으며 구로 스미유키는 살해되었고 도성 안은 진정되었다. 스미모토가 관령이 되었다[16세]. 이래 미요시가 세력을 나타내었다.

　　생각해 보건대, 호소카와 가쓰모토는 처음에 자식이 없어서 장인인 야마나 뉴도의 아들을 양자로 삼았는데 친자인 마사모토가 태어났으므로 양자를 승려로 했기 때문에 야마나와 불화하게 되었다.
　　야마나는 아시카가 요시마사의 미다이도코로에게 부탁을 받고 요시히사를 보호하고, 시부카와와 하타케야마의 가독을 다투어 세상을 어지럽혔다. 이는 가쓰모토가 요시미를 보좌하고 있었기 때문에 먼저 가쓰모토 일당을 제거한 뒤에 가쓰모토도 멸하여 요시미를 무너뜨리려고 한 속셈이었던 듯하다.
　　하타케야마 마사나가가 요시미에게 괴롭힘을 당할 때 가쓰모토는 참고 견디며 그를 구하지 않았다. 세간에서는 요시마사의 의향을 존중하여 그를 돕지 않았다고 말하지만 그렇지 않다. 그때는 요시마사도 요시미도 함께 야마나 뉴도의 진중에 있었기 때문에 참고 견디며 기회를 기다리고 있었던 것이다. 마사나가의 군대가 패배하고 하타케야마 요시나리가 집안을 총괄했으므로 야마나 일당이 목적을 달성하여 마음이 해이해진 틈을 엿보아 마침내 요시마사와 요시미를 자기 진중으로 빼앗아왔다. 그렇지만 요시미는 처음부터 자기가 보좌하던 사람이었기 때문에 요시마사가 의심스럽게 생각할지도 모른다고 여긴 가쓰모토는 계략을 꾸미며 요시미를 이세로 탈출시켰다. 그래도 여전히 요시마사가 야마나에게 마음을 두었으므로 마침내 상황을 빼앗아 진중에 동행하고 만일 요시마사에게 색다른 행동이 있으면 천황을 끼워 넣어 싸우려고 했던 것이다. 그 후 요시미를 이세에서 맞이하였지만 또 여러 소문이 있어서 다시 요시미를 야마나의 진중에 뛰어들게 하여 요시마사와 요시미 형제의 싸움인 것처럼 꾸며서 야마나와 교전하였다. 이는 모두 주군을 위해서 한 것이 아니라 자신과 야마나와의 사적인 싸움에 주군을 빼앗아 진중에 가둬 둔 것이다. 그뿐만 아니라 고하나조노, 고쓰치미카도 두 천황도 빼앗아 두었는데 상황은 결국 진중에서 붕어하였다.

이렇게 해서 십수 년 동안은 호소카와가 오로지 장군의 편인 듯했기 때문에 가쓰모토도 죽고 야마나도 죽은 뒤에는 대대로 관령가였으므로 그의 아들 호소카와 마사모토가 아버지의 뒤를 이었다. 마사모토는 아직 관령이 아니었을 때에 요시토요義豊와 합심하여 마사나가를 치고 주군인 장군 요시키[68]를 붙잡아 요시마사가 약속하였다 하여 요시미치를 이즈 국에서 맞이하였고 그렇게 해서 관령이 되었던 것이다. 그때 세간에서는, "요시키는 포악한 군주이기 때문에 그를 폐하고 요시마사가 약속한 것처럼 요시미치를 주군으로 세웠다"라고 말했지만 실은 마사모토가 요시키[69]와 마사나가를 없애버리고 요시미치를 원조하여 세웠다는 공적을 만들어서 관령이 되려고 계략을 꾸민 것이었다. 노리는 대로 관령 임무를 맡았던 15년 동안에 위압과 복덕을 제멋대로 했지만 자신도 또한 역신에게 살해되고 이에 가쓰모토의 혈통은 단절되었다. 마사모토 뒤로는 크게 혼란하여 스미모토와 스미유키 두 사람이 싸운 것은 마사모토가 요시마사 뒤를 어지럽힌 것과 조금도 다를 바 없으며 결국에는 그 집안도 멸망하였다. 하늘의 응보는 참으로 분명하지 않은가.

아시카가 요시타다足利義尹가 재차 관직에 올랐다즉 요시키이다. 분키文龜 원년(1501)에 관직을 정지당하였다. 이는 요시즈미와 마사나가의 요청에 의해서였을 것이다. 스오 국에서 [메이오 2년(1493)부터] 16년간 있으면서 오우치 요시오키大內義弘를 의지하고 이름을 요시타다로 고쳤다.

에이쇼 5년(1508) 정월에 오우치 요시오키가 교토의 혼란을 듣고

---

68 원문의 '義村'은 '義材'의 오류.
69 원문의 '義村'은 '義材'의 오류.

요시타다를 내세워 규슈와 주코쿠中國 지방의 군병을 모아 상경한다는 소문이 났으므로 관령 우경대부 호소카와 스미모토는 아와 국阿波國으로 도주하였다. 장군 요시즈미는 오미 국으로 달아나서 사사키 록카쿠 다카요리를 의지하였다. 4월에 요시타다와 요시오키는 이즈미 국 사카이堺에 도착하였다. 5월에 미요시 나가테루 뉴도 기운喜雲이 아와 국에서 셋쓰 국으로 건너와 호소카와나 사사키 군병과 함께 요시오키와 교전했지만 패배하였다. 부자 세 사람은 교토 햐쿠만벤百万遍의 절에서 자살하였다. 6월에 요시타다가 입경하였다. 7월에 재차 장군직에 올랐고 오우치는 관령이 되었다.

에이쇼 6년(1509) 10월 26일 한밤중에 막부에 도둑이 들었다. 요시타다는 직접 이를 방어하였고 아홉 군데 상처를 입었다. 같은 달에 군사를 오미 국에 보냈다.

에이쇼 7년(1510) 2월에 교토 세력이 패배하였다. 같은 달, 우에스기 아키사다가 가신 나가오 다메카게長尾爲景에게 에치고에서 살해당하였다[57세]. 이 사람은 열네 살 때 에치고에서 가마쿠라로 갔고 간토를 영유하기를 40여 년. 아들이 없어서 고가古河의 아시카가 시게우지의 아들 아키자네顯實[70]와, 우에스기 노리자네上杉憲實의 손자 노리후사憲房를 양자로 삼았다.

에이쇼 8년(1511) 8월에는 전 장군 요시즈미가 오미 국 다케야마岳山에서 홍서薨逝하였다[32세]. 호주인 도노法住院殿라고 한다. 이달 우마노스케右馬助 호소카와 마사카타細川政賢[가쓰모토의 숙부인 우마노카미右馬頭 뉴도 모치카타의 손자]가 시코쿠나 동국의 군대를 모아 교토를 공격하려고 하였다. 요시타다와 요시오키는 단바 국으로 달아났고, 마사카타는 입경하였다. 요시타다는 군병을 모아 귀경하고 후나오카 산

---

70 원문의 '顯定'은 '顯實'의 오류.

船岡山에서 접전하였는데 마사카타는 패하여 죽었다.

에이쇼 9년(1512)에 요시오키는 군공에 의해 종3위에 서임되었다.

에이쇼 10년(1513) 3월에 요시타다는 오미 국으로 가서 싸웠는데 패하여 5월에 귀경했고 요시타네義稙라고 개명하였다.

에이쇼 13년(1516)에 호조 소운[71]이 미우라노스케 도슨三浦介道寸[무쓰노카미陸奧守]과 그의 아들 아라이 아쿠지로 요시마사新井惡次郎義意[단죠조쇼히쓰彈正少弼]를 멸하고 군대의 위력이 강해졌으며, 두 우에스기는 점차 쇠퇴하였다.

에이쇼 15년(1518) 8월에 좌경대부 오우치 요시오키가 사직하고 영지로 돌아갔다[재경 10여 년]. 공가와 무가의 일을 떠맡았으므로 재력을 다 써서 돌아갔다고 한다. 이 무렵에는 공가도 무가도 마찬가지로 쇠미하여 교토는 극도로 황폐해졌다. 공가 사람들 중에는 요시오키에게 의지하여 속속 스오 국으로 향하는 자도 있었다. 또 여러 국의 다이묘에 의지하여 내려간 사람들도 많았다.

에이쇼 17년(1520)에는 호소카와 스미모토와 다카쿠니高國의 싸움이 시작되었다. 처음에 마사모토에게는 아들이 없었기 때문에 죽은 관령 우경대부 요리모토賴元의 2남 우마노카미 미쓰쿠니滿國의 증손

---

71 1432~1519. 센코쿠 다이묘戰國大名, 고호조後北條 씨의 시조. 출가해서 소운암早雲庵 소스이宗瑞라고 했으므로 호조 소운이라고 부른다. 만도코로政所의 집사 이세伊勢 씨의 일족으로 소운의 누이동생이 스루가의 슈고 이마가와 요시타다今川義忠의 첩이 되면서부터 이마가와 씨의 식객이 되어 스루가에 내려갔다. 요시타다가 사망한 뒤 누이동생의 아들 이마가와 우지치카今川氏親를 보좌하여 이마가와 씨의 내분을 진정시킨 공으로 스루가 고쿠후지 성주가 되었다. 그 무렵 이즈에서는 호리고에쿠보堀越公方 아시카가 마사토모足利政知가 죽은 뒤 그의 아들 차차마루茶茶丸가 동생과 중신들을 살해하여 분쟁이 일어났다. 소운은 이 틈을 타서 차차마루를 공격하여 이즈를 정복하고, 이어서 오다와라의 오모리大森 씨, 사가미의 미우라三浦 씨를 멸망시키고 사가미에서 간토關東에 걸친 지역에 세력을 확대했다. 이렇게 해서 고호조 씨 5대의 기초가 구축되었다.

민부소보 마사하루政春의 4남 다카쿠니를 양자로 삼고, 또 구조 도노 九條殿의 막내아들 스미유키를 양자로 삼았는데 모두 마사모토의 마음에 들지 않아서 스미모토도 양자로 삼았다. 그런 이유로 다카쿠니는 처음부터 스미모토와 사이가 좋지 않았고 스미모토는 요시오키가 영지로 돌아간다는 소식을 듣자 아와 국阿波國에서 출진하여 다카쿠니와 싸웠다. 다카쿠니는 오미로 패주하였다. 그런데 재차 군사를 이끌고 상경하였다. 이는 요시타네와 스미모토도 합심하여 다카쿠니를 토벌하려고 한다는 소문이 있었기 때문이다[요시타네가 이렇게 된 것은 다카쿠니가 점차 반역을 보였기 때문이다].

스미모토는 하리마 국으로 달아났고, 미요시 유키나가三好之長가 교토 돈게인曇華院에서 포로가 되었다. 이해 6월에 스미모토가 아와 국阿波國에서 졸하였고[26세인가] 친동생 하루모토晴元가 계승하였다.

다이에이大永 원년(1521) 3월 23일에 금상 천황[72]이 즉위하였다. 이는 공가도 무가도 쇠미해졌기 때문에 황위 계승 이래 20여 년이 지나도록 대례大禮가 자꾸 늦어져서 쇼요인逍遙院 산조니시 사네타카三條西實隆 뉴도의 조처로 혼간지本願寺에서 즉위 비용을 마련하여 진상했으므로 대례가 실현되었다. 이에 대한 상으로 혼간지 주지는 몬제키門跡[73]에 준하게 되었다. 같은 달 25일에 요시타네는 교토를 떠나 아와지 국으로 갔다. 이를 시마쿠보嶋公方라고 한다[복직 후 14년이 지났다]. 이 해 7월에 미요시 모토나가三好元長가 방면되어 아와 국阿波國으로 돌아갔다.

---

72 고카시와바라後栢原 천황.
73 절의 자격이나 등급의 하나. 가마쿠라 시대 초기 무렵부터 황족이나 섭관가攝關家 등의 자제가 특정 사원에 출가하고, 그들이 영유한 경제력을 배경으로 정치력을 가지며 사원 내의 지배권을 장악하게 되었다. 이것이 관례화하여 몬제키 자체가 귀족 출신자에 의해 계승되는 특정 사원을 가리키는 호칭으로 변화했다.

무로마치 막부의 역대 장군

아시카가 요시하루足利義晴[1]는 요시즈미義澄의 아들[일설에는 요시타네 義稙의 양자라고 한다]로 치세는 30년. 우경대부右京大夫 호소카와 다카쿠 니細川高國[2]가 하리마 국播磨國에서 맞이하여 다이에이大永 원년(1521)

---

1 1511~1550. 무로마치 막부 제12대 장군. 11대 장군 아시카가 요시즈미足利 義澄의 장남. 1521년 10대 장군 아시카가 요시타네足利義稙가 관령管領 호소 카와 다카쿠니細川高國에게 추방당하자 그의 옹립으로 장군이 되었다. 그 후 다카쿠니 정권은 부하의 내분과 일족의 다툼 때문에 매우 불안정하여 1538년 이래 요시하루도 교토와 오미를 왕복하며 안주하지 못했다. 이후 다시 호소카와 하루모토細川晴元와 미요시 나가요시三好長慶이 싸우자 장군 요시후지義藤를 따라 야마시로山城 나카오 성中尾城으로 나가려다가 병사했 다.

2 1481~1531. 무로마치 시대의 무장. 무로마치 막부의 관령. 호소카와 마사 하루細川政春의 아들로 관령 호소카와 마사모토細川政元의 양자가 되었다. 마사모토의 가독 상속을 둘러싼 스미유키澄之와 스미모토澄元의 싸움에서 는 스미모토의 편을 들어 스미유키를 멸하였다. 그러나 이듬해 스미모토를 오미로 추방하고 스오 국周防國 오우치 요시오키大內義興와 함께 전 장군 아 시카가 요시타네를 다시 장군으로 옹립하고 자신은 관령에 임명되어 실권 을 잡았다. 1518년 요시오키가 귀국하자 스미모토를 옹립하려는 미요시 유 키나가三好之長에게 일시 입경을 허락하였지만 그 후 탈회. 1521년에 장군 요시타네를 폐하고 전 장군 요시즈미의 아들 요시하루義晴를 옹립했다. 1526년 참언을 믿어 가사이 모토모리香西元盛를 살해했기 때문에 모토모리 의 형제들이 거병하고, 미요시 가쓰나가三好勝長 등이 사카이에 상륙하고 마침내 유키나가의 손자 모토나가元長가 아시카가 요시쓰나足利義維와 스 미모토의 손자 호소카와 하루모토를 끼고 사카이에 상륙하자 다카쿠니 정

6월에 입경하였다. 12월에 요시타네의 관직을 정지하고 요시하루가 장군에 취임하였다[11세]. 다카쿠니가 관령管領이 되었고 출가하여 호를 도에이道永라고 했으며 또 조쇼쿠常稙라고도 하였다.

다이에이 3년(1523) 4월에 요시타네가 아와 국阿波國 무야撫養에서 훙서薨逝하였다[58세]. 자손은 지금도 계속되고 있으며 히라시마平島라고 칭한다. 제장諸將이 상의하여 요시히데義榮를 후사로 삼았다.

> 『미요시 가보三好家譜』에는, "이때 제장은 요시모치義持의 동생 요시쿠니義國를 세우려고 했는데 미요시 모토나가三好元長가 요시히데를 세웠다"라고 쓰여 있다.
>
> 『대계도大系圖』를 보면, "요시히데는 요시하루의 동생 요시쓰나義維의 아들이다"라고 기록되어 있다. 어느 쪽이든 확실하지 않다. 요시모치의 동생에 요시쿠니라는 자가 없으며, 설령 있다 하더라도 이때까지 살아 있을 리도 없다. 또 요시히데의 아버지로 요시쓰나라는 사람이 요시하루의 동생이라고 하기에는 이때 요시하루조차 열한 살이기 때문에 그 동생은 더 어렸을 터인데 자식이 있다고 생각할 수 없다. 게다가 『미요시키三好記』를 보면, 요시히데는 에이로쿠永祿 11년(1568)에 쉰여덟 살이라고 되어 있어서 다이에이 3년(1523)에는 열세 살이다. 도대체 누구의 아들인가. 만일 또 요시쓰나의 아들이었다면 요시쓰나란 요시타네의 동생이거나, 요시즈미의 동생이었을 것이다.

다이에이 6년(1526)에 다카쿠니가 참언을 믿어 가신 사에몬노조左衛門尉 가사이 시로 미쓰시게香西四郞光重를 죽였으므로 그의 일족이 전부 배반하였다. 이때를 틈타 미요시 모토나가三好元長가 아와 국阿波國에서 거병하여 셋쓰 국攝津國을 건너 이즈미 국和泉國에 도착하였다.

권은 붕괴했다. 1531년 미요시 모토나가에게 패하여 달아나다가 붙잡히자 자살했다.

다카쿠니는 장군의 명령을 받고 에치젠 국越前國의 아사쿠라朝倉, 와카사 국若狹國의 다케다武田, 오미 국近江國의 록카쿠六角와 교코쿠京極 등의 군사를 소집하여 다이에이 7년(1527) 2월에 미요시의 군대와 교토에서 교전했으나 패배하였다. 3월에 모토나가가 직접 요시히데와 하루모토를 따라서 사카이堺에 도착했기 때문에 병력이 크게 신장되어서 다카쿠니 쪽의 여러 성은 이미 함락되고 셋쓰 국의 이타미 성伊丹城 하나가 남았다. 다카쿠니는 병력을 보내어 이타미를 지원하고 자신은 도지東寺에 진을 쳤다.[3]

모토나가는 단바 국丹波國의 하타노 마고에몬波多野孫右衛門, 가와치노카미河內守 유사 나가노리遊佐長敎와 계략을 통하여서 시코쿠의 군사를 소집하여 다카쿠니를 공격하려고 하였다[이때 하타노는 다지마 국但馬國과 단고 국丹後國, 단바 국의 병력 1만 2천, 유사는 하타케야마畠山의 병력을 이끌고 왔다. 하타노는 가사이香西의 형이라고 한다].

다카쿠니는 모토나가와 강화하였다. 교로쿠享祿 원년(1528) 정월에 강화가 성립되었으므로 사사키佐佐木, 교코쿠, 아사쿠라 등의 군사는 전부 귀국하였다.

다카쿠니는 모토나가가 자기를 속여서 화해하였다는 소식을 듣고 이세 국伊勢國으로 달아나 기타바타케 다네치카北畠植親를 의지하려 했으나 받아들여지지 않았다. 오미 국으로 가서 사사키 다카요리佐佐木高賴를 찾아갔지만 받아들여지지 않았고 에치젠 국에 가서 아사쿠라를 찾아가서도 허락받지 못했기 때문에 북해北海를 건너 이즈모 국出雲國에 갔다. 아마코尼子를 찾아갔는데 여기서도 받아들여지지 않았다. 결국에는 비젠 국備前國에 가서 우라카미浦上 가몬노카미掃部頭를 의지하였다. 이 때문에 요시하루도 교토를 떠나 오미 국으로 달

---

3 원문의 '陳す'는 '陣す'의 오류.

아나서 민부소보民部少輔 구쓰키 다네쓰나朽木稙綱에게 의지하고 있었다. 하루유키晴之는 사카이에 있었다.

교로쿠 2년(1529)에 야마자키山崎에서 야나기모토柳本 단조彈正[가사이笠西의 동생]와 이타미 야사브로伊丹彌三郎가 사적인 싸움을 하여 이타미가 죽었다. 이타미는 미요시의 친척이어서 미요시 사람들이 그를 구하려고 교토에서 출진한다는 소문이 났기 때문에 야나기모토는 히라카타枚方로 달아났다. 호소카와 하루모토細川晴元는 야나기모토에게 원군을 보냈다. 모토나가는 이를 원망하여 아와 국阿波國으로 돌아갔다. 하루모토는 야나기모토에게 명하여 군대를 관장하게 하고 이타미 성을 공략하였다.

교로쿠 3년(1530) 겨울에 하루모토는 이전의 잘못을 뉘우치고 미요시 모토나가를 불러들였다. 하루모토의 동생 모치타카持隆도 모토나가와 함께 군사를 모았다[모토나가가 돌아가는 틈을 엿보아 다카쿠니가 거병했기 때문이다]. 11월에 다카쿠니가 셋쓰 국으로 건너갔고 하루모토의 부장 야쿠시지藥師寺는 패하여 항복하였다.

교로쿠 4년(1531) 봄에 모토나가가 셋쓰 국으로 건너가 하루모토를 지원하였다. 6월에 모토나가는 다카쿠니와 덴노지天王寺 부근에서 크게 싸웠고 다카쿠니는 패하여 아마가사키尼崎로 달아났다. 모토나가로 하여금 그를 추격해서 싸우게 하였다. 다카쿠니는 도망칠 수 없다고 단념하고 고토쿠지廣德寺에 들어가 자살하였다[생각해보건대, 다카쿠니가 관령이었던 것은 11년간. 일설에는 민가에 숨어서 큰 항아리에 들어가 있던 것을 찾아내어 죽였다고 한다].

덴분天文 원년(1532) 정월에 미요시 일족이 교토에서 야나기모토 단조의 아들 진시로甚四郎를 죽였다. 이는 이타미 야사브로 건의 복수이다. 하루모토가 몹시 분노하였으므로 모토나가는 출가하여 사죄하였다[사쓰마노카미薩摩守 가이운海雲이다]. 요시히데, 모치타카 등이 다른 의견을 내놓았으나 하루모토는 듣지 않았고 6월 2일에 결국 가이운을 죽였다[68세]. 모토나가의 처는 세 아이를 데리고 아와 국阿波國으로 도망쳤다[이때 미요시 조케이三好長慶는 열한 살이었다고 한다].

덴분 2년(1533) 2월에 일향종一向宗 신도들이 이즈미 국 사카이를 공격하였다. 하루모토는 패하여 아와지 국淡路國으로 달아났다. 신도들은 사카이에 들어가서 살았다. 3월에 신도들이 이타미를 공격하였다. 기즈 나가마사木津長政가 교토의 일련종日蓮宗 신도들을 모아서 이를 구하였다. 신도들은 패하였고 사망자가 다수 나왔다.

4월에 하루모토는 아와 국阿波國의 병력을 이끌고 셋쓰 국 효고兵庫로 돌아가 이케다 성池田城에 들어갔고 제장에게 명하여 사카이로 향하게 하였다. 신도들은 오사카大坂에 모여 수비하였다. 5월에 오사카를 공격하였다. 신도들이 항복하였다.

그 후 하루모토는 교토로 가서 요시하루를 구스키朽木에서 맞이하여 관령으로 삼고 호소카와 우경대부라고 칭하였다[일설에 따르면, 덴분 원년(1532) 요시하루를 맞이하여 관령으로 삼고 그 후에 가이운을 죽였다고 한다]. 8월에 또 오사카의 신도들이 거병하였다.

덴분 5년(1536) 2월에 즉위식이 거행되었다[다이에이 6년(1526)[4]에 고나라後奈良 천황은 서른한 살에 황위를 계승하였으나 이때까지 11년 동안 즉위 대례를 거행하지 못하였다고 한다]. 이번의 비용은 오우치 요시타카大內義隆[요시오키義興의 아들]가 마련하여 진상하였다. 6월에 중납언中納言 후지와라노 가네히데藤原兼秀가 칙사로서 스오 국周防國으로 내려가서 좌경대부左京大夫 요시타카[5]를 다자이노다이니大宰大貳[6]에 임명하였다.

7월에 히에이 산比叡山의 승병이 크게 봉기하고 도성 안에 난입하

---

4 원문의 '文永六年'은 '大永六年'의 오류.
5 원문의 '義興'은 '義隆'의 오류.
6 규슈九州 다자이후大宰府의 장관직.

여 방화하고 일련종 신도들을 토벌하였다. 도성 안 대부분이 불탔다. 이는 일련종 신도들을 격파하고 나서부터 몹시 교만해져서 히에이 산 승려가 미워해서 토벌한 것이다.[7]

8월에 데와노카미出羽守 미야케 구니무라三宅國村가 주군 호소카와 다카쿠니의 아들 하루쿠니晴國를 죽였다. 근래 오사카 신도의 병력이 늘어서 자주 승리했으므로 하루쿠니는 그들과 계략을 꾸며서 거병하려고 한 것이다. 하루모토의 부장이 이를 듣고 먼저 오사카를 공격하였는데 싸움이 유리하게 전개되어 여기저기서 적을 격파하였다. 구니무라는 이래서는 계략도 성공하기 어렵다고 판단하고 하루쿠니[8]를 죽이고 죄를 모면하려고 한 것이라고 하고, 또 자기가 뜻을 세우려고 한 것을 하루쿠니가 허락하지 않아서 죽였다고도 한다. 이해 오사카 신도들이 크게 봉기하여 기나이畿內의 도처에서 싸웠다.

덴분 6년(1537) 10월에 오유미 어소小弓御所의 우효에노스케右兵衛佐

---

7 센코쿠戰國 시대에 교토를 불태운 홋케이키法華一揆와 엔랴쿠지延曆寺 승려와의 싸움으로, 덴분 홋케天文法華의 난이라고 한다. 법화종法華宗, 즉 일련종日蓮宗은 처음에 간토關東 지방의 무사들 사이에 퍼졌으나 남북조 무렵부터 교토를 중심으로 경기京畿 지역 일대와 서일본 지역에서 포교 활동을 해서 교세를 굳혔다. 더구나 법화종은 현세의 이익을 긍정했으므로 교토의 상공업자들에게 빠르게 확대되었는데, 그들은 일향종一向宗 신도들이 중심이 된 이코이키一向一揆에 대항하여 홋케이키를 일으켜 1532년에는 야마시나 혼간지山科本願寺를 불태웠다. 홋케이키는 이후 5년 동안 교토 내외의 지배권을 장악했다. 그러나 1536년 법화종의 세력 증대를 두려워한 엔랴쿠지延曆寺가 미이데라三井寺·혼간지本願寺의 협력을 얻어 교토 내의 법화종 21사를 불태웠다. 6일 동안 계속된 엔랴쿠지 승병과 홋케이키의 전투는 엔랴쿠지의 승리로 끝났는데, 이 전투에서 홋케이키 측의 사망자는 3000~4000명이라고도 하고 1만 명이 넘는다고도 한다. 난이 일어난 뒤 관령管領 호소카와 하루모토細川晴元는 법화종 승려나 신도가 교토 내를 배회하는 것을 금지하고 법화종 사원을 다시 일으키는 것을 금지했다. 이 난으로 홋케이키는 괴멸하고 일련종은 큰 타격을 입었다.

8 원문의 '晴元'은 '晴國'의 오류.

아시카가 요시아키足利義明[9]가 호조 우지쓰나北條氏綱[10]에게 토벌되었다. 처음에 고가古河의 아시카가 시게우지足利成氏의 아들 사마노카미 左馬頭 마사우지政氏[집안을 계승하여 고가에 있었다]에게는 아들이 셋 있었다. 장남은 다카모토高基, 차남은 요시아키義明, 3남은 모토요리基賴라고 한다. 이 부자형제 사이에는 좋지 않은 일이 있어서 요시아키는 무쓰 국陸奧國으로 갔다. 마사우지는 다카모토에게 집안을 물려주고 세키야도 성關宿城에 있었으며 교로쿠 4년(1531) 7월에 졸卒하였다[마사우지, 다카모토 부자의 전투는 에이쇼永正 4년(1507)의 일이다. 그것이 어째서 벌어졌는지 상세하지 않다].

그 무렵 가즈사 국上總國의 슈고守護 다케다 도요조武田豊三 뉴도入道 조칸恕閑[마리야眞里谷 미카와노카미三河守이다]이 그 국의 하라 지로原次郎와 논쟁을 벌였다. 하라는 지바千葉의 일족이며 가신이었다. 지바가 그

---

9 ?~1538. 무로마치 시대 후기의 무장. 고가쿠보古河公方 아시카가 마사우지 足利政氏의 아들. 오유미쿠보小弓公方이라 자칭했다. 고가쿠보 가의 조상인 가마쿠라쿠보鎌倉公方 가는 모토우지基氏 이래 대대로 간토를 지배해왔는데 점차 본가인 장군가와 대립하게 되고 결국 모치우지持氏 때는 제6대 장군 아시카가 요시노리足利義敎와 무력충돌하였다(에이쿄永享의 난). 이에 패한 가마쿠라쿠보 가는 일시 멸망하였으나 1441년 가키쓰嘉吉의 난으로 요시노리가 죽자 모치우지의 아들 나리우지成氏가 가마쿠라쿠보로서 복귀했다. 이후 나리우지는 간토 관령關東管領 우에스기上杉 씨와 대립하여 가마쿠라에서 쫓겨나 시모우사 국下總國 고가 성古河城을 본거지로 하여 세력을 키우고 고가쿠보古河公方이라 불렀다. 나리우지 사후 고가쿠보 지위를 두고 내분이 자주 일어났는데 그 하나가 아시카가 마사우지足利政氏와 다카모토高基 부자의 대립이다(에이쇼永正의 난). 또 마사우지, 다카모토 부자의 항쟁이 계속되는 가운데 마사우지의 차남 요시아키義明도 정치적으로 자립하여 오유미小弓를 근거지로 하여 형 고가쿠보 다카모토와의 항쟁을 격화시켰다.

10 1487~1541. 센코쿠戰國 시대의 무장. 이즈伊豆·사가미相模를 평정한 호조 소운北條早雲의 장남. 우에스기上杉 씨를 멸하고 영지를 확대시켜 간토에서의 지위를 확보했다. 당초는 이세伊勢 씨라 칭했으나 1523년 무렵부터 호조 씨를 칭하였다.

에게 가세하였으므로 다케다는 이기지 못하고 계략을 꾸며서 요시아키를 무쓰 국에서 맞이하여 주군에 앉힌 결과 가즈사, 시모우사下總, 아와安房의 재지 무사들이 모여들어서 그 세력이 국내에 가득 찼으므로 3년 뒤에 하라는 마침내 패배하였다. 요시아키는 마침내 그의 오유미 성小弓城으로 옮겼으므로 오유미 어소라고 한다.

요시아키는 어떻게 해서든 간토關東[11]를 따르게 해서 가마쿠라의 뒤를 재흥하고자 생각하고 있었다. 때마침 호조 우지쓰나[소운無雲의 아들]가 이즈伊豆, 사가미 국相模國을 복종시키고 우에스기上杉와 무사시 국武藏國을 두고 서로 다투고 있었는데 고가 도노古河殿 아시카가 다카모토足利高基는 우지쓰나와 결탁하여 우에스기를 멸망시켜 수대에 걸친 원한을 풀려고 생각했는지 그의 딸을 자식 하루우지晴氏의 처로 삼았다[하루우지는 다카모토의 아들].

이렇게 해서 요시아키의 무위武威가 점차 강해지자 고가 도노를 위해서도 좋지 않다는 소문이 나 있었기 때문에 하루우지는 우지쓰나의 가세를 구하여 요시아키를 멸하려고 했지만 우지쓰나는 우에스기와 교전 중이어서 그도 오유미에 사자를 보내어 그에게 복종하였다.

이리하여 덴분 6년(1537) 10월에 우지쓰나가 오유미로 향할 것이라는 소문이 나서 요시아키는 동생 모토요리 및 온조시御曹司를 비롯하여 아와 국安房國 사토미里見[요시히로義弘]의 병력을 모집하고 고노다이鴻の台를 나와서 오다와라小田原의 군대를 격파하고 아군의 도착을 기다리고 있었는데 미우라三浦의 조다이城代였던 요코에 신스케橫江神介가 겨누어 쏜 화살에 맞고 말에서 떨어졌다. 마쓰다 야지로松田彌次郎가 그의 머리를 거두었다. 요시히로 군도 패하여 물러갔다. 이쓰미逸見 야마시로山城 뉴도는 중상을 입었으면서 오유미로 돌아가 요시

---

11 간토 관령關東管領.

아키의 아들을 멀리 도망시켰다[생각해 보건대, 기쓰레가와 어소喜連川御所의 조상 요리즈미賴純는 요시아키의 아들이라고 말하는 듯하지만, 나는 모토요리基賴의 아들일 것이라 생각한다].

덴분 9년(1540) 10월에 호소카와 우지쓰나[우지쓰나는 다카쿠니의 아들. 실은 우마노카미右馬頭 다다토키尹賢의 장남]가 이즈미 국 사카이를 포위하였다. 하루모토는 성에 웅거하며 방어전을 하였다. 성 안의 전사자는 600여 명. 아와 국阿波國에 사자를 보내어 미요시 나가요시三好長慶의 가세를 구하였다. 나가요시는 이때 열아홉 살이었다. 호소카와 모치타카의 군병을 장악하여 이웃 제국에 그의 이름을 드러내었기 때문이었다.

나가요시는 그의 아버지 가이운이 살해당한 원한이 있었기 때문에 하루모토를 도와줄 생각이 없었는데 동생인 에치고노카미越後守[미요시 짓큐三好實休인가]가 간하였으므로 직접 병력을 이끌고 효고兵庫를 지나 고시미즈 성越水城에 들어갔다. 미요시 신고로 마사나가三好神五郎政長 뉴도 소산宗三[나가테루長輝 뉴도 기운喜雲의 5남]이 그를 맞이하였다. 소산과 함께 호소카와 우지쓰나 군과 싸운 것이 여러 차례에 이른다.

덴분 15년(1546) 12월에 아시카가 요시하루는 아들 요시후지義藤를 데리고 오미 국 사카모토坂本로 가서 요시후지는 히에샤日吉社의 신주神主 주게樹下 가에서 관례를 올렸다[당시 교토는 호소카와와 미요시의 난으로 시끄러웠기 때문에 여기서 거행하였다].

관령 대리로서 단조쇼히쓰彈正少弼 사사키 록카쿠 사다요리佐佐木六角定賴가 4위에 서임되어 가관加冠의 역할을 맡았다. 20일, 요시후지가 장군에 임명되었고[정5하 사마노카미], 요시하루는 우대장右大將에 임명되었다.

덴분 16년(1547) 7월에 하루모토가 상경하였다. 호소카와 하루모토와 우지쓰나의 군병이 가와치 국河內國에서 교전하였다[일설에 따르면, 이해[12] 3월에 하루모토 및 미요시 일족이 교토에 달려가려고 했기 때문에 장군 부자는 기타시라카와 성北白河城에서 칩거하였다. 4월에 하루모토는 시코쿠 병력을 이끌고 와서 히가시야마에 진을 치고 기타시라카와 부근에 방화한 뒤 셋쓰 국으로 돌아갔다. 7월에 입경하여 쇼코쿠지相國寺에 진을 쳤다. 사사키 사다요리는 하루모토의 장인이었으므로 하루모토 편이 되어 기타시라카와를 공격하였다. 장군 부자는 성을 불태우고 사카모토로 도주하였다. 하루모토는 면죄받고 사카모토로 가서 회견하였다고 한다].

덴분 17년(1548) 10월에 미요시 나가요시가 소산 부자와 불화하게 되었다[소산은 셋쓰 국의 이치쿠라 성一藏城[13]에, 이케다 가쓰마사池田勝政는 에나미 성榎並城에 있었다. 소산은 전에 미요시 모토나가를 참언하여 죽였다고 한다. 또 이 무렵 나가요시가 역모를 품고 있다고 하루모토에게 고한 데에 기인하였다고 한다].

덴분 18년(1549) 3월에 나가요시는 가와치노카미 유사 나가노리와 병력을 합하여 소산을 쳤다. 하루모토는 교토에서 나와 셋쓰 국으로 가서 다다多田의 이치쿠라 성에 들어갔다. 사사키 사다요리도 하루모토를 도왔다. 6월, 나가요시는 소산과 교전하였다. 소산은 패하여 에구치江口에서 자살하였다. 하루모토는 단바 국으로 도주하였다. 사사키의 군대는 싸우지 않고 후퇴하였으며, 장군 부자는 난을 피해 히가시사카모토東坂本로 달아났다.

덴분 19년(1550) 봄에 나가요시가 입경한다는 소문이 전해져서 전 장군은 뇨이다케如意岳에 성을 쌓았다. 3월에 요시하루는 새 성으로 옮기려고 사카모토를 출발했는데 병이 중해져서 오미 국 아노오 산穴太山 속에 체류했고 5월에 결국 그곳에서 훙서하였다[40세]. 요시후지義藤는 히에이가쓰지比叡辻의 호센지寶泉寺로 옮겼고 하루모토와 사다요리가 경비하였다.

---

12 원문의 '二十年'은 '此年'의 오류.
13 원문의 '一籠城'은 '一藏城'의 오류.

아시카가 요시테루足利義輝[14]의 처음 이름은 요시후지이며, 치세는 16년. 열아홉 살에 집안을 계승하였다.

그해[덴분天文 19년(1550)] 11월에 나가요시가 입경하여 히가시야마東山의 아미타미네阿彌陀峯에 진을 쳤다. 군병을 나누어 미이데라三井寺에 진을 치고 오즈大津를 불태워서 교토의 경계를 막았다. 요시후지는 호젠지에서 떠나 구스키로 옮겼다.

덴분 20년(1551) 정월에 나가요시가 입경하였고, 2월에는 병력을 나누어 오미 국 시가志賀의 하루모토 진을 공격하여 크게 이겼다.

이해 8월에 오우치의 가신 오와리노카미尾張守 스에 하루카타陶晴賢가 반란을 일으켜 스오 국 야마구치山口로 향했으므로 오우치 요시타카는 패하여 이와미 국石見國의 요시미 마사요리吉見正賴를 의지하여 가는 것을 추격당하였고 나가토 국長門國 후카카와深川 다이네이지大寧寺에서 자살하였다. 마흔다섯 살이었다. 이때 전 관백關白 니조 다다후사二條尹房, 전 대신大臣 산조 기미요리三條公賴, 좌중장左中將 후지와라노 요시토요藤原良豊도 살해되고, 중납언 후지와라노 모토요리藤原基賴와 우효에노카미 후지와라노 지카요藤原親世는 머리를 깎고 도망쳤다.

오우치 요시타카가 생존해 있던 동안에는 주코쿠中國 8개국으로부터 천황가의 비용으로 은화 1천 간메貫目 씩 매년 헌상되고 있었다. 그러나 그가 가신에게 살해되었으므로 스에 하루카타 추토 칙명이

---

14 1536~1565. 무로마치 막부 제13대 장군. 재직 1546~1565. 아버지 아시카가 요시하루足利晴가 오미에 도망치던 중에 사카모토에서 장군에 취임했다. 그의 치세는 호소카와 하루모토細川晴元의 위세가 약해지고 미요시 나가요시三好長慶가 대두하여 종종 교토에서 쫓겨났다. 귀경 후에는 나가요시의 괴뢰를 감수하지 않고 계속해서 막부의 수장으로서 미요시 정권에 저항하는 자세를 취했기 때문에 마쓰나가 히사히데松永久秀 등의 경계를 받았으며 나가요시가 사거한 이듬해 암살당했다.

자주 내려졌지만 장군도 미요시도 스에를 쉽게 토벌할 수 있는 것처럼 보이지 않았다. 그러나 스에도 천황의 책망을 두려워하여 요시타카의 조카인 오토모 신타로 요시무네大友新太郎義統의 동생 우경대부 요시나가義長를 세워 오우치 가를 계승하게 하였다. 이때 명과의 무역에 사용되는 감합인勘合印[15]을 분실하여 일본과 명 간의 교섭이 정지되었기 때문에 서양의 기독교가 전해졌다고 한다.

덴분 21년(1552) 정월에 미요시 요시나가의 제의에 의해 요시후지가 귀경하였다. 호소카와 하루모토는 출가하여 돌아오지 않았다[가타타堅田에서 도망쳤다].

2월에 호소카와 지로 우지쓰나細川二郎氏綱가 아와 국阿波國에서 상경하였다. 3월에 우경대부에 임명되었다. 이래 미요시가 호소카와를 대신하여 천하의 권력을 잡았다. 나가요시는 도성과 기나이와 난카이南海의 권력을 장악하고 셋쓰 국에서 살며 그의 가신 단조추彈正忠 마쓰나가 히사히데松永久秀를 교토에 머물게 하였다.

이해에 관령 우에스기 노리마사上杉憲政가 호조 우지야스北條氏康에게 고즈케 국上野國의 히라이 성平井城이 함락당하여 에치고 국越後國으로 도망쳤다. 그 아들 다쓰와카마루龍若丸는 생포되어 살해되었다.

이에 앞서 덴분 7년(1538)에 오기가야쓰扇谷의 우에스기 고로 도모사다上杉五郎朝定[수리대부修理大夫 도모오키朝興의 아들]는 호조 우지쓰나에게 격파되었고, 이해에 야마노우치山內도 우지쓰나의 아들 우지야스에게 멸망당하였다. 병부소보兵部少輔 우에스기 후사아키上杉房顯 시대인 교토쿠 3년(1454)부터 고가 도노와의 싸움이 시작되었고 아키사다顯定 · 노리후사憲房 · 노리히로憲寬 · 노리마사憲政의 5대에 계승되

---

15 해적이나 왜구를 단속하고 사무역을 금지하기 위해 명明의 조정에서 외국에 주어 정식 무역선의 증명으로 삼은 부절符節. 에도 시대 이후에는 감합부勘合符라고도 불렀다.

어 이해 덴분 21년(1552)까지 98년 만에 멸망되고 말았다[고가 도노는 시게우지의 증손. 사효에노카미左兵衛督 하루우지 때이다].

덴분 22년(1553) 2월에 미요시 유키토라三好之虎[분고노카미豊後守 짓큐実休]가 주군 호소카와 모치타카를 죽였다. 이는 모치타카의 후사였던 가즈유키員之가 하루모토와 계략을 꾸며서 유키토라를 무너뜨린다고 소문이 났기 때문이었다. 7월에 장군 아시카가 요시후지가 하루모토를 교토에 불렀다. 하루모토의 병력이 모두 입경하였다. 8월, 미요시 나가요시가 대군을 이끌고 입경하여 장군의 호리카와 어소堀川御所를 공격하려 하였다. 요시후지는 산문山門으로 달아났다[일설에는, 하루모토와 함께 단바 국으로 달아났다가 10여 일 뒤에 귀경하였다고 한다].

덴분 23년(1554) 2월에 장군 요시후지는 요시테루라고 개명하였다. 나가요시는 단바 국에 출진하여 하타노波多野의 여러 성을 공략하였다. 또 아와지 국으로 건너가 군사를 모아 하리마 국으로 향하였다.

고지弘治 원년(1555) 정월에 하리마 국의 재지무사들이 항복하였다. 이해에 모리 모토나리毛利元就가 스에陶 뉴도 젠쿄全姜를 쳤다. 모토나리는 요시타카를 위해 스에와 몇 년 싸워서 올해 11월에 결국 스에를 토벌하고 나가토 국, 스오 국을 평정한 것이었다.

고지 3년(1557) 9월에 고나라 천황이 붕어하였다. 재위 31년[61세]. 오기마치正親町 천황이 황위를 계승하였다[42세].

에이로쿠永禄 원년(1558) 5월에 요시테루와 하루모토는 구스키에서부터 사카모토로 출발하였다. 나가요시는 셋쓰 국 고시미즈 성에서 입경하여 도처에 성채를 갖추고 아쿠타가와芥川로 돌아갔다[일설에는, 올해 구스키가 몰락하였고 9월에 사카모토에서 출발했다고 한다. 아쿠타가와에는 미요시 요시나가三好義長가 성을 갖추고 살고 있었다].

이달 9일에 미요시 나가요시의 부장 마쓰나가 등이 시라카와白川

에서 장군 요시테루의 군사와 싸웠다. 요시테루의 부장 호소카와 모치타카에게 토벌된 자는 100여 명이었다. 10일에는 장군이 뇨이카타케에 진을 쳤고 사사키 요시카타佐佐木義賢가 와서 도왔다. 나가요시의 군사가 진격하려고 했으므로 요시카타는 화해를 구하였다. 미요시의 부장들이 고시미즈에 그것을 고하였다. 나가요시 동생들의 군사가 전부 모여들었고 화해가 성립되었다. 11월에 장군 요시테루는 히에이 산의 진을 걷어치우고 쇼코쿠지에 들어갔다. 나가요시가 와서 알현하였다. 12월, 요시테루는 니조二條의 혼코쿠지本國寺로 옮겼다.

에이로쿠 2년(1559)에 나가오 가게토라長尾景虎가 입경하여 장군과 회견하였다. 이해에 나가요시는 하타케야마 다카마사畠山高政를 도와 그를 배반한 가신들을 쳤다[다카마사는 우효에노카미 하타케야마 모토쿠니畠山基國의 3남 수리대부 미쓰노리滿則의 증손이다]. 또 다카마사와 상의하여 호소카와 우지쓰나細川氏綱를 요도 성淀城에 옮겨 살게 하였다.

에이로쿠 3년(1560) 정월에 오기마치 천황이 즉위하였다. 모리 모토나리가 그 비용을 헌상하였다. 모리는 대선대부大膳大夫에 임명되고 황실 전용의 국화와 오동 문양을 하사받았으며 후에 무쓰노카미陸奧守가 되었다. 5월에 치부대보治部大輔 이마가와 요시모토今川義元가 오와리 국尾張國의 오케하자마桶狹間에서 가즈사노스케上總介 오다 노부나가織田信長에게 토벌되었다. 6월에 나가요시와 다카마사는 불화로 인해 싸웠는데 다카마사가 패하여 항복하였다.

에이로쿠 4년(1561)에 미요시 나가요시가 상경하여 신년을 축하하였고[정월 3일], 나가요시의 아들 요시나가도 이에 이어 입궐하여 축하하였다[정월 4일]. 2월에 나가요시가 장군이 자기 집에 행차해줄 것을 제의하였고, 장군 요시테루가 허락하였으므로 요시나가는 아버지를 대신하여 임시 저택을 지었다. 3월 그믐날에 장군이 방문하였고 호소카와 우지쓰나도 와서 축하하였다. 4월에 하루모토는 진력하여 화해를 구하였다. 나가요시는 이를 용납하고 셋쓰 국 후몬지普門寺에 하루모토를 옮겨 두었다[일설에는, 에이로쿠 원년(1558)에 요시테루가 미요시와 화해했을 때 하루모토를 아쿠타가와에서 붙잡았는데 해가 지나서 죽었다고 한다].

하타케야마 다카마사는 사사키 요시카타와 도모하여 나가요시를 토벌하려고 하였다. 야마토 국大和國, 기이 국의 군사들이 이에 따랐다. 나가요시는 군사를 이즈미 국으로 옮겨 싸우게 하였다.

이해 봄에 우에스기 데루토라上杉輝虎가 오다와라에 쳐들어갔다. 지난해부터 관백 고노에 사키쓰구近衛前嗣 공을 에치고 국에서 맞이하여 오다와라에도 데리고 와 있었다. 간토의 사무라이 대부분이 등을 돌렸으므로 결국 귀국하였다. 9월에는 다케다 하루노부武田晴信와 가와나카지마川中島에서 싸웠다[고노에 사키쓰구 공은 이듬해에 귀경하고 사키히사前久라고 이름을 고쳤다].

에이로쿠 5년(1562) 3월에 미요시 짓큐[지난해 겨울 아와 국阿波國에서 아마가사키로 이동해왔다]가 다카마사와 이즈미 국 구메다久米田에서 교전하였는데 패하여 자살하였다. 미요시의 병력은 모조리 궤멸하였다. 다카마사의 군사는 기세가 좋았으므로 미요시의 여러 성은 전부 항복하였다. 셋쓰노카미攝津守 아타기 후유야스安宅冬康도 기시와다 성岸和田城을 버리고 아와지 국으로 퇴각하였다가 5월에 시코쿠의 군사를 모아서 효고에 건너가 미요시 요시나가나 마쓰나가 히사히데 등과 병력을 합쳐 아와 국阿波國에 진격하여 다카마사와 교전하여 이를 격파하였다. 다카마사의 군사로 토벌된 자가 많았다. 사사키와 쓰쓰이筒井는 싸우지 않고 후퇴하였다.

에이로쿠 6년(1563) 3월에 호소카와 하루모토가 셋쓰 국에서 졸하였다. 8월에 미요시 요시나가가 셋쓰 국 아쿠타가와 성에서 죽었다[25세]. 마쓰나가 히사히데에게 독살되었다고 한다. 나가요시의 차남 요시쓰구義繼를 후사로 삼았다[요시쓰구는 실은 소고 가즈마사十河一存의 아들]. 12월에 우경대부 호소카와 우지쓰나가 요도 성에서 졸하였다.

이해 사토미 요시히로里見義弘 부자는 호조 우지야스, 우지마사氏政 부자와 무사시 국의 고노다이國府台에서 싸워서 패하였다.

모리 모토나리毛利元就가 이즈모 국 도다 성富田城을 공략하여 아마코 하루히사尼子晴久가 항복하였다. 고지弘治 2년(1556)부터 이 해까지 7년 정도 싸웠고 결국 모리가 이겼다. 이 이래 모리는 10개국[아키安芸·스오周防·나가토·빗추備中·빈고備後·이나바因幡·호키伯耆·이즈모·오키隱岐·이와미]을 영유하였고 분고豊後의 오토모, 빈고의 우키타浮田와의 싸움이 그치지 않았다.

에이로쿠 7년(1564) 5월 4일에 마쓰나가 히사히데松永久秀가 가와치 국[16] 이이모리 성飯盛城에 와서 후유야스가 반역하려는 마음을 품고 있다고 나가요시에게 고하였다. 9일에 나가요시는 후유야스를 불렀고, 12일에 이이모리에 온 것을 죽였다. 7월에 나가요시가 죽었다[72세]. 비밀로 하고 상喪을 공표하지 않았다.

이해에 오다 노부나가가 미노 국美濃國을 공략하여 사이토 다쓰오키齋藤龍興의 일족을 멸하고 오와리 국의 기요스淸洲에서 기후 성岐阜城[미노 국]으로 옮겼다.

에이로쿠 8년(1565) 5월 19일에 좌경대부 미요시 요시쓰구와 단조추 마쓰나가 히사히데의 아들 우에몬노스케右衛門佐 히사미치久通 등이 장군[17]의 어소를 포위하였다. 요시테루는 직접 방어전을 했지만 결국 불을 지르고 자살하였다[30세].

미요시, 마쓰나가 등은 장군 요시테루의 동생 이치조인一乘院의 주지 가쿠케이覺慶와 로쿠온지鹿苑寺 슈코周嵩를 속여서 불러 죽이려고

---

16 원문의 '阿主'는 '河州'의 오류.
17 원문의 '公家'는 '公方'의 오류.

하였다. 슈코는 토벌되었으나 가쿠케이는 가스가 산春日山를 넘어 오미 국으로 도망갔고 사사키 요시카타 뉴도 쇼테이承禎에 의지하여 환속하고 요시아키義昭라고 칭하였다.

이리하여 야마시로노카미山城守 미요시 야스나가三好康長 등은 마쓰나가松永에게 딴마음이 있음을 알고 불화하게 되었는데 요시쓰구가 몰래 간하였더니 야스나가는 요시쓰구가 마쓰나가와 마음을 하나로 하고 있다고 헤아리고 요시쓰구를 다카야 성高屋城에서 붙잡았다. 마쓰나가는 이를 듣고 하타케야마 다카마사와 합심하여 야스나가 등을 토벌하려고 하였다.

에이로쿠 9년(1566) 정월에 아와 국阿波國의 군사가 야스나가를 도우러 왔다. 히사히데와 다카마사는 이들과 여러 차례 교접했으나 화해를 구하였다. 요시쓰구가 다카야 성에 있었기 때문이다. 그래서 이달에 나가요시의 죽음을 공개하였다.

아시카가 요시히데[18]는 아와 국에서 나와 아와지 국으로 건너갔다. 부젠노카미豊前守 시노하라 나가후사篠原長房가 선진을 맡아서 히사히데의 여러 성을 함락하고 사자를 보냈으므로 9월에 요시히데는 셋쓰 국에 건너가 고시미즈 성에 입성하였다. 12월에 셋쓰 국의 후몬지 성으로 옮겼다. 이윽고 종5위하 사마노카미에 임명되었다.

에이로쿠 10년(1567) 3월에 미요시 요시쓰구는 몰래 다카야 성에서 나와 마쓰나가 히데히사의 진으로 달아났다. 4월에 히사히데는 요시쓰구와 함께 다몬 성多門城으로 옮겼다. 요시쓰구는 얼마 안 있어 기나이의 군사를 모아 야마시로노카미 야스나가 등을 토벌하려

---

18 1538~1568. 무로마치 막부 제14대 장군. 재직 1568년 2월~9월. 11대 장군 아시카가 요시즈미足利義澄의 손자. 아시카가 요시쓰나足利義維의 장남. 마쓰나가 히사히데松永久秀와 대립하는 미요시三好 세력에 의해 옹립되어 1568년 2월 장군이 되었다. 같은 해 9월 오다 노부나가織田信長가 요시아키義昭를 받들고 입경하자 셋쓰 도미다富田에서 대결하려 하였지만 병사했다.

고 하였다. 5월에 미요시 야스나가는 야마토 국으로 향하였고 도다이지東大寺에 진을 쳤다. 10월 10일에 히사히데는 도다이지를 불태웠다. 야스나가는 패하여 달아났다.

이해 아시카가 요시아키는 에치젠 국으로 옮겼다. 요시테루의 일 이후 요시아키는 오미 국 고가 군甲賀郡 이즈미노카미和泉守 와다 히데모리和田秀盛 집으로 달아나 거기서 오미 국 야시마 향矢島鄕으로 옮겨갔고 에이로쿠 9년(1566) 가을까지 거기에 있었는데 사사키 쇼테이佐佐木承禎가 미요시를 퇴치하기 어렵다고 말하였고 게다가 변심하였다고 소문났으므로 와카사 국의 대선대부 다케다 요시즈미武田義統를 의지하여 그 국으로 향하였다. 그런데 요시즈미는, "영지가 협소하여 본뜻을 이루기 어렵습니다. 아사쿠라는 인척 관계이므로"라고 하며 치부대부 오다치 하루타다大館晴忠를 통해 부탁하였다. 아사쿠라 요시카게朝倉義景가 승낙하여 아사쿠라 마고하치로 가게아키라朝倉孫八郞景鏡를 보내어 마중하게 하였다. 마침내 식부소보式部少輔에 임명되었고 9월 그믐날에 와카사 국을 출발하여 쓰루가 성敦賀城으로 옮겼다. 이 해는 눈이 많이 내렸다.

"봄을 기다려 이치조다니一乘谷에 맞이하겠습니다"라고 말했지만 이듬해 에이로쿠 10년(1567) 3월에 가가 국의 잇코잇키一向一揆가 봉기했기 때문에 10월까지는 쓰루가에 있었다. 같은 달 21일에 쓰루가를 출발하여 이치조다니의 안요지安養寺에 들어갔다. 요시카게가 동분서주하는 모양은 말로는 다할 수 없을 정도였다.

에이로쿠 11년(1568) 정월에 미요시 요시쓰구는 요시히데의 명령으로 야마시로 국山城國의 쓰다 성津田城으로 옮겼다.

아시카가 요시히데는 이해 2월에 정이대장군征夷大將軍에 임명되었다. 칙사가 후몬지에 내려갔다[이때 요시히데는 쉰여덟 살이다].

3월에 요시아키가 상주하여 아사쿠라 요시카게의 어머니를 2위에 서임하였다. 4월에 관백 니조 하루나가二條晴良 공이 요시아키를 문안하기 위해 에치젠 국으로 내려가서 요시카게의 향응을 받고 5월에 귀경하였다. 6월 말에 요시카게의 적자 오와카마루阿若丸가 갑자기 죽었다. 이래서는 요시카게를 의지하여 상경하는 것도 어렵다고 생각한 요시아키는 노부나가를 의지하고 싶다고 말하였다. 요시카게는 재삼 만류했지만 요시아키는 7월 말에 이치조다니를 출발하였다. 요시카게는 "배웅하러 가겠다"고 했지만 최근의 슬픈 일로 마음도 좋지 않아서 많은 군사를 수행에 붙여서 오미 국의 경계까지 배웅하였다. 노부나가가 마중 보낸 자들이 요고노쇼餘湖莊까지 와서 수행했기 때문에 요시카게의 군사는 되돌아갔고, 요시아키는 마침내 기후에 들어갔다.

8월에 노부나가는 오미 국으로 가서 사사키 쇼테이에게 사자를 보내어 미요시 토벌에 대해 상담하였다. 쇼테이는 받아들이지 않았다. 9월에 노부나가는 쇼테이의 미쓰쿠리箕作, 와다和田 등의 성을 공략하였다. 쇼테이 부자는 간논지 성觀音寺城을 버리고 도주하였다. 오미 국의 여러 성은 전부 함락되었다. 요시아키는 오미 국 모리야마守山에 도착했고 마침내 노부나가와 함께 입경하였다가[요시아키는 기요미즈데라清水寺에, 노부나가는 도후쿠지東福寺에 머물렀다] 9월에 셋쓰 국으로 향하였다. 호소카와 로쿠로細川六郎[사네유키眞之라고 한다]나 미요시의 자들[나가후사長房라고 한다]은 요시히데를 수행하고 시코쿠로 갔다[일설에는 요시히데가 이달 교토에서 종기 때문에 죽었다고 하는데 미심쩍다].

셋쓰 국이 전부 평정되었으므로 10월 초에 요시아키와 노부나가는 병력을 나누어 아쿠타가와 성에 들어갔다. 좌경대부 미요시 요시쓰구, 단조추 마쓰나가 히사히데 등이 와서 항복하였다. 노부나가는 히사히데와 호소카와 후지타카細川藤孝 등과 상의하여 다카야 성과 가와치 국 반을 하타케야마 다카마사에게, 와카에 성若江城과 가와치 국 반을 미요시 요시쓰구에게, 셋쓰 국의 아쿠타가와 성을 이가노카미伊賀守 와다 고레마사和田惟政에게, 이타미 성을 효고노카미兵庫頭 이타미 지카오키伊丹親興에게, 이케다 성을 지쿠고노카미筑後守 이케다 가쓰마사에게, 야마토 국을 마쓰나가 히사히데에게, 야마시로 국 소류지 성勝立寺城을 호소카와 후지타카에게 주고 귀경하였다.

생각해 보건대, 노부나가의 이 행동은 도무지 납득이 가지 않는다. 요시테루를 살해한 역적의 항복을 용서하였고 더욱이 상으로 국군國郡을 준 것이다. 그렇다면 이때의 전쟁은 무엇을 위해서였는가.

아시카가 요시아키[19]는 에이로쿠 11년(1568) 10월 18일에 장군에 임명되었다[좌중장 종4위상]. 11월에 관백 고노에 사키히사가 무가의 명령에 반하였으므로 정직停職하였다. 12월에 야마시로노카미 미요시 야스나가가 이즈미 국에서 거병하여 요시쓰구의 이에바라 성家原城을 공략하였다[생각해 보건대, 『미요시보三好譜』에는, 야스나가, 마사카쓰政勝라쓰어 있지만 관직을 기입하지 않았다. 『아즈치 일기安土日記』[20]에는, 미요시 三好 세 사람들이라 쓰고 야마시로노카미, 휴가노카미日向守, 이산馬三으로 되어 있다. 또 『미요시보』에는, 나가후사長房, 마사야스政康라는 자가 보인다. 내가 생각하기에는, 야스나가

---

19 1537~1597. 무로마치 막부 제15대 장군. 재직 1568~1588. 12대 장군 요시하루義晴의 아들이며, 13대 장군 요시테루義輝는 동복형. 불문에 들어갔는데, 형 요시테루가 마쓰나가 히사히데松永久秀 등에게 암살당하자 막부 신하들의 원조로 환속하여 요시아키義秋라고 칭하고 오다 노부나가織田信長에게 옹립되어 장군에 취임했다. 그 후 노부나가와 대립하여 다케다 신겐武田信玄·혼간지 겐뇨本願寺顯如·아사쿠라 요시카게朝倉義景·아사이 나가마사淺井長政와 밀약하여 노부나가를 토벌하려 했으나 결국 노부나가에 의해 교토에서 추방당했다. 노부나가 사후 교토로 돌아와 도요토미 정권 확립 후 장군직을 사임하고 1만 석 다이묘大名로 여생을 보냈다.

20 오다 노부나가의 유히쓰右筆 오타 규이치太田牛一가 노부나가의 정치·군사 활동을 적은 것. 16권.

는 야마시로노카미이다. 휴가노카미를 마사야스라고 기록한 것이고 마사카쓰는 이산임에 틀림없다. 『계도系圖』에는, 이나바노카미因幡守 가즈토 一任 뉴도 이산傷三이라고 되어 있고, 또 시모쓰케노카미下野守 뉴도 조칸사이釣閑齋라고 되어 있다. 이 형제는 소산宗三의 아들로 보고 있다. 나가후사라고 되어 있는 것은 시모쓰케노카미일까.

에이로쿠 12년(1569) 정월에 야마시로노카미와 휴가노카미가 이즈미 국에서 나와서 교토에 들어가 도후쿠지東福寺에 진을 쳤다. 아시카가 요시아키는 혼코쿠지로 옮겼다. 미요시 마사나가三好政長, 와다 고레마사는 이케다 가쓰마사, 이타미 지카오키와 서로 미리 짜고 요시아키를 죽이려고 하였다. 미요시는 군사를 나누어 혼코쿠지를 공격하였고, 가쓰라 강桂川 부근에서 요시쓰구는 와다 고레마사와 싸웠다[6일의 일이다]. 요시쓰구와 이케다의 군사는 패했지만 이타미가 이겼으므로 야마시로노카미는 군사를 거두어 되돌아갔다.

노부나가는 사변을 듣고 상경하여 니조 어소二條御所를 재건하여 요시아키를 옮겨 두고 5월에 귀국하였다. 기노시타 도키치로木下藤吉郎, 무라이 하루나가村井春長를 주류시켜서 교토를 경비하게 하였다.

8월에 노부나가는 이세 국으로 가서 고쿠시國司 기타바타케 도모노리北畠具教 부자를 오카와치 성大河內城에서 포위하였다. 그들이 록카쿠 쇼테이와 합심하여 노부나가의 상경을 방해했기 때문이라는 소문이었다. 9월, 고쿠시의 여러 성이 함락되어 강화하였고 노부나가의 차남 노부카쓰信雄를 사위로 삼고[노부마사信意의 딸과 혼인시켰다] 영지를 물려주었다.

겐키元龜 원년(1570)에 노부나가는 에치젠으로 향하였다[세간에서는 요시아키를 구원하지 않은 것을 죄로 여겨 토벌하러 갔다고 하지만, 『아사쿠라키朝倉記』[21]를 참조하면, "7년에 요시아키가 상경했을 때 아사쿠라에게도 상경하라는 교서敎

---

21 8권. 작자, 성립연대 미상. 에치젠越前 아사쿠라朝倉 씨 역대의 역사를 적은 전기물戰記物.

를 내렸는데 이는 노부나가의 조처에 따른 것이라 하여 요시카게가 응하지 않았기
때문이다"라고 되어 있다].

이 이전 3월에 노부나가가 교토에 왔다. 이때 신조神祖 이에야스家康께서도 오셨다. 미요시 요시쓰구, 와다 고레마사, 마쓰나가 히사히데 등도 모두 왔다고 한다. 이렇게 해서 아사쿠라를 토벌하는 것을 분명히 하였다고 한다.

노부나가의 군사는 에치젠 국의 데즈쓰야마手筒山나 가나가사키金崎 등의 성을 공략했는데 비젠노카미備前守 아자이 나가마사淺井長政가 군사를 일으켰다는 소문이 있어서 노부나가는 철수하였다. 이때 신조께서는 나중에 병력을 철수하였다. 6월, 다시 노부나가가 출병하여 싸웠다. 신조께서 아사쿠라의 군대를 쳐부수었으므로 아자이도 패하였다.

7월에는 야마시로노카미 미요시 야스나가 등의 군대가 셋쓰 국에서 봉기하였다. 요시아키가 가세하기를 구했으므로 8월에 노부나가가 상경하여 셋쓰 국으로 향하였다. 하타케야마 다카마사, 미요시 요시쓰구, 와다, 마쓰나가 등의 군사가 모여들었다. 9월, 요시아키도 셋쓰 국으로 향하였다. 노부나가는 덴노지의 진을 거두어 나가노시마中嶋에 진을 치고 노다野田, 후쿠시마福島 두 성을 공략하려고 하였다. 오사카 혼간지本願寺의 주지 고사光佐가 미요시와 서로 미리 짜고 군사를 보내고 아사쿠라와 아자이의 군사는 히에이 산에 진을 쳐서 노부나가의 부장 모리 산자에몬 요시나리森三左衛門可成[우사야마宇佐山에 있었다]를 쳤다.

노부나가는 이를 듣고 요시아키를 데리고 오미 국으로 향했으며, 하타케야마, 미요시, 와다, 마쓰나가를 남겨 두어 셋쓰 국의 적을 제압하게 하였다. 요시아키는 미이데라에 진을 치고 노부나가는 우사야마에 들어가 군사에게 명하여 산문山門[22]의 적을 방어하게 하였다.

이렇게 해서 요시아키의 명령에 따라 노부나가와 요시카게의 화해가 성립되어 양쪽이 진을 풀었다.

겐키 2년(1571)에 노부나가는 히에이 산 엔랴쿠지延曆寺 승려가 아사쿠라와 아자이에 동의한 것에 분노하여 9월에 산 전체를 불태우고 승도僧徒를 몰살하였다.

『아즈치키安土記』에는, "지난해 노다 성野田城과 후쿠시마 성福島城이 함락되었을 때 아사쿠라와 아자이는 사카모토구치坂本口로 향하였다. 그들이 교토에 난입할 것이라고 추측하여 그쪽을 버리고 되돌아갔고, 아사쿠라, 아사이와 싸웠을 때 '이번에 산문의 중도衆徒가 가세한다면 내 영지에 있는 산문의 영지는 원래대로 되돌려 주겠다. 그러나 출가한 신분이어서 그들을 버리고 나에게 가담하는 것이 어렵다면 어느 쪽도 도와서는 안 된다. 만일 이 두 가지 조항을 어긴다면 곤폰추도根本中堂를 비롯해 산오山王 21사社, 승방, 경권經卷을 모조리 불태워버리겠다'라고 한 것이다. 그렇지만 산문은 이를 따르지 않았다. 이해 노부나가는 이 말대로 불을 지르고 승도들이 도주하는 것을 막다른 곳에 몰아넣어 목을 베었다. 이 밖에 미녀나 소년도 수없이 생포하였다. 그들이 살려달라고 빌었지만 용서하지 않았다. 수천의 시신이 온 산에 가득하였다. 이윽고 사카모토에 성을 쌓고 아케치 미쓰히데明智光秀에게 주었다."라고 쓰여 있다.

생각해 보건대, 중세부터 히에이 산의 승려들은 무기를 휴대하고 여차하면 조정을 범하였다. 역대 제왕이나 장수와 재상도 두려워하여 그들이 말하는 대로 했기 때문에 그 해악은 도저히 승려의 행동이라고는 생각할 수 없었다. 그러나 노부나가는 그들의 파계 불법에 분노하여 결국 산을 불태워 버렸다. 그 자체는 잔인하지만 히에이 산 승려의 오랜 흉악을 제거한 것이다. 이 또한 천하의 공적 중 하나

---

22 히에이 산比叡山 엔랴쿠지延曆寺.

임에 틀림없다.

이해에 노부나가가 궁궐을 조성하였다. 3년 만에 준공하였다. 게다가 조정에의 수입이 먼 후대까지도 궁핍하지 않도록 도성 안의 상인에게 금은을 맡겨서 매달 그 이자를 헌납하도록 명하였고 이미 멸망한 공가들의 상속 등도 지시하였다.

생각해 보건대, 이것도 또한 호걸다운 행동이라 말해야 할 것이다.

겐키 3년(1572) 6월에 하타케야마 다카마사가 다카야 성에서 가신 미야기 효고宮城兵庫에게 살해되었다[일설에 따르면, 이해, 미요시 요시쓰구, 마쓰나가 부자가 도모하여 가신을 다카야 성에 들어가게 하였는데 노부나가가 공략했으므로 성이 함락되었다. 요시쓰구는 가와치 국의 와카에 성에 들어갔고 마쓰나가 히사히데는 야마토 국의 시기 성志貴城에, 마쓰나가 히사미치는 다몬 성에 들어갔다. 『아즈치키』에는, 하타케야마와의 싸움에서 노부나가는 하타케야마를 도왔다고 기록되어 있다].

덴쇼天正 원년(1573) 정월에 노부나가는 17조를 적어 요시아키에게 간하였다. 2월에 요시아키는 다케다가 도오토미 국遠江國으로 향하고 아사쿠라와 아자이가 오미 국으로 향했으며 노부나가가 여러 일이 있는 틈을 엿보아 노부나가를 치려고 도모하였다. 얼마 안 있어 이시야마石山, 가타타堅田에 성채를 갖추었다. 노부나가는 군사를 보내어 모조리 다 쳐부수고 3월에 상경하였다. 요시아키가 화해를 청했으므로 노부나가는 4월에 귀국하였다. 7월에 요시아키는 대납언大納言 히노 데루스케日野輝資, 다카쿠라高倉 재상宰相[나가스케永相], 이세노카미伊勢守 이세 사다타메伊勢貞爲, 야마토노카미大和守 미쓰부치 후지히데三淵藤英에게 명하여 니조 성二條城을 지키게 하고 자신은 우지宇治

의 마키시마眞木島에 칩거하였다. 얼마 안 있어 노부나가가 입경하여 [7월의 일이다] 니조 성을 공격하려 했으므로 성을 지키던 사람들이 항복하였다. 17일에 수도를 출발하여 18일에 마키시마를 격파하고 히데요시에게 명하여 요시아키를 가와치 국 와카에 성으로 보냈다.

생각해 보건대, 아시카가 요시아키는 이 이후 모리 데루모토毛利輝元를 의지하여 빈고 국 도모鞆에서 살았다. 그 연월이나 사정은 아직 확실하지 않다[노부나가와 모리와의 싸움은 이때부터 시작된 것일까]. 『공경보임公卿補任』을 보면, "덴쇼 3년(1575) 요시아키는 서른아홉 살로 국에 있었다"고 되어 있다. 그렇다면 덴쇼 3년에 빈고 국으로 내려간 것일까. 또 덴쇼 16년(1588)에는 오사카에 있었으며 정월 13일에 삭발하고 같은 날 준삼궁准三宮의 센게宣下를 받았으며 법명은 도케이道慶, 호를 쇼잔昌山이라 하였다. 게이초慶長 2년(1597) 8월 21일 훙서하였고 예순한 살이었다. 호를 레이요인靈陽院이라 하였다"고 쓰여 있어서 아키 국에서 죽었다는 것이다.

또 히데요시가 관백이 된 것은 요시아키의 양자로서 장군이 되려고 도모했는데 출신이 천하여 허락받지 못했기 때문에 기쿠테이 하루스에菊亭晴季와 도모하여 관백이 되었다는 것이다. 이 일은 요시아키가 어리석은 것처럼 말하지만 나는 그렇게 생각하지 않는다.

아시카가足利 집안은 처음에 다카우지尊氏가 장군이 된 이래 이 요시아키에 이르기까지 15대, 햇수로 239년 만에 망하였다.

다카우지尊氏와 다다요시直義가 불화하여 결국에는 다다요시는 독살되었으며, 요시아키라義詮는 첩의 소생인 형 다다후유直冬, 동복 동생 모토우지基氏와 사이가 나빴고 나오후유는 또 아버지와 동생과 대립하여 싸웠다. 요시모치義持는 요시쓰구義嗣를 죽였으며, 요시노리義教는 기쇼義昭를 죽이고 또 모치우지持氏 부자도 죽였으며 자신은 반역한 신하에게 살해되었다. 요시마사義政, 요시미義視 형제도 불화했으며, 요시타네義稙[23]와 요시즈미는 종형제이면서 세상을 다투었고, 요시하

---

23 원문의 '義殖'은 '義種'의 오류.

루와 요시히데는 재종형제이면서 싸웠다. 이 또한 인륜의 도리가 아닌 듯하다.

그중에서도 무위가 특히 쇠퇴한 것은 오닌應仁의 난 때 야마나山名와 호소카와細川의 싸움에서부터 일어났고, 요시마사義政와 요시미義祝 형제 사이가 나빠진 뒤 요시미의 아들을 후사로 삼았는데 호소카와 마사모토細川政元는 그를 폐하고 요시즈미를 세웠다. 얼마 후 마사모토가 살해된 뒤 스미모토澄元와 다카쿠니가 서로 싸웠고, 스미모토가 죽은 뒤 다카쿠니는 요시하루를 세워 주군으로 삼았으며, 요시타네는 아와 국阿波國으로 달아나 죽었다. 호소카와 하루모토는 미요시와 함께 요시히데를 받들어 다카쿠니와 끊임없이 싸웠다. 다카쿠니는 결국 미요시에게 토벌되고 그의 아들 우지쓰나도 또한 하루모토와 싸웠다. 나중에 하루모토와 미요시 나가요시가 불화하게 되어 나가요시는 호소카와 우지쓰나에게 속하였고 우지쓰나의 관령이 되었는데 천하의 권력은 모두 나가요시가 장악하였다. 이렇게 해서 하루모토를 셋쓰 국 후몬지에서 붙잡고, 우지쓰나도 요도 성으로 옮기고 배신陪臣[24]이 국정을 집행했는데 또 그의 가신인 마쓰나가 히사히데의 간계에 의해 자제를 잃었다. 그의 아들 요시쓰구는 요시테루를 시해하였으므로 야마시로노카미, 휴가노카미, 이산 뉴도 등이 그의 반역에 분노하여 요시히데를 맞이하였는데 노부나가가 요시아키를 받들어 주군으로 삼았기 때문에 요시히데는 시코쿠로 도망가서 죽었다. 또 얼마 후 요시아키도 노부나가에게 추방되어 아시카카 집안은 멸망하였다. 나중에 요시쓰구도 그의 가신에게 살해되었고 마쓰나가는 노부나가에게 패하여 자살하였다.

그래서 아시카카 집안은 관령 때문에 약화되었고 결국에는 배신에게 망한 것이었다. 호소카와 집안도 가신에게 부대끼고 또 배신에게 위압과 복덕을 제멋대로 누리게 하였다. 그리고 반역의 위력을 휘두른 미요시도 마쓰나가도 역시 그 이치에 따라서 망한 것은 실로 "너에게서 나와서 너에게 돌아간다"는 이치라고 생각한다.

---

24 신하의 신하, 즉 호소카와細川의 신하인 미요시三好.

오다 노부나가의 치세[덴쇼 원년(1573)부터 10년(1582)까지]

덴쇼 원년(1573) 8월에 오다 노부나가[25]는 에치젠 국으로 가서 아사쿠라 요시카게를 멸하고, 마침내 오미 국에 이르러 아자이 나가마사와 그 아버지[시모쓰케노카미] 히사마사久政를 토벌하여 평정하고, 사사키 요시스케佐佐木義弼[우에몬노카미右衛門督]의 나마즈에 성鯰江城을 공략하니 요시스케가 영락하여 사사키 가문도 망하였다. 11월에는 가와치 국으로 가서 하타케야마 다카마사의 역신들을 토벌했는데, 좌경대부 미요시 요시쓰구의 가신 단고노카미丹後守 다라오多羅尾, 히타치노스케常陸介, 누마 사키치沼左吉[26] 등이 요시쓰구를 시해하고 노부나가에게 항복하였다.

덴쇼 4년(1576) 11월에 노부나가는 기타바타케 도모노리 부자 3명을 죽이고 노부마사信意를 유폐하였다. 처음에 노부나가는 북 이세北

---

25 1534~1582년. 아즈치모모야마安土桃山 시대의 무장. 오와리 국尾張國의 슈고 다이묘守護大名 오다 노부히데織田信秀의 아들로 노부히데 사후에 오와리를 통합하였다. 1560년 오케하자마 전투에서 스루가의 이마가와 요시모토今川義元를 타도하고 천하에 용맹을 떨쳤다. 1562년 도쿠가와 이에야스德川家康와 동맹해서 미노의 사이토齋藤 씨를 멸하고 기후岐阜를 전략 거점으로 삼았다. 1568년 장군 아시카가 요시아키足利義昭를 받들고 교토에 들어가 장군가를 다시 일으켰으나, 요시아키는 노부나가의 세력 확대에 반발하여 다케다武田・아자이淺井・아사쿠라朝倉씨 등의 세력과 히에이 산의 혼간지本願寺에 호소해서 노부나가를 타도하려 하였다. 노부나가는 이에 대항해서 1571년 히에이 산을 불태우고, 1573년 아자이・아사쿠라 양군을 격파한 뒤 요시아키를 추방하였다. 1575년 나가시노 전투에서 다케다 씨를 격파하고 1576년 아즈치에 성을 쌓고, 1577년 이후 주코쿠中國 지역에 진출하여 모리毛利 씨와 대립하였다. 1582년 가이의 다케다 씨를 멸망시켰으나, 이 해 도요토미 히데요시豊臣秀吉를 구원하러 주코쿠 지역으로 출진하던 도중 교토의 혼노지本能寺에서 가신 아케치 미쓰히데明智光秀의 기습을 받고 자살하였다.

26 원문의 '左京'은 '左吉'의 오류.

伊勢 8군郡을 공략하였다.

에이로쿠 11년(1568)에 시모우사노카미下總守 간베 도모모리神戸友盛와 화해하고 열한 살 된 3남 노부타카信孝를 그 집의 양자로 삼았고, 그해에 동생 산주로三十郎를 나가노長野 집안의 가독에 앉혀 간베神戸 구로도藏人의 매제로 삼은 다음에 고즈케노스케上野介 나가노 노부카네長野信包라고 칭하였다. 이렇게 하여 이세 국의 무사를 자기편으로 끌어들여 고쿠시國司 기타바타케 도모노리의 오카와치 성을 공격하였고, 얼마 안 있어 강화하여 덴쇼 12년(1569)에 2남 노부카쓰信雄[12세]를 노부마사信雅[도모노리의 아들]의 딸과 혼인시켜서 가독으로 앉혔다.

덴쇼 4년(1576) 11월 25일에는 도모노리와 2남 나가노 고쇼長野御所, 3남 식부소보 및 세 살과 한 살 된 아들과, 사카우치坂內 효고노카미, 그리고 오카와치大河內 일족과 사카우치坂內 일족[모두 고쿠시의 동족], 그 밖에 기타바타케 일족 열세 명을 속여서 여기저기서 살해하였고 노부마사를 구명하여 붙잡아 두었다.

기타바타케 집안은 지카후사親房의 3남 아키요시顯能 이래 아키야스顯泰・미쓰마사滿雅・노리토모敎具・마사토모政具・무라치카村親・하루토모晴具・도모노리・노부마사로 9대 244년 만에 일시에 망하였다[이때 도모노리는 마흔 아홉 살, 노부마사는 스물다섯 살. 노부카쓰는 열아홉 살이었다].

덴쇼 5년(1577) 봄에 노부나가는 기이 국을 평정하였고, 10월에 야마토 국 시기 성을 공격하여 함락시켰다. 마쓰나가 히사히데, 히사미치 부자가 자살하였다. 처음에 미요시 요시쓰구와 함께 하타케야마 다카마사를 멸망시키고 노부나가는 하타케야마에 조력해왔기 때문에 히사히데는 시기 성에 들어가고 히사미치는 다몬 성에 들어가서 농성했지만 덴쇼 원년(1573) 봄에는 다몬 성을 노부나가에게 바치고 마쓰나가 부자는 항복하였다. 이해, 히사히데는 오사카 성大坂城을 공격하려고 덴노지에 진을 쳤지만 시기 성으로 되돌아가 혼간지와 사이가雜質 사람들과 친하게 지내며 노부나가를 배반했으므로 노부나가의 적자 노부타다信忠에게 멸망당하였다.

생각해 보건대, 미요시는 원래 오가사와라 나가키요小笠原長淸의 차남이었던 마고지로 나가후사孫二郎長房의 후예이다. 아와 국阿波國 슈고守護가 되어 비로소 시나노 국信濃國에서 이주하여 미요시라고 하는 곳에서 살았으므로 미요시라고 칭하였다. 이는 나가후사의 8대손 시나노노카미信濃守 요시나가義長 때의 일이라고 한다. 아시카가 막부 시대가 되고부터는 호소카와가 시코쿠를 영유했기 때문에 그의 아래에 속하였다. 사에몬노조 미요시 지로 유키나가三好二郎之長는 호소카와 모치모토細川持元에 속하였다가 일찍 죽었고, 그의 아들은 사에몬노조 다로 유키요시之慶[호소카와 가쓰모토細川勝元와 마사모토政元에게 속하였다], 그의 아들은 지쿠젠노카미筑前守 나가테루長輝 뉴도 기운希雲, 그의 아들은 시모우사노카미 나가히데長秀, 그의 아들은 사쓰마노카미薩摩守 모토나가 뉴도 가이운, 그의 장남은 수리대부 나가요시, 차남은 분고노카미 유키토라[유키야스라고도 한다] 뉴도 짓큐, 3남은 셋쓰노카미 아타기 후유야스, 4남은 민부소보 소고 가즈마사十河一存, 5남은 노구치 후유나가野口冬長라고 한다. 아와지 국의 아타기 · 노구치, 아와 국阿波國의 이치노미야一宮 · 이자와井澤, 사누키 국讚岐國의 소고는 모두 미요시의 일족이다. 나가요시의 아들 요시나가가 죽었으므로 소고 가즈노리十河一存의 아들을 후사로 삼았다. 이 사람이 좌경대부 요시쓰구이다. 소산 뉴도라는 사람은 나가테루의 5남으로 처음에는 신고로 마사나가라고 하였다. 그의 적자 시모쓰케노카미 사다키요定淸는 호를 조칸사이라고 하고, 2남 이나바노카미 가즈토一任는 출가하여 이산이라고 하였다. 또 가이운의 동생 휴가노카미 마사후사政房와 야마시로노카미 야스나가 뉴도 쇼간笑巖이 있다. 대체로 미요시의 적통은 기운 · 나가히데長秀 · 가이운 · 나가요시 · 요시쓰구 5대가 세상에 두드러졌다. 그 밖에는 소산, 쇼간笑巖, 짓큐 등이 세간에 알려져 있다.

마쓰나가[교토 니시오카西岡 사람]는 미요시 나가요시의 가신이며 당시 간웅이었는데 처음 나가요시를 도와 천하에 이름을 드러내고 나가요시가 연로하고부터는 나가요시의 아들 요시나가를 독살하고 나가요시의 동생 후유야스를 참소하여 죽였으며, 결국에는 요시쓰구와 함께 장군 요시테루를 시해하였다. 그러나 오다 노부나가가 요시아키를 받들고 적신賊臣을 토벌하여 평정하겠다고 표명하면서 결국은 요시쓰구와 히사히데의 항복을 받아들여 국군國郡을 나누어주고 요시아키를 추방하고 그들의 죄를 묻지 않았다. 요시쓰구는 마침내 가신에게 살해되었고 마쓰나가는 거듭 반역하였으므로 죽임을 당하였다.

그들 두 사람이 망한 것은 그 죄를 물었기 때문이 아니다. 노부나가는 반역한 신하를 이끌고 요시아키에 대해 충절이 있다고 말하였고 요시아키도 또한 그들의 죄를 묻지 않았다. 불구대천의 원수를 고케닌御家人이라 부른 것이다.

이처럼 대의명분의 가르침이 어지러워진 것은 참으로 난세라고 말할 만하다. 이러한 세상의 풍습이었기 때문에 주군을 시해하고 아버지를 죽여도 전쟁에 나가서 용맹한 행위를 한 것만이 존중되었으므로 노부나가도 마침내 아케치 미쓰히데에게 살해당하고 자식 노부타카信孝도 도요토미 히데요시에게 살해당하였으며 노부카쓰도 히데요시에게 몰락 당하였다. 한심스러운 일이다.

마쓰나가가 토벌된 그달에 노부나가는 히데요시에게 하리마 국을 주었다. 히데요시는 주코쿠 지방을 전부 내려주도록 희망했지만 허락하지 않았다. 얼마 후 다지마 국을 평정했으므로 주코쿠 지방이 허락되었다.

덴쇼 6년(1578)에 셋쓰노카미 아라키 무라시게荒木村重가 셋쓰 국에서 반역한 것을 토벌하여 평정하였다.

덴쇼 7년(1579)에는 단바 국을 평정하였다.

덴쇼 8년(1580)에는 하리마 국을 평정하였다. 이해에 오사카 혼간지의 주지 고사光佐가 천황의 의사를 받아들여 화평하였고 기이 국의 사이가雜賀로 물러났다.

생각해 보건대, 처음 겐키 원년(1570)에 오사카 혼간지의 일[27]이 일어나고부터 이 해에 이르기까지 11년 만에 진정되었다. 오다 노부나가 병력의 위력으로서 이를 멸하지 못하였고 결국에 천황의 칙유勅諭를 얻어 일이 수습된 것이다.

이 이전에 오와리 국 나가시마長島의 잇코잇키一向一揆가 봉기하였고 노부나가는 4년 걸려서 승리를 얻었다. 그러나 노부나가의 형 오스미노카미大隅守 쓰다 노부히로津田信廣, 동생 한사에몬노조半左衛門尉 히데나리秀成, 종제 쓰다 이치노스케 노부나리津田市助信成, 우지이에氏家 히타치노스케常陸介 뉴도 보쿠젠ト全, 하야시 신자브로林新三郎를 비롯하여 토벌된 자가 무수하였다. 시바타 가쓰이에柴田勝家나 이가노카미 이가伊賀 등이 부상을 입었다.

그 전에 가가 국의 도가시노스케富樫介 집안도 일향종一向宗 때문에 망하였고, 에치젠 국의 아사쿠라도 가가 국의 잇코잇키 때문에 종종 시달렸다. 가까운 예로는 우리 신조께서도 이 때문에 국을 거의 위태롭게 만들었다. 그래서 당대 초기에 혼간지를 동서로 나누고 그 세력을 약간 억제했는데 손바닥만한 땅도 영유하지 못했으면서도 두 파는 여전히 일국 군주의 부에 필적하는 힘을 가지고 있었다. 극히 유의해야 할 일이 아닌가.

덴쇼 10년(1582) 3월에 오다 노부나가가 가이 국을 평정하고 다케다 가쓰요리武田勝賴[37세], 노부카쓰信勝[16세] 부자를 토벌하였다. 6월 초하루에 노부나가는 휴가노카미 아케치 미쓰히데에게 살해당하였다[49세].[28] 오다 노부타다는 니조 어소二條御所에서 자살하였다[28세].

---

27 정토진종淨土眞宗 승려 겐뇨顯如(1543~1592)가 이끌던 이시야마 혼간지石山本願寺와 오다 노부나가의 무력 충돌. 겐뇨는 무력으로 천하통일을 하려는 노부나가를 불법佛法을 해치는 적이라 여겨 전국의 종파에 노부나가 타도를 호소하여 1570년부터 10년 이상 노부나가와 격렬한 공방을 전개했는데 칙명에 의해 화해했다.

28 1582년 아케치 미쓰히데明智光秀가 오다 노부나가를 교토 혼노지本能寺에 자살하게 한 사건으로, 혼노지의 변變이라 한다. 당시 노부나가는 긴키近畿 지방을 평정하고 주고쿠中國 지방을 평정하기 위해 모리毛利 씨와 대결하고 있었는데, 모리 씨를 토벌하기 위해 도요토미 히데요시豊臣秀吉를 파견하였

생각해 보건대, 아시카가 막부의 관령의 하나인 부에이武衛는 오와리, 에치젠, 도오토미 등의 슈고였다. 그중에 오와리 국의 8군郡을 나누어 시모下 4군은 오다 야마토노카미가 맡아서 주군 부에이와 함께 기요스 성에 있었다. 가미上 4군은 이세노카미 오다 노부야스織田信安가 맡았고 이와쿠라 성巖倉城에 있었다[오다는 시바斯波 여섯 가로 중 한 사람이었다].

야마토노카미 아래에 세 부교奉行가 있었는데, 이나바노카미, 도藤 사에몬左衛門, 단조추라고 하며 모두 오다라 칭하였다. 단조추는 나중에 빈고노카미備後守라고 하였다. 이 사람은 노부나가의 아버지 노부히데信秀이다. 노부나가의 조부는 겟간月巖이라 하는데 그의 아들은 빈고노카미와 요지로與二郎, 마고사브로孫三郎, 시로지로四郎二郎, 우에몬노조右衛門尉의 5명이다. 노부나가는 노부히데의 차남으로 형제는 모두 열한 명이다.

노부나가가 열여섯 살 때 아버지 노부히데가 죽었다. 그가 남긴 영지를 분할하고 이나바노카미 히코고로彦五郎를 속여서 죽이고 기요스 성을 탈취해서 살았다[처음에 노부히데는 나고야 성那古野城을 쌓아 노부나가를 두고 자신은 고와타리古渡라고 하는 곳에 있었다].

그 이듬해에 동생 간주로 노부유키勘十郎信行를 속여서 죽이고 아버지가 남긴 영지를 전부 빼앗았으며[고지 3년(1557)], 이세노카미 오다 노부야스의 집안을 멸하고 이와쿠라 성을 빼앗았다. 스물여섯 살 때에 이마가와 요시모토와 싸워서 그를 토멸하였으므로 무위가 왕성하여 오와리 국을 완전히 평정하였고 얼마 후 미노 국도 병합하였다. 그 후 장군 요시아키가 의지하였고 결국에는 천하의 정치를 집행하였다. 그러나 노부나가의 영토는 기나이 5개국, 도카이東海는 이가伊賀 · 이세 · 시마志摩 · 오와리 · 가이甲斐, 도산東山은 미노 · 오미 · 히다飛驒 · 시나노 · 고즈케, 호쿠리쿠北陸는 와카사 · 에치젠 · 가가加賀 · 노토能登 · 엣추越中, 산인

다. 노부나가는 히데요시를 응원하기 위해 선발로 아케치 미쓰히데에게 출진을 명하고 자신은 몇몇 시종과 혼노사에서 숙박하였다. 미쓰히데는 노부나가의 유력 부장이 교토 주변을 떠나 각지에서 전투 중이었으므로 이 기회를 틈타 몇 천 명의 군사를 이끌고 혼노지를 습격하였다. 노부나가와 장남 노부타다信忠는 미쓰히데의 습격을 받고 저항하다가 자살하였다.

山陰은 단바 · 단고 · 다지마 · 이나바, 산요山陽는 하리마 · 비젠 · 빗추, 난카이는 기이 국 및 28개국뿐이었던가.

이러한 사정으로 예전부터 저명한 사람들의 일족으로 이 사람에게 멸망당한 예는 일일이 다 셀 수가 없을 정도이다. 우선 아시카가 도노는 말할 것도 없고 이세 고쿠시伊勢國司 일족, 사사키 록카쿠, 와카사 · 가이 양국의 다케다의 두 혈통, 히다 고쿠시飛驒國司, 아사쿠라 이들은 모두 대대로 세상에 알려진 다이묘大名이다. 그 밖에 아와 국阿波國의 미요시 · 마쓰나가, 미노 국의 사이토, 하리마 국의 벳쇼別所, 오미 국의 아자이 · 와다 · 아라키와 같은 부류는 더욱더 많다.

대체로 이 사람은 천성이 잔인하며 거짓 계략으로 뜻을 이루었다. 그러므로 그의 최후가 좋지 않았던 것도 자업자득이다. 불운이 아니다.

노부나가가 천하에 위세를 떨치는 명성을 얻은 것은 요시아키를 떠받든 것에 의한다. 다만 그 뜻을 이룬 뒤에는 요시아키를 폐하려고 생각하고 있었던 것은 분명한 듯하다. 요시아키를 입경시킨 뒤 궁궐을 수축하고 공가公家 사람들 중에 단절된 집안을 재흥하였다. 게다가 요시아키에게 간했던 17조의 제1조에는,

"입궐은 고겐인光源院[29]이 격조했기 때문에 과연 신불神佛의 가호가 없었다. 이로써 당대는 해마다 소홀함이 없도록 입경 때부터 말씀드렸는데도 벌써 잊어버렸는지 근래는 게을리하여서 황송한 일이라고 생각하고 있다"라고 기재하였다. 대체로 이 간언서諫言書는 요시아키를 위해서 충의를 다한 것이라고는 생각되지 않는다. 요시아키의 악을 세상에 폭로하려는 계략이었다고 생각된다. 그래서 요시아키도 차마 분노를 참지 못하고 거병하였다. 이는 천황을 끼고 천하를 호령하려는 의도가 이미 밝혀진 것임을 보여주는 것이 아닌가.

도요토미 히데요시는 고인[30]의 지략을 이용하고 조정의 권위를 빌어 자기 집안을 키웠다. 따라서 노부나가가 요시아키를 도운 것도, 히데요시가 오다 노부타다의 아들 기후 도노岐阜殿를 떠받든 것도 전부 일시의 사기 모책이어서 그 이름을 빌리기 위해서였음이 틀림없다.

---

29 무로마치室町 막부 13대 장군 아시카가 요시테루足利義輝의 법호.
30 오다 노부나가織田信長.

노부나가는 처음에 자기 어머니를 속여서 동생을 죽이고 아버지가 남긴 영지를 죄다 병합하였고, 그 후 자기 아들을 이세 고쿠시의 아들로 삼아 그 일족을 멸하였으며, 동생 노부카네信包와 3남 노부타카信孝 등을 나가노, 간베의 양자로 들여서 그의 영지를 빼앗았고, 여동생 오이치お市를 시집보내어 아자이를 멸하고 딸 도쿠히메德姬를 시집보내어 오카자키 도노岡崎殿[31]를 참언으로 죽였으며, 다케다의 위력을 약화시키기 위해 아들 미나모토노 사브로 가쓰나가源三郎勝長를 다케다에게 주었다. 부자형제의 윤리는 이미 끊어진 사람인 것이다. 주군으로서 받들던 요시아키를 추방하고, 사도노카미佐渡守 하야시 히데사다林秀貞, 이가伊賀 이가노카미, 우에몬노조右衛門尉 사쿠마 노부모리佐久間信盛와 같이 연래의 공적이 다대했던 자들을 전부 구원舊怨을 되새겨서 유죄에 처해 버렸다. 아케치 미쓰히데의 역모도 노부나가의 이러한 행위가 원인이며 이는 또 노부나가가 군신의 의를 알지 못함을 보여주는 것이다. 더구나 "요시테루를 죽인 역적을 토벌하라"라고 공언하면서 처음에 미요시 요시쓰구, 마쓰나가 히데히사의 항복을 받아들이고 그뿐 아니라 국군國郡을 나누어 주었다. 오미의 사사키, 에치젠의 아사쿠라 등이 병력 부족 때문에 요시아키를 원조하지 않은 것을 적신賊臣이라 칭하며 이들을 쳐서 멸망시켰다. 형벌도 상여도 모두 합당하지 않은 듯하다.

이렇게 흉역凶逆한 사람이 설령 잠시라도 뜻을 이루고 게다가 그의 후손이 끊어지지 않았던 데에는 이유가 있을 것이다.

세간에 전해지고 있는 바로는, 이 사람은 나이부內府 고마쓰 시게모리小松重盛의 후예라고 말한 듯한데, 그것이 사실이라면 시게모리의 좋은 업보라고도 말할 수 있다. 이것이 첫 번째 이유.

오닌應仁의 난 후 세상 사람들이 전쟁을 좋아하여 민력이 날로 피폐하고 국가의 재화도 날로 궁핍해졌는데 빈고노카미 오다 노부히데는 비옥한 토지를 근거지로 삼아 부강의 수단을 써서 경작과 전쟁을 수행하였으므로 병력도 재력도 풍부했으며 노부나가는 그 업을 계승하고 영웅적인 무사를 얻어 백전의 공적을 세웠다. 이것이 두 번째 이유.

---

31 마쓰다이라 노부야스松平信康. 도쿠가와 이에야스德川家康의 장남.

그의 나라는 사방으로 통하는 토지로 교토와 가깝고 게다가 아시카가 막부 십수 대의 여광을 빌어 흥기했기 때문에 위명威名이 천하에 미쳤다. 이것이 세 번째 이유.

도요토미 히데요시는 노부나가의 고자孤子를 속여 나라를 빼앗았지만 그에게 가담한 사람들은 모두 노부나가의 옛 신하였기 때문에 과연 노부나가의 자손을 없앨 수는 없었다. 하물며 우리 신조께서 히데요시를 대신하여 노부나가와의 옛 친분을 잊지 않았으므로 지금도 그의 자손은 국군國郡도 영유하고 있는 것이다. 이것이 네 번째 이유.

오닌應仁 이래의 난에서 이 사람이 우악스럽게 천하의 민중을 몰아대어서 우리 신조의 수중에 천하가 수습되도록 하지 않았다면 어떻게 오늘날의 태평이 실현되었겠는가. 그뿐 아니라 오늘날 많은 국군을 영유하고 다이묘大名라 불릴 만한 사람으로 노부나가 아래에서 몸을 일으키지 않은 사람은 없다. 이것이 다섯 번째 이유.

이러한 이유로 인해서 노부나가가 일시에 뜻을 이루고 게다가 지금도 그의 자손이 끊이지 않은 것은 아닐까.

세간에서는 "노부나가와 히데요시에게는 사람을 아는 거울이 있었다"라고 말하는 듯하다. 나는 그렇게 생각하지 않는다.

히데요시가 사람을 아는 거울은 노부나가의 그것에는 훨씬 미치지 못하였다. 하지만 노부나가가 간파해서 쓴 사람들도 모두 진짜 인재는 아니었다. 그가 쓴 사람 중에 히데요시와 미쓰히데는 두 사람 다 천하를 차지했던 사람이기 때문에 그렇게 말할지도 모르겠지만 그 자신은 미쓰히데에게 살해되었고 그의 손자는 히데요시에게 살해되고 말았다. 어찌 노부나가에게 사람을 보는 눈이 있었다고 말할 수 있겠는가.

또 니와丹羽, 시바타柴田, 다키가와瀧川, 삿사佐佐, 마에다前田, 이케다池田, 호리堀, 모리森, 구로다黑田, 야마노우치山內와 같은 무리들은 모두 노부나가가 병졸 대오에서 발탁한 자들로서 그들의 자손은 지금도 대부분은 다이묘이며 국군을 전승하여 영유하는 사람들이기 때문에 사람을 아는 거울이라고 하는 말도 어떻든 근거가 있는 듯 보인다. 그러나 이 중에 시바타 가쓰이에柴田勝家와 사쓰사 나리마사佐佐成政 두 사람만이 노부나가 사후 노부나가의 자식들을 위해 자기 집안도 자신도 망하였다. 그 이외 사람들은 모두 히데요시를 도와 노부나가의 자손을 멸한 사람들이 아닌가. 시바타나 사쓰사에 대해서도 그들이 정말로 충절심에서 거병한 것인지 어쩐지 의심스럽다. 왜냐하면, 시바타는 원래는 노부나가의 동생 무사시노카미武藏守 오다 노부유키織田信行[32]의 가신이었는데 노부나가와 뜻을 통하여 주군을 죽게 한 인물이다. 사쓰사는 나중에 히데요시에게 항복하였고 최후에는 살해되었다.

히데요시가 발탁한 사람들은 아사노 나가마사淺野長政, 후쿠시마 마사노리福島正則, 가토 기요마사加藤淸正, 가토 요시아키加藤嘉明이며, 나머지는 고부교五奉行[33]이다. 아사노의 일은 제쳐두고 고부교와 같은 자들은 이른바 취할 거리가 못되는 소인배여서 열거할 정도도 아니다. 다만 히데요시는 영웅을 잘 다루는 재능을 갖추었다고 말할 수 있을까. 그렇기는 하지만 당시 세상에 이름을 알린 사람들은 진정한 영웅은 아니었다. 주군도 신하도 이른바 난세의 간웅이었다. 어찌 우리 신조의 가신이 모두 충신 의사였던 것과 같을 수 있겠는가.

그런데도 이처럼 세상이 입을 모아 칭찬하는 것은 노부나가와 히데요시가 많은 국군을 공적 있는 자에게 나누어준 것을 전해 듣고 우리 신조께서 그렇지 않았던 것은 '그들에게는 미치지 못하는 인물이기 때문이다'라고 생각한 무리들의 비평이 세간에 전해져 있기 때문이다. 우리 신조께 깊은 사려와 원대한 계책이 있었음을 어찌 알겠는가.

"제齊나라는 공功을 존중하였기 때문에 패자가 되었다. 현자賢者를 현자로서 공경하고 육친을 친애하였기 때문에 노魯나라에는 군자가 많았던 것이다. '제후 패자의

---

32 ?~1558. 센코쿠戰國 시대의 무장. 오다 노부나가織田信長의 동생. 1557년 가신 시바타 가쓰이에柴田勝家 등에게 속아서 노부나가와 싸웠으나 크게 패하여 항복하고, 1558년 주살되었다.

33 도요토미豊臣 정권 말기에 주로 정권의 실무를 맡았던 다섯 인물, 즉 이시다 미쓰나리石田三成, 아사노 나가마사淺野長政, 마시타 나가모리增田長盛, 나쓰카 마사이에長束正家, 마에다 겐이前田玄以이다.

공적은 눈에 보이는 은혜를 가져오므로 민중은 기뻐하여 좋아하지만 왕자王者의 인정仁政은 훨씬 광대해서 그 은혜가 눈에는 보이지 않기 때문에 민중은 그런 줄은 모르고 한가로이 만족하고 있다'라는 말도 이러한 것을 가리키는 것이다."

이는 고마키小牧 전투에서 이케다의 목을 벤 나가이永井의 공적을 오다 노부카쓰가 상 주려고 했을 때 신조께서 대답한 것을 보면 잘 분별할 수 있는 것이 아닌가.

신조의 사려를 살펴보건대, 후한後漢의 광무제光武帝와 닮은 데가 있으며 송宋 태조를 초월하는 점도 있다. '백伯은 우두머리다'라고 하므로 제후의 장이 되고 '천자를 끼워 넣어' 명령을 내리는 사람을 말한 것이리라. 이는 부국강병하지 않으면 불가능한 일이다. 그러므로 관중管仲이 제齊 나라 환공桓公을 보좌한 것도 그 술術을 쓴 것이라 생각한다. 다만 그 공적을 세운 것은 대부분의 경우에 거짓과 폭력을 써서 인의仁義를 빌린 것처럼 보인다.

미나모토노 요리토모源賴朝가 천하를 다스린 것은 그 정신을 논하면 '백伯의 술術'에서 나온 것인데 당시의 사정을 생각하면 요리토모가 우두머리가 되어 명령해야 할 대상으로서의 제후가 존재하지 않았다. 아시카가 다카우지足利尊氏와 같은 사람도 오로지 천황[34]을 끼워 넣어 천하에 호령한 것은 패자의 경우와 비슷하지만 그 시대의 다이묘가 스스로 공적이 있는 모두에게 국군을 나누어 주었기 때문에 예전의 패자와 같지는 않다. 오다 노부나가는 원래는 막부에 대해서도 배신陪臣[35]이었는데 일시 장군을 추대하여 자기 세력이 확고해졌을 때는 그것을 폐하고 명실상부 직접적으로 천황을 끼워 넣어 천하에 호령하려고 하였지만 그 공적은 중도에서 끝났다. 이른바 '백伯'을 꾀하려 했으나 '공功'이 되지 못한 것이다.

그렇다면 바른 '백伯의 마음'이 있고 '백伯의 공'을 세운 사람은 과연 히데요시였던 것일까.

이 사람은 기회 있을 때마다 노부나가의 지혜를 사용했는데 재빨리 공을 세우기를 바랐는지 노부나가처럼 구가舊家의 다이묘를 완전히 토멸하려고는 하지 않았다. 그의 무위에 굴복한 자를 그대로 두고 국군을 주었다. 다만 사가미 국 호조

---

34 원문의 '天下'는 '天子'의 오류.
35 장군의 가신 시바斯波 씨의 가신.

北條만은 최후에는 멸망시켰다. 그래서 그 공도 빠르게 효험을 보였다. 시마즈島津나 호조에게 보낸 서면에는 모두 천황의 의향이라고 칭하였다. 이것이야말로 천황을 끼워 넣은 것이다. 그러나 당시는 누가 천황의 명령을 삼가 받는 것을 알고 있었겠는가. 그 때문에 시마즈나 호조는 결코 그 취지에는 응하지 않았다. 생각해 보면, 도깨비 가면을 쓰고 어린아이들을 놀라게 하는 것으로 가소로운 일이다. 어찌 우리 신조께서 신과 같은 무위武威를 가지고 천하를 복종시킨 것에 미칠 수 있겠는가.

노부나가 스스로 대납언 대장이 되고 자식 노부타다를 아키타조노스케秋田城介에 임명하고 그의 가신이었던 히데요시를 지쿠젠노카미에, 가와지리 요효에 히데타카河尻與兵衛秀隆를 히젠노카미肥前守에, 하나와 구로 사에몬 나오마사塙九郎左衛門直政를 하라다原田 빗추노카미備中守에, 야나다 사에몬 다로梁田左衛門太郎를 벳키別喜 좌근장감左近將監에 임명하였다. 이 일로 세상 사람들은 노부나가가 동서를 통일할 뜻을 보였다고 하는데, 나는 그렇게 생각하지 않는다. 이 일로 그의 속임수를 간파할 수 있지 않은가. 그 시대는 한창 난세였기 때문에 동서의 도로가 막혀 있어서 왕래도 곤란하였다. 당시 일은 전해 들어서 그저 그 대략을 알 뿐이었다. 먼저 자식 노부타다가 아키타조노스케에 임명된 것을 시코쿠, 규슈九州, 주코쿠 지방 사람들이 교토, 사카이의 상인들이 왕래하는 김에 전해 듣자 "노부나가가 이미 오쿠奧 토지까지 평정했는가"라고 믿어버렸고, 또 가신들이 모두 규슈 구가舊家의 이름을 칭한다거나 규슈의 국들과 연관지어 관을 수령한다거나 하자 간토 사람들이 말이나 매 등을 교토에서 장사하고 돌아가는 이야기에 그것을 들으면 "노부나가가 벌써 규슈의 토지를 병합한 것인가"라고 생각했음에 틀림없다. 그래서 노부나가는 서국 사람들에게는 동국의 말이나 매를 하사하고 동국 사람들에게는 이국의 물산을 주었다. 이는 선전으로서 사람을 두려워서 복종하게 하는 계략이었다. 이것도 또한 귀신 가면을 쓰고 아이들을 놀라게 하는 것과 같지 않은가. 도요토미 히데요시[36]가 조선을 친 것에도 이와 비슷한 면이 있다.

---

36 1536~98년. 아즈치모모야마安土桃山 시대의 무장. 히데요시는 오와리 국尾張國, 하급 보병인 아시가루足輕의 아들로 태어났으며, 어릴 때의 이름은

기노시타 도키치로木下藤吉郎이다. 오다 노부나가에 출사하여 전공을 세우고 무장이 된 뒤 이름을 하시바 히데요시羽柴秀吉라 하였다. 주코쿠中國 지역의 모리毛利 씨를 정벌할 때 오다 군의 총대장이 되었는데, 아케치 미쓰히데明智光秀가 노부나가를 암살하였다는 소식을 듣자 적과 휴전하고 야마자키 전투에서 미쓰히데를 격파하였다. 노부나가가 죽은 뒤 주도권을 둘러싸고 시바타 가쓰이에柴田勝家와 대립했으나, 1583년 가쓰이에를 격파하고 오사카성을 쌓고 전국 통일의 거점으로 삼아 경기 지역을 장악하였다. 1584년 노부나가의 차남 노부카쓰信勝와 도쿠가와 이에야스德川家康의 연합군과 고마키 나가쿠테에서 싸웠으나 외교로 이에야스를 복종시키고 노부나가의 후계자 지위를 확립하였다. 1585년 시코쿠四國, 1587년 규슈九州, 1590년 간토關東, 동북 지역을 평정해서 전국 통일을 달성하였다. 히데요시는 1585년 관백關白, 1586년 태정대신太政大臣에 임명되고 천황으로부터 도요토미라는 성을 하사받았고, 1588년 교토에 건설한 저택 쥬라쿠다이聚樂第에 고요제이後陽成 천황을 맞이해서 다이묘大名들에게 충성을 서약하게 하였다. 1591년 관백을 양자인 히데쓰구秀次에게 물려주고 다이코太閤가 되었으며, 1592년부터 임진왜란·정유재란을 일으켜서 1598년 죽을 때까지 싸움을 계속하였다. 히데요시는 토지 조사를 시행하여 병농 분리의 사회 체제를 만들고, 토지의 생산량을 기초로 다이묘의 영지·군역과 농민의 부담을 정하였다. 또 전국에 220만 석의 직할 영지를 두었으며, 금·은의 광산을 직영화해서 화폐를 중장하였다. 이러한 히데요시의 정책은 에도 시대 막번幕藩 체제의 토대를 만들었다.

도요토미 히데요시의 천하

이 사람은 낮은 신분에서 몸을 일으켜 천하를 손에 넣었기 때문에 세상 사람들은 그를 칭송한다. 이러한 일은 우리나라에서는 드물지만 중국에서는 그 예가 적지 않다. 다만 시운을 탔기 때문이었을까.

그 이유는, 당시에는 난신적자가 천하에 떼 지어 모여서 오로지 용맹한 자질이나 남을 속이는 꾀가 있는 사람을 숭상하는 것만 알고 인의충효 따위는 알지 못하는 때를 만났기 때문에 시운을 탈 수 있었던 것이다. 그래서 노부나가의 큰 은혜하에서 몸을 일으켜 그의 군대 위력을 빌어 스스로 주코쿠 지방의 파수꾼이 되고 병력도 강해지고 영지도 풍요롭게 되었다.

아케치 미쓰히데가 노부나가를 죽였다는 소식을 듣자 모리毛利와 화해하고 급히 병력을 되돌리는 행동 따위는 참으로 영웅의 행동이며 그 기개는 시대를 뒤엎는 것이라 말할 수 있다.

그러나 아케치 토벌에는 노부타카의 공이 적지 않았다. 그런데도 자신의 공적이라고 칭한 것은 당치 않은 일이다. 중신들이 합의하여 노부나가가 남긴 영지를 나누고 그의 손자 히데노부秀信를 세운 것은 보통 때라면 당연한 일이었을 터이지만 이때 노부타카의 심중은 좋지 않았다. 시바타와 같은 인물이 히데요시와 불화하게 된 것도 이유가 없다고는 말하기 어렵다. 대체로 오다 집안의 풍속에는 자기의 무용을 자랑하고 권력을 다투는 데가 있었기 때문에 회의는 좀처럼 해결되지 않았고 최후에는 파탄되었다. 히데요시 일파는 히데노부가 어리고 노부카쓰가 아둔한 것을 이용하였다. 시바타는 노부타카의 뛰어난 기상에 끌렸다. 그러나 노부타카의 편은 호쿠리쿠北陸에 있어서 도움을 청하더라도 천리 저편에 있었으며, 한편 히데요시 편은 모두 국경에 죽 이어 있었다. 게다가 요해지를 제어하고 호쿠리쿠의 적을 기다리면서 기후를 공격하였다. 시바타가 출병했을 때는 재빨리 군대를 돌려 먼저 이를 쳐부수었으므로 노부타카를 쓰러뜨리는 것은 돼지 한 마리를 죽이는 것보다도 손쉬웠다.

그 후 또 노부카쓰를 멸하려고 했는데 신조께서 도왔기 때문에 히데요시의 목적을 달성하지 못한 채 화평하게 되었다. 나중에 그가 노부카쓰를 물리친 마음씨에 비추어 생각해보면, 히데요시의 진짜 계략을 추찰할 수 있다. 시바타는 벌써 멸했고 노부카쓰도 살해되어 버렸으며 마침내 그 국들을 자기편을 들었던 사람들에게 나누어 주었으므로 사람들이 저절로 그의 밑에 서게 되었다. 니와 나가히데丹羽長秀가 자살한 것 등은 히데요시에게 배신당한 것을 수치로 생각했던 것이다. 그러나 하늘의 응보에 의해 히데요시 집안은 2대조차도 전하여 존재하지 못했기 때문에 이제 새삼 무엇을 논할 필요도 없다.

하지만 지금까지 그 풍조가 세상의 폐해가 되는 것만 있는 점은 특별히 생각해 보아야 하지 않을까.

첫째로는, 이 사람은 천하의 전지田地를 측량하는 데에 예로부터 전해오는 법을 바꾸어 300보步[37]를 1정町으로 하였다. 예전의 법에서 360보를 1정으로 삼은 것은 1보를 한 사람이 하루 먹는 분량으로 어림하고 1정을 1년분으로 적용하였다고 한다. 그러나 이처럼 줄이고[생각해 보건대, 옛 법은 6자尺를 1보로 하였다. 도요토미 시대에는 6자 5치寸를 1보로 하였다] 또 당대에는 6자의 줄을 사용했기 때문에 예전의 300보 중에서 60보를 잃게 되었다. 민중이 궁핍하지 않을 리가 있겠는가. 그러나 이 법을 재차 옛 법으로 되돌리는 것은 정전제井田制[38]가 한 번 변하면 회복하기 어려운 것이나 마찬가지이다. 생각해 보면, 이 사람이 논밭을 측량한 것은 예전과 같이 1국國·1군郡·1장원을 주기에는 66국의 토지로는 부족하다고 생각하고 이같이 처리한 것이 아닐까 생각한다.

둘째로는, 이 사람은 군법에 의해 잇센키리一錢切[39]라는 것을 시작하였다. 예를 들어 1전錢을 훔쳐도 사형에 처하였다. 형벌이 전반적으로 무거워졌으므로 중

---

37 면적의 단위. 6자尺 3치寸, 즉 1칸間, 약 191센티미터 사방의 면적.

38 고대 중국의 하夏, 은殷, 주周에서 실시된 토지제도. 1리里 사방의 토지를 정井 자 모양으로 아홉 등분하여 주위의 여덟 구역을 사전私田으로 하고 가운데 한 구역을 공전公田으로 하여 이곳의 수확은 조세로 바치게 한 제도.

39 도요토미 히데요시豊臣秀吉가 휘하의 군대에게 점령지에서의 방화, 약탈 등을 금지한 군령에 나오는 형벌. 1590년 오다와라小田原 정벌 때의 군령에 등장하는 것이 유명하며, 그 유래는 군율을 지키기 위해서는 1전錢이라도 훔친 자는 참형斬刑에 처한 데에 있다.

죄를 진 자는 혹은 할복, 혹은 참형이나 옥문獄門에 처하게 되었다. 책형이나 화형과 같은 형도 생겼다. 그렇지만 죽는다는 것은 어떻든 하나다. 흉악한 짓을 한 자는 어째서 죽는 방법의 차이가 문제가 되겠는가. 이러했기 때문에 나라에서는 큰 죄를 저지른 자가 항상 끊이지 않았다. 100년 뒤인 지금, 잔악한 행위를 제압하고 살벌함을 떨쳐버려야 하는 시대가 되었는데도 여전히 형벌이 엄중함은 검토되어야 하지 않겠는가.

셋째로는, 이 사람 시대부터 시작되었는지 신용을 체결하는 데에 서약서를 사용한 것이다. 이는 중국에서도 세상이 쇠퇴했을 때는 있었다. 이런 것을 의지해서 천하의 정치를 행하는 것은 유감스러운 일이 아닌가.

넷째로는, 이 사람 시대부터 무가의 관위가 의외로 높아졌다. 당대가 되어 약간 억제된 것은 참으로 이유가 있는 일이다.

다섯째로는, 이 사람 때부터 궁전의 장식이 당치도 않게 장대하고 화려해졌다. 이 한 가지 일로 인해 평범한 기구까지도 특별히 사치스러워졌다. 이것도 당대가 되고부터 약간 검약하게 된 것 같은데 그 예의에 절도가 없으면 국가의 재화가 헛되이 소모되는 경우가 많은 것이 아닌가.

여섯째로는, 당대 도쿠가와 가의 가풍은 충신忠信을 명심하고 검약과 질박함을 숭상하는 데에 있는데도 다이코太閤 가와 연고가 깊은 자들이 대대로 내려온 신하들에 섞여서 이전의 미카와三河 기풍40이 사라지고 다이코 가의 가풍에 물들어버린 것이 아닌가. 조심해야 할 점이 아닌가. 이는 허구와 자랑 두 가지를 말하는 것이다.

이 밖에 당대가 되고부터 발생한 법에 대해서 앞으로 검토해야 할 일은, 기독교가 전파되자 종파宗派 조사41로 해결하려 한 점이다. 당시에는 이이제이以夷制夷42로 풀려고 한 것이었지만, 오늘날에는 어떻게 해야 할 것인가.

---

40 도쿠가와德川 창업기의 미카와三河 시대의 기풍.

41 1613년에 기독교를 금지한 에도江戶 막부는 기독교를 금압하고 신자를 적발하기 위해 각 집안, 각인별로 믿고 있는 종교의 종파를 조사하고 단나데라檀那寺에 자기 절에 소속된 사람들의 종교를 증명하게 했다. 그 결과가 해마다 촌락별로 종파조사장부로서 작성되었다.

42 불교 세력을 이용하여 기독교를 억제하는 것.

후 기

이 3책은 쇼토쿠正德 2년(1712) 봄부터 여름에 걸쳐서 자리를 내주셔서 고금을 논하여 말씀 올렸을 때 진강進講한 초고이다.

미나모토노 기미요시源君美

이 책은 품속에 지니고 다니느라 글씨가 작아서 보기 어려웠으므로 신가와新川 다이라노 모토나리平元成가 약간 큰 글자로 고쳐서 읽기 편하도록 하였고, 망식亡息 요시노리宜卿가 그것을 베껴 쓰던 중에 완성하지 못하고 타계하자 가동家僮에게 보충하여 베껴 쓰게 하여 그해 교호享保 8년(1723) 11월에 베껴 쓰기를 마친 것이다.

문묘文廟는 인정 많고 공손하며 어질고 후덕하여 평소 유학을 숭상하였다. 주군[1]께서는 잠저에 계실 때부터 문사文士에게 명하여 경사經史를 나누어 강의하게 하셨다. 몹시 심한 추위와 더위에도 강의를 폐하지 않았고 이십여 년 동안 일이 하루에서 나오는 듯하였다.

쇼군將軍 자리를 이어받을 때에 이미 나이가 들어서 시정의 득실과 민심의 향배를 탐지하셨다. 신臣 기미요시는 유명무실하여 황공하옵

---

1 마쓰다이라 쓰나토요松平綱豊.

게도 연대延對를 욕되게 하였다. 치란治亂 안위安危의 요체에 이르러서는 두루 토론을 다하고 초를 이어붙이며 밑동을 보았으나 말이 아직 미진하였다. 신이 용천庸淺 과문하여 아직 국체國體를 다 익히지 못하여 진강하는 동안에 말이 전적典籍과 어긋나고 조리를 잃어서 묻기를 좋아하시는 고마운 뜻에 부응하지 못하고 풍화風化 만일에 도움이 되지 못하였다. 한가한 날마다 계사繼史를 두루 열람하고 고의古義를 죽 나열하고 이에 시사時事 및 근래 우리나라의 전고典故가 논사論思를 도울 수 있는 것을 섞어서 비록 비관裨官의 소사小史이지만 소략한 기록이 누적되고 날이 오래되어 마침내 소책小冊 셋을 만들었다.

임인년(1722) 봄에 전대의 시강侍講이었던 신가와 다이라노 모토나리와 한때의 성사盛事를 서로 이야기하다가 우연히 이 책에 미쳤다. 이 책은 원래 일본어로 쓰였고 글자가 매우 작아서 읽기 어려운 듯하였다. 이에 모토나리가 청하여 글자를 약간 크게 고쳐 베껴서 읽기에 편하게 하였다. 막내아들 요시노리도 한 본을 베껴서 이것으로써 부본으로 하고자 하였다. 그런데 도중에 갑자기 감기에 걸려서 계속 위독하다가 계묘년(1723) 여름 5월에 일어나지 못하고 죽었다. 요시노리의 외숙 아사쿠라 가게히라朝倉景衡 씨가 뜻을 다 이루지 못한 것을 가엾게 여겨서 문하생이 이를 계속하게 하여 전 책을 완성하였다.

아, 올해 내 나이 일흔에 가까워 이미 나이 들었다. 어찌 선대 주군과의 기이한 만남을 헛되이 느끼고 또 아들의 요절을 슬퍼할 생각이나 했겠는가. 여러 가지 근심을 모은 바 이 한 책이 되었다. 사람이 세상을 살고 여기에 이르렀으니 또한 어찌 말을 참으랴.

교호 갑진년(1724) 봄 2월 임신(27일) 미나모토노 기미요시

색 인